法学阶梯
INSTITUTIONES
普通高等教育**法学规划教材**

普通高等教育"十一五"国家级规划教材

国际投资法

International Investment Law

第六版

余劲松 著

法律出版社
——北京——
始创于1954年

好书,同好老师和好学生分享

图书在版编目(CIP)数据

国际投资法 / 余劲松著. -- 6 版. -- 北京 : 法律出版社, 2022
ISBN 978-7-5197-6559-0

Ⅰ. ①国… Ⅱ. ①余… Ⅲ. ①国际投资法学－高等学校－教材 Ⅳ. ①D996.4

中国版本图书馆 CIP 数据核字(2022)第 048976 号

国际投资法(第六版)
GUOJI TOUZIFA
(DI-LIU BAN)

余劲松 著

责任编辑 陈 慧 蒋潆莹
装帧设计 鲍龙卉

出版发行 法律出版社
编辑统筹 法律教育出版分社
责任校对 晁明慧 王 皓
责任印制 刘晓伟
经 销 新华书店

开本 787 毫米×1092 毫米 1/16
印张 24 字数 530 千
版本 2022 年 4 月第 6 版
印次 2022 年 4 月第 1 次印刷
印刷 永清县金鑫印刷有限公司

地址:北京市丰台区莲花池西里 7 号(100073)
网址:www.lawpress.com.cn
投稿邮箱:info@lawpress.com.cn
举报盗版邮箱:jbwq@lawpress.com.cn

销售电话:010-83938349
客服电话:010-83938350
咨询电话:010-63939796

书号:ISBN 978-7-5197-6559-0
定价:52.00 元

出 版 说 明

法律出版社在其奋进发展的六十年光辉历程中，秉精诚之心，集全社之力，服务于我国法学教育事业，致力于法学教材出版。尤其在改革开放三十余年间，本社以“传播法律信息，推进法制进程，积累法律文化，弘扬法治精神”为宗旨，协同司法部法学教材编辑部，规划并组织出版了国家“八五”“九五”期间的法学规划教材，为我国改革开放之初的法学教育和法治建设做出了开创性贡献；进入21世纪之后，法律出版社又根据教育部的部署和指导，相继规划并组织出版了“十五”、“十一五”和“十二五”法学规划教材，为我国法学教育事业的发展与改革付出了艰辛努力。

承蒙法学教育领域专家作者的信任，以及广大法律院校师生的支持，法律出版社经过三十年的发展与积累，相继出版各类法学教材达四百余种。在学科范围方面，完成以法学核心课程为重心，涉及法学诸学科的“全品种”横向结构；在培养层次方面，健全以本科教育为根本，兼顾职业教育和研究生教育的“多层次”纵向结构，进而打造“法律版”法学教科书体系，以期更好地为法学教育服务，为法治建设贡献绵薄之力。

近年来，法律出版社应因法学教育的发展变化，在教材编写体例及系列安排方面做出相应调整。在教材编写体例方面，结合当前教学实际与培养方案，将系统、全面的理论知识讲授与灵活、丰富的法律实践和能力训练相结合，倡导教材内容差异化，增加教材可读性，以期更好地培养法科学生的思维能力和法学素养。在教材系列安排方面，全力推进新品教材编写与注重既有教材修订相结合，根据教材风格与特色进行适当的套系整合，集中现有的国家级规划教材和在编的规划教材，形成以“普通高等教育法学规划教材”为名的全新教材系列。

本系列教材多为出版多年并广受好评的经典教科书。此次全新推出，既是向长期以来关心支持法学教育出版事业的专家作者的崇高致敬，也是法律出版社为中国当代法学教育事业发展拳拳努力之情的真诚表达。法律出版社将以高度的精品意识和质量标准，不断丰富、完善本系列教材的结构和内容；除教材文本之外，还将配有多层次、多形式的教辅材料，更好地为广大师生服务。

“好书，同好老师和好学生分享”，法律出版社愿与法律共同体诸同仁，分享好书，分享智识，分享法治进程中的点点滴滴！

法律出版社　谨识

2014年10月

作者简介

余劲松

法学博士，中国人民大学教授、博士生导师，兼任教育部社会科学委员会委员、外交部国际法咨询委员会顾问、商务部经贸政策咨询委员会委员、中国国际经济贸易仲裁委员会委员和仲裁员、世界银行解决投资争端国际中心（ICSID）调解员和仲裁员（2004～2016年）、中国国际法学会副会长等职。代表性著作有《跨国公司法律问题专论》、《中国国际经济法的理论与实践》（日文版）等；主编有教育部马克思主义理论研究和建设工程重点教材《国际经济法学》、教育部面向21世纪法学核心课教材与国家级重点教材《国际经济法》、国家级规划教材《国际投资法》、研究生教材《国际经济法问题专论》等。在《中国社会科学》《中国法学》等重要学术刊物上发表专论数十篇。主编的《国际经济法》于2002年获教育部全国普通高校优秀教材二等奖，《国际投资法》于1996年获司法部第三届部级优秀教材一等奖，专著《跨国公司法律问题专论》于2012年获钱端升法学研究成果奖（部级奖）一等奖。

第六版说明

近些年来，国际投资的局势和国际投资的法律制度都发生了许多新的变化。例如，我国于2019年制定了新的《外商投资法》，原来的《中外合资经营企业法》《中外合作经营企业法》《外资企业法》在新法施行时废止。新的《外商投资法》确立了我国新型外商投资法律制度的基本框架，是对我国外商投资法律制度的完善和创新。在国际上，虽然有些国家采取了一些投资自由化措施，但也有不少国家加强了对外资的限制，例如，欧盟和美国等发达国家建立了或进一步修改了其对外资准入的国家安全审查制度。与此同时，区域性和跨区域性经济合作协定有了新的发展，随着《区域全面经济伙伴关系协定》《全面与进步跨太平洋伙伴关系协定》等协定的缔结与生效，其投资规则对国际投资法制的发展也产生了重要影响。此外，投资者与东道国间的投资争端解决机制改革问题也继续受到国际社会的广泛关注，有关国际组织正在对此种争端解决机制改革问题进行研究并提出改革方案与对策。

为了使本教材能反映国际投资法理论与实践的新发展，适应教学的需要，本次修改根据我国和国际上投资法制的发展，对相关内容进行了更新，力求反映近年来国内和国际的最新发展。同时，本版也对全书进行了全面审查和修正，力求完整、准确地阐述基本概念、基本理论和基本知识，在理论和实践的结合上达到理论性、实践性、针对性和应用性的统一。

法律出版社教育分社陈慧女士为本书的修订与出版给予了大力支持和帮助，作者在此特致谢忱。

尽管作者做出了很大努力，但不完善处在所难免，敬祈读者批评指正。

作　者

2021年11月15日

第五版说明

近些年来,随着经济全球化的发展,无论是国际投资的局势还是国际投资的法制都发生了许多新的变化。为了使本教材能反映国际投资法理论与实践的新发展,适应教学的需要,本次修改根据我国和国际上投资法制的发展,对相关内容进行了更新,特别是在外资管理制度、对外投资管理制度、双边投资协定的重要条款、国际投资争端解决机制等方面,结合国内外的最新实践进行阐述,力求反映近年来国际上的最新发展。同时,本版也对全书进行了全面审查和修正,力求完整、准确地阐述基本概念、基本理论和基本知识,在理论和实践的结合上达到理论性、实践性、针对性和应用性的统一。

法律出版社教育分社陈慧女士为本书的修订与出版给予了大力支持和帮助,作者在此特致谢忱。

尽管作者做出了很大努力,但不完善处在所难免,敬祈读者批评指正。

作　者

2017 年 11 月 8 日

国际条约译名对照

《补贴与反补贴措施协定》
Agreement on Subsidies and Countervailing Measures, SCM Agreement

《与贸易有关的投资措施协定》
Agreement on Trade – Related Investment Measures, TRIMs

《双边投资协定》
Bilateral Investment Treaty, BIT

《各国经济权利和义务宪章》
Charter of Economic Rights and Duties of States

《多边投资担保机构公约》/《汉城公约》
Convention Establishing the Multilateral Investment Guarantee Agency, MIGA

《承认与执行外国仲裁裁决公约》/《纽约公约》
Convention on the Recognition and Enforcement of Foreign Arbitral Awards

欧盟与加拿大《综合性经济与贸易协定》
Comprehensive Economic and Trade Agreement (CETA) between Canada, of the one part, and European Union and its Member States, of the other part

《自由贸易协定》
Free Trade Agreement, FTA

《解决国家与他国国民间投资争端公约》/《华盛顿公约》
Convention on the Settlement of Investment Disputes between States and Nationals of Other States, Washington Convention

《关税与贸易总协定》
General Agreement on Tariffs and Trade, GATT

《服务贸易总协定》
General Agreement on Trade in Services, GATS

《全球契约》
Global Compact

《北美自由贸易协定》
North American Free Trade Agreement, NAFTA

《区域全面经济合作伙伴关系协定》
Regional Comprehensive Economic Partnership, RCEP

《全面与进步跨太平洋伙伴关系协定》
Comprehensive and Progressive Agreement for Trans – Pacific Partnership, CPTPP

《跨太平洋伙伴关系协定》
Trans – Pacific Partnership Agreement, TPP

《能源宪章条约》
The Energy Charter Treaty, ECT

《联合国宪章》
United Nations Charter

国际机构译名对照

亚洲基础设施投资银行/亚投行
Asian Infrastructure Investment Bank, AIIB

东南亚国家联盟
Association of South East Asian Nations, ASEAN

欧洲联盟
European Union, EU

二十国集团
Group of 20, G20

国际商会
International Chamber of Commerce

国际法院
International Court of Justice, ICJ

国际货币基金组织
International Monetary Fund, IMF

多边投资担保机构
Multilateral Investment Guarantee Agency, MIGA

经济合作与发展组织
Organization for Economic Co - operation and Development, OECD

联合国国际贸易法委员会
United Nations Commission on International Trade Law, UNCITRAL

联合国贸易与发展会议
United Nations Conference on Trade and Development, UNCTAD

国际投资争端解决中心
The International Center for Settlement of Investment Disputes, ICSID

世界银行
World Bank

目　录

第一章 绪 论

国际直接投资对世界经济发展和经济全球化具有重要推动作用。国际私人直接投资是以有利的投资环境为前提的,而法制对投资环境具有直接的、重要的影响,因此,改善和优化投资环境必须加强法律制度建设。国际投资法是调整国际直接投资关系的,是由调整国际投资的国内法规范和国际法规范构成的一个综合性法律体系。国际投资法的基本原则包括国家主权原则、公平互利原则、可持续发展原则。国际投资法在管理、鼓励和保护投资中发挥着重要作用。

第一节 国际投资概述

一、国际投资的概念与类型

国际投资是国际间资金流动的一种重要形式,是投资者为获得一定经济效益而将其资本投入国外的一种经济活动。投资具有以下特点:投资者投入资本或其他资源,期待获取收益或利润以及承担风险等。

国际投资可按不同的标准予以分类。如按投资者主体,可分为政府(或官方)投资和国际私人投资;依投资时间长短,可分为短期投资和长期投资;按资本的流向,可分为资本输入(所流入或接受的外国投资)和资本输出(对外投资);按投资形式与性质,可分为直接投资和间接投资。

一般来说,私人直接投资在国际投资中占有主导地位,并对世界经济的发展起举足轻重的作用。所谓直接投资,是指伴有企业经营管理权和控制权的投资,投资者在海外直接经营企业,并对企业的经营管理有较大的控制权。[1] 直接投资的具体形式有多种,包括:(1)以参加外国企业的经营为目的而取得其股份,或收购、兼并当地企业;(2)在外国新设享有100%股权的子公司,或与当地投资者组建合营企业;(3)在外国新设分公司、营业所、工厂、分店,或收购原有工厂,扩大分公司、工厂、营业所等;(4)单独或联合投资参与东

---

〔1〕 关于直接投资的定义,可参见《国际收支和国际投资头寸手册》(第6版),国际货币组织2009年版,第86页;OECD Benchmark Definition of Foreign Direct Investment – 4th Edition,2008.

道国资源开发或基础设施建设项目;等等。但无论采取何种形式,投资者必须对这些企业的经营管理有一定控制权。这种控制权通常是与股权联系在一起的。至于拥有多少股份或股权才可认为有控制权,构成直接投资,各国立法和解释不一,但一般认为要达到一定数额的股权。如美国《1976 年国际投资调查法》规定,直接投资是指个人直接或间接拥有或控制一家工商公司 10% 的有表决权并能代表公司资本的股份(证券)。俄罗斯 1999 年颁布的《外国投资法》对"外国直接投资"的定义是:外国投资者在俄罗斯的商业组织的资本中占有不低于 10% 的股权。[2] 至于长期贷款,若此种借贷关系是以参加企业经营为条件,有的国家也认为属于直接投资范畴。国际货币基金组织将直接投资定义为投资者在一个经济体的企业中取得"持久利益",所谓"持久利益"是指投资者拥有 10% 或更多的普通股票或投票权或等价物,若投资者拥有的股票或投票权少于 10%,只要投资者在企业的管理中拥有有效的发言权,则该投资仍可看作直接投资。经济合作与发展组织(OECD)也对直接投资作出了界定。

国际间接投资是指投资者不参加企业经营管理,也不享有企业的控制权或支配权,而仅以其持有的能提供收入的股票或证券进行的投资。其具体形式也有多种,如在证券市场上购买上市公司的股票或公司债券等收取股息或利息,一个国家的银行向处于另一个国家的企业提供贷款,等等。所以,直接投资与间接投资的区别,实质上是集中在对企业有无控制权这一问题上。[3]

二、国际投资的历史发展

国际投资始于资本主义发展时期。早在自由资本主义时代,一些工业发达的资本主义国家在商品输出的同时,也伴随有小规模的资本输出。19 世纪末 20 世纪初,资本主义进入了垄断阶段,"垄断占统治地位的最新资本主义的特征就是资本输出"。[4] 垄断资本为了占据国外市场,取得海外资源、攫取高额垄断利润,开始在海外直接投资设厂,直接经营企业。在"二战"前,国际投资以间接投资为主要方式,直接投资所占比重不大,并主要在发达国家间进行,主要投资领域为石油和原料生产项目。

"二战"后,国际政治、经济形势发生了重大变化,科技发展突飞猛进,不少新兴的第三世界国家崛起。国际直接投资也迅猛增长,并成为国际投资的主要方式,其投资的领域扩及各个行业。但在 20 世纪 80 年代以前,国际投资仍然主要在发达国家之间进行,70 年代初至 80 年代初在发达国家间的投资额相当于国际投资总额的 3/4,而发达国家向发展中国家的投资仅相当于世界投资总额的 1/4。

20 世纪 80 年代以后,随着生产国际化的进一步拓展,国际投资的格局也发生了新的变化,这主要表现在:

1. 国际直接投资大幅度增长。例如,世界直接投资增长率在 1984 年为 1.5%,而在 1986~1990 年则达到 28%。20 世纪 90 年代以后,国际直接投资日趋上升,1995 年全球

---

〔2〕 Russia, *Federal Law on Foreign Investment in the Russian Federation*, 39 I. L. M. ,2000.

〔3〕 Kindleberger, C. P. , *International Economics*, Richard D. Irwin Inc. ,1978, p. 390.

〔4〕 [俄]列宁:《帝国主义是资本主义的最高阶段》,载《列宁选集》(第 2 卷),人民出版社 1972 年版,第 782 页。

外国直接投资(FDI)流入量为3150亿美元,1999年达到8650亿美元,2007年达到1.8万亿美元的创纪录水平;2008年金融危机后虽下滑不少,但此后随着世界各国经济的复苏,FDI流入量又逐步上升,2016年达到了1.75万亿美元,2019年为1.53万亿美元。由于受新冠肺炎疫情的影响,2020年全球FDI流入量下滑了35%,至1万亿美元,疫情过后将会逐步恢复上升。

2. 发展中国家在国际投资中的地位和作用日趋上升。一方面,流入发展中国家的外国直接投资持续上升。1993年发展中国家吸收的外国直接投资为800亿美元,占当年世界直接投资流入额的40%;2012年为7030亿美元,占全球FDI流入总量的52%,超过了流入发达国家的外国直接投资总量,在2015年以后有所下滑。新冠肺炎疫情虽也致使发展中国家FDI流入量下滑8%,但相对发达国家来说并不严重,据统计,2020年发展中经济体FDI占全球FDI的2/3。另一方面,发展中国家对外直接投资数额也增长迅速,1986~1990年,发展中国家对外投资在国际直接投资中的比重超出3%,1995年则达15%。到2012年,发展中国家对外直接投资达到4260亿美元,占世界总量的31%。金砖五国的对外投资在2000年为70亿美元,到2012年则增长至1450亿美元,占当年世界对外投资总量的10%。虽然2015年后发展中国家对外投资有所下滑,但随着其经济实力的增长,对外投资逐步上升的趋势不会改变。2020年受新冠肺炎疫情影响,发达国家对外投资剧减,发展中国家对外投资则占世界总量的53%。国际投资已呈现在发达国家和发展中国家间交叉进行、资本"对流"的新的趋向。

3. 二十国集团(G20)、亚太经济合作组织(APEC)、金砖国家组织(BRICS)等在国际投资中占有重要地位。二十国集团是全球外国直接投资的最大接受者和来源,截至2016年,其持有的FDI流入存量占全球总量的57%,2019年其FDI流入量占全球总量的61.5%;同时,它也一直是FDI的净输出者,其对外投资存量也在持续上升。亚太经济合作组织在国际投资中也占有重要份额,2016年其接受的FDI占全球总额的53%,持有的FDI流入存量占全球总量的54%,对外投资存量占全球流出存量的比例从2010年至2016年由47%上升至55%。金砖国家组织作为新兴经济体在国际投资以及南南合作中发挥着重要作用,总的来看,其吸收的外国直接投资要高于其对外投资,但近些年其对外投资也在上升,2016年其对外投资存量占世界流出存量的8%(2.1万亿美元)。

4. 中国自改革开放以来积极利用外资和发展对外投资,在国际投资中的地位逐步提升。自1992年以来,中国一直是发展中国家中的最大资本输入国。进入21世纪后,随着中国经济实力的增长,中国也注重发展对外投资,2014年中国的对外投资规模已经开始超过利用外资的规模,成为资本的净输出国。2016年中国的外资流入量为1340亿美元,对外投资为1830亿美元,成为世界上仅次于美国的第二大对外投资国。[5] 中国于2013年提出的"一带一路"倡议,为加强中国与沿路国家的经济合作(包括直接投资)创设了构架,发挥着积极作用。

---

〔5〕 有关资料参见联合国贸易与发展会议历年的《世界投资报告》。

三、国际直接投资的理论

对于国际投资发生与发展的原因,西方经济学家提出了各种理论,较流行的国际投资理论有以下几种:

1. 资本国际移动论及资源国际转移说。前者认为国际资本移动的基本原因在于各国间的利率差别,这对于解释国际间接投资仍被认为有效,但不能解释国际直接投资。有人在此基础上加以修正,提出资源国际转移说,即各国基于对技术、管理经验、原料来源等资源的需求差别,产生了资本的国际流动。这种理论是根据赫克歇尔—俄林(Heckscher - Ohlin)的天赋要素论的国际贸易理论推导而来的。

2. 垄断优势理论。这种理论认为,进行直接对外投资的公司一定具有某种优势(主要是技术、管理经验等知识优势),并且具有垄断性,这就可使其海外子公司比当地企业更有竞争性。而当公司只能靠在国外进行生产才能从其垄断的知识优势中获取最大利益时,就会愿意直接对外投资。

3. 寡头垄断理论。这种理论认为,由于相关工业被少数几个企业所垄断,因而它们彼此对对手的竞争性行动很敏感,每个公司为了避免让其他公司取得优势均必须追随其竞争者,如某一寡头公司在国外投资,其对手就被迫要采取相应的对策,以避免失去竞争力量。

4. 产品生命周期理论。这一理论是哈佛大学弗农(Vernon)教授提出的,他认为,任何新产品的发明与制造均首先在企业所在国开始,服务于本国市场;然后,该新产品从国内销售转为出口;当产品的出口地位受到威胁时,它们就在国外建立公司,在国外生产和销售同类产品,以更好地利用其垄断优势;这种状况可以维持一段时间,直至领先地位被完全销蚀。

5. 内部化理论。该理论认为,由于市场不健全,任何公司进入外国市场均必须付出一定代价,须改变其与当地企业竞争的劣势,而那些拥有竞争优势的企业,就倾向于使用直接投资形式并使用内部化市场,进行国际生产。[6]

上述诸种学说,其基本倾向是各自强调某一种因素对国际投资的影响,并大都是从企业拥有的优势来考虑问题的,因而未能全面考察国际投资的发生与发展。事实上,资本的本性是觅利,哪里有能取得高额利润的机会就投入哪里。而各个国家在自然资源、科学技术、金融和市场等方面的差异,促使那些具有竞争优势的企业向海外发展,以求取新的市场和高额利润。

四、国际投资的性质与作用

国际投资在历史上曾是资本主义国家掠夺海外资源、剥削殖民地的主要工具。然而,

---

〔6〕 关于西方国际投资理论,参见吴大琨主编:《国际经济学概论》,辽宁人民出版社 1988 年版,第 323 ~ 339 页。英文著作参见 Hymer, Stephen H., *The Multinatronal Corporation: A Radical Approach*, Cambridge University Press, 1979; Kindleberger, C. P., *lnternational Economics*, Richard D. Irwin Inc., 1978; Vernon, Raymond, *Sovereignty at Bay: The Multinational Spread of the United States Entorprises*, Basic Books, 1971; Rugman, Alan M., *Inside the Multinatinals: The Economics of Internal Markets*, Columbia University Press, 1981。

“二战”后随着非殖民化运动的发展，不少殖民地国家取得了政治独立，它们在维护主权的前提下，化被动为主动，积极利用外资发展本国经济，有些发展中国家也发展自己的海外投资。因此，国际投资已经成为国际经济合作的一种重要形式。

对于资本输入国来说，国际投资兼有积极性和消极性。一方面，资本输出具有固有的消极性。列宁早就指出，资本输出“是帝国主义压迫和剥削世界上大多数民族和国家的坚实基础”。[7] 虽然现在世界政治、经济情况发生了变化，但资本固有的消极性不会因此消除，为了逐利，外国投资可能无视东道国的经济发展目标，控制东道国的经济命脉，造成东道国的经济畸形发展，甚至危及东道国的国家安全与根本利益。因此，世界各国包括发达国家，均在利用外资的同时，又对外资施加不同程度的限制，以维护其主权和利益，抑制外资的消极作用，使不利因素向有利因素转化。

另一方面，国际投资对东道国的经济发展又具有积极作用。正如列宁指出：“资本输出总要影响到输入资本国的资本主义发展，大大加速那里的资本主义发展。”[8] 资本输入国通过利用外资，可以解决国内资金困难，可引进国外先进技术和科学管理知识，提高国内企业技术水平和管理水平，改造老企业，建设技术先进型和出口型企业，加速基础设施的建设和自然资源的开发，增加就业，扩大出口，改善国际收支，促进本国经济的发展。因此，世界上绝大多数国家都注重利用外资发展本国经济。例如，发达国家中的美国既是最大的资本输出国，又是最大的资本输入国之一；日本、德国及其他欧洲国家在“二战”后充分利用外资，恢复经济，并迅速促进了经济腾飞。许多发展中国家在取得政治独立以后，为发展民族经济，迅速改变落后面貌，也注重利用外资和技术，如东南亚国家联盟各国、亚洲“四小龙”由于有效利用了外资，经济迅速发展，有的早已达到“中等水平国家”乃至“半工业化”“工业化”国家。利用外资发展本国经济，对社会主义国家同样重要。我国自1979年以来，实行对外开放政策，引进外资和国外先进技术，从而也促进了我国经济的发展。

当然，由于资本输出本身具有两重性，对外资的利用也不是越多越好。资本输入国要注意在坚持国家主权和平等互利原则的基础上利用外资，既要利用，又要自主；既要对外资给予鼓励和保护，又要对外资进行管理、限制、引导；并通过各自或集体的努力，借助法律等手段，抑制和克服资本输出的消极影响，发挥其积极作用。[9]

从资本输出国的角度来看，国际投资（海外投资）的影响和作用也具有两重性，一方面，资本输出国投资者通过海外投资，可以占领或扩大海外市场，保证国外原材料的供应，利用国外的廉价劳动力，增强在国际市场上的竞争力，取得高额利润，从而给本国的经济发展和国际收支产生积极的影响和作用。另一方面，大量资本输出也可能会减少资本输

---

〔7〕［俄］列宁：《帝国主义是资本主义的最高阶段》，载《列宁选集》（第2卷），人民出版社1972年版，第55～58页。

〔8〕［俄］列宁：《帝国主义是资本主义的最高阶段》，载《列宁选集》（第2卷），人民出版社1972年版，第785页。

〔9〕关于外资的作用，国际上有三种观点。第一种观点，西方关于外资的传统理论认为，外资是完全有利于东道国经济发展的；第二种观点，拉美国家经济学家提出的依赖理论（dependency theory）则认为外资不会促进经济发展；第三种观点是上述两种理论的折中。参见 Sornarajah，M.，*The International Law on Foreign Investment*，Cambridge University Press，1994，p. 38－50。参见姚梅镇：《比较外资法》，武汉大学出版社1993年版，第19页。

出国国内的就业机会,减少商品的出口,导致技术外流、国内投资减少,影响国际收支平衡等。例如,由于经济全球化的发展,资本流动更加自由化,有些美国企业为了最大限度地追求利润,降低成本,将某些劳动密集型产品的生产制造环节转移到其他发展中国家,造成美国某些地区产业中空化,这不仅影响到美国的贸易平衡,而且也减少了当地的就业机会,拉大了贫富差距,激化了社会矛盾。

从国际的角度来看,随着国际直接投资的发展,大量资金和技术投放到世界各国和地区,不仅促进了有关国家的经济技术发展,而且也促进了生产和资本的国际化,对整个世界的经济增长以及国际分工与合作都起了重大作用。

五、投资环境

国际投资与国内投资不同,因各国政治、经济、社会情况和条件不同,投资者会面临程度不同的商业风险和政治风险。投资者只有在认真分析投资目标国的投资环境,确保营利与安全后,才敢于投放资本。所以,国际私人直接投资是以有利的投资环境为前提的。

投资环境,是指能有效地影响国际资本的运行和效益的一切外部条件和因素。这些条件和因素有自然的、社会的、政治的、经济的、法制的、文化教育的、科学技术的乃至民族意识、人民心理、历史传统、风尚等,它们相互联系,构成投资的综合环境。投资环境可以有多种不同的分类,但大体上可分为物质环境与社会环境,或有形环境与无形环境,前者还称为“硬环境”,后者称为“软环境”。

(一)物质环境

物质环境主要包括下列条件和因素:(1)自然资源,包括石油、煤炭、各种金属等矿物资源,森林、水产、畜类等动植物资源,水力、河流等自然力资源。丰富的自然资源对外资最具吸引力。(2)自然环境,主要包括地理位置,如与海洋接近的程度、所处纬度,以及有关地质、地貌、气候、雨量、自然风光等地理条件。(3)基础设施,包括城市和工业基础设施,如交通运输条件、港口码头、仓库、厂房设施、供水与供电设备、原辅材料供应、通讯设施、城市卫生环保设施、文教设施及其他社会服务设施(如宾馆、旅游饭店、商业网点)等。基础设施在物质环境中是可变因素。

(二)社会环境

社会环境主要包括政治、经济、法制、社会等条件和因素,大多与人的因素有关,又称人际环境。(1)政治环境,主要指政治是否稳定,政策是否具有连续性,政策措施、行政体制的效率,行政对经济干预的程度等。(2)法制环境,主要指法律秩序的稳定,法律制度的完善性、稳定性、连续性,司法机关的独立性,国家机关、公职人员严格执法、自觉守法的情况,以及人民群众的法律意识、法制观念等。(3)经济环境,主要包括经济发展的稳定性、经济增长率、劳动生产率、经济体制、财政金融体制、外汇管理制度及国际收支情况、市场机制与市场规模及其开放程度、外贸体制与外贸情况、物资供应体系与实况、工资体制与平均工资水平、劳动力素质与劳动雇佣关系、技术条件、企业经营管理体制与水平、人民消费水平、税收制度与税收优惠措施、环境保护等。(4)社会条件,主要指社会安定性、社会秩序、社会风气、社会对外资的态度、社会一般教育素质、社会服务态度等。(5)意识环境,主要包括民族意识、开放意识、改革意识、法律意识、价值观念等。[10]

投资环境按地域范围,还可以分为国内投资环境与国际投资环境,国际投资环境又可分为区域性投资环境与全球性投资环境。一国国内投资环境是指由该国的物质环境和社会环境构成的综合环境整体。区域性投资环境则是由位于该地区各有关国家的物质环境和社会环境构成的综合环境,如拉丁美洲的安第斯共同体、东南亚国家联盟、非洲、中东地区等,各有其独具特色的共同的投资气候或环境。全球性的投资环境则是由全球自然的、社会的、政治的、经济的、法制的、科技文教等条件和因素构成的综合体系。

由于投资环境是包括物质和社会诸因素有机结合的综合体,因此,对投资环境的评估就不可片面化、绝对化,不能只强调其一面而忽视其他。例如,税收优惠虽是吸引外资的重要条件,但仅此一项因素并不能构成良好的投资环境,若其他条件不好,如政出多门、法制不健全、劳动效率低、基础设施差等,就不能形成良好的投资环境。以前的国际直接投资之所以主要在发达国家间进行,是因为发达国家的总体投资环境好,如政局相对稳定、法制较为健全、经济制度定型、基础设施较好、市场潜力大等。这样,即使其所得税税率高、较少优惠,对其总体投资环境也无大的影响。因此,评估投资环境要有全局观念,注意综合分析,优化和改善投资环境要注意综合治理。

构成投资环境的许多条件和因素是可以通过人的作用加以改变的。物质环境中除地理自然环境与人的因素无直接联系外,基础设施乃至自然资源均与人的因素相关,而社会环境则与人的因素更为密切相连。因此,人们可以通过主观努力改善投资环境,特别是社会环境。而用以改善投资环境的最重要手段之一是法律手段,因为改变上述诸种条件,大多最终是通过一定的法律制度进而实现其作用和效力的。因此,法制环境在社会环境乃至投资环境中具有十分重要的作用,改善和优化投资环境,必须注重加强法制。

法制不仅影响一国的投资环境,也会影响世界投资环境。从特定国家的角度看,有些法律制度是直接调整国际投资的,其对投资环境有直接的影响。例如,有关国家对外资是采取宽松还是限制性的外资政策和立法措施,会迅速影响该国的投资环境,影响外国直接投资进出该国的规模、结构和方向。另有许多法律制度虽然不是直接调整国际投资关系,但综合来看,它们对投资环境也有重要影响。例如,民主与宪政制度有利于促进国家的政治稳定,健全的市场经济制度有助于促进经济的健康发展,完善的财产权保护制度有助于保护投资者的投资安全,多元化的、公平有效的争端解决制度有助于维护投资者的权益。因此,完善法制环境需要从宏观的角度进行战略筹划。从世界投资环境来看,国际双边或多边条约若能在减少投资障碍、加强投资保护、便利争端解决等方面做出协调或达成共识,那么这些国际规则就能在一定程度上改善有关国家间、区域间乃至全球性的投资环境。

---

〔10〕 姚梅镇:《比较外资法》,武汉大学出版社1993年版,第19～21页。

第二节 国际投资法的概念、渊源与体系

一、国际投资法的概念

国际投资法是指调整国际间私人直接投资关系的法律规范的总和,是国际经济法的一个重要分支。[11] 具体来说,它有如下主要特征:

第一,国际投资法调整国际私人投资关系。国际资本流动有政府间或国际组织与国家间的资金融通关系,如外国政府、国际经济组织的贷款、援助等,属于官方投资范围;也有自然人、法人及其他经济组织的海外投资,称为私人投资。国际投资法调整的投资关系,仅限于国际私人投资关系,不包括政府间或国际组织与国家间的资金融通关系。至于一国的国家公司或国有企业在海外进行的投资,接受投资国都把它们看作私人投资者,而不因为这些公司企业的资本为国家所有就把它们看作政府官方投资。在某些情况下,甚至政府也参与私人投资活动,由于其活动是以商业活动为基础的,通常也将其与私人投资同等看待。

第二,国际投资法调整国际私人直接投资关系。如前所述,国际投资可分为直接投资和间接投资,一般说来,国际投资法调整的对象主要是国际私人直接投资。国际间接投资关系一般不在国际投资法的调整对象之列,私人间接投资关系属于一般民商法、公司法、票据法、证券法等法律、法规的调整范畴,国际组织与国家间或政府间的资金融通关系一般是由国际经济组织法或有关政府间贷款协定等调整。

第三,国际投资法调整的国际私人直接投资关系既包括国内方面关系,又包括国际方面关系。国际私人直接投资所产生的关系错综复杂,具有多重性、立体交叉等特点。它通常不仅涉及不同国家的法人与个人间投资合作关系,而且还包括外国私人投资者与东道国间的投资合作关系,投资管理关系、私人投资者与其本国间的投资保险关系,两国或多国政府间基于相互保护私人直接投资而达成的双边或多边投资保护条约关系。国内与国际关系相互联系,构成统一的国际投资关系整体。因此,国际投资法既包括国内法规范,也包括国际法规范,两者相互补充,并借此完成其效果。国际投资法是调整国际私人直接投资关系的国内法规范和国际法规范的总称。[12]

二、国际投资法的渊源

国际投资法既然包括国内法规范和国际法规范,其渊源也就包括国内法渊源和国际法渊源。

---

〔11〕 姚梅镇:《国际投资法》(修订版),武汉大学出版社1987年版,第37页。

〔12〕 姚梅镇:《国际投资法》(修订版),武汉大学出版社1987年版,第37~39页。

(一)国内法

国际投资法的国内法部分主要有两种：

1. 资本输入国的外国投资法

外国投资法是资本输入国调整外国私人直接投资关系的法律规范的总称，其内容主要是规定资本输入国政府、外国投资者、外国投资企业关于投资的权利义务关系，通常包括外资的准入及投向、外国投资者及外国投资企业的法律地位、税收及优惠、原本及利润等合法收益的汇出、征用、国有化及补偿、企业自主权的保障及投资争议的解决等规定。世界各国用以调整外国投资的法律的形式和体系不同，有的是制定统一的投资法典，有的则颁布专门的单行法规，还有的仅适用一般的国内法。资本输入国关于外国投资的法律是国际投资法的重要渊源。

2. 资本输出国的海外投资法

资本输出国为了维护本国经济利益，保护私人海外投资，通常制定有关对外投资的法律，其中最为重要的是海外投资保险法。此外，有的资本输出国还有关于管制或鼓励海外私人投资的法律规定。这些法律也是国际投资法的重要组成部分。

(二)国际法

1. 国际条约

调整国家间有关国际投资的权利义务关系的国际条约有双边条约和多边条约，它们均是国际投资法的重要渊源。

(1)双边条约。两国间为促进和保护相互投资而缔结的双边投资条约在国际投资法中占有重要地位，在国际上应用最为广泛。双边投资条约的主要形式有三种：友好通商航海条约、投资保证协定以及相互促进和保护投资协定，现时以后者最为常见。

双边投资条约只对双方缔约国有拘束力，构成缔约国之间的“特殊国际法”，不具有普遍拘束力。但也有学者认为，若双边投资条约中的某些规则被为数众多的双边条约普遍接受，也可能构成国际习惯而具有普遍拘束力。[13] 另一些学者则认为，由于双边投资条约中的有关准则目前尚存很大分歧，因此，把这些条约看作正在形成中的习惯法为期过早。[14]

(2)多边条约。关于国际投资的多边条约有区域性多边条约和普遍性多边公约之分。区域性多边条约是指区域性国家组织旨在协调成员国外国投资法律而签订的多边条约，其中最为典型的有拉丁美洲安第斯共同体制定的《安第斯共同市场外国投资规则》《北美自由贸易协定》[现被《美国墨西哥加拿大协定》(以下简称《美墨加协定》)取代]，东南亚国家联盟的《东盟促进和保护投资协议》和《东盟投资区域框架协议》，由中国、日本、韩国、澳大利亚、新西兰和东南亚国家联盟共15个亚太国家于2020年11月15日签署的

---

〔13〕 E. Denza & S. Brooks, *Investment Protection Treaties: The United Kindom Experience*, 36 ICLQ 908(1987); F. A. Mann, *British Treaties for the Promotion and Protection of Investment*, 52 BYIL 241(1981).

〔14〕 M. Sornarajah, *State Responsibility and Bilateral Investment Treaties*, JWTL 79(1986); J. W. Salacuse, *BIT by BIT*, 24 International Lawyer 655(1990).

《区域全面经济伙伴关系协定》(RCEP),以及由日本、加拿大、澳大利亚、智利、新西兰、新加坡、文莱、马来西亚、越南、墨西哥和秘鲁等11国缔结生效的《全面与进步跨太平洋伙伴关系协定》(CPTPP)等。区域性多边条约构成该区域成员国间的"特殊国际法"。

关于国际投资的普遍性多边公约目前有:《解决国家与他国国民间投资争端公约》(华盛顿公约)(以下简称ICSID公约)、《多边投资担保机构公约》以及世界贸易组织(WTO)体制下的《与贸易有关的投资措施协定》(TRIMS)、《服务贸易总协定》、《补贴与反补贴措施协定》(SCM Agreement)等协定。这些多边投资公约和协议对缔约国成员具有普遍拘束力。

2. 习惯国际法

构成法律渊源的习惯国际法应具备两个要素:一是物质因素,即人们长期重复类似的行为;二是心理因素,即认为其有法律拘束力。习惯国际法作为国际法渊源之一,当然也是国际投资法的渊源之一。例如,习惯国际法外国人最低待遇标准、国家责任、国家豁免等方面的习惯国际法规则,在国际投资法领域也会适用。

3. 其他渊源

(1)联合国大会的规范性决议。联合国大会在20世纪70年代先后通过了一系列与国际投资有关的重要决议,如1962年的《关于自然资源之永久主权宣言》、1974年的《建立新的国际经济秩序的行动纲领》和《各国经济权利和义务宪章》等。这些文件不仅一般地确立了新的国际经济秩序的基本原则,而且特别地规定了国家对本国自然资源的永久主权、国家有权管制本国境内的外国投资及实行国有化等,确立或创立了关于国际投资方面的重要国际准则。这些规范性文件是由联合国大会全体一致或以压倒性的绝大多数的会员国通过的,并对它有法的确信,体现了国际社会成员的协调意志,应具有法律效力。[15]

(2)《国际法院规约》第38条所规定的一般法律原则、国际司法判例等,也可构成国际投资法的国际法渊源。

三、国际投资法的体系

国际投资法是由调整国际投资关系的有关国内法规范和国际法规范综合形成的独立的法律体系。这一体系可表示如下(见图1-1)。

---

〔15〕 关于联合国大会决议的效力,国际法学界有不同的意见,有的认为联合国大会决议可作为速成习惯国际法而具有拘束力,有的认为联合国大会决议仅是"软法"。参见秦娅:《联合国大会决议的法律效力》,载中国国际法学会编辑:《中国国际法年刊》(1984年卷),中国对外翻译出版公司1984年版,第165页;李泽锐:《略论国际经济软法与建立国际经济新秩序的斗争》,载《法学研究》1983年第6期。

- **国际投资法**
  - 国内法规范
    - 资本输入国法制——外国投资法、合营企业法、外汇管理法、涉外税法等
    - 资本输出国法制——海外投资保险法等
  - 国际法规范
    - 国际条约
      - 双边投资条约
      - 区域性多边投资条约
      - 普遍性多边公约与协议
    - 联合国大会的规范性决议
    - 国际惯例

图1-1 国际投资法的体系

国际投资法之所以综合有关国内法规范和国际法规范而形成统一体系，这是由其客观基础——国际投资关系的统一性决定的。我们知道，国际私人直接投资关系的主体不仅有位于不同国家的法人和自然人，而且包括国家和国际组织，在这些主体间形成了多层次、立体交叉的关系，并构成统一的国际投资关系。调整这一统一的国际投资关系的国内法规范与国际法规范也具有内在联系。例如，某一公司的国际投资活动或投资关系，要受到多种层次法律规范的调整和制约，不仅要受东道国外资法的管辖及本国对外投资法的约束，还要受两国间双边投资协定及多边公约的制约。这些法律规范相互配合，借以完成调整统一的国际投资关系的任务。而且，有关国际法规范与国内法规范相互联系、相互补充。例如，为了促进投资自由化，有些国家在国内法中对外资准入采取负面清单管理模式，同时在投资条约中采取附有负面清单的全面准入前国民待遇，通过国内法与国际法规范的相互配合来实现其投资自由化的目的。又如，美国国内法上的海外投资保险制度，以美国同东道国订有双边投资保证协定为前提，美国公民只有向与美国订有此协定的国家投资，才能在美国获得国内法上的政治风险的保险；若发生保险事故，美国政府对投资者进行补偿后，可按投资保证协定的规定，取得代位权，向东道国政府求偿；但该事故是否属于政治风险，又须依美国国内法及东道国国内法来认定。其国际法保证与国内法保证就这样相互为用、相互补充，并据以实现其效力。这就表明，国际投资法的统一体系绝不是人为地糅合，而是国际投资关系统一性在法律上的客观反映。

第三节 国际投资法的基本原则

国际投资法作为国际经济法的一个分支，国际经济法的基本原则当然也是国际投资法的基本原则，其中，对于国际投资法来说，国家对自然资源永久主权原则、公平互利原则和可持续发展原则是最为重要的原则，是国际投资法的基石。

一、国家对自然资源永久主权原则

在历史上,西方主要资本主义国家曾通过资本输出,控制殖民地及弱小国家的自然资源及有关的经济命脉,盘剥这些国家的人民。“二战”后,殖民地、半殖民地的弱小民族虽相继取得了政治独立,但其重要的自然资源仍在不同程度上受到发达国家垄断资本的控制。因此,维护国家的经济主权,以取得利用外资的主动权,发展本国经济,就成为广大发展中国家的共同意愿和要求。国家对其自然资源永久主权原则就是广大发展中国家在争取建立国际经济新秩序的斗争中确立的重要的国际法原则。

国家对自然资源永久主权原则规定在联合国大会通过的一系列决议中,如《关于自然资源之永久主权宣言》《建立国际经济新秩序宣言》《行动纲领》,特别是《各国经济权利和义务宪章》等。依据《各国经济权利和义务宪章》的规定,每个国家对本国的全部财富、自然资源以及全部经济活动,都享有并自由行使完整的、永久的主权,其中包括占有、使用和处置的权利。每个国家都有权按照其法律和规章并依照其国家目标和优先次序,对在其国家管辖范围内的外国投资加以管理和行使权力。任何国家不得被迫对国外投资给予优惠待遇,每个国家有权管理和监督其国家管辖范围内的跨国公司的活动,并采取措施保证这些活动遵守其法律、规章和条例及符合其经济和社会政策。每个国家还有权将外国财产的所有权收归国有、征收或转移,在收归国有、征收或转移时,应由采取此种措施的国家给予适当的赔偿,由赔偿问题引起的任何争论均应由实行国有化国家的法院依照其国内法加以解决,除非有关各国自由并互相同意根据各国主权平等并依照自由选择方法的原则寻求其他和平解决办法。

国家对自然资源永久主权原则是国家主权原则在国际投资领域中的体现。这一原则的确立有助于彻底改变残留的殖民时代的不平等的国际投资关系,从而使国际投资成为国际经济合作的重要形式。这一原则构成国际投资法的基础,东道国据此原则可以采取法律手段对外国投资予以保护和管制,不受任何外来干涉。有关国家也必须在此原则的基础上缔结双边或多边条约,保护国际投资,促进国际经济合作。

二、公平互利原则

公平互利原则是国际投资法中的一个基本原则,普遍适用于国际投资各主体间的关系。公平要求投资关系中各主体法律地位上的平等、权利和义务的对等;互利是指在相互关系中要兼顾双方的利益,不能以损害对方的利益来满足自己的要求。公平和互利不可分割,真正的公平是与互利相联系的,公平必然要求互利,只有互利才是真正的、实质上的公平。

公平互利原则在国际投资上既适用于国家间关系,也适用于不同国家的投资者间以及国家与外国投资者间的关系。对于不同国家的私人投资者间的投资合作关系来说,双方当事人法律地位平等、权利义务相互对等是其合作的基础。在投资合同、协议中,任何一方都不应接受片面性义务的条款,显属不公、损害一方权益的投资合同或协议应属无效或不予批准,这已为各国外资法或相关法律所肯定。对于国家与外国投资者间关系来说,其投资协议也应以权利义务相互对等为基础,投资合同不得含有损害国家主权和利益的条款;在投资管理关系上,外国投资者必须尊重东道国主权,受东道国法律管辖,而东道国也应对外国投资者的合法权益予以法律保护。对于国际投资的国家关系来说,必须坚持国家主权平等、互利互惠,不能以损害他国的利益来满足本国的要求,更不能以牺牲他国、压榨他国为手段,谋取本国单方的利益。在订立双边投资条约有关条款时,不应仅限于形式上的平等,而且要考虑实质上的平等,应避免让强者一方利用形式上的平等来谋取自己的利益而损害他方利益。

公平互利原则是国际投资法律关系的基础。只有依据公平互利原则才能建立起对投资各方均有利的新型的国际投资关系,促进国际经济合作,促进有关国家乃至世界经济的增长。

三、可持续发展原则

可持续发展这一概念自20世纪80年代在国际环境法领域提出以后,被国际社会广泛接受和采用,现在已经成为融合可持续经济、社会、环境发展为一体的重要发展目标。关于可持续发展这一概念的法律性质和内涵,学界还存在分歧和争论,有观点认为它不是一个法律概念,但也有观点认为其是一个法律原则。从国际实践发展的角度看,可持续发展已经不仅是一个概念或目标,而且也正在被国际社会接受为一种价值标准和要求,可以说是正在形成和发展中的法律原则。

为促进国际投资的可持续发展,联合国贸易与发展会议2012年的世界投资报告提出了建立可持续发展的投资政策框架。该框架由三部分组成:可持续发展投资政策制定的11项核心原则、各国投资政策指南和国际投资协定要素——政策选择。其11项核心原则对于建立可持续发展的国际投资政策框架具有重要的指导作用。[16] 这特别表现在以下几个方面:首先,各国制定投资政策和法律时,应明确其首要目标是实现包容性增长和可持续发展。也就是说,促进投资不仅是为了经济增长,而且也是为了所有人(包括最贫困的人)的利益增长;要重视环境保护,满足现时的需要不能以损害下一代的能力为代价。其次,实现可持续发展就必须维护国家的管理权。国家不仅拥有确立外国投资准入和运营条件的主权权利,而且还具有为了公共利益、公共健康、公共福利进行管理的权利,即使国家在行使管理权时影响外国投资者及其投资的利益,国家也不应承担赔偿责任。再次,投资政策的制定应以法治为基础,包括所有利益相关者;要注意政策的连贯性,并定期进行审查,使其具有适应变化的发展活力。复次,平衡国家和投资者的权利和义务。国家应对投资者及其投资提供充分的保护,建立开放、稳定、可预见的制度构架,并使其投资促进和便利化政策措施与可持续发展目标保持一致。投资者也应该履行一定的义务,包括遵守东道国法律、承担公司社会责任、遵从良好公司治理的最佳国际实践等。最后,加强国

---

〔16〕 这11项原则是:(1)为可持续发展而促进投资;(2)政策的连贯性;(3)公共治理与制度;(4)动态的政策制定;(5)平衡权利和义务;(6)国家管理的权利;(7)对投资的开放;(8)投资保护和待遇;(9)投资促进和便利;(10)公司治理与责任;(11)国际合作。See UNCTAD, *World Investment Report 2012*, United Nations Geneva, 2012, p.106 – 110.

际合作。国际社会应该进行合作,共同应对为实现可持续发展面临的各种挑战,并应做出集体努力避免投资保护主义。

第四节 国际投资法的作用

一、保护国际投资

由于国际投资对于有关国家的经济发展乃至世界经济的发展具有积极的促进作用,同时,也由于在国际投资中总会存在一定的政治风险,会危及投资者的安全与利益,因此,无论资本输入国还是资本输出国均力图借助于法律手段,对国际投资予以有力的法律保护,以维持有利的投资环境,保证国际投资的安全性与稳定性,促进国际经济的正常交往与合作。这些法律保护措施一般是由资本输入国、资本输出国单独或共同采取的,属于政府保证的性质。

国际投资法对国际投资的安全与权益的保护通常表现在下列几个方面:(1)保证给予外国投资以公正待遇。有的国家的外国投资法规定,对外国投资给予国民待遇;许多双边投资则明确地对有关待遇问题加以规定,承诺对缔约方投资者的投资给予公正和公平的待遇、最惠国待遇,甚至国民待遇。这一保证使外国投资者在东道国能享受平等的待遇,不受歧视。(2)关于政治风险的保证。这是国际投资法律保护的重心,在国内立法、双边条约和多边投资担保机构公约中均对此作了详细的规定。如有些资本输入国的外国投资法规定,一般不采取国有化和征收措施,在特殊情况下征收时,支付公正补偿;保证外国投资者的利润及原本能自由汇出等。资本输出国的海外投资保险制主要是为了保证投资者不受东道国政治风险的损害而施行的。资本输入国与资本输出国缔结的双边投资条约更是以此为核心,规定承保范围及代位求偿权等问题。还有《多边投资担保机构公约》建立的多边担保机构,承保政治风险,意图给国际投资提供更有力的保证。关于政治风险保证的国际法制度和国内法制度相互配合、相互补充,有力地保护了国际投资的安全和利益。(3)企业自主权的保障。这主要是非市场经济国家外资立法所规定的内容,以使外国投资企业不受国家行政部门的不当干涉,使其能自主地按国际通行办法管理企业,取得合法的利益。(4)为解决投资争端提供便利。各国的国内立法大多对私人投资争议的解决规定了各种处理方法,以便迅即公正地解决争议;双边投资条约则对国家间因条约的适用、解释与效力发生的争议规定了解决的法定程序;至于国家与外国投资者的争议,许多双边投资条约均有规定,《解决国家与他国国民间投资争端公约》也为此提供了便利。这些也对外国投资者合法权益提供了有力的保证。

二、鼓励国际投资

从广义上来说,法律对国际投资的保护,同时也具有鼓励和促进国际投资的作用。但在国际投资法中,有些法律制度是专为鼓励外国投资而采用的,以使外国投资者可以取得较大利益或便利。

直接鼓励国际投资的法律措施主要表现为国家给投资者提供各种优惠,如税收优惠、财政优惠、行政优惠等。这些优惠措施主要规定在资本输入国和资本输出国的国内立法中。许多资本输入国,特别是发展中国家,都通过其外资立法给予程度不同的优惠待遇,包括对外国投资企业给予减免所得税优惠,对外国投资企业生产所需进口的机器、设备和原材料减免关税,允许外国投资企业加速折旧,允许合营企业中的外国投资者一方先行回收投资,对投资者给予投资补助金或低息贷款,简化外国人出入境和货物进出口手续,以及简化投资审批程序等。一般说来,税收优惠是各种优惠措施中的重心。除资本输入国外,一些资本输出国也采取措施鼓励海外投资,如为私人投资者提供投资情报服务,对海外私人投资者提供资金和技术方面的帮助,由公营金融机构对海外投资者提供信贷,以及在国内税法中单方面采取税收抵免或税收饶让措施避免海外投资者的国际双重征税等。此外,有关国家间缔结的避免双重征税的条约,对于鼓励国际投资也具有重要作用。

三、管理国际投资

如前所述,国际投资既有积极的一面,也有消极的一面,如果对其采取放任的态度或疏于管理,就可能对资本输入国的经济发展乃至国际经济的发展带来不利影响,如经济畸形发展、民族工业受损、经济命脉受到控制、环境受到污染、资源遭到破坏等。因此,国际投资法的任务或作用之一,就是管制外国投资。

各国外国投资法是管制外国投资的主要法律手段,其对外国投资的管制主要表现在下列几个方面:(1)对外国投资实行审批制,以便禁止或限制外资进入某些产业部门,引导外资投入本国的优先发展项目,避免重复引进及可能造成的经济畸形发展;(2)限制外国投资的比例,以保护东道国投资者对合营企业的有效控制;(3)规定外国投资企业的董事会的多数成员或企业重要职务应由本国国民担任;(4)要求外国投资企业优先雇用当地管理人员、技术人员和职工,以培训当地国民并解决就业问题;(5)对外资原本和利润的汇出规定限额,以防止国际收支失衡;(6)要求外国投资企业优先采购当地物资,以带动当地工业的发展;(7)外国投资企业必须接受国家有关机关,如财政税务机关、工商行政管理机关的监督等。

国家管理外国投资的权利已于20世纪70年代为联合国大会通过的一系列重要决议所肯定,这一权利是国家经济主权的内容之一。

第二章　国际投资法主体

国际投资法的主体具有多元化的特点，既包括自然人、法人和非法人组织、跨国公司等私人投资者，也包括国家和有关国际组织。自然人和法人作为国际投资法的主体，除具有一般法律能力外，还必须具有法律规定的特殊的法律能力或资格。跨国公司作为一种经济组织，由于其在全球范围内从事投资活动，单个国家不能对其活动进行有效管理，因而需要在国际层面上对其行为予以规范。国家一方面可以作为合同当事人与外国投资者签订特许协议，直接参加投资活动；另一方面其作为主权者享有管理外国投资的主权权利。国际组织则在协调国际投资关系，包括促进和保护投资、处理国际投资争端等方面发挥重要作用。

第一节　自　然　人

自然人是国际投资关系的参加者，能依有关国家的国内法享有权利和承担义务，是国际投资法的主体之一。

一、作为国际投资法主体的自然人的法律能力

自然人作为国际投资法的主体，除应具有一般的法律能力外，还应具有从事国际投资活动的法律能力。例如，作为投资者，他们应拥有一定的资本或技术，能以自己拥有的资本进行投资经营活动并承担由此产生的风险和责任。

一般说来，在资本主义私有制经济国家里，自然人可以拥有生产资料等资产，并可以用其资产投资，因此，自然人也可以从事国际投资经营活动，具备国际投资法主体的资格。

但是，在一些社会主义国家，自然人没有生产资料的所有权，因而也没有对内对外投资的法律能力。这些国家的法律一般规定，本国的投资者或合营者只能是公司、企业或其他经济组织。例如，苏联与东欧社会主义国家的合营企业法，均规定本国合营者只能是本

国的经济组织，而不包括自然人。[1] 依我国以前的《中外合资经营企业法》《中外合作经营企业法》的规定，中外合资企业与中外合作企业的中方当事人不包括中国自然人。中国政府与罗马尼亚政府1983年签订的《关于相互促进和保护投资的协定》第2条规定，“投资者”系指缔约各方具有法人资格的、按照该方法律有权同外国进行经济合作的经济组织。这就明确排除了两国自然人作为投资者的资格。

不过，现在情况已发生了变化。苏联解体，独联体国家与东欧各国在20世纪80年代末90年代初均向市场经济转轨，并实行私有化，自然人可以成为投资者了。例如，波兰1990年的外资法就规定合营公司的波方当事人包括自然人。依据我国2020年施行的新《外商投资法》及其实施条例的规定，外国投资者可以与包括中国自然人在内的其他投资者共同在中国境内设立外商投资企业。

二、外国自然人能力的确认

由于各国法律关于自然人权利能力和行为能力的规定不同，在国际投资活动中，就会产生外国自然人权利能力和行为能力的确认问题。

一般说来，各国法律主要以属人法作为确认自然人一般权利能力和行为能力的准据法，因为权利能力是自然人的基本属性，行为能力与人的身份地位有直接的关系。不过，大陆法系各国一般均以当事人本国法作为属人法，而英、美普通法各国则以住所地作为属人法。

然而，在国际经济交往活动中，依自然人的属人法来确定其行为能力，虽有利于保护该自然人依属人法取得的权益，但对内国交易的安全有时不利，因为在一国境内与外国自然人进行交易时，很难了解对方依其属人法是否有行为能力，从而决定其行为是否有效。因此，为了保护内国交易的安全，不少国家对属人法的适用有一定的限制，即在某种情况下，依商业行为地法来确认外国自然人的行为能力。[2]

至于外国自然人在内国的特别权利能力，即在内国享有何种民事权利、处于何种地位，则应完全依内国的法律及有关条约来决定。在国际投资领域，有的国家根据其本国吸引外资的目标，明确排除任何外国自然人作为外国投资者的资格。例如，苏联的合营企业法规定，在苏联设立的合营企业是指由苏联的组织与资本主义国家和发展中国家的公司参与的合营企业。这样，外国自然人在苏联就不具有合营者的资格。苏联的这种做法是一个特殊的例子，绝大多数国家均允许外国自然人作为投资者，只是其法律地位依各东道国法律及有关条约的规定而有所不同。

三、外国自然人身份的确定

一般来说，外国人是指根据东道国的国籍法规定，没有取得东道国国籍，并且在投资

〔1〕 参见保加利亚1980年《关于保加利亚法人和外国法人与自然人间经济合作的第535号法令》、1986年《捷克斯洛伐克合营企业法》、1986年《波兰合营企业法》、1972年《罗马尼亚合营企业法》以及1987年《苏联合营企业法》。

〔2〕 韩德培主编：《国际私法》，武汉大学出版社1983年版，第113～116页。

时以及整个投资期间,没有自愿取得东道国国籍的人。

根据国际法的一般规则,各国有权决定谁具有其国籍,一国赋予国籍的方式原则上是国内法事项。国际常设法院早在摩洛哥案的咨询意见中就重申了这一原则,[3]以后许多学者也对此予以肯定。当然,只有当这些法律与国际公约、国际习惯及普遍承认的关于国籍的法律原则不相冲突时,其他国家才会予以承认。[4] 因此,在双边投资条约中对于"国民"的定义亦采取了这一规则。例如,苏丹与瑞士1974年订立的《关于鼓励和相互保护投资的协定》第1条对"国民"一词定义为:依缔约各方各自的立法,被认为是该国公民的自然人。中国与德国1983年签订的《关于促进和相互保护投资的协定和议定书》中关于自然人的定义规定,在中国方面,系指具有中华人民共和国国籍的自然人;在德国方面,系指在本协定有效范围内有住所的德国人。

由于各国法律决定国籍的方式不同,例如,有的是以血缘主义为主,有的是以出生地或住所为主,再加上归化或入籍等其他方式,一个人就可能具有双重或多重国籍。各国正在采取立法措施避免这一现象。在国际法上,1930年《关于国籍法冲突的若干问题的公约》对这一问题的解决方法是:第一,平等原则,规定对于具有两个以上国籍的人,各该国家都可以视其为本国国民;一国对于其国民的外交保护不得对抗该国民的另一个国籍所属的国家。第二,有效国籍原则,公约规定,有一个以上国籍的人在第三国时,应视为只有一个国籍,第三国应仅承认他经常和主要居住的国家的国籍,或与他事实上关系最密切的国家的国籍。后来国际法院在1951年的诺特波姆案中,也适用了有效国籍原则。依1965年《解决国家与他国国民间投资争端公约》规定,对于具有双重国籍的自然人,如果他也具有投资争端一方的缔约国国籍,就不得利用公约设立的"中心"的管辖权。

第二节 法 人

法人是按法定程序设立,有一定的组织机构和独立的财产,具有民事权利能力和民事行为能力,依法独立享有民事权利和承担民事义务的组织。非法人组织是不具有法人资格,但是能够依法以自己的名义从事民事活动的组织,其财产不足以清偿债务时,由其出资人或者设立人承担无限责任。法人和非法人组织都可以作为国际投资法的主体,但由于法人是世界各国普遍承认的重要民事主体,因此这里仅着重介绍法人在国际投资中的资格与能力。

一、作为国际投资法主体的法人的法律能力

法人能否作为国际投资法的主体,取决于其权利能力的范围。而法人的权利能力范

---

[3] *Advisory Opinion in the Nationality Decrees in Tunis and Morocco Case*, P. C. I. J. Series B, No. 4, 1923, p. 24.

[4] [英]劳特派特修订:《奥本海国际法》(上卷第2分册),石蒂、陈健译,商务印书馆1972年版,第142~144页。

围是由有关法律及法人的章程决定的。有的国家法律对从事对外经济合作的法人资格予以限制,我国在1983年前签订的《双边投资协定》(BIT)规定中国投资者要有对外经济合作权。如中国与德国1983年签订的《双边投资协定》中规定,"投资者"一词,在中国方面,系指"经中国政府核准、注册并有权同外国进行经济合作的公司、企业或其他经济组织"。中国与罗马尼亚1983年的《双边投资协定》也有类似的规定。

关于法人的一般权利能力,国际上历来认为应依法人的属人法确定。法人的属人法一般解决:(1)法人成立所必备的要件,即法人是否成立、是否存在的问题;(2)法人的权利能力和行为能力问题,包括法人能从事何种活动,能取得和享有何种权利等;(3)法人的内部体制和对外关系,包括法人的组织、其代表权的范围、法人与其成员间的关系、成员的权利与义务等。但是,法人在其他国家进行活动时,其权利能力和行为能力的范围除受其属人法支配外,还须受其所在国法律支配。

二、法人国籍的确定

法人的属人法指法人国籍所属国的法律。当具有外国法人资格的公司、企业到东道国投资时,为了确定其一般法律能力,就必须确定其国籍。

确定公司的国籍在投资法律关系中具有重要意义。首先,通过确定某一公司是否为外国公司,可以确定该公司可否享受东道国给予外国投资者的待遇和保护,包括国内法给予的各项优惠和投资条约提供的保护。其次,当公司在国外遭到非法侵害而又未能在当地得到应有的救济时,公司的国籍国可以对其行使外交保护。根据国际实践,对公司的外交保护权属于其国籍国,只有当公司的国籍国没有行使外交保护的能力等例外情况下,股东国籍国才可行使外交保护权。最后,当发生投资争议诉讼时,若是涉及公司的权利能力和行为能力问题,或涉及公司内部事务等问题时,应依公司的属人法解决,适用公司国籍国法律。

在国际实践中,对于如何确定公司的国籍,主要有成立地说、住所地说、法人设立人国籍说、实际控制说和复合标准说等多种,其中依成立地和住所地是两种普遍的标准。

成立地说主张以法人成立地为确认该法人的国籍之依据,因为法人是一定法律制度所创造的"人格",所以它应具有创设国(批准地国或登记地国)的国籍。目前英美法系国家均采取此标准来决定法人的国籍。例如,《美国第二次冲突法重述》规定,商业法人的有效成立必须符合其成立所在州法律规定的条件,而不管其活动地,或者董事、经理及股东住所地的法律作何规定(第296节)。依印度法律规定,外国公司是指在印度境外成立的并在印度设有营业地的公司。在国际上,国际法院在1952年的英伊石油公司案中也曾适用了成立地标准。[5] 在该案中,法院明确地注意到该公司是根据英国法律成立的,并马上指其为"这个英国公司"。20世纪70年代,国际法院在巴塞罗那公司案中也适用了相同的标准。

住所地说认为,法人的住所在哪一个国家,就具有哪国国籍,因为"法人是一种与其机

---

〔5〕 *Anglo - Iranian Oil Co. Case* (*United Kingdom v. Iran*), I. C. J. Report, 1952, p. 102.

关的所在地有领土联系的社会机体,而不是拟制物"。[6] 大陆法系的国家大都采用住所地标准来决定公司的国籍。至于何处为法人的住所,有的国家依管理中心地,有的则依营业中心地。但无论决定住所的标准是什么,住所地作为决定国籍的标准已为国际实践所接受。常设国际法院在威布莱顿(Wimbledon)案中就承认了这一标准。[7] 在该案中,该公司的唯一特点是其管理地位于巴黎,依法国法律确定该公司的国籍为法国。许多采用这一标准的国家在其国内法和双边条约中也均作此规定。例如,阿根廷把外国投资者定义为居住在国外并在某一新的或现存企业中参与投资的个人或公司。这样,住所位于国外的公司就是外国公司。[8] 德国在其与外国签订的双边投资协定中都规定了这一标准。

除上述两种标准外,控制说也为实践所采用。"有效控制"是在两次世界大战期间采用的,以决定一公司是否为敌国公司。英美将德国控制的公司(尽管它是依内国法律成立的)看作敌国公司。在实践中,拥有多数股权往往被看作取得控制的一个重要标准。当然,"控制"还包括其他手段或因素。美国在"二战"中的做法是,一个公司如想得到美国的保护,其50%以上的股权须为美国国民所有。直到现在还有些国家在其国内法或其缔结的双边条约中采用这一标准。例如,1970年《加纳商法》规定,除非公司的全部资本或其他金融利益由加纳公民所有并且该企业由加纳公民控制,则该公司被认为是一个外国企业。瑞士在其缔结的《双边投资协定》中均采用这一标准。其标准协定草案将瑞士公司定义为由瑞士国民直接或间接拥有多数股权的法人或不具有法律人格的公司。[9] 为了衡量控制权,须考虑瑞士国民持有的资本股份以及对该公司行使决定性影响的其他因素。苏丹与瑞士签订的投资保护协定给"公司"一词的定义,包括有法律人格的公司、组织或基金会,以及无法律人格的合伙、厂商或有限合伙和其他联合,其中,缔约各方的国民直接或间接地拥有多数股权。[10] 1972年的安第斯条约国外资法也是依资本股权和其他手段的控制来确定内国企业和外国企业的。

必须注意到,在国际实践中,以控制说为根据来主张对其国民控制的公司行使外交保护权会遇到障碍。例如,在著名的巴塞罗那公司案中,国际法院就以法人成立地和住所地作为确定法人国籍的标准,拒绝了比利时根据股东控制权提出的求偿要求。[11] 同时,以这种标准为据确定国籍,势必会与公司的成立地和住所地标准相矛盾或相冲突,造成公司的双重或多重国籍,导致公司国籍的冲突,不利于国际经济秩序的稳定。当然这并不是说"控制"标准在任何情况下都不得使用,在国际实践中,它在某些情况下得到了承认。例如,1965年关于《解决国家与他国国民间投资争端公约》规定,法人具有争端对方国国籍者(东道国国籍),如该法人为外国人所控制者,只要双方同意,从公约的目的出发,其仍可看作另一缔约国国民,其争议属"中心"管辖。

---

〔6〕 [德]拉德任斯基:《论法人的国籍》,载隆茨编:《国际私法论文集》,世界知识出版社1959年版,第95、98页。

〔7〕 *Permanent Court of International Justice*, Reports, Series A, No. 1.

〔8〕 UN, CTC, *National Legislation and Regulations Relating to Transnational Corporations*, 1978.

〔9〕 UN, CTC, *Bilateral Investment Treaties*, ST CTC/65, U. N. Publication Sales No. E. 88 Ⅱ A, 23 - 24(1988).

〔10〕 Fath EL Rahman Abdalla EL Sheikh, *The Legal Regime of Foreign Private Investment in the Sudam and Saudi Arabia*, 17(1984).

〔11〕 *The Barcelona Traction*, I. C. J. Report 4(1970).

此外,还有的国家采用复合标准,要求法人须同时具备两个或三个标准,才能确定为具有某国国籍。例如,根据1965年《沙特阿拉伯公司法》和1979年的《沙特阿拉伯外国投资法》的规定,只有当公司的主要办事机构、成立地位于沙特,以及全部股东均是沙特人时,该公司才具有沙特国籍。

鉴于上述现实,有关国家往往依据几种标准来判定何为外国企业或外国投资者。例如,巴布亚新几内亚的法律规定,外国企业是指公司在巴布亚新几内亚未设立中心管理或控制机构;公司的投票权由非巴布亚新几内亚人控制;公司依外国法成立;公司26%以上的投票权由非巴布亚新几内亚人控制,或其26%以上股份由非巴布亚新几内亚人拥有。[12] 又如,根据《日本外汇及外贸管理法》规定,"外国投资者"一词包括:非居住者的个人;按外国法设立的法人或其他团体,或者在外国设有主要办事机构的法人或其他团体;其50%以上股份由非居住者个人,或依外国法设立的公司,或在外国设有主要办事机构的公司直接或间接拥有;董事会成员的多数是非居住的个人或公司或其他组织。[13]

我国在实践中对于在外国已根据它的法律取得了某国国籍的法人,一般都承认其已取得该国国籍,而不管该外国适用何种标准。这一态度已反映在我国与外国签订的《双边投资协定》中。至于我国决定外商投资企业的标准,则是采用成立地标准的。凡是在中国境内设立的、具备法人条件的企业,经核准登记后就成为中国法人。即使全部资本由外国投资者投资的外资企业,只要具备以上条件,便是中国法人,而不是外国企业。

三、对外国法人的承认及对其能力的限制

(一)对外国法人的承认

法人虽依其属人法具有独立的法律人格,但不是在所在国家以外的任何国家也当然具有这种独立的人格,外国法人必须经过内国的承认才能在内国作为一个法人而存在,才能以独立的法律人格进行活动。承认外国法人,只具有确认或宣示的性质,而没有创设的性质,即只意味着该外国法人在内国也被认为有法人资格,而不是把它转变为一个内国法人或由此创设一个新法人。

各国对外国法人承认的方式有以下几种:(1)一般认可制。外国法人依内国法规定,办理必要的登记或注册手续,即可取得在内国进行活动的权利,无须经内国政府特别批准。英、美等国均采取这种做法。(2)特别许可制。外国法人必须经内国政府主管机构依法定程序审核批准,才能予以承认。奥地利、比利时等国采取这种制度。有的国家根据法人的性质采取不同的承认方式。如德国对于商业性质的组织采取一般认可制,而对于非商业性质的法人组织则采取特别许可制。

依我国有关法规规定,外国企业确有需要在中国设立常驻代表机构的,必须经过申请、批准、办理登记手续等程序;否则,外国企业不得开展常驻业务活动。可见,我国是采取特别许可制的。

---

〔12〕 UN, CTC, *National Legislation and Regulations Relating Transnational Corporations*, Vol. 3, p. 109(1983).

〔13〕 姚梅镇等编写:《国际投资法教学参考资料选编》(上册),武汉大学出版社1987年版,第32页。

(二)对外国法人权利能力和行为能力的限制

一个外国法人在内国被承认为法人后,虽具有法人的一般权利能力,但它在内国的特别权利能力和行为能力的范围还须受内国法支配。依据国际法,除条约另有规定外,每个国家都有权自由规定外国法人在内国享有权利和进行活动的范围。例如,一个国家可以限制或者禁止外国法人在该国经营公用事业、金融、保险等行业;在某些领域中外国法人不能享有与内国法人同等的待遇;在投资经营活动中,在人、财、物、产、供、销等方面都应遵守东道国的有关法律规定。

第三节 跨国公司

跨国公司在国际投资中有举足轻重的作用和影响,是国际投资法的重要主体。跨国公司作为一种经济组织,在法律性质上与具有法人资格的一般商业公司大体相同,但由于其本身的特点,它也产生了一些特殊的法律问题。因此,本节专门对跨国公司的法律地位和法律关系作一阐述。

一、跨国公司的概念与特征

对于什么是跨国公司,人们长期以来从各个方面,例如,从跨国程度、股权拥有、决策和控制、部门与活动、规模、动机等方面下了种种定义,但均存在争议。后来,联合国跨国公司委员会拟定的《跨国公司行动守则》(草案)在这方面取得某些一致。该守则关于跨国公司的案文是,本守则所用"跨国公司"一词是指一个企业,组成这个企业的实体设在两个或两个以上的国家,而无论这些实体的法律形式和活动范围如何;这种企业的业务是通过一个或多个决策中心,根据一定的决策体制经营的,因而具有一贯的政策和共同的战略;企业的各个实体由于所有权或别的因素有联系关系,其中一个或一个以上的实体能对其他实体的活动施加重要影响,尤其是可以同其他实体分享知识、资源以及分担责任。[14]根据上述定义,我们可以看到跨国公司具有如下基本特征:

一是跨国性。跨国公司的实体虽分布于多国,在多国从事投资经营活动,但一般仍以一国为基地,受一国大企业的控制、管理和指挥。跨国公司在国外经营可采取子公司、参与公司、分公司等多种形式,但母公司或总公司通过所有权或其他手段对这些实体行使决定性的控制。因此,我们所说的某国的跨国公司是指其母公司或总公司位于某国,而在其他国家设有各种实体从事跨国经营活动的公司集团。

二是战略的全球性和管理的集中性。跨国公司制定战略时,不再是从某个分公司、某

---

〔14〕 UN,CTC,*The United Nation Code of Conduct on Transnational Corporations*, UN. Publication Sales No. E. 86. 11,A. 15.

个地区着眼，而是从整个公司的利益出发，以全世界市场为角逐目标，从全球范围考虑公司的生产、销售、扩张的政策和策略，以攫取最大限度和长远的高额利润。跨国公司的全球战略，是由母公司制定的。母公司的决策中心对整个公司集团各实体拥有高度集中的管理权。

三是公司内部的相互联系性。跨国公司是由它分布在各国的诸实体所组成的企业，其内部各实体之间，特别是母公司和子公司之间存在密切的联系，从而使母公司或总公司内的某些实体能对其他实体分享知识、资源和分担责任。因此，有人认为，跨国公司的主要法律形式，是根据各种法律制度成立的多个公司的聚集，但受母公司的集中控制，因而构成一个单一经济体。也就是说，跨国公司内部各实体间在法律上往往是相互独立的实体，而在经济上又是在母公司控制下所形成的一个整体。从跨国公司具有共同的商业目的、中央控制和内部一体化的活动等方面来看，跨国公司具有企业的特征，是一个经济实体，但它一般不是一个单一的法律实体。[15]

二、跨国公司在国内法上的地位

在国内法上，跨国公司诸实体没有特殊地位。它们与所在国的商业组织具有相同的地位。跨国公司的母公司或总公司在其母国与其他商业公司一样，是根据母国的法律成立的，其法律能力也是由母国的法律决定的。跨国公司在东道国的实体，或是根据东道国法律成立而由母公司控制的子公司，与东道国其他公司处于相同地位；或是作为分公司在东道国登记注册，其地位仍属外国公司。无论跨国公司的这些实体是内国还是外国公司，它们与其他商业公司在法律地位上没有差别。例如，根据 1965 年《马来西亚公司法》，“公司”一词包括在马来西亚境内或境外成立的任何公司实体，也包括外国公司。外国公司在马来西亚营业就必须成立子公司或登记注册若干分公司，[16] 这是国际上通行的做法。同样，外国公司在中国进行投资经营活动时，也须根据中国法律成立合营企业、合作企业或外资企业，或者核准注册其分公司。但是，在法律上，子公司与分公司具有不同的法律地位。

（一）子公司

子公司通常是指由母公司持有全部或多数股份的企业。但是，由于跨国公司行使控制的手段已经不限于所有权，还有各种各样的合同与安排，因而子公司的概念也发生了某些变化。根据某些欧洲国家，如德国、意大利、丹麦、瑞典的法律规定，由于持股或协议而处于另一公司决定性影响下的公司，是该另一公司的子公司。[17] 因此，许多位于发展中国家的与外国投资者举办的合营企业、外控公司均可纳入子公司的范围。

国外的子公司是依东道国法律设立的。它们可以根据东道国法律的规定，采取股份

〔15〕 余劲松：《跨国公司法律问题研究》，中国政法大学出版社 1989 年版，第 4 ~ 14 页。

〔16〕 Leonardo A. Quisumbing ed., *Business Organizations*, Foreign Corporations and Transnational Corporation, 1982, p. 25.

〔17〕 P. Meinhardt, *Company Law in Europe*, 1981.

有限公司、有限责任公司等形式。无论采取哪种形式,都必须遵守东道国规定的程序和条件。

这些子公司具有独立的法律人格,相对于其母公司,它们是独立的法律实体。子公司根据东道国法律的规定,能独立以自己的名义享有权利能力和行为能力,行使权利和承担义务,能独立进行诉讼,并能独立承担民事责任。它们同其他法人组织一样,是国内法上民事法律关系的主体。

由于子公司一般是东道国的法人,因此东道国对其既拥有属地管辖权,又拥有属人管辖权。子公司必须遵守东道国的法律并受其法律的保护。

(二)分公司

跨国公司还可以通过在东道国设立分公司的方式进行投资经营活动。国外分公司是总公司在国外设立的办事机构、营业机构。这种机构没有独立的法律地位,不具有独立的法律人格,只不过是总公司的增设部分,具有总公司的国籍。总公司对分公司的行为直接承担责任。

许多国家的法律规定,外国公司在东道国设立分公司必须经过核准注册登记,才能进行经营活动。注册的目的是核准外国公司的法人资格。经核准注册后,分公司可以其总公司的名义进行活动,也就是承认外国法人在东道国的权利能力和行为能力;同时,通过注册,也便于东道国对其活动进行管理和监督。

外国公司的分公司具有外国国籍,因而不受东道国的属人管辖,但它们在东道国进行投资经营活动时,仍须服从东道国的属地管辖权。

(三)母公司或总公司

与子公司的概念相对应,凡是在子公司中持有全部或多数股权,或通过合同等其他手段控制子公司的公司就是母公司。与分公司的概念相对应,凡设立该分公司的公司称为总公司。

外国母公司或总公司在东道国的地位,因其采取的投资方式不同而不同。在设立子公司的情况下,外国母公司往往控制多数或全部股权,在法律上,它只是子公司的股东(在多数控股时为有控制权的股东,在独资企业情况下是唯一的股东)。因此,子公司与外国母公司的关系是公司与股东的关系,它们之间的关系是由东道国公司法或有关合营企业法调整的。

若外国公司在东道国没有设立具有法律人格的公司,而是采取合伙等投资形式进行投资经营活动时,由于这类投资通常是通过合同进行的,因而其权利和义务主要取决于合同的约定。例如,外国公司在我国那些不具有法律人格的中外合作经营企业中,是作为外国合作者,作为合作合同的外方当事人享有权利和承担义务的。在中外合作开采海洋石油资源时,外国公司是作为开发石油合同的外国合同者一方承担权利和义务的,其活动除受石油法及其他有关法律调整外,主要受合同双方订立的开发石油合同调整。在上述情况下,这些外国合作者、外国合同者仍具有外国公司的身份,其母国对它具有属人管辖权,但其在东道国的活动以及与东道国方订立的合同仍须受东道国法律支配。

三、跨国公司产生的法律关系

尽管跨国公司各实体在所在国中与其他商业公司的地位没有什么差别，但是，由于跨国公司内部的密切联系、经济上的一体化，在法律上也会产生一些不同于一般商业公司的复杂关系，由这些复杂的关系产生的法律问题也比一般商业公司产生的问题更广泛、更复杂。[18]

（一）跨国公司内部间的各种关系

由于跨国公司内部存在各种实体，各实体间必然会存在各种复杂的关系，例如，总公司与分公司的关系、母公司与子公司的关系、子公司与子公司的关系、子公司内部的关系等。其中最引人注意和最重要的是母公司与子公司的关系。

母公司与子公司在法律上虽是相互独立的实体，但通过股权、合同或别的手段又存在控制与被控制的关系。就子公司而言，这种受控关系对其内部关系及内部事务的处理均产生了很大的变化。

首先，从公司与股东的关系看，在子公司中，母公司成为唯一的或有控制权的股东，子公司的股东一般不再是自然人，也不再像一般的股份公司那样拥有数量众多的股东。因此，母公司作为子公司的唯一的或有控制权的股东，对子公司有决定性的影响。同时，当母公司在子公司中占有多数股权时，还会产生母公司与占少数股权的股东间的关系问题。由于占少数股权的股东在子公司里居于从属地位，其利益可能会受到母公司根据其整个公司集团的利益做出的决策或决定的损害，因而也就产生了对子公司中占少数股权的股东的保护问题。

其次，从子公司的管理关系看，母公司不同于一般股份有限公司的股东，不是与公司的管理相分离，而是参与公司的管理。母公司几乎总是为子公司确定政策、决定预算、广泛地参与子公司的决策。一般来说，关于跨国公司整体活动问题，综合规划、开发、调整问题，主要的人事活动问题，超过一定数额以上的资金计划，工厂的扩展与新设备的购买，红利的决定等，都由母公司决定。而当地的问题，日常业务、销售、采购、劳务、生产等短期的技术事项则可由子公司自主决定。从子公司的管理者来看，子公司的董事往往是由母公司任命或指派的，他们与母公司有各种联系，往往要为两个主人服务，不仅要服从所在国的法律及公司章程，而且要服从其外国母公司的商业规则和指示。这样，他们在管理子公司时，可能不但要考虑子公司的利益，而且要考虑整个公司集团的利益。

最后，与一般商业公司不同，母公司的业务在经济上往往是与子公司的业务结合在一起的。而且，在一般公司中，股东主要关注公司利润，股东的利益与公司的利益没有冲突；而在母公司和子公司的关系上，母公司作为子公司唯一的或主要的股东，除了子公司的利益外，还有其自己的主要利益，有时，母公司或公司集团的利益会与子公司的利益相冲突，因而母公司可能会利用其对子公司的控制为自己谋利而不顾子公司的利益。

鉴于母公司与子公司的这种复杂关系，东道国所面临的任务也更艰巨，既要注意保护

---

〔18〕　姚梅镇：《比较外资法》，武汉大学出版社 1993 年版，第 227 ~ 281 页。

子公司的利益,又要注意使该子公司的经营政策及活动与东道国的发展计划和目标保持一致;既要注意发挥母公司在资金和技术上的优势,又要注意防止母公司过度控制子公司并用以损害东道国的利益。

(二)跨国公司实体与其他企业、公司间的关系

跨国公司位于东道国的实体与其他企业、公司、其他经济组织或者个人会发生各种关系,在法律上,这些关系主要是通过合同和侵权行为产生。

在合同关系中,当事人双方的地位是平等的,因而跨国公司实体与其他企业、组织的合同关系是平等主体间的关系。但是,在合同关系上,跨国公司往往会利用其优势迫使对方接受不公平的合同,因而合同法应注意防止这种现象,同时,其他经济组织在与跨国公司实体订立合同时要加强自己讨价还价的能力。

侵权行为是跨国公司与其他经济组织和个人发生法律关系的又一根据。例如,当因产品质量不合格、从事高度危险作业以及严重污染而造成财产、人身损害时,就产生了侵权行为责任。一般来说,由于跨国公司经营范围广,其业务有很多是高技术、高度危险的,因而潜在的债权人数量比一般单个商业公司多得多,而且一旦损害事实发生,其性质也严重得多。有时,跨国公司某一实体在东道国所造成的损害如此之大,以致该实体根本无力进行赔偿,印度著名的博帕尔毒气泄漏案就是如此。[19] 特别值得注意的是,在很多情况下,这些损害是由于母公司的原因造成的,如母公司制造的产品有缺陷、母公司自己的疏忽或管理不善等。然而由于母公司与子公司在法律上是相互独立的法律实体,其法律责任也是分离的,因而难以追究母公司的责任。因此,东道国在接受跨国公司前来投资时,也必须注意到对当地债权人的保护。

(三)跨国公司与东道国间的关系

跨国公司到东道国进行投资经营活动时,当然也会与东道国产生某些法律关系。这些法律关系主要有两类:一是合同关系;二是经济行政管理法律关系。

跨国公司与东道国的合同关系主要表现在特许协议上。以前,一些不发达国家或发展中国家为了开发其自然资源,常常与外国公司(主要是跨国公司)订立协议,合作开发。"二战"后,许多发展中国家都成立了具有法人资格的国家公司,由这些国家公司负责与外国公司签订有关的自然资源开发合同,由此,跨国公司与东道国政府间的资源开发合同关系现在已多为跨国公司与东道国国家公司间的合同关系所取代。不过,自 20 世纪 90 年代以后,许多国家通过政府与社会资本合作(Public Private Partnership, PPP)等方式,允许外国私人投资者与政府合作建设基础设施,特许协议成为跨国公司与东道国在基础设施建设领域合作的主要形式。

在对跨国公司进行管理方面,我们知道,跨国公司对东道国的经济发展既有积极作用,又有消极影响。如何发挥其积极作用,抑制其消极影响,关键在于东道国的引导,既要对跨国公司提供有力的法律保护和鼓励,又要对其活动进行监督、管理和控制。对跨国公

---

[19] 关于印度博帕尔毒气泄漏案,参见姚梅镇、余劲松主编:《国际经济法成案研究》,武汉大学出版社 1995 年版,第 1~39 页。

司的管制主要是针对其可能产生消极影响的活动和政策。例如，跨国公司的“全球战略”可能与东道国的发展方向不一致；它们可能采取转移定价的手段逃避东道国的税收，逃避东道国的外汇管制措施，还可能采取各种限制性商业惯例，限制竞争，垄断市场，牟取暴利；它们在国际间大量的资金流动可能会给东道国的国际收支带来重大影响；它们还可能利用东道国环境法不健全的漏洞，开设有严重污染和公害的工厂，给东道国的环境和人民生命财产带来重大损害；等等。因此，东道国必须通过各种法律手段，对跨国公司的活动进行管制。由这种法律管制产生的关系属于经济行政管理法律关系。一般来说，由于跨国公司具有不同于一般单个商业公司的特殊性，东道国对跨国公司活动进行法律管制的任务也更加艰巨和复杂。

（四）跨国公司与母国间的关系

跨国公司不仅与东道国存在矛盾与冲突，而且与其母国也存在矛盾与冲突。例如，跨国公司资本的大量输出，可能会减少母国国内的就业机会，减少母国商品的出口，导致技术外流，国内投资减少，影响母国的国际收支。跨国公司还可能利用避税港，通过转移定价的方式逃避母国的税收等。因此，母国对跨国公司的这些活动也会采取法律措施予以管制。因此，在跨国公司与其母国之间也存在经济行政管理的法律关系。

可见，与一般商业公司相比，跨国公司所产生的法律关系要复杂得多。在上述几种关系中，跨国公司与东道国间的关系最具重要性，因为只有当东道国能较好地管制跨国公司的活动，并对其合法权利予以法律保护时，才能较好地解决现存各种关系中所存在的各种法律问题。[20]

四、跨国公司的国际法律地位

跨国公司既然在国内法中没有特殊地位，那么，它们在国际法上是否具有特殊地位？它们是不是国际法主体？国际法学者们对此众说纷纭。有些学者认为跨国公司不具有国际法律地位，但也有学者以国家契约、国际仲裁等为理由认为其具有国际法主体资格。

根据一般法学理论，法律关系的主体是法律关系中权利和义务的承担者，而要成为法律关系的主体，就必须具有权利能力和行为能力。权利能力是依法享受权利和承担义务的资格，行为能力是按自己意志的行为能产生法律效果的能力。国际法主要是调整国家之间关系的，因此是一个特殊的法律体系。作为国际法的主体也具有特殊性，即其须具有独立参加国际关系并直接承受国际法上的权利和义务的能力。这种能力可以是原生的，也可以是派生的。国家作为国际法主体，是因为它具有主权，不受任何外来权力的管辖，也就当然地具有国际法上的能力。某些国际组织之所以能够作为国际法主体，是因为国家通过公约等形式赋予它这一资格，这些国际组织除了它的基本法外，不受其他法律管辖，在其基本法的范围内具有一定的国际法律能力，如缔约、取得和处理动产和不动产，进行法律诉讼等。跨国公司是否可以作为国际法主体，取决于它们是否具有这种能力。

众所周知，在国际上并不存在国际公司法之类的法律，因此，跨国公司是国内法，而不

〔20〕　姚梅镇：《比较外资法》，武汉大学出版社 1993 年版，第 277 ~ 281 页。

是国际法的产物。无论是跨国公司的母公司还是其子公司都必须根据本国或东道国的公司法之类的法律设立,作为本国或东道国的营利法人。这就决定了跨国公司不是政府,不是国际组织,也不是国际法人,只是国内法人。美国著名学者弗农说,任何在外国领土上经营的企业,一般要根据东道国政府决定的条件,在那个领土里设立分支单位,这类由东道国政府给予法人权利的实体,一般被该政府看作该国的国民,与其他国民没有区别。〔21〕

既然跨国公司是国内法人,那么它们的权利能力和行为能力只能取决于国内法的规定,且不能超出国内法的规定。同时,也由于它们是国内法人,根据国际法的管辖权原则,主权国家具有属地优越权和属人优越权,跨国公司必须服从国家的管辖。基于这种管辖就产生了两个重要的后果:其一,跨国公司没有根据自己的意思独立参加国际关系的能力。它们的意志是以国家的意志为转移的。它们只能在国家的政策和法律允许的范围内参加国际和国内活动。其二,跨国公司也没有直接承担国际权利和义务的能力。它们只有当国际法成为国内法时才能享有该国际法上规定的某种权利,承担某种义务。由此可见,既然跨国公司缺少作为国际法主体的法律能力,也就不可能是国际法主体了。〔22〕

可见,跨国公司的地位不能与国家相提并论,不具有也不应该具有国家那样的国际法主体资格和能力。不过,值得注意的是,随着国际法特别是国际人权法的发展,国际上现在有不少学者认为,依据某些国际条约的规定,个人(包括自然人和法人)可以直接享受国际法上的权利和承担义务。有学者认为,随着经济全球化的发展,个人、跨国公司、非政府组织在国际社会的地位会进一步提升,从而"最终使之成为不同于国家的国际法主体的地位得到国际社会的完全承认"。〔23〕从客观上看,随着经济全球化的发展,国际关系的主体也必然趋向多元化,非国家行为主体包括非政府组织、跨国公司等,已在国际关系中发挥重要作用,其国际地位也逐步上升,因此,其在国际法上的地位将来也会随着国际关系的发展而发生变化。

第四节 国家与国际组织

除法人、自然人以外,国家与国际组织也是国际投资法的重要主体。

一、国家

国际投资关系既包括国内方面关系,又包括国际方面关系,而国家是这两种关系的重要参加者。国家作为国际法主体,具有独立参加国际关系和直接承受国际法上权利和义务的能力。因此,国家有权同其他国家缔结有关国际投资的条约,如双边投资协定、多边

---

〔21〕 Raymond Vernon, *Storm over the Multinationals*: *The Real Issues*, Harvard University Press, 1977, p. 15.

〔22〕 余劲松:《跨国公司法律地位浅析》,载《法学研究》1985 年第 2 期。

〔23〕 王贵国:《理一分殊——刍论国际经济法》,载《比较法研究》1999 年第 Z1 期。

投资公约等;若国家间就投资问题发生争端,还有在国际法院进行诉讼的权利。同时,国家还可以作为特殊的民事法律关系主体,直接参与国际投资活动,与外国私人投资者签订特许协议,进行自然资源的开发或公用事业建设,依据法律与合同的规定,取得权利,承担义务。国家直接参与国际投资活动的权利和能力,是由主权派生出来的。

国家参与国际投资活动时,其地位具有特殊性。国家若作为合同当事人一方从事投资经营活动,则应与另一方私人当事人处于平等的地位;另外,国家作为主权者,有管理领域内外国投资的权利,国家及其财产享有豁免权。下面对此特殊性进一步加以阐述。

(一)国家管理境内外国投资的权利

根据国家主权原则,国家对其领域内的一切人、事、物享有属地最高权,因此,国家有调整和管制其领域内一切经济活动的权利。联合国大会通过的《各国经济权利和义务宪章》对国家的经济权利作了明确的规定。各国有关的国内立法也有相应的规定。

各国的外资法在规定外国投资者的权利和义务的同时,也规定了保留给政府的权利,这些权利是外国投资者不能通过契约予以排除的。根据世界银行解决投资争端国际中心的调查,政府保留的权利主要有:

1. 决定投资的优先顺序。这主要表现在东道国政府有权根据本国的经济发展目标,决定投资的优先顺序,决定禁止、限制和鼓励外国投资的部门、地区,决定对哪些投资者、行业、产品施以优惠待遇等。

2. 投资审查权。东道国政府有权对外国投资进行审查和甄别,有权审查投资者的身份与地位,有权批准投资项目或撤回批准;等等。

3. 管理生产和销售活动的权利。东道国政府有权对外国投资企业的生产和销售活动进行监督和管理。例如,要求外资企业的生产达到规定的标准、限制进口、限制产品的国内销售比例、防止垄断和不正当竞争等。

4. 国有化或征用权。东道国政府在某种情况下,为了公共利益,有权对外国投资企业实行国有化或征用,并给予适当补偿。

5. 外汇管制权。东道国政府有权决定其外汇管制制度,决定货币汇率,在国际收支困难时限制外国投资的利润和原本的汇出。

6. 征税权。东道国有权对外国投资者和外国投资企业征收各种税款,有权决定对哪些部门、行业中的投资予以减免税。

此外,国家有权限制外国投资者的权利,有权修改自己的法律,从而改变外国投资者的权利和义务(当然,在这种情况下,也要注意保护外国投资者的合法权益),有权对不遵守东道国法律的外国投资者予以制裁;等等。[24] 国家的这些主权权利既不能为与外国投资者所签订的契约予以排除,也不受契约的限制。

(二)国家及其财产豁免

国家豁免一般指一个国家不受另一个国家管辖。从司法上说,指不得对一个国家起

---

〔24〕 解决投资争议国际中心《世界投资法》。

诉或对其财产加以扣押或执行。国家及其财产豁免的法律根据是主权原则,各主权国家都是平等的,平等者间无管辖权,因此,任何一个主权国家都不受他国司法管辖。[25] 西方国家从19世纪初起,通过司法实践和国内立法,逐渐形成相互给予管辖豁免的惯例。这一惯例到19世纪下半叶便在欧美流行,得到各国的肯定。然而,后来由于国家参与通常属于私人经营范围的事业逐渐增多,欧洲有些国家开始实行限制,只对国家的公法行为给予豁免,而对国家的私法行为则拒绝给予豁免。因此,关于国家豁免就出现了绝对主义和限制主义的理论与实践。

绝对主义是指不问国家从事的是公法行为还是私法行为,除非该国放弃豁免,都给予豁免。英国国际法学权威学者奥本海、美国著名国际法学者海德等都持此观点。在实践中,英国、美国在20世纪50年代以前一直是支持绝对豁免的。

限制主义是只对外国的公法行为(主权行为、统治权行为)给予豁免,对其私法行为(事务行为)则不给予豁免,认为若对国家的私法行为给予豁免,就会使外国政府同与之发生经济、商业关系的个人处于不平等地位,不足以保护个人权益。欧洲大陆一些国家以及英国、美国在20世纪50年代以后均采取这一立场。[26]

为了规范国家豁免问题,2004年12月2日第59届联合国大会通过了《联合国国家及其财产管辖豁免公约》,并从2005年1月17日至2007年1月17日向各国开放签署。该公约在第二部分一般原则中规定,国家及其财产在他国法院享有管辖豁免。管辖豁免包括司法管辖豁免和执行管辖豁免。同时,该公约在第三部分又专门规定了8种不得援引国家豁免的诉讼,即8种司法管辖豁免的例外,包括商业交易,雇佣合同,人身伤害和财产损害,财产的所有、占有和使用,知识产权和工业产权,参加公司或其他集体机构,国家拥有或经营的船舶,仲裁协定的效果。判断是否为"商业交易",公约规定应主要考虑合同或交易的性质,但在两种情况下(合同或交易当事方达成一致,或根据法院地国的实践,合同或交易的目的与确定其非商业性质有关)也应考虑其目的。可见,该公约在肯定国家豁免作为一般原则的同时,也对不得援引管辖豁免的具体情况作出了规定,即对限制豁免的做法也予以肯定。公约体现了各种利益之间的妥协和平衡,代表了国家及其财产豁免国际立法的最新发展。

我国一直坚持国家及其财产豁免是国际法的一个原则,同时在实践中也注意把国家及其财产与国有公司、企业区别开来。国有企业是具有法人资格的经济组织,其财产与国库财产相独立,其进行的商业活动也不属国家的行为,因而不存在豁免权问题。这体现了

---

〔25〕 倪征:《关于国家豁免的理论和实践》,载中国国际法学会主编:《中国国际法年刊》(1983年卷),中国对外翻译出版公司1983年版。

〔26〕 关于国家豁免问题,参见倪征:《关于国家豁免的理论和实践》,载中国国际法学会主编:《中国国际法年刊》(1983年卷),中国对外翻译出版公司1983年版;陈体强:《国家主权豁免与国际法》,载中国国际法学会主编:《中国国际法年刊》(1983年卷),中国对外翻译出版公司1983年版;李浩培:《论国家管辖豁免》,载中国国际法学会主编:《中国国际法年刊》(1986年卷),中国对外翻译出版公司1986年版;李泽锐:《国家豁免问题的回顾与前瞻》,载中国国际法学会主编:《中国国际法年刊》(1986年卷),中国对外翻译出版公司1986年版;黄进:《论限制国家豁免理论》,载中国国际法学会主编:《中国国际法年刊》(1986年卷),中国对外翻译出版公司1986年版。

原则性与灵活性的结合,可避免在国家豁免问题上发生理论上的混乱与争执,有利于促进国际投资与国际经济合作。2005 年 9 月 14 日我国政府签署了《联合国国家及其财产管辖豁免公约》,这表明我国政府对该公约持肯定和支持立场。

(三)国家行为原则

国家行为原则是指主权国家在其领域内所为的行为,外国法院无权审查其行为的合法性及效力。国家行为原则与国家豁免原则相辅相成,构成主权国家应有的权力与尊严。但两者意义与效用又有不同,国家豁免是一国是否服从外国法院管辖,而国家行为是在国家服从外国法院管辖问题上的一种积极抗辩,否认外国法院对该国政府在其境内行为合法性的审查权。[27]

美国关于国家行为原则的态度自 20 世纪 60 年代至 70 年代有所变化。在 60 年代初著名的古巴国家银行诉萨巴迪罗(Sabaatino)案中,美国最高法院在 1964 年判决中认为,对一个主权国家在其境内取得财产的行为和实行国有化的效力,即便违反国际法,美国法院也不能予以审查。但这一事件引起美国国会的强烈反对,并于同年提出《对外援助法》修正案,规定美国法院不能根据国家行为理论,对当事人因外国征收行为提出的权利要求的案件拒绝裁决,除非美国总统基于美国对外政策的需要,决定并通知法院适用这一原则。在后来的邓希尔(Dunhill)案中,美国最高法院认为,外国在其领土内所为的行为如属商业行为,则不适用国家行为原则。这样,国家行为原则与限制豁免两者协调起来了。适用国家行为原则,只限于外国政府的公法行为,而不是商业行为。美国法院认为,除非对国家行为原则实行与国家豁免同样的限制,否则美国的外国主权豁免法的效力就必然会受到减损。

必须注意到,由于《联合国国家及其财产管辖豁免公约》已将"商业交易"排除在管辖豁免之外,因此,国家从事公约规定的"商业交易"行为也就不能免除外国法院的审查。[28]

二、国际经济组织

许多政府间国际经济组织根据其设立的国际条约和文件,具有国际法律人格,在其基本文件规定的范围内不受任何国家权力的管辖,具有独立参加国际关系和直接承受国际法上权利和义务的能力。它们可以与其他法律主体缔约,取得和处置财产,并通过诉讼或采取其他合法手段保护自己的权益。[29] 这些国际经济组织也可以是国际投资法的主体。

在国际投资领域,最为重要的国际经济组织包括解决国际投资争端中心、多边投资担保机构、世界贸易组织等。解决国际投资争议中心是根据《解决国家与他国国民间投资争

---

〔27〕 姚梅镇主编:《国际经济法概论》,武汉大学出版社 1989 年版,第 36 ~ 38 页。

〔28〕 关于"商业交易"的范围,该公约第 2 条作了界定,其是指:(1)为销售货物或为提供服务而订立的任何商业合同和交易;(2)任何贷款或其他金融性质之交易的合同,包括涉及任何此类贷款或交易的任何担保义务或补偿义务;(3)商业、工业、贸易或专业性质的任何其他合同或交易,但不包括雇用人员的合同。此外,该公约附件对公约若干规定的理解中,又补充说明第 17 条中的"商业交易"一词包括投资事项。因此,这里的商事交易争议包括投资事项的争议,若协议将此争议提交仲裁,有关国家一方就不得援引管辖豁免。

〔29〕 关于国际组织的法律地位,参见梁西:《国际组织法》,武汉大学出版社 1993 年版,第 5 ~ 6 页。

端公约》设立的,为缔约国和其他缔约国国民间的投资争议提供调停和仲裁的便利。该中心具有完全的国际法律人格,具有缔约、取得和处理动产和不动产及诉讼的法律能力,中心在完成其任务时,在各缔约国领土内享有公约所规定的豁免与特权,中心及其财产享有豁免一切法律诉讼的权利;中心的主席、理事会成员,担任调停或仲裁员的人员以及秘书处的官员和雇员等在执行任务中的行为享有豁免法律诉讼的权利,但中心放弃这种豁免权除外。此外,中心的档案不受侵犯,中心的资产、财产和收入等应免除一切税捐和关税。多边投资担保机构的法律地位与上述解决国际投资争端中心基本相同。根据《马拉喀什建立世界贸易组织协定》的规定,世界贸易组织具有法律人格,其每一成员均应给予 WTO 履行其职能所必需的特权和豁免。这些国际组织在国际投资关系中发挥着重要的作用。

第三章　国际投资的企业形式

私人投资者在东道国投资或与当地投资者合作时，通常必须根据东道国的法律设立企业或分支机构。成熟的市场经济国家通常制定有公司法、合伙法等商业组织法，投资者在东道国可根据情况选择设立其认为合适的商业组织形式。

我国实行改革开放后，制定了《中外合资经营企业法》《中外合作经营企业法》和《外资企业法》三部法律（以下简称外商投资企业法或三资企业法），为我国利用外资奠定了法律基础。由于我国改革开放初期处于计划经济向市场经济转轨阶段，尚无国际通行的商业组织法，因此，当时制定的外商投资企业法除外资管理内容外，还包含了商业组织法方面的内容。虽然我国后来制定实施了《公司法》和《合伙企业法》，但外商投资企业法作为特殊法在较长时间里仍然适用。2019 年 3 月 15 日第十三届全国人民代表大会第二次会议通过的《外商投资法》（2020 年 1 月 1 日施行）规定，外商投资企业的组织形式、机构及活动准则等适用《公司法》或《合伙企业法》，原来的《中外合资经营企业法》《中外合作经营企业法》和《外资企业法》则同时废止，因此，外国投资者在中国设立企业所适用的法律已经与《公司法》等商业组织法并轨。

第一节　国际合营企业

一、国际合营企业的概念和特征

（一）国际合营企业的概念

合营企业（joint venture），是指两个或两个以上的当事人，为实现特定的商业目的，共同投资、共同经营、共担风险、共负盈亏的一种企业形式。国际合营企业是由不同国籍的投资者举办的合营企业。它通常是由一个或多个外国投资者（法人或自然人）同东道国的政府、法人或自然人按法定或约定的比例共同出资，共同经营特定业务，共同分享利润，共同承担亏损。[1] 国际合营企业是现代国际投资的最常见的企业形式。我国以前的中外

---

〔1〕 姚梅镇：《国际投资法》，武汉大学出版社 1987 年版，第 176 ~ 177 页；R. Duane Hall, *International Joint Venture*, 1984, p. 19。

合资经营企业即属此类。

(二)国际合营企业的特征

根据各国外资立法和国际通行实践,国际合营企业的基本特征可概括为如下几个方面:

第一,它是内外合营者共同举办的企业。国际合营企业是由外国投资者与东道国的投资者共同兴办的企业。这类企业区别于一般国内合营企业之处在于合资各方至少来自两个或两个以上国家,并且至少投资一方的主要业务所在地不在东道国的领土上。[2] 也就是说,凡称为国际合营企业者,其当事方一般包括外方合营者和当地合营者。各国外资立法对外方合营者和当地合营者的资格一般都作了明确规定。

外方合营者,即合营企业的外国投资者,一般包括外国法人或外国自然人,但各国立法对此规定不尽一致,有的国家的法律限定外方合营者必须是在外国依外国法律组建或成立的公司。我国法律出于扩大国际经济合作和技术交流之目的,允许"外国公司、企业和其他经济组织或个人"作为"外国合营者"前来投资。此外,根据我国的特殊情况,我国外资立法还将我国香港特别行政区与澳门特别行政区以及台湾地区的公司、企业和其他经济组织或者个人以及在国外居住的中国公民来境内投资举办合营企业者,视同"外方合营者",一并称为"外商"或"客商"。

当地方合营者,即合营企业的东道国一方投资者。在资本主义国家和许多发展中国家,当地合营者一般包括该国的公司、企业、其他经济组织或个人,此外,东道国政府有时也可以成为当地方合营者,在合营企业中拥有一定股份。但在一些社会主义国家,当地方合营者大都限于本国的公司、企业等法人组织。[3]

第二,它是合营双方共同投资的企业。合营企业是由外方合营者与当地方合营者共同投资举办的。共同投资是合营企业区别于外资(独资)企业的一项显著法律特征。合营各方所投资本构成合营企业的共同财产或独立财产,成为合营企业进行经营活动和对外承担责任的基础。至于合营各方的出资方式和投资比例,在各国外资立法和双边投资条约中一般都有具体要求。

合营各方的出资方式是指合营各方投入合营企业的资本的具体表现形式。一般来说,合营各方可以用货币出资,也可以用实物、工业产权等作价出资。一些发展中国家的外资立法出于引进外国资金和先进技术与设备的考虑,大都要求外方合营者以现金、工业产权及其他先进技术和设备等出资,而当地方合营者则以土地、厂房、机器设备或其他物料等出资。

对于合营各方的投资比例,许多国家特别是发展中国家的外资立法均有限制性规定。有的是规定一个适用于国内一切行业的投资比例,设定外方合营者投资的上限或下限或上下限,其中以规定上限者居多,一般限定外方合营者的投资比例不得超过49%;有的则

---

〔2〕 关于合营企业的特征,参见王贵国:《发展中的国际投资法律规范》,法律出版社1988年版,第51页;W. Friedmann, G. Kalmanoff, *Joint International Business Ventures*, Columbia University Press, 1961, p. 125.

〔3〕 姚梅镇:《比较外资法》,武汉大学出版社1993年版,第354页。

是对不同的行业适用不同的投资比例，其中，与国计民生关系越大的行业要求当地方合营者控股的比例就越高，对于外方合营者的投资所占比例限制得就越低，以体现东道国对外国投资的投资方向的控制。我国法律从引进外资的数量及规模等因素考虑，以前明确规定了外国合营者的投资下限，即要求“在合营企业的注册资本中，外国合营者的投资比例一般不低于25%”。新的《外商投资法》没有规定外国投资者的投资下限要求。

第三，它是合营双方共同经营管理的企业。合营企业既由合营双方共同投资，也由合营双方共同经营。尽管各国的实践在合营企业内部管理机构的设置、组织和运行等方面存在诸多差异，如有的设有股东大会、董事会、日常经营管理机构，有的则只设有董事会、日常经营管理机构，但合营各方依法都享有参加企业经营管理的权利，都有权按照法律规定或合同约定参与决定和处理合营企业的重大事务。

通常，董事会是合营企业的最高权力机构，决定合营企业的一切重大问题。董事会人数组成由合营各方按照投资比例确定或者参照投资比例协商确定，并由合营各方委派和撤换。董事长和副董事长由合营各方协商确定或由董事会选举产生。正、副董事长一般是由合营各方分别担任。〔4〕 合营企业设经营管理机构，负责企业的日常经营管理工作。

第四，它是合营双方共担风险、共负盈亏的企业。“合营企业”一词，英文为joint venture，按其英文字面的含义就是“共同冒险”的意思。因此，合营双方共担风险、共负盈亏是合营企业最典型的法律特征。根据各国外资立法的规定和国际上通行的实践，合营各方一般按照投资比例对合营企业分享利润、分担亏损。至于合营各方对合营企业的债务责任，则依合营企业法律性质的不同而又有区别。一般说来，具有法人资格的合营企业，合营各方以各自认缴的出资额或股份为限对企业的债务承担有限责任。

二、国际合营企业的法律性质和组织形式

（一）国际合营企业的法律性质

关于国际合营企业的法律性质，各国的立法规定及司法实践均不一致，在学说上也有争论。

英美等国认为，合营企业在法律上是一种合伙（partnership），是一种非法人性质的商业组织。英美普通法虽认为合营企业与合伙在性质上有所不同，但一般举办合营企业仍采取合伙形式。在英美法看来，合营者之间的关系实际上是一种人合关系。在某种意义上，每一合营者都是其他合营者的代表，每一合营者对其他合营者或其雇用人员的过失行为所致第三者的损害都应负责。因此，英美法上对合营企业及合营契约的解释，是基于组合论（aggregate theory），而不是实体论（entity theory），一般否认合营企业的法人性质，主张合营企业不是法律实体，而是类似于合伙契约的一种法律行为或属于合伙关系的一种，

---

〔4〕 不过，也有一些发展中国家的外资立法明确要求在合营企业中本地董事须占一定数额，或董事长须由本地合营者担任，以保证本地合营者对企业享有经营管理控制权。我国《中外合资经营企业法》就曾作过类似的要求，后参照国际通行惯例对之进行了修改。

其权利与义务关系应适用(或类推适用)关于合伙的规定。[5] 例如,依照美国国内法的解释,合营企业乃一种"人的特殊结合",是指两个或两个以上的人将其财产、金钱、力量、技术和知识汇集于一体组成一个联合体,以共同从事某些营利性风险活动。因此在美国,虽然适用于合伙组织的法律和原则并非完全适用于合营企业,但合营企业受关于合伙的法律规制。[6]

与此相反,不少大陆法系国家把合营企业纳入公司法范畴,认为合营企业在法律上属于法人(juridical person),而不是合伙。例如,比利时法律允许外国合营者通过参与现存比利时公司或设立新公司方式创设合营企业,其企业形式一般为有限责任公司或股份有限公司。根据德国法律规定,合营企业并不构成法律意义上的合伙经营,有外资参与的合营企业依法可以组成股份有限公司或有限责任公司。日本的有关立法及实践对合营企业的性质虽存在分歧,但一般认为,如果合营企业的目的是以设立公司的形式经营共同事业,那么在法律上则应属法人而不是合伙,学说上一般也倾向于把合营企业纳入公司法体系,作为法人来对待。[7]

另有一些国家认为,合营企业是"经济利益的组合",具有合伙与法人双重特性。例如,根据法国关于合营企业条例的规定,合营企业是一种独立的法人实体,但合营企业所经营的业务必须是合营者自身业务的某些扩展;合营企业所得利润不属于企业,而直接属于合营者;合营者对企业的债务负无限连带责任。[8] 在科威特,合营企业必须组成实体,但各个合营者是以自己的名义而不是以公司的名义经营业务。[9] 东欧国家则不硬性限定合营企业的法律性质,而是允许合营企业根据实际需要采取法人、非法人等多种组织形式。例如,1991 年《俄罗斯外商投资法》规定,合营企业可以包括股份公司、有限责任公司、无限公司、两合公司、生产合作社等方式。[10]

综合各国关于合营企业的立法和实践,参照联合国工业发展组织编写的《发展中国家合营企业协议起草指南》,合营企业依其法律性质的不同可大致分为以下两种基本类型:(1)股权式合营企业(equity joint venture),是指由合营者相互协商为经营共同事业而组成的法律实体。此种类型的合营企业具有独立的法律人格;将合营者的出资分成股份,合营各方按照其出资比例对企业行使一定的权利,承担一定的义务;企业有一定的管理机构,作为法人的代表。我国的中外合资经营企业、比利时的合资公司均属此类。(2)契约式合营企业(contractual joint venture),是指合营各方根据合营契约经营共同事业的经济组织。此种类型的合营企业往往不具有法人资格,合营各方不是以股份形式出资,也不按股份分担风险和盈亏,而是根据合营契约的约定对企业享有一定的权利和承担一定的义务,并对

---

〔5〕 姚梅镇:《国际投资法》,武汉大学出版社 1987 年版,第 181 ~ 182 页;关于美国对合营企业的看法,参见 Adam. B. Weissburg, *Reviewing Law on Joint Ventures with an Eye Toward the Future*, Southern California Law Review, Vol. 63, p. 513(1990)。

〔6〕 美国《法律判例汇编大全》(Corpus Juris Secundum),1947 年,第 1 节。

〔7〕 姚梅镇:《比较外资法》,武汉大学出版社 1993 年版,第 360 页。

〔8〕 沈达明、冯大同:《国际商法》,对外贸易出版社 1982 年版,第 323 页。

〔9〕 姚梅镇:《比较外资法》,武汉大学出版社 1993 年版,第 360 页。

〔10〕 王哲、李尚公:《俄罗斯外商投资法述评》,载《中外法学》1998 年第 1 期。

其所出资产保留合伙的权利。我国的中外合作经营企业、英美等国的合营企业大都属于此类。

(二)合营企业的组织形式

由于各国法律对合营企业法律性质的认定各不相同,因而在国际投资的实践中,举办合营企业所采取的组织形式也各式各样,大体上可归纳为公司和合伙两类。[11]

1. 公司(corporation)

根据《公司法》原理,公司是指依公司法设立的,以营利为目的的法人组织。因此,组成为公司的合营企业都是企业法人,并具有如下基本特征:第一,具有独立的财产;第二,具有独立的名称和住所,有自己的章程和组织机构;第三,具有独立的法律人格,能够以自己的名义参加民商事活动,享受权利和承担义务,并以自己的名义起诉和应诉;第四,能独立承担民事责任,即以企业的全部资产对外承担债务责任。从国际实践来看,组成为公司的合营企业主要采取有限责任公司和股份有限公司两种基本形式。

(1)有限责任公司(limited corporation)。有限责任公司是指由法律规定的一定人数的股东所组织、股东以其出资额为限对公司债务承担责任的公司。这类公司在美国、加拿大被称为"不上市公司"(close corporation),在英国、西欧国家被称为"私公司"(private company)。有限责任公司是合营企业的最常见的组织形式。它除了具有公司的上述基本特征以外,还具有以下特点或优点:第一,公司的股本不公开招募,而限于股东认股出资筹集。各个股东的出资比例通常由股东们在法定范围内相互协商确定。股东证书不得上市流通。股东按其出资比例对公司享有权利和承担义务,并以其出资额为限对公司承担责任。第二,股东的股权转让有严格的限制。各国法律通常要求,任何股东转让其部分或全部股份,须经全体股东一致同意;在同等条件下,其他股东有优先购买权;转让公司股份,须符合法定形式。因此,股东之间的关系比较稳定。第三,股东人数不仅有最低限额,而且有最高限额。各国法律一般将其限制在2人以上50人以下。第四,公司的设立程序较为简便,公司的管理机构也较为简单。由于股东人数较少,股东大会的召集和决议程序通常简便易行,且主要股东一般都是董事会成员,并直接参加公司的管理。因此,股东对公司的事务有较大的发言权和控制权。由此可见,有限责任公司是一种资合公司,但也具有人合公司的某种因素。正是由于这些特点,它在国际实践中被广泛采用,成为国际合营企业乃至其他国际直接投资企业的重要法律形式。

(2)股份有限公司(joint stock company)。股份有限公司是指其全部资本划分为等额股份并通过发行股票筹集资本,股东以其所持股份为限对公司承担责任的公司。股份有限公司是许多国家合营企业采取的一种组织形式。这种形式的合营企业法人的性质和特征表现得最为显著,是最典型的资合公司。与其他公司形式相比,它具有以下特点或优点:第一,公司资本的筹集具有公开性。股份有限公司的全部资本划分为等额股份,公司采取公开发行股票的方式来筹集资本。任何愿意出资的人都可以成为股东,没有资格限制。这使公司拥有众多的股东,资金十分雄厚。第二,公司的股份可自由转让。各国法律

---

[11] 关于合营企业的组织形式,参见余劲松主编:《国际投资法》,法律出版社1994年版,第51~53页。

允许股份有限公司的股票自由转让,包括在股票交易所买卖,或赠与他人。这使股票持有者具有更多的投资选择权和积极性。第三,公司的财产具有独立性。股份有限公司筹集的资本构成公司的独立财产。它不仅是公司赖以存在和发展的必要条件,也是公司承担债务责任的基础。公司股东的个人财产与公司的财产是相互独立的。第四,公司的所有权与经营权相分离。由于股份有限公司的股东人数众多,股权分散,大多数股东实际上都无法直接参与公司的经营管理,因而公司的管理均是通过专门的管理机构对公司实行集中性管理。第五,公司的经营状况具有一定的透明度。由于股份有限公司的社会性很强,因而各国的公司法和证券法均要求公司将有关财务等资料以法定方式向股东和社会公开。正是由于股份有限公司具有上述特点,不少国家利用这种形式引进外国投资举办大型合营企业。

2. 合伙(partnership)

合伙一般是指两个或两个以上的人作为共同所有人,以营利为目的而从事商业活动的经济组织。合营企业采取合伙形式,强调的是"人的联合"。尽管各国法律对合伙的具体规定不尽一致,但许多原则是相同的。归纳起来,采用合伙形式的合营企业具有如下基本特征:第一,合伙合同是合伙企业成立的基石。这类合营企业都是基于合伙人之间的信任关系(fiduciary relation)通过合伙合同建立起来的。合伙合同是合伙各方享受权利和承担义务的基本依据。合伙各方的出资额、出资方式、利润分享和风险分担的原则、合伙企业的管理方式以及合伙终止等重大事项,一般均经合伙人之间协商,由合伙合同加以规定。第二,合伙财产归合伙人共同所有、共同使用。在合伙存续期间,各合伙人不得请求分割合伙财产。第三,合伙人依合伙合同的规定对合伙企业享有权利和承担义务。除合伙合同中另有规定外,合伙人在合伙企业的管理中拥有同等的发言权。在一般情况下,每个合伙人都是合伙的代理人,各合伙人在合伙业务范围内的行为对合伙具有约束力。第四,合伙人对合伙企业的债务负无限连带责任。合伙企业如果发生了资不抵债的情况,各合伙人都要对此承担无限责任,而且相互之间存在连带责任。但合伙人之间可以就履行合伙合同而确定各自应承担的责任比例。第五,合伙企业可以作为经济实体经营,但不具有法人资格。正是由于合伙企业具有成立手续简便、经营管理灵活等特征,许多外国投资者在海外举办非长期投资的中小型合营企业都倾向于采取合伙形式。

然而,对于合营企业而言,采取任何组织形式都存在一定的弊端。例如,设立公司尤其是设立股份有限公司,其手续较复杂,费用也较高,政府对其管理也严格一些,此外,还因存在"双重征税"的问题,投资者的税负会较重;合伙则与公司的优缺点相对,但由于合伙不被看作与其成员相分离的实体,其最大的不利之处就在于合伙人必须承担无限责任,因而面临较大的投资风险。所以,合伙企业一般不适宜于那些规模大、风险高的投资项目。相对而言,合营企业更适合采取公司形式,特别是当合营企业是长期的、大规模的时候更是如此,因为这些合营企业通常涉及大量的投资和生产设施、广大的客户、大量的筹资需要、重要的供需合同和国际业务,因而可能会有大量的债务风险,采取公司的形式能更有效地保护合营者不受这些债务风险的损害。当然,由于各国法律的规定不同,在不同的国家采取何种形式较为适合也不尽相同。例如,在德国,合营企业的理想形式是有限责任公司,因为与股份有限公司相比较,有限责任公司所要求的股东人数较少、最低资本额较低、管理结构较简单,法律要求也不那么严格。但在阿根廷,有限责任公司不大适用于合营企业,因为其股东仅限于自然人,公司不能成为有限责任公司的股东。[12]

三、合营企业的作用

合营企业作为国际投资的一种企业形式,是随着资本主义国家资本输出的扩展而逐渐发展起来的。“一战”前后,一些老牌的资本主义国家在新兴的资本主义国家曾投资举办过少量的合资企业。但当时,资本输出仍以间接投资为主,直接投资则以外商独资企业为主。直到“二战”前,合营企业并不占主要地位。20 世纪 60 年代以后,世界经济、政治形势发生了剧烈变化,合营企业逐渐成为国际投资的主要企业形式。这是因为:(1)科学技术的发展使生产进一步社会化、国际化,世界范围内的生产和经济联系有了更大的发展。(2)由于资本主义发展不平衡的规律,美国经济力量相对下降,西欧、日本经济迅速发展,投资方式趋于多样化。(3)发展中国家取得政治独立后,采取措施逐步取消外资独占的企业,并在坚持独立自主、自力更生的前提下利用合营企业的形式吸收外资和引进外国先进技术,以发展本国经济。在这种背景下,合营企业得到了前所未有的发展。在亚洲、非洲、拉丁美洲国家中,有的国家通过颁布外资法,兴办了不少合营企业,还有的国家通过修改外资法,实行“当地化”(localization)政策,使许多原有的外国独资公司转变成为合资企业。东欧国家则一般只采用合营企业形式利用外资。[13] 在我国利用外国直接投资的实践中,中外合资经营企业是发展最早且数量最多的一种企业形式。合营企业之所以发展迅速,成为国际投资的重要企业形式,是因为它具有特定的优点和作用,为海外投资者和资本输入国双方所欢迎。

对海外投资者来说,利用合营企业进行海外投资具有下列优点:第一,可以减少或避免政治风险。由于合营企业有东道国的资本参加并共同经营,可以降低东道国政策变化或征用等风险。第二,有助于取得新市场。通过与当地合营者合营可在当地推销一部分产品,从而取得一部分新市场。第三,可以取得多重优惠和各种方便。通过与当地投资者合营,海外投资者既可享受东道国给予外国投资的特别优惠,又可以获得东道国给予本国企业的优惠,有的还可以取得其母国给予的某些优惠。此外,海外投资者不仅可以通过当地合营者了解东道国的政治、社会、经济等情况,以增长当地商业及经营知识,而且还可以通过当地渠道取得财政信贷、资金融通、物资采购、产品销售等方便,有利于增进企业经济效益。

对于资本输入国,特别是发展中国家来说,以合营企业形式吸收和利用外国投资具有以下好处:第一,可以在不增加国家债务负担的情况下利用外资,弥补国内建设资金的不足。外国投资者在合营企业中可以技术和设备作为投资,因而国家无须动用外汇购买这些技术和设备。外资能否回收、增值,取决于企业本身的经营效果,不至于形成国家债务。

---

〔12〕 James A. Dobkin, J. A. Burt, *Joint Ventures with International Partners*, Butterworth Legal Publisher, 1989, p. 1 – 19.

〔13〕 姚梅镇:《比较外资法》,武汉大学出版社 1993 年版,第 357 ~ 358 页。

第二,有利于引进先进生产技术和管理技术。由于合营企业经营的成败直接关系外国投资者的利益,所以外国投资者出于其本身利益的考虑,可能不断地提供真正先进的技术和设备,并同当地合营者密切合作,促使引进的技术迅速有效地形成生产力。同时,由于合营企业是由合营者共同经营管理,外国合营者由于直接参加经营,可能会积极提供科学的管理方法和技术,改善企业的经营管理。就发展中国家而言,它们之所以鼓励国际合营企业,大多是为了使本地企业能够在最大范围内以最快的速度吸收外国的技术和经验,以便在本国经济发展中发挥重要作用。第三,有利于开拓国际市场。合营企业可以利用外国投资者的销售渠道营销产品,使企业产品能迅速进入或开拓国际市场,扩大企业的出口创汇能力。第四,有助于东道国对企业的管理控制。合营企业由于有当地法人或自然人甚至当地政府部门的参与,从而可以减少外资实力过大产生的副作用,同时东道国对其实行管理监督,较之外资企业更为现实、有效。有些学者认为,发展中国家之所以鼓励国际合营企业的方式,其原因主要在于能够有效管理外国投资,使外国投资无法在东道国任何一个经济部门形成统治地位。[14]

第二节　外商投资企业与外国企业分支机构

外商投资企业,根据我国法律规定,是指外国投资者依据中国法律,单独或与其他投资者共同在中国境内设立的企业。

为适应我国改革开放、利用外资的实际需要,我国早在1979年、1986年和1988年分别制定了《中外合资经营企业法》《外资企业法》《中外合作经营企业法》,允许外国投资者依据这三部法律在中国投资设立中外合资企业、中外合作企业和外资企业。其中,中外合资经营企业,是指外国的公司、企业和其他经济组织或个人同中国的公司、企业或其他经济组织依照中国法律在中国境内共同投资、共同经营、共担风险、共负盈亏的企业法人组织,是股权式合营企业,采取有限责任公司形式。中外合作经营企业,则是指外国的企业或其他经济组织或个人同中国的企业或其他经济组织,依照中国法律在中国境内共同投资举办的、以合同规定双方权利和义务关系的一种企业形式,是契约式合营企业;中外合作经营企业可以组成法人,也可以不组成法人,符合法人条件规定的,可以依法取得法人资格。外资企业则是指依照中国有关法律在中国境内设立的全部资本由外国投资者投资的企业,不包括外国的企业和其他经济组织在中国境内的分支机构。

依据我国新的《外商投资法》的规定,外商投资企业的设立与我国的商业组织法并轨。外商投资企业的组织形式、组织机构及其活动准则,适用《公司法》《合伙企业法》等法律

〔14〕 W. Friedmann & G. Kalmanoff eds., *Joint International Business Ventures*, Columbia University Press, 1961, p. 125;王贵国:《发展中的国际投资法律规范》,法律出版社1988年版,第51~54页;姚梅镇:《比较外资法》,武汉大学出版社1993年版,第358~359页。

的规定。因此，今后中国的外商投资企业可分为两种：一种是依据《公司法》设立的具有法人资格的企业，另一种是依据《合伙企业法》设立的非法人企业。

一、具有公司法人资格的外商投资企业

（一）外商投资有限责任公司

依据我国公司法的规定，公司是企业法人；有限责任公司是由50个以下股东出资设立，股东以其认缴的出资额为限对公司承担责任，公司以其全部财产对公司的债务承担责任的经济组织。

有限责任公司是外商投资企业采用的最常见的一种组织形式。我国以前设立的中外合资经营企业就是采取有限责任公司形式，部分中外合作经营企业和外资企业也选择采用此种形式，《外商投资法》施行5年内，这些原有的三资企业的组织机构以及活动准则需要转而适用《公司法》的规定。

对于外国投资者与中国投资者共同投资设立的企业来说，采取有限责任公司形式具有许多优点。首先，有限责任公司具有企业法人的地位和有限责任的特点，在内部关系上，股东对企业的责任只以各自认缴的出资额为限；在外部关系上，企业以一个独立的法律实体从事经济活动，以其全部资产对外承担债务责任。这些特点有效地克服了合伙企业不具有法人资格、企业财产缺乏独立性、合伙人须对企业的债务承担无限责任等因素所致的投资规模不大而投资风险大的弊端。其次，有限责任公司以资合公司为基础，同时又吸收人合公司的特点，较之股份有限公司，其股东人数有限，股权相对集中，管理机构比较简单，且股东的所有权与企业经营权相结合，可有效地克服股份有限公司股份任意转让、股东流动不定、股东所有权与企业经营权相分离、股东对公司缺乏足够控制力和责任感等因素所致的弊端。

外国投资者单独设立由其全部投资的企业，采用有限责任公司形式也有其好处。在国际投资实践上，以美国为基地和以欧洲为基地的跨国公司，长期以来特别偏好以全部持股的方式在世界各地建立大量的全资子公司。据统计，美英海外子公司的绝大多数是由其母公司全部所有或是由母公司控制多数所有权。对于外国投资者来说，这种企业形式可提高企业经营管理效率；有利于控制企业的先进技术，保证某些高精技术不致落入当地企业手中，以维护跨国公司在国际市场上的竞争地位；有助于实现母公司的战略目标。对于东道国来说，也有下列好处：可以在当地不出资、不承担风险的情况下，引进外国资金、先进技术和设备，促进本国经济的发展；可以通过向这些企业征收税款和费用，增加国家财政收入和外汇收入；可以增加本国人员的就业机会，提高本国人员的管理水平和技术水平；可以带动本国其他行业部门的发展。

（二）外商投资股份有限公司

所谓外商投资股份有限公司，是指依公司法设立的，全部资本由等额股份构成，中外股东共同持有公司股份，股东以其认购的股份为限对公司承担责任，公司以其全部财产对公司的债务承担责任的企业法人。

外商投资股份有限公司也是我国实践中采用的一种外商投资企业形式。其设立依据

最早见于原对外贸易经济合作部(以下简称外经贸部,现为商务部)发布的《关于举办股份有限公司形式中外合资经营企业有关问题的通知》(1993 年 10 月)。该通知指出,通过发行人民币特种股票吸引外资,举办中外合资经营股份有限公司,是利用外商直接投资的一种方式。1993 年 12 月,第八届全国人大常委会第五次会议通过的《公司法》,成为举办中外合资经营股份有限公司的基本法律依据。根据《公司法》的有关规定,国务院先后发布了《关于股份有限公司境外募集股份及上市的特别规定》(1994 年 8 月)和《关于股份有限公司境内上市外资股的规定》(1995 年 12 月),进一步明确了外商投资股份有限公司的设立方式和法律地位。在《证券法》及相关法规颁布实施之后,外经贸部根据实践发展的需要又相继发布了一些规章,就外商投资有限责任公司申请转化为股份有限公司、外商投资股份有限公司申请上市发行股票、非上市外资股转 B 股流通等问题作了规定。

外商投资股份有限公司由一定数额的中外股东依法定条件设立。根据我国实践,外商投资股份有限公司可以采取发起方式设立,也可以采取募集方式设立,其发起人除应符合《公司法》规定的发起人的条件外,其中至少有一个发起人应为外国股东。外商投资股份公司的设立方式、股份形式、资本制度、组织结构、活动准则等适用《公司法》的规定。

(三)《外商投资法》施行后的过渡安排

前面谈到,我国《中外合资经营企业法》等外商投资企业法是改革开放之初至 20 世纪 80 年代制定的,1993 年虽出台了《公司法》,但出于当时的特殊情况,我国采取的是内外有别的双轨制。因此,外商投资企业法与《公司法》是特别法与一般法的关系,即外商投资企业的设立和运行首先适用《中外合资经营企业法》等法律的规定,若该法没有规定则适用《公司法》的有关规定。1993 年《公司法》第 18 条规定:“外商投资的有限责任公司适用本法,有关中外合资经营企业、中外合作经营企业、外资企业的法律另有规定的,适用其规定。”2005 年《公司法》第 218 条重申:“外商投资的有限责任公司和股份有限公司适用本法;有关外商投资的法律另有规定的,适用其规定。”

《外商投资法》对新法与旧法的过渡安排作出了规定。《外商投资法》施行后,原来依据《中外合资经营企业法》等外商投资企业法设立的三资企业,5 年内可以依据《公司法》《合伙企业法》等法律的规定调整其组织形式、组织机构等,并依法办理变更登记;也可以继续保留原企业组织形式、组织机构等,但 5 年后不予办理其申请的其他登记事项。由于原来的外商投资企业法关于企业组织形式、组织机构以及运行规则与《公司法》存在某些差异,在过渡和并轨过程中,要注意到两法有关规定间的主要差异与协调。

1. 资本制度的差异与趋同

外商投资企业法自始就采取授权资本制或认缴制。例如,《中外合资经营企业法实施条例》规定,合营企业的注册资本“为合营各方认缴的出资额之和”,“合营各方对合营企业的责任以各自认缴的出资额为限”。而《公司法》的资本制度则经历了一个由严格到宽松的立法过程。1993 年的《公司法》采取严格的法定资本制,并且是实缴制。2005 年的《公司法》降低了公司的最低注册资本额,并改为分期缴付制。2013 年修订的《公司法》则取消了最低资本要求,改为认缴制。其第 26 条规定:“有限责任公司的注册资本为在公司登记机关登记的全体股东认缴的资本额。法律、行政法规以及国务院决定对有限责任公司注册资本实缴、注册资本最低限额另有规定的,从其规定。”因此,在资本制度方面,外商投资企业法与新《公司法》的规定已经基本并轨了。

根据各国公司法的实践,公司的资本制度有法定资本制、授权资本制和折中资本制之分,其中大陆法系国家大多采取法定资本制,英美法系国家采授权资本制。[15] 这两种资本制度各有利弊,前者能保证公司资本真实、可靠,防止公司设立中的欺诈和投机行为,能有效地保障债权与交易的安全等,但过于严格和缺乏灵活性,从而加重了公司设立的难度,也使公司在设立时就积压大量的闲置资金。后者虽便于公司设立,具有较大的灵活性,但也容易发生欺诈行为,削弱了对公司债权人的保护。随后有些国家为兼采二者的长处并避免其短处而采取折中资本制。进入21世纪以后,各国公司资本制度发展的总趋势是更趋宽松和灵活,包括法国在内的一些大陆法系国家也开始改革其原来的严格法定资本制,转而效法英美的授权资本制。需要注意的是,授权资本制虽注重投资便利,有利于投资者,但如果没有其他制度配套,可能会被投资者滥用,损害债权人的利益。英美国家在实行授权资本制的同时,通过其信用制度、董事责任、揭开“公司面纱”、诉讼制度等对债权人提供了有效的法律保护。因此,公司资本制度的设计,要考虑到股东权益与债权人利益保护的平衡。我国的公司资本制度在采取认缴制的同时,也需要注意应对股东滥用认缴制而不缴资、少出资、虚假出资以及抽逃出资等影响资本真实和交易安全的行为,应健全和完善资本实缴登记制、诚信制度、股东与董事责任、揭开“公司面纱”、关联交易、破产清偿劣后以及有关诉讼保障制度等,以切实维护债权人的利益。

2. 股权转让制度的差异与融合

《中外合资经营企业法》对合营者(股东)向第三方转让其出资额作了较《公司法》更为严格的规定,附有须经合营他方同意、合营他方的优先购买权以及经政府审批机关批准等条件。《中外合作经营企业法》也有类似的规定,其第10条规定:“中外合作者一方转让其在合作企业合同中的全部或者部分权利、义务的,必须经他方同意,并报审查批准机关批准。”其实施细则第23条则进一步强调“须经合作他方书面同意”。这样规定的目的是维护合营或合作关系的稳定,促使企业稳定发展,但也使股权转让变得较为困难。

现行《公司法》对有限责任公司的股权转让则较为宽松和灵活。《公司法》第71条规定:“……股东向股东以外的人转让股权,应当经其他股东过半数同意……其他股东半数以上不同意转让的,不同意的股东应当购买该转让的股权;不购买的,视为同意转让……”显然,《公司法》对股权转让没有采取《中外合资经营企业法》规定的一致同意的做法,只需要股东过半数的简单多数同意即可。这有助于避免股东一致同意的要求可能形成的僵局,方便股权转让。过渡期过后的外商投资企业可采用《公司法》关于股权转让的规定,但若中外双方对股权转让办法有约定的,也可以继续按约定办理。

3. 合营、合作合同的约定

原有的中外合资企业、合作企业的中外双方在设立企业时通过合同对双方权利义务关系做出了约定,这些合同经过政府外资管理部门审批,是合法有效的。特别是中外合作

---

〔15〕 2006年《英国公司法》已经取消了“授权资本”(authorized capital)的规定。

经营企业,属于契约式合营,中外合作双方的权利义务,包括投资或合作条件、受益或产品的分配、风险和亏损的分担、企业终止时财产的归属等,均由双方在合同中予以约定。《外商投资法》施行后如何对待这些合同的约定,关系中外合作者的切身利益和企业的稳定。

为了维护中外当事人双方所取得的合法权益和企业的稳定,我国《外商投资法实施条例》明确规定:"现有外商投资企业的组织形式、组织机构等依法调整后,原合营、合作各方在合同中约定的股权或者权益转让办法、收益分配办法、剩余财产分配办法等,可以继续按照约定办理。"这一规定维护了中外双方当事人的合法权益,为企业的平稳过渡提供了法律保障。

4. 公司治理结构与制度的差异与协调

原来的外商投资企业法与《公司法》在公司治理制度上最大的差异在于是以董事会还是股东会为权力机关。依据《中外合资经营企业法》与《中外合作经营企业法》的规定,中外合资经营企业与具有法人资格的中外合作经营企业的权力机关是董事会,这与《公司法》规定的股东会、董事会以及监事会的治理结构不一致。依《公司法》规定,公司的权力机构是股东会,而不是董事会。中外合资、合作企业之所以采取董事会制,主要是因为合资合作者(股东)人数较少,由合营各方委派的董事组成的董事会统一行使公司股东会和董事会的权力,有助于各方参与企业决策,使企业财产的所有权和经营权有机地统一起来,从而有助于实现由合营各方共同经营管理的目标,[16]同时也有助于提高决策效率。不过,依据现行《公司法》第50条规定,"股东人数较少或者规模较小的有限责任公司,可以设一名执行董事,不设董事会。执行董事可以兼任公司经理……" 不设董事会的,股东会会议由执行董事召集和主持。

相对而言,《公司法》将股东会作为公司的权力机关,有利于维护股东的权利,其制度较为规范,外商投资企业法与《公司法》并轨后,外商投资企业适用《公司法》的规定,以股东会作为权力机关较为可取。

二、外商投资合伙企业与外国公司分支机构

(一)外商投资合伙企业

根据我国《合伙企业法》的规定,合伙企业是指自然人、法人和其他组织依法在中国境内设立的普通合伙企业和有限合伙企业。同样,外商投资合伙企业类型包括普通合伙企业(含特殊的普通合伙企业)和有限合伙企业两种。

外商投资合伙企业具有以下特征:(1)合伙人既可以是企业或其他组织,也可以是自然人。但也要注意到,我国《合伙企业法》对普通合伙人也有限制,即国有独资公司、国有企业、上市公司以及公益性的事业单位、社会团体不得成为普通合伙人。(2)合伙人依据合伙协议共同出资、合伙经营、共享收益、共担风险。这是合伙的基本特征,外商投资合伙企业也不例外。依据我国《合伙企业法》的规定,合伙人的出资、以合伙企业名义取得的收益和依法取得的其他财产,均为合伙企业的财产。在性质上,合伙企业的财产应为合伙人

[16] 姚梅镇主编、余劲松副主编:《外商投资企业法教程》(修订本),法律出版社1994年版,第119页。

的共有财产。对于普通合伙企业来说,企业是由合伙人共同经营管理的,合伙人对执行合伙事务享有同等的权利。合伙企业对其债务,应先以其全部财产进行清偿。合伙企业不能清偿到期债务的,合伙人承担无限连带责任。有限合伙企业则由普通合伙人执行合伙事务,并对合伙企业债务承担无限连带责任。(3)外商投资合伙企业是依据中国法律在中国境内设立的企业。

从我国的有关法律规定看,合伙企业是合伙人以合伙协议为基础依法设立的商业组织,合伙企业不具有法人资格。我国《民法典》第 102 条规定,非法人组织是不具有法人资格,但是能够以自己的名义从事民事活动的组织。非法人组织包括个人独资企业、合伙企业等。合伙企业的设立、变更、注销,应当依法办理企业登记。

合伙企业是国际上常见的企业组织形式之一。相对于其他企业组织形式,合伙企业具有以下优点,从而乐于为人们所采用:(1)设立简便。根据我国《合伙企业登记管理办法》规定,外国企业或者个人在中国境内设立合伙企业,由全体合伙人指定的代表或者共同委托的代理人向企业设立登记机关申请设立登记即可。当然,申请人应当向企业登记机关提交符合外商投资产业政策的说明。(2)减轻税负。我国《合伙企业法》规定,合伙企业的生产经营所得和其他所得,按照国家有关税收规定,由合伙人分别缴纳所得税。这一规定对外商投资合伙企业同样适用。外商投资合伙企业遵循“先分后税”的原则,其生产经营所得和其他所得由合伙人按合伙协议约定的分配比例分别缴纳所得税。合伙企业合伙人是自然人的,缴纳个人所得税;合伙人是法人和其他组织的,缴纳企业所得税。因此,与法人企业相比,合伙企业避免了双重纳税,有效降低了企业经营成本,合伙人的税负也减轻了。(3)管理灵活。合伙企业按照合伙协议的约定或者经全体合伙人决定,可以委托一个或者数个合伙人(有限合伙人除外)对外代表合伙企业,执行合伙事务,因而,合伙企业的管理简单灵活,决策效率较高。

当然,合伙企业这一组织形式也有其不足之处,与采取法人式的外商投资企业的股东有限责任不同,合伙企业的普通合伙人对合伙企业债务需承担无限连带责任,其风险和责任较大,因而合伙企业这一形式比较适合于经营规模较小、风险责任不大的企业或某些专业性行业。

(二)外国公司的分支机构

外国公司来中国投资时,可以采取设立分支机构(分公司)的方式进行投资经营活动。分公司是指总公司管辖的一个附属机构,是总公司在其住所以外设立的以自己的名义从事活动的机构。

根据我国《公司法》第 11 章的规定,外国公司在中国境内设立的分支机构不具有中国法人的资格;外国公司对其分支机构在中国境内进行经营活动承担民事责任。因此,分公司与子公司不同,它不是一个独立的法律实体,没有独立的法律地位。分公司没有自己的独立名称,没有自己独立的财产,没有董事会等形式的公司决策机构与业务执行机构,也不能独立承担民事责任,其经营活动责任由总公司承担。

外国公司在中国境内设立分公司时,必须依照我国《公司登记管理条例》的规定办理登记。分公司的登记事项包括:名称、营业场所、负责人、经营范围。分公司的名称应当符合国家有关规定,分公司的经营范围不得超出公司的经营范围。分公司变更登记事项的,应当向公司登记机关申请变更登记。分公司被公司撤销、依法责令关闭、吊销营业执照的,公司应当自决定作出之日起30日内向该分公司的公司登记机关申请注销登记。

外国公司在中国设立的分支机构虽然不具有中国法人资格和中国国籍,但按照属地管辖原则,外国公司的分支机构必须服从中国管辖。我国《公司法》规定:经批准设立的外国公司分支机构,在中国境内从事业务活动,必须遵守中国的法律,不得损害中国的社会公共利益,其合法权益受中国法律保护。外国公司撤销其在中国境内的分支机构时,必须依法清偿债务,依照本法有关公司清算程序的规定进行清算。未清偿债务之前,不得将其分支机构的财产移至中国境外。

对于外国公司来说,采用分公司的形式从事投资经营活动,有以下优点:(1)总公司能对分公司实行有效控制。由于分公司只是总公司的一个附属机构,其人事、业务、财产受总公司直接控制,从而有利于总公司保持其竞争优势(如技术优势),这是公司从事跨国经营时考虑的一个重要因素。(2)分公司的设立较为简便。根据我国《公司法》的规定,外国公司在中国境内设立分支机构,虽也必须向中国主管机关提出申请,但相对子公司的设立而言较为简便,一般只需提交其公司章程、所属国的公司登记证书等有关文件,经批准后即可依法办理登记,领取营业执照。(3)税收方面的考虑。外国公司的分公司不是东道国的法人,如果外国公司的实际管理机构也不在东道国境内,那么该外国公司的分公司在东道国只是非居民纳税人,根据税法的收入来源管辖原则,分公司只承担有限纳税义务,就其来源于东道国的所得纳税,而不用像作为居民的子公司那样须承担全面纳税义务,就其全球所得在东道国纳税。同时,分公司的利润与亏损通常要与总公司合并计算纳税,若分公司经营亏损,在与总公司合并报表冲减总公司的利润后,可以减少总公司的应税所得,相应地少缴所得税。

第三节 企业形成与扩张的方式:新设与并购

从国际实践来看,外国投资企业形成与扩张的主要方式有二:第一,外国投资者在东道国直接按照东道国的法律投资设立新企业,常见的是设立子公司、合营企业等,也称"绿地投资"(greenfield investment);第二,外国投资者在东道国收购现存企业的全部或部分资产或股份,从而获得对现存企业的全部或部分控制权。下面,我们将分别讨论上述两种方式所涉及的主要法律问题。

一、设立新企业

外国投资者直接向东道国输出资本,在东道国设立新企业,并对该企业的经营管理拥有较大的控制权,是国际投资的一种基本方式。通过这种方式组建的新企业,可以是根据东道国法律成立的子公司,或是与东道国投资者共同举办的合营企业。

设立新企业,无疑是一种民事法律行为。因此,它必须符合东道国法律规定的条件,并依法定程序进行。各国外资立法、民商法和公司法等,对外资的进入及新企业的设立,都有明确的规定。例如,依据我国法律的规定,外商投资企业的设立,须经过核准或登记等法定程序,才能正式成立。同时,设立新企业作为一种民事法律行为,还必须以当事人的意思表示为构成要件,尤其是投资组建合营企业,是当事人建立在平等、自愿基础上的民事法律行为,必须以合营各方当事人之间的合意为基础。根据各国的立法和实践,外国投资者与当地投资者共同组建合营企业,必须签订投资合同。投资合同和依法制定的企业章程是企业设立和企业活动的重要依据,当然也是投资各方权利义务关系的基本依据。至于外国投资者在东道国设立企业,包括跨国公司在东道国设立全部控股的子公司,则必须依法向东道国政府提交设立企业申请书,依法制定企业章程,作为设立企业的必要条件和企业活动的基本依据。

(一)投资合同

投资合同(investment contract),是指投资各方为实现特定投资的目的而缔结的、明确相互权利义务关系的书面协议。投资合同是国际合营企业以及国际合作开发的基本文件。

国际投资合同属于涉外经济合同的一种。这种合同的涉外性,主要体现在合同的主体具有涉外因素,即合同当事人一方必须是外国投资者,包括外国法人或外国自然人,另一方必须是东道国的投资者,包括东道国的法人或自然人,有时甚至是东道国的政府机构。由于投资合同当事人双方具有不同国籍,其营业住所也在不同国家境内,分属于不同国家的法律管辖,加之投资合同期限较长、内容复杂,因而它与一般国内合同和其他涉外经济合同相比,又具有其特殊性。目前,有些国家的外资立法对于投资合同的订立、效力、解释、执行及其争议的解决,有特殊的规定。

根据各国合同法的一般原则,投资合同一经依法成立,即发生法律效力,在合同当事人之间就产生有关投资的权利和义务关系,并受法律保护。合同当事人各方必须按照合同的约定,全面履行合同规定的义务,否则必须承担法律责任。

与其他民事合同一样,投资合同的法律效力以合同依法成立为前提。无效合同不发生法律效力。因此,从实质上讲,投资合同的效力问题主要是合同的合法性(legality)问题。可以说,只有符合法律规定要件的投资合同,才是有效合同,才能发生法律效力。不过,由于投资合同是具有涉外因素的合同,它的法律效力的依据较之一般的合同还有其特殊性。一般认为,投资合同的法律效力是依合同签订地所在国法律所赋予的。由于各国的经济状况和法律传统等不同,其法律对投资合同的有效条件的规定也不尽一致。下面主要根据我国有关法律的规定论述一项有效的投资合同所应当具备的条件。

第一,合同的主体必须具有法定资格。这就是要求投资者的合格性(eligibility)。投资合同的当事人,无论是法人或是自然人,首先,必须具有法定的权利能力和行为能力,即依法具有享受权利与承担义务的资格和实际实施法律行为如签订合同的能力,否则其签订的合同无效;其次,在国际投资合同关系中,当事人除具有一般的权利能力和行为能力外,还须具有所在国的外资法及相关法律所特别要求的法律能力,即须具备东道国法律规定的投资者资格。各国外资法中大多对“投资者”作出定义,明确规定了外国投资者及当地投资者的法定资格。凡不具备特定“投资者”资格的,即无签订特定投资合同的能力。

第二,合同的订立必须符合平等互利、协商一致的原则。这就是要求:其一,合营或合作双方,无论经济实力强弱,应在平等、自愿的基础上签订投资合同。合同的任何一方不得将自己的意志强加于对方。一方以欺诈、胁迫手段或乘人之危,使对方在违背真实意思的情况下订立合同,受损害方可以请求撤销或变更合同。其二,合同双方的权利义务对等,双方都能从合资经营或合作经营中得到经济上的利益。合营或合作一方不得只享有权利而不承担义务,或要求某些特权,使享有的权利与承担的义务不对等,从而损害另一方的权益。具体地说,在合营企业合同中,合营各方应按投资比例享受权利、承担义务,包括分担风险和亏损;在合伙企业合同中,合作各方应以各方的投资或者提供的合作条件为依据,分享权益和分担风险责任。

第三,合同的内容必须符合法律规定。这就是要求,当事人双方只能在法律允许的范围内约定投资合同的内容,合同中不得包括违反法律规定的条款。我国《民法典》规定,民事主体从事民事活动,不得违反法律,不得违反公序良俗。违反法律、行政法规的强制性规定的民事法律行为无效;违背公序良俗的民事法律行为无效。[17] 如果当事人在投资合同中,约定在属于法律禁止外国投资的领域或行业中经营,或约定逃避税收,或约定非法转让土地,或约定为技术引进合同管理法规所禁止的搭卖或片面回授条款,或者包含有损于东道国的主权和社会公共利益的条款,均属违法,合同应归于无效。

第四,合同的成立必须符合法定程序。这就是要求合同的订立、修改以及批准,必须依法律规定的程序进行。投资合同是一种特殊性质的经济合同,往往涉及东道国的重大经济利益,因此,在许多发展中国家,投资合同一般不是自当事人双方签署之后就自动生效,通常须依法经政府主管机关批准才能生效。

无效的投资合同,自订立时起,即不具有法律拘束力,但确认投资合同部分无效的,不影响其余部分的效力。同时,投资合同中的个别条款与法律有抵触的,经当事人协商同意取消或者修改后,不影响整个合同自始的效力。对于无效投资合同的法律后果,各国法律都有相应的规定。依我国《民法典》的规定,合同被确认无效后,对导致合同无效有过错的当事人一方,应赔偿对方由此所受的损失。如双方都有过错,各自承担相应的责任。

(二)投资企业的章程

1. 章程的概念与制定

章程是规定企业的宗旨、组织原则和经营管理方法等事项的法律文件,是企业的组织及活动规章。建立法人实体的外商投资企业都必须制定企业章程。我国《公司法》第 11 条规定:设立公司必须依法制定公司章程。公司章程对公司、股东、董事、监事、高级管理人员具有约束力。

制定章程是一种要式行为。有些国家公司法和外资法对外商投资企业章程的制定规

---

〔17〕《民法典》第 8、153 条。

定了下列条件:第一,须经合营或合作各方或全体制定者的一致同意;第二,须采用书面形式,且有制定者的签名或盖章;第三,有的国家外资法规定,须经政府审批机构批准后生效,其修改亦同。

2. 章程的基本内容

根据公司法原理,公司章程的记载事项有三类,即绝对必要事项、相对必要事项和任意记载事项。绝对必要事项是指依所在国公司法有义务记载于章程的事项,如果或缺,该章程便归于无效。相对必要事项是指法律列举的,当事人可自由决定是否将其记载于章程的事项。任意记载事项是指那些如经记载,则为具有章程效力的记载事项。但如该记载事项为当地法律明文禁止或限制,应视为无效记载。各国公司法或外资法对各类外商投资企业章程的绝对必要事项都作了明确规定,对相对必要事项也予以列举,以供当事人选择。

3. 章程与投资合同的关系

在组建法人实体的合营企业的情况下,会涉及投资企业章程与投资合同的关系问题。一般来说,投资企业章程与投资合同之间是既相互联系,又相互区别的。

首先,从基本内容来看,投资企业章程与投资合同,都是投资企业的基本法律文件。由于章程是依据投资合同规定的原则、经投资各方一致同意制定的,因而投资合同与章程的内容必定存在某些重合。但是,章程主要在于明确企业的组织及其活动的基本规则,而非规定投资各方的权利与义务,因而章程与投资合同的内容无疑又有某些不同。这就形成下述情形:第一,合同中的许多事项,如合营者之间投资争议的解决等,不包括在章程之中。第二,某些事项,如组织机构的建立、高级管理人员的职责、委派和任免程序等,在合同和章程中都有规定。但合同中只作原则性规定,章程中则将这些原则性规定具体化。第三,有关公司治理和运行的具体规则,如董事会的会期、法定人数、议事规则以及总经理和副总经理的职务、与董事会的关系、缺位时的代理等,都不在合同中而在章程中加以规定。

其次,从效力范围来看,投资合同是规定合同当事人各方的权利与义务的文件,因而只对投资合同当事人具有拘束力;章程则是规定企业本身的组织及其活动的规则的文件,因而它不仅对投资合同的当事人即合营者有拘束力,而且对以后参加企业的人员以及从事企业经营活动的人员,均有法律拘束力。虽然合营企业都是以投资合同为依据设立的,企业章程也是依投资合同而制定的,但投资企业一经批准成立,并作为独立的企业法人从事活动,其经营管理活动的准则是章程,而不是投资合同。

最后,从性质来看,投资合同是当事人双方制定的内部文件,属于商业秘密,一般不对外公开;而章程则是以企业的名义、经过企业组织有决定权的机构,如股东会、董事会等制定通过的规章,对公众负责,应对外公开。

二、并购现存企业

国际投资除采取跨境设立新企业的方式外,还可以通过兼并或收购东道国现存企业的方式进行。自 20 世纪 70 年代中期开始,跨国并购海外企业逐渐形成一种潮流,其中以美国、西欧最为活跃。根据一项对391家制造企业的调查,美、欧跨国企业的海外子公司及其他分支机构大多采取跨国并购的方式建立;那些具有长期海外经营经验的公司以及为取代本国生产的公司也大多采取跨国并购东道国现存企业的形式进行海外投资。[18]进入90年代以后,随着经济全球化的趋势,越来越多的公司将跨国并购作为开拓海外市场、提高国际竞争力的一项中心战略,跨国并购活动在全球范围内高潮迭起,其中以能源、电信和金融服务等领域的并购事件最为引人瞩目,相应地,跨国并购投资额在全球跨国直接投资额中的比重不断攀升。据统计,1995年全球跨国并购以1866亿美元之巨首次超过新建企业投资,占当年全球跨国直接投资总额的56.2%;2000年全球跨国并购总额突破1.143万亿美元,占当年全球跨国投资总额的90%,而且这些跨国并购主要发生在发展中国家;2008年全球经济危机后跨国并购总额下滑,2016年又上升到8690亿美元。可以说,在经济全球化背景下,跨国并购正日益成为带有主流色彩的国际投资方式,而且交易规模越来越大,所涉领域和地区范围也越来越广。

外资并购现存企业主要受东道国法律支配。由于外国投资者以并购现存企业方式进行投资与新设外商投资企业一样,涉及东道国的外资政策问题,因而其并购活动除了应遵守东道国的公司法、证券法、反垄断法及相关法律法规以外,还须符合外资法的规定。

随着我国经济体制改革的不断深入和对外开放领域的不断扩大,我国法律除了允许外商在境内投资组建新企业之外,也允许外国投资者通过并购境内企业的方式进行直接投资。跨国并购也逐渐成为我国吸收外国投资的一种重要形式。

(一)并购的一般定义及形式

根据各国法律的规定和国际通行的实践,并购的形式大体上有三种,即新设合并(consolidation)、吸收合并(merger)和收购(acquisition)。

1. 新设合并

新设合并又称联合,是指两个以上的公司合并设立一个新的公司。新设合并的最显著特征在于:新设公司的成立同时意味着参与合并各方的解散或消失。故参与合并公司称为消失公司。在新设合并中,新设公司自动地获得消失公司的全部资产,并承担其全部债务及其他责任;每个消失公司的股份,都转化成新设公司的股份、债券或其他证券,或全部或部分地转换成现金或其他财产;如消灭公司的股东对合并提出异议,则新设公司有义务以现金回购持异议的股东的股份;合并章程将成为新设公司的设立章程。

实施新设合并时,通常要求满足一定的条件,如参与合并各公司的董事会必须制定合并计划,交股东会批准;合并各方须签订合并协议,并编制资产负债表及财产清单;合并各方须在作出合并决议之日起一定期限内通知债权人;合并协议及有关文件须呈报政府主管部门批准,并依法办理消失公司的注销登记和新设公司的设立登记;等等。

2. 吸收合并

吸收合并又称兼并,即一个公司吸收其他公司。与新设合并不同,吸收合并的特点在

---

〔18〕 R. Vernon, *Storm over the Multinationals: The Real Issues*, Harvard University Press, 1977, p.70 – 72. 王贵国:《发展中的国际投资法律规范》,法律出版社1988年版,第48~49页。

于:合并并不意味着参与合并各方全部解散,而是一方作为存续公司继续存在,被吸收的公司解散或消失,故吸收合并又称存续合并。在吸收合并中,存续公司自动获得消失公司的全部资产,同时承担各个消失公司的全部债务及责任;消失公司的股份得转化成存续公司的股份、债券或其他有价证券,或全部或部分地转换成现金或其他财产;如少数股东反对合并的话,则存续公司有义务以现金回购持异议的股东的股份。

吸收合并的条件与上述新设合并大体相同。实施合并公司的董事会应制定有效的合并计划,根据原先的规定经股东会批准;合并各方应签订合并协议,并编制资产负债表及财产清单;合并各方应在作出合并协议之日起一定期限内通知债权人;合并协议及其有关文件由存续公司呈报政府主管部门批准,并依法办理消失公司的注销登记和存续公司的变更登记。

3. 收购

收购是指由收购公司发出收购要约,购买某个目标公司的部分或全部股权或资产,以便控制该公司的行为。因此,通过收购可以形成合营企业或独资经营企业。

依收购方式的不同,收购可分为要约收购和协议收购。要约收购是指收购方通过向目标公司的股东发出收购要约的方式进行的收购;协议收购则是收购方通过同被收购公司的股东达成收购协议的方式进行的收购。要约收购通常涉及上市公司收购,协议收购则既涉及上市公司收购,也涉及非上市公司收购。

在我国,外国投资者并购境内企业可以采取两种方式,即股权并购与资产并购。

股权并购,是指外国投资者协议购买境内非外商投资企业(以下简称境内公司)的股东的股权或认购境内公司增资,使该境内公司变更设立为外商投资企业。[19] 资产并购,是指外国投资者设立外商投资企业,并通过该企业协议购买境内企业资产且运营该资产,或者外国投资者协议购买境内企业资产,并以该资产投资设立外商投资企业运营该资产。

为了促进外国投资者来华投资,规范外资并购境内企业活动,引进国外的先进技术和管理经验,提高利用外资的水平,实现资源的合理配置,保证就业,维护公平竞争和国家经济安全,我国政府有关部门于 2003 年联合制定并发布了《外国投资者并购境内企业暂行规定》,[20] 2006 年对其作出重大修订,[21] 条款比原规定多出 1 倍,分为总则、基本制度、审批与登记、外国投资者以股权作为支付手段并购境内公司、反垄断审查、附则六部分。这次修订的主要变化表现在两个方面:一是对外资企业境内并购的范围进行了更为严格的约束,强化了审批环节和反垄断审查;二是对外资并购的操作环节,特别是对特殊目的公司的设立、跨境换股等技术细节进行了更为细致的规定。2009 年商务部对《关于外国投

---

〔19〕 商务部条法司负责人指出,2006 年修订的《关于外国投资者并购境内企业的规定》允许外国投资者通过股权交换并购境内公司,这一规定为外资并购国内企业拓宽了渠道和手段,参见《商务部:外资并购新规亮点之一是允许股权交换》,载 https://www.mfa.gov.cn/ce/ceus/chn/xw/t267177.htm。

〔20〕 该暂行规定由中华人民共和国对外贸易经济合作部、国家税务总局、原国家工商行政管理总局、国家外汇管理局于 2003 年 3 月 7 日联合发布,自 2003 年 4 月 12 日起施行,现已失效。

〔21〕 修订后的《关于外国投资者并购境内企业的规定》由中华人民共和国商务部、国务院资产监督管理委员会、国家税务总局、原国家工商行政管理总局、中国证券监督管理委员会、国家外汇管理局于 2006 年 8 月 8 日联合公布,自 2006 年 9 月 8 日起施行,2009 年 6 月 22 日修正。

资者并购境内企业的规定》又作了修改,以保证其与《反垄断法》和国务院《关于经营者集中申报标准的规定》相一致。[22]

(二)外资并购协议

外国投资者并购境内企业,必须通过签订并购协议进行。并购协议的名称及内容依并购方式的不同而不尽相同。外国投资者对境内企业实行股权并购所签订的协议,分为股权购买协议和境内公司增资协议两种。前者是指外国投资者购买境内公司股东的股权的协议,后者是指外国投资者认购境内公司增资的协议。外国投资者对境内企业实行资产并购的协议,为资产购买协议,其中又分为两种:一是拟设立的外商投资企业与境内企业签订的资产购买协议;二是外国投资者与境内企业签订的资产购买协议。无论是股权购买协议还是资产购买协议,它们都是外国投资者与境内企业之间为实现股权并购或资产并购而明确相互权利与义务关系的协议。从法律性质上讲,这些协议均属于投资合同的范畴,其协议的订立、效力、解释、执行及其争议的解决,均应适用中国的法律。

外国投资者在股权并购或资产并购中所签订的协议,通常应包括以下主要内容:(1)协议各方的状况,包括名称(姓名)、住所、法定代表人姓名、职务、国籍等;(2)购买股权或认购增资的份额或价款,或拟购买资产的清单、价格;(3)协议的履行期限、履行方式;(4)协议各方的权利、义务;(5)违约责任、争端解决;(6)协议签署的时间、地点。

从总体上讲,外国投资者并购境内企业应遵守中国的法律、行政法规和规章,遵循公平合理、等价有偿、诚实信用的原则,不得造成过度集中、排除或限制竞争,不得扰乱社会经济秩序和损害社会公共利益,不得导致国有资产流失。外国投资者并购境内企业,不仅应符合我国法律关于投资者资格的要求,而且应符合我国法律、行政法规和规章有关产业、土地、环保等政策的要求。依照《外商投资准入特别管理措施》(负面清单),凡不允许外国投资者独资经营的产业,并购不得导致外国投资者持有企业的全部股权;凡属需由中方控股或相对控股的产业,该产业的企业被并购后,仍应由中方在企业中占控股或相对控股地位;凡属禁止外国投资者经营的产业,外国投资者不得并购从事该产业的企业。

并购协议的内容通常较为复杂,根据国际上的通行实践以及我国商务部 2009 年的《关于外国投资者并购境内企业的规定》,签订并购协议时需要特别注意以下具体问题:

1. 并购交易价格的确定

并购当事人应以资产评估机构对拟转让的股权价值或拟出售资产的评估结果作为确定交易价格的依据。并购当事人可以约定在中国境内依法设立的资产评估机构开展评估。资产评估应采用国际通行的评估方法。禁止以明显低于评估结果的价格转让股权或出售资产,变相向境外转移资本。外国投资者并购境内企业,导致以国有资产投资形成的股权变更或国有资产产权转移时,应当符合国有资产管理的有关规定。

2. 企业的注册资本与投资总额的比例

外国投资者股权并购的,除国家另有规定外,对并购后所设外商投资企业应按照以下比例确定投资总额的上限:(1)注册资本在 210 万美元以下的,投资总额不得超过注册资

---

〔22〕 中华人民共和国商务部令 2009 年第 6 号。

本的 10/7;(2)注册资本在 210 万美元至 500 万美元的,投资总额不得超过注册资本的 2 倍;(3)注册资本在 500 万美元至 1200 万美元的,投资总额不得超过注册资本的 2.5 倍;(4)注册资本在 1200 万美元以上的,投资总额不得超过注册资本的 3 倍。

外国投资者资产并购的,应根据购买资产的交易价格和实际生产经营规模确定拟设立的外商投资企业的投资总额。拟设立的外商投资企业的注册资本与投资总额的比例应符合有关规定。

3. 以股权并购的条件

外国投资者以股权作为支付手段并购境内公司,系指境外公司的股东以其持有的境外公司股权,或者境外公司以其增发的股份作为支付手段,购买境内公司股东的股权或者境内公司增发股份的行为。

境外公司应合法设立并且其注册地具有完善的公司法律制度,且公司及其管理层最近 3 年未受到监管机构的处罚;除特殊目的公司外,境外公司应为上市公司,其上市所在地应具有完善的证券交易制度。

外国投资者以股权并购境内公司所涉及的境内外公司的股权,应符合以下条件:(1)股东合法持有并依法可以转让;(2)无所有权争议且没有设定质押及任何其他权利限制;(3)境外公司的股权应在境外公开合法证券交易市场(柜台交易市场除外)挂牌交易;(4)境外公司的股权最近 1 年交易价格稳定。前述第(3)、(4)项不适用于特殊目的公司。外国投资者以股权并购境内公司,境内公司或其股东应当聘请在中国注册登记的中介机构担任顾问(以下简称并购顾问)。并购顾问应就并购申请文件的真实性、境外公司的财务状况以及并购是否符合商务部规定的要求作尽职调查,并出具并购顾问报告,就前述内容逐项发表明确的专业意见。

4. 对价的支付与出资缴付

外国投资者并购境内企业设立外商投资企业,外国投资者应自外商投资企业营业执照颁发之日起 3 个月内向转让股权的股东,或出售资产的境内企业支付全部对价。特殊情况需要延长者,经审批机关批准后,应自外商投资企业营业执照颁发之日起 6 个月内支付全部对价的 60% 以上,1 年内付清全部对价,并按实际缴付的出资比例分配收益。

外国投资者认购境内公司增资,有限责任公司和以发起方式设立的境内股份有限公司的股东应当在公司申请外商投资企业营业执照时缴付不低于 20% 的新增注册资本,其余部分的出资时间应符合《公司法》、有关外商投资的法律和《公司登记管理条例》的规定。

外国投资者资产并购的,投资者应在拟设立的外商投资企业合同、章程中规定出资期限。设立外商投资企业,并通过该企业协议购买境内企业资产且运营该资产的,对与资产对价等额部分的出资,投资者应自外商投资企业营业执照颁发之日起 3 个月内缴付;其余部分的出资应符合设立外商投资企业出资的相关规定。

外国投资者并购境内企业设立外商投资企业,如果外国投资者出资比例低于企业注册资本的 25%,投资者以现金出资的,应自外商投资企业营业执照颁发之日起 3 个月内缴清;投资者以实物、工业产权等出资的,应自外商投资企业营业执照颁发之日起 6 个月内缴清。

作为并购对价的支付手段,应符合国家有关法律和行政法规的规定。外国投资者以其合法拥有的人民币资产作为支付手段的,应经外汇管理机关核准。外国投资者以其拥有处置权的股权作为支付手段的,按照商务部《关于外国投资者并购境内企业的规定》的第四章办理。

5. 价值调整条款

价值调整条款(valuation adjustment mechnism, VAM),是并购当事人(并购方与被并购方、投资者与融资者)基于对被并购企业未来情况的不确定性事先所作的一种约定,如果约定的条件(通常是业绩指标)出现,被并购方或融资方可以行使约定的权利,例如,获得全部并购余款,或获得约定的股权或增资;如果未达到约定的条件,则并购方或投资方行使与其相对应的一种权利。这种条款通常在股权并购、融资并购中采用。由于当事人双方对未来情况所设定的条件能否达到都无法确定或预知,因而实践中又将此条款称为"对赌协议"。

价值调整条款主要是投资者或并购方为保护自身利益而采用的,投资者或并购方通常处于主动地位,在未来条件的设置上,通常会尽可能地维护其利益,即使约定的条件成就,实现了预期的业绩指标,投资者仍能获得相应的回报。相对而言,被并购方或融资方一般处于被动地位,若未来的条件设置不当,则会处于十分不利的地位,导致利益受损,因此,被并购方或融资方对此机制应保持警惕,不能掉以轻心。在外资并购我国企业实践中,被并购的境内企业由于对价值调整条款缺乏了解和警惕而导致利益受损的事时有发生。[23] 当然双方如果对未来的条件设置合理、得当,就可以达到双赢的局面。[24]

关于价值调整条款或"对赌协议"的效力,我国法律无明确规定,但最高人民法院于2012年11月关于苏州海富投资公司(以下简称海富投资)与甘肃世恒公司(以下简称甘肃世恒)的增资协议案的再审判决书具有重要的指导意义。该判决否认了股东与公司之间损害公司及公司债权人利益的对赌条款的法律效力,但认可了股东与股东之间对赌条款的合法有效性。在该案中,海富投资与甘肃世恒、香港迪亚公司(持有世恒公司100%股份)以及陆波(甘肃世恒法定代表人兼总经理,同时也是香港迪亚公司的总经理)于2007年签订了《增资协议书》,约定了对赌条款,即"海富投资公司现金出资2000万元投资甘肃世恒,占甘肃世恒增资后注册资本的3.85%";如果2008年甘肃世恒净利润低于3000万元人民币,海富投资有权要求甘肃世恒予以补偿,如果甘肃世恒未履行补偿,海富投资有权要求香港迪亚公司履行补偿义务。根据甘肃世恒2008年的工商年检报告显示,该公司2008年净利润仅为26,858.13元。根据"对赌协议条款"的约定,经计算甘肃世恒需补偿海富投资1998万元。双方协商无果,海富投资将甘肃世恒告上了法庭。兰州市中级人民法院和甘肃省高级人民法院分别在2010年12月和2011年9月对此案作出了一审判决和二审判决,两次判决均认定对赌协议条款无效。2012年11月最高人民法院的再审

---

〔23〕 例如,上海新华集团在一起外资并购案中,就由于并购合同的价值调整条款,导致27.3%的并购款无法收回。参见《上海新华集团遭美国通用公司天价索赔》,载《法制日报》2008年3月30日,第5版。

〔24〕 人们认为,摩根斯坦利等机构投资蒙牛,是对赌协议在创业型企业中成功运用的典型案例。

判决认为,该案《增资协议书》中关于若甘肃世恒2008年实际净利润低于3000万元则海富投资有权从甘肃世恒处获得补偿的约定,使海富投资的投资可以获取相对固定的收益,该收益脱离了甘肃世恒的经营业绩,损害了甘肃世恒和公司债权人利益,一审法院、二审法院根据《公司法》第20条和《中外企业合资经营企业法》第8条的规定认定《增资协议书》中的这部分条款无效是正确的。但是,在《增资协议书》中,香港迪亚公司对于海富投资的补偿承诺并不损害甘肃世恒及公司债权人的利益,不违反法律法规的禁止性规定,是当事人的真实意思表示,是有效的。[25]

不过,在2014年的一个涉及投资者与目标公司及其大股东间的对赌协议的仲裁案中,中国国际经济贸易委员会仲裁庭的裁决书不仅认定投资人与目标公司大股东之间的对赌协议合法有效,还认定投资人与目标公司之间的对赌协议也合法有效。[26] 当然,该案的具体案情与海富投资案不尽相同,例如,该案中对于业绩承诺的设置是符合实际经营预期的,这与最高人民法院案例中给目标公司设置过高的、"脱离经营业绩的"的业绩目标是不同的。

鉴于实践中对于这一前沿疑难问题存在分歧,最高人民法院2019年11月8日发布的《全国法院民商事审判工作会议纪要》对此提出了指导意见。该会议纪要指出,人民法院在审理"对赌协议"纠纷案件时,不仅应当适用合同法的相关规定,还应当适用公司法的相关规定;既要坚持鼓励投资方对实体企业特别是科技创新企业投资原则,从而在一定程度上缓解企业融资难问题,又要贯彻资本维持原则和保护债权人合法权益原则,依法平衡投资方、公司债权人、公司之间的利益。对于投资方与目标公司订立的"对赌协议"是否有效以及能否实际履行问题,应当把握如下处理规则:投资方与目标公司订立的"对赌协议"在不存在法定无效事由的情况下,目标公司仅以存在股权回购或者金钱补偿约定为由,主张"对赌协议"无效的,人民法院不予支持,但投资方主张实际履行的,人民法院应当审查是否符合《公司法》关于"股东不得抽逃出资"及股份回购的强制性规定,判决是否支持其诉讼请求。投资方请求目标公司回购股权的,人民法院应当依据《公司法》第35条关于"股东不得抽逃出资"或者第142条关于股份回购的强制性规定进行审查。经审查,目标公司未完成减资程序的,人民法院应当驳回其诉讼请求。投资方请求目标公司承担金钱补偿义务的,人民法院应当依据《公司法》第35条关于"股东不得抽逃出资"和第166条关于利润分配的强制性规定进行审查。经审查,目标公司没有利润或者虽有利润但不足以补偿投资方的,人民法院应当驳回或者部分支持其诉讼请求。今后目标公司有利润时,投

---

〔25〕 最高人民法院民事判决书,(2012)民提字第11号。

〔26〕 该案案情:2011年3月,基金A、自然人B(以下合称投资人)与目标公司C及其唯一的股东D签订了《增资协议》,《增资协议》中,针对目标公司的经营状况约定了业绩承诺条款和股权回购条款。业绩承诺条款中约定,目标公司C在一定期限内若税后净利润低于规定标准,则C、D应按照约定的方式对投资人进行现金补偿;股权回购条款中约定,当目标公司C任何一年净利润低于业绩承诺标准的80%或在2011年年底前未取得特定的M业务或N业务的代理权,控股股东D有义务按20%的年收益率受让A和B持有的目标公司股权,C对受让义务承担无限连带责任。2012年,目标公司C的经营状况恶化,亦没有在规定的时间内取得特定业务的代理权,投资人遂与目标公司及其大股东协商解决方案,双方未能达成一致意见。后目标公司及其大股东向贸仲提起仲裁,请求确认业绩承诺条款和股权回购条款为无效条款。参见熊美琦:《突破"对赌协议"第一案》,载https://www.doc88.com/p-9435723779991.htm/?r=1。

资方还可以依据该事实另行提起诉讼。

6. 被并购企业的债权债务处置

外资并购境内企业的方式不同,对于被并购企业的债权和债务的承担也相应不同。外国投资者以股权并购的,并购后所设外商投资企业承继被并购境内公司的债权和债务。外国投资者以资产并购的,出售资产的境内企业承担其原有的债权和债务。

外国投资者、被并购境内企业、债权人及其他当事人可以对被并购境内企业的债权债务的处置另行达成协议,但是该协议不得损害第三人利益和社会公共利益。债权债务的处置协议应报送审批机关。

(三)特殊目的公司与协议控制(VIE)

特殊目的公司(special purpose company,SPC)系指中国境内公司或自然人为实现以其实际拥有的境内公司权益在境外上市而直接或间接控制的境外公司。

国内企业境外上市惯用的“红筹模式”,就是通过境外设立的特殊目的公司运作的。“红筹模式”,是指内资企业在境外成立特殊目的公司,再由其收购境内企业,最终到境外上市。通过“红筹模式”,中国的一些经营状况良好的公司摇身一变成为市值逾百亿元的外资上市企业。例如,新浪、盛大网络等已经成为外资企业。其中有些股东原本是中国公民,但由于公司在海外上市,其投资、股市运作及股东收益都置身于中国政府监管之外,因此,对特殊目的公司的设立到上市融资及其融资调回的整个过程,有必要予以规范和加强监管。

根据我国商务部《关于外国投资者并购境内企业的规定》,特殊目的公司为实现在境外上市,其股东以其所持公司股权,或者特殊目的公司以其增发的股份,作为支付手段,购买境内公司股东的股权或者境内公司增发的股份的,适用该规定。境内公司在境外设立特殊目的公司,应向商务部申请办理核准手续。境内公司获得核准后,向商务部申领批准证书。商务部向其颁发加注“境外特殊目的公司持股,自营业执照颁发之日起 1 年内有效”字样的批准证书。

境内公司应自特殊目的公司或与特殊目的公司有关联关系的境外公司完成境外上市之日起 30 日内,向商务部报告境外上市情况和融资收入调回计划,并申请换发无加注的外商投资企业批准证书。同时,境内公司应自完成境外上市之日起 30 日内,向国务院证券监督管理机构报告境外上市情况并提供相关的备案文件。境内公司还应向外汇管理机关报送融资收入调回计划,由外汇管理机关监督实施。境内公司取得无加注的批准证书后,应在 30 日内向登记管理机关、外汇管理机关申请换发无加注的外商投资企业营业执照、外汇登记证。如果境内公司在前述期限内未向商务部报告,境内公司加注的批准证书自动失效,境内公司股权结构恢复到股权并购之前的状态。

特殊目的公司境外上市交易,应经国务院证券监督管理机构批准。在境外上市的境内公司应符合下列条件:(1)产权明晰,不存在产权争议或潜在产权争议;(2)有完整的业务体系和良好的持续经营能力;(3)有健全的公司治理结构和内部管理制度;(4)公司及其主要股东近 3 年无重大违法违规记录。

由于商务部的上述规定是要求设立以股权为控制手段的境外特殊目的公司办理核准

手续,而且实际上对此种特殊目的公司此后也很难通过核准,因此,后来不少公司又利用"可变利益实体"(variable interest entity,VIE)结构与协议控制来规避商务部的上述规定。VIE 是美国财务会计准则委员会在"安然事件"后于 2003 年颁布的第 46 号解释函——《可变利益实体的合并》中提出的概念。美国财务会计准则以前只要求基于股权控制的母公司与子公司间合并财务报表,但"安然事件"暴露出来的问题是,有些公司将风险、债务与损失转移到受其合同控制的特殊目的公司,而不用纳入合并财务报表,从而可以避免披露要求和监管。因此,美国财务会计准则委员会 2003 年第 46 号解释函规定,只要某一实体对另一个实体事实上拥有"控制性财务利益",即要求合并财务报表,而不论其控制是否建立在多数表决权的基础之上。[27] 然而,VIE 结构的合并报表要求也为中国某些属于禁止或限制外国投资产业中的企业在美国间接上市提供了便利。根据中国法律规定,有些产业是禁止或限制外国投资的。于是,某些从事互联网、电信、服务业等禁止或限制外国投资的产业的企业,包括百度、阿里巴巴等公司,就通过 VIE 结构与协议控制实现境内实体公司境外间接上市。具体做法是,境内实体公司的控制者在境外设立特殊目的公司,该境外特殊目的公司在境内又设立一个由其全部持股的外资企业,该外资企业依靠一系列合同安排,包括技术服务协议、贷款协议、股权质押协议、营运协议、管理合同、设备购买与租赁协议等,控制境内实体公司,成为境内实体公司的主要风险承担者和主要收益的"首要受益人"(primary beneficiary),并将此 VIE 结构的资产与负债纳入合并报表予以披露,就可以在美国上市融资。由于这种做法既规避了我国关于外资准入方面的法律,也给美国投资者带来了一定的风险,因此如何对其监管也引起了关注和讨论。[28]

---

〔27〕 Summary of Interpretation No. 46, *Consolidation of Variable Interst Entity—An Interpretation of ARB No. 51*, FINANCIAL ACCOUNTING STANDARDS BOARD, http://www. fasb. org/jsp/FASB/Pronouncement _ C/SummaryPage&cid = 900000010203.

〔28〕 Ziegler, Samuel Farrel, *Chian's Variable Interest Entity Problems: How Americans have Illegally Invested Bellions in China and How to Fix it*, Geoge Washington Law Review, Vol. 84:2, p. 539 – 562(2016); Schindelheim, David, *Variable Interest Entity Structures in the People's Republic of China: Is Uncertainty for Foreign Investors Part of China's Economic Development Plan*, Cardozo Journal of International and Comparative Law, Vol. 21:1, p. 195 – 234(2012).

第四章　国际合作开发与建设

东道国政府与外国投资者合作开发自然资源或建设基础设施,是国际投资合作的一种重要形式。自然资源开发和基础设施建设对于国家的经济发展至为重要,而政府的财力和技术水平有限,通过与外国私人投资者合作,可以加快开发与建设,促进国家的经济发展。与国际私人投资者之间的投资合作不同,外国投资者与东道国政府合作开发自然资源或建设基础设施,都涉及政府的特许问题。外国投资者只有与东道国政府签订特许协议才能从事开发与建设活动。因此,特许协议及其履行是国际合作开发与建设的核心问题。

第一节　石油资源国际合作开发

一、石油资源国际合作开发概述

(一)国际合作开发的产生与发展

国际合作开发是国家利用外国投资共同开发自然资源的一种国际合作形式。通常由资源国政府或国家公司同外国投资者签订协议、合同,在资源国指定的开发区和一定的年限内,允许外国投资者同资源国合作,进行勘探、开采自然资源,并进行共同生产,按约定比例承担风险、分享利润。

合作开发的方式可以适用于各种自然资源的大型开发及生产,但通常主要用于石油或其他矿产资源的开发。其中,石油资源的合作开发在国际上具有较长的历史,并经历了曲折的发展过程,各国石油立法也渐趋完善。因此,本章将着重评析石油资源国际合作开发的有关法律问题。

石油资源对于加快一国的经济发展具有重要作用,资源国要想发展本国经济,就必须注重开发利用石油资源。但石油资源埋藏在地层或海底深处,其真实的储量和可开采性往往是人们所无法预料的,必须投入大量的资金和技术,经过较长时间的勘探才能查明。而且,一个油田从勘探到建成并收回投资一般至少需 10 年至 20 年的时间。可见,石油资源的开发风险大、投资多、技术要求高、建设投产周期长,单靠资源国本国的资金、技术,往往难以形成规模。因此,许多发展中国家甚至一些发达国家,都采取国际合作的方式来开发石油资源。

对于外国投资者来说，与资源国合作开发自然资源，虽然风险大，但利润也大，若能发现和开发商业性的油气田，就能较快地从其分得的石油中收回投资，取得利润。同时，外国投资者还可以采取各种措施避险，如联合多个石油公司组成投资开发集团，或同时在不同的国家和地区进行开发活动，以分散风险；要求资源国通过立法或协议对其投资开发活动提供政府保证，保证其在开发期间投资的安全，避免政治风险；甚至在协议中订立稳定条款，使其权益不受以后法律不利变化的影响；等等。因此，与资源国合作开发自然资源，外国投资者也有利可图。

早在19世纪末，主要资本主义国家的石油公司就开始在国外，如在中东开采石油资源。近百年来，石油资源国际合作开发的方式以及资源国与外国石油公司在合作开发与生产中享有的权利和承担的义务也经历了巨大的变化，这些变化与民族解放、国家独立密切相关。

"二战"前，石油资源国际合作开发主要采取特许协议的形式，这种特许协议主要有利于外国石油公司。外国公司享有广泛的权利和巨大的利益，通常完全控制或垄断了石油的生产、运输和销售，仅向资源国缴纳数额很低的特许权费或租金。资源国对石油开发实际上失去了管理权和控制权，所获收益与外国石油公司相比也少得可怜。[1]

"二战"后，许多国家取得了政治独立，为了自主地发展经济，它们主张维护其对自然资源的永久主权，并开始对本国石油资源进行控制，其主要措施和手段有：(1)颁布石油立法，调整合作开采石油产生的各种关系，维护国家的主权和利益；(2)建立国家石油公司，具体实施国家的石油政策并负责合作开发事宜；(3)对以前订立的特许协议进行重新谈判，变更原有合同的条款和内容；(4)采取多种合同形式，加强政府参与和对合作开发的管理。通过这些措施，资源国收回了其对石油生产和销售的控制权，改善了其财政状况，资源国在石油开发中的收入比例也不断提高。此外，各国参与石油开发的公司越来越多，以前由少数石油寡头垄断石油开发的现象已不复存在。合作的方式趋于多样化，合作条件趋于相互性，注意照顾双方的利益。

(二)合作开发的法律特征

第一，国家对其自然资源享有永久主权。根据国家对其自然资源享有永久主权的原则，自然资源的所有权、管辖权和统治权永久属于资源国国家和人民。开发自然资源是国家专属的权利。资源国有权决定同什么人、在什么区域合作勘探、开采自然资源。不管外国人通过什么方式取得一定区域的自然资源的勘探、开采和生产权，都不意味着取得所有权。

因此，利用外资合作开发自然资源，与一般利用外资的合作方式不同，外国投资者必须取得资源开采权。开采权的取得通常是经资源国批准，给予特许权；或者是通过招标投标的方式，从享有资源开发专营权的国家公司取得。外国投资者只有获得开采许可证，才

---

[1] 联合国跨国公司中心编：《再论世界发展中的跨国公司》(中译本)，南开大学经济研究所美国经济研究室对外经济联络部国际经济合作研究所译，商务印书馆1982年版，第139~140页。

能在指定的区域进行勘探和开采活动。外国投资者取得开采权后,如事先未经国家职能部门同意,一般不许将开采权全部或部分地转让给其他公司。开采权的转让,须严格按照法定程序办理。如果具有开采权的承包商或合作者没有履行合同义务,资源国有权取消其开采权。在正常情况下,合同期满后,资源国收回开采权。

第二,合作主体具有特殊性。与其他国际合作方式不同,合作开发的主体也较为特殊,一方为资源国政府或法定的国家公司,另一方为外国公司。

合作开发的东道国一方通常为政府或国家公司。在传统的特许协议中,协议一方为资源国政府,另一方为外国公司。资源国政府既是主权者,又是协议的当事人。因而,在学说上对此种协议的性质和效力多有分歧,在实践中也常因此种协议产生争议。后来,随着国际经济合作的发展,合作方式也多样化,许多国家特别是石油输出国组织国家,设立了国家石油企业,通过管理和监督在石油部门经营的企业来维护国家在石油开发方面的广泛利益。国家石油公司独立行使,或同外国公司联合行使石油业的特许权,如勘探、开发、生产、销售石油的权利,并通过获得必要技术和培训良好的本国人员骨干队伍来发展国家在石油工业方面的开采。只有这些法定的国家公司才能成为合作开采的当地当事人,其他任何公司、企业均不能与外国企业合作开发自然资源。

合作开采的外方,是指与资源国或资源国国家石油公司签订石油合同的外国企业。外国企业可以是公司,也可以是公司集团。一般来说,由于自然资源特别是海洋石油资源的开采风险大、投资多、技术复杂,是个人及小型企业无法承担的,因此,只有大的专业公司或公司集团才有开采的能力,才能成为合作开采的参加者。

第三,合作方式大多为特殊的契约式合营。国际合作开采,除少数采取合营企业(股份式)外,大多采取契约式合营。合作双方并不组成共同的独立法律实体,仍是分别独立的法人。合作双方在平等互利的基础上签订合同,依合同确定双方的权利和义务,按照合同所规定的权利、义务进行合作。

合作开发也不同于一般的契约式合营,除上述国家对其自然资源享有永久主权及当事者资格外,在合同形式及合作方式上也有很大的差别。如合作开采海洋石油资源,其合同形式一般是国家公司制作的标准合同,格式比较固定,条款较为具体,当事人自行议定合同条款和内容的自由受到限制。在合作方式上,往往有几种合同形式结合在一起,因而在勘探、开发、生产各个阶段,合作双方的权利和义务往往也不同。

(三)合作开发作业的基本做法与规定

石油资源的开发作业通常分为三个阶段,即勘测、勘探与开采(有的把开采又分为开发与生产两个阶段)。合作开发则主要是在勘探与开采阶段。

1. 勘测

勘测是勘探的先行阶段,一般仅限于地表的测探。地表的测探一般包括磁力、重力、地震等地球物理勘测以及地表取样、地质研究等。

许多国家不允许私人公司,包括外国公司进行勘测,勘测工作是由政府进行的。另有些国家允许私人公司进行地表勘测,少数国家则在一定条件下允许钻井勘测。但作业者在勘测矿区没有独占权,只有少数国家通过签订地震合同,赋予公司在一定探测矿区的独占勘测权。勘测期限较短，一般为 1 ~ 3 年。勘测作业者须向资源国提供全部地球物理和地质研究报告的副本及必要解释资料和图表。作业者享受的权益是，获得资源国有关油矿的地质资料。

2. 勘探

勘探是为了探明油气资源所进行的必要的工作，包括地震详查、开钻探井、试油、油气评价等工作。

许多国家均允许外国私人公司进行勘探。与勘测不同，勘探权一般具有独占性，只有获得勘探区特许权的公司，才拥有作业的权利，其他公司不允许在该区同时进行勘探。若勘探具有商业性发现，只要作业者满足资源国所要求的技术经济条件，就可以得到优先开采权，由该作业公司负责开采和生产工作。

各国对勘探矿区一般均规定明确的范围，矿区的面积有的用经、纬度计算，有的以平方英里或平方公里计算，有的在区内还划分"分区"。

矿区退回（relinguishment）是现代石油勘探中一个重要制度，即作业者须在一定时间后将勘探矿区的一部分退回归还给资源国。这一原则的形成是由国家对石油资源的永久主权和石油勘探的复杂性决定的，对资源国和作业者双方都有利。资源国把大块矿区的勘探权赋予作业者，若期限过长，对资源国不利。所以，经过一定时间，资源国就要收回部分地区的勘探权；此外，石油勘探是复杂的，若一个作业者在某地区未获发现，资源国及时收回勘探权，还可以由其他公司再行勘探。另外，作业者通过这个制度可以逐步放弃他们认为不存在油气资源或不具有商业开采价值的地区，逐步把力量集中在最有前途的地区，不必支付过多的勘探费用。

勘探作业者须提出工作计划和预算，送交资源国主管当局批准。作业者有义务向资源国政府提供勘探所得的资料和数据。作业者只能在资源国保持数据，而不得将其出卖或作其他处理，不得向他人泄露。岩心和取样只能由资源国国家石油公司保存，经许可才可交作业者保存。当然，为了工作的需要，作业者也有权使用这些资料，不应受到不合理的限制。

3. 开采

石油开发、生产是石油开采的中心问题。经勘探发现商业性油田，就可由勘探转入开采。至于商业性油田的标准，则由有关资源国的法律或合同规定，有的以油田生产能力达到一定水平为准，有的以油田在一定时期内产油量达到一定数量为准，有的把油层深度与产量联系起来作为判断商业价值的标准，还有的以经济收益率为准。

石油开采期限一般较长，通常为 20 ~ 30 年。作业者在开采之前应提出开采计划，由资源国认可。作业者每年一般须以年终报告方式向资源国报告油田生产状况，如开采情况、总产量、生产设备的性能和位置、当年生产成本、雇用人员的人数、国籍及工资总额等，接受资源国的监督与管理。

4. 作业者应缴纳的税费

依各国法律规定，进行石油的勘测、勘探、开采，都要向资源国缴纳规定的税费，这些税费主要有如下几种：(1) 地表税（surface tax payment），即进行勘测活动缴纳的税。有的国家按面积征收,有的规定缴纳一定数额的税金,也有的规定勘测不需缴税。(2)特许权费(royalty)。特许权费的征收,有的国家采用固定比率,如所产原油价值的12.5%;有的国家采用滑动比率,可以用现金或原油缴纳。(3)签约费(signature bonus)。这是在签订勘探开发合同时缴纳的税金。大多数国家征收签约费,金额大小不等。如尼日利亚法律规定,签约费为每1000平方英里为140万美元。(4)见油费(discovery bonus)和高产费(production bonus)。见油费是指作业者在发现石油时向资源国缴纳的税费;高产费则是当石油产量达到一定的较高水平时缴纳的税金。也有的国家未规定见油费和高产费。(5)所得税(income tax)。这是对企业的收入所得征收的税金。此外,有的国家还征收地租及石油税(petroleum revenue tax)等。

总的来说,在合作开发的整个过程中,作业者必须遵守资源国的一切有关法律,如石油法、矿业法、劳动法、环境保护法及其他有关工商业管理法规,否则要受到法律制裁。作业者还有接受资源国监督的义务。资源国职能机构人员有权接近工作场地,对作业者进行检查,检查人员有权要求作业者进行必要的操作,以便了解安全和防污措施的状况。作业者有义务向检查人员提供有关资料。[2]

二、国际石油合作开发的基本模式

近百年来,国际政治经济局势发生了巨大变化,在石油资源的国际合作开发方面也随之发生了巨大变化,出现了多种多样的方式。

(一)特许协议(concession agreement)

特许协议,又称经济开发协议,是指一个国家同外国私人投资者,约定在一定期间,在指定地区内,允许其在一定条件下享有专属于国家的某种权利,投资从事于公用事业建设或自然资源开发等特殊经济活动,基于一定程序,予以特别许可的法律协议。[3] 石油特许协议就是石油资源国在一定时期内,把一定地区内的石油勘探与开采权,特许给予外国石油公司。其特点是:(1)协议一方为主权国家的政府,他方为外国私人投资者;(2)基于东道国政府的许可,外国私人投资者享有并行使专属于国家的某种权利,如石油的勘探开采权,由外国公司负责投资并承担全部风险进行勘探与开采,石油产品原则上全部属于石油公司所有,资源国获取地租和开采税以及其他税收;(3)有的协议还须事先经立法授权的行政机关批准,甚至须提交立法机关审批。

特许协议是外国公司在资源国进行石油开发最早使用的一种形式。例如,荷兰皇家公司在19世纪末就在荷属东印度(印度尼西亚)作业,英伊石油公司于1901年首先在伊朗取得特许,美国的一些公司则在20世纪初开始在墨西哥取得石油财产。到20世纪20年代后期,美国、英国、荷兰的七大石油公司(七姊妹)控制了拉美、中东和远东生产的大部

---

〔2〕 关于石油开发各阶段的基本做法和规定,详见刘丁编著:《国际经济法》,中国人民大学出版社1984年版,第383~398页。

〔3〕 姚梅镇:《国际投资法》(修订版),武汉大学出版社1987年版,第356~357页。

分石油。[4] 通常，石油资源是由政府所有的，因而，外国公司的特许权是资源国政府给予的。倘若政府对地下矿藏不拥有权利或政府不是土地的所有者，外国公司就得从私人土地所有者那里租让或购得油田。

传统的石油特许协议是外国石油公司剥削和掠夺资源国的有力工具，西方石油公司据此榨取了极为优厚的超额利润。依据传统的石油特许协议，西方跨国石油公司被赋予独有的和广泛的权利去开发石油资源，实际上全部控制了东道国石油业务的各个方面，如勘探、开发、生产、销售、管理、定价，并保证了其对所开采的原油的所有权。这些特许权在东道国的广大地区行使着（通常是数千平方英里，有时占整个国家的大部分区域），也未附有可以收回外国公司弃置不用的矿区的规定。协议中往往缺乏环境保护以及前向和后向经济联系的规定，缺少有关培训和雇用当地人员以及技术转让的措施。协议期限也往往过长，一般持续 50 ~ 100 年。赋予外国跨国公司巨大权利的回酬，往往仅限于一点微薄的矿区使用费和一笔微不足道的特许权费或租金。对石油合作开发收入征税，是 20 世纪 50 年代以后才普遍为各国所采用的。因此，东道国实际上等于对划定开发区域放弃主权。

从概念上说，特许协议被列为合同的一种形式，被跨国公司当作一种静态合同来对待，只许严格地按照它的条款和条件在特许期内贯彻始终，不允许更改与重订。有些特许协议规定有稳定性条款，试图把有关特许的财务和法律事宜冻结在合同订立时的状态。有的协议规定适用国际法或一般法律原则，使合同体制实际上完全不受所在国法律管辖。[5]

“二战”后，随着非殖民化运动的发展，许多资源国在政治上获得独立。为了维护和行使其对自然资源的永久主权，使其自然资源摆脱外国控制，这些资源国采取了措施重新协商或者调整这些特许协议，或者参与管理，或者成立政府石油企业来实施国家的石油政策，甚或实行国有化或收购外国公司的全部事业，以加强政府对石油开发的控制。另外，西方发达国家经济的大幅度增长导致石油需求量的增加，石油公司的数量大增，各国石油公司为了取得足够的石油而不得不进行竞争，并不得不在石油开发协议中向资源国做出让步。因此，传统的特许协议有了很大的变化。

现代石油特许协议仍保持了传统石油特许协议的某些内容，如政府给予石油公司在固定的区域和期间享有勘探、生产和销售石油的权利，石油公司则向东道国政府缴纳特许费、所得税等。但是，现代石油特许协议已经消除或减少了传统的特许协议中不公平的规定，强调东道国在勘探、开发、销售石油资源的各个阶段的国家主权。现代石油特许协议涉及的地域面积较小，通常附有每年钻井进度或投入一定数额资金的要求，并要求在规定的时间表内将一定百分比的特许区域退回。协议期限也大大缩短，一般为 20 ~ 30 年，期限届满时若需要可再延长。协议有些条款规定定期重新考虑契约，并规定，如果发生了影响契约的重大变化，就对原契约条款重新谈判。协议注重加强东道国政府对外国石油公

---

〔4〕 Raymond F. Mikesell, *Petroleum Company Operations and Agreements in the Developing Countries*, Vol. 11, p. 20 (1984).

〔5〕 联合国跨国公司中心编：《再论世界发展中的跨国公司》（中译本），南开大学经济研究所美国经济研究室对外经济联络部国际经济合作研究所译，商务印书馆 1982 年版，第 139 ~ 140 页。

司的勘探、开发、生产和销售活动的管理和控制,并扩大东道国的收入,如协议中订有关于保护采矿工作周围的环境,雇用、培训当地人员,每年向政府提交开发工作规划及详细开发报告,在当地加工以及运输和装船等要求,东道国政府对石油开发征收较高的特许费及所得税,还收取签约费、见油费、高产费等。在协议适用法律上,选择适用国际法和一般法律原则的已经越来越少了。

在石油开发实践中仍然存在特许,但其形式和内容已经现代化。根据联合国1983年发布的关于石油协议的调查,有121个国家,包括阿根廷、尼日利亚、挪威、卡塔尔、泰国、英国、美国,仍在采用特许制。当然,特许制绝非这些国家采用的唯一形式。非洲在石油部门广泛采取特许制或类似办法。[6]

不过,从整体来看,多数发展中国家为了实现其目标,大多采取与跨国石油公司磋商新合同安排的策略来取代传统的特许制,而不仅仅是使传统的特许制现代化。这些新的形式包括合营企业、产品分成合同以及服务合同等。

(二)合营制

从20世纪50年代开始,有些国家就采用合营的方式进行国际合作开采海洋石油资源。合营分为两种:一是设立合营企业的股权式合营;二是契约式合营或合伙。这两种合营有其共同的特点,即合营各方共享特许权,共同投资,分担石油开发成本,分享净收益等,但二者之间也有显著区别,各自有其特征。

1. 合营企业

合营企业是由东道国(一般是东道国国家石油公司)与外国石油公司组成的以勘探、开发石油资源为经营目标的企业。其基本特征与其他部门的合营企业大体相同,即共同投资、共同管理、共负盈亏和共担风险。在法律上,合营企业是独立的法人。

据考察,最早的石油合营企业协议是1956年和1957年意大利国家石油公司和埃及、伊朗政府石油企业签署的合资开发石油协议。[7] 之后,法国埃尔夫公司、德国石油公司和美国一些石油公司也相继采用这种形式。合营企业可在取得开采权时成立,也可以根据东道国政府的要求,由已设立的外国公司转让某些股权给东道国政府或政府企业而成立。有人称后一种情况为"部分国有化"。

合营企业一般设立董事会作为其权力机关,决定企业的重大问题,如批准工作计划和预算等,并监督企业的经营活动。通过合营企业的形式,东道国国家石油公司可直接参与企业经营管理。通常,东道国国家石油公司在勘探阶段就承担勘探和开发阶段的费用和风险,也有合同规定国家石油公司的摊销用未来的石油收入或产品来补偿,不需要预先提供资金。例如,埃及采用的合营协议就规定,若发现商业性油气田,埃及政府石油公司就与外国合同者在埃及成立作业公司,该公司须经石油部长批准才能设立,并属于私营公司。该公司须遵守埃及现行法律与法规。依据作业公司的章程,公司的目的是作为一个

---

〔6〕 联合国跨国公司中心编:《跨国公司在世界发展事业中的作用》(第三次调查),联合国1983年版,第268~281页。

〔7〕 Kamal Hossain, *Law and Policy in Petroleum Development*, Nichols Publishing, 1979, p. 21.

代理机构，使埃及石油公司和外国合同者能通过此机构从事或进行开发作业。公司的资本由双方当事人各自投资和持有一半。公司设立董事会，董事会由8人组成，其中埃及石油公司指派4名董事，另4名由合同他方指派，董事长由埃及石油公司任命，总经理则由合同他方指派，董事长和总经理都是企业的常务董事。但该作业公司又是个不规则的合营企业。公司作为合营双方的代理人虽被赋予独立的法律人格，但依其章程的规定又不得拥有协议下的任何权利、利益及不动产等，它所做出的决定也被认为是合营各方决定的结果。据认为，成立这样的公司是为了便于东道国参与石油生产，参与石油开发各阶段作业的有效管理和控制。

2. 联合作业协议

这是合营的另一种形式。这种形式也具有东道国或其国家石油公司与外国石油公司共同投资、共同经营、共负盈亏的特点。但合作者间仅仅达成一个联营协议，而没有组成联合的企业组织，未组成新的独立法人。合作各方在财务、法律上均各自保持其独立性，分别计算开支与收入，分别纳税，各自承担法律责任。依据这种合作协议，一般是由外国合同者承担勘探费用风险，即直到商业性发现之前，资源国的国家石油公司不分摊成本，外国石油公司承担勘探的全部费用和风险。国家石油公司对商业发现以前发生的任何勘探风险不给予补偿。在发现商业性油气田后，再由资源国石油公司与外国公司联营开发。合作双方为进行联合作业，建立一种技术性的、业务性的联系性机构。外国公司通常总是被指定为作业者，资源国石油公司则通过联合管理委员会参与管理，联合管理委员会审批作业者提交预算和工作计划及处理其他问题。外国石油公司有权分享石油产品，并就此缴纳所得税。

例如，1958年，伊朗国家石油公司与美国一家石油公司就签订了这样一种联合协议，其主要内容包括：(1)双方共同建立一个联合机构，该机构负责计算双方应负担的费用，机构主席、副主席由双方指派；(2)双方按各自投资比例，分别负担税费，如资金不足，可共同借贷或用其他方式筹集资本；(3)按双方共同同意的方案进行石油勘探工作；(4)如发现商业性油田，开采费用由双方分摊，勘探期间的费用由伊方补还一半；(5)双方各分得石油产量的一半，每一方可以购买对方所不需要的产品。[8]

又如，哥伦比亚从1970年后开始采用联营合同(contract of as sociation)。合同规定，所有投资于开发作业的费用由哥伦比亚政府石油企业与联合作业的私人公司按50%对50%的比例分担；如有商业性发现，政府石油企业则对外国合同者所发现的油井的勘探费给予50%的补偿；石油产品按50%对50%的比例分配，在支付特许费后(通常为20%)，外国合同者可得到40%的产品。此外，私人公司还必须支付净所得40%的公司税。从1976年开始，新的合同规定，按世界石油价格支付外国合同者分享的石油。[9]

(三)产品分成合同

产品分成合同(production - sharing contract)是国际合作开发的一种新的合同形式。

---

〔8〕 刘丁编著：《国际经济法》，中国人民大学出版社1984年版，第400～401页。

〔9〕 Raymond F. Mikesell, *Petroleum Company Operations and Agreements in the Developing Countries*, Vol. 11, p. 109－113(1984).

印度尼西亚国家石油公司在20世纪60年代就与外国石油公司签订了几个产品分成合同。因此,它也被称为印度尼西亚式合同。

这种合同的基本特征是:(1)资源国拥有对作业区的土地和资源的所有权,外国公司为开发石油资源购置的设备最后要成为资源国的财产。(2)资源国国家石油公司负责石油开发作业的经营管理,外国合同者则依合同的规定负责实施石油作业。外国合同者必须将每年的工作计划和预算提交给国家石油公司审批。(3)外国合同者负责提供石油勘探、开发和生产所需的所有费用和技术,并承担生产费用风险。(4)在整个合同期间,全部石油产品在弥补开发费用后由国家石油公司与外国合同者依合同规定分成。原油的分配规则一般是:以每年所产原油的一定百分比(20% ~40%)偿还外国合同者的费用(包括勘探、开发和生产费用),当费用超过规定的百分比时,其未能补偿的超过部分在以后的年份偿还。余下的石油,由资源国国家石油公司和外国合同者按一定的比例分配。[10]

这种合同形式把管理责任授予国家石油公司,资源国对资源和产品的控制权大,财务程序也比较简单,可使国家石油公司免于处理有关确定外国合同者的费用或产品的价格,以及与征收所得税相关的复杂事宜。自从1966年印度尼西亚与一家美国石油公司签署了世界上第一个石油国际合作开发产品分成合同后,许多发展中国家也相继采用此种合同,如智利、危地马拉、象牙海岸、埃及、印度、秘鲁、利比亚、马来西亚、叙利亚、特里林达、阿曼和苏丹等。[11]

进入20世纪70年代以后,世界石油价格上涨,各国政府希望这类合同能使它们增加纯利润份额,因而要求对旧的产品分成合同进行重新协商。另外,美国财政部1977年规定,美国公司若要使其在国外所纳的税收在国内得到抵免,该外国税必须是按其纯收入直接向外国政府缴纳的,这就必须把所得税与其他的税费分开。因此,产品分成合同的规定后来又发生了一些变化,这些变化主要涉及产品分成的比率,计算产品费用的方法以及纳税等。例如,印度尼西亚后来的产品分成合同提高了政府分成比例,外国合同者要向国家石油公司缴签约费和高产费等,并要求外国合同者将其一部分分成油提供给东道国国内市场。原来合同规定由国家石油公司从其分成石油中缴纳所得税,后来则改为由外国合同者自己支付所得税和股息税,而国家石油公司承担外国合同者的其他税负。

(四)服务合同

服务合同(the service contract)形式在拉美和中东国家中普遍采用。由于对传统的石油特许协议持反对态度,一些发展中国家将石油开采作业的专有权给予其国家石油公司。但由于国家石油公司的技术能力和资金的限制,它们就经常雇用有合适的先进技术和设备的私人公司提供服务,服务合同就应运而生。

典型的服务合同是,私人石油公司同意给政府或国家石油公司提供某种特定的服务,以取得规定的报酬。在服务合同形式中,东道国政府或国家石油公司具有石油勘探和开

---

〔10〕 Raymond F. Mikesell, *Petroleum Company Operations and Agreements in the Developing Countries*, Vol. 11, p. 28, 59 - 68(1984).

〔11〕 Raymond F. Mikesell, *Petroleum Company Operations and Agreements in the Developing Countries*, Vol. 11, p. 28, 59 - 68(1984).

采权,独立投资和经营,自负盈亏;同时,通过与外国石油公司签订服务合同,把石油勘探开发的某些工作交由外国合同者,由其完成这些任务。服务项目可以是油田的全部勘探、开采和生产工作,也可以是勘探、钻井、铺设管道、建设平台以及设计开发方案中的任何一项或几项工作。石油产品全部由东道国或其国家石油公司取得,外国合同者只是取得相应的报酬,通常是取得一部分石油产品。

外国石油公司与东道国或其国家石油公司签订服务合同之后,经东道国同意,可以将其所承担的工作分出一部分由第三人承担,后者称为分包人。东道国就分包的同意有两种方式:一是由外国合同者推荐分包人,经东道国批准;二是由东道国提出分包人名单,外国合同者与分包人签订分包合同。

石油合作开发服务合同可分为风险服务合同和无风险服务合同(纯服务合同)两种。风险服务合同的特点是,外国石油公司提供技术和服务,负责勘探与开采作业,从资源国取得报酬。一般是由资源国以低于市场的价格向外国石油公司出售原油。勘探费由资源国用原油无息偿还。这种合同要求风险由外国石油公司负担,即勘探如未能取得商业性发现,亏损和费用全部由外国石油公司负担,只有取得商业性发现并开采出原油后,勘探费用才能从产品中得到补偿。[12] 无风险服务合同一般则是在开发以后各阶段采用的,外国合同者履行某些服务,东道国或其国家石油公司向外国合同者支付一定数额的服务费,没有投资风险。因此,风险服务合同是用于那些石油储量未经勘探证实的矿区的勘探与开发,而无风险服务合同则在那些石油储量已经勘探证实,外国石油公司所投入的资本已经从生产的石油中提取的一定百分比得到补偿的情况下采用。

例如,法国石油钻探开发公司 1966 年与伊朗国营石油公司、1968 年与伊拉克国营石油公司分别订立的协议,就是两个最早的服务合同。其主要规定如下:(1)法国石油钻探开发公司保证为石油开采提供全部风险资本,如果石油井被发现有商业开采价值,也要为生产提供资本。石油勘探开发公司的附属公司要提供所有必需的技术服务,并且要作为一个总承包商。(2)发现可供商业开采的石油后,资源国开采所需的全部费用,都由国家石油公司作为一笔无息借款记账,并且从投产日起在 15 年内以原油偿还。石油钻探开发公司为石油开发所花费的款项,则作为无息贷款在短期内偿还。(3)石油钻探开发公司被委以经营企业的责任。(4)以对石油钻探开发公司作为报酬安排为条件,所生产的石油和石油气所有权属于国家石油公司,石油钻探开发公司有权以低于市场的价格购买所生产的石油的保证份额。(5)对于生产阶段,合同规定的期限在伊朗为 25 年,在伊拉克为 20 年。协议含有撤销条款。

又如,1971 年在秘鲁由秘鲁石油公司和美国西方石油公司订立的协议中,西方石油公司保证提供投资资本、所有必需的开采与开发费用以及全部必需的技术服务。这家公司作为总承包商,被委以全部经营业务的专责。发现的碳氢化合物和生产的权利,依宪法保留给秘鲁国家;作为服务的酬劳,西方石油公司得到 44% ~50% 开采的碳氢化合物,秘鲁

---

〔12〕 Raymond F. Mikesell, *Petroleum Company Operations and Agreements in the Developing Countries*, Vol. 11, p. 28 – 29(1984).

政府免予征税。这种模式为其他拉美国家所仿效。

这种合同的主要优点是,国家在经营中不承担风险或投入资本,并对所产石油与储藏始终保有所有权。

在合同的分类中,有的还采用"参与协议"(participation agreement)一词。参与协议包括合营和产品分成两种形式。政府参与石油开发是石油协议的重要发展之一。这种参与在近来的石油协议(除纯服务合同外)中,包括三个不同方面:参与石油作业的管理,参与企业的股权,以及参与石油的生产。因此,"参与协议"一词含义较广。

总的来说,从传统的特许到其他合同安排的转变仍在继续当中,以充分维护东道国的主权和利益,并尽可能使东道国与跨国公司之间的安排更为公平和均衡。从当今的趋势看,东道国和跨国公司在选择合同形式方面的战略,不是简单地从一种形式到另一种形式,而是更为灵活和复杂。事实上,近年来的许多矿物协议中结合着好几种合同形式的特点。同时,东道国常常采用两种或更多的合同形式来开发资源。

三、中外合作开采石油资源

我国需要开发石油资源,但我国改革开放之初难以拿出大量的资金用于石油勘探与开采,技术水平和管理水平也难以适应海上开采,因此,采取与外国投资者合作开采的方式,可利用外方的资金、先进技术和设备,加快开发石油资源,带动我国其他行业的发展;同时,在合作过程中,我方还可以学到一些石油、地质、勘探开发等方面的新技术。1982 年 1 月 30 日国务院颁布了《对外合作开采海洋石油资源条例》(以下简称《海洋石油资源条例》),设立了中国海洋石油总公司,在维护我国国家主权和经济利益的前提下,允许外国企业参与合作开发我国海洋石油资源。1993 年 10 月 7 日,国务院又颁布了《对外合作开采陆上石油资源条例》,为中外合作开采陆上石油资源规定了基本的法律框架。中国加入 WTO 后,为使上述两个条例与 WTO 的有关协议及中国的"入世"承诺保持一致,国务院又对其作出修改,并于 2001 年 9 月 23 日将修订后的条例予以公布。国务院于 2011 年、2013 年又对这两个条例作了修改。下面仅依据《海洋石油资源条例》来阐述中外合作开采石油资源的有关法律问题。

(一)基本原则

国家对其自然资源的永久主权,是现代国际法的基本原则,我国与外国企业合作开采海洋石油,当然也应坚持这一原则。我国《海洋石油资源条例》第 2 条明确规定:"中华人民共和国的内海、领海、大陆架以及其他属于中华人民共和国海洋资源管辖海域的石油资源,都属于中华人民共和国国家所有。在前款海域内,为开采石油而设置的建筑物、构筑物、作业船舶,以及相应的陆岸油(气)集输终端和基地,都受中华人民共和国管辖。"这一规定申明了我国对属于我国的海洋石油资源的所有权和有关石油开采的设施、装置及船舶等的管辖权。

依《海洋石油资源条例》规定,国务院指定的部门依据国家确定的合作海区、面积,决定合作方式,划分合作区块;依据国家长期经济计划制定同外国企业合作开采海洋石油资源的业务政策和审批海上油(气)田的总体开发方案。对外合作开采海洋石油资源的业务，由中国海洋石油总公司全面负责。中国海洋石油总公司就对外合作开采石油的海区、面积、区块，通过组织招标、确定合作开采海洋石油资源的外国企业，签订合作开采石油合同或者其他合作合同，并向中华人民共和国商务部报送合同有关情况。

中国政府依法保护参与合作开采海洋石油资源的外国企业的投资应得利润和其他合法权益，依法保护外国企业的合作开采活动。同时，合作开采海洋石油资源的一切活动，都应当遵守中华人民共和国法律、法规和国家的有关规定；参与实施石油作业的企业和个人，都应当受中国法律的约束，接受政府有关主管部门的检查、监督。

（二）合作开采方式

我国对外合作开采海洋石油资源的方式参考了国际上的通行做法，采取契约合作方式进行。

中国负责对外合作开采海洋石油资源业务的是中国海洋石油总公司。该公司是具有法人资格的国家公司，享有在对外合作海区内进行石油勘探、开发、生产和销售的专营权。它就对外合作开采石油的海区、面积、区块，通过组织招标、签订石油合同，同外国企业合作开采石油资源。中国海洋石油总公司根据工作需要，可以设立地区公司、专业公司、驻外代表机构，执行总公司交付的任务。除中国海洋石油总公司外，中国的任何公司、企业或其他经济组织均无权与外国企业合作开采海洋石油资源。而外国合作者则可以是来自任何国家和地区的石油公司或公司集团。

根据《海洋石油资源条例》规定，除法律、行政法规另有规定或者石油合同另有约定外，中外合作开发海洋石油资源的方式是：由石油合同中的外国企业一方投资进行勘探，负责勘探作业，并承担全部勘探风险；发现商业性油（气）田后，由外国合同者同中国海洋石油总公司双方投资合作开发，外国合同者并应负责开发作业和生产作业，直到中国海洋石油总公司按照石油合同规定在条件具备的情况下接替生产作业，外国合同者可以按照石油合同规定，从生产的石油中回收其投资和费用，并取得报酬。

可见，我国对外合作开采的方式兼具风险合同、产品分成合同和合作经营的特点。在勘探阶段，是由外国合同者承担费用和风险，因而具有风险合同的特点。在发现商业性油（气）田后的开采与生产阶段，由双方投资合作开发，并以原油偿还投资与费用，取得报酬，因而具有合作经营、产品分成合同的特点。

采用这种合作开采方式，可使我国在不担风险或少担风险的情况下，取得加速海洋石油资源开发的最大效益。因为由外方承担勘探风险，如无商业性油（气）田发现，我方无须偿付勘探费用，而外方既然承担勘探风险，必然尽力寻找油田，这有利于加快我国海上石油开发；有了商业性油（气）田发现后，再合作开发，这就可以在我国资金缺乏、技术力量不足的情况下，利用外资和先进技术，加速海洋石油的开发和利用，并有利于我国学习国外先进技术和管理经验，培养本国力量，促进我国石油工业和其他工业的发展。

（三）中外合作开采海洋石油合同

1. 我国石油合同的性质

中外合作开采海洋石油合同是由中国海洋石油总公司与外国石油公司订立的合同，

不是特许协议,在性质上更不属于所谓"国际化"契约或所谓的"国家契约",而是我国国内的契约,这是因为:

其一,石油合同中方当事人是中国海洋石油总公司,该公司是具有法人资格的国家公司。它虽享有在对外合作海区内进行石油勘探、开发、生产和销售的专营权,但作为专业公司,仍是一个经济实体,不是政府机关,更不能以主权者的资格签订协议,因此石油合同不能认为是国家或政府机构同外国企业签订的契约。

必须指出,西方某些学者出于其"理论"与本国的实际需要,把国有企业视同国家或政府机关,将国有企业与外国人订立的协议纳入"国家契约"的范畴,并把它国际化,这显然是把国际法主体概念作了不适当的扩大,既与法律相悖,也不符合实际,当然不为我国所接受。

其二,石油合同是依中国法律在中国境内签订,并经中国审批机构批准生效的。我国政府审批机构对石油合同的审批,是国家经济行政权的行使,并不因此审批行为而成为合同的参与人或当事人。

其三,石油合同适用中国法律。我国《民法典》第 467 条明确规定,在中国境内履行的中外合资经营企业合同、中外合作经营企业合同、中外合作勘探开发自然资源合同,适用中国法律。因此,依此法规定,中外合作开采海洋石油资源合同适用中国法律,当事人不得选择适用其他法律。

石油合同之所以适用中国法律,首先是因为这类合同涉及国家主权和利益。依据国家对其自然资源永久主权原则,我国《海洋石油资源条例》规定,合作开发海洋石油资源的一切活动,应当遵守中国的法律。这样,履行石油合同的一切活动和行为,都必须受中国法律约束。

适用中国法律的理由还在于:石油合同与中国法律具有最主要、最密切的联系。这是因为,合同是依中国法律订立,并经我国审批机构批准后生效的;合同的订立地在中国境内;合同的标的物在中国境内,并为中国所有;合同的履行地也在中国境内。由此可见,合同的订立地、履行地、标的物所在地等主要联系因素都在中国,与中国有最密切联系,应适用中国法律。

此外,适用中国法律也有利于保护外国投资者的合法权益。

2. 石油合同的基本内容

中外合作开采海洋石油合同与一般合同不同,它是按照中国海洋石油总公司统一制定的标准合同订立的,格式比较固定,条款较为具体,当事人自行议定合同条款和内容的自由受到限制。我国《海洋石油资源条例》中规定的有关合同者、作业者的权利和义务都在合同中固定了下来。根据《海洋石油资源条例》及我国标准合同的规定,石油合同各方主要有以下权利和义务。

(1)外国合同者的主要权利和义务。

第一,须独自承担勘探的费用和风险。依据石油开采条例规定,除能源部或石油合同另有规定外,应当由石油合同中的外国企业一方投资进行勘探作业,并承担全部勘探风险。

依据石油《标准合同》规定,外国合同者必须完成最低限度勘探工作计划,包括完成最低限度的地震测线公里数、钻完初探井数;钻井总进尺米数和最低勘探费用数额;勘探期根据合同区的面积而有所不同,或5年,或7年。

外国合同者还须承担退回矿区的义务。勘探期的每一阶段届满时,必须退回合同区的某些部分。例如,在大于2000平方公里的合同区,外国合同者在第三年年底须退回全部合同区的25%;第五年年底必须在扣除发现油(气)田并准备开发的区域之后,退回其余合同区的25%;到第七年年底,除准备开发的区域之外,其余合同区必须归还。若勘探期届满,在合同区仍未发现商业性油(气)田,则合同自动终止。这种退回矿区的义务,在各国石油合同中均有规定,这既体现了资源国的主权,也有助于加快石油勘探。

第二,应负责开发作业和生产作业,直至中方接替为止。在发现商业性油(气)田后,由外国合同者同中国海洋石油总公司双方投资合作开发,外国合同者应负责开发作业和生产作业,直至中国海洋石油总公司按照石油合同规定在条件具备的情况下接替生产作业。这里的开发作业是指从石油工业部批准油(气)田的总体开发方案之日起,为实现石油生产所进行的设计、建造、安装、钻井工程等及与其相应的研究工作,并包括商业性生产开始之前的生产活动。生产作业是指一个油(气)田从开始商业性生产之日起,为生产石油所进行的全部作业以及与其有关的活动,诸如采出、注入、增产、处理、储运和提取等作业。

第三,应依法纳税。2011年以前规定参与合作开采的中国企业、外国企业要缴纳矿区使用费,2011年11月1日改为缴纳资源税。企业的雇员应依法缴纳个人所得税。外国企业应缴纳的税种主要有资源税、所得税、增值税、关税等。为执行石油合同所进口的设备和材料,按照国家规定减税、免税或者给予税收方面的其他优惠。

第四,石油合同可以约定石油作业所需的人员,作业者可以优先录用中国公民。中国以前要求外国合同者在执行石油合同中使用先进而适用的技术和经营管理经验,且有义务向中国一方执行合同的有关人员转让技术,传授经验;在石油作业中必须优先雇用中方人员,逐步扩大中方人员的比例,并应对中方人员有计划地进行培训。中国加入WTO后,已对《海洋石油资源条例》作了修改,取消了优先雇用中方人员等要求。

第五,应及时、准确地向中方提供资料。外国合同者在执行石油合同中,必须及时、准确地向中国海洋石油总公司报告石油作业情况;完整、准确地取得各项石油作业的数据、记录、样品、凭证和其他原始资料,并定期向中国海洋石油总公司提交必要的资料和样品以及技术、经济、财会、行政方面的各种报告。上述各项石油作业的数据、记录、样品、凭证和其他原始资料,其所有权属于中国海洋石油总公司,其使用和转让、赠与、交换、出售、公开发表以及运出、传送出中华人民共和国,都必须按照国家有关规定执行。由于国家对其资源具有永久主权,有关资源情况的资料当然也应及时向资源国提供并归资源国所有,这一规定是国家主权原则的体现。

第六,其他义务。例如,应当按照《外汇管理条例》的规定,开设银行账户;应在中国境内设立分支机构或代表机构,并依法履行登记手续。外国企业及其雇员均应遵守中国法律、行政法规和国家有关规定,接受中国有关主管部门的检查、监督。这些规定是为了保证国家能对外国合同者的一切活动进行有效的管理和监督。

必须注意的是,1982 年的《海洋石油资源条例》对外国合同者规定了在石油作业中应优先使用中国的设备、材料、服务等方面的义务,由于此规定与 WTO《与贸易有关的投资措施协定》不一致,修改后的《海洋石油资源条例》已经取消了这方面的规定。

第七,外国合同者的主要权利是从生产的石油中回收其投资和费用,并取得报酬。我国石油合同一般规定,年度原油总产量的 17.5% 支付矿区使用费和增值税等,50% 的原油作为"费用回收油"。费用回收油在补偿合同双方当年为生产作业所实际花费的费用后,剩下的油叫作投资回收油。投资回收油用于支付外国合同者在合同区内已发生、尚未回收的勘探费用,以及支付合同双方开发作业的投资及其利息。年度原油总产量按上述规定分配后的剩余部分称为余额油(32.5% 的原油)。它又分为两部分:一部分为中方的留成油;另一部分为分成油。分成油按中国合同者 51%、外国合同者 49% 的比例进行分配。如果中方在合同区未投资,则外国合同者获得 100% 的分成油,如果中国合同者少投资,则按双方实际投资比例进行分配。

外国合同者可以将其应得的石油和购买的石油运往国外,也可依法将其回收的投资、利润和其他正当收益汇往国外。

(2)中国合同者的主要权利和义务。中国海洋石油总公司按合同规定,在条件具备的情况下,有权接替生产作业,有权派人参加外国作业者为执行石油合同而进行的总体设计和工程设计。外国合同者为执行石油合同,除租用第三方的设备外,按计划和预算购置和建造的全部资产,当外国合同者的投资按照规定得到补偿后,其所有权属于中国海洋石油总公司。但在合同期内,外国合同者仍然可以依据合同的规定使用这些资产。参加合作开发的中国企业,应依法纳税及缴纳矿区使用费。

除了上述主要内容之外,石油合同还要包括有关管理机构及其职责、工作计划和预算、油田商业价值的确定、会计与审计、税收、保险、保密、转让、环境保护和安全、不可抗力、争议的解决与适用法律、合同的生效和终止、合同文字和工作语言等方面的内容。

第二节 特许协议的法律问题

如前所述,特许协议是由东道国与外国公司之间签订的通常以开发自然资源或公用事业的建设为目的的一种协议,这种协议在近百年来历经变化已逐步现代化,并仍为许多国家采用。但是,由于发展中国家在其经济改革与发展中基于情势变化需中止、改废协议,而协议的改废又会影响外国公司的权益,因此,对于国家能否单方改废协议,特许协议的性质、效力、适用的法律等问题,在理论和实践中存在不少争论。

一、特许协议的法律性质

由于特许协议具有与一般合同不同的特点,关于其法律性质,在理论上仍存在分歧。

有的学者认为特许协议是国际性协议；有的学者认为该协议应属国内法契约；有的学者认为特许协议既非国内法上的契约，又非国际法全体之间的条约，而属于“准国际协议”（quasi – international agreements）；[13]另有的学者认为特许协议是一种既含“公法”因素，又含“私法”因素，具有双重性格的混合协议或“跨国契约”。[14] 关于特许协议的法律性质虽有多种学说，但争论的焦点在于：特许协议是国内法契约还是国际协议。

主张特许协议属国际法范畴的主要论点是：（1）协议的一方为主权国家，而协议的内容又是国家特许外国私人投资者享有专属于国家的某种权利，这就表明，基于协议的签订，国家已默示地承认另一方外国公司为国际法主体，从而使协议具有国际协议的性质。这一观点把跨国公司上升到主权国家的地位，从而把特许协议等同于条约。（2）特许协议中通常规定选择国际法或一般法律原则为准据法的条款，或附有国际仲裁条款，事实上是把协议“国际化”了。显然，把外国投资者上升到与国家平等的地位，把特许协议“国际化”，是为了把外国投资者的权益置于国际法的保护之下。

但是，把特许协议看作国际协议的观点是缺乏理论依据的。首先，从法律关系的主体资格看，法律主体是由法律确定的，而不是由缔约一方赋予的。任何一种法律关系的主体都具有其本身的法定要素（权利能力和行为能力），而不能由任何一方赋予或默认。从国际判例实践看，早在 1929 年，国际常设法院在塞尔维亚贷款案中就已把国家契约作为国内契约。1952 年国际法院在英伊石油公司案中则更明确地指出，伊朗政府与英伊石油公司间签订的特许协议，“只不过是一个政府同一个外国公司之间的协议”，“其唯一目的是规定伊朗政府同公司之间有关特许协议的关系，绝不调整两国政府间的关系”，不产生国际法上的权利和义务关系。[15] 因此，外国投资者作为契约一方，只是国内法契约的当事人，而非国际法主体。更何况，至今在国际法的理论上与实践中，尚未承认个人和法人为国际法主体。其次，从协议的适用法律看，协议选择适用国际法，只是说明这种选择是对国内法的补充，或者说是国内法允许作出这种法律选择，[16]并不能说明协议已经国际化了。传统的特许协议选择适用国际法或一般法律原则，并不是一个正常现象，在很大程度上是由于东道国没有较完善的可适用的法律，适用一般法律原则或国际法是为了弥补国内法的不足；在某些情况下则是外国公司为逃避所在国法律管辖、享受治外法权、利用其经济势力强加给弱小国家的。实际上，国际法中并没有调整国家契约的规则，所谓一般法律原则应予适用的观点也没有说服力，因为对于哪些是一般法律原则本身就是有争议的。随着第三世界国家经济独立和社会发展及法律的不断完善，在特许协议中已越来越少选择适用国际法及一般法律原则了。现在许多发展中国家的外资立法规定，特许协议应服从各该国国内法的管辖，排他地适用国内法的规定。如果说在协议中选择适用国际法就

---

〔13〕 A. Verdross, *Quasi – International Agreements and International Economic Transactions*(*1964*),18 YBWA230.

〔14〕 A. A. Fatouros, *Government Guarantees to Foreign Investors*,Columbia University Press,1962.

〔15〕 *International Court of Justice*, *Reports of Judgements*, *Advisory Opinions and Orders*, 1952,p. 112.

〔16〕 有学者认为，国家契约中作为法律选择的国际法是以国内法律秩序为基础的。See F. A. Mann, *The Law Governing State Contract*, 21 Brit. YB Int'l L. (1944)11. 转引自 Rudolf Dolzer, *Petroleum Contracts and International Law*, Oxford University Press,2018, p. 50。

使协议国际化了,那么同类协议就会仅因是否作这种选择而各具不同性质,这是不符合逻辑的。更何况,随着选择适用国际法的特许协议的减少,它们也越来越不能成为"国际协议"了。

事实上,特许协议不是国际协议,而属于国内法契约。[17] 特许协议都是根据东道国的立法(如石油法、矿业法等)确定其权利义务关系及其他具体内容,并经东道国政府依法定程序审查批准而成立的。协议的一方虽为东道国政府,他方为外国私人投资者,但凡不是国际法主体间订立的协议均不属国际协议或条约,不受国际法支配,而受国内法支配。

至于特许协议是公法性质还是私法合同性质的问题,在学说上仍然存在不同的见解,在实践中也有分歧。例如,法国法中有一种合同,称为行政契约,其特点是,契约当事人一方是公共权力机关,有基于公共利益单方控制及改变契约执行的权力;协议适用法国行政法,由行政法院管辖。这种行政合同是公法契约。而在英美普通法系国家,政府与私人间所订的政府合同(government contract),原则上适用普通契约法的规定。除非政府基于社会公益,或契约妨碍政府正常执行职务的理由,或行使国会权力、警察权或公用征收权,否则不能废弃普通法原则。[18] 特许协议类似于这两种合同。因而依法国法和英美法,其属于国内法上的公法或私法契约。

另有些学者认为,特许协议兼有"公法"和"私法"两种因素,因而具有双重性。特许协议中的许多条款是法定条款,受一国的国内公法(如石油法、矿业法)支配;另有些条款则可由当事人协商确定,受私法支配。

总的来说,无论特许协议是"公法""私法"或"混合协议"的性质,它们均属国内法契约,这一点是毋庸置疑的。

二、特许协议的效力

特许协议法律性质之争的关键,在于国家的国际责任问题,即作为协议一方的当事国基于公共利益的需要,中止或改废特许协议时,其不履行或违反契约的行为是否应负国际责任?也就是说,特许协议能否像国际条约一样对当事国改废协议的权力有拘束力。

西方某些学者认为,国家不履行或违反特许协议,应负国际责任。因为特许协议与一般私人契约不同,协议中往往订有适用国际法或一般法律原则条款或国际仲裁条款,这就是基于当事人双方合意,使协议"国际化",其契约义务就具有"国际义务"的性质,国家若单方面改变契约条款,不管出于什么目的,都是违反国际义务,构成国际法上的违法行为,国家应负国际责任。支持这一观点的有一些仲裁法庭的裁决,这些裁决大多是在殖民时期作出的。主张国家应负国际责任的理论根据,不外是传统的国际法原则"约定必须信守"和西方国家的所谓"一般法律原则"或私法理论。

约定必须信守原则的意思是指,当事人对于约定的条款必须认真遵守和履行。它后来成为国际法上的一项原则,通常又称为"条约必须遵守"原则。西方学者认为,约定必须

〔17〕 姚梅镇:《国际投资法》(修订版),武汉大学出版社1987年版,第360~363页。

〔18〕 姚梅镇:《国际投资法》(修订版),武汉大学出版社1987年版,第361~362页。

信守原则要求国家履行它们所承担的义务,是一个根本的原则,不仅适用于国家间的条约,而且也适用于一国和他国国民间的契约。1958 年国际律师协会的一项决议认为:"国际法所公认的'约定必须信守'的原则,同样适用国家间及国家与他国国民间的任何特别协议。因而,国家剥夺外国私人财产,就是违反协议,属于违反国际法的行为。"[19]

一些西方学者主张,特许协议受一般法律原则支配,而文明国家承认的一般法律原则,已成为国际法的一部分。这些一般法律原则通常包括尊重既得权(vested rights)、不当得利(unjust enrichment)、禁止悔言(estoppel)、权利滥用(abuse ofrights)等西方国家的私法原则。但是,把特许协议看作国际协议,受国际法支配,具有国际条约一样的效力的观点,一直受到第三世界国家和许多学者的批评和抵制。反对意见认为,国家固应受其同外国投资者所订特许协议的拘束,但只依国内法负责,不负国际责任,其主要理由有:

第一,特许协议是国内法契约,不是国家间协定,因而不具有国际条约的效力。已如前述,由于现代国际法不承认个人为国际法主体,国家与外国私人投资者订立的协议就不是国际条约,即使协议中含有适用国际法或一般法律原则的法律选择条款,也不能因此改变契约的国内法性质。因此,国家不履行或改废协议,并不当然也不直接构成国际法上的违法行为,不产生国际责任,仅依国内法定其责任之有无及其程度。

第二,西方学者关于违反特许协议应负国际责任的理论根据缺乏支撑。首先,从"约定必须信守"的原则看,适用这一原则,使外国私人投资者上升到主权国家的地位,是违背国际法结构的。即使这一原则可以适用于特许协议,它也须受"情势变迁"(rebus sies – tantibus)等原则的制约。即若协议订立时存在的情况发生基本变更,从而根本改变依协议尚待履行的义务时,可以终止或改废协议。对于许多第三世界国家来说,由于取得了政治独立并改变了原殖民时期的发展目标,情势已发生了重大变更,原殖民时期订立的协议及有关权利和义务关系也可以终止或变更。[20] 其次,用以论证国家负国际责任的所谓"一般法律原则",均是西方国家传统的私法原则,这些原则对国家基于公权力及从公共利益出发的行为和措施是难以适用的。[21] 例如,对既得权的尊重不能绝对化,为确保国家安全、公共利益的必要的国家行为,即使改变或废止原来协议的全部或一部分,也不能认为属于违法行为。对个人既得权的尊重,不能优于国家公共利益之上,这已为西方国家实践所肯定。美国最高法院在 1914 年大西洋沿岸航运公司诉哥兹波罗案(Atlantic Coast Line RR v. Goldsboro)中判决说,"任何契约条款或正当程序都不能否定国家基于健康、安全、公共秩序、生活安适、社会福利的理由制定法律的权利……所有契约都必须服从该权利的正当行使"。[22] 因此,既得权和契约神圣已成为过时的概念。而且在欧洲法中,行政契约或公共契约法已得到发展,政府是这种契约的一方当事人,政府为了公共利益可以修改合

---

〔19〕 George W. Ray, *Law Governing Contracts Between States and Foreign Nationals*, *in Selected Readings on Protection by Law of Private Foreign Investments*, The Southwestern Legal Foundation, 1964, p. 500.

〔20〕 M. Sornarajah, *The Myth of International Contract Law*, 15 J. World Trade L. 187 (1981); M. Sornarajah, *The Pursuit of Nationalized Property*, Martinus Nijhoff Publishers, 1986, p. 133 – 135.

〔21〕 姚梅镇:《国际投资法》(修订版),武汉大学出版社 1987 年版,第 366 页。

〔22〕 *United States Supreme Court Report* 232, 1914, p. 558.

同。如一英国法院在安菲特莱特诉国王案中认为,“契约不能妨碍国王在有关国家公益事项上的行动自由”。[23] 在法国法制下,特许协议作为行政契约,政府一方为了公共利益的需要,在行政法院的监督之下,有单独控制或变更契约执行的权力,除了支付适当的补偿之外,并不承担其他额外的责任。

显然,国家为了公共利益,有权自由地或有效地直接变更或废除特许协议的全部或一部分,这既不是侵害既得权,更谈不上权利滥用、禁止悔言,不能依据传统的私法规则让国家承担责任。更何况,这些规则是否构成“一般法律原则”一直是有争议的。

第三,国家对其自然资源享有永久主权原则。国家对其自然资源享有永久主权,这是现代国际法的基本原则之一,是强行法。国家的这一权利不可转让、不可剥夺,当然也不受国家与私人间契约的限制。国家为了公共利益,变更或废止特许协议,是其主权权利的正当行使,根本不存在违法的问题,更谈不上国际责任。在实践中,许多发展中国家为了取得对其自然资源的控制,重新谈判或废弃在殖民时期与外国投资者订立的契约,这种做法已为国际社会所承认和认可,因为这一行为是符合国际法的。

总之,认为特许协议具有国际协议效力的观点,旨在使这种契约固定化和神圣化,以置东道国利益于不顾,片面强调对外国投资者权利和利益的保护,这是不符合现代国际法的原则和国际社会发展趋势的。

从实践上看,在自然资源开发领域,不仅发展中国家单方变更特许协议或国家契约,一些发达国家也采取相同的做法。例如,英国1975年单方修改了已给予外国投资者的所有石油生产特许。挪威在1972年决定改变关于埃科菲斯克(Ekofisk)油田开发的特许费支付的条款,后在菲律浦石油公司的要求下,挪威最高法院判决1972年的特许费支付条例不适用于该油田的许可;1985年挪威又颁布了一个新的石油法,类似于1972年的措施。加拿大也采取了单方修改特许协议的做法。

此外,还有一些西方学者提出一种折中意见,即国家可以有限制地改废国家契约,但这一权利不是绝对的。国家改废国家契约的限制条件是:为了公共利益,对外国投资者给予补偿并尊重合同的财务平衡,无歧视,以及符合善意原则等。有的学者还认为,某些契约法规定,如仲裁条款、稳定条款,也可以排除或限制国家修改国家契约的权利。这一观点仍然是以契约国际化及国家责任为前提的。

三、稳定条款及其效力

稳定条款是指一国通过合同(或立法条款),向外国私人投资者做出承诺,保证外国合同当事人的合法权益不致因该国法律或政策的改变而受到不利影响。例如,在一采矿合同中的稳定条款规定:(国家)保证在协议订立后,任何可适用的法律或制定法的规定将不构成对本协议给予公司的保证、利益或权利的任何限制。[24] 稳定条款主要是美国公司在

---

〔23〕 M. Sornarajah, *The Myth of International Contract Law*, 15 J. World Trade L. 187(1981).

〔24〕 Norbert Horn, *Adaptation and Renegotiation Contracts in International Trade and Finance*, Kluwer Law and Taxation Publishers, 1985, p. 128, 379;王传丽:《涉外经济合同的法律效力》,中国政法大学出版社1989年版,第192～196页。

20 世纪 30 ~ 40 年代为防止拉美国家改废特许协议而采用的，20 世纪 80 年代以后有些发展中国家为了吸引外资也在其特许协议中采用。

实现“稳定”的方法有两种：一种是冻结合同订立时东道国的法律，有时称为“冻结条款”；另一种是合同订立后东道国的有关法律可以修改，但规定这种立法变化不适用于该合同。被冻结或被隔离的法律可以是东道国的全部法律或只是某一特别法。例如，1959 年 12 月希腊与艾索·赫莱尼克公司（Esso Helle Nic Inc.）订立的协议第 24 条规定：（1）除经公司特别同意，希腊政府向公司保证不以任何一般法或特别法或任何行政措施终止或以任何方式修改本协议。（2）本公司及其在希腊的行为和财产受希腊全部法律和规章管辖，其效力在于不与本协议的条款和规定发生冲突。一旦发生冲突，无论是现行的或将来的，本协议的条款和条件优先并且凡与本协议条款和规定相抵触的上述法律和规章的规定对本公司及其在希腊的有关行为和财产不发生效力。[25]

稳定条款的适用范围较广，主要包括：（1）稳定财产权，即东道国在此条款中保证对外国投资者的投资及财产、利益与所得不予征收或国有化；若因情况必需而不得不采取此种措施时，则应对外国投资者给予公正补偿。（2）稳定税收，即东道国保证法律中规定的或合同中约定的税收待遇在一定期限内不变。例如，协议规定：以前的纳税待遇，包括税率、纳税所得额标准和其他有关规定，从商业性生产日起 30 年内（或合同期内）保持不变。（3）稳定外汇管理制度。在实施外汇管制的国家，为了保证外国投资者的合法所得能自由兑换并汇出国外，有时也定有稳定条款，使其合法所得能自由兑换和自由转移。例如，合同中规定外国投资者可在国外以外币支付；或规定为了某一特定目的，可以在国外开立账户；或规定在合同存续期间，合同不受东道国外汇立法的影响。（4）稳定进出口制度，即在合同中保证，对于外国投资者为履行合同必需进出口的机器、设备、原材料、办公用品所给予的减税或免税待遇，在合同期内不作变更或不作重大变更。（5）稳定与合同有关的一般法律结构，即规定，凡在合同订立时存在的与合同有关的法律对合同都有持续的约束力，这些法律以后发生的任何变化都不得适用于该合同。这一规定的目的在于排除合同订立后修改变更的法律的适用。另有条款规定合同的优先效力，即协议优于现存的及将来的一般或特别性质的立法。除上述五种以外，实践中还有更具体的稳定条款，规定对某一特定法，或对某一法律中的某些规定不予变更。[26]

对于特许协议中订立的稳定条款的效力如何，它是否比协议或协议中的其他条款更有拘束力的问题，在理论上和实践中尚有争议。有的学者认为，违反稳定条款，应负国际责任。有的学者把稳定条款的效力与协议所适用的法律联系起来，若协议完全受东道国国内法支配，则稳定条款也须服从这一法律及未来的立法变更；若协议选择适用国际法或一般法律原则，则稳定条款就是一种保护手段，以使外国投资者免受单方改变合同规定的

---

〔25〕 Martin Bartels, *Contractual Adaptation and Conflict Resolution*, 1985, p. 1522.

〔26〕 王传丽：《涉外经济合同的法律效力》，中国政法大学出版社 1989 年版，第 196 ~ 201 页；Wolfgang Peter, *Arbitration and Renegotiation of International Investment Agreements*, Kluwer Law International, 1986, p. 136 – 141。

损害。[27]

还有许多学者对稳定条款提出批评,其主要论点与上述反对特许协议具有国际协议效力的论点类似。首先,根据国家对其自然资源享有永久主权原则,国家为了公共利益可以变更法律及与私人订立的契约,不受稳定条款的限制。以稳定条款来限制国家的主权是不合法的。其次,根据情势变迁原则,任何契约都可根据变化了的情势加以变更,契约神圣不可变更的概念已经过时。例如,现在已普遍承认,殖民主义的特许权或协议,应予重新协商和调整。况且,特许协议是一种长期合同,发展中国家在订立协议之时,无法预见今后几十年中矿产价格、税额、特许费及财务负担等因素的变化,随着后来情势的变化,发展中国家越来越处于不利地位,因而要求依据公平互利原则对原有的合同进行修改或变更立法,这是合理合法的。最后,特许协议应受东道国国内法支配,其稳定条款的效力当然也取决于东道国国内法的规定。

稳定条款是否可以在法院强制执行是有争议的。在司法实践上,2016 年 3 月,以色列最高法院认定以色列政府与诺布尔能源公司(Noble Energy)之间关于塞浦路斯南部海上天然气储备的合同中的稳定条款违反了以色列宪法。[28]

在国际投资仲裁实践中,有关仲裁庭对稳定条款的效力的看法也不一致。有学者在考察有关案例后认为,仲裁庭通常根据具体稳定条款的文字用语给予其效力;一般没有进行复杂或详细的分析,以寻找理由解释为什么国际法要求稳定条款必须给予效力,或者为什么国内法的适用并不妨碍稳定条款的适用。国内法和国际法中的善意(诚信)原则构成其裁定的理论依据,这也含蓄地确认“约定必须信守”原则。[29]

四、重新协商或调整条款及其效力

特许协议这样的长期合同,会遇到情势发生重大变化的情况,而情势的重大变化又会导致合同利益的失衡,为了给合同当事人在此种情况下提供法律救济,法律允许当事人在合同中订立“艰难条款”(hardship clause)、调整条款(adaptation clause)和重新协商条款(re - negotiation clause)。有的学者将其称为“经济平衡条款”(economic equilibrium clause)。

“艰难条款”,是指当情势变化根本改变了合同当事人义务的平衡时,允许重新审查合同。这种重大艰难是指在协议存续期间内的任何时间或不时发生非因当事人过失引起的、超过一个有理智的谨慎的人所能控制的干预事件或情势变化,其后果或影响根本不同于当事人在签订合同时的预想。处于这种地位的当事人一方可以通知另一方要求召开会议以决定所述事件是否发生,如确实发生,则应考虑对该协议或其他条款及条件进行调

---

〔27〕 Wolfgang Peter, *Arbitration and Renegotiation of International Investment Agreements*, Kluwer Law International, 1986, p. 14 – 15.

〔28〕 转引自 William E. Hughes, *Fundamentals of International Oil & Gas Law*, PennWell, 2016, p. 312。

〔29〕 Rudo lf Dolzer, *Petroleum Contracts and International Law*, Oxford University Press, 2018, p. 207.

整,以减轻该事件的后果或影响,使当事人双方处于公平地位。[30]

调整条款是指当规定的事件发生,要求修改合同的条款和内容以重新确立合同的经济平衡时,允许合同当事人对合同进行自动调整。石油协议中关于高产费的支付就是一个典型的例子,即当事人同意当产量达到一定水准时,须自动地向政府方支付高产费。在产品分成合同中,东道国与外国公司对产品的分配依生产水准的不同而不同,产量越高,政府分成的百分比也越高。调整条款虽与艰难条款有相同的特点,即都是由破坏合同的经济平衡的某些事件引起的,但艰难条款意在使当事人免受未定的意外事件的损害,而调整条款则涉及规定的事件;调整条款是自动或半自动地进行调整,不需第三方干预或重新谈判,以重建合同的经济平衡,而艰难条款由于未事先确定需修改合同的事件,需要第三方干预以修改合同或重新谈判。因此,艰难条款在石油协议中用得不多,而调整条款在石油协议中经常得到运用。

重新协商条款,是指合同当事人基于各种不同原因,经过共同努力,同意在通常订立合同时所确定的范围内对合同作重大变更。它与调整条款不同,不是依据自动的或事先确定的方式来变更合同的。重新协商条款的范围比艰难条款的范围也宽得多。

关于重新协商的引发事件,规定各有不同。(1)有的条款仅仅规定重新协商的可能性,如规定,"当事人可以不时通过书面协议补充、替代、撤销或改变本协议的任何规定"。(2)有许多条款含有重新协商的未定引发事件,如规定"当情势发生深刻变化时,应一方之请求,当事人双方应在一起协商"。(3)另有许多条款规定,情势的变化须是根本性的、不可预见和不可避免的,这些引发事件是不在任何当事人的控制之内的。这种条款规定的这些条件采取了艰难条款的法律形式,因此,有人认为艰难条款是重新协商条款的一种特殊形式。(4)越来越多的条款规定了确定的重新协商的引发事件。例如,规定经过了一定时间(如4年、5年或7年)后,须定期对合同进行重新审查或修改;或者规定某些其他事件(如投资收回)发生时开始重新协商。这种条款与"艰难条款"有很大不同,因为条款中明确规定了须进行重新协商的事件,从而使重新协商谈判成为确定的和不可避免的。

至于合同变更的程度和范围,重新协商条款通常也作出规定。例如,关于合同变更的标准,有些条款规定:在协议期间的任何时间,政府和公司可以相互协商,以根据所有有关的情况决定协议的财务或其他规定是否公平地履行以及未对合同任何一方的利益造成较大损害。对于合同变更的范围,也可以在条款中作某些适当限制。例如,重新协商可以仅仅涉及特定的事项,如财务制度、公司税和特许权费等。有些条款则明确地将合同变更的范围限于某种客观标准,如维持财务平衡;或采用主观标准,如公平和公正等。

在程序和制裁方面,重新协商条款与艰难条款具有相同的特点。首先,协议条款中规定的引起重新协商的事件必须已经发生。其次,当事人有义务实际进行重新协商谈判。若一方当事人拒绝进行重新协商,就是违反合同,应依合同该条款中规定的程序或通过诉

---

〔30〕 王传丽:《涉外经济合同的法律效力》,中国政法大学出版社1989年版,第175~180页;C. M. Schmitthoff, *Hardship and Intervener Clauses*, J. Bus. L., 1980, p. 82。

讼或仲裁予以制裁。若当事人经过重新协商未能达成协议,那么,在“艰难条款”的情况下,合同一方可以中止或终止合同。在一般的情况下,可以由法院或第三方(仲裁人)进行干预。[31]

在2017年裁决的伯灵顿(Burlington)公司诉厄瓜多尔仲裁案中,当事人双方对其签订的产品分成合同中的税收修改条款是否为稳定条款发生争议,仲裁庭认为该条款具有强制性。在该案中,伯灵顿公司与厄瓜多尔签订了石油产品分成合同,由伯灵顿公司在厄瓜多尔有关区块勘探和开发石油,承担开发风险,并可分享所产出的原油。2005年国际石油价格开始飙升,厄瓜多尔提出与伯灵顿公司就合同的条款进行重新协商,在重新协商未成之后,厄瓜多尔采取了一系列措施以恢复合同的经济平衡,2006年国会通过法律对伯灵顿公司的超额利润征收50%的暴利税,2007年8月的法令则将税率从50%增加到99%。伯灵顿公司等外国投资者要求厄瓜多尔根据石油产品分成合同中税收修改条款,对其分享的石油份额适用“修正因素”(correction factor)以减轻该法律造成的影响,但厄瓜多尔没有理会这一要求。该案涉及的第七区块的产品分成合同中的税收修改条款规定:“如果在执行本合同时修改税收制度,或创建或消除本合同未预见的新税项或就业贡献……则将在产品分成百分比中纳入一项修正因素,以吸收增加或减少税收或就业贡献负担的影响。该修正因素将由当事人双方计算……”对于这一税收修改条款的性质,当事人双方各执一词,伯灵顿公司认为这一条款是强制性的,等同于税收稳定条款,而厄瓜多尔则认为该条款是重新协商条款,不具有强制性。仲裁庭在分析了该条款的语言文字、目的以及有关法律的规定之后,认为该条款是具有强制性的,其目的是恢复合同的经济平衡,即通过“修正因素”将合同的经济性恢复到税改前的水平。从该案的案情看,石油价格的迅速上涨打破了石油合同原来的平衡,厄瓜多尔与伯灵顿公司未能通过重新协商来解决问题。仲裁庭之所以支持合同中税收修改条款的强制性,是认为该条款具有恢复合同原来的平衡的功能。该条款与传统的稳定条款不同,属于一种调整条款,若在情况发生变化时双方当事人能依据该条款作出相应的调整,则有助于恢复合同原有的经济平衡。由于该案是根据双边投资条约提起的仲裁,仲裁庭没有就违反该税收修改条款作出有关赔偿的裁决。仲裁庭在有关责任的裁决中认为,厄瓜多尔征收暴利税的措施并不构成征收,但厄瓜多尔随后占有这两个区块油田的措施违反了投资条约中的征收条款,并最终裁定厄瓜多尔向伯灵顿公司支付3亿多美元的补偿及利息。[32]

对于特许协议来说,当事人常会遇到因情势变迁而使双方经济利益失衡的情况。在此情况下,无论是严格地坚持“约定必须信守”原则,还是“情势变更”原则,可能都不能妥善地解决问题。最明智的方法就是重新协商和调整合同,在平等互利的基础上,对不公平的条款予以修改变更。对于东道国来说,对以前订立的不公平的特许协议进行重新协商谈判以修改合同,是为了维护其对自然资源的永久主权,若外国公司不接受,东道国可能

---

〔31〕 Wolfgang Peter, *Arbtration and Renegotiation of International Investement Agreements*, Kluwer Law International, 1986, p. 153 – 166.

〔32〕 Burlington Res., Inc. v. Republic of Ecuador, ICSID Case No. ARB/08/5, Decision on Liability (Dec. 14, 2012); Decision on Reconsideration and Award (Feb. 7, 2017).

会采取更为强硬的措施,如征收或国有化。因此,订立和设计好重新协商条款有助于减少争议的发生,减少政府单方采取行动的风险,公平地维护合同双方的利益。

五、特许协议适用的法律

特许协议适用的法律是一个复杂的问题,特别是当协议没有规定其适用的法律时,此协议究竟应受何种法律支配,在理论上和实践中仍存在不少争论。归纳起来可分为两类:一是非国内法的适用;二是国内法的适用。[33]

(一)非国内法的适用

1. 契约条款法(lex contractus)

契约条款法认为契约本身创设了一个独立的法律秩序,构成当事人契约关系的根本法,无须在契约之外另找准据法。菲德罗斯(Verdross)、卡尔斯顿(Carlston)等人提出了这一观点。[34] 在实践中,中东石油国的许多石油特许协议都是在产油国立法机关的承认下,成为当事人间的法律,特别是在没有石油法的国家,石油特许协议成为各该国法律的一部分。

这种观点把特许协议看作超脱于国内法和国际法之外的一种独立的法律体系,把当事人的意志神圣化,这在理论和实践中都是不能接受的。从法理上看,首先,任何契约关系都必须受现实法制的支配,契约创设的权利和义务不能存在于真空状态,必须依据一定的法律秩序取得效力,契约的解释和适用也必须以一定的法律制度为基础,没有法律依托的契约是不存在的。其次,如果契约本身可优越于国内法和国际法而创造自身独立的法律体系,则当事人有可能订立违反公共秩序或基本人权要求的内容,这在实践中是危险的,也是不可能实现的。再次,任何契约都不可能把当事人间可能发生的一切问题和争议包罗无遗,因而对将来出现的争议也无法提供解决方法。最后,虽然中东石油国的一些石油特许协议成为法律,但这是经过立法机关认可的,意图作为一种国家保证措施,并不是仅凭当事人意志而自动成为法律的。况且,这些特许协议不是当事人间独一无二的法律,它们还须受其他法律支配。

2. 双方当事人共同的法律原则(the principle of law common to the parties)

这是以当事人双方所属国国内法共同的原则作为协议的准据法。有的特许协议规定这种选择,如1954年伊朗同国际财团协议第46条规定,由于协议他方当事人包括多个国籍的人,故协议的解释与适用应根据不同法制,包括伊斯兰法、罗马法等共同的法律原则。其他如1957年伊朗石油公司同意大利石油总公司的协议、1958年科威特与阿拉伯石油公司的协议、1961年科威特与壳牌公司的协议、1963年及1964年阿联酋与泛美的协议,都采取这一选择。[35] 从表面上来,这一选择旨在调和当事人所属不同法制的矛盾,借以避

---

〔33〕 姚梅镇:《关于经济特许协议适用法律问题的研究》,载王铁崖、李浩培主编:《中国国际法年刊》(1985年卷),中国对外翻译出版公司1985年版。

〔34〕 A. von Verdross, *Quasi-International Agreements*, YBWA, Vol. 22, p. 230(1964); Kenneth S. Carlston, *International Role of Concession Agreements*, Northwestern University Law Review, Vol. LⅡ, p. 20(1957).

〔35〕 Zouhair A. Kronfol, *Protection of Foreign Investment*, A. W. Sijthoff Leiden, 1972, p. 74-75.

免因不同法制原则可能引起的对契约解释和效力以及当事人权利和义务范围的误解和争执,但实际上是在一定程度上排除了东道国法律的适用,对发展中国家不利。[36]

3. 国际法

这是指将国际法作为特许协议的准据法。如1933年英伊石油公司协议第22条规定,关于协议的仲裁裁定,适用常设国际法院规约第38条规定的法律原则。1958年伊朗国营石油公司同泛美石油公司协议等规定适用国际法。另外,某些国际仲裁裁决和某些学者也主张特许协议应适用国际法。

主张适用国际法的理由主要有二:一是把外国私人实体看作国际法主体,把特许协议看作国际协议;二是着眼于对外国私人投资者权益的法律保护。因为国家一方可自由运用主权权力,不受国内法制约,以回避自己承担的义务,只有适用国际法,才足以拘束国家,这才"有可能在私人实体和主权实体之间,提供在平等地位的基础上进行交易的程式",以维护当事人法律关系的稳定性及外国私人投资者在契约条款下的安全保障。

但是,特许协议受国际法支配是不恰当的。首先,这是因为特许协议属于国内法契约,排除国内法的适用不合逻辑,也是不现实的。即使当事人可以选择适用国际法,但当事人意思自治本身不能改变契约的性质。其次,国际法还没有发展到具有一套完整的法律规范,可圆满地解决国家和私人间契约的一切私法问题和争议。此外,由于当事人地位不平等(国家是国际法主体,而个人不是),若特许协议受国际法支配,那就仅仅是要求国家一方依据国际法履行其契约义务,而不能约束外国私人当事人。因为国际法并不直接适用于个人,个人的义务应按国内法履行,显然这是不公平的。

4. 文明国家公认的一般法律原则

作出这一选择的最典型案例,是1951年的阿布扎比仲裁案(英国石油开发公司诉阿布扎比政府)。仲裁人阿士奎斯爵士在裁决中指出:契约是在阿布扎比订立的,并全部在该国履行,如果要适用某一国国内法的话,显然初步看来,似应是阿布扎比的国内法。但一方面,在阿布扎比是没有这种法律存在的,因为其行政长官是完全依据《古兰经》来进行裁决的。要设想在这样极为原始的地区有一套可用来解释现代商业文件的法律原则,确属荒诞。而另一方面,又找不到可以适用英国法的任何根据,依协议第17条的规定,已排除适用任何国内法的意图,而要求适用基于善意及文明国家共同实践的一般原则——现代自然法。[37] 此后,在1953年的卡塔尔政府诉国际海洋石油公司案以及阿拉姆科案(Aramco)、萨费尔案(Sapphire)中也适用这一选择。在学说上,支持这一选择的论据是:特许协议既非国际契约,不能适用严格意义的国际公法,但因其当事人一方为主权国家,又不属国内法范畴,而是一种具有公法和私法双重性格的契约,应适用《国际法院规约》第38条规定的文明国家公认的一般法律原则。[38]

但是,首先,一般法律原则既不是一种法律体系,也不是具体法律规定,概念抽象、理

[36] 姚梅镇:《关于经济特许协议适用法律问题的研究》,载王铁崖、李浩培主编:《中国国际法年刊》(1985年卷),中国对外翻译出版公司1985年版。

[37] *International and Comparative Law Quarterly*, Vol. Ⅰ, p. 250(1952).

[38] Lord McNair, *The General Principles of Law Recognized by Civilized Nation*, BYIL, Vol. 23, p. 34 – 57(1957).

解不一,作为准据法,无一定标准可循。其次,关于一般法律原则的内容,西方学者通常引用的不外乎约定必须信守、尊重既得权、禁止悔言等,这些原则都是西方各国国内法中的私法原则,把这些法律原则作为所谓"一般法律原则"来排斥国内法的适用是缺乏依据的。最后,所谓"文明国家"的提法,是从西方基督教文明出发的,不能反映现代国际社会发展的现实,实际上是以发展中国家法制不健全为借口,达到排斥其国内法的适用,片面地保护外国投资者的利益的目的。[39] 还必须注意的是,上述阿布扎比等案的裁决中所述的观点,都不是意在适用于契约当事国有该契约可据以适用的适当的法律制度的情况。因此,适用一般法律原则只是弥补国内法的不足,而不是取而代之。

此外,还有的西方学者提出用"跨国法"作为契约准据法,因为特许协议既不是国内法契约,也不是国际法契约,而是一种跨国契约——第三协议,应适用一种超越于国际法与国内法之外的第三法律秩序——跨国法,作为准据法。[40] 但这些学者没有提出跨国法的具体规范的内容,所引用的主要是一般法律原则。实际上,这种论点也是为了排除国内法的适用。

非国内法适用的这几种选择,实质是用国际法和一般法律原则来支配特许协议,因为双方当事人共同的法律原则,最后往往仍归结到一般法律原则;而"契约条款法"的支持者们,如菲德罗斯,为了解决契约的法律基础和效力问题,最后也不得不把契约条款法置于支配合同的"一般法律原则"之下。

(二)国内法的适用

现在大多数国家,特别是发展中国家的立法与学说,主张特许协议适用的法律主要是东道国的国内法。许多发展中国家的立法,如委内瑞拉、利比亚、埃及、土耳其、叙利亚、黎巴嫩等国的石油法、矿业法等都规定特许协议适用本国法。许多特许协议现在都规定适用东道国的国内法。

适用东道国国内法的主要理由,首先,特许协议在性质上仍属于国内法契约。而且,无论从契约订立地、契约履行地或物之所在地等标准来看,特许协议同东道国都具有客观上最确定、最集中、最密切的实质联系。其次,依据主权原则,主权国家有权对其境内的一切人、物和法律关系,适用本国法进行管辖。此外,还有不少学者认为,外国投资者在东道国进行投资的行为本身就意味着投资者已同意有关契约事项,包括投资争议的处理在内,接受东道国法律的管辖和适用。

特许协议适用国内法本来是没有争议的。在 1950 年以前,特许协议一般是受国内法支配的。早在 1932 年常设国际法院关于塞尔维亚国债案的判决就指出:"凡不是以国际法主体资格所签订的契约都是以国内法为根据的契约,应适用国内法(包括国际私法)。""二战"后,随着非殖民化运动的发展,不少新兴的发展中国家为维护主权和民族经济的自主发展,对前殖民主义时期在不平等基础上或在不利于本国经济发展的情况下签订的各

〔39〕 姚梅镇:《关于经济特许协议适用法律问题的研究》,载王铁崖、李浩培主编:《中国国际法年刊》(1985 年卷),中国对外翻译出版公司 1985 年版。

〔40〕 A. A. Fatouros, *Government Guarantees to Foreign Investors*, Columbia University Press, 1962, p. 294 – 296.

种开发自然资源的协议重新谈判或改废,甚至对外资实行国有化。而资本输出国及其学者,为了片面保护本国私人海外投资者的利益,提出种种理论,把特许协议国际化,纳入国际法秩序之内,企图依靠国际法来保证契约的神圣性及私有权的绝对不可侵犯性,维护旧的国际经济秩序。但是,这些主张在理论上难以自圆其说,在实践中也逐渐受到排斥,是不符合国际社会发展潮流和趋势的。自 20 世纪 60 年代以后,广大发展中国家努力争取建立国际经济新秩序,坚持国家对其自然资源享有永久主权原则,强调国家同外国私人间的契约不受国际法约束,应以本国法为准据法。这一主张在理论和实践上已渐占优势。许多国家立法对此作了明确规定,许多传统的特许协议已重新协商或改废,明确选择适用国际法的协议已经越来越少,特别是联合国大会通过的一系列决议与宣言,如《各国经济权利义务宪章》等,均规定国家对其自然资源享有永久主权,其境内的外国投资和跨国公司均应服从东道国国内法管辖。因此,特许协议适用国内法不仅符合法理,而且反映了广大发展中国家的利益,反映了新的国际经济法律秩序的发展趋势。[41] 在国际投资仲裁实践上,仲裁庭现在一般会适用当事人选择的法律,或者依据仲裁机构的规则适用法律,或在可适用时平等地适用国内法和国际法。

第三节　基础设施建设特许经营法律问题

政府允许私人融资建设基础设施和公用事业是 20 世纪 80 年代以后在国际上兴起的一种投资合作方式。由于基础设施服务的不足会阻碍经济发展,而一些国家和地区亟待发展其基础设施但又面临资金短缺的问题,于是就采取政府与社会资本合作(Public - Privite Partnership,PPP),包括建设—经营—转让(Build - Operate - Transfer,BOT)方式等,以加快基础设施和公用事业的建设。例如,英法海底隧道、我国香港特别行政区东区港九海底隧道等一批耗资巨大的项目,都是以 BOT 方式集资建设并投入运营的。在我国,1984 年沙角 B 电厂就实行特许经营,1995 年和 1996 年原国家计划委员会批准广西来宾电厂二期工程、湖南长沙电厂一期工程作为中国第一个、第二个 BOT 试点项目。

我国关于允许外商融资建设基础设施的有关立法也在逐步完善。1995 年 1 日对外经贸部发布了《关于以 BOT 方式吸收外商投资有关问题的通知》,其他部委也发布了有关规章,对 BOT 项目的审批与项目融资的有关问题作出了规定。2015 年 4 月国家发展和改革委员会(以下简称国家发改委)、财政部、住房和城乡建设部、交通运输部、水利部、中国人民银行六部门发布了《基础设施与公用事业特许经营管理办法》(以下简称《特许经营管理办法》),允许中华人民共和国境内外法人或者其他组织通过特许经营投资建设运营

---

〔41〕 姚梅镇:《关于经济特许协议适用法律问题的研究》,载王铁崖、李浩培主编:《中国国际法年刊》(1985 年卷),中国对外翻译出版公司 1985 年版。

基础设施和公用事业,并提供了基本制度构架,对推进政府与社会资本合作,加快我国基础设施和公用事业建设具有重要意义。

在国际上,联合国国际贸易法委员会近年来一直在致力于草拟关于私人融资基础设施项目立法指南,2000 年 6 ~7 月,《私人融资基础设施项目立法指南》在贸易法委员会第 33 次会议上获得通过。在此基础上,联合国国际贸易法委员会工作组又拟定了关于私人融资基础设施项目示范立法条文草案,该草案由委员会第 36 次会议(2003 年 6 月 30 日至 7 月 18 日)审查并通过。该立法指南及示范条文给各国立法提供了指南,有力地促进了国际上关于私人融资基础设施项目立法的协调和发展。2018 年联合国国际贸易法委员会工作组又对《私人融资基础设施项目立法指南》中第四至七章提出了修改更新。此外,世界银行也于 2017 年发布了《PPP 合同条款指南》,该指南旨在针对 PPP 合同和/或其相关协议中的具体条款,向缔约国提供相关分析和起草指南,以成功实现 PPP 项目融资,从而为缔约国提供期望的服务。该指南借鉴了 20 多年国际 PPP 市场实践与经验,对 PPP 合同有关具体条款的起草提出了建议,具有重要的实用价值。

本节以私人融资建设基础设施中最常用的 BOT 合作方式为例阐述基础设施建设特许经营的主要法律问题。

一、BOT 的概念与特征

BOT 是指政府(通过契约)授予私营企业(包括外国企业)以一定期限的特许专营权,许可其融资建设和经营特定的公用基础设施,并准许其通过向用户收取费用或出售产品以清偿贷款、回收投资并赚取利润;特许权期限届满时,该基础设施无偿移交给政府。[42] 从这个概念中可以看到 BOT 有以下几个特征:

第一,私营企业基于许可取得通常由政府部门承担的建设和经营特定基础设施的专营权。所谓基础设施通常包括港口、机场、铁路、公路、桥梁、隧道、电力等社会公用设施。社会基础设施直接关系国家的经济发展和人民的生活。这些关系国计民生的公用设施理应由国家所有和经营。传统的方法一般是由政府通过税收或国家财政筹资建设并由政府经营。然而,基础设施建设的特点之一是建设周期长,耗资大。20 世纪 80 年代以后,各国经济的迅速发展导致对基础设施的需求不断增长,而长期的经济不景气又使政府不能提供足够的建设资金,一些国家的政府也不愿再增添债务负担,于是就采取 BOT 方式,促使公共部门与私营企业合作,作为原由政府筹资建设的一种替代方式。这一特点把 BOT 方式与一般合资、合营方式区别开来。

第二,在特许权期限内,该私营企业负责融资建设和经营管理该基础设施项目,以及偿还贷款、回收投资和取得利润。根据 BOT 方式,取得特许权的私营企业对特定项目有独立的建设权和经营权,它们一般自己负责项目的设计,自己通过股权投资和项目融资建设该项目。项目竣工后,在规定的期限内进行经营,以项目经营期内取得的收益(如向用

---

〔42〕 S. W. Stein, *Build - Operate - Transfer(BOT)—A Re - evaluation*, The International Construction Law Review, Pt. 2, 1994, p. 103.

户收取费用或出售产品)来偿还贷款、回收投资并赚取利润。这一特点把它与一般国际工程承包区别开来,后者一般只提供承包服务,不进行股权投资或融资,也不负责项目的经营。

第三,特许权期限届满时,项目公司须无偿将该基础设施移交给政府。由于在特许权期限内项目公司已偿还贷款、回收投资并赚得利润,因此在特许权限期届满后,该项目应无偿移交给政府。这是 BOT 与合营等方式又一不同之处,因为后者在期满后须通过清算进行分配。而在 BOT 方式中,该项目应移交给政府。

BOT 还有其他几种演化形式,[43]包括:

BOO(Build - Own - Operate),即建设—拥有—经营。这一方式与 BOT 的不同之处在于:项目公司拥有项目的所有权,其所有权也不转让给政府,政府只是项目服务的购买者。采用此方式,一般首先要订立购买保证合同(take or pay contract),以保障其产品有稳定的销售渠道,避免需求变动的风险。

BOOT(Build - Own - Operate - Transfer),即建设—拥有—经营—转让。这种方式的特点是项目公司对所建项目设施拥有所有权并负责经营,经过一定期限后再将该项目转交给政府。

BLT(Build - Lease - Transfer),即建设—租赁—转让。它指项目完工后在一定期限内出租给第三者,以租赁分期付款方式收回工程投资和运营收益,此后再行将所有权转让给政府。

BTO(Build - Transfer - Operate),即建设—转让—经营。由于某些项目的公共性很强(如发电厂、机场、铁路等),不宜让私营企业在运营期间享有所有权,因而须采用 BTO 方式,项目完工后转让所有权,其后再由项目公司进行维护运营。

此外,还有 ROT(Rehabilitate - Operate - Transfer)、DBFO(Design - Build - Finance - Operate)等方式。

二、BOT 项目的当事人

(一)政府

在 BOT 项目中,政府不仅是管理者,也是特许协议的一方当事人。政府批准采用 BOT 方式的项目,进行国际公开招标和评标,授予私营公司以特许权。在招标中,政府应依法通过透明、有效的竞争程序选择特许权人。在特许协议中,政府须承担相应的义务,如将有关场地长期租赁或出售给项目公司,有时须取得该设施提供的部分或全部产品或服务,以及采取必要的支持措施(如直接投资或贷款支持、外汇及收入方面的支持等)。

但须注意的是,由于政府各部门职权不同,作为 BOT 项目的管理者和特许协议当事人的政府部门可能不相同。因此在订立特许协议时,须注意究竟是哪个政府部门有权与项目公司订立协议。我国国家发改委等六部门发布的上述《特许经营管理办法》规定:县级以上人民政府应当授权有关部门或单位作为实施机构负责特许经营项目有关实施工

---

〔43〕 Geoft Haley, *Developing BOT Variants*, Project Finance, International Survey, Issue 48 May 12, 1994.

作,并明确具体授权范围;实施机构应当与依法选定的特许经营者签订特许经营协议。这一规定有助于让私人投资者明确在BOT项目合作中政府一方的当事人及其职权范围,增加了透明度。

（二）项目公司

项目公司是项目发起人为建设、经营某特定基础设施项目而设立的公司或合营企业。在法律上,项目公司是一个独立的法律实体,具有独立的法律人格。项目公司成立的方式在很大程度上取决于东道国的法律与管理结构。规模较大的项目通常是通过与东道国政府或与负责开发的国有企业间的合营安排进行的。项目公司可采取合营企业的形式,由外国投资者与东道国或其政府开发公司根据东道国的法律,按照一定的出资比例设立法人式公司或企业。

项目公司由项目发起人组建。项目发起人通常是国际公开招标的中标人,中标后即在东道国成立项目公司,并将同意参加该项目的有关当事人(如承建商、经营商等)组织在一起。项目发起人一般是项目公司的股权投资者之一。项目公司的股东通常还包括项目的承建商、经营商、供应商、用户等。股东间的股东协议可规定是创设还是购买一个公司。项目公司应有充足的股本,以确保项目公司有坚实的财务基础并保证其履行义务的能力。

项目公司一般是特许协议的一方当事人,根据协议取得特许权,并在特许期内全权负责项目的投资、设计、建设、采购、运营和维护。我国实践中也采取国际公开招标方式选择项目发起人,政府与中标人草签特许协议,然后中标人持草签的特许权协议,依中国法律申请注册成立项目公司。草签的特许协议经批准后,有关政府部门再与中标人在中国申请成立的项目公司正式签订特许协议。[44] 成立项目公司的目的在很大程度上是尽可能地将风险与项目发起人及其他合作者分离开来。项目公司通常也是一个融资工具并承担有关风险。《特许经营管理办法》规定,特许经营项目"需要成立项目公司的,实施机构应当与依法选定的投资人签订初步协议,约定其在规定的期限内注册成立项目公司,并与项目公司签订特许经营协议"。

（三）其他参与人

1. 建设公司

建设公司通常也是项目公司的股东之一,以便保证其能成为项目的主承建商。若建设公司不是项目公司的股东之一,则由项目公司招标确定承建商。承建商应负责设计并保质保量按时完成该建设项目。

2. 营运商

在BOT方式中,有时项目公司也是营运商,但有时也可以通过合同委托其他经营商经营。独立的经营商依约定接管竣工项目,负责经营和维护,并对项目的使用收取费用。营运商有时也可能是项目公司的股东之一。

---

〔44〕《采用BOT投资方式建设湖南长沙电厂一期工程项目资格预审通告》,载《国际商报》1996年10月23日。

3. 贷款人

由于 BOT 项目工程大、投资多,项目贷款通常采取辛迪加贷款方式,由一家主要银行牵头,多家银行参加。贷款人除商业银行外,世界银行和国际金融公司、地区性和有关国家的金融机构也可能参与融资。

此外,BOT 项目的参与人还包括供应商(燃料供应商、设备供应商)、保险公司、独立专家与顾问、用户等。

三、BOT 的合同安排

BOT 项目通常会涉及一系列的复杂的合同安排,如特许协议、贷款协议、建设合同、经营管理合同、回购协议、股东协议等。其中最为重要的是政府与项目公司间的特许协议,以其为主体构成伞状合同体系。[45]

(一) BOT 特许合同

如前所述,采用 BOT 方式,项目公司必须与政府签订特许协议。这种协议不同于政府对建设和经营该项目给予必要的批准和同意,而是政府与私营企业间的一项协议。[46]若特许协议是由政府与外国投资者间订立的,那么有关国际特许协议或国家契约所引起的一些法律问题在 BOT 方式中也会出现。例如,这种特许协议是国内法性质还是国际法性质,协议应适用什么法律,政府改废协议的效力与责任如何等。

不过,特许协议也不一定涉及外国投资者。在某些情况下,政府是将特许协议给予一家国营或国家开发公司,或是一家在该国成立的国际合营企业,由该公司享有该项基础设施建设和经营的专营权,然后由该公司负责寻找外国企业作为合作伙伴从事建设和经营。显然在这种情况下,特许协议不属于国际特许合同,由国际特许协议所产生的有关特殊法律问题在这里也不会发生。例如,我国目前的做法是由政府与依我国法律在我国成立的项目公司签订特许协议。这样的特许协议不属于国际特许协议或国家契约。

特许协议是 BOT 项目合同安排中的基本合同或基石。目前国际上尚无统一的标准特许协议。特许协议的内容通常视项目之不同而异。特许协议作为 BOT 方式中的基本合同,其内容应涵盖协议当事人的基本权利、义务和责任。[47] 一般说来,特许协议的内容可以包括以下几个方面:(1)关于特许的一般条款,如特许的目的、特许的范围、特许的期限、特许的给予、项目的所有权、特许的转让、特许的调整等;(2)关于项目建设、运营、移交

---

〔45〕 Fritz Nicklish, *The BOT Model – The Contractor's Role As Buider – Contract Structure, Risk Allocation and Risk Management*, The International Construction Law Review, Pt. 4, 1992, p. 425.

〔46〕 联合国国际贸易法委员会工作组关于《私人融资基础设施项目示范条文草案》对特许权协议所下的定义是:特许权协议是指订约当局与特许公司之间签订的规定实施某一基础设施项目的范围和条件的有法律约束力的合同。之所以要加上"有法律约束力"一词,是因为有人指出,在此法域中,订立特许权协议的公共实体享有单方面改变协议规定和条件的权力,加此限制词,是为了强调协议对双方当事人具有同样的约束力。该示范条文草案参见 www.uncitral.org。

〔47〕 有人建议特许协议应包括两大部分:特许条款和项目的特定条件。See A. Merna, H. Payne and N. J. Smith, *Benefits of A Structured Concession Agreement For Build – Own – Operate – Transfer (BOOT) Projects*, The International Construction Law Review, Pt. 1, 1993, p. 32.

各阶段的权利、义务和责任，包括设施竣工时应达到的技术标准及项目提供的商品或服务的质量标准、与现有设施的配套、工期及延误工期的责任、项目设施的运营及质量保证等；(3)项目的财务等事宜，包括项目的融资、项目的收益分配、支付方式及税务、外汇等；(4)其他必备条款，如保险、终止、不可抗力、争议解决和法律适用等。

值得注意的是，联合国贸易法委员会工作组草拟的《私人融资基础设施项目示范条文草案》就特许权协议的内容作了一些规定，此条文给当事人签订特许权协议提供了十分有益的参考。

依据该示范条文的规定，特许权协议通常包括以下一般条款：(1)特许公司拟实施的工程和拟提供的服务的性质和范围；(2)提供这些服务的条件和特许公司的专属权利范围；(3)政府订约当局为特许公司获得实施基础设施项目所需要的执照和许可证而可能向其提供的援助；(4)组建法律实体和最低限度资本方面的要求；(5)与项目有关的资产的所有权和当事人酌情取得项目场地和任何地役权的义务；(6)特许公司的报酬，包括利用设施或提供服务的服务费或使用费，任何此种服务费或使用费的制定或调整方法和公式，以及订约当局或其他公共当局可能支付的任何款项；(7)订约当局对工程设计、施工计划和技术规格的审查和批准程序，以及基础设施的测试和最后检查、批准和验收程序；(8)特许公司确保调整服务使之适应实际服务要求、服务的连续性和以基本相同条件为所有用户提供服务的义务的范围；(9)订约当局或其他公共当局对特许公司拟实施的工程和拟提供的服务进行监督的权利，以及订约当局或管理机构可以下令对工程和服务条件加以更改或采取其可能认为适当的其他合理行动确保依照法律要求和合同要求妥善运营基础设施和提供服务的条件和范围；(10)特许公司向订约当局或管理机构提供其运作情况报告和其他资料的义务的范围；(11)订约当局或另一公共当局下达任何与上文第(8)项和第(9)项有关的命令而可能造成的额外费用及其他后果的处理机制，包括特许公司可能有权得到的任何补偿；(12)订约当局对特许公司订立重大合同的任何审批权，特别是与本公司股东或其他附属人员订立的重大合同；(13)特许公司为实施基础设施项目而应提供的履约保证和保险单；(14)任何一方当事人违约时可采用的补救方法；(15)因超出其合理控制范围的情形未能遵守或推迟遵守特许权合同规定的任何义务时，任何一方当事人的免责范围；(16)特许权合同的期限以及特许权合同期满或终止时，当事人的权利和义务；(17)计算补偿的方式；(18)解决订约当局与特许公司之间可能出现的纠纷的管辖法律和机制；等等。

具体就基础设施项目的建设和运营来说，上述示范条文草案认为特许权协议应包括下列内容：

1. 资产的所有权和地役权

特许权合同应当指明哪些资产是或应当是公共财产，哪些资产是或应当是特许公司的私有财产。合同应当特别指明哪些资产属于下列类别：(1)特许公司需返还或移交给订约当局或其指定的另一实体的任何可能的资产；(2)订约当局可选择向特许公司购买的任何可能的资产；(3)在特许权合同期满或终止时，特许公司可保留或处分的任何可能的资产。

政府当局应当依法向特许公司提供或酌情协助特许公司获得实施项目所需场地的相关权利,包括项目场地的所有权;并依法给予特许公司为执行项目的需要而进入或穿过第三方的地产或在第三方的地产上施工或安设装置的权利。

2. 财务安排与担保权益

PPP项目的财务安排通常包括涉及下列方面的条款:私方伙伴为项目筹集资金的义务、资金支付和核算办法、私方伙伴的收益,以及债权人可能设立的担保权益的类别等。特许合同一般规定由私方伙伴(特许公司)负责为基础性设施的建造和运营筹集并提供必要的资金的义务。同时,特许公司应当有权对利用它所提供的设施或服务收取服务费和使用费。特许权合同应当就这些服务费或使用费的确定和调整方法及公式作出规定。

在不违反特许权合同可能载列的任何限制规定的情况下,特许公司有权根据项目的融资需要,以公司的任何资产、权利或权益设立担保权益,包括那些与基础设施项目有关的资产、权利或权益设立担保权益,其中特别包括:(1)以特许公司拥有的动产或不动产或以其在项目资产中的权益设立担保;(2)以特许公司应从利用其提供的设施或服务中得到的收益和应收款设立质押。本国法律不允许的,不得以公共财产或以提供公共服务所需要的其他财产、资产或权利设立上述担保。

特许公司的股东应当有权以其在特许公司中的股份设立质押或设立任何其他担保权益。

3. 特许权合同转让及特许公司控股权的转让

除另有规定外,未经订约当局的同意,特许权合同规定的特许公司的权利和义务不得转让给第三方。合同应当载明订约当局同意转让特许权合同规定的特许公司的权利和义务的条件,其中包括新的特许公司接受特许权合同规定的所有义务和证明新的特许权公司具备提供服务所需要的技术能力和财力。

同样,除特许权合同另有规定外,未经订约当局的同意,特许公司的控股权不得转让给第三方。特许权合同应当载明订约当局表示同意的条件。

4. 基础设施的建设与运营

特许合同通常规定由项目公司负责项目建设,但政府方也拥有广泛的监督和检查权,以确保项目建设符合要求。

对于基础设施的运营,特许合同应对设施运营和维护的条件,以及质量和安全标准等作出规定。特许权合同应当酌情载明特许公司履行下述义务的限度:(1)确保调整服务使之满足服务要求的义务;(2)确保服务连续性的义务;(3)确保以基本相同的条件为所有用户提供服务的义务;(4)一视同仁地为其他服务提供者利用特许公司运营的任何公共基础设施网络提供机会。政府方一般保留监督项目公司是否遵守规定的运营标准的权力。

特许公司经订约当局或管理机构批准后应有权颁布和执行设施的使用规则。

5. 对法规具体变化的补偿

对于因具体适用于基础设施或其提供服务的法规或条例发生变化致使特许公司履行特许权合同的费用比原先设想的履约费用显著增加的情形,或者对于因此而致使特许公司为此种履约收到的价款比原先设想的履约价值显著下降的情形,特许权合同中应当载明特许公司有权为此获得补偿的限度。

6. 特许权合同的修订

特许权合同可进一步载明特许公司有权请求修订特许权合同的限度,以期对于因下列致使特许公司履行特许权合同的费用比原先设想的履约费用显著增加的情形,或者对于因此而致使特许公司为此种履约收到的价款价值比原先设想的履约价值显著下降的情形予以补偿:(1)经济或金融状况变化;(2)并不具体适用于基础设施或其提供的服务的法规或条例变化。

但经济、金融、法规或条例的变化须是在下述情形下发生的:(1)变化发生在合同成立之后;(2)变化超出特许公司的控制范围;(3)变化的性质决定了按情理不可能在特许权合同谈判时预计特许公司已将这些变化考虑在内或者已避免或克服其后果。

特许权合同应当确定发生任何此种变化后修订特许权合同的规定的程序。

7. 订约当局接管基础设施项目及特许公司的替换

在特许权合同载明的情形下,如果特许公司严重失职,未能履行其义务,并且在订约当局通知其纠正违约情形后未能在一段合理的期限内加以纠正,订约当局有权暂时接管设施的运营,以便确保有效和不间断地提供服务。

订约当局可以同基础设施项目的出资实体约定,在特许公司严重违约、发生其他事件因而本来有正当理由可以终止特许权合同,或出现其他类似情形时,替换该特许公司并指定新的实体或个人根据现有特许权合同履约。

8. 特许权合同的期限、展期和终止

(1)特许权合同的期限和展期。特许合同应当载明其有效期,该有效期应考虑到下列因素:第一,需要私人伙伴提供的投资的性质和数额;第二,根据合同拟建设、扩建、改建或翻修的具体设施和装置的正常摊销期限;第三,订约当局与相关设施或服务有关的需要和要求;第四,适用的法律规章所规定的涉及相关基础设施或服务部门的竞争和市场结构的任何相关政策。

除因下列情形展期外,特许权合同的期限不得展延:第一,因超出双方当事人合理控制范围的情形造成完工延误或运营中断;第二,因订约当局或其他公共当局的行为造成项目中止;第三,订约当局提出合同原先未预见到的要求致使费用增加,如果不展延期限,则私人伙伴将无法收回这些费用;或者政府方列明的其他情形。

(2)特许权合同的终止。在下列情形下,订约当局可以终止特许权合同:第一,出现破产、严重违约或其他情形,因而按情理不可能再预期特许公司仍将能够或愿意履行其义务;第二,出于公共利益的考虑,但需按特许权合同约定的补偿条件向特许公司支付补偿。

对于特许公司来说,除下列情形外,不得终止特许权合同:第一,订约当局或其他公共当局严重违反特许权合同对其规定的义务;第二,规定的修订特许权合同的条件业已满足,但各方当事人未就特许权合同的修订达成一致意见;第三,公共当局未能提供支持或实施特许合同或法律规定的实施项目所需的其他行为;或者由于订约当局或其他公共当局的作为或不作为,特许公司履行特许权合同的费用显著增加,或特许公司为此种履约收到的价款价值显著下降,而各方当事人又未能就特许权合同的修订达成一致意见。

任何一方当事人均应有权在超出其合理控制范围的情形使其无法履行义务时终止特许权合同。各方当事人还应有权以相互同意的方式终止特许权合同。

(3)特许权合同期满或终止时的安排。特许权合同应当就特许权合同终止时如何计算对任何一方当事人的补偿作出规定,根据特许权合同已完成的工程的公平价值、任何一方当事人承担的费用或遭受的损失,作出适当的补偿安排。

特许权合同应当酌情载明各方当事人在下列方面的权利和义务:第一,设立向订约当局移交资产的机制和程序;第二,转让设施运营所需要的技术;第三,对订约当局的人员或接任特许公司进行设施运营和维护培训,继续提供支持服务和资源,包括在需要时提供备用零件。[48]

《特许经营管理办法》第 18 条规定,特许经营协议应当主要包括以下内容:项目名称、内容;特许经营方式、区域、范围和期限;项目公司的经营范围、注册资本、股东出资方式、出资比例、股权转让等;所提供产品或者服务的数量、质量和标准;设施权属,以及相应的维护和更新改造;监测评估;投融资期限和方式;收益取得方式,价格和收费标准的确定方法以及调整程序;履约担保;特许经营期内的风险分担;政府承诺和保障;应急预案和临时接管预案;特许经营期限届满后,项目及资产移交方式、程序和要求等;变更、提前终止及补偿;违约责任;争议解决方式;需要明确的其他事项。

(二)BOT 其他合同

除特许协议外,BOT 项目还会涉及其他合同,这主要包括以下几种:

1. 建设合同

这是由项目公司与建设公司签订的,通常采用交钥匙合同的形式。这种合同与一般的国际工程承包合同相似,但项目公司希望承建者遵守特许协议中政府保留的对设计或建设的控制权。项目公司也要求承建商承担义务,以使竣工设施符合其设计目的。此外,若承建商同时又是项目公司的投资者或股东时,合同中还要注意排除或限制其作为承建商和作为股东间的利益冲突问题。

2. 回购协议

这种合同通常是政府或公共部门与项目公司间签订的。例如,若 BOT 项目是天然气或发电项目,其产品要并入有关的国家电、气网络系统,不能通过零售市场销售,这就需要订立长期合同,使其产品能稳定地销售。这会涉及价格是否受到管制,能否将项目成本转移到产品需求单位或用户身上以及投资回报率、外汇等问题。

3. 经营管理合同

这是项目公司与经营者间订立的,但若项目公司自己能经营和维护该设施的,就不必订立此种经营管理合同。该种合同中应规定经营者接受所建设施,接受者可就设施的缺陷提出异议的有关问题。经营者可能会要求承建商和设计商保证该项目的建设和设计是完善的。经营合同的主要条款是关于特定设施的经营和管理的问题。这当然也要与政府

---

〔48〕 上述内容参见联合国国际贸易法委员会工作组:《私人融资基础设施项目示范条文草案》,载联合国国际贸易法委员会网,http://www.uncitral.org。

的管理权限一致。同时,合同还要处理项目设施经营所取得的收入,如用于还债、回收投资、再经营等。

4. 贷款合同

这是项目公司与国际商业银行等贷款者间签订的。这种项目融资合同涉及融资担保、贷款偿还方式、风险与责任等,内容较为复杂。

此外,BOT 项目可能涉及项目公司与设备供应商间的设备供应合同、项目公司与燃料供应商间的燃料供应合同、项目发起人与项目公司股东间的协议等。

四、BOT 的融资问题

(一)融资方式

从事基础设施建设,首先需要资金。在 BOT 模式中,资金的来源主要有两种:股权和融资。

1. 股权投资

股权投资是 BOT 项目筹资的重要部分,它主要是由项目公司的合营者或股东所投入的股本组成的。项目公司的合营者或股东通常包括与项目有关的一些主要当事人,如承建商、营运商、供应商、用户、东道国政府等,有时银行也可能成为合营者之一。除合营者认股外,项目公司还可以通过在股票市场发行股票来筹得资金,特别是当工程耗资大而需要较多股本时更需如此。例如,连接英法的海底隧道工程,项目公司就是通过发起人认购、私募和公募发行股票的办法筹得十多亿英镑的股本资金。

为确保 BOT 项目能顺利进行,项目的主要投资者应具有足够的经济能力和履约能力,外方投资者还应有较强的国际融资能力和进行项目融资的业绩。

2. 项目融资

除股本之外,项目公司通常还须通过贷款取得足够的资金。例如,上述英法海底隧道工程的总投资额中,股本占 20%,而贷款占 80%,即股本与贷款的比例为 1:4。这比我国关于股本与借款的最高比例 1:3 略高。一般来说,这个比例须视具体工程项目而定,但不能太高。

项目融资或贷款,是指项目公司仅以项目自身预期收入和资产对外承担债务偿还责任的融资方式。与其他贷款方式不同,BOT 项目贷款的追索权是有限的。这种有限追索权的含义为:以项目公司为借款人,以项目收益为偿债来源,以项目财产为偿债担保的抵押物。即 BOT 项目贷款的偿还仅以项目公司的资产及收益为限,项目发起人及公司股东不承担贷款的偿还责任,债权人对于建设项目以外的资产和收益没有追索权。当然,项目公司也不应以项目以外的资产、权益和收入进行抵押、质押或偿债。

(二)预期收益

在 BOT 项目筹资中,较为重要的问题之一是项目的预期收益问题。对于投资者来说,他们通常希望有预期的投资回报,如每年用预期收益的一定比例作为投资回收金。对于贷款者来说,他们一般要求以项目的预期收益作担保并以项目的全部财产作抵押。

预期收益所涉及的一个重要问题是,项目经营者能否自行决定其商业政策,包括依市场需求确定价格。由于公用事业部门涉及国计民生,政府通常会对价格予以管制。在确定

BOT 项目产品或服务的价格时,政府可以允许经营者依市场定价,让社会公众承担项目的成本费用;也可以限价,并对经营者或用户予以补贴。若政府对该公用事业予以补贴,伴随而来的问题之一是:外国合同者是否有权要求将政府补助金作为项目投资或贷款的回收金?2015 年《特许经营管理办法》第 19 条规定:特许经营协议根据有关法律、行政法规和国家规定,可以约定特许经营者通过向用户收费等方式取得收益。向用户收费不足以覆盖特许经营建设、运营成本及合理收益的,可由政府提供可行性缺口补助,包括政府授予特许经营项目相关的其他开发经营权益。这就为解决特许经营者的预期收益问题提供了保障。

为了确保预期收益,外国投资者或贷款者有时还要与政府有关部门或用户订立回购合同或销售合同,以通过这种长期合同保证用户使用该基础设施并按约定的标准付费,保证投资与贷款的回收。合同还应对定价规定相应的调节机制。这种合同可以作为项目筹资的担保或抵押。一般来说,若是由项目公司直接向用户收费的,政府不必提供保证。若项目产品是由政府收购的,则应结合项目类型、投资大小、建设周期长短、风险大小及特许期限来综合考虑投资收益问题。关于价格或收费的确定和调整机制,《特许经营管理办法》也明确规定:特许经营项目价格或收费应当依据相关法律、行政法规规定和特许经营协议约定予以确定和调整。

《特许经营管理办法》第 36 条还进一步规定:因法律、行政法规修改,或者政策调整损害特许经营者预期利益,或者根据公共利益需要,要求特许经营者提供协议约定以外的产品或服务的,应当给予特许经营者相应补偿。

五、BOT 的风险及风险分担

在 BOT 项目的建设和经营中,可能会发生多种风险,这些风险既有商业性风险,也有政治性风险。BOT 项目的有关当事人通常因其在项目中的地位与作用不同而分担一定的风险。一般来说,风险应由那些最能承担、控制和管理该风险的当事方承担,或由最易采取规避措施的当事方或最有能力改变分化风险或能以最低支出减轻风险的当事方承担。

(一)商业风险

1. 完工风险

这一风险发生在工程建设阶段,其风险包括总投资超出、工期延误、工程停建以及工程质量问题等。因此完工风险控制包括对工程总投资、工期、质量的控制。完工风险产生的原因不同,风险及责任的承担者也不同。若项目公司违约,完工风险就是贷款者的风险,这一风险可通过让项目公司承担额外筹资等义务来减轻。若承建商违约,则承建商应承担责任,依有关合同约定支付规定的违约赔偿金(liquidated damages)。若工程实际建设成本超出预算,而且这种超出不属于承建商的责任,则风险应由项目公司承担。[49] 建设合同应对预防和减轻完工风险及有关责任作出规定。

2. 经营风险

这一风险发生在经营阶段,即未能依约经营或维护有关的基础设施,如未能维持项目

---

〔49〕 Robert Drake, *Allocating Risks in BOT Projects*, Project Finance (International Survey), Issue 48, May 12,1994.

设施的完整性、完好性,使其始终处于可正常使用或运行状态;有关的能源和原材料消耗、产品的质量和数量未能达到规定的标准等。[50] 这一风险通常是由项目公司承担的,若该设施由专门的营运商经营和维护,则风险由实际经营者承担。项目贷款者通常会要求经营者维护收益账户和投保责任险。

3. 外汇风险

外汇风险在 BOT 各阶段都会发生。从广义来说,外汇风险包括当地货币兑换成外币的风险、汇率波动的风险、利率增长的风险以及外汇汇出时的管制风险。其中,货币兑换和汇出风险属政治风险,其他的属于商业风险。汇率波动风险可通过将所贷货币与收益的货币相吻合的方式以及采取其他措施来预防。利率风险则受国际资本市场的各种因素影响,应由投资者或贷款者自行承担。

4. 市场与收益风险

政府或其公共部门有时是某些 BOT 项目的产品或服务(如电力)的唯一购买者,这时就可能存在政府能否购买或能否按适当的价格购买的风险。如果 BOT 项目产品或服务是直接出售给公众的(如收费公路、隧道等),则可能存在需求不足的风险。这种风险的承担者是投资者、贷款者,但他们通常会在合同中要求政府提供保证或采取适当的措施来减轻风险。

此外,在 BOT 项目的建设和运营中,还存在一些非当事人所能控制的风险,如战争、内乱、自然灾害等不可抗力事件造成的风险。合同的当事人应就此类风险的解决方法做出安排,同时,项目公司应购买商业保险加以补充。

可见,BOT 项目商业风险的防范有多种方法,但其中最为重要的有两条:一是项目参与人应有良好的信誉和履约能力;二是应通过合同作出合理的约定,由各方分担有关风险。在项目的融资、建设、经营等有关合同中,参与方应依靠自身经济和技术能力依法履行合同,并根据项目风险性质和各方控制能力,合理分担项目的商业风险及其他风险。

(二)政府行为和政治风险

政府行为也可能对 PPP(包括 BOT)项目构成风险。世界银行 2017 年《PPP 合同条款指南》使用的是"重大不利政府行为"(material adverse government action)这一概念。该行为事件通常具有如下特征:(1)延迟或阻止私人合作方(项目公司)履行其合同义务;(2)对私人合作方产生重大不利财务影响;(3)在公共部门实体/政府的控制范围内,或与项目公司相比,由公共部门实体/政府进行管理最佳。例如,政府没有及时提供所要求的开发与经营许可或同意,政府行为对特许合同的合法性、效力、约束力和可执行性造成不利影响(如政府撤销正在建设中的项目等),货币不能自由兑换并汇出,实行征收或国有化等,都属于"重大不利政府行为"。

"重大不利政府行为"事件,也称为政治风险,在 PPP 特许合同的风险配置中,一般分配给政府承担。若此种行为发生,则应视该行为阻止、妨碍或延迟义务履行的程度,免除私人合作方 PPP 合同项下的履行义务,并依据合同的约定给予相应补偿。例如,政府没有依约

---

〔50〕 Fritz Nicklisch, *The BOT Model*, Project Finance (International Survey), Issue 48, May 12, 1994.

及时提供所要求的开发与经营许可,以及由于政府违约造成工期延误或费用增加的,风险一般应由政府承担,政府对此应提供保证或补偿。若“重大不利政府行为”持续较长时间(180~360天),私人合作方可以终止合同并要求补偿。

对于法律变更问题,PPP特许合同也可以对此作出约定。有的合同将法律变更归为“重大不利政府行为”事件,但一般是通过单独条款解决。法律变更风险分配方法应根据每个国家的具体情况约定,有的合同约定由政府方承担所有风险,并向私人合作方提供充分救济;有的合同设定最低成本门槛,若法律变更而产生的总成本在规定的时间段内超过了最低门槛,则私人合作方有权获得补偿;还有的合同将限定的法律变更(包括歧视性法律变更、特定的法律变更,以及可能在运营期间产生额外资本支出的一般法律变更)风险,分配给政府方承担,其他法律变更风险由私人合作方承担。[51] 我国财政部2014年发布的《PPP项目合同指南(试行)》将法律变更分为两种:政府可控制的法律变更和政府不可控制的法律变更,前者由政府方承担相应风险,后者则应视为不可抗力,按不可抗力机制处理,但在某些PPP合同中也有可能将此类法律变更直接定义为政治不可抗力,并约定由政府方承担该项风险。

(三)不可抗力问题

不可抗力是指受当事人无法控制的因素的影响,致使合同无法履行。我国《民法典》第180条第2款规定:“不可抗力是不能预见、不能避免且不能克服的客观情况。”由于不可抗力不在合同当事人控制范围之内,因此特许合同应对此予以规定,以使双方共同分担不可抗力事件的风险。

特许合同不可抗力条款应包括以下内容:(1)什么事件符合不可抗力事件的要求。通常可以采取两种方式加以规定,一是开放式全面定义,包括超出受影响方合理控制的所有事件;二是列举具体事件或情况的详尽清单,清单上的事件超出受影响方控制并阻碍其履行。所列事件通常包括政治事件(战争、内乱、恐怖主义等)和自然灾害(地震、洪水等)。(2)在遭遇不可抗力事件时,是否及如何补偿私人合作方。救济措施通常包括:违约金减免;延长合同履行时间;在政府付费情况下可获得的持续支付;在用户付费情况下允许提高收费价格;延长运营期间等。(3)在遭遇不可抗力事件时,是否需要推迟特许合同的关键时间点以及推迟多久。(4)合同双方当事人是否可以免除履行特许合同的义务以及承担相关后果。(5)如果不可抗力事件持续时间长,是否应终止特许合同,是否有任何终止补偿。长时间的不可抗力事件,将触发任何一方合同当事人行使终止特许合同的权利。若合同因长时间不可抗力终止,政府方通常也应向私人合作方支付相应的补偿,分担经济方面的后果。

六、政府的支持与保证

BOT项目往往投资额大、周期长,涉及多方利益主体,为使BOT项目成功,政府长期和稳定的支持是必不可少的,对于发展中国家来说更是如此。政府的支持有多种形式,主要包括以下几种:

---

[51] The World Bank, *Guidance on PPP Contractual Provisions*, 2017, p. 45 – 59.

（一）资金方面的支持

政府对于BOT项目给予资金方面的支持有多种形式，包括：(1)资金参与，即政府对BOT项目予以直接或间接的资金参与。(2)公共贷款和贷款担保，即政府在某种情况下向项目公司提供无息或低息贷款以降低项目融资成本；或为项目公司所借贷款的偿付提供担保。但是，贷款担保代表一种实质上的附条件义务，政府的责任会很重大，因此，对政府的贷款担保应有所限制，如规定担保数额的上限、担保的风险类别、担保生效的条件等。(3)补贴。有的国家允许政府向项目公司提供补贴，使之有可能以较低价格提供服务。但是需要注意的是，补贴可能与有关国家依据国际协议承担的国际义务不一致。

（二）履行保证

这种保证可以以东道国政府或公共融资机构的名义作出，也可以采取由政府反向担保的形式。这类保证通常包括：(1)统购保证，即政府保证项目公司能向公共实体交付货物和提供服务。当项目公司主要或唯一的客户由政府垄断时，这种保证就显得特别重要。(2)供应保证。此保证用来保护项目公司免受向设施运营提供所需货物和补贴（如燃料、电力、水）的公共部门实体违约造成的损害。(3)一般保证，即保护项目公司免受订约当局任何形式的违约所造成的损害，而不限于特定义务的违反。这种保证一般并不常见。

（三）税收优惠

为支持BOT项目，政府可能给予某种形式的税收和关税优惠，如减免项目公司的所得税或免除项目贷款的利息税，免除向项目提供贷款的外国贷款人的预提税，以及对项目建设和运营所需机器、设备、零配件和原材料等货物的进口减免关税等。

（四）免予竞争的保护

这种支持形式是，政府承诺在一定时期内不会发展与该基础设施项目相竞争的项目。然而必须注意的是，此类保证可能与东道国承担的国际义务不一致，同时，也限制了东道国出于公共利益的需要增加服务需求的能力或保证各类用户获得服务的能力。因此，采取这一措施时需要仔细考虑所涉各方的利益。

我国国家发改委等部门2015年发布的《特许经营管理办法》对政府的支持与保证也作出了明确的规定，这主要包括以下几个方面：

第一，政府的承诺或保证。政府可以在特许经营协议中就防止不必要的同类竞争性项目建设、必要合理的财政补贴、有关配套公共服务和基础设施的提供等内容作出承诺，但不得承诺固定投资回报和其他法律、行政法规禁止的事项。此外，政府还应当简化项目规划选址、用地、项目核准等手续。

第二，融资支持。允许对特许经营项目开展预期收益质押贷款，鼓励以设立产业基金等形式入股提供项目资金，支持项目公司成立私募基金，发行项目收益票据、资产支持票据、企业债、公司债等拓宽融资渠道。政策性、开发性金融机构可给予差异化信贷支持，贷款期限最长可达30年。

第三，要求政府诚信履约。在我国有关特许经营项目的实践中，有的地方政府和相关部门不能诚信履约的情况时有发生。有的政府在主要负责人调整或换届后,马上要求对原有的特许经营协议予以修改或调整;有的甚至直接违约,对政府已签订的特许经营协议或已作出的承诺不予承认,从而使投资者的权益无法得到保护,项目也无法进行,浪费国家宝贵资源。

为增强政府履约的意识,约束政府公权力,营造良好的投资环境,《特许经营管理办法》做了三个方面的制度安排:一是强调双方的协商合作。政府与特许经营者通过特许经营协议来约定各方的权利义务。如果协议内容确实需要变更的,应当在协商一致的基础上签订补充协议,不能由政府单方决定。对于争议解决,强调双方平等协商,发挥专家和第三方机构的调解作用。二是要求协议各方当事人遵循诚实信用的原则,按照约定全面履行义务。行政区划的调整、政府的换届、部门调整和负责人的变更都不得影响特许经营协议的履行。三是明确政府违约责任。政府不履行特许经营协议约定义务或者履行义务不符合约定要求的,也应当根据协议继续履行、采取补救措施或者赔偿损失。

当然,政府有关机构也要对特许经营项目切实行使监督管理的职责,社会公众也有权对项目的发起和实施进行监督。

第五章　资本输入国外国投资法

根据国家主权原则，国家对其境内的一切经济活动，包括外国投资活动，具有属地管辖权。资本输入国或投资东道国通常制定关于外国投资的法律，对外资的准入以及准入后的有关经营活动进行管理，并对外国投资者及其投资的合法权益提供保护。对外国投资准入实行一般审查制以及实行国家安全审查制是资本输入国常见的准入管理措施。对准入后的外国投资，有些国家采取国民待遇，也有些国家规定特殊的管理措施。为了发挥外国投资对本国经济发展的积极作用并防范其可能产生的消极影响，许多发展中国家对外国投资采取了较多的限制措施，同时也注重对外资提供必要的法律保护和优惠，以鼓励或吸引外国投资。

第一节　外国投资法概述

一、外资法的历史发展与体系

（一）外资法的产生与发展

一国要利用外资，发展本国经济，就必须创造一个良好的投资环境，对外资采取鼓励与保护措施，以保证外国投资者的利益与安全。另外，为了消除外资可能产生的消极影响，发挥其积极作用，维护国家主权和利益，促进民族经济的自主发展，对外资又必须有目的地予以引导，进行管理，实行一定的限制。为实现这些目的，就必须借助法律手段，通过外资立法来调整关于外国投资方面的关系，因此，外资法就应运而生。

从国际经济发展的实况看，外国投资法的发展经历了不同的历史阶段。在“二战”前，国际投资以间接投资为主，国际资本一般是在一些主要的资本主义国家之间流动。在这一时期，除了一般的国内立法，如民法、商法、公司法、证券法等有关法律外，基本上没有专门调整外国投资的法律。

20 世纪 50 年代至 60 年代，国际直接投资逐步取代间接投资而成为国际投资的主要形式，但资本仍然主要是在发达国家之间流动，许多发展中国家尚未取得独立，因而只有少数国家颁布了关于外资的立法。例如，“二战”后，日本作为战败国，经济受到严重破坏，需要引进外资发展国内经济，其率先于 1950 年颁布了《日本关于外资的法律》，用以调整外国直接投资关系。后来又有一些国家颁布了外资法,如1952年的《叙利亚外国投资法》、1955年的《伊朗鼓励与保护外国投资法》等,但有外资法的国家为数不多。

20世纪60年代末至70年代,在非殖民化运动的推动下,广大发展中国家纷纷摆脱了殖民主义的枷锁,在政治上获得独立,但由于民族经济薄弱,经济落后,需要利用外资发展本国经济。当时国际资本开始大量流入这些国家,各国为了调整及管理外国投资,相继制定了关于外国投资的法律。某些发达国家也先后在20世纪70年代制定了关于外国投资的法律,如澳大利亚、加拿大、西班牙等。原东欧社会主义国家也开始实行对外开放,允许同西方国家的公司、企业举办合营企业,并颁布有关的合营企业法。外国投资法的发展也因而进入了一个新的阶段。

20世纪80年代末以后,为了利用外资促进本国经济发展,许多国家开始逐步放松对外资的限制,从而促进了投资自由化和经济全球化的发展。时至今日,促进投资便利化和自由化仍是世界各国外资法的发展主流和趋势。另外,为了防范外资进入影响国家安全和经济的健康发展,也有一些国家对外资的准入和运营设置某些限制,包括建立国家安全审查制度等。

(二)外资法的概念与体系

外资法是指资本输入国制定的关于调整外国私人直接投资关系的法律规范的总称。其内容各国规定不尽一致,但主要包括关于外国投资的范围、形式、条件,投资者的权利和义务,对外资的保护、鼓励和管制等方面的法律内容。

各国外资立法体制不一,外资法的名称也不尽相同,大致可分为三种立法体制和形式。

第一,制定比较系统的、统一的外国投资法或投资法典,作为调整外国投资的基本法律,并辅之以其他有关的可适用于外国投资的法律。如1976年制定后经修订的《阿根廷外国投资法》即属此类,该法对外国投资的有关问题作了系统的规定,成为调整外国投资的基本规范。此外,还有其他有关法律也适用于外国投资关系,如公司法、民法、矿业法、石油法、商法、技术转让法等。采取这一类型外资法的国家和地区有印度尼西亚、智利、沙特阿拉伯、埃及、叙利亚、加拿大以及许多非洲国家。

第二,没有统一的外资法,而是制定一个或几个关于外国投资的专门法律或特别法规、法令,由此构成关于外国投资的基本法或法群,辅之适用其他相关法律。例如,东欧一些国家只是制定了《合营企业法》等专门法律,辅之适用其他相关法规。有的国家专门制定外国投资鼓励法,如1967年《新加坡经济发展鼓励(所得税豁免)法》等。有些国家制定有几个专门法规,如毛里求斯关于外国投资的专门法规有:1970年《出口加工区法》、1974年《发展鼓励法》、1981年《出口劳务区法》、1982年《旅馆管理(鼓励)法》等。牙买加有9个专门法规。也有的国家开始时分别颁布若干关于外资的专门法规,后来再把这些法规融为一体而成为一部投资法典,菲律宾就是如此。

第三,没有专门的外资法,但制定有国家安全审查的特别立法。这主要是一些发达国家采取的做法。例如,美国除涉及外资并购国家安全审查的特别立法外,没有一部专门的外国投资法,外国投资者与美国国民享受同等待遇,外国投资活动也是通过一般国内法来调整的。在联合国跨国公司中心 1978 年选择调查的 12 个主要发达国家中（澳大利亚、奥地利、比利时—卢森堡经济联盟、加拿大、法国、联邦德国、意大利、日本、荷兰、瑞士、英国和美国），除日本、澳大利亚、加拿大有专门调整外国投资的法律外，其余大部分发达国家都是通过一般国内法来调整外国投资活动的。[1] 近些年来，这些发达国家都对外资制定有国家安全审查立法。

此外，还有某些国家集团制定有统一外资法。较早的有安第斯条约国 1973 年制定、1987 年修订的共同外资法规则，称为《关于外国资本待遇和商标、专利许可证及特许权费用的安第斯法典》，是作为成员国调整外国投资关系的基本的共同规范，对各成员国有拘束力，但也允许各成员国基于本国情况作出灵活规定。最新的例子是欧盟的立法。欧盟里斯本条约将"外国直接投资"纳入欧盟共同商业政策，据此，欧盟有权对内制定统一的投资政策，对外则统一谈判缔结投资条约。欧洲议会和欧盟理事会制定了 2019/452 号条例，为成员国以安全或公共秩序为由对进入欧盟的外国直接投资进行审查建立了法律架构，并就可能影响安全或公共秩序的外国直接投资问题建立了成员国之间以及成员国与欧盟委员会之间的合作机制，包括欧盟委员会就此类投资发表意见的可能性。该条例不影响每个成员国根据欧盟条约的有关规定对其国家安全负全部责任，也不影响每个成员国根据欧盟运行条约保护其基本安全利益的权利。该条例已于 2020 年 10 月 11 日生效。

由于世界各国政治、社会情况不同，经济基础、经济结构、经济和技术发展水平的差异，因而发达国家、发展中国家和经济转型国家的外资立法也不尽相同，各有其特点。

二、发达国家的外资立法

发达国家不仅大量对外投资，而且也积极利用外资。从国际投资的发展趋势看，自 20 世纪 80 年代以来，外国直接投资在发达国家增长的速度比发展中国家高得多。这主要是因为发达国家具备了良好的基础设施，较高的技术水平和稳定的法律政策等有利条件或良好的投资环境。

发达国家由于其经济技术水平发展较高，相互渗透利用，因而对外国投资一般倾向于采取自由开放的政策，对外资参与或创办的企业与内国企业，均依法给予同等对待，实行无差别待遇。但由于国情与传统不同，经济发展程度不同，各国对外资的政策态度和立法也不尽相同，根据其是否建立外资的一般审查制度以及开放进程，大致可分为三种类型。

（一）总体上开放，但建立国家安全审查制

有些发达国家总体上对外资采取自由开放政策，外资进出比较自由，限制不多。这以美国最为典型，其关于外国投资的法律与政策具有如下特点：

其一，对外资进入未实行一般投资审查制。美国是当代最大的资本输出国，也是世界上最大的投资市场。它不仅在其发展初期就曾大量利用外资，直至今日，在美国的外国直接投资仍在大幅度地增长。对于外国投资，美国没有建立一般投资审查制度。

---

〔1〕 UN, CTC, *National Legislation and Regulations Relating to Transnational Corporations*, p. 275. UN Publication, Sales No. E. 78. Ⅱ. A. 3.

其二,外国投资者及其投资在美国享有国民待遇,即外国投资者在美国进行投资时,在有关权利和义务上,与美国国民享有同等待遇,既无优惠,也不受歧视,美国法律对外国投资一般也不按国别实行差别对待或予以特别限制。

其三,基于国家安全及经济利益的需要,美国对某些关键部门中的外国投资给予一定的限制。根据美国联邦及各州的特别法令,有的部门禁止外国投资,有的部门则限制外国投资。例如,美国的原子能、水力发电事业及通信业等,只能由美国公民、美国社团或在美国国内注册的公司经营,在银行、保险业等行业中,外国投资受到限制。在美国看来,对这些少数关键经济部门中的外国投资的限制,属于国民待遇的例外。

美国关于外资政策和法律的重要变化是,自20世纪80年代末建立了外资并购的国家安全审查制。1988年《美国综合贸易和竞争法》第5021节授权总统如果有确切证据认为外国人对美国企业进行合并、取得或接管所形成的控制显然有害于美国安全者,有权直接禁止该交易,并授权商务部外国投资委员会具体实施。1990年2月美国总统布什根据该委员会的调查结果,以对美国国家安全造成威胁为由,裁决中国航空技术进出口公司在3个月内放弃对美国曼可公司的所有权。[2] 2007年美国国会通过了《外国投资与国家安全法》,进一步加强和完善了美国外资并购的国家安全审查制度,该立法后来为其他一些国家所仿效。2018年,美国国会又通过了《外国投资风险评估现代化法案》(FIRRMA),对外资国家安全审查制度进行了修改。

除美国外,还有些国家,如德国、英国、荷兰等对外资也基本采取自由开放政策。值得注意的是,这些国家虽未实行一般投资审查制,但某些法律上仍可实行某些限制。例如,在英国,根据其《公平交易法》《工业法》,政府有权审查甚至阻止外国人对某些重要企业的接管。近些年来,欧盟及其成员国也都仿效美国,对外资实行国家安全审查制。

(二)从开放到实行某些限制

有的发达国家曾一直实行开放政策,但到20世纪70年代以后,对外国投资开始实行不同程度的限制,有的还制定了关于外国投资的法律,专门调整外国投资关系。这类国家以加拿大、澳大利亚最为典型。

加拿大是后起的发达工业国家,也是引进外资较多的国家之一。其经济的发展既受益于外国投资,也受制于外国投资。其外资政策也曾经历了一个开放—限制—再开放的过程。以前加拿大对外国投资一直采取开放政策,外资进出不受限制。但"二战"后由于外国投资,特别是美资,大幅度地涌入加拿大,并长期控制着加拿大许多重要经济部门,造成加拿大产业结构失调及整个经济发展的不平衡,给加拿大经济带来不少消极作用。因此,加拿大反对外资的控制,维护加拿大经济自主发展的呼声日益高涨,政府也开始重视运用国家权力干预经济的民族主义政策,外资政策开始有了转变。1973年加拿大制定了

---

〔2〕 20世纪80年代,日本等外国公司收购美国公司形成了新的浪潮,美国人担心其国家经济主权的丧失,要求制定法律以限制这些收购的呼声日渐高涨,1988年的《综合贸易及竞争法》修正案(Omnibus Trade and Competitiveness Act,又称Exon - Florio Amendment)应运而生。该法原本主要是针对日本的,但第一个受害者却是中国国营外贸公司。有关此案的情况,参见James v. Feinerman, *Enter the Dragon*: *Chinese Investment in the United States*, Law and Policy in International Business, Vol. 22, 1991, p. 547。

《外国投资审查法》,设立了"外国投资审查局",正式建立了对外国投资的审批制度,从传统的开放政策转为实行限制。但进入 20 世纪 80 年代以后,由于国际经济形势的变化以及国内失业问题日趋严重,经济陷入困境,政府于 1984 年又宣布采取对外经济自由化的政策,1985 年制定实施《加拿大投资法》(Investment Canada Act),取代原《外国投资审查法》,放宽了政策,减少了对外资的限制,加快了利用外资的步伐。该法后来又历经修改,其最新的修改是在 2018 年 12 月。

1985 年《加拿大投资法》的特点是:(1)对外国投资根据情况,分别采取申报与审查两种程序。旧法实行强制性审批制度,所有外国投资都须进行审批,非经审批不能生效。新法则放宽了审批制度,缩小审批范围,除规定了许多排除该法适用的情况外,还将外资区别对待,规定非加拿大人通过收购股份或资产取得加拿大企业控制权,其总资产超过 500 万加元,或间接收购加拿大企业,其总资产超过 5000 万加元,才进行审查,其他情况的一般只需申报。WTO 成立后,加拿大对来自 WTO 成员方的投资采取了较为宽松的审核标准,且该标准每年进行调整,根据其最新规定,WTO 成员方投资者并购加拿大公司所涉企业资产价值在 10 亿加元以上的,才须经政府审批。(2)维护本国利益,保护关键行业。对此,新、旧法原则上无区别。关于关键企业的保护,一般未规定在外资法中,而是散见于联邦及各省特别法律中。这些关键企业包括金融、能源、交通及文化与通讯四大类。对关键企业的外国投资,均有严格限制,须经有关部门批准,外资股权亦限制在一定比例之内。[3]

澳大利亚 1972 年以前对外国投资采取传统的开放政策,此后转向于实行某些限制。1972 年制定了《公司(外国接管)法》,授权政府干预外国投资,以防止被认为会造成违反国家利益后果的外国接管。1975 年又通过了《外国收购与兼并法》,取代了 1972 年的法律,设立了外国投资审查委员会,从而正式建立了对外国投资的审查机构和审批制度。《外国收购与兼并法》后来几经修订(最新的是 2020 年修订),又逐步放松了对外资的限制。

(三)从保守到逐步开放

有的发达国家原来利用外资态度保守,后来随着其经济实力和技术力量的强大,逐步放宽限制,进一步开放。这以日本最为典型。

日本在"二战"前虽注意引进外资,但持保守态度。"二战"后,由于亟须引进外资和技术发展本国经济,在美援和美军统治的影响下,于 1949 年制定了《外汇及外贸管理法》、1950 年制定了《关于外国资本的法律》,并设立外资审查机构,有限制地引进外资和技术。自 1964 年加入经济合作与发展组织及《资本移动自由化公约》后,为履行其义务,日本内阁先后于 1967 年、1975 年通过了《对内直接投资自由化决议》及《关于技术引进自由化决议》,逐步向外资开放市场。1980 年日本又修订了《外汇与外贸管理法》,改名为《外汇与外贸法》,取代原外资法,进一步放宽了外资政策。其外资立法发展的主要特点是:(1)坚持

---

[3] 关于加拿大的外资政策与外资立法,参见姚梅镇:《国际投资法》(修订版),武汉大学出版社 1987 年版,第 57～69 页。

有目标、有重点、有步骤地逐步开放。日本引进外资，坚持战略观点，注意有选择地利用，以增强本国经济技术力量为目标，引进外资的态度较为谨慎。以前外资参与企业的股份一般不得超过49%，20世纪60年代以后开始按照产业的划分、外资股权比例，先从对国民经济影响较少的产业开始，分期分批逐步推行自由化。到20世纪70年代后期，日本经济得到了稳定发展，实力大增，有条件进一步开放，于是，新外资法进一步放宽对外资的限制，从旧法的"原则禁止，例外自由"到新法的"原则自由，例外限制"。这种有步骤地逐步开放，是与日本经济实力的增长程度相一致的。(2)注意通过审批程序，对外资实行有效管理。日本对外资的审批制度，适应其对外开放政策实施的程度，从严到宽，循序渐进，分期实施。1950年的外资法实行严格审批制度，到20世纪60年代实行自由化方案后，对自由化产业实行自动许可制逐步放宽审批制度。1980年新法虽不实行一般审批制，而实行申报与劝告制度，但仍坚持对外国投资的必要审查，外资不得有害国家安全、公共秩序和严重影响日本企业和经济的发展。[4]《外汇与外贸法》后来也历经修订，2019年修订的版本加严了国家安全审查，将外资获取有关涉及国家安全领域企业股份的申报门槛从10%以上调整为1%以上。

发达国家中这三种类型国家的外资政策与立法各有其特点，但从20世纪80年代以来的发展趋势看，继续或进一步实行开放、放宽政策，减少限制，是许多发达国家关于外资政策与立法的共同特点。这既是由于这些国家对外资的重要性有了更深刻的认识，也往往与其经济实力增长分不开。但进入21世纪后，不少发达国家强化了国家安全审查制度。

三、发展中国家的外资政策与立法

发展中国家和地区人口占世界人口总数的3/4，幅员辽阔，资源丰富，劳动力充沛，是世界上最大的投资市场。这些国家虽然经济体制和经济发展水平不同，但它们在摆脱了长期的殖民主义统治，取得政治独立之后，为改变其经济落后面貌，都积极利用外国资金和技术，发展本国经济，因而从外资政策和外资立法的历史角度看，也存在某些共同的特点。例如，(1)大多数发展中国家对外国投资都有审批规定，以借此引导外资投入其本国亟待发展的重点行业，并限制外资可能造成的消极影响。(2)与发达国家相比，其对外国投资鼓励较多，但限制也较多。为了吸引外资，大多数发展中国家都对外国投资规定了各种鼓励和优惠措施，如减免所得税和关税、信贷优惠、建立经济特区等。但鉴于过去长期受国际垄断资本势力剥削、掠夺和控制的惨痛教训，发展中国家对外国资本势力又保持高度警惕，防止其对国民经济的再度渗透和控制，所以，对外国投资又规定了不同程度的限制措施。当然，由于各国国情不同，这些鼓励与限制措施侧重点不同，并且随着情况的发展变化而改变。

另外，发展中国家由于经济体制、历史条件、自然资源条件、经济发展水平和速度均不

---

〔4〕 关于日本的外资政策和外资立法，参见姚梅镇：《国际投资法》(修订版)，武汉大学出版社1987年版，第69~88页。

相同,因此,利用外资的态度也不同,成效有大有小,在外资政策和外资立法上,也各有差别和自己的特点。下面简要概述各地区国家外资政策与外资立法的特点。

(一)非洲国家

大部分非洲国家在取得政治独立后,积极吸引外资来发展本国经济,在20世纪60年代末和70年代初纷纷颁布投资法,并对外国投资采取宽厚的政策,即给予较多的鼓励,较少的限制。例如,对外资股权比例很少规定上限,对外资不开放的部门也较少,对原本利润的汇出、资本再投资基本上也没有什么限制,税收优惠较多。其正式的投资立法无差别地适用于任何国籍的投资者。

但是,由于市场太小或自然资源条件有限,尽管它们对外国投资保持着开放和宽厚的政策,却未能吸引到大量的投资。[5] 不过,近些年来,中国、印度等新兴国家均重视对非洲投资,非洲吸收外资的数额有了较快的增长,非洲已成为前景光明的投资地点。

几十年来,这些国家没有改变其基本上宽厚的政策,其投资法律和政策仍主要是为了管制外国投资的进入和对外国投资者提供大量奖励。但随着20世纪80年代以来国际投资格局所发生的新变化及各国实际情况的需要,各国又相继修订或新订了投资法,进一步调整投资政策,以鼓励外资做出所要求的实际贡献。例如,规定最低投资总额和就业人数标准,根据就业人数增加免税期或给予特殊优惠,奖励出口等。特别是当计划投资项目从金额和性质上看具有"特殊意义"时,国家与投资者可签订企业协议,除允许享受税收优惠外,还可以获得其他财政上的补助及外资法以外的其他特别法令规定的免税待遇,并力求稳定企业的税收制度。协议中还订有不歧视条款或最优惠企业条款,以及限制国家参与资本或不实行国有化、获得进出口许可证、保证能源供应等内容。这些国家还注意保障投资者的合法利益,如保证不实行歧视待遇、保证其收入汇出以及国有化赔偿等。

此外,所有的法语系非洲国家都批准了解决一国与他国国民投资争议公约,有的国家的投资法明确规定国家同意将国际投资争议提交"解决投资争议国际中心"仲裁解决。

(二)亚洲中东及北非国家

这一地区是世界石油国家的集中地带,20世纪50年代国际资本纷纷涌向该地区进行石油开发投资。各石油国为了维护本国对自然资源的永久主权,先后制定了石油法,以调整外资关系。与此同时,这些国家也陆续制定了外国投资法,作为管理外国投资的一般法律体制。如伊朗、叙利亚早在20世纪50年代就颁布了外资法,其余国家则大多是在20世纪60年代和70年代初颁布了投资法或外资法。例如,埃及从1956年推翻法鲁克王朝获得独立后,先是实行外国资本民族化,20世纪60年代开始利用苏联援助投资,70年代以后摆脱对苏联的单方依赖,实行开放政策和多元化利用外资的政策,以改变其经济发展缓慢的局面。1974年埃及颁布了《阿拉伯埃及共和国关于阿拉伯与外国资本投资及自由贸易区法》,在吸引和利用外资方面,效益也日益显著。

---

〔5〕 根据联合国的报告,1985~1995年,非洲的外国直接投资存量增加了1倍,但流入非洲的投资并没有像流入其他地区的投资那样迅速增加,参见联合国贸易和发展会议《1996年世界投资报告》以及随后历年的《世界投资报告》。

与上述非洲国家比较起来,这一地区的国家的外资法在某些方面有相似之处,如审查投资标准时强调对国家的实际贡献,对外国投资者收入汇出的限制较少,投资争议可提交国际仲裁等。但与上述非洲国家外资法不同的显著特点是,这一地区的国家外资法对外资的限制较严。例如,在管制投资中,对外国企业存在某些差别待遇。如埃及以前对外资的审批程序较为严格和复杂;在股权比例上,有些国家如伊拉克、科威特、利比亚等,要求当地投资者占多数股权。埃及原外资法规定,在外国投资领域中,须有埃及公、私资本参加,至于双方投资比例,虽未明确规定,但一般仍是以国内资本占多数;在投资鼓励方面,免税期较短,一般为5年,而非洲有些国家对某些特殊项目,免税期为10~20年。

20世纪80年代以来,这一地区的某些国家也放宽了政策。例如,埃及1982年修订了外资法,对外国投资给予更多优惠,给予外国投资者以与本国投资者相类似的权利,允许外国投资者占多数股权,延长免税期、简化审批程序等,以进一步吸引外资。1997年颁布的《埃及投资法》进一步完善了投资管理方面的规章,其中最重要的规定是,给予外国投资以国民待遇;其2017年的《埃及投资法》则对内外资统一适用,并进一步加强了投资保护,放宽限制,提供鼓励。

(三)亚洲国家

亚洲许多国家都是在20世纪60年代末和70年代初开始制定外资法的,如1968年的《马来西亚投资奖励法》、1967年的《印度尼西亚外国投资法》、1970年的《新加坡经济发展鼓励法》等。印度未颁布专门的外资法,但于1973年颁布了《印度外汇管理法》来调整外国投资关系。在亚洲国家(除上述中东地区国家外)中,少数国家以前对外资限制较严,利用态度较为谨慎,如印度等国,但大多数国家较为宽松,如东南亚联盟国家、韩国等。

印度外资法的特点是:(1)重点在于引进外国技术。1991年前,印度把吸引外国资金作为引进先进技术的媒介,一般只有当外资能带进所需的技术时,该项外国投资才能获准。在投资方式上,外国投资者可以采取单纯的技术合作方式,也可以采用技术加资金的方式。(2)对外资的限制逐步放宽。1991年以前,投资领域一般限于需引进技术的领域,外资股份一般不超过40%,税率高,税收优惠范围较少,涉及面窄。[6] 20世纪90年代以后,印度放松了对外资的限制,例如,1991年以后,外资的比例可达到51%以上。2000年以后,除禁止和限制外资投资的产业外,几乎所有产业允许100%外商投资,对外开放的产业更多。外资进入程序也大为简化,只要外资股权不超过印度政府对不同行业外资股权的最高限额,外资项目均可享受"自动生效制度"获准。只有当外资股权超过印度政府对不同行业外资最高限额的,或另有规定予以排除的外资项目才须经审批。

东南亚联盟国家(包括泰国、菲律宾、印度尼西亚、马来西亚、新加坡、文莱等)在吸引和利用外资方面积极而有成效,促进了其经济的发展,人均国民生产总值一般已达到中等收入国家水平,都不同程度地进入"半工业化国家"行列,新加坡则已发展为新兴的工业化国家。东盟国家外资政策与外资立法的特点主要有:(1)优厚的鼓励与适当的限制相结

---

〔6〕 UN, CTC, *National Legislation and Regulations Relating to Transnational Corporation*, 1983, Sales No. E. 83. Ⅱ. A. 7, p. 56 – 81.

合。东盟国家为了积极利用外资，提供奖励多，优惠宽，为了有目的地引导外资为本国经济发展目标服务，对于在本国拟重点发展的行业里的外国投资，如先驱工业、优先发展项目、新兴产业等，实行特惠制。税收减免期较长，有的达 8 ~ 15 年。在实行较多的鼓励和优惠的同时，东盟国家为了防止外资的消极作用和对本国经济的控制，又规定了某些限制措施，如对投资部门、投资比例、使用技术、材料国产化比例，规定了一定的限制。(2)积极利用合营企业形式和发展出口加工区。[7] 在东盟国家中，合营企业是利用外资的重要形式，并受到鼓励。如印度尼西亚以前规定，新投资必须采用合营企业形式，不许独资经营。[8] 据统计，合营企业在这些国家中最低占60%，最高达90%。同时，东盟国家还建立了一些出口加工区，作为利用外资、发展出口工业、扩大国际贸易、打开国际市场、改善国际收支的重要途径。

亚洲金融危机后，这一地区的许多国家又为吸引外资做出了巨大的努力，进一步采取了一些吸引外资的措施，放宽了限制。例如，根据 2007 年《印度尼西亚投资法》的规定，外国投资者可以投资绝大部分行业，可以设立独资企业。

(四)拉丁美洲国家

拉美国家历史上长期是西班牙、葡萄牙等拉丁语系国家的殖民地。19 世纪上半叶，大多数拉美国家取得了独立，为发展本国经济，都积极发展国际贸易并吸引外资。在 20 世纪 30 年代以前，拉美国家对外国投资基本上放任自流，未实行管制。20 世纪 30 年代曾发生了第一次国有化浪潮。此后经过一段时间的反复，这一地区的国家又注意吸引外国投资，并先后于 20 世纪 60 年代和 70 年代颁布了外资法，如 1964 年的《巴西外国投资法》、1973 年的《阿根廷外国投资法》、1974 年的《智利外国投资法》、1973 年的《墨西哥鼓励向墨西哥投资和管理外国投资法》、1970 年的《安第斯共同市场外国投资规则》等。

与其他发展中国家相比，拉美国家特别是南美国家的外资政策和外资立法，对外资的限制较多(少数国家例外，如巴西、中美洲和加勒比海诸国)，这是有其历史背景的。拉美国家虽取得政治独立，但在经济上仍受制于外国经济势力，这一地区仍然是经济大国逐鹿的场所，特别是“二战”后，美国趁机扩张，称霸拉美，把它作为自己的“后院”，在拉美国家实行“自由贸易”“自由企业”“自由投资”之原则，为美资大量涌入拉美铺平了道路。由于美资对拉美国家的掠夺和控制，甚至干预他国内政，激起了拉美国家和人民的反感和反抗。为了对抗外国资本的渗透和控制，拉美各国通过各自的外资立法，或采取共同行动制定地区统一外资法，对跨国公司活动及外国投资实行监督和控制，利用和限制双管齐下，引导外资为本国或本地区经济发展服务。其中安第斯条约国共同外资法即表现了这一特色，并具有代表性。

拉美安第斯条约组织，由秘鲁、哥伦比亚、委内瑞拉、厄瓜多尔、玻利维亚、智利(后于 1976 年退出)组成，1965 年通过《波哥大宣言》建立安第斯共同市场，1969 年又通过了第

---

〔7〕 UN, CTC, *National Legislation and Regulations Relating to Transnational Corporation*, 1983, Sales No. E. 83. Ⅱ. A. 7, p. 1 – 54, 82 – 121.

〔8〕 印度尼西亚 1974 年的政府政策声明中要求印度尼西亚人在合营企业中占多数股权。1986 年其放宽了这一限制，1992 年第一次允许外资占有 100% 的股权。

24 号决议,制定《安第斯共同市场外国投资规则》,于 1971 年生效。该决议对成员国有拘束力,1980 年条约国通过卡塔赫纳协定,设立法院加以强制执行。该共同外资法规则独立于成员国国内外资法,但又予以补充。该规则对外国投资限制较严,如规定对外国投资实行逐项审查,成员国不应给予外国投资者以优惠于本国投资者的待遇,限制和逐步减少企业中的外资控制权,限制外资原本和利润的汇出,坚持投资争议的当地解决等。

不过,到 20 世纪 80 年代后期和 90 年代初,安第斯条约国放宽了限制,甚至基本放弃了共同外资法规则。1987 年 5 月安第斯条约国通过了第 220 号决议,称为《关于外国资本待遇和商标、专利许可证及特许权使用费的安第斯法典》,对第 24 号决议作了大幅度修改,大大放宽了对外资的限制,例如,对外资实行审批与登记相结合,放松强制外资逐步减少股权的要求,放宽利润汇出限额等。[9] 1991 年,安第斯条约国又通过了第 291 号决议,[10]取代了第 220 号决议。第 291 号决议基本上放弃了关于外国投资的共同政策。该决议规定,除成员国立法另有规定外,外国投资者享有与国内投资者相同的权利和义务,对资本和利润的汇出,该决议未加限制。关于争议的解决,则由成员国适用其国内立法的有关规定。第 291 号决议中真正可被看作义务性规范的,仅仅是关于所有外国投资和技术许可证须予登记、所发行的公司股票须是记名股、技术许可证不应禁止以此技术生产的产品出口到该地区或禁止类似产品出口到第三国等规定。

综观发展中国家外资政策与立法的进程,我们可以看出大多数国家在近二十年来外资政策与立法有了一些重大的新发展,对外国投资的管理都不同程度从限制到逐步放宽。例如,上述许多拉美和亚洲国家的政策,在过去几十年内经历了两个不同的阶段。20 世纪 70 年代初,它们对外资与技术的输入采取了较严的管制办法,其基本目的并非抑制外资或减少外国资金的流入量,而是要对其进行管理。但自 20 世纪 70 年代中期以后,它们的政策就开始发生了变化,逐步放松了限制,反映了旨在推动和加速外国投资流动的更加灵活而务实的态度。此后二十多年来,发展中国家的外资政策以单边自由化趋势为特征,为吸引外资创造更有利的条件。其主要表现:一是放宽外资进入的限制,逐步开放外资进入的部门,放宽准入的条件;二是加强了对外资的保护。

这种变化是由各种内外因素促成的。20 世纪 80 年代以后,国际私人投资的 85% 流向发达国家,而流向发展中国家的投资显著减少,发达国家间资金“对流”的增长,使发展中国家吸引外资受到很大影响。更重要的是,许多发展中国家在 20 世纪 80 年代受到严重国际收支困难和经济增长缓慢的困扰,对外负债惊人。因此,建立有吸引力的投资环境,采取少限制、多奖励,鼓励外资流入,对于这些国家而言就成了十分紧迫的问题。同时,这些国家为使其经济与工业按计划发展,也需要积极吸引外资。此外,许多发展中国家在应对跨国公司方面的管理经验及专门技术水平已不断提高,加强了其对外资与技术进行估价以及争取与外国企业达成有利的经营安排的能力,这也是一个重要因素。

这些变化和实现必然要通过其政策与立法反映出来,如曾使管制外资的办法得到加

〔9〕 English Version of Decision 220 is in 27 ILM 974(1988).

〔10〕 English Version of Decision 291 is in 30 ILM 1283(1991).

强的1973年《阿根廷外国投资法》,其作用由于1976年后实施新的政策而大大弱化了,1980年修改后的《外资法》又取消了原来对利润汇出的限制。上述曾一度严格限制外资的安第斯条约国共同外资法规则在20年后又基本被放弃。1993年新的《墨西哥外国投资法》放宽了外资进入或参与的限制,排除了对外国投资者施加的“履行要求”,以吸引和鼓励外国投资。亚洲的韩国、菲律宾都分别放宽了政策,巴基斯坦对外国投资的担保与奖励在1977年后已有所扩大。其他以灵活或宽厚的外国投资制度取代基于民族主义实施控制的国家,还有孟加拉国、玻利维亚、牙买加、坦桑尼亚、埃塞俄比亚、斯里兰卡和乌拉圭等国。据联合国贸易和发展会议统计,20世纪90年代以后各国规章的改变主要是向有利于外资的方向发展。例如,2001年71个国家的外国直接投资的立法进行了208项修改,90%以上是为外资创造更为有利的条件。[11]

四、俄罗斯及中东欧国家外资政策与立法

20世纪60年代后期,一些东欧国家已开始利用外资,相继制定了外资法或合营企业法,通过与西方公司、企业举办合营企业,引进外资和技术,加速本国经济建设。南斯拉夫是东欧第一个允许外国私人直接投资者在国内举办合营企业的国家。罗马尼亚于1972年颁布了《关于建立和组织合资公司法》;匈牙利于1979年颁布了《关于建立外资参与的合营企业法》,1988年颁布《外国人投资法》及《经济组织法》(均于1989年生效)。捷克斯洛伐克于1985年制定第一部外资法,1989年颁布《外国资产参股企业法》。保加利亚于1980年制定《合营企业法》,1989年制定《境内外国公司与混合公司经济活动法》(关于经济活动第56号法令第5章《关于保加利亚法人同外国法人与自然人间经济合作的规定》)。苏联也于1987年制定了合营企业法。

然而,自1989年后,苏联及东欧国家发生巨变,苏联解体而形成以俄罗斯为首的独联体,德国实现了统一。这些国家在政治上实行改革,经济上转而采用市场经济体制。随着政治和经济的剧变,俄罗斯及中、东欧国家的外资政策和外资立法也相应地发生了很大的变化。为吸引外资,它们纷纷制定了新的外资法。例如,俄罗斯于1991年7月4日颁布了《俄罗斯联邦外国投资法》,该法于1999年7月又被新的外国投资法所取代;保加利亚1992年制定了《关于外国人经济活动和外资保护的法律》,1998年经修改后更名为《外国投资法》;捷克于1991年制定了新的《商法典》;罗马尼亚于1991年制定了《关于外国投资的法律》。[12] 这些国家新的外资政策和外资立法有以下几个主要特点:

第一,放宽了外资进入的限制。俄罗斯和中、东欧国家现在均允许设立由外国公司拥有全部股权的子公司,而不再要求仅采取合营企业的形式,虽然有些部门仍然禁止外国投

---

〔11〕 UNCTAD, *World Investment Report*(2002).

〔12〕 Darid E. Birenbaum, *Business Ventures in Eastern Europe and Russia*(1992); *So You Want to Invest in Russia? A Legislative Analyses of the Foreign Investment Climate in Russia*, 5 Minnesota Journal of Global Trade 123(1996); Cheryl W. Gray & William W. Jarosz, *Law and the Regulation of Foreign Direct Investment: the Experience from Central and Eastern Europe*, 33 Columbia J. of Trans. L. 1(1995); *Russia: Federal Law on Foreign Investment in the Russia Federation*, 39 I. L. M. 894(2000).

资(如国防、能源、国内电信和银行),但在其他部门的外国投资已经放宽。此外,俄罗斯等国允许外国企业参与其国有企业私有化,允许外国企业收购某些国有企业。[13] 俄罗斯1999年的新外资法对外国投资企业的设立采取登记制。

第二,加强对外国投资的保护。为减少外国投资的风险,这些国家的外资法均对外资提供保护。例如,保护外资不受国有化的影响,若在特殊情况下为了社会公共利益实行征收或国有化,则保证给予外国投资者补偿;保证外国投资者所取得的收益汇出国外;等等。俄罗斯的外资法还保证给予外国投资者以与俄国人相同的财产权和投资权,排除差别待遇,即实行国民待遇。1999年的《俄罗斯外资法》还保证外国投资者和外国投资公司不受联邦立法不利变化的影响。

第三,给予外国投资以特殊鼓励。为吸引外资,这些国家都采用了税收优惠或鼓励措施。例如,俄罗斯对外资给予关税及货物、服务进出口优惠,对“自由经济区”的外国企业还给予特殊优惠。中、东欧的一些国家则对外国投资者采取了各种减免税措施。

五、我国的外资政策与立法

中华人民共和国成立后至中共十一届三中全会前,由于以美国为首的西方国家对中国实行孤立,堵塞了我国通向世界的道路,当时我国只能向社会主义的苏联、东欧国家开放,进行经济交往。而到1960年7月,苏联又单方面决定撤走全部在华专家,撕毁几百个协议、合同,采取孤立中国的立场,这使我国同苏东国家的合作途径也为之阻塞。直到1978年中共十一届三中全会,我国决定实行对外开放政策,采取多种形式利用外资和国外先进技术和管理经验,以加速社会主义现代化建设。我国自1980年以来,相继建立了深圳市、珠海市、汕头市、厦门市和海南省五个经济特区,开放了沿海14个港口城市,建立了沿海经济开放区,1990年又宣布在上海市建立浦东经济开发区,形成沿海开放地带。对外开放的范围由南向北逐步推进,对外开放的深度由东向西纵深发展,已形成了全国规模的外引内联、东西相贯、南北并进的多层次、全方位的对外开放新格局。随着改革开放的深化,我国不断改善和优化软硬投资环境,并逐步完善涉外经济立法和外资立法,自1979年以来相继制定颁布了《中外合资经营企业法》《中外合作经营企业法》《外资企业法》《外商投资和外国企业所得税法》等一批外资法律法规,运用法律手段来调整和管理外国投资。在我国对外开放环境下,外国投资在中国不仅大有拓展前景,而且其合法权益受到中国法律的保护。四十多年来,我国利用外资已取得了长足的发展和举世瞩目的成就,并有效地保证了我国对外经济发展战略和社会主义现代化建设目标与外资政策的实现。

(一)我国外资法体系

从法律结构来看,我国的外资法体系可分为三个层次,即最高规范——宪法性规范、国家外商投资立法与地方性法规。我国对外签订的投资保护协定中的有关规定,对国内外资立法也有一定的补充和保证作用。我国外国投资法体系的层次结构,简述于下。

---

〔13〕 俄罗斯1994年私有化规划将国家产业分成:禁止私有化的产业、须经联邦政府批准或经国家财产委员会批准才可实行私有化的产业、由当地政府控制的产业,以及须强制实行私有化的产业。

1. 宪法性规范

这是第一层次立法。我国《宪法》序言宣示:“中国坚持独立自主的对外政策,坚持互相尊重主权和领土完整、互不侵犯、互不干涉内政、平等互利、和平共处的五项原则,坚持和平发展道路,坚持互利共赢开放战略,发展同各国外交关系和经济、文化的交流,推动构建人类命运共同体”,从而肯定了我国发展国际经济交往和合作,以及利用外资的基本方针和原则。我国《宪法》第 18 条规定:“中华人民共和国允许外国的企业和其他经济组织或者个人依照中华人民共和国法律的规定在中国投资,同中国的企业或者其他经济组织进行各种形式的经济合作。在中国境内的外国企业和其他外国经济组织以及中外合资经营的企业,都必须遵守中华人民共和国的法律。它们的合法的权利和利益受中华人民共和国法律的保护。”这就从根本法上肯定了对外国投资者及其投资的法律保护,是我国外资法体系的最高层次,也是我国外资立法的最高法律依据。

2. 国家的法律、行政法规

这是第二层次立法,是中央一级立法,指全国人民代表大会及其常务委员会制定的法律,以及经全国人民代表大会授权国务院及其所属部根据宪法和法律制定的行政法规、国务院部门规章。以前由全国人大及其常委会通过和修订的关于外资的基本法律主要是三资企业法,即《中外合资经营企业法》《中外合作经营企业法》《外资企业法》。根据第六届全国人民代表大会第三次会议决定,授权国务院对有关经济体制改革和对外开放方面的问题,必要时可以根据宪法,在同有关法律和全国人民代表大会及其常务委员会的有关决定的基本原则不相抵触的前提下,制定暂行的规定或者条例,颁布实施。

2019 年 3 月 15 日第十三届全国人民代表大会第二次会议通过了《外商投资法》,该法于 2020 年 1 月 1 日施行,原来的《中外合资经营企业法》等单行立法废止。该法确立了我国新型外商投资法律制度的基本框架,确定了我国对外开放、促进外商投资的基本国策和大政方针,对外商投资的准入、促进、保护、管理等作出了统一规定,是我国外商投资领域新的基础性法律,是对我国外商投资法律制度的完善和创新。

3. 地方性法规

这是第三层次立法。我国宪法规定,省、直辖市、自治区人民代表大会及其常务委员会在不同宪法、法律、行政法规相抵触的前提下,可以制定地方性法规,报全国人民代表大会常务委员会备案或批准生效。经批准计划单列的城市,也可根据当地需要制定地方性法规,报省、自治区人民代表大会常务委员会批准生效。现各省、直辖市、自治区制定的地方法规中已有不少关于外商投资的法规。

以上三个层次的法律、法规上下结合,形成了我国外商投资企业法的完整的体系。

(二) 我国外资立法发展的特点

我国外资立法是我国外资政策的体现。我国是社会主义市场经济国家,又是发展中国家,因而,在外资政策和外资立法上具有中国的特色。

第一,通过准入审批制或核准制来引导和管理外资。根据国家主权原则,每个国家对外国投资都具有管理权。我国从改革开放伊始就注重对外资的管理。《中外合资经营企业法》等外商投资企业法从一开始就对外资准入实行审批制,并规定了外资准入的条件、投资的领域、投资比例等,从而掌握利用外资的主动权,引导外资投入我国需要利用外资发展的行业和部门,使外国投资与我国的经济发展目标保持一致。

随着我国经济的发展和实力的增长,我国也逐步简化和放松审批制。我国 2015 年开始对自由贸易试验区实行特别管理措施(负面清单),外商投资于负面清单内的产业需要审批,负面清单以外的领域则实行备案制,2016 年以后则对不涉及国家规定实施准入特别管理措施的外商投资企业的设立和变更均实行备案制,即通过核准制和备案制来引导和管理外资准入。

新的《外商投资法》则已明确规定,国家对外商投资实行准入前国民待遇加负面清单管理制度。负面清单规定禁止投资的领域,外国投资者不得投资。负面清单还规定限制投资的领域,外国投资者进行投资应当符合负面清单规定的股权要求、高级管理人员要求等限制性准入特别管理措施。凡不符合负面清单规定的,不予办理许可、企业登记注册、或相关核准事项。负面清单管理制度大幅度放宽了市场准入,大大缩小了外资准入的核准范围,体现了中国实行高水平投资自由化、便利化的政策。

第二,参照国际通行规定,维护投资者的权益。我国改革开放初期涉及经济转型问题,市场经济法制也亟待建立和完善,利用外资需要解决好如何与市场经济国家的规则接轨的问题。因此,我国《中外合资经营企业法》等外商投资企业法在参照国际上的通行规定和做法的基础上,除对外资准入和外资管理事项作出规定外,还从商业组织、合同等方面,对外商投资与合作的有关问题作出综合性的规定,以维护中外投资者的权益。例如,外商投资企业法对法人治理结构和运作,对企业人、财、物、供、产、销等经营活动条件,对合营或合作合同以及企业章程的内容等都作出了相应规定,以解决外商投资企业的设立和运营与国内体制接轨问题,保障企业经营自主权,维护中外合营者的权利和利益。

同时,与其他发展中国家一样,我国《外商投资企业法》对外资也是鼓励与限制相结合,但重在保护。我国法律对于保护外国投资者及其企业财产的安全、保障外国投资者本金及利润等的汇出、合理解决投资争议等方面,都有较为详尽的明确规定。我国在加入 WTO 后,又对《外商投资企业法》作了修改,取消了一些与 WTO 协议不一致的规定,使中国的《外商投资企业法》与 WTO 协议的规定保持一致。

《外商投资法》同样坚持中国特色和国际规则相衔接。该法特别突出了对外商投资的促进与保护,同时注意与国际通行的经贸规则、营商环境相衔接,努力构建既符合我国基本国情和实际,又顺应国际通行规则、惯常做法的外商投资法律制度。

第三,逐步给外资以国民待遇。随着我国经济的发展与法制的日益完善,我国对外资的待遇制度也日趋改善。改革开放之初,由于中外经济体制的差异,我国对外资实行内外有别的差别待遇,但同时也对外商投资企业提供了优惠待遇,特别是税收优惠待遇。我国加入 WTO 后,由于这种优惠待遇不利于内资企业与外商投资企业平等竞争,因此 2007 年我国实行内外企业所得税法并轨,对外商投资企业实行全面的准入后国民待遇。2013 年以后,我国进一步深化外商投资管理体制改革,扩大开放力度,对外资准入开始实行负面清单管理模式,除外国投资准入特别管理措施外,外资在准入阶段也基本享受国民待遇。这种待遇制度接近发达市场经济国家关于外资的待遇水平。根据《外商投资法》,外商投资除实行准入前国民待遇加负面清单管理制度外，还享受准入后国民待遇，国家对内资和外资的监督管理，适用相同的法律制度和规则，努力打造内外资公平竞争的市场环境。

第二节　外资准入管理制度

外国投资者向一国投资时，首先遇到的问题是，该国允许接受什么样的投资，可以向哪些部门投资，这些投资应符合什么条件，各国外资法一般对此作了明确规定。

一、外资的定义和资本构成

一般来说，外国资本是指从境外输入的任何形式的资本，但不同的国家对什么是外资有不同的规定。大多数国家外资立法中所规定的外资，是指具有外国国籍的自然人、法人或非法人实体所进行的投资；有的国家将本国内其他法域或地区的自然人或法人所进行的投资也看作外国投资，如我国港澳台同胞在内地（大陆）的投资就被看作外资；还有的国家把由外国资本控制的内国投资者所进行的投资看作外国投资，例如，墨西哥1993年的外资法对外资的定义既包括外国投资者投入墨西哥公司中的资本，也包括由外资占多数股权的墨西哥公司所作的投资。[14]

我国以前的外商投资企业法对外资的认定，是以投资者的国籍身份为依据的。新的《外商投资法》仍然沿用这一标准，即外商投资是指外国的自然人、企业或者其他组织直接或者间接在中国境内进行的投资活动。香港特别行政区、澳门特别行政区、台湾地区投资者在内地（大陆）投资，除另有规定外，参照《外商投资法》执行。

至于何谓投资，各国外资法很少对其加以定义。我国新《外商投资法》也没有对投资予以定义，只是列举了几种投资活动，包括在中国境内设立企业，取得中国境内企业的股份、股权、财产份额或者其他类似权益，在中国境内新建项目等。从其列举的几种投资方式看，该法所指的投资主要是直接投资。

外国投资的资本构成，又称出资方式，一般包括外币现金，机器、设备、原材料等实物，专利权、商标权等工业产权和其他权利等，既包括有形资产，也包括无形资产。例如，1974年《智利外国投资法》规定投资资本的形式包括：(1)可自由兑换的有价证券或本国通货；(2)固定资产；(3)动物、矿物、植物等物品；(4)各种形式的易于资本化的技术；(5)各种形式的劳务。下面对资本构成形式的主要法律问题作一简要分析。[15]

(一)现金

现金是外国投资最常见的资本形式之一，是外国投资不可缺少的重要部分。外国投

---

〔14〕 Mexico, *Foreign Investment Act of 1993*, 33 I. L. M. 207(1994).

〔15〕 姚梅镇：《比较外资法》，武汉大学出版社1993年版，第325～335页。

资者要在东道国投资设厂,必然需要一定数额的现金,用以支付建厂的开支和生产的费用。同时,许多发展中国家本身资金贫乏,利用外资当然希望有一定数额的现金投入。至于现金在整个投资中所占比例,则须视具体情况确定。一般来说,外国投资者往往希望少以现金出资,多以其他形式出资,而东道国则可能希望外国投资者扩大现金出资额。

外资现金可以是投资者从国外转移投入的可自由兑换的外汇或外币,也可以是可自由兑换的有价证券,还可以是投资者可以汇出国外的投资利润。

外资现金出资通常涉及不同货币兑换率的确定问题,有的国家外资法对此作了规定,例如,我国法律规定,外国投资者用以投资的外币,按其交款之日我国的外汇牌价折算成人民币或约定的外币。

(二)有形资产

各国外资法一般都允许以有形资产投资。有形资产的范围很广,如机器设备、原材料、零部件、建筑物、厂房等。有形资产作为出资通常涉及作为出资的条件、所有权、作价等问题。

1. 有形资产作为出资的条件

有些国家外资法对以有形资产出资的条件加以限定,以防止外国投资者借此向东道国抛售旧商品,搭卖投资项目所不必要的商品或东道国能够生产的商品,或作价过高,损害东道国的利益。例如,1974年《埃及外资法》规定,作为投资的实物必须是出于实际需要、是新的且具有现代技术发展水平。1980年《苏丹投资鼓励法》也有类似的规定。

我国以前的《中外合资经营企业法实施条例》规定,外国合营者作为出资的机器设备的物料,应当是合营企业生产所必需的,同时,作价不得高于同类机器设备或其他物料当时的国际市场价格。外国投资者用于投资的设备必须是确实适合我国需要的先进设备,如果有意以落后设备进行欺骗,造成损失的,应赔偿损失。

2. 有形资产作为出资的权利担保

出资的权利担保是指投资者对其用以出资的有形资产须享有合法的权利,没有侵犯任何第三者的权利,任何第三者都不会就作为投资者出资的有形资产向企业主张任何权利。投资者作为出资的权利担保主要包括三个方面的内容:第一,投资者保证对其作为出资的有形资产享有所有权;第二,投资者保证其作为出资的有形资产不存在任何担保物权,如抵押权、留置权等;第三,投资者保证作为出资的有形资产没有侵犯他人的权利,如商标权、专利权等。我国法律以前对此也有特别规定。

3. 有形资产作为出资的作价

外国投资者以有形资产出资时,作价问题十分重要,因为其作价不但涉及有关有形资产的价格,而且还要作为股权,计算在注册资本的比例之中,在整个企业存续期限之内,按这一比例分配管理和控制企业的权利,分享利润和分担亏损。正因如此,有些国家外资立法对此都作出了明确规定,其中,主要是关于由谁来确定有形资产的价格,以及怎样确定有形资产的价格的规定。

各国外资法主要规定了三方面内容:第一,在估价的主体方面,有政府机关(如菲律宾投资局、智利的外国投资委员会)、有专家(如波兰原外资法的规定)或由合营双方确定

(如中国、古巴的规定);第二,在计价货币方面,大致有三种:东道国货币、可自由兑换货币或商定的货币;第三,在计价标准上,大致有:国际市场价格(如韩国)、双方同意的估价基础的价格(如古巴)等。

(三)工业产权和专有技术

工业产权是专利权(包括发明专利、实用新型专利、外观设计专利等)与商标权(包括商品商标、服务商标等)的统称。专有技术(know - how),又称技术诀窍或技术秘密,是一种可以转让和传授的、公众所不知道并且不取得专利权的技术知识,其内容主要包括制造工艺、材料配方,以及经营管理秘诀等。资本输入国之所以要吸引外国私人投资,允许其在东道国投资设厂,其中的重要原因之一就在于吸收伴随资金而来的工业产权和专有技术。

各发展中国家为了更好地吸收包含在外国投资中的工业产权和专有技术,往往在其外资法中规定了一些条件,而且,这些条件往往和东道国设立外商投资企业的目的相一致。例如,我国以前的《中外合资经营企业法》规定,外国合营者作为投资的技术必须确实是适合我国需要的先进技术。此外,考虑到技术资本化可能产生的副作用,有的国家对技术出资的比例也作了限制。同样,外国投资者对其作为出资的工业产权和专有技术必须享有完整的所有权。

多数国家的外资立法将有形资产和工业产权与专有技术的作价放在一起规定,主要涉及作价的主体、作价的货币和作价的标准,而且二者是一致的。我国以前的《中外合资经营企业法实施条例》规定,合营各方以建筑物、厂房、机器设备或其他物料、工业产权、专有技术作为出资的,其作价由合营各方按照公平合理的原则协商确定,或者聘请合营各方同意的第三者评定。外国合营者作为出资的机器设备或者其他物料、工业产权或者专有技术,应报审批机构批准。

以上是对于外国投资者常采用的三种出资方式所涉及的主要问题所做的分析。其实出资方式远不止上述三种。各国之间所签订的双边投资促进和保护协定以及各国的外资立法还规定了其他的出资方式。常见于双边投资保护条约中的出资方式还有:动产和不动产的所有权以及其他物权,如抵押权、留置权、质权、用益权等;用于创造经济价值的金钱请求权或是有经济价值的行为请求权;版权、工艺流程、商标和商誉;特许权,包括勘探、开采和提炼的特许权。此外,根据有关国家的外资立法,债券、证券(《阿根廷外国投资法》)和劳务(《智利外国投资法》)也可以作为出资形式。

必须注意的是,无论以何种形式出资,都必须按期缴资。出资额的缴付十分重要,这有别于贸易。在贸易中,交货时间延迟只影响一次买卖,而作为出资,其交付时间延迟,会使合营企业难以如期实现投资目标,延长企业投资前的建设期,会降低企业的经济效率并使他方投资者的利益蒙受损失。因此,外商投资企业的合同中,应明确规定出资额的缴付期限以及在规定的期限内不缴清或不缴付的责任。

二、投资范围与投资比例

各国外资法及其他相关法律一般都明确规定外国投资范围,并以出资比例的规定来明确外国投资的参与程度。外国投资者必须在这些限定的条件和范围内进行投资。

(一)外国投资范围

外国投资的范围是指允许外国投资的行业部门。资本输入国为了确保外国投资有利于东道国的经济发展,必须对外国投资的范围加以规定。一方面,将关系国家安全和重大利益的、关系国计民生的行业和部门,保留在政府和本国国民手中;另一方面,将外资引导到本国亟待发展的行业和部门,使外国投资与本国的经济发展目标保持一致。因此,世界各国法律都有关于投资范围的规定,即规定禁止、限制、允许或鼓励外国投资的部门。

由于各国的国情不同,各国外资法中关于投资范围的规定也不尽相同。有的国家明确规定了不对外国投资者开放的行业,有的国家则规定允许和鼓励外国投资的行业,有的国家仅作原则性规定,有的国家则具体列举有关行业。而且发达国家与发展中国家的规定也有很大差别,发达国家一般禁止或限制的行业少,发展中国家不开放的部门较多。

我国对于外商投资方向的规定,以前散见于有关的外商投资企业法中,缺乏明确性和系统性。这种做法已不能适应我国利用外资的实际需要。为了指导外商投资方向,使外商投资方向与我国国民经济和社会发展规划相适应,并有利于保护投资者的合法权益,根据国家有关外商投资的法律规定和产业政策要求,原国家计划委员会、原国家经济贸易委员会、原对外贸易经济合作部于1995年6月20日发布了《指导外商投资方向暂行规定》和《外商投资产业指导目录》。中国加入WTO后,国务院于2002年2月发布了《指导外商投资方向规定》,有关部委随后发布了《外商投资产业目录》。根据《指导外商投资方向规定》,外商投资项目分为鼓励类、允许类、限制类和禁止类四类。鼓励类、限制类和禁止类的外商投资项目,列入《外商投资产业指导目录》,不属于上述三类的,为允许类外商投资项目,允许类外商投资项目不列入《外商投资产业指导目录》。中国对外资准入实行负面清单管理制度后,最新发布的是2021年《外商投资准入特别管理措施》(负面清单)。负面清单规定禁止投资的领域,外国投资者不得投资。负面清单规定限制投资的领域,外国投资者进行投资应当符合负面清单规定的股权要求、高级管理人员要求等限制性准入特别管理措施。

1. 禁止外资进入的行业

无论是发达国家还是发展中国家,都有些部门不对外开放。这些部门通常是关系国家安全,或影响人民日常生活,从而涉及公共利益的关键部门。

从发展中国家来看,一般来说,战略性或极其重要的、支配国家经济命脉的公用事业、认为国内能力或国内生产已经充足的部门,以及可通过中小企业或可在“极小或家庭部门”进行的行业,是保留给本国投资的。[16] 这一般包括下列部门:公用事业、航空、内陆运输、电讯、国际与武器弹药、批发、小宗贸易和零售、印刷、无线电、电视、商业银行、原子能、石油、保险和投资银行、进出口等。当然,这并不是说每个发展中国家都禁止在这些部门中的外国投资,一般只是根据本国情况决定某几种或某些部门不对外开放。如印度尼西

〔16〕 联合国跨国公司中心编:《跨国公司在世界发展事业中的作用》(第三次调查),联合国1983年版,第67~68页。

亚外资法规定，对于国防有重要意义的领域，特别是武器、弹药、炸药以及军用器材的生产，完全禁止外国资本进入。泰国禁止外资向政府专营的武器、烟草、铁道、港口、国内民航等部门投资，巴西禁止外资在航空、沿海航运、新闻、电力渔业等部门投资。

相对而言，发达国家禁止外国投资的范围较小，主要包括公用事业、交通、矿业、银行、国防、原子能等，但各国的规定也不尽相同。有的国家规定，除非基于国际协定或国家间互惠待遇，外国人或外控企业不得进入某些行业，如法国的出版业、铁路运输业、汽车出租业等，挪威、瑞典和瑞士的国际空运，加拿大的银行等行业，就是这种情况。

我国《指导外商投资方向规定》第7条规定，属于下列情形之一的，列为禁止类外商投资项目：(1)危害国家安全或者损害社会公共利益的；(2)对环境造成污染损害，破坏自然资源或者损害人体健康的；(3)占用大量耕地，不利于保护、开发土地资源的；(4)危害军事设施安全和使用效能的；(5)运用我国特有工艺或者技术生产产品的；(6)法律、行政法规规定的其他情形。《外商投资准入特别管理措施》列举了禁止外商投资的产业。

2. 限制外国投资的部门

限制外国投资的部门，主要是指限制外资在某些部门中的股权比例(占少数股权)，有时还涉及对董事会成员的国籍和住所地的限制。有些国家还有针对不同部门的、特别适用于或针对外国投资者的标准、机构设立或管制性审批方面的要求。

发达国家在某些部门，特别是在服务部门，对外国投资存在不同形式的限制。这些部门包括银行、保险、通讯、国家运输、农业、自然资源开发等。据统计，所有的经济合作与发展组织成员国对在特定领域中的新投资，以及对空运和海运的投资都有限制。[17] 有9个国家(澳大利亚、加拿大、芬兰、希腊、日本、葡萄牙、西班牙、瑞典和美国)对采矿或自然资源开发予以限制；有17个国家(澳大利亚、奥地利、加拿大、芬兰、法国、德国、希腊、意大利、荷兰、新西兰、挪威、西班牙、瑞典、瑞士、土耳其、英国和美国等)限制外控企业从事银行或金融服务；另有8个国家对无线电和电视广播或出版部门的投资予以限制；有7个国家对在农业或渔业的投资加以限制；还有11个国家限制对与国防有关的工业部门的投资。

发展中国家一般对那些十分重要的行业部门，或在本国已有一定发展基础，需要重点保护的行业的外国投资予以限制。例如，印度尼西亚外资法规定，凡对国家至关重要的事业、企业并关系多数国民的生命者，如港湾、公用发配电、通讯、海空运输、公用铁路等，不允许外资全面控制。泰国对农业、畜牧业、林业的加工行业的投资也有限制。凡属限制外国投资的部门，外资一般只占少数股权，而且须经严格审查。不过，近些年来发展中国家已逐步放宽了某些行业对外资的限制。

我国《指导外商投资方向规定》第6条规定，属于下列情形之一的，列为限制类外商投资项目：(1)技术水平落后的；(2)不利于节约资源和改善生态环境的；(3)从事国家规定实行保护性开采的特定矿种勘探、开采的；(4)属于国家逐步开放的产业的；(5)法律、行政法规规定的其他情形。2021年的《外商投资准入特别管理措施》统一列出了股权要求、

---

〔17〕 联合国跨国公司中心编：《跨国公司在世界发展事业中的作用》(第三次调查)，联合国1983年版，第88页。

高管要求等外商投资准入方面的特别管理措施。

3. 允许或鼓励外国投资的部门

许多国家外资法明确规定了允许和鼓励外国投资的部门,即确定外国投资的重点领域,引导外资流向有利于本国经济发展的行业。

从发展中国家的实践来看,其做法主要有两种:一是确定重点或目标,划定一个大致的范围,而不具体列举行业,凡符合法定重点或目标的,均属允许或鼓励的行业。发展中国家引进外资的主要目标有:为超出国内能力的大规模复杂项目吸引资金,引进先进技术、替代进口、增加出口创汇,增加就业机会和培训国民等,符合这些目标的均可投资。二是根据本国经济发展目标,明确规定允许和鼓励外国投资的部门。这些部门主要是新兴产业部门、面向出口和进口替代的工业等。如泰国允许在冶炼、食品、机械、石油化工、皮革、汽车等行业投资。新加坡则鼓励外资向炼油、钻油设备、电子电器、飞机工业、造船工业等新兴工业或先驱工业投入。有些国家根据其经济发展,逐年公布一份优先投资项目的清单。

在发达国家中,有些国家政府几乎根本不指明重点投资领域,或在把投资引向特定领域方面不进行任何干预,而允许市场力量有较大的自由来决定投资的性质与程度,如美国、英国、荷兰、瑞典、德国等。另外,有些国家政府在指导和管制外国投资方面起积极作用。例如,日本政府就对工业增长作长远规划,注意有系统地削减被认定是“衰落”的工业部门的生产能力,把长远规划和支持集中在新兴的或在将来会具有较高增长和竞争潜力的领域。法国的工业政策重视把工业发展引到高级技术部门,支持发展诸如微电子产品、生物部门和宇航等尖端技术领域。其他如奥地利、葡萄牙、希腊、新西兰、西班牙等都列有优先发展的行业。

我国《指导外商投资方向规定》将属于下列情形之一的,列为鼓励类外商投资项目:(1)属于农业新技术、农业综合开发和能源、交通、重要原材料工业的;(2)属于高新技术、先进适用技术,能够改进产品性能,提高企业技术经济效益或者生产国内生产能力不足的新设备、新材料的;(3)适应市场需求,能够提高产品档次,开拓新兴市场或者增加产品国际竞争能力的;(4)属于新技术、新设备,能够节约能源和原材料、综合利用资源和再生资源以及防治环境污染的;(5)能够发挥中西部地区的人力和资源优势,并符合国家产业政策的;(6)法律、行政法规规定的其他情形。鼓励类外商投资项目,除依法享受优惠待遇外,从事投资额大且回收期长的能源、交通、城市基础设施建设并经营的,经批准可以扩大与其相关的经营项目。此外,产品全部直接出口的允许类外商投资项目,视为鼓励类外商投资项目;产品出口销售额占其产品销售总额70%以上的限制类外商投资项目,经批准可以视为允许类外商投资项目。

必须指出,对外资投向的部门予以限制对外资而言是一种差别待遇,但这种差别待遇是合理合法的,因为根据国家主权原则,国家有权决定外资进入及从事经营活动的条件。不过,从发展趋势看,各国对外资准入的限制会越来越宽。特别是世界贸易组织体制下《服务贸易总协定》的达成,通过要求服务业市场准入逐步自由化,加速了放宽外国投资范围及外资准入限制的进程。

（二）外国投资比例

从微观上说，外国投资者与东道国当地合资者之间的投资比例只涉及合营企业利益的分享及管理权的分配。合营各方选择什么样的比例进行合作，均有各自的考虑。外国投资者选择多数股权者地位有种种原因，如取得企业控制权、协调跨国经营的需要、协调跨国销售的需要、保护技术的需要、转移定价的需要、筹资的需要等，而选择少数股权者地位的原因也很多，如减少投资风险、节省资金人员、取得当地企业的“认同”等。这种比例应该由合营企业各方协商之后自由地在合营合同中加以规定。但是，这种自由只能在法定的范围内行使，法定的范围就是由东道国有关外资立法所规定的投资比例。

从宏观上讲，东道国在其外国投资立法中对于外国投资的比例加以规定，实质上体现了东道国对其境内的外国投资的投资方向的控制。这种控制并不是在某一行业完全排除外国人，而是在外商投资企业中增加当地资本的参加。这种方式被广泛使用于资本输入国，因为这有助于促使外商投资企业融入东道国的经济体制，并且有助于开发当地的资本技术。这一方法也为许多发达国家所采用，它们要求某些重要行业将外国资本控股限制在一定的比例之内。一般来说，对于东道国越重要的行业，要求本国国民和公司控股比例越高。

1. 关于投资比例的几种规定

对于投资比例，各国立法规定不一，大体有两类：

（1）在外资法中规定一个适用于国内一般行业的比例。这类规定还可以作如下几种细分：第一，有上限而无下限。以前许多发展中国家乐于采取合营企业的形式，而且规定外资比例一般不得超过49%，如东欧社会主义国家外资法多采用49∶51的比例。有的国家甚至规定得更低，如1973年的《印度外汇管制法》规定，在允许外国资本投资的领域，外资股份一般不超过40%。也有的国家规定的外资比例高于49%。第二，有下限而无上限。如我国以前的法律规定，外国投资者在企业中的投资比例一般不低于25%，法律未规定外资的上限，那些采用先进技术的企业和产品出口企业，外资可占100%。我国的这一灵活规定，有利于有效地利用外资，若外资所占比例太少，不足以达到利用外资的目的。第三，有上限和下限，可以在此幅度内自由选择。如土耳其外资立法规定，外国投资的比例可以在10%～49%范围内选择。采取这种固定比例限制做法的，主要是发展中国家，所适用的是一般允许外国投资的行业和部门。

（2）对不同的行业适用不同的比例。一般来说，对于东道国越重要的行业，对外资控股的比例限制越低，凡属东道国限制外国投资的行业，外资比例一般只占少数；凡属东道国鼓励的行业，外资比例就高，甚至可占100%。例如，在澳大利亚，外国人单独或联合持有澳大利亚银行股份不得超过10%；外资在无线电和电视转播业中不得超过20%，在农牧渔林业则不能超过50%。美国、日本、加拿大等均对不同限制投资的行业有不同的外资比例限制。发展中国家中也有许多国家采取此种做法。例如，1993年的《墨西哥外资法》规定，在国内航空运输中，外资不得超过25%；在控制金融集团的公司中，外资不得超过30%；在保险机构、财务公司等公司或行业中，外资比例不得超过49%。

若外资在指定为“重点”“先驱”或“要促进的”行业中投资，外资比例可占多数，或高达

100%,许多发展中国家均有此规定。例如,菲律宾允许外资在开创性行业拥有100%的股权;许多国家允许外资在面向出口的企业中占有全部股权。我国以前的外资法允许外商独资设立先进技术型和产品出口型企业。

2. 当地化

20世纪70年代,一些拉丁美洲国家的国内外资立法和安第斯共同外资法按本国投资者控股比例不同将企业分为三种:本国企业,是指本国投资者控股80%以上的企业;混合企业,是指本国投资者控股在51%~80%的企业;外国企业,是指本国投资者控股51%以下的企业。当地化,是指外国企业中的外国投资者必须按投资时与东道国达成的协定,按协议一致的期限和条件,逐步将其股份售给东道国(国有企业或私营企业),直到外国投资者的资本比例减少而转变为本国企业或混合企业。当地化起源于拉丁美洲。在拉丁美洲国家中,玻利维亚、秘鲁和委内瑞拉三国有关当地化的国内立法很有特色,现以玻利维亚为例作一说明。[18]

根据玻利维亚外资立法,只有国内企业、混合企业和正在转化为国内企业和混合企业的外国企业所制造的产品才能享有卡塔赫纳(cartagena)协议之下的项目优惠。根据这一免税方案,在1971年6月30日以前所建立的外国企业应邀与指定的政府机关签订合同,承担逐步转让股份的义务,在此之后建立的外国企业则应在开业时与玻利维亚中央银行签订这类合同。

这类转让股份的合同主要规定两项事项:第一,股份的估价方法;第二,转让股份的安排。转让股份的期限一般不得超过20年,其中生产开始3年之后至少转让股份的5%,达到协议期限1/3之后,应至少转让股份的10%,达到协议期限2/3之后,应至少转让股份的35%。在协议期限之内,外国投资者不能购买国内企业国内投资者所拥有的股份,除非该国内企业是一家正在倒闭的企业。

当地化源于拉丁美洲,影响却扩及拉丁美洲之外。一些非洲国家,如埃塞俄比亚、加纳、肯尼亚、坦桑尼亚、乌干达、扎伊尔、赞比亚等国的外国投资立法,也都作出了类似的规定,实行"非洲化"。东南亚各国也深受当地化的影响,要求当地化的规定出现在东南亚各国有关外资立法之中,如菲律宾。[19]

根据菲律宾有关外国投资的立法,优先领域中的初创项目之中,外国投资的比例可以高达100%,但是,外资比例必须在30年内逐步减少,使菲律宾国民的投资比例达到60%。如果其产品有70%以上可供出口,那么,这一逐步转让期可以延长到40年,情况特殊者可以延长到50年。属于初创项目的行业有粗钢、石棉、铸造用焦炭、聚丙烯、重型车辆轴承、车床传动带的生产。适用当地化规则的还有一些非初创项目,如胶合板、椰油、铜矿石、汽车发动机、水表生产和旅游业。

值得注意的是,20世纪80年代以来,大多数发展中国家在执行其国内股权政策时表现了越来越大的灵活性,逐步放宽限制。许多国家已经取消了外资只能占49%股份的限制。

---

〔18〕 姚梅镇:《比较外资法》,武汉大学出版社1993年版,第343页。UNCTC, *National Legislation and Regulations Relating to Transnational Corporations*, Vol.4, p.124.

〔19〕 [澳]托马斯·艾伦:《东南亚国家联盟》,郭彤译,新华出版社1981年版,第198页以下。

在采取当地化措施中,也准许有一个合理的时期、合理的步骤,并在股权削减过程结束时,外国股权有一个合理的最低水平,足以让外国投资者在企业管理方面继续发挥有效的作用。有的国家还通过扩大企业资本基础等方法实现外资股权削减,而不单纯通过投资者撤出投资来实现股权削减。但对于某些重要产业领域,有的国家仍然要求外资逐步退出。例如,2009 年新《印度尼西亚矿业法》就规定外国投资者有退出投资的义务。根据该法和印度尼西亚政府 2012 年的规定,经营煤矿、金属矿产的外国拥有的矿业公司,必须逐步地将其持股出售给印度尼西亚的实体或个人,包括印度尼西亚的中央政府、地方政府、国有企业或者国内投资者。外国公司必须在开始生产的 6 年内退出投资的 20%,第 7 年退出投资的 30%,第 8 年退出投资的 37%,第 9 年退出投资的 44%,第 10 年退出投资的 51%,即在 10 年内将其最高允许持股限额减至 49%。[20]

还须看到,外资对当地子公司的有效控制不单依靠股权,更重要的是,依靠对技术、商标、销售、基本投入物的供应等的控制。因此,发展中国家日益重视既采取措施加强本国经营、管理与技术能力,又着重对这些企业通过法律和规章进行全面的管理,而不是仅仅强调通过股权要求取得企业一级的控制权。

三、外资准入的一般审查制度

(一)审批的目的与作用

外国投资的审查与批准,是指资本输入国政府依据一定的程序、标准,对进入本国的外国投资进行鉴定、甄别、评价,并决定是否给予许可的一种制度。审批制度是资本输入国管理外国投资进入的重要手段,为发展中国家和部分发达国家所普遍采用。

实行审批制度,总的来说,其目的是使国家能有计划、有选择、有重点地利用外资,充分发挥外资的经济效益,并使其与国家的经济发展总体目标保持一致,促进本国经济健康地发展。具体来说,对外资实行审批的作用,主要有如下几点:(1)保证外国投资符合法律规定的要求,适合国民经济发展的需要,与本国的经济计划、优先发展目标相一致。(2)禁止或限制外资进入某些工业部门,将涉及国家安全、国计民生或国民经济关键的部门保留给本国政府或本国国民,避免由外资控制这些关键行业和部门。(3)使外国投资有利于东道国的国际收支平衡。外资的进入,其产品的出口、收益的汇出,会影响东道国的国际收支。为使外资有利于国际收支,就必须让外国投资带进先进技术,增加出口创汇,这就必须对外资能否符合标准予以审查。(4)避免外国投资过分集中于少数经济部门,造成经济畸形发展。外资为了逐利,会竞相投资于有利可图的领域,从而造成国家产业结构失调及整个经济发展不平衡。实行审批制可预先防止和避免这种现象的发生。

可见,审批制对于规范、控制与管理外国投资具有积极的作用。当然,审批制对外国投资入境必然会有所限制。因此有人把审批制看作外国投资的障碍之一,认为由于审批机构重叠、手续烦琐、行政效率低以及在审批过程中出现的主观武断甚至严重的官僚主义,不利于吸引外国投资。有的甚至横加指责说,实行审批往往是出于极端民族主义的态度、单纯

---

〔20〕 UNCTAD & OECD, *Tenth Report on G20 Investment Measures*, 18 December 2013, p. 36.

为了保护国内经济效益不高的企业。这些看法都是片面的。在审批过程中难免会出现这样或那样的缺点和不足,这是可以避免和逐步加以完善的,不能因为执行中有些缺点就否认审批制的必要性。后一种观点则纯粹是从外国投资者的立场和利益出发的,没有考虑到资本输入国的利益。诚然,实行审批制是对外资入境予以某些限制,但这种限制是正常的、合理的,是一国主权的行使,其合法性是无可非议的,况且,投资审批制本身一般并不会影响该国的投资环境。当然,简化审批手续,提高办事效率,防止官僚主义,健全审批制度,无疑是十分必要的。审批程序过于烦琐,尺度过于苛严,则可能带来消极不利的后果,影响外国投资。近二十年来,各国外资法中关于外资审批制都呈现一种逐步放宽的趋势。

(二)审批机构

负责受理外国投资的审查与批准的政府机构称为审批机构。综观各国外资法,关于审批机构的设置一般有如下几种情况:

1. 设立专门的中央机构

许多国家设有审查和管理外资的专门机构,如澳大利亚的外国投资审查委员会、加拿大的外资局等。这种中央审批机构,有的是由专职人员负责,有的是由政府各有关部门的部长组成(如外国投资委员会),在审查和管理外国投资上有广泛的权限。

中央审批机构一般负责接受外国直接投资的申请,但审查程序可能涉及其他政府部门和机构,特别的投资项目再提交给由各部和各机构的代表组成的委员会。在某些国家中,审查机构有相当的自主权,它配有各种专业班子,以便审查各项投资的各个方面,并作出是否批准的决定。如菲律宾的投资局就既负责各项审查工作,又决定是否予以批准。在另一些国家,中央审批机构主要起协调作用或最终决定作用,主要的评审工作是由政府的有关专门部门或机构进行的。智利、印度、墨西哥等国属于这种情况。[21] 智利外资法规定,外国投资委员会是代表智利国家决定本国已建企业或拟建企业接受外资的唯一审批机关,其成员由有关部的部长组成,下设常务秘书处,附属于经济开发复兴部,该秘书处的职责之一是接收、审查有关外国投资的申请及其他提交委员会的审核事项,并提出报告,然后经委员会决定批准。[22]

2. 由现存的有关政府部门行使审批职能

有些国家不设立独立的审查机构,审查和评估外国投资申请的工作是由有关政府部门负责的。通常可能主管外资审批的部门有:经济部、财政部、外贸部、对外经济关系部、经济计划委员会、中央银行或储备银行等。

3. 中央与地方的复合或分级审批机构

有些国家实行复合审批制。如联邦制国家在联邦政府和各州或省政府之间有一定权力划分,有些单一制国家中央和地方有适当的权限划分,在联邦和州或在中央和地方都设有审批机构,按各自的权限和程序审批。例如,依据巴西外资法规定,只有要求取得投资奖

---

〔21〕 UNCTC, *National Legislation and Regulations Relating to Transnational Corporations*, 1983, Sales No. E. 83. Ⅱ. A. 7. p. 10.

〔22〕 1974 年《智利外国投资法》,载姚梅镇等编写:《国际投资法教学参考资料选编》(上册),武汉大学出版社 1987 年版,第 89 页。

励的投资才须经审批。申请取得工业奖励的,须经巴西工业发展委员会批准;申请取得地区奖励的,则须经相应的地方机构批准。根据我国以前的法律规定,外资审批机构是国务院对外经济贸易主管部门或者国务院授权的机关,实行分级审批制,凡投资总额在国务院规定的限度内,建设和生产经营条件以及外汇收支不需要国家综合平衡的,由国务院授权省、自治区、直辖市人民政府审批,其余的则由中央审批机构审批。

无论各国对审批机构怎样设置,都要注意使审批机构具有权威性和高效率,既便于外国投资者确切了解和执行,又能协调各有关部门之间的各种关系和意见,从全局出发,有计划、有选择、有重点地审批外国投资。审批机构应由精干的班子组成,防止机构重叠,尽量减少审批环节,提高办事效率,否则,外国投资者见而生畏,不利于吸引外资。自20世纪80年代以来,各国新的外资法都更加注重外资审批制度的规范化和效率,审批机构的建制、权限和工作方法也有若干改革,实行一次性审批,进入一个审批中心,就能全部解决有关审批问题。

(三)审批范围

审批程序的建立,并不一定意味着所有外国投资都需要审批。从发展中国家看,有些国家规定,所有的外国投资都需要逐一进行强制性审批和登记。但也有一些国家规定,只有申请取得优惠待遇的外国投资项目才需要经过政府批准,如巴西、新加坡等国采取此种做法。另一些国家规定,外国投资超过一定数额或一定出资比例的项目才需要审批。如菲律宾有关法律规定,需经投资局审批的投资项目为:(1)所有外资比例占30%以上的新投资;(2)在已有的外资比例占30%以上的企业所作的扩大和增加投资。阿根廷外资法则规定限额以下无须批准,限额以上则需经审批。[23]

发达国家中,有些国家规定所有新的外国投资都要经过事先审批,如奥地利、希腊、葡萄牙等,有的甚至规定对原有的外国控制的企业的直接投资,也须经事先审批。有的国家以外国投资者的身份或资金来源地决定是否审批,如法国和加拿大。法国1980年修改了审批程序,区别对待来自欧共体国家的投资和来自非欧共体国家的投资,前者一般只需预先申报,后者则要求事先批准,但两者都有例外。还有的国家以一定的投资额度、投资的行业等作为是否须经审批的条件。如加拿大1985年外资法规定,凡非加拿大人直接取得资产在500万加元以下的加拿大企业控制权的,或间接取得资产在5000万加元以下的加拿大企业控制权的,这种外国投资只需申报,无须批准,超过此数额的,则非经审批不能生效。在澳大利亚,凡在特别限制的行业中新的投资,在新企业中500万澳元以上的投资等,均须经外资审查局审查。

我国以前对外国投资采取逐项审查的做法,无论是新设企业还是收购与兼并,无论投资额大小、投向哪个行业,均须经政府审批机构审查批准,并根据投资总额的多少,限额以下的由地方或其他授权机关审批,限额以上的由商务部审批。2013年我国建立了上海自由贸易试验区,并在试验区里探索建立负面清单管理模式。所谓负面清单管理模式,是在投资范围和领域方面,只列明禁止或限制外资进入的产业目录清单,凡清单未列入的领域均

---

〔23〕 UNCTC, *National Legislation and Regulations Relating to Transnational Corporations*, 1983, Vol. Ⅱ.

对外资开放。与之相适应,我国现行的外资逐项审批制也予以改革,实行审批与备案相结合,凡列入负面清单的领域仍实行审批制,而未列入负面清单的,则实行备案制。这一做法可为我国外资管理体制改革积累经验。2019 年的《外商投资法》则正式明确规定:国家对外商投资实行准入前国民待遇加负面清单管理制度。

(四)审批标准

根据各国外资法的规定,审批标准大体可分为两种:积极标准和消极标准。

积极标准是指审批机构鉴定外资积极作用的标准。外国投资若满足积极标准之一项或几项,就可能获得批准。一般来说,衡量外国投资是否具有积极作用,要看它是否符合本国经济发展目标。各国的社会经济发展目标不同,其评价外资项目的标准也不尽相同,一般要考虑以下几种情况:(1)对国际收支的影响;(2)所产生的就业机会;(3)先进技术的引进;(4)对当地市场的影响;(5)对经济不发达地区发展的贡献;(6)出口多样化、促进出口和进口替代;(7)对当地雇员培训计划的影响;(8)本地物资和零部件的利用;(9)产品价格水平和质量的影响;(10)所投入的经济部门的资本构成状况;等等。

许多国家外资法规定了可予批准的标准,如墨西哥 1973 年的外资法就规定了一个很长的积极标准清单,达 17 条之多。加拿大外资法是以外国投资对加拿大是否具有"净利益"(net benefit)作为审批标准的,而评价是否具有"净利益"则要考虑以下 6 个因素:(1)投资对加拿大经济活动水平和性质的影响,包括对就业、资源开发、加拿大生产的零部件及提供的服务的利用、出口的影响;(2)加拿大人参与被并购产业中商业的程度与重要性;(3)投资对加拿大的生产率、产业效率、技术开发、产品更新与产品多样化的影响;(4)投资对加拿大产业内竞争的影响;(5)投资与国家的产业、经济与文化政策的相容性;(6)投资对加拿大国际竞争力的贡献。[24]

我国加入 WTO 前的《中外合资经营企业法实施条例》也曾规定,合营企业应符合采用先进技术设备和科学管理方法、促进技术改造、扩大产品出口、增加外汇收入等要求,中国加入 WTO 后,对此条作了修改,仅原则性地规定,设立合营企业,应当能够促进中国经济的发展和科学技术水平的提高,有利于社会主义现代化建设。这一规定现已废止。

消极标准是指不予批准外国投资的条件。例如,我国法律规定,合营企业有下列情形之一的,不予批准:(1)有损中国主权的;(2)违反中国法律的;(3)不符合中国国民经济发展要求的;(4)造成环境污染的;(5)签订的合营协议、合同、章程显失公平,损害合营一方权益的。

有些国家外资法把积极标准和消极标准结合起来,综合考察外国投资的各种因素,以决定是否予以批准。

(五)审批程序

1. 初步申请或立项

立项是指将外商投资项目向东道国政府机关呈报并予以说明的程序。立项或初步申

---

〔24〕 *Investment Canada Act*, R. S. C,1985,C. 28(1st Supp),Act current to 2013 – 09 – 16 and last amended on 2013 – 06 – 26.

请所需要的文件一般包括意向书或申请书、项目说明或经营计划书、可行性研究报告等。初步申请或立项的效力视不同国家而异,有的只是意向性的,没有法律意义。有的则被法律规定为正式申请的先决条件。

关于初步申请或立项的要求,是为了使拟投资的项目符合国家的经济发展计划,具有较好的经济效益和技术优势。如果项目可行,就可继续进行其他准备工作,如果不具有可行性,就不予批准,避免在此项目上花费人力和物力。因此,这一程序具有初步审查的性质。

初步申请或立项的程序只是在审批程序较为严格的国家实行,许多实行有条件的审批的国家,外资项目的申请审批是一次性的,而无须审批的外资只要申报或备案就可以了。申报是投资者向主管外资的机构依法呈送各种文件、数据、信息,以备其研究、监督和管理的一种程序,一经申报,无须批准,经一定期限后自动有效,但申报一般仍是法定的必要程序。

2. 正式申请

依各国审查程序,外国投资项目须正式向审批机关提出申请。申请时须提交相当详细的投资资料,以便审批机构做出正确评价。这些资料的主要内容一般包括:(1)拟建立的企业以及拟生产的产品性质;(2)财务计划,说明外国资本和当地资本的数额;(3)生产计划,说明年产量和产值;(4)劳务计划,说明劳务的组织和准备提供的劳务量和价值;(5)企业所有人、管理机构、当地控制和外国控制的比例及股东;(6)所需的机械与设备,其来源和费用;(7)进出口计划,预期的进出口数额;(8)使用当地物资、雇用和培训当地人的规划;(9)拟生产的产品的国内市场和出口市场的前景;(10)产品价格、预期利润和利润率;等等。[25]至于各国要求在申请时提交哪些资料,规定不尽一致。

实践表明,审批机构审查外资项目的效率在很大程度上也要取决于投资者是否提供了充分、全面的资料。只有充分提供了审查所需的全部资料,才有利于对外国投资进行实质审查。

3. 审查与批准

对外国投资的审查,可分为程序上的审查和实质性的审查两种。

程序上的审查是指审批机关接受投资申请后,对投资计划与项目、投资者的资信与身份、投资协议、合同和章程、可行性研究报告、工业产权证明文件及其他必要文件进行审查,以查明送审文件是否齐备,内容是否符合法律要求,申请是否符合法定程序。

实质性的审查则是指审查投资的经济效益对东道国经济发展目标和国家利益的关系。实质审查时,以法定的积极标准或消极标准为准绳,对外国投资进行甄别、评估,以决定是否批准。

审批机构在对外国投资申请进行程序上审查和实质性审查之后,应在法定期限内决定批准或不批准。至于法定期限多长,各国规定不尽一致,如加拿大为收到申请书之日后45日,而新加坡一个项目审批全过程只需10~20日。审批期限应根据各国情况合理确定,期限过长不利于提高办事效率,不利于吸引外资,期限过短可能会造成草率行事,达不到审查

---

〔25〕 UNCTC, *National Legislation and Regulations Relating to Transnational Corporations*, 1983, p. 11.

的目的。一般来说,审批期限在45日至3个月内较为合适。

此外,有些国家外资法规定,外国投资经审批后需要予以登记。例如,拉美国家大多有此要求。我国法律也有相关规定,设立外商投资企业的申请批准后,应当自接到批准证书之日起30日内向工商行政管理机关申请登记,领取营业执照。

必须注意到,简化审批程序是改善投资环境的重要环节之一。若审批环节过多、程序烦琐,虽可避免审批过程中的草率,稳妥地引进外资,但会使外资审批项目久拖不决,使投资者失去耐心和信心,从而影响投资环境。因此,各国新订外资法一般对此予以改进。

(六)审批的法律效果

对外资的批准,给外国投资者和东道国双方都会带来一定的法律后果。在东道国方面,批准的直接后果一般包括:(1)承认该项外国投资合法有效,可依法获得保护;(2)给予外商及外资项目以法定的优惠待遇,如享受国民待遇、享有税收减免等优惠待遇;(3)给予必要的保证和支持。例如,在计划经济体制国家和实行外汇管制的国家,外资项目的批准还涉及资源配给、物资供应、提供国内市场、外汇配给、土地使用等一系列后续工作,政府必须调整或制订有关经济计划以保证该外资项目能顺利进行。[26]

对于外国投资者来说,投资项目的批准,首先意味着外国投资者及其投资在东道国获得合法地位及享受投资保护与优惠待遇的权利,同时意味着承诺按申请的条件履行其义务,接受东道国法律的管辖,受东道国政府管理和监督。

但必须明确的是,除极个别国家有明确规定外,批准并不构成东道国与外国投资者之间的契约关系,东道国政府并不因批准而成为投资契约的当事人。在埃及与南太平洋财团仲裁案中,南太平洋公司就曾以埃及旅游部部长在协议上签有“批准、同意和认可”为由,声称埃及政府已成为合同的当事人,要求埃及政府对合同的终止予以赔偿。国际商会仲裁庭作出了对南太平洋公司有利的裁决。埃及政府向巴黎上诉法院和法国最高法院上诉,法国最高法院认为,埃及政府批准合同并不表明政府成为合同当事人,从而作出对埃及有利的判决。[27]

四、外资准入的国家安全审查制度

与“绿地投资”不同,外国投资者对现存企业进行收购和兼并,可以十分迅速地进入东道国的某一行业,增加其市场份额甚至居于支配或垄断地位。这样,外资并购活动不仅可能导致垄断,而且可能影响国家安全。因此,近些年来,不少国家针对外资并购对国家安全与利益的影响,建立了国家安全审查制度。相对而言,这一制度通常主要针对外资并购,并以国家安全利益为审查标准,因此可以说是有别于一般投资审批制的一种特别审查制度。

建立国家安全审查制度的既有发达国家,也有发展中国家。例如,美国国会1988年通

---

〔26〕 姚梅镇:《比较外资法》,武汉大学出版社1993年版,第551～553页。

〔27〕 *International Legal Materials*, Vol. 22, p. 752(1983); *International Legal Materials*, Vol. 23, p. 1048(1984); *International Legal Materials*, Vol. 26, p. 1004(1987). 姚梅镇、余劲松主编:《国际经济法成案研究》,武汉大学出版社1995年版,第291～361页。

过了埃克森—弗罗里奥修正案(Exon - Florio Amendment),对1950年的《国防生产法》第721节作了修改,作为1988年《综合贸易和竞争法》的一部分(第5021节)。[28] 该修正案规定,如果有确切证据认为外国人对美国进行并购或接管所形成的控制显然有害于美国安全的,总统有权直接禁止该交易,并授权商务部外国投资委员会具体实施。2007年美国国会通过的《外国投资与国家安全法》与2018年通过的《外国投资风险审查现代化法案》,对《国防生产法》第721节又作了修改,进一步加强和完善了美国关于外资并购的国家安全审查制度。[29] 美国的做法已为许多国家所仿效,一些主要的发达国家现在都建立了对外资的国家安全审查制度。德国于2008年通过了《对外经济法》与《对外经济条例》第13次修正案,新增了限制外资并购的内容,规定对于欧盟和欧洲自由贸易联盟以外的投资者收购德国企业25%以上股权的投资项目,德国联邦经济与技术部拥有审查权。如果经济技术部认为该收购项目危害德国公共安全和秩序,则在取得联邦政府同意后可实施两种限制措施:一是禁止或限制投资者在收购后行使股东表决权,即限制外来投资者对德国企业重大事项施加影响;二是取消此次收购,委托财产管理公司将项目恢复到收购前状态。[30] 欧盟于2019年通过了《关于建立外国直接投资进入欧盟的审查框架的条例》,为成员国基于安全或公共秩序的外资审查建立框架,并在成员国之间以及成员国与欧盟之间建立合作机制。[31] 英国于2021年4月29日制定了《国家安全与投资法》,针对英国的外国投资新设了范围广泛的审查制度,该法已于2022年1月4日生效。加拿大投资法、澳大利亚的外资法等也均有关于国家安全审查的规定。俄罗斯2008年制定了《俄罗斯联邦关于实施对保护国防和国家安全具有战略意义的经济主体进行外国投资的程序法》,该法于2008年5月生效,正式建立了对外资进入战略性产业的国家安全审查制度。印度、泰国、菲律宾等一些发展中国家外资法也对涉及国家安全的外国投资审查作出了规定。

我国为适应利用外资的实际需要,也对外资并购建立了国家安全审查制度。2007年全国人大通过的《反垄断法》以及商务部2009年发布的《关于外国投资者并购境内企业规定》,对外资并购的国家安全审查作了原则规定;2011年2月3日,国务院办公厅发布了《关于建立外国投资者并购境内企业安全审查通知》,进一步对国家安全审查制度作出了具体规定。2015年7月全国人大常委会通过的《国家安全法》第59条明确规定:国家建立国家安全审查和监管的制度和机制,对影响或者可能影响国家安全的外商投资、特定物项和关键技术、网络信息技术产品和服务、涉及国家安全事项的建设项目,以及其他重大事项和活动,进行国家安全审查,有效预防和化解国家安全风险。2020年施行的《外商投资法》也对国家安全审查制度作出了原则规定,2020年12月19日国家发改委和商务部联合发布了

---

[28] *Omnibus Trade and Competitiveness Act of 1988*, §5021, Public Law 100 - 418, 5021, 102 Stat. 1425 (1988) (Codified at 50 U. S. C. app. §2170).

[29] *Foreign Investment Risk Review Modernization Act of 2018*, JDSUPRA (Aug. 13, 2018), https://www.jdsupra.com/legalnews/foreign - investment - risk - review - 93708/.

[30] 德国经商处:《德国针对外资并购修改对外经济法主要内容》,载商务部网,http://de.mofcom.gov.cn/article/jjzx/200810/20081005846295.shtml。

[31] European Union, *Regulation (EU) 2019/452 of the European Parliament and of the Council of 19 March 2019 establishing a framework for the screening of foreign direct investments into the Union*, 2019.

《外商投资安全审查办法》,自2021年1月18日起施行。

(一)国家安全审查的范围

对于何谓“国家安全”,其内涵与外延如何,国际上尚无明确界定。联合国贸易和发展会议组织的出版物指出,《牛津英语词典》将国家安全定义为:“国家及其人民、机构等的安全,特别保护其不受军事威胁或间谍、恐怖主义等的影响”,这样,既然国家及其人民的安全是这一规定的核心,那么可以合理地主张,对人民健康和环境的威胁也包括在内,还包括对该国一般政治、经济、金融制度以及国内基础设施和文化传统的威胁。因此,影响国家安全的不仅包括传统的军事威胁、间谍和恐怖主义,而且包括疾病传播、自然灾害、内乱、严重的经济危机以及重要产业受外国控制等。[32] 我国2015年颁布实施的《国家安全法》第2条规定:“国家安全是指国家政权、主权、统一和领土完整、人民福祉、经济社会可持续发展和国家其他重大利益相对处于没有危险和不受内外威胁的状态,以及保障持续安全状态的能力。”这一定义表明,国家安全涉及的范围是比较宽泛的。对于外国投资而言,东道国的国防产业、基础设施、能源、公益事业等重要产业是否会受到外国控制,无疑直接关系其国家安全。

目前各国外资法大都均未对“国家安全”予以定义或作出具体规定,是否影响国家安全由审查机关根据实际情况自由裁量。至于国家安全审查应该具体考虑哪些因素,有的国家作出了综合性的规定,另有的国家则从战略性产业或敏感产业方面予以考虑。

例如,2018年《美国外国投资风险审查现代化法案》对“国家安全”没有予以定义,但其阐明,国家安全须解释为涵盖与“国土安全”相关的问题,包括其对关键基础设施的适用。该法对其涵盖交易作出了新的规定,主要包括以下几种:(1)1988年8月23日之后,任何外国人或与外国人一道提起的或待定的,可能导致外国控制任何美国企业的合并、收购或接管,包括通过合营企业进行的合并、收购或接管。(2)在2018年《美国外国投资风险审查现代化法案》生效日或之后提议、待定或完成的以下交易:一是外国人购买、租赁,或通过特许取得位于美国空港、海港、军事设施或因国家安全原因敏感的美国政府其他设施或财产附近的私人或公共不动产;二是外国人在任何美国独立企业里进行的任何其他投资,该投资拥有、经营、制造、供应或服务于关键基础设施;生产、设计、测试、制造、建造或开发关键技术;或维护或收集美国公民的敏感个人数据,这些数据可能以威胁国家安全的方式被利用;三是外国人在其投资的美国企业中的权利发生变更,而该变更会导致外国控制美国企业,或导致上述第二项的投资等。历经修订的《美国国防生产法》第721节明确规定了国家安全审查时应当考虑的因素,除埃克森—弗罗里奥修正案中规定的5个考虑因素外,2007年的《美国外国投资与国家安全法》又增加了6个需要考虑的因素,包括关键的基础设施、关键技术、外国政府控制、能源和重要资源的长远需求等。关键基础设施,是指那些对美国至关重要的有形或无形的系统(systems)与资产(assets),包括能源资产,这些系统与资产若无力运行或毁损就会削弱美国的国家安全。关键技术是指对国防至关重要的关键技术、关键零部件或者关键技术项目等。外国政府控制的交易,则是指可能导致美国从事洲际商业的

[32] UNCTAD, *The Protection of National Security in IIAs*, p. 7, UN 2009.

人受到外国政府,或受外国政府控制或代表外国政府行事的实体所控制的并购交易。外国投资委员会和总统在考虑这些因素后,对外资并购交易是否影响“国家安全”有自由裁量权。

《欧盟外国直接投资审查框架条例》规定,在确定某项外国投资有无可能影响安全或公共秩序时,成员国和欧盟委员会可以重点考虑该投资对以下方面的潜在影响:(1)关键基础设施;(2)关键技术及军民两用物品;(3)关键输入品的供应;(4)获取或控制包括个人数据在内的敏感信息的能力;(5)媒体的自由与多元化。

同时,该条例还规定,成员国和欧盟委员会还可以特别考虑:(1)外国投资者是否通过所有权结构或重大资助等方式,直接或间接地受到第三国政府(包括政府机构或武装部队)控制;(2)外国投资者是否已经卷入影响某一成员国安全或公共秩序的活动;(3)是否存在该外国投资者从事非法或犯罪活动的严重风险。

2008年《俄罗斯联邦关于实施对保护国防和国家安全具有战略意义的经济主体进行外国投资的程序法》,将七大领域中的42个行业确定为具有战略意义的行业。这些行业主要包括:国防军工、核原料生产、核反应堆项目的建设运营、用于武器和军事技术生产必需的特种金属和合金的研制生产销售、宇航设施与航空器研究、密码加密设备研究、自然垄断部门的固定线路电信公司、联邦级的地下资源区块开发、水下资源、覆盖俄领土一半区域的广播媒体、发行量较大的报纸和出版公司等。外国投资者如果并购俄罗斯战略意义企业50%以上的股权,必须取得以俄罗斯总理为领导的外国投资委员会的批准;外国国有企业若收购这些企业25%以上股权的,也要取得该委员会的批准。2017年《俄罗斯战略行业外商投资法》进行了修订,对战略行业的外国投资进一步加强了限制。

近年来,多个发达国家以国家安全为由,对外资实施更为严苛的审查,新冠肺炎疫情使各国对本国战略性行业的外商投资更为审慎。例如,法国在2019年年底和2020年4月两次修改外资审查办法,提高投资审查门槛,分别将外资股比限制从33%降至25%,再下调至10%;西班牙改革了外国投资规则,对于非欧盟或非欧洲自贸联盟国家投资战略性或公共卫生领域企业,需要经过政府审批;意大利将外资审查范围扩展至“所有与战略性活动相关的企业”,同时提高对外部投资的警戒意识;德国2020年已三次强化投资审查机制,通过了旨在加强对卫生医疗领域审查的法令,允许政府阻止外资并购疫苗、口罩等相关企业。[33]

根据我国国家发改委和商务部《外商投资安全审查办法》的规定,我国对外商投资的安全审查,相对以前国务院办公厅的规定,外资准入安全审查的范围扩宽了。这表现在,(1)安全审查不限于外资并购,也包括外商投资新建项目或设立企业、以及以其他方式在境内投资。(2)所列举的具体领域也有所扩宽,凡涉及下列两项范围的外商投资,都应在实施投资前申报:第一,投资军工、军工配套等关系国防安全的领域,以及在军事设施和军工设施周边地域投资;第二,投资关系国家安全的重要农产品、重要能源和资源、重大装备制造、重要基础设施、重要运输服务、重要文化产品与服务、重要信息技术和互联网产品与服务、重要

---

〔33〕《中国对外投资合作与发展报告》(2020年),载商务部网,images. mofcom. gov. cn/fec/202106/20210630083052807. pdf。

金融服务、关键技术以及其他重要领域,并取得所投资企业的实际控制权。第二项中所列的重要文化产品与服务、重要信息技术和互联网产品与服务、重要金融服务是以前国务院办公厅的规定中所没有的。

(二)国家安全审查的机构

美国进行国家安全审查的执行机构是外国投资委员会。该委员会负责评估外资并购对美国国家安全的影响,并向总统提出建议。根据2007年《美国外国投资与国家安全法》的规定,外国投资委员会是由多个部门的负责人组成的,包括财政部部长、国土安全部部长、商务部部长、国防部部长、国务卿、司法部部长、能源部部长、劳工部部长、国家情报局局长以及总统认为合适的任何其他部委、行政机构或办公室的负责人。财政部部长担任外国投资委员会的主席,负责沟通、协调和服务性工作。其中劳工部部长和国家情报局局长参与委员会的审查,但没有投票权。财政部部长须指定一个或几个成员部门作为牵头部门,代表外国投资委员会审查每一项并购交易,就减轻所涉交易对国家安全的威胁的协议或为保护国家安全所必要的任何其他条件进行谈判;监督已经完成的交易,确保所达成的减轻协议或其他条件得以履行。2018年《美国外国投资风险审查现代化法案》对此审查机构未作修改。由多个部门组成的委员会来负责对外资并购进行国家安全审查,可保证审查的科学性和合理性。

俄罗斯负责外资并购安全审查的有两个机构:一是政府的代表机构,牵头机构为联邦反垄断局;二是外国投资委员会。政府代表机构的主要职能是:申请的登记、核实申请的信息、确定申请人的交易是否会取得战略意义公司的控制、确定该交易是否会威胁俄国的国家安全,并向外国投资委员会提出建议。外国投资委员会根据代表机构的建议做出最终决定。

根据我国前述《外商投资安全审查办法》的规定,国家建立外商投资安全审查工作机制(以下简称工作机制),负责组织、协调、指导外商投资安全审查工作。工作机制办公室设在国家发改委,由国家发改委、商务部牵头,承担外商投资安全审查的日常工作。与美国等有关国家的审查机构相比较,我国目前的这种安全审查机制还可以进一步完善。例如,可明确规定将那些与国家安全密切相关的核心部委作为工作机制的基本成员;为了提高效率,牵头部委最好是一个,如果由两个部委牵头,则应明确其分工,以便各司其职。

(三)国家安全的审查程序

历经修订的《美国国防生产法》第721节对审查程序和时限作出了规定,使审查具有较高的透明度。(1)启动程序。依据该法规定,国家安全审查程序可以通过两种方式启动,一是并购当事人主动、自愿地向外国投资委员会主席提交书面通知;二是外国投资委员会单方提起。(2)外国投资委员会的审查和调查程序。在启动安全审查后,外国投资委员会一般应在45日内完成审查,如有特殊情况可延长15天。若外国投资委员会一致认为所涉并购交易对国家安全没有产生威胁,则对该交易放行,审查程序终结。如果通过审查,确定具有以下情形的,则必须立即启动调查程序,对所涉并购交易对国家安全的影响进行调查:第一,该交易会威胁到美国的国家安全,而且在上述审查之前或审查期限内,该威胁没有减轻;第二,该交易属于受外国政府控制的交易;第三,该交易会导致美国的关键基础设施被外国人控制,或代表外国人控制,如果外国投资委员会认为该交易可能损害国家安全,并且在审查期间也未能通过经委员会同意的当事方提供的保证措施减轻对国家安全的损害。对于第二项和第三项来说,只有当财政部部长和特定交易的牵头机构共同认定不存在国家安全威胁时才可以不用进行调查。此外,若牵头机构建议并且外国投资委员会同意,也可以开展调查。自开始调查之日起,调查必须在45日内完成。(3)总统审查程序。外国投资委员会的调查完成后,美国总统有15日的时间对此交易进行审查。总统可以根据外国投资委员会的建议作出决定,也可以独立作出决定,批准该交易,或者中止或禁止对美国国家安全构成威胁的并购交易。总统所作的决定不受司法审查。

俄罗斯对审查程序也作了相应规定。根据俄罗斯2008年的前述法律,负责审查的代表机构的审查期限为14日,如果认为申请人的交易没有取得俄罗斯战略意义企业的控制,则将申请退回并通知外国投资委员会;若审查认为该交易涉及控制并会威胁俄罗斯国家安全,则将材料送交外国投资委员会并提出建议。外国投资委员会若认为该交易威胁国家安全则可以禁止此项交易。整个申请与审查程序期限一般为3个月,特殊情况下可以延长3个月。但俄罗斯与美国做法的一个重要不同点是,如果俄罗斯代表机构没有审查投资者的申请,或者外国投资委员否决所涉交易,投资者可以向法院上诉。[34]

我国关于外商投资安全审查的程序,也参考借鉴了外国的经验。《外商投资安全审查办法》规定,外商投资安全审查分为一般审查和特别审查。工作机制办公室决定对申报的外商投资进行安全审查的,应当自决定之日起30个工作日内完成一般审查。审查期间,当事人不得实施投资。经一般审查,认为申报的外商投资不影响国家安全的,工作机制办公室应当作出通过安全审查的决定;认为影响或者可能影响国家安全的,工作机制办公室应当作出启动特别审查的决定。工作机制办公室作出的决定应当书面通知当事人。工作机制办公室决定对申报的外商投资启动特别审查的,审查后应当按照下列规定作出决定,并书面通知当事人:(1)申报的外商投资不影响国家安全的,作出通过安全审查的决定;(2)申报的外商投资影响国家安全的,作出禁止投资的决定;通过附加条件能够消除对国家安全的影响,且当事人书面承诺接受附加条件的,可以作出附条件通过安全审查的决定,并在决定中列明附加条件。特别审查应当自启动之日起60个工作日内完成;特殊情况下,可以延长审查期限。延长审查期限应当书面通知当事人。审查期间,当事人不得实施投资。

此外,对于当事人如不服国家安全审查决定,可否提起行政诉讼的问题,有关国家也采取了不同的规定。例如,依据美国法律规定,总统关于国家安全审查的决定是不可诉的;有的国家则规定国家安全审查决定是可诉的。我国《外商投资法》第35条规定:"国家建立外商投资安全审查制度,对影响或者可能影响国家安全的外商投资进行安全审查。依法作出的安全审查决定为最终决定。"对于法律规定由行政机关最终裁决的行政行为,依据《行政诉讼法》第13条的规定,不属于人民法院受理的范围。

---

〔34〕 Jesse Heath, *Strategic Profectionism? National Security and Foreign Investment in the Russian Federation*, 41 Geo. Wash. Int1 L. Rev., p. 465, 487(2009).

近些年来,根据有关国家的安全审查实践,启动国家安全审查的交易案数量呈上升趋势,已经有多起并购交易由于国家安全原因而被阻止。例如,2005 年中国海洋石油总公司竞购美国尤尼科(Unocal)石油公司(美国第九大石油公司),美国国会认为该项收购交易可能威胁国家安全利益,要求外国投资委员会进行审查,中国海洋石油总公司后来迫于压力放弃了此项收购交易。2007 年华为技术公司携手美国贝恩资本(Bain Capital)公司计划收购美国因特网设备商美国数据通讯公司(3COM),但由于美国外国投资委员会建议总统阻止此交易而撤回申请。2012 年 9 月,三一重工通过其美国的关联企业罗尔斯(Ralls)公司计划收购美国四个风电场项目,美国前总统奥巴马基于国家安全理由,阻止了这项并购交易。美国前总统特朗普于 2017 年 9 月禁止一家有中资背景的投资基金收购美国芯片制造商莱迪思半导体公司,又于 2018 年 3 月禁止总部位于新加坡的博通(Broadcom)公司收购高通(Qualcomm)。目前国际实践上涉及安全审查的并购交易大多集中在具有战略重要性的行业,如能源、半导体等产业。

对外资并购进行国家安全审查是必要的,但是,也需要注意的是,国家安全审查制度也应该尽可能地做到高效、透明、合理,应尽量避免使其成为保护主义的工具,成为外国投资的障碍。例如,对于"国家安全""战略性行业"这些术语,如果不能定义,则应明确其范围,或者确定其评估的标准。审查程序应该透明,并有明确的时限规定,避免久拖不决。对投资的限制也不应该超出保护国家安全的需要。

此外,对于外资并购,除根据投资东道国的法律接受一般投资审查和国家安全审查外,还会涉及反垄断法的审查。例如,依据我国《反垄断法》的规定,外国投资者并购境内企业达到国务院《关于经营者集中申报标准的规定》规定的申报标准的,应当事先向商务部申报,未申报不得实施交易。《外商投资法》规定,外国投资者并购中国境内企业或者以其他方式参与经营者集中的,应当依照《反垄断法》的规定接受经营者集中审查。

第三节　对外资经营活动的管理

外国投资者在东道国的投资经营活动,涉及人、财、物、供、产、销等各个方面。由于各国的经济体制和经济发展水平不同,对外国投资企业的经营活动条件的管制也不尽相同。一般来说,大多数发达的市场经济国家,倾向于采取国民待遇,即给予外国投资企业与当地企业同样的待遇,使其在同等的条件下进行各种经营活动。发展中国家一般对此有某些限制,如要求利用当地物资、产品出口,雇用当地人员等。经济转轨国家则必须使外国投资企业与国内经济体制相协调,保证外国投资企业的正常经营条件,使其享有足够的经营自主权。在我国,外资准入后也享受国民待遇。新《外商投资法》进一步强调内外资企业平等对待的原则,以营造稳定、透明、可预期和公平竞争的市场环境。

一、购销活动的管理

外国投资企业的物资采购和产品销售，是企业生产和经营过程中两个非常重要的环节，既关系企业的生产和利润的实现，也对东道国经济发展具有重要影响。因此，许多国家外资法对企业的购销活动大都进行必要的调控。

（一）物资采购

外国投资企业所需物资，包括机器设备、原材料、燃料、元器件、配套件、运输工具和办公用品等。物资的采购是企业经营自主权的一部分，企业有权从国内或者国外市场购买。

1. 国内采购

许多国家包括某些发达国家，为了充分利用本国资源，带动本国经济的发展和解决劳动就业等问题，以前均注重以政策和法律手段促使外国投资企业尽可能地在当地购买所需物资，如优先利用和加工国内原料与自然资源、增加制造业计划中的当地成分、依靠本地供应等。[35] 有些国家，如泰国、菲律宾、韩国、澳大利亚、墨西哥、哥伦比亚、秘鲁、阿根廷、智利等，都要求汽车工业达到一定的国产化比率。有些国家对外国投资企业给予的投资鼓励，往往是以在生产中逐步增加采用当地材料、部件或者产品为条件，如马来西亚。巴基斯坦在审批投资申请时要求投资者承诺在生产中逐步增加使用当地零部件或者原材料，政府可以允许外国投资企业在约2年的时间内从国外取得当地不能取得的原材料，但该企业此后60%的原材料应当从当地取得。刚果投资法规定，在授予企业特惠制度时必须考虑的因素之一就是优先利用当地原料和一般利用当地产品。我国外资法以前也规定，外国投资企业采购物资时，在同等条件下，应尽先在中国购买。

当地购买物资使用的货币与价格，各国规定也不一致。有的国家没有明确规定，由合同双方自由选择，协商确定；有的国家则要求用外汇按外贸价格支付；也有的国家规定既可用外汇，也可用本国货币支付。我国以前区别具体情况分别用外汇或人民币支付。1996年1月29日国务院颁布了《外汇管理条例》，其第6条规定，在中华人民共和国境内，禁止外币流通，并不得以外币计价结算。这样，外商投资企业在我国境内购买物资必须用人民币计价和支付。我国加入世贸组织前后修订的外资法还规定，外商投资企业在国内购买物资的价格享受与国内其他企业同等的待遇。

外商投资企业在当地的政府采购中能否享受国民待遇是近些年来外国投资者比较关心的一个问题。我国《外商投资法》规定，国家保障外商投资企业依法通过公平竞争参与政府采购活动；政府采购依法对外商投资企业在中国境内生产的产品、提供的服务平等对待。该法的实施条例还进一步规定：政府及其有关部门不得阻挠和限制外商投资企业自由进入本地区和本行业的政府采购市场。政府采购的采购人、采购代理机构不得在政府采购信息发布、供应商条件确定和资格审查、评标标准等方面，对外商投资企业实行差别待遇或者歧视待遇，不得以所有制形式、组织形式、股权结构、投资者国别、产品或者服务品牌以及其他

---

〔35〕 联合国跨国公司中心编：《跨国公司在世界发展事业中的作用》（第三次调查），1983年版，第17～18、72～73页。

不合理的条件对供应商予以限定,不得对外商投资企业在中国境内生产的产品、提供的服务和内资企业区别对待。

2. 国外采购

如果国内市场无所需物资,或国内物资在品种、规格、质量等方面不符合要求或作价远高于国际市场价格,外国投资企业则可以在国外购买,这是各国的通行规定,我国也不例外。

从国外购买物资,通常要注意以下几个问题:(1)申领进口许可证。许多国家对从国外进口物资实行进口管理制度,有些国家对根据投资鼓励措施免税进口的货物也同样要求领取进口许可证。外国投资企业在进口生产经营所需物资时,除经特别豁免外,应当严格遵守所在国关于进口管理的各项规定。(2)外汇平衡。外国投资企业进口物资所需外汇,一般由企业自行解决,政府原则上不承担义务。例如,埃及1974年的外资法就明确规定,政府无义务提供进口所需的外汇。因此,企业在国外购买物资,应充分考虑自身的外汇平衡问题。(3)按国际市场价格购买。企业应通过各种渠道,了解国际市场行情,用询价和比价的办法从不同的供货来源中择优采购。当外国投资者从其关联企业采购物资时,应特别注意防止外国投资者滥用转移定价,人为地抬高进口货物的价格转移利润。我国法律对外商投资企业进口物资也作了相应的规定。

(二)产品销售

外国投资企业的产品,无外乎通过国际和国内两个市场进行销售。但产品内外销的比例问题则涉及多方面因素,它不仅取决于国内外市场对某项产品的需求程度,而且涉及一国市场对外开放的程度和对该国国际收支平衡的影响。目前各国奉行的共同原则是,鼓励外国投资企业产品外销,但在一定条件下也允许内销或者以内销为主。

鼓励外国投资企业出口创汇,是各国外资法的共同特点之一。许多国家外资法都把外国投资对本国的出口创汇能力及对本国国际收支的积极作用作为审批外国投资的标准之一。我国以前的外资法也鼓励举办产品出口型外商投资企业,鼓励企业多向国际市场销售产品,这不仅是为了增加出口创汇,也是为了促使企业采用先进的技术和管理经验,提高企业产品在国际市场上的竞争能力。

产品外销价格,一般由外国投资企业自行决定。外国投资企业不得过于压低出口产品价格以达到转移利润或其他逃避法定义务的目的。

此外,企业外销产品,还必须遵守所在国关于出口管理的法律规定,如申领出口许可证等。

(三)国内管理措施与国际规则的协调

有关国家对外国投资企业的购销活动所施加的某些限制性管理措施,有的是被WTO的《与贸易有关的投资措施协定》以及其他一些双边或区域性协定所禁止的。WTO的TRIMs明确禁止成员方施加当地成分要求、贸易平衡要求、外汇平衡要求和出口限制等措施。[36] 因此，WTO的成员方必须修改其国内法措施并使其与WTO的规则保持一致。我国“入世”后即对外资法进行了修改，删除了关于尽先在中国购买等不符合TRIMs的要求。

不过，如果某些限制性措施是以符合某种优惠或激励为条件，则通常是允许的。例如，有的国家对外国投资企业提供优惠或鼓励，但以后者必须符合某些“业绩要求”为条件。这种做法并不构成限制，而是吸引外国投资、促进国家发展规划的合法措施。

二、劳动雇用与管理

关于外国投资企业的劳动雇用与管理，有些国家通过制定单一的劳动法典或单行法规来调整，如一些发达国家制定有劳动法、就业保障法、工会法等。有些国家通过外资法对劳动雇用问题作出规定。这里主要从外资法的角度介绍劳动雇用涉及的有关问题。

外国投资企业要在当地开展经营活动，必须雇用一定数额的职工。劳动雇用一般有两种情况：一是技术和管理人员的雇用；二是非技术人员的一般职工的雇用。基于社会、经济、劳动政策和劳动就业等方面的考虑，各国外资立法和劳动立法大都对在国内外雇用职工作出了不同的规定和限制。

（一）雇用外国人员的限制

许多发展中国家限制外国投资企业雇用外国人，特别是限制对外国非技术人员的雇用。

关于专业技术人员和管理人员的雇用，要考虑企业本身的经营需要和所在国利用外资的目的这两方面的情况。外国投资者为保证企业经营的效率、企业产品的质量控制等，通常希望从国外聘用有经验的称职的技术人员和管理人员；而东道国，特别是发展中国家，则希望通过利用外资，引进国外先进技术和管理经验，培育国内的技术和管理人员，提高企业的经营管理水平，因而强调当地技术人员和管理人员的雇用和培训，限制外国人的雇用。因此，许多国家外资法对雇用外国技术和管理人员予以限制，但这种限制又有某些弹性。这种限制大致有三种情况：

第一，规定只有当地国民胜任不了的管理职务和专业职务，才能聘请或雇用外国人，如当地人员能胜任这些职务，则须聘请或雇用当地国民。印度尼西亚外资法对此有明确规定，此外，贝林、肯尼亚、尼日利亚、伊拉克等国也有此限制。

第二，对内外国技术和管理人员的雇用规定一定的比例。如缅甸规定，技术人员中必须有25%为缅甸人；埃及要求当地专业和管理人员占75%，科威特则要求占51%；阿根廷外资法曾规定要招雇一定比例的阿根廷管理人员、科技人员和行政人员。智利、墨西哥、乌拉圭、斯里兰卡、印度的劳动立法规定，在企业中雇用有特别技术能力的外国人，即使其工作非本国国民所能胜任者，也必须给本国国民保留一定比例。菲律宾规定，享有优惠的公司，除最初五年外，不得雇用任何身份的外国雇员。在最初五年中，从事监督、技术和咨询工作的外国雇员数额不得超过公司中雇员总数的50%。

第三，雇用职员逐步当地化，即要求外国投资企业在一定期间内逐步让当地国民担任

---

〔36〕 详见第八章。

各种管理和专业技术职务。如印度尼西亚、马来西亚等国均有此规定。

对于非专业技术人员,许多国家外资法和劳动法都要求雇用当地职工。有些国家规定了必须雇用当地职工的比例,如哥伦比亚为90%,加蓬为90%、智利为85%。巴西规定当地职工在合营企业中应占职工总数的2/3以上,其工资也应占工资总数的2/3以上。巴基斯坦规定,现存工业企业中所有月工资额低于1000卢比的雇员必须是巴基斯坦人;工资额在1000~2500卢比的,巴基斯坦人须占75%。2017年的《埃及投资法》规定,投资项目中外籍员工比例不超过总数的10%,但当无法获得具有必要技能的当地员工时可放宽到20%。这种限制主要是为了解决所在国的劳动就业问题,充分利用国内的人力资源。

我国法律未明确对外国投资企业雇用外国人的比例加以限制,外商投资企业的劳动雇用与管理依据我国《劳动法》和《劳动合同法》执行。

东道国基于国家的经济状况和劳动政策的考虑,在劳动雇用方面实行某些限制,是国家主权的行使,在法理上是无可厚非的。

(二)当地员工的雇用

对于企业管理人员的雇用,在外资法上常见的限制是董事的国籍。为了保证当地合营者享有经营管理控制权,有些国家法律规定,本地董事必须占一定数额。例如,伊朗法律规定,公司董事会成员必须全部是本国的永久居民,但不一定是本国公民。利比亚法律规定,除了不适用股权比例限制规定者外,外国投资企业董事会多数成员和董事长必须是本国国民。菲律宾规定,对于绝大多数外资公司,菲律宾公民须拥有至少60%的股份及表决权,不少于60%的董事会成员是菲律宾公民。

对于一般员工的雇用,依据各国法律与实践,企业雇用职工一般是采取签订劳动合同的方式进行。这种合同可以由企业与劳动者个人订立,也可以由工会组织代表职工集体签订。劳动合同是确定双方权利与义务的法律文件,合同中应订明雇用、辞退、报酬、福利、劳动保护和劳动保险等事项。

对于雇用的当地职工,许多国家外资法还规定,外国投资企业须对他们进行培训。如阿根廷、马来西亚等国有此规定。有的国家规定了强制性培训的要求,如沙特阿拉伯规定,凡拥有1000名职工以上的合营企业,必须按该国劳动社会部制订的培训计划,对该企业50%以上的沙特阿拉伯职工进行技术培训。

一般来说,企业根据生产经营的需要和职工自身的表现,有权辞退职工。但辞退职工必须符合法定或合同规定的条件,并应依法提前通知及支付补偿金。我国也有类似的规定。

至于被雇用职工的工资,一般是由劳动合同规定。有些国家规定有最低工资标准,企业支付给职工的工资不得低于法定最低工资标准。我国有关法规也规定,企业应实行同工同酬的原则,职工工资应在企业经济发展的基础上逐步提高。企业职工水平由企业根据当地人民政府或劳动行政部门发布的工资指导线,通过集体谈判确定。职工法定工作时间内的最低工资,不得低于当地最低工资标准。

此外,为了保护职工的利益,许多国家还建立社会保险制度,企业必须按照法律规定参加国家保险计划,有关企业也可以自行安排保险计划。这些保险通常包括健康保险、事故保险、失业保险、养老保险等。我国法律法规也规定，外商投资企业必须按照国家有关规定参加养老、失业、医疗、工伤、生育等社会保险，按照地方人民政府规定的标准，向社会保险机构按时、足额缴纳社会保险费。保险费按国家规定列支。

外国投资企业还必须遵守所在国的劳动保护法规，加强对职工的劳动保护，采取有效措施，改善劳动条件，保证安全生产。违反劳动保护法规的，依法追究责任。

三、技术引进及管理

世界各国利用外资的主要目的之一，是引进外国的先进技术。因此，许多国家的外资立法对技术引进也作了明确规定，有些国家还制定专门的技术转让立法或技术输入管制立法。我国以前的《中外合资经营企业法实施条例》也就合营企业引进技术设立专章，作了原则性规定。

（一）技术引进的方式和对象

技术引进的方式主要有两种：一是投资者以技术作为资本入股，从而使企业获得所需的先进技术；二是采取技术贸易的方式，通过签订技术转让协议，从第三者或从企业的外国投资者处获得所需技术。在利用外资的实践中，这两种方式往往交替使用。这里所述的技术引进是指后一种方式的技术引进。

技术引进的对象主要有两类：一是工业产权，如专利权、商标权等；二是非工业产权的技术，如专有技术、图纸、设计方案、技术指导、技术示范等。一般来说，所引进的技术应是先进而适用的。

（二）技术引进合同管理

发展中国家对技术引进的管理措施主要有两种：一是实行审批制；二是法律规定合同的必备条款和禁止性条款。

1. 合同审批

许多发展中国家对技术引进采取事先审查制。审查的标准包括积极标准和消极标准两种，若引进的技术是先进的，有利于促进引进国的经济发展，改善国际收支，提高其科学技术的，则可予批准；若不符合法定的积极标准则不予批准。我国以前也规定，技术引进合同须经批准才能生效。

2. 合同条款

有些国家法律对技术引进合同的内容加以规定，这种法定条款有两种：一是必备条款；二是禁止性条款。合同条款必须符合这些法律规定。

必备条款是指合同中必须订明的条款。例如，合同应订明引进技术的内容、范围和必要的说明；预计达到的技术目标以及实现该目标的期限和措施；报酬、报酬的构成和支付方式；供方对技术的所有权及提供的技术完整性、有效性的保证；等等。

禁止性条款是合同中不得含有的条款。至于禁止性条款有哪些，各国法律规定不尽一致。例如，拉丁美洲一些国家以前禁止外国子公司向其国外的母公司支付专利提成费和商标许可使用费。《安第斯共同市场外国投资规则》禁止合同中含有要求接受方从特定来源取得技术、原材料、资本货物或中间产品,或永久保留转让方指定的人员作为技术转让的交换条件的条款,也禁止含有转让方指定销售或转卖利用该技术的产品的价格,限制生产结构和规模,为转卖方设定全部或部分先买权,要求接受方向转让方转让利用该技术所取得的任何改进或发明,或禁止使用与转让方相竞争的技术等条款。还有些国家法律禁止在技术引进合同中订有妨碍竞争的条款。

我国以前的《中外合资经营企业法实施条例》规定,技术转让协议必须符合以下规定:(1)技术使用费应公平合理;(2)除双方另有协议外,技术输出方不得限制技术输入方出口其产品的地区、数量和价格;(3)协议期限一般不超过10年;(4)协议期满后,技术输入方有权继续使用该项技术;(5)双方相互交换改进技术的条件应对等;(6)技术输入方有权按自己认为合适的来源购买需求的机器、设备、零部件和原材料;(7)不得含有为中国法律、法规所禁止的不合理的限制性条款。该法已被废止。新《外商投资法》明确规定:国家鼓励在外商投资过程中基于自愿原则和商业规则开展技术合作。技术合作的条件由投资各方遵循公平原则平等协商确定。行政机关及其工作人员不得利用行政手段强制转让技术。

四、土地与场地使用管理

外国投资者在东道国投资该厂从事生产经营活动,必须依法取得土地所有权或者使用权,并按规定缴纳有关费用。对土地所有权或使用权的取得、土地的使用以及土地费用的缴纳等,各国均作了不同的规定。

在实行土地私有制的国家中,土地可以由私人和企业所有,因此,这些国家的外国投资企业可以依法从国家、企业或者个人手中取得土地所有权。有些国家实行土地所有权与使用权相分离的原则,外国投资企业不能取得土地所有权,而只能通过租赁、转让等方式取得土地使用权。如印度尼西亚外资法规定,根据外资企业的要求,可以依法向其提供土地及其营业权、建筑权和使用权。还有其他一些国家也有类似规定。

不过,许多国家对取得农业土地所有权具有较高敏感度,特别是对于那些农业人口多、食品安全存在问题的国家更是如此。例如,伊朗不允许以外国投资者的名义拥有任何形式、任何数量的土地。阿根廷2011年12月颁布法律,限制外国人取得农地。外国持有农地的总量不得超过总面积的15%,单个外国人拥有的土地不得超过1000公顷。该法还规定,未来取得土地不是投资,而是取得不可再生的资源。巴西2010年的总统令恢复了对外国人取得农村土地所有权的限制。根据该规定,由外国人多数控股的巴西公司受适用于外国公司的法律制度的约束。外国公司只能因农业、家畜饲养、工业或开发项目才可取得农地。[37]

我国实行土地的社会主义公有制,土地属于国家和集体所有。外商投资企业在我国不能取得土地所有权,但按照所有权与使用权分离的原则,外商投资企业可以取得土地使用权。为了维护国家的合法权益,同时也是为了满足外商投资企业建设用地的需要,我国已通过了一系列法律、法规对有关问题作出明确规定。

---

〔37〕 UNCTAD & OECD, *Tenth report on G20 Investment Measures*, 2013, p.14.

（一）场地使用权的取得

外商投资企业可通过下列方式取得场地使用权：(1) 中国合营者或合作者将其自身拥有的场地使用权作为投资或者合作条件。(2) 通过土地使用权的出让、转让、出租等方式取得。

（二）场地使用费

外商投资企业使用场地应按我国法律、法规和有关合同的规定，缴纳场地使用费。场地使用费由土地使用费和土地开发费两部分组成。场地使用费的标准，一般应根据场地的用途、地理环境条件、征地拆迁安置费用和企业对基础设施的要求等因素综合考虑，区别对待。其具体标准可由外商投资企业所在地的省、市、自治区、直辖市人民政府根据法律、法规的规定，结合本地的实际情况确定。在企业开始用地 5 年后，场地使用费可以根据经济的发展、供需情况的变化和地理环境条件的变化需要调整，调整的间隔期应当不少于 3 年。场地使用费作为中国合营者投资本金的，在合同期限内不得调整。

（三）场地使用权的使用期限

场地使用权的使用期限，一般应与企业的经营期限相同。但通过出让或转让方式取得场地使用权的，应遵守我国《城镇国有土地使用权出让和转让暂行条例》的规定。

五、环境保护

人们以前对环境的重要性认识不足，认为经济发展与环境是一种交换的关系，发展经济会给环境带来一定程度的负面影响，而环境保护措施则会阻碍经济发展。因此，有些发展中国家为了促进本国经济发展而忽视环境保护，有的甚至为吸引外资而减少环境保护措施。而发达国家的跨国公司为了实现利润最大化，也会将其高污染、高风险的投资项目转移到环境保护程度较低的国家，从而给这些国家的环境资源造成损害，同时也影响其经济的可持续发展。

20 世纪 80 ~ 90 年代以后，国际社会对环境与经济发展的关系逐步达成共识，即经济要实现可持续发展就必须注重环境保护。政府有责任对环境保护和可持续发展采取相应措施，包括取消那些过度或滥用自然资源的使用者的补贴，通过征收污染税等措施使环境的外部性内部化，设置排污或排放标准，建立责任和补偿制度等。许多发展中国家现在对环境保护建立了规制构架。

为了实现可持续发展目标，东道国可以对外国投资项目采取相应的环境管理措施。最关键的措施当然是在外资准入阶段就把好关，对外国投资项目的环境影响进行审查和评估，只有符合环境法要求的外资项目才能予以批准。在外资准入后，对外国投资企业经营活动在环境方面的影响，东道国也需要进行监管。其监管措施包括：由独立的有资质的机构进行环境影响评价；鼓励外国投资企业采用环境友好技术或清洁技术；对违反环境法的行为追究责任。

我国环境保护立法在改革开放后也逐步完善。1989 年我国就制定了《环境保护法》，于 2014 年修订，2002 年又制定了《环境影响评价法》《（2016 年、2018 年修正），还有其他一些专门性立法,这些法律适用于中国境内的所有企业,包括外商投资企业。外国投资项目不仅在准入阶段要符合我国外资法中规定的环境要求,而且在准入后必须遵守我国的环境管理措施。这些措施主要包括:环境影响评价制度;环境标准制度,包括环境质量标准、污染物排放标准、监测方法标准、基础标准等;排污收费制度;许可证制度以及有关应急措施等。

除上述管理措施外,东道国在外汇、税收领域也存在一些专门针对外国投资项目的管理措施,由于这些措施与对外资的保护与鼓励关系密切,因此在下一节中介绍。

总的来说,各国关于外国投资企业经营活动条件及经营活动管制的规定,其目的一是给外国投资企业的正常经营提供必要的条件和支持,保障其经营自主权,使其能自主经营和发展;二是维护国家的正常经济秩序和利益,保护当地企业不受外国投资企业不正当竞争活动的损害,保护本国劳动者的权益,利用外资带动本国经济的发展。

根据国际法,每个国家均有权决定其境内自然人和法人(包括外国投资者)从事经济活动的条件,这是国家主权的体现。《各国经济权利义务宪章》规定,每个国家有权按照其法律和规章,并且依其国家目标的优先秩序,对其国家管辖范围内的外国投资加以管理和行使权力。因此,有关国家根据本国的情况和需要,对外国投资企业经营活动的条件予以某些限制,这些限制只要不违反其承担的国际义务,则是合理又合法的。

第四节　对外资的保护与鼓励

为了吸引和利用外资,发展本国经济,各国外资法均对外国投资的安全与利益给予保护,甚至给予各种鼓励和优惠。这些保护与鼓励措施主要有:关于国有化与补偿方面的保证,关于外资利润及原本汇出的保证,以及税收优惠与其他优惠。

一、对外资的保护

(一)关于征收与国有化问题的保证

对外国投资的征收或国有化问题,既关系资本输入国的主权问题,又关系外国投资者的投资安全与利益,向来是国际投资争议中最突出的问题,也是外国投资保护的核心问题。许多国家为了保护外国投资的安全和利益,改善本国投资环境,采取种种措施,给外国投资者提供关于国有化与补偿方面的法律保证。具体做法各国不尽相同,有的国家只通过双边投资条约来提供保证,而在国内法上未予规定;也有许多国家通过国内立法和政策声明来提供保证,特别是在宪法和投资法中作出明确规定。

有些国家,如阿根廷、伊拉克、马来西亚、菲律宾、苏丹等,其宪法规定征收财产必须是为了公共利益,通过法律手段和法定程序,并予以“公平”“公正”或“充分”补偿。《印度宪法》规定,除非根据规定对取得资产给予赔偿外,对任何财产不得进行强制取得或征用。《埃塞俄比亚宪法》规定,政府除非根据特别征用法所定条件发布的命令,并通过司法程序协商,确定支付公正补偿，对任何人的财产不得进行剥夺。《加纳宪法》规定，只有为了公共利益，并基于财产现行价格及时支付充分赔偿，才可征收财产。《墨西哥宪法》也规定，除非为了公用并支付赔偿，不得征收私人财产。[38] 我国《宪法》第18条明确规定，中国允许外国企业或其他经济组织或者个人依中国法律规定在中国投资及从事其他经济活动，它们的合法利益和权利受中华人民共和国法律保护。

除了宪法规定的保证外，许多国家在其外资立法中对外国投资者提供保证。在某些国家，如阿根廷、印度尼西亚、肯尼亚和苏丹，外国投资法中含有关于外国投资的保证，投资法中保证的范围通常更为广泛。1970年修订的《印度尼西亚外国投资法》规定，除非国家利益确实需要并且合乎法律规定，政府不得全面地取消外资企业的所有权，不得采取国有化和限制该企业经营管理权的措施。在采取上述措施时，政府有义务进行赔偿。赔偿金额、种类以及支付的方法，按国际法原则，在当事者之间协商解决。埃及关于《外国资本投资及自由贸易区法》规定：除通过合法程序，项目不得被收归国有或征用，投资也不得被没收、扣押和查封。《加纳资本投资法》规定，若就支付补偿的数额发生争议，应将争议提交给当事各方指定的仲裁人仲裁，若没有指定仲裁人，则提交给解决国际投资争议中心仲裁。《阿尔及利亚投资法典》特别规定了支付补偿，即至多在9个月的期限内，投资者须得到等于投资净值数额的补偿，包括产生的费用和补偿数额的利息。补偿的数额由专家们在听取各方意见后决定。如果投资者是外国人，以及投资是在阿尔及利亚资金的帮助下实现的，补偿即可转移到国外。1980年的《苏丹鼓励投资法》规定：除非为了公共利益，依据法律并对投资者支付公正补偿，不得实行国有化，补偿的价值是在国有化时对投资者的财产估价后的时价。财产估价须在发布国有化命令之日起至多6个月的期限内完成。补偿的支付和转移须以相同的资本货币或所同意的其他货币在不超过5年期限内每年分期付款。1970年的《泰国投资促进法》则保证不对所鼓励投资的企业的活动实行国有化。[39]

发达国家很少有专门的外资法，但有少数国家的外资法也含有关于征用的规定，如日本原外资法规定，收用或收购外国投资合法财产的全部或一部分时，应按等价报酬付给适当金额（第17条）。

我国外资立法对国有化和征用也有规定。我国1986年通过的《外资企业法》第5条就明确规定："国家对外资企业不实行国有化和征收；在特殊情况下，根据社会公共利益的需要，对外资企业可以依照法律程序实行征收，并给予相应的补偿。"新《外商投资法》第20条也明确规定：国家对外国投资者的投资不实行征收。在特殊情况下，国家为了公共利益的需要，可以依照法律规定对外国投资者的投资实行征收或者征用。征收、征用应当依照法定程序进行，并及时给予公平、合理的补偿。

由上可见，为了保护外国投资者的合法权益，许多国家通过宪法或外资立法对国有化风险提供保证，规定只在法律限定的条件下才实行征收或国有化，并给予补偿，以此来维护

---

〔38〕 UNCTC, *National Legislation and Regulations Relating to Transnational Corporations*, 1983, ST/CTC/26/Corr.1, p.48.

〔39〕 UNCTC, *National Legislation and Regulations Relating to Transnational Corporations*, 1983, ST/CTC/26/Corr.1; ST/CTC/35(1983); ST/CTC/53(1985).

投资安全,吸引外资、发展本国经济。

一般说来,资本输入国国内法的保证较为明确、具体、稳定,在短期内较少变化,即令修改,也须经严格的立法程序,因而是一种有效而可靠的保证,较为外国投资者所信赖。但是,国内法的这种保证是单方面的承诺。从国际法的角度看,这种国内法保证属于一种国内法契约关系,而不是一种国际条约关系。当一国为了公共利益必须实行国有化和征用,从而不能履行自己的保证时,仅仅产生国内法上的补救义务,并不产生国际义务。[40] 因此,更为有效的保证通常还得借助于国际条约。

(二)关于外国投资利润及原本汇出的保证

外国投资者在东道国投资的目的是取得利润,因此投资者因投资所得合法利润、其他合法收益以及回收的本金,能否兑换成国际通用货币或其本国货币,自由汇回本国,关系投资者的根本利益。若上述利益不能自由汇出,则投资者虽有收益,但其实际利益不能实现。对于发展中国家来说,由于其外汇资金短缺,往往都建立了比较严格的外汇管理制度,限制外资的自由出入和自由兑换。这种外汇管制措施会给外国投资带来风险。为了兼顾和保护外国投资者的利益、吸引外资,东道国就必须在实施外汇管制的同时,对外国投资者取得的合法收益及原本的汇出提供保证。

1. 外汇管制

外汇管制是指一个国家通过法律、法规对本国的外汇买卖、国际结算、资本移动等进行管理和控制。外汇管制的基本目的是维护本国的国际收支平衡。

目前世界上一些主要的发达国家,如美国、英国、德国、法国、瑞士以及一些国际收支顺差的国家,如沙特阿拉伯、科威特、新加坡等已完全取消了外汇管制。有些经济比较发达的国家,则实行部分外汇管制,即对非居民的贸易和非贸易收支原则上不加限制,但对资本项目的收付仍加限制。其他大多数发展中国家和社会主义国家都实行严格的外汇管制。

实行外汇管制,是国家主权的体现。一国根据本国的政治经济发展的需要,可以自由实施外汇管制,只要未违反所承担的条约义务,他国无权干预。国际货币基金协定虽肯定了国际资金自由移动的原则,但也授权成员国在外汇储备不足及财政困难的必要情况下,可对资本的国际流动给予必要的限制,其第 14 条允许会员国采取过渡办法,继续实施外汇管制。国际货币基金还要求成员国在实施符合协定的外汇管制条例方面进行合作,使各成员国的外汇管制条例得以有效实施,违反成员国外汇管制条例的汇兑合同,在任何成员国境内均属无效。

中国以前是严格实行外汇管制的国家,作为国际货币基金组织的成员国,按照国际货币基金协定的规定,中国保留外汇管制,其目的是保持国家外汇收支平衡,通过有计划地合理使用外汇资金,促进国家的经济发展。随着经济体制改革的深化和市场经济的发展,我国已逐步放宽了外汇管制。1996 年 1 月 29 日发布并分别于 1997 年 1 月 14 日与 2008 年 8 月 1 日修正、修订的《外汇管理条例》第 5 条明确规定:国家对经常性国际支付和转移不予限制。这就表明,我国现在仅实行部分外汇管制,即对资本项目的收付予以限制,而对贸易

---

〔40〕 A. A. Fatouros, *Government Guarantees to Foreign Investors*, 1962.

收支、劳务收支等经常发生的交易项目不予限制。对于外商投资企业来说，依我国法律规定，其外汇可不结汇，在外汇指定银行开立外汇账户。一切外汇支出，首先使用其外汇账户余额，外汇账户余额不足的，可依国务院关于结汇、售汇及付汇管理的规定购汇。

2. 外国投资利润和原本的汇出保证

在实行外汇管制的国家里，外国投资就会有外汇风险，这种外汇风险表现为在东道国的投资利润和本金不能转移出境。这种风险的存在，不利于东道国吸引和利用外资。为了保护外国投资的安全与利益，许多资本输入国在实行外汇管制的同时，又通过国际条约和国内立法对外国投资者提供保证，外资法的规定就是重要的国内立法保证。我国新《外商投资法》第 21 条规定：外国投资者在中国境内的出资、利润、资本收益、资产处置所得、知识产权许可使用费、依法获得的补偿或者赔偿、清算所得等，可以依法以人民币或者外汇自由汇入、汇出。

（1）投资利润的汇出。各国对外国投资利润汇出的规定，大体可分两种情况：一是原则上不作限制，允许税后利润自由汇出；二是在允许自由汇出的原则下，附有某种限制或条件。

有些国家外资法允许投资利润自由汇出，没有限制性规定。例如，菲律宾规定，外国人投资所得的收益和利润全部，在纳税后可用原来投资的货币、按当时的汇价汇出国外。刚果投资法规定，国家保证正当所得利润转移自由。新加坡、印度尼西亚、泰国、智利、印度等国，原则上均对利润汇出不加限制。

另有许多国家外资法在允许自由汇出的原则下，规定某些限制，这些限制主要有：

第一，批准。如土耳其规定，外资本金自然增值的净利润，经财政部批准，可按官方汇率，用外资本金来源国的货币汇往国外。有的国家规定汇出额达到一定限度要经批准，如马来西亚外汇管制法规定，向非居民支付达 200 万马元或与之等值的外汇要经商业银行批准，超过 200 万马元要经外汇管制员特别许可。

第二，时间或金额限制。如韩国法律曾规定，在韩国设立的分公司，经营起初 3 年的利润不得汇出，后 5 年经批准可按经营资本的 20% 汇出。《安第斯共同市场外国投资规则》规定，利润按投资原本数额的一定比例汇出，第 220 号决议规定汇出最高额可达 20%，并允许成员国自行决定汇出最高限额。尼日利亚则规定，红利汇出最多不超过公司税后利润的 60%，并且只能从当年利润中汇出。

第三，对不同的资本形式规定不同的汇出比例。如希腊规定，股份资本的利润及其他收益的汇出，不得超过股份资本总额的 12%，贷款资本的利润汇出，不得超过该贷款投资总额的 10%。阿根廷 1973 年外资法规定，用外国或本国贷款所产生的利润不得转移。

第四，按投资的行业部门规定汇出比例。如巴西法律规定，奢侈品部门的外国投资，其收益和利润的汇出额每年只能相当于注册资本的 8%；非奢侈品部门的外国投资，其利润和收益的汇出则无限制，但如 3 年中每年平均利润汇出额超过注册资本的 12%，外国投资者须补交所得税。意大利外资法分别规定了生产部门和非生产部门，生产部门的外国投资可自由汇出其实际所得的股息和红利，非生产部门的利润和收益的汇出，每年最高不超过资本总额的 8%。索马里外资法也按生产型和非生产型企业规定利润汇出的不同比例，以鼓励外资投向生产型企业。伊拉克则视商业、工业、服务业而定。投资于商业的公司,可转移相当于每年实收股本10%的利润;投资于工业的公司,可转移相当于实收股本20%的利润;投资于服务业的公司,可转移全部所得利润的50%。

第五,出口创汇。有的国家把利润的汇出与出口创汇联系起来。例如,埃及1974年外资法规定,外汇实现自给的项目,允许在出口限度内将每年的纯利转移到国外;对国民经济有重大意义而又无法实现出口的基础工程,允许将投资的纯利全部转移国外。波兰原合营企业法要求企业外汇平衡。因此,只有当合营企业有用于此目的的可兑换货币时才能汇出利润。[41] 我国法律规定,外国投资者依法纳税后的纯利润和其他正当收益,可以向开户银行申请,汇出境外,从其外汇存款账户中支付。法律未规定汇出限额。

(2)投资原本的汇出。投资本金是企业经营与发展的基础,且数额一般较大,其自由汇出会影响东道国国际收支平衡。在无外汇管制的国家,资本汇出一般无限制,而在实行外汇管制的国家,外资法关于投资本金汇出的保证是有条件的,但各国立法也不尽相同。

有的国家规定,外资原本可以自由汇出。如刚果外资法规定,国家保证资本转移自由,保证企业关闭或业务终止而获得的资本转移自由。土耳其规定,凡外资本金因企业实行部分或全部停止清算而以合理价格出售资产所得收入中占有的份额,以合理价格出售企业部分或全部外资本金所得收入,以及外国贷款按贷款协议条件到期应予偿还的本息,均可自由汇出,不加限制。

有些国家外资法规定,外资原本必须经过一定期限后才能汇出。如埃及1974年第43号法令规定,外资原本必须在投资登记后5年才能汇出,特别情况例外。印度1977年12月的一项政策声明规定,一些非政府鼓励的投资在10年内不得汇出原有资本。印度尼西亚规定,投资者在享有税收优惠期间,其资本不准汇出。缅甸规定,外国投资者经过一定合理期限后,可提汇投资本金。马达加斯加法律规定,只有在公司停止或解散时,才允许资本汇出。

但更多的国家外资法对外资原本汇出兼有期限、限额的限制。如《阿富汗鼓励私人和外国投资法》规定,原本可在批准投资5年后汇出,但每年汇出额不得超过投入资本的25%。葡萄牙规定,外国直接投资因出卖和清算所得的收入,应在全部付清税款,并从资金进入之日起已满5年,才准许汇出;这种汇转如果足以使国际收支趋于恶化,应分批汇出,但每年汇出数额不得少于可汇出总额的20%。希腊规定,从投资之日起未满1年且在企业投产前,不得抽回资本,对偿还的资本本金部分的汇出额,每年不得超过投资总额的10%。阿根廷1973年外资法规定,抽回资本必须:一是保证公司能继续经营,并按规定条件提供服务;二是每年抽回的数额不得超过可抽回资本的20%;三是从投资合同批准之日起5年内,不得抽回任何资本。

还有些国家把原本的汇出与创汇相联系。如菲律宾规定,为出口服务的公司,外资每年收回的资本不得超过该公司的纯外汇收入。埃及、智利也有类似的规定。

有的国家则以批准为条件。如马来西亚规定,除非这种资本转移事先获得批准,否则

---

〔41〕 姚梅镇主编:《比较外资法》,武汉大学出版社1993年版,第725～728页;姚梅镇:《国际投资法》(修订版),武汉大学出版社1987年版,第149～151页。

管制员并不事先给予资本回收的保证。有些国家把资本汇回的保证与该项投资是否批准相联系，获批准的投资资本汇回有保证。如巴西法律规定，在中央银行登记了的外国资本可在任何时候汇回本国，就注册资本而言，其汇出无须中央银行事先批准。[42] 我国法律规定，外国投资者若要将外汇资本转移到中国境外，须向国家外汇管理局或其分局申请，从企业外汇存款账户中支付汇出。《外汇管理条例》第22条还规定，依法终止的外商投资企业，按照国家有关规定进行清算、纳税后，属于外方投资者所有的人民币，可以向经营结汇、售汇的金融机构购汇汇出。这就给外资原本的汇出提供了保证。

（3）外籍职工工资的汇出。外籍职工的工资，许多国家法律均允许在纳税后汇出国外，但有些国家也附有某些条件，如须经批准或限额汇出。

有的国家原则上允许自由汇出，但须经批准。如土耳其法律规定，经财政部批准，外籍雇员在缴纳所得税、社会保险费及扣除生活费后，其报酬可按官方汇率，用各自国家的货币自由汇出国外。巴西规定，外国雇员离开巴西，经中央银行批准，可按当时汇率将其所得兑成外币汇出国外，但要有所得税申报表以证明其收入来源。

有的国家则在法律上明确规定限额。如尼日利亚法律规定，外籍雇员可将月收入的25%汇往国外；埃及允许外籍雇员工资的50%汇出；阿富汗允许外籍雇员工资的70%汇往国外。

我国《外汇管理条例》对外籍职工的合法收入的汇出未加限制。这样，外商投资企业外籍职工的工资和其他正当收益，可在依法纳税后汇出。

3. 企业外汇自行平衡

在某些实行外汇管制的国家，特别是本国货币不能自由兑换的国家，外国投资者原本及利润的汇出，还取决于企业是否有可供汇出的外汇。也就是说，企业外汇收支平衡是原本及利润汇出的重要前提。若企业所创外汇不敷支出，就影响外资原本及利润的汇回。前述埃及对利润汇出的规定以及菲律宾对原本汇出的规定就是如此。苏联及东欧社会主义国家也大都采取这种做法，如匈牙利规定，只有当合资企业在其账目中有供此目的使用的可兑换货币时，才能将利润汇出。

（1）实现外汇平衡的途径。首先，出口创汇是实现外汇自行平衡的根本途径。企业生产的产品应部分或大部分出口，争取多创汇。若产品大部内销，不能取得外汇，则必会导致外汇收支的不平衡。各国为鼓励企业产品的出口，通常采取了各种鼓励措施，如在价格、税收、信贷、财政、物资供应和行政服务等方面给予优惠。其次，尽可能地减少外汇支出。这主要是应尽可能利用当地原料和零部件等物资，提高产品国产化程度，减少进口物资的外汇支出；在劳动雇用上，应优先雇用当地职工，减少工资的外汇支出；等等。

（2）外汇不能自行平衡时的补救措施。外国投资企业若以内销为主或出口创汇少，发生外汇不平衡时，为了保证外国投资者利润等收益的汇出及企业的正常经营，就须采取一些适当的补救措施。在这方面，我国以前曾采取多种解决外商投资企业外汇平衡的办法，

---

〔42〕 姚梅镇主编：《比较外资法》，武汉大学出版社1993年版，第730～732页；姚梅镇：《国际投资法》（修订版），武汉大学出版社1987年版，第151～153页。

如在一定条件下纳入国家用汇计划、企业间相互调剂、综合补偿、扩大外汇结算范围、人民币利润再投资等。这些措施对解决企业外汇平衡起了积极的作用,但不能从根本上解决问题。《外汇管理条例》(2008 年修订)规定,国家对经常性国际支付和转移不予限制;境内机构的经常项目用汇,按国务院外汇管理部门关于付汇与购汇的管理规定,持有效单证以自有外汇支付或者向经营结汇、售汇业务的金融机构购汇支付。这就实现了人民币有条件的兑换,从而有效地解决了多年来未能解决的外商投资企业外汇自行平衡的问题,进一步改善了我国的投资环境。

综上所述,外汇管制的实施导致外汇风险的存在,资本输入国为了减少或避免外国投资者的外汇风险、吸引外资,就须对外资利润和原本的汇出给予保证,而在外汇管制的前提下提供的保证大多是有条件的。允许外资利润和原本有条件的汇出虽说是对外资的一种限制,但在外汇管制合法性的前提下无疑又是一种保证。通过有条件的汇出保证,东道国不仅可以达到保护外资的目的,而且有助于维护本国国际收支平衡,引导外资举办出口型、先进技术型企业,促进本国经济健康发展。

(三)其他保护措施

我国新《外商投资法》在外资保护方面还根据中国国情作出特殊规定。这主要包括:

第一,强化对制定涉及外商投资规范性文件的约束。政府及其有关部门制定涉及外商投资的规范性文件,应当符合法律法规的规定;没有法律、行政法规依据的,不得减损外商投资企业的合法权益或者增加其义务,不得设置市场准入和退出条件,不得干预外商投资企业的正常生产经营活动。

第二,促使地方政府守约践诺。地方各级人民政府及其有关部门应当履行向外国投资者、外商投资企业依法作出的政策承诺以及依法订立的各类合同,不得以行政区划调整、政府换届、机构或者职能调整以及相关责任人更替等为由违约毁约;因国家利益、社会公共利益需要改变政策承诺、合同约定的,应当依照法定权限和程序进行,并依法对外国投资者、外商投资企业因此受到的损失予以公平、合理的补偿。该法所称的政策承诺,是指地方各级人民政府及其有关部门在法定权限内,就外国投资者、外商投资企业在本地区投资所适用的支持政策、享受的优惠待遇和便利条件等作出的书面承诺。当然,政策承诺的内容应当符合法律、法规规定。

第三,建立外商投资企业投诉工作机制。投诉工作机制可及时处理外商投资企业或者其投资者反映的问题,协调完善相关政策措施。外商投资企业或者其投资者认为行政机关及其工作人员的行政行为侵犯其合法权益的,可以通过外商投资企业投诉工作机制申请解决;依据投诉规定申请协调解决有关问题的,不影响其依法申请行政复议、提起行政诉讼。

二、对外国投资的鼓励与优惠

各国外资法在注重保护外国投资的安全和利益的同时,还对外国投资采取各种鼓励措施,如对重点吸引外资的产业给予税收优惠和其他优惠,建立经济特区等。

(一)税收优惠

税收优惠是一国依法给予外国投资的税收减免和从低税率征税。世界各国均把税收优惠作为吸引外资,以及实现特定发展目标的重要工具。

1. 发展中国家的税收优惠

从发展中国家来看,各国为了实现本国经济社会目标,通常按照产业政策、技术政策、地区发展政策等,有重点、有选择地给予不同的税收优惠,以引导外资的流向。

(1)对优先发展行业和先驱企业给予优惠。有些国家根据本国经济发展的优先次序,对优先发展行业中的外国投资给予特别的优惠。如印度尼西亚外资法规定,如投资于政府认为特别优先的领域,可延长免税期。投资局还公布了外国投资领域的《优先顺序表》,每年公布一次,并定期调整。《马来西亚投资鼓励法》规定,具有先驱地位的企业可享受特别优惠。先驱企业就是国家经济发展亟须的企业,所给予的优惠以免税期为主,兼以其他补助。菲律宾将投资的优先行业还分为三类:先驱行业、非先驱行业以及先驱/非先驱行业,先驱行业不仅享有所有给予非先驱行业的优惠,而且还享有所得税以外的其他税收的减免和关税保护。

(2)按产业政策给予优惠。国家的各个产业部门在国民经济发展中的地位、作用和发展程度是不一样的,因此,许多国家依据各个产业部门在其国民经济中的地位和作用,在税收上区别对待。国家一般鼓励生产性投资,而对非生产性投资的税收鼓励少。至于具体给哪些产业部门以税收优惠,视各国具体情况而异。有些国家对采矿业给予优惠,如智利、印度尼西亚、墨西哥等。智利规定,矿业公司可以以降低 2% ~4% 的比率缴纳所得税。许多国家对投资于农业的外资企业给予优惠,如沙特阿拉伯对农业企业给予 10 年免税期。巴西、加纳、印度、肯尼亚、马来西亚、尼日利亚、伊朗等国均对农业给予优惠。另有许多国家,如巴西、摩洛哥、墨西哥、马来西亚、象牙海岸等,对旅游业给予优惠。此外,还有些国家对其他行业给予优惠,如墨西哥、智利、肯尼亚和加纳对石油和化工业,巴西和智利对林业,巴西和加纳对渔业,智利对海运业,象牙海岸、加纳和墨西哥对建筑和不动产业等,分别给予税收优惠。

(3)按地区发展政策给予优惠。许多国家为了加速某些地区特别是落后地区的经济发展,对在这些地区的投资给予更多的优惠。例如,巴西规定,在亚马逊地区和东北地区投资的企业分别免纳联邦所得税 20 年和 15 年。墨西哥按经济发展的不同程度,将全国划为 3 个地区,各个地区的税收优惠幅度不同,而且每一个地区又划分为两类,两类的税收优惠也不同。

(4)对出口型企业给予优惠。为了改善国际收支状况,扩大出口收汇,发展中国家一般对出口型企业提供特别优惠。如新加坡规定,对产品出口的新兴工业,自生产之日起免税 8 年,如果产品不出口,免税期限只有 5 年;非新兴工业一般无免税优待,但如该企业产品出口,则可享受 5 年免税期。埃及 1974 年第 43 号法令规定,企业若将产品出口,免税期可以从原来的 5 年延至 8 年。

(5)对利润再投资给予优惠。利润再投资可用于本企业的扩大再生产或投入新建企业,形成利用外资的良性循环,还可因延迟利润汇出而减轻对本国国际收支的不利影响,因此,许多国家对利润再投资给予税收优惠。如菲律宾规定,首创企业、优先企业以及生产出口商品企业将未分配的利润扩大再投资,可以减税 25% ~100%。巴西规定,外国公司利润再投资于扩充工场设备的,可以减税5年。

(6)按就业政策给予优惠。有些国家对能够为本国国民提供较多就业机会的外国投资企业给予优惠。如1966年《马来西亚投资鼓励法》规定,按照雇用职工人数确定免税的年限,雇用职工50~100人的,免税期为2年;101~200人的为3年;201~350人的为4年,351人以上的为5年。塞内加尔规定,如投资总额在2亿非洲金融共同体法郎和为塞内加尔人提供50个工作岗位,或者仅仅提供100个工作岗位,就可以享受投资法典所规定的优惠。

此外,有些国家依据其经济政策和经济发展目标对其他特定的外国投资给予特定的税收优惠。例如,新加坡、乍得、摩洛哥、马来西亚等国对大额外国投资给予更多优惠。新加坡规定,投资10亿美元以上的出口企业,出口免税期可长达15年。有些国家对外国投资者提供的技术给予优惠,对因提供技术而取得的技术劳务费给予减免税。许多国家在一定条件下对外国投资企业进口的机器、设备、原材料等减免进口税。还有的国家外资法为避免税负不稳,对被批准的外国投资的所得税率,在一定期间内予以冻结等。[43]

2. 我国对外国投资的税收优惠

我国同许多发展中国家一样,依据我国的经济政策和发展目标,对外国投资曾给予各种形式的税收优惠。我国改革开放后较长时期在所得税法方面是实行双轨制,外商投资企业与内资企业适用内外有别的所得税法,并对外商投资企业提供了较多的税收优惠,包括企业所得税方面的优惠、预提税方面的优惠、利润再投资优惠、关税方面的优惠、投资于中西部地区的税收优惠等。实践证明,我国关于外商投资企业的税收优惠政策对改革开放、吸引外资、促进发展发挥了重要作用。但是,随着我国社会主义市场经济体制初步建立,特别是加入世界贸易组织后,国内市场对外资进一步开放,内资企业也逐渐融入世界经济体系之中,继续采取内资、外资企业不同的税收政策,必将影响统一、规范、公平竞争的市场环境的建立。为公平对待内、外资企业,我国就必须将内、外资企业所得税法并轨,统一税负和税收待遇,使内、外资企业在公平的基础上竞争。

2007年3月16日,为各界广泛关注的内、外资企业所得税法并轨的《企业所得税法》由第十届全国人民代表大会第五次会议通过,并于2008年1月1日起施行。企业所得税改革的指导思想是:根据科学发展观和完善社会主义市场经济体制的总体要求,按照"简税制、宽税基、低税率、严征管"的税制改革原则,借鉴国际经验,建立各类企业统一适用的科学、规范的企业所得税制度,为各类企业创造公平的市场竞争环境。

参照国际通行做法,该法体现了"四个统一",即内、外资企业适用统一的企业所得税法,统一并适当降低企业所得税税率,统一和规范税前扣除办法和标准,统一税收优惠政策,实行"产业优惠为主、区域优惠为辅"的新税收优惠体系。

该法将内、外资企业的所得税率统一为25%。[44] 采取这一税率的主要考虑是:对内资

---

〔43〕 UNCTC, *National Legislation and Regulations Relating to Transnational Corporations*, 1983, ST/CTC/26/Corr. 1, p. 29 - 34.

〔44〕 在此之前,内资企业和外资企业所得税税率均为33%。同时,《企业所得税法》对一些特殊区域的外资企业实行24%、15%的优惠税率,对内资微利企业分别实行27%、18%的二档照顾税率等,税率档次多,使不同类型企业名义税率和实际税负差距较大。

企业要减轻税负,对外资企业也尽可能少增加税负,同时要将财政减收控制在可以承受的范围内,还要考虑国际上尤其是周边国家(地区)的税率水平。采取25%的税率,在国际上是适中偏低的水平,有利于提高企业竞争力和吸引外商投资。为扶持小企业发展,促进就业,参照国际通行做法,该法对符合规定条件的小型微利企业实行20%的照顾性税率。

该法借鉴国际上的成功经验,对现行税收优惠政策进行适当调整,将现行企业所得税以区域优惠为主的格局,转为以产业优惠为主、区域优惠为辅、兼顾社会进步的新的税收优惠格局。具体来说,该法采取四种方式对现行的各种税收优惠进行了整合。一是"扩大"。对国家需要重点扶持的高新技术企业实行15%的优惠税率,将这一低税率优惠扩大到全国范围;将环保、节水设备投资抵免企业所得税政策扩大到环保、节能节水、安全生产等专用设备;新增了对创业投资机构、非营利公益组织等机构的优惠政策。二是"保留"。保留对港口、码头、机场、铁路、公路、电力、水利等基础设施投资的税收优惠政策;保留对农、林、牧、渔业的税收优惠政策。三是"替代"。用特定的就业人员工资加计扣除政策替代现行劳服企业直接减免税政策;用残疾职工工资加计扣除政策替代现行福利企业直接减免税政策;用减计综合利用资源经营收入替代现行资源综合利用企业直接减免税政策。四是"取消"。取消生产性外资企业定期减免税优惠政策,以及产品主要出口的外资企业减半征税优惠政策。通过以上整合,该法确定的税收优惠的主要内容包括:促进技术创新和科技进步、鼓励基础设施建设、鼓励农业发展及环境保护与节能、支持安全生产、促进公益事业和照顾弱势群体,以及自然灾害专项减免税优惠政策等。

为使新旧税法平稳接轨和过渡,缓解新税法出台对部分老企业增加税负的影响,该法采取了过渡期的做法。即对新税法公布前已经批准设立并依照当时的税收法律、行政法规规定享受低税率和定期减免税优惠的老企业,给予过渡性照顾。具体内容包括,按原税法规定享受15%和24%等低税率优惠的老企业,在新税法实施后5年内可享受低税率过渡期照顾。按原税法规定享受定期减免税优惠的老企业,新税法实施后可以继续享受尚未享受完的优惠。

3. 税收优惠的作用

必须肯定,税收优惠具有鼓励外国投资、引导外资流向的重要作用。对于外国投资者来说,税收直接关系或影响其利益,税轻利厚、税重利薄。因此,税收优惠是吸引或刺激外国投资的重要因素之一,许多发展中国家均采取税赋从轻、优惠从宽的优惠政策,并将其作为构成外资法的重要内容。实践上,不少国家通过税收优惠取得了吸引外资的实效。同时,通过各种形式的税收优惠,资本输入国可以引导外资投入本国拟优先发展的行业部门或地区,促使本国经济的健康发展。

但是,对税收优惠的作用,要作适当的估量,如认为税收优惠对吸引外资具有决定性的或主要的作用,是不符合实际的。实际上,构成投资环境的因素很多,税收只是其中一个重要因素而已。外国投资者在东道国能否取得预期利润,取决于多种因素,如政治环境、经济环境等,这些因素通常关系投资者有利无利,甚至投资安全的根本问题,而税收只涉及利多利少的问题。因此,若投资环境的其他重要条件解决得不好,税收优惠再多,也不能起到吸引外资的作用。此外,税收优惠的作用,还要受到资本输出国税收饶让制度的制约。若投资者本国不对投资者所得因东道国给予的税收减免而未缴纳的税款视同已纳税款给予抵免，则外国投资者就不能从东道国的税收优惠中得到实惠，实际上只是资本输入国把自己应征收的税款拱手让给资本输出国去征收，形成国家间国库收入的转移，从而也不能真正起到鼓励外国投资的实际效果。所以，资本输入国外资法中给予的税收优惠，还需要通过国家间安排才能实现其目的。[45]

还须注意的是，美国对税收优惠持否定态度，认为税收优惠会在外国投资者间造成差别待遇，扭曲国际贸易，而且，税收优惠的后面隐藏着对外资施加的“履行要求”，这种履行要求会造成对国际贸易的扭曲。

(二)其他鼓励与优惠

许多国家对外国投资除给予税收优惠外，还给予其他不同形式的优惠，如财政补贴、资金援助、融资信贷优惠以及管理上的方便等。

1. 财政补贴、资金援助

有些国家对特定的外国投资给予财政补助。例如，加拿大规定，凡在特定地区从事投资，有利于促进该地区经济健康发展者，可按不同地区及事业的优先顺序，对补助对象的调查费给予30%~37.5%的补助，对其设立资金可给予17.5%~30%的补助。新加坡规定，对新产品、新制造方法的开发和既存产品、既存制造方法的改良、改进实行补助，经认可的项目的直接费用，由政府补助50%，但受此次补助的企业，其股东半数以上须为新加坡公民或永久居住者。荷兰对特定开发地区的投资给予特别奖励金，经营事业的企业，还可申请开发补助金。其他发达国家如英国、日本、德国、法国等针对某些开发地区及先进型企业投资，均有不同形式的资金援助。

此外，降低外国投资企业的费用，实际上也是财政补贴的另一种形式。外国投资企业从事生产经营必然要支付经营费用，如场地使用费、水、电、交通、公共设施等费用，对这些费用予以优惠、合理收取，可以降低成本、提高利润，起到鼓励投资的作用。因此，有些国家也给予外国投资企业以各种费用的优惠。[46]

2. 信贷融资优惠

信贷融资优惠，一般是对外国投资企业提供长期低息贷款、无担保贷款、发放利息津贴等。例如，新加坡政府对有利于促进产业发展做出贡献的投资项目，给予长期低息贷款；凡经政府认定为基础工业的企业贷款，可申请从政府得到4.5%的利息补贴。比利时对从民间机构、政府机构或国际信用协会所取得的贷款的利息，予以补贴，其补贴依投资项目的性质、种类及相关法规而不同，可分为三种情况：(1)对设立在区域Ⅰ的公司，未超过固定资产投资额75%的融资金额可补贴利率的5%的利息，补贴期限最高为5年；(2)对经济不发达的开发地区，可追加补贴利率2%的利息，补贴期限可再延长2年；(3)对重要的新技术或尖端技术的投资项目可再补贴1%的利息。加拿大对经批准的特定项目，可视情况提供贷款

---

〔45〕 姚梅镇:《国际投资法》(修订版),武汉大学出版社1987年版,第158~159页;高尔森:《关于吸引外资中的税收优惠问题》,载《南开学报(哲学社会科学版)》1985年第1期。

〔46〕 姚梅镇:《比较外资法》,武汉大学出版社1993年版,第887~891页。

和贷款担保。荷兰、日本、英国等发达国家均提供此种优惠。[47]

3. 其他优惠鼓励措施

除上述优惠措施外，许多国家还有其他形式的鼓励措施。例如，(1)简化审批程序，为外资入境提供方便。许多国家注意在管理程序上精简审批机构，减少中间环节，简化审批手续，缩短审批期限。有的国家采取“一条龙机构”，一步到位的审批程序。(2)在土地使用上提供优惠。如在泰国的外国投资如属于优先行业投资或外国拥有51%股份投资的企业，可以拥有土地，其他外国投资企业不能拥有土地，但可以长期租赁土地，为期可达30年。有的国家对不发达地区的投资，提供低价或低租金土地，并改善基础设施；等等。[48]

这三种优惠措施中，前两种措施主要是发达国家采用的。发达国家一般较少对外资给予税收优惠，主要是通过财政、信贷方面给予优惠以鼓励外资。但有些发展中国家在对外资给予税收优惠的同时，还兼采其他优惠措施。

我国《外商投资法》关于投资促进方面还作出了其他一些新的规定。该法第14条规定，国家根据国民经济和社会发展需要，鼓励和引导外国投资者在特定行业、领域、地区投资。外国投资者、外商投资企业可以依照法律、行政法规或者国务院的规定享受优惠待遇。第18条进一步规定，县级以上地方人民政府可以根据法律、行政法规、地方性法规的规定，在法定权限内制定外商投资促进和便利化政策措施。根据该法实施条例的规定，县级以上地方政府法定权限内的外资促进和便利化政策措施包括：费用减免、用地指标保障、公共服务提供等方面的政策措施。

(三)经济特区的投资鼓励与优惠

1. 经济特区的概念与特征

经济特区是一个国家或地区所划出的一定范围的区域，对该区域的对外经济活动采取更为开放的特殊政策，提供更为优惠的措施，实行特殊的管理办法，以吸引外资和技术，扩大外贸，促进本地区和本国的经济发展。其名称繁多、类型各异，如自由贸易区、自由关税区、出口加工区、科学工业园、自由边境区等。

经济特区是随着商品经济、国际贸易、投资的发展而发展起来的。其最初的形式是自由港或自由贸易区。传统的自由港或自由贸易区主要是以国际贸易为中心的，即在关境之外划出一块地方，允许外国商品免税自由进出该区，以方便外国商品进出，发展转口和对外贸易。“二战”后，特别是20世纪60年代后，新型的经济特区如出口加工区等，迅速发展起来。出口加工区是自由贸易区和工业区的结合体，兼具工业生产和出口贸易两种功能，且以工业生产为主。其主要目的在于吸引外资和先进技术，利用本国劳动力，发展面向出口的加工工业，扩大出口，增加就业机会和外汇收入，促进本地区和本国经济的发展。到80年代，世界经济特区的发展又出现新的趋势，综合型和高科技型经济特区崛起，标志着经济特区进入了新的发展阶段。

世界各国各类经济特区，一般都有如下特征：(1)特殊的地位。经济特区是在该区内实

---

〔47〕 姚梅镇：《比较外资法》，武汉大学出版社1993年版，第891～892页。

〔48〕 姚梅镇：《比较外资法》，武汉大学出版社1993年版，第892～893页。

行特殊的经济政策的区域,是以获取一定的经济利益为目的的。因此,经济特区不是特殊的行政区域,不是政治特区,它仍是在设立国主权统治之下,受设立国管辖。(2)特殊的优惠。给予经济特区以特殊优惠,是设立经济特区的核心内容。这种优惠范围广泛,通常包括行政管理方面的优惠、经济方面的优惠、法律方面的优惠等。(3)特殊的管理。为确保能在经济特区内实行特殊政策和特殊优惠,通常要把特区与其他区域隔离开来,特区内外的人员物资不能自由流动。同时,特区还实行不同于其他区域的管理体制,通常具有较大的自主权。

我国自改革开放以来,已设立了深圳市、珠海市、汕头市、厦门市和海南省5个经济特区,还设立了一些经济开发区。这些经济特区是我国的"窗口",引进先进技术、管理和知识,体现和传播我国的对外开放政策,增加出口创汇,带动全国经济的发展。我国的经济特区具有多功能综合性的特点,如深圳市已发展成为一个集工业、农业、贸易、科技、金融、房地产、旅游为一体的综合型经济特区。在经济特区内,我国对其实行特殊的经济政策和特殊的经济管理体制,主要表现在:其经济发展主要靠吸引和利用外资,特区经济是在社会主义国家领导和管理下,以三资企业为主,多种经济并存的综合体;特区的经济活动以市场调节为主;特区政府在管理上有较大的自主权;对外国投资予以特殊的优惠和便利。

2013年8月,国务院正式批准设立了中国(上海)自由贸易试验区,这是我国在新形势下推进改革开放的重大举措,对加快政府职能转变、积极探索管理模式创新、促进贸易和投资便利化,为全面深化改革和扩大开放探索新途径、积累新经验,具有重要意义。上海自由贸易试验区的主要任务是:按照先行先试、风险可控、分步推进、逐步完善的方式,把扩大开放与体制改革相结合,把培育功能与政策创新相结合,形成与国际投资、贸易通行规则相衔接的基本制度框架,特别是探索建立以负面清单管理为核心的投资管理制度、以贸易便利化为重点的贸易监管制度、以资本项目可兑换和金融服务业开放为目标的金融创新制度、以政府职能转变为核心的事中事后监管制度,形成与国际投资贸易通行规则相衔接的制度创新体系。此后,2014年12月,国务院决定成立中国(广东)自由贸易试验区、中国(天津)自由贸易试验区、中国(福建)自由贸易试验区3个自由贸易区;2017年3月,国务院又批复成立中国(辽宁)、中国(浙江)、中国(河南)、中国(湖北)、中国(重庆)、中国(四川)、中国(陕西)7个自由贸易区;2018年国务院批复设立中国(海南)自由贸易试验区;2019年批复同意设立中国(山东)、中国(江苏)、中国(广西)、中国(河北)、中国(云南)、中国(黑龙江)6个自由贸易试验区;2020年国务院又印发了中国(北京)、中国(湖南)、中国(安徽)自由贸易试验区总体方案。这些自由贸易试验区在加快政府职能转变、扩大投资领域开放、推动贸易转型升级、深化金融开放创新、带动区域协同发展和经济转型发展等方面,发挥示范引领作用。新《外商投资法》规定:国家根据需要,设立特殊经济区域,或者在部分地区实行外商投资试验性政策措施,促进外商投资,扩大对外开放。

2. 经济特区对外资的鼓励与优惠措施

各国出口加工区或经济特区对外国投资的鼓励和优惠措施,主要有如下几种:

(1)税收优惠。主要包括减免所得税、进出口关税及其他税收。有些国家减免经济特区内企业的所得税。如加纳规定,在出口加工区经营的企业在起初10年免缴所得税。马来西亚规定,在出口加工区,凡投资规模大、能大量提供就业机会、使用当地原材料的企业,可获得较长时间的免税期。我国以前也规定,设在经济特区的外商投资企业,在经济特区设立机构、场所从事生产经营的外国企业和设在经济技术开发区的生产性外商投资企业,减按15%的税率征收企业所得税。设在沿海经济开放区和经济特区、经济技术开发区所在城市的老市区的生产性外商投资企业,减按24%的税率征收企业所得税。但根据2008年1月1日施行的《企业所得税法》,该税收优惠已经被取消了。

有些国家对经济特区内企业减免进出口税。埃及、马来西亚、墨西哥、菲律宾、沙特阿拉伯等国对出口加工区内企业不征进口税。另外有些国家,如加纳、墨西哥、菲律宾、韩国等,对出口加工区的出口产品不征出口税,有的国家是大幅度减少出口税。

(2)财政优惠。这主要是对出口加工区的投资项目提供的特别补助或补贴。如菲律宾就对出口加工区企业给予投资补助。加纳对出口加工区的建筑和设备投资给予资本津贴。在沙特阿拉伯,政府对工业港口的企业提供沙特工业发展基金会的无息贷款,最高可达投资总额的50%。印度允许金融机构向出口加工区投资企业提供特别贷款。

(3)简化行政手续。各国通常注意改善出口加工区的管理程序,提高工作效率,给外国投资者提供各种便利。例如,简化投资审批程序,简化外国人出入境手续和货物进出口手续。我国在这方面也采取了类似的措施。

(4)特殊的政府保证。有些国家对出口加工区的外国投资企业给予更为有力的法律保证,如在经济特区内实行外汇自由,或不实行外汇管制;不对经济特区内的企业实行征收或国有化等。

需要注意的是,以前不少发展中国家将经济增长作为其主要目标,采取各种优惠措施(特别是税收优惠)或放松管制来吸引外资,导致经济发展失衡或背离可持续发展目标。为应对国际经济社会形势的新的发展变化,发展中国家与经济转型国家的外资政策与法制也需要改革。新一代的外资政策与法制应与国家的整体发展战略相衔接,使外资能最大限度地为提升东道国的生产能力建设和国际竞争力做出贡献;应注重投资的质量而不是投资的数量,鼓励“绿色投资”;应确保投资政策与贸易、税收、知识产权、竞争、就业、土地、环境保护、公司治理等政策协调一致,促进国家的全面可持续发展。

第六章　资本输出国对外投资法制

对于资本输出国(投资者母国)来说,本国私人海外直接投资,不单关系投资者的私人利益,而且也关系本国国家利益。私人对外投资对促进本国的经济发展发挥着积极作用,但若疏于管理也会对本国的经济发展、就业等产生消极影响。因此,资本输出国也有一些法律或规定来调整海外私人直接投资。但与资本输入国外资法相比,资本输出国关于海外投资的规定较为分散,是由有关专门法规和有关法律中的某些规定组成的,一般没有一部统一的法律。资本输出国管理海外私人投资的措施主要涉及税收、外汇管理、信息披露等方面的有关规定,而对于有利于本国经济发展的海外投资则主要通过提供贷款与担保,特别是政治风险保险等措施来予以鼓励和支持。

第一节　海外投资的鼓励与管理

一、海外投资的鼓励措施

对于投资者来说,在国外投资的主要目的在于取得外国市场,保证国外原材料或资源的供应,利用国外廉价劳动力,保持其国际竞争实力,获取高额利润。而私人海外投资对其本国也具有积极作用:巨额海外利润汇回有助于增加国家的财政收入,有利于国家的国际收支平衡;开拓国外市场,利用国外的原材料和资源有助于带动和促进本国经济的发展;还有助于发挥本国的经济和技术优势,维护和加强其国际竞争地位。因此,各主要资本输出国现在都采取措施来鼓励海外投资,这些措施主要是税法方面的规定,以及其他一些经济和行政措施。[1]

(一)税收鼓励和保护措施

投资者在国外进行投资,在税收上通常要服从双重管辖权。资本输入国根据属地原则,有权对投资者在本国境内的收入征税,而资本输出国基于属人原则,也有权对本国投资者在海外的收入征税。这样,海外投资者就负担了双重纳税的义务,即使他在东道国享

---

〔1〕 姚梅镇:《国际投资法》(修订版),武汉大学出版社 1987 年版,第 231～237 页。

受了低税率及减免税收的优惠,也仍须向本国纳税。对于资本输出国来说,不解决双重征税的问题,就不足以鼓励海外投资。

为了解决这个问题,资本输出国一般采取两种方式:一是税收抵免,即海外投资者在东道国已纳税款,可以在本国应纳税额中相抵或扣减。许多国家均单方面地用国内立法规定了外国税收的抵免方法。例如,《美国国内收入法》允许纳税人从其在美国应纳税款中扣除外国对该海外企业收入已征收的税额。英国税法也对外国已征收的所得税给予单方面抵免。日本从1962年后,开始对海外投资收入实行税收抵免,并逐步扩大作为税收抵免对象的收入的种类。此外,许多国家还通过签订避免双重征税的双边协定实行税收抵免。二是免税,即承认资本输入国的独占征税权,本国放弃征税权,海外投资者的所得在东道国已纳税款者,在本国免予征税。这主要是欧洲大陆法系国家采用的方法,如法国就实行有条件的免税。

在国际上,大多数国家采用抵免的方法,欧洲有些国家,如法国、比利时、德国、荷兰、奥地利、瑞典等国,都在有关避免双重征税的条约中采用免税的方法。

(二)政府资助与服务

资本输出国通常还对海外投资提供金融与服务支持,这主要包括以下措施:

1. 投资情报服务

一些资本输出国政府通过国家行政机关、国内特别机构或驻外使领馆所设的经济情报中心,向本国私人投资者提供东道国经济情况和投资机会的情报,以便他们做出投资抉择。大多数开发援助委员会成员国先后设立了提供服务的机关,为投资者提供在发展中国家的投资机会。例如,美国以前的的海外私人投资公司(OPIC)就为促进私人投资流入发展中国家,提供一系列投资前服务,如出版投资者信息服务,介绍100多个国家和地区的基本商业、经济和政治情况,以及投资环境和投资机会;建立了投资机会数据库;设立投资交流项目,协助并组织美国投资者代表团到发展中国家调查,同当地人士进行接触,研究投资项目等。日本关于提供投资情报和促进投资活动的机构,是根据特别法设立的通商产业省所属的亚洲经济研究所经济调查部、日本输出入银行的海外投资研究所等。政府的这种投资情报服务,可鼓励私人投资者在海外投资。

2. 资金与技术援助和支持

资本输出国政府对海外私人投资的资助主要体现在下列几个方面:

(1)投资前调查的资助。有些国家在给投资者提供发展中国家投资机会情报的同时,还对与投资计划有关的可行性研究或投资前调查所需资金,予以全部或一部分资助。政府所资助的调查资金,通常为调查费用的50%。投资者在投资项目实现后,应偿还政府资助的费用。澳大利亚、荷兰、新西兰、挪威、英国、美国等,都将这项开支列入国家预算,予以国家财政的保证。

(2)技术援助。开发援助委员会成员国为给海外投资企业培训技术人员,可接受从发展中国家派来的政府后备练习生,其居留期间的费用及旅费,由技术提供国负担,并对训练发展中国家技术人员的培训机构也提供政府津贴。有些国家政府还协助成立本国民间非营利团体,为发展中国家培训经营技术人员,如美国企业团体在国际开发署援助下,成立了“国际经营服务队”,加拿大设立了“加拿大海外经营者服务机构”等。

(3)资金支持。一些资本输出国设立了特别的金融机构,对本国私人投资者的海外投资,以贷款和担保的方式,或建立特别制度、特别基金的方式,予以资助。这些政府设立的公营金融机构有:英联邦开发公司、德意志开发公司、丹麦工业化基金、美国海外私人投资公司、比利时国际投资公司、日本海外经济合作基金等。这些机构主要对本国私人投资者的海外投资项目提供贷款,这种贷款既不需要当地政府的保证,也不需要对贷款提供担保,只要求该资助的投资项目经东道国承认。此外,海外投资保险制也是鼓励海外投资的重要制度,这将在下节详述。

在此方面,最值得关注的新的发展动向是美国新的立法与变化。美国国会 2018 年 10 月 5 日通过的《更好地利用投资促进发展法案》,[2]将原来的 OPIC 与美国国际开发署的开发信贷管理局合并,设立了“美国国际开发金融公司”。该公司是一个政府机构,是美国的开发银行,其目的是调动和促进私营部门资本和技术参与欠发达国家和从非市场经济向市场经济转型的国家的经济发展,以补充发展援助目标,推进美国的外交政策利益。

美国国际开发金融公司为新兴市场的发展提供的支持包括:第一,债务融资,针对美国中小型企业的特定计划,提供期限长达 25 年、高达 10 亿美元的直接贷款和担保;第二,股权投资,直接股权投资可以为致力于创造发展影响的公司提供关键支持;第三,可行性研究,支持分析潜在的项目;第四,投资基金,支持新兴市场私募股权基金,帮助填补投资资金缺口;第五,政治风险保险和再保险,针对货币不可兑换、政府干预和包括恐怖主义在内的政治暴力造成的损失提供高达 10 亿美元的保障;第六,技术援助支持,增加现有项目的发展影响或商业可持续性或开发潜在的项目。

与以前的海外私人投资公司相比,美国国际开发金融公司的主要变化在于,除债务融资外,还可以进行股权投资,其总投资限额为 600 亿美元,是 OPIC 290 亿美元投资上限的两倍多;在技术援助和可行性研究方面,拥有新的工具,使其能够更积极地识别和解决世界各地的发展需求;加强与国务院和美国国际开发署的合作,支持和补充促进发展和美国外交政策的其他美国政府工具;以及注重促进世界最不发达国家的包容性经济增长。

二、海外投资的管理措施

为了确保本国私人海外投资对本国的国际收支和经济发展有利,资本输出国对海外投资也有一些管制性措施。

(一)要求海外投资企业披露信息

为了使政府、社会了解公司的财务状况和经营状况,对其经营情况进行监督,各国公司法、证券法均要求股票上市公司披露情报,向政府和社会公布资产负债表及其他重要商业情报。而在海外投资的公司大多是本国的股票上市公司,它们也必须服从本国的证券法、公司法的规定。例如,根据《美国联邦证券法》规定,公司发行上市证券,必须分别向证

[2] *Better Utilization of Investment Leading to Development (BUILD) Act of 2018*, Pub. L. 115 - 254, div. F, Oct. 5, 2018, 132 Stat. 3485. (22 U. S. C. 9601 et seq.)

券交易委员会和证券交易所注册，发行公司承担连续披露义务，即除在注册申报书中披露有关信息资料外，还须按年度或季度提交财务报告。这一措施有助于政府了解和监督本国海外投资企业的经营状况。

（二）防止海外投资企业逃避税

私人投资者在海外投资时，若不将海外所获利润及时汇回本国，不仅会影响投资者本国的国际收支，而且还会减少本国的财税收入，因此，如何防止海外投资企业逃避税，是资本输出国管制海外投资的一个重要内容。

对于海外投资者来说，他们除了可以采取一般的逃避税措施外，由于其在海外经营的特点，还可以采取一些特殊的措施。例如，利用海外关联企业通过转移定价进行避税；利用在国际避税港设立“基地公司”，并将在避税港境外的财产和所得汇集在基地公司的账户下等方式避税。海外投资者的这些做法显然损害了其本国的财税利益。因此，各国均对此种逃避税行为采取了特别的管制措施。这种措施主要有二：（1）采用“独立交易”原则来确定关联企业间交易的价格。为了防止关联企业滥用转移定价逃避税，许多国家采取独立交易原则，即关联企业间的营业往来，都按照公平的市场交易价格计算，若关联企业人为地抬价或压价，税务机关可依据公平市场价格，予以重新调整并征税。（2）防止利用避税港逃避税收。一些主要的发达国家针对海外投资者利用在避税港设立基地公司逃避税的做法都采取了不同的措施，如英国通过法律制裁阻止基地公司的设立，比利时用禁止非正常的利润转移来制止基地公司的设立，美国则取消延期纳税。其中美国的做法为许多国家所仿效。美国针对海外投资者在国际避税港设立基地公司，集聚利润延迟纳税的做法，《美国国内收入法》“F 分部”规定，美国股东在受控制的外国公司中的利润，尽管并未按股息形式分配，也应计入股东（美国母公司）有关纳税年度的应税所得中征税，不准享受延期纳税待遇。受控制的外国公司，是指美国主要股东所掌握的有表决权的股票总和超过 50% 的外国公司。取消延迟纳税，主要是针对那些在受控的外国公司中持有 10% 以上投票权的美国主要股东的，使他们无法通过在避税港设立基地公司避税获利。

目前国际税收领域取得的重大进展，是由二十国集团（G20）委托经济合作与发展组织（OECD）主导设计的“双支柱”方案获得各国共识。2021 年 10 月 8 日，G20/OECD 包容性框架召开第十三次全体成员大会，136 个辖区就国际税收制度重大改革达成共识，并于会后发布了《关于应对经济数字化税收挑战双支柱方案的声明》。[3]“双支柱”方案中，支柱一突破现行国际税收规则中关于物理存在的限制条件，向市场国重新分配大型跨国企业的利润和征税权，以确保相关跨国企业在数字经济背景下更加公平地承担全球纳税义务。支柱二通过建立全球最低税制度，打击跨国企业逃避税，并为企业所得税税率竞争划定底线。该方案有效地弥补了在现行规则中跨国公司避税的漏洞，对各国完善关于反跨国避税立法具有重要意义。

---

〔3〕《G20/OECD 税基侵蚀和利润转移行动计划》《关于应对经济数字化税收挑战双支柱方案的声明》，载国家税务总局 2021 年 10 月 8 日，http://www.chinatax.gov.cn/chinatax/n810219/n810724/c5169582/5169582/files/关于应对经济数字化税收挑战双支柱方案的声明（中文翻译）.pdf。

(三)其他法律措施

除证券法、公司法、税法的有关规定外，资本输出国其他一些法律对于海外投资的管理也具有重要作用。

有些国家的反托拉斯法或反垄断法对海外投资有重要影响，如《美国反托拉斯法》不仅在域内适用，而且对在美国域外的行为也适用，只要该行为对美国商业产生不利效果。这样，若两个或两个以上的美国公司同时在某外国进行投资建立新的公司，而该公司的生产与销售排除或限制了其他美国公司在美国市场的竞争，就可能会受到《美国反托拉斯法》的追究。海外投资企业间的各种协议和安排，若限制了美国国内或对外贸易，也会因违反《美国反托拉斯法》而受到追究。

进出口管制法对海外投资企业也具有管制作用。有些国家基于国家安全理由，限制本国企业向其些特定国家出口某些高科技的产品或技术，这样，本国投资者在这些国家投资时就不得用这种关键技术作为出资，也不得向所投资的企业转让特定的技术。有的国家关于出口的限制不仅适用于本国公司，同时也适用于该公司在第三国建立的子公司。《美国出口管制法》就有上述限制。此外，各国的进口管理制度对海外投资企业将产品返销本国市场可能也具有限制作用。

外汇管理或政府的金融政策对海外投资也具有重要作用。若国家遇到国际收支平衡严重困难时，就会对海外直接投资以及海外投资贷款予以限制，如英国在“二战”后一段时间内就曾采取这种限制措施。现在一些主要的发达国家虽均相继取消了外汇管制，允许资本自由移动，但也不能排除当有关国家出现国际收支困境时再度实施此种限制的可能性。此外，投资者本国提供的财政优惠措施对于引导海外投资也具有重要意义，这种措施可以鼓励私人投资者在海外从事有利于本国经济的投资活动，而对那些不利于本国经济的投资项目则不予鼓励。例如，若海外投资企业的产品会挤占本国市场，则政府可拒绝向进行此类投资的企业提供政府优惠贷款或风险基金等。

甚至刑法对海外投资也有相当的影响。例如，1977 年通过的《美国国外贿赂行为法》规定，任何人直接或间接贿赂外国政府官员均为违法。该法禁止美国公司将任何财产不计入其账簿或伪造账目，借以掩盖其从事贿赂活动的开支。投资者若通过贿赂东道国政府官员而取得投资项目，则不仅可能受到东道国法律的制裁，而且会受到美国法律的制裁。这对于促使投资者在公平的环境下竞争具有积极意义。〔4〕

第二节　中国对境外投资的管理与鼓励

境外投资是指我国公司、企业乃至个人将资本投向境外地区，包括我国香港特别行政

〔4〕　王贵国:《发展中的国际投资规范》，法律出版社 1988 年版，第 25 ~ 30 页。

区、澳门特别行政区,以及台湾地区。其具体形式包括设立子公司、分公司,建立合营企业,收购外国企业等。

我国从20世纪80年代初就开始对外直接投资。改革开放以来,我国虽以引进外资和技术为主,但同时也有条件地允许国内企业进行对外投资。进入21世纪,我国对外投资增长迅速。据商务部统计,2016年中国对外直接投资净额(以下简称流量)为1961.5亿美元,其中对外非金融类直接投资1812.3亿美元,是全球第二大资本输出国。[5] 2019年中国全口径对外直接投资1369.1亿美元,对外直接投资流量蝉联全球第二,对全球对外投资流量的贡献度连续4年超过10%;中国对外直接投资存量21,988.8亿美元,占全球比重6.4%,存量规模保持全球第三,占全球比重保持稳定。根据联合国贸易和发展会议2021年的世界投资报告数据,中国2020年对外投资总额达1330亿美元,是全球第一大外国直接投资流出国。

我国境外投资的主要特点是:(1)投资涉及的行业从初期的贸易发展到商业服务业、制造业、资源开发、交通运输、工程承包等各个重要领域。2019年中国对外直接投资依然主要流向服务业,当年流向服务业1142.3亿美元,占全部对外投资的83.4%;在制造业的对外直接投资为202.4亿美元,占当年中国全部对外直接投资流量的14.8%。(2)投资地区主要分布在美国、中国香港特别行政区、东盟国家、欧盟国家、澳大利亚、加拿大、俄罗斯以及非洲等,近年来中国企业对"一带一路"沿线国家的投资逐步增长。截至2019年年末,中国对"一带一路"沿线63个国家开展了直接投资,设立企业近1.1万家,累计直接投资1794.7亿美元。(3)国有企业在对外投资中以前占主导地位,但非国有企业近年来对外投资上升较快,与国有企业占比日趋接近。2019年中国对外非金融类直接投资中,公有经济控股企业当年对外直接投资580.9亿美元,占当年对外非金融类直接投资总额的49.7%,接近五成;非公有经济控股对外投资588.3亿美元,占比50.3%。从存量看,截至2019年年末,中国对外非金融类直接投资19,443.5亿美元,国有企业占比50.1%。[6]

我国企业到境外投资是我国对外开放政策的一个有机组成部分,对于我国经济发展也具有重要意义。因为境外投资有利于开发国外资源,弥补我国资源不足;可以扩大我国产品的出口,增加国外市场份额;可以通过产能合作带动国内设备、技术、劳务的出口;还可以学习外国的先进技术和管理经验,掌握信息情报。

为了对境外投资活动进行管理,我国已颁布了一些法规与规章。现行有效的法规与规章包括:国务院1996年1月发布、2008年8月修订的《外汇管理条例》,1996年财政部发布的《境外投资财务管理暂行办法》(部分有效),1999年财政部等部门联合发布的《境外国有资产管理暂行办法》,2011年国有资产监督管理委员会(以下简称国资委)发布的《中央企业境外国有资产监督管理暂行办法》和《中央企业境外国有产权管理暂行办法》,2014年商务部发布的《境外投资管理办法》,2017年12月国家发改委发布的《企业境外投资管理办法》,2017年国资委发布的《中央企业境外投资监督管理办法》等。这些法规与

---

〔5〕 数据来源参见中国商务部网站。

〔6〕 以上数据参见商务部:《中国对外投资合作与发展报告》(2020)。

规章对于我国境外投资的管理发挥了重要作用。

一、境外投资的核准制度

(一)核准的条件

商务部2014年的《境外投资管理办法》和国家发改委2017年发布的《企业境外投资管理办法》对境外投资核准条件作出了规定。

我国政府支持和鼓励有比较优势的各种所有制企业赴境外投资开办企业。这样,凡具有一定国际竞争力(具有资金、技术和经营能力、管理经验和人才等比较优势)的国内企业,都可以赴境外投资。

但是,国家对国内企业境外投资也不是放任不管的,有关机构对境外投资实行核准和备案相结合的管理制度。依据现行规定,商务部对境外投资开办企业(金融业除外)进行核准,凡涉及敏感国家和地区、敏感行业的境外投资,实行核准管理;企业其他情形的境外投资,实行备案管理。国家发改委则对境内企业直接或通过其控制的境外企业开展的敏感类项目实行核准管理,对非敏感类项目实行备案管理。

政府核准机关对于境外投资的核准主要是根据消极标准把握的。商务部规定,国内企业境外投资涉及下列情形的不予核准:危害国家主权、安全和社会公共利益,或违反我国法律法规;损害我国与有关国家(地区)关系;可能违反我国对外缔结的国际条约;涉及我国禁止出口的技术和货物。至于境外投资在经济、技术上是否可行,则由企业自行负责。国家发改委对项目予以核准的条件与商务部的规定大致相同,但另行突出强调"不违反我国有关发展规划、宏观调控政策、产业政策和对外开放政策"。

(二)核准范围与程序

对于境外投资项目和开办企业,我国采取分级核准和备案制。

1. 境外投资项目

2013年12月国务院办公厅曾发布了《政府核准的投资项目目录(2013年本)》,对于境外投资,采取核准与备案相结合的管理方式。

2017年国家发改委发布的《企业境外投资管理办法》规定,对企业境外投资开展的敏感类项目实行核准管理。该办法所称敏感类项目包括两类:涉及敏感国家和地区的项目,以及涉及敏感行业的项目。敏感国家和地区包括:与我国未建交的国家和地区;发生战争、内乱的国家和地区;根据我国缔结或参加的国际条约、协定等,需要限制企业对其投资的国家和地区;以及其他敏感国家和地区。敏感行业包括:武器装备的研制生产维修;跨境水资源开发利用;新闻传媒;以及根据我国法律法规和有关调控政策,需要限制企业境外投资的行业。敏感行业目录由国家发改委发布,目前有效的是国家发改委发布的《境外投资敏感行业目录(2018年版)》。

非敏感项目则实行备案管理。其中,投资主体是中央管理企业(含中央管理金融企业、国务院或国务院所属机构直接管理的企业)的,备案机关是国家发改委;投资主体是地方企业,且中方投资额在3亿美元及以上的,备案机关是国家发改委;投资主体是地方企业,且中方投资额3亿美元以下的,备案机关是投资主体注册地的省级政府发展改革部门。

2. 境外投资开办企业

根据2014年商务部发布的《境外投资管理办法》的规定，商务部和省级商务主管部门按照企业境外投资的不同情形，分别实行备案和核准管理。企业境外投资涉及敏感国家和地区、敏感行业的，实行核准管理；企业其他情形的境外投资，实行备案管理。实行核准管理的国家是指与我国未建交的国家、受联合国制裁的国家。必要时，商务部可另行公布其他实行核准管理的国家和地区的名单。实行核准管理的行业是指涉及出口我国限制出口的产品和技术的行业、影响一国(地区)以上利益的行业。对属于核准情形的境外投资，中央企业向商务部提出申请，地方企业通过所在地省级商务主管部门向商务部提出申请。对属于备案情形的境外投资，中央企业报商务部备案；地方企业报所在地省级商务主管部门备案。

由此可见，在境外投资的核准事项上，商务部和国家发改委通过职能的分工，共同对境外投资的管理发挥作用。不过，从目前两个部门发布的有关规定看，尽管二者在职能上有所区别，但在核准事项和权限分工上仍然存在重叠现象。因此，对于境外投资的核准，还有必要进一步统一和协调。2018年1月18日，商务部、人民银行、国资委、银监会、证监会、保监会、外汇局共同发布了《对外投资备案(核准)报告暂行办法》。该办法在备案(核准)报告信息统一汇总、事中事后监管等方面推出了一系列创新性改革举措，旨在实现对外投资事前、事中、事后全流程的管理。[7]

(三)限制和禁止开展的境外投资

我国企业境外投资为带动相关产品、技术、服务"走出去"，促进国内经济转型发展，深化我国与相关国家互利合作，推进"一带一路"建设和国际产能合作发挥了积极作用，但同时也存在一些问题。一些企业未能准确把握国家"走出去"战略导向，开展境外投资缺乏系统规划和科学论证，盲目决策，后续经营困难，造成较大损失；一些企业将境外投资重点放在房地产等非实体经济领域，不仅未能带动国内经济发展，反而导致资金跨境流出大幅增加，冲击我国金融安全；一些企业忽视投资东道国环保、能耗、安全等标准和要求，引发矛盾和纠纷，既造成经济损失，也损害我国对外形象。为进一步引导和规范企业境外投资方向，促进企业合理有序开展境外投资活动，防范和应对境外投资风险，推动境外投资持续健康发展，实现与投资目的国互利共赢、共同发展，2017年8月18日国务院办公厅转发了国家发改委、商务部、人民银行、外交部联合制定的《关于进一步引导和规范境外投资方向的指导意见》。

该指导意见按"鼓励发展+负面清单"模式引导和规范企业境外投资方向，明确了鼓励、限制、禁止三类境外投资活动。其中限制类和禁止类属于境外投资负面清单模式。

---

[7] 该办法规定的具体举措包括：(1)建立了"管理分级分类、信息统一归口、违规联合惩戒"的对外投资管理模式；(2)明确对外投资备案(核准)按照"鼓励发展+负面清单"进行管理；(3)明确对外投资备案(核准)实行最终目的地管理原则；(4)明确"凡备案(核准)必报告"的原则；(5)明确对外投资事中事后监管的主要方式；(6)明确强化信息化手段开展对外投资管理工作。

1. 限制开展的境外投资

限制境内企业开展与国家和平发展外交方针、互利共赢开放战略以及宏观调控政策不符的境外投资,包括:(1)赴与我国未建交、发生战乱或者我国缔结的双多边条约或协议规定需要限制的敏感国家和地区开展境外投资。(2)房地产、酒店、影城、体育俱乐部等境外投资。(3)在境外设立无具体实业项目的股权投资基金或投资平台。(4)使用不符合投资目的国技术标准要求的落后生产设备开展境外投资。(5)不符合投资目的国环保、能耗、安全标准的境外投资。其中,前三类须经境外投资主管部门核准。

2. 禁止开展的境外投资

禁止境内企业参与危害或可能危害国家利益和国家安全等的境外投资,包括:(1)涉及未经国家批准的军事工业核心技术和产品输出的境外投资。(2)运用我国禁止出口的技术、工艺、产品的境外投资。(3)赌博业、色情业等境外投资。(4)我国缔结或参加的国际条约规定禁止的境外投资。(5)其他危害或可能危害国家利益和国家安全的境外投资。

二、境外投资企业的外汇管理

我国对于境外投资的外汇管理一直比较严格,进入21世纪后逐步放松。

(一)外汇来源管理的放宽

为了确保投资者有可靠的外汇资金来源,有经营境外企业的资金能力,我国以前规定外汇管理部门在海外投资项目审批前对投资者的外汇资金来源进行审查。随着我国外汇储备的增加,国家外汇管理部门逐步放宽了外汇来源审查。根据2008年8月修订后的《外汇管理条例》的规定,境内企业到境外投资所需外汇可使用自有外汇或者向经营结汇、售汇业务的金融机构购汇支付。国家外汇管理局2009年发布的《境内机构境外直接投资外汇管理规定》第4条规定:境内机构可以使用自有外汇资金、符合规定的国内外汇贷款、人民币购汇或实物、无形资产及经外汇局核准的其他外汇资产来源等进行境外直接投资。

(二)境外直接投资前期费用的汇出

境内投资者进行境外投资前,通常会要求及时汇出一定数额的前期资本,用于支付收购境外企业股权或境外资产权益所要求缴纳的保证金,支付境外项目招投标过程中需支付的投标保证金,以及支付市场调查、租用办公场地和设备、聘用人员以及聘请境外中介机构提供服务所需的费用,或其他与境外投资有关的前期费用。如果等到项目核准后才汇出这些前期费用,则很可能会错失投资机会。这在实践中也时有发生。因此,允许前期费用及时汇出,是支持和促进企业海外投资的重要措施。依据2009年的《境内机构境外直接投资外汇管理规定》,境内机构可持规定的材料向所在地外汇局申请向境外汇出前期费用,但一般不得超过境内机构已向境外直接投资主管部门申请的境外直接投资总额(以下简称境外直接投资总额)的15%(含15%)。对于汇出的境外直接投资前期费用确需超过境外直接投资总额15%的,境内机构应当持规定的材料向所在地国家外汇管理局分局(含外汇管理部)提出申请。

(三)利润汇回制度的调整与改革

以前我国外汇储备短缺或不是十分充足,为维护国家的国际收支平衡,对境外投资利润采取了强制汇回制度，包括利润汇回保证金以及利润限期调回等要求。随着我国外汇储备的增加，外汇管理局逐步对此进行了调整和改革。2008 年的《外汇管理条例》第 9 条规定：境内机构、境内个人的外汇收入可以调回境内或者存放境外；调回境内或者存放境外的条件、期限等，由国务院外汇管理部门根据国际收支状况和外汇管理的需要作出规定。2009 年的《境内机构境外直接投资外汇管理规定》则明确规定，境内机构境外直接投资所得利润也可留存境外用于其境外直接投资。国家外汇管理局可以根据我国国际收支形势和境外直接投资情况，对境内机构境外直接投资外汇资金来源范围、管理方式及其境外直接投资所得利润留存境外的相关政策进行调整。

（四）境外投资外汇登记与备案制

根据 2009 年国家外汇管理局发布的《境内机构境外直接投资外汇管理规定》，外汇局对境外直接投资实行外汇登记与备案制度。

境内机构境外直接投资获得境外直接投资主管部门核准后，应持规定的材料到所在地外汇局办理境外直接投资外汇登记。2015 年国家外汇管理局又进一步简化和改进了直接投资外汇登记管理，改由银行依据国家外汇管理局的有关规定和指引，直接审核办理境内外直接投资项下外汇登记，国家外汇管理局及其分支机构通过银行对直接投资外汇登记实施间接监管。境内机构凭境外直接投资主管部门的核准文件和境外直接投资外汇登记证，在外汇指定银行办理境外直接投资资金汇出手续。

此外，若发生规定的情况，境内机构应在规定的期限内持境外直接投资外汇登记证、境外直接投资主管部门的核准或者备案文件及相关真实性证明材料到所在地外汇局办理境外直接投资外汇登记、变更或备案手续，或者办理注销境外直接投资外汇登记手续。

三、境外投资国有资产的管理

在我国境外投资主体中，国有企业占据主导地位，境外投资中国有资产自然占有较大的比重。因此，如何保障国家行使境外投资国有资产产权，维护国家对境外国有资产的合法权益，防止境外投资中的国有资产流失，是我国关于海外投资法制建设的一个重要内容。为加强对境外国有资产的管理、监督，我国从 20 世纪 90 年代开始就相继颁布了关于境外国有资产产权登记、境外投资财务管理、境外国有资产管理等方面的一系列法律法规。

（一）境外国有资产产权登记制度

境外国有资产产权登记，是指国有资产管理部门依法代表国家对境外国有资产进行登记，取得国家对境外国有资产所有权的法律凭证，确认境外机构占有、使用境外国有资产的法律行为。实行产权登记有利于明晰产权关系，维护国家对境外国有资产的合法权益；在东道国法律要求将投资资产以信托的方式登记在个人名义下时，可以防止国有资产辗转流失；还有利于国有资产管理部门准确及时地掌握境外国有资产的增减变化，考评境外企业的经营效益，对其实行有效监督。

对于境外投资国有资产产权登记管理，我国自 20 世纪 90 年代开始就颁布了一系列规定,包括1992年国家国有资产管理局、财政部、国家外汇管理局联合印发的《境外国有资产产权登记管理暂行办法》,以及财政部联合外交部、国家外汇管理局、海关总署1999年发布的《境外国有资产管理暂行办法》等。进入21世纪后,2003年国务院发布了《企业国有资产监督管理暂行条例》(2019年修订),2008年10月,全国人大常委会通过了《企业国有资产法》,2011年6月,国资委发布了《中央企业境外国有产权管理暂行办法》以及2012年4月发布了《国家出资企业产权登记管理暂行办法》。

根据2012年国资委发布的《国家出资企业产权登记管理暂行办法》的规定,国家出资企业、国家出资企业(不含国有资本参股公司)拥有实际控制权的境内外各级企业及其投资参股企业(以下统称企业),应当纳入产权登记范围。拥有实际控制权,是指国家出资企业直接或者间接合计持股比例超过50%,或者持股比例虽然未超过50%,但为第一大股东,并通过股东协议、公司章程、董事会决议或者其他协议安排能够实际支配企业行为的情形。

各级国有资产监督管理机构分别负责本级人民政府授权管理的国家出资企业的产权登记管理。国务院国有资产监督管理机构对地方国有资产监督管理机构的产权登记工作进行指导和监督。国家出资企业负责对其履行出资人职责的企业的产权登记工作进行管理,并向国有资产监督管理机构申请办理企业产权登记。

产权登记分为占有产权登记、变动产权登记和注销产权登记。

履行出资人职责的机构和履行出资人职责的企业有下列情形之一的,应当办理占有产权登记:(1)因投资、分立、合并而新设企业的;(2)因收购、投资入股而首次取得企业股权的;(3)其他应当办理占有产权登记的情形。占有产权登记应包括下列内容:企业出资人及出资人类别、出资额、出资形式;企业注册资本、股权比例;企业名称及在国家出资企业中所处级次;企业组织形式;企业注册时间、注册地;企业主营业务范围;国有资产监督管理机构要求的其他内容。

有下列情形之一的,应当办理变动产权登记:(1)履行出资人职责的机构和履行出资人职责的企业名称、持股比例改变的;(2)企业注册资本改变的;(3)企业名称改变的;(4)企业组织形式改变的;(5)企业注册地改变的;(6)企业主营业务改变的;(7)其他应当办理变动产权登记的情形。

有下列情形之一的,应当办理注销产权登记:(1)因解散、破产进行清算,并注销企业法人资格的;(2)因产权转让、减资、股权出资、出资人性质改变等导致企业出资人不再存续履行出资人职责的机构和出资人职责的企业的;(3)其他应当办理注销产权登记的情形。

企业发生产权登记相关经济行为时,应当自相关经济行为完成后20个工作日内,在办理工商登记前,申请办理产权登记。企业注销法人资格的,应当在办理工商注销登记后,及时办理注销产权登记。

企业申请办理产权登记,应当由履行出资人职责的企业按照填报要求,填写有关登记内容和相关经济行为合规性资料目录,逐级报送国家出资企业,国家出资企业负责对登记内容及相关经济行为的合规性进行审核后,向国有资产监督管理机构申请登记。同一国有资产监督管理机构及其管理的多个履行出资人职责的企业共同出资的企业,由拥有实际控制权的一方负责申请办理产权登记;任一方均不拥有实际控制权的,由持股比例最大的一方负责申请办理产权登记;各方持股比例相等的,由其共同推举一方负责申请办理产权登记。非同一国有资产监督管理机构及其管理的多个履行出资人职责的企业共同出资的企业,由各方分别申请办理产权登记。

(二)境外投资财务管理制度

1996 年财政部就印发了《境外投资财务管理暂行办法》。该办法适用于进行境外投资的机构、部门、国有企业、事业单位以及国家控股的有限责任公司和股份有限公司。其目的是规范境外投资的财务管理,提高境外投资的经济效益,维护国家利益和投资单位的合法权益。该暂行办法明确了投资单位对境外国有资产管理的相应职责,严格控制将国有资产以个人名义进行产权注册,并规定了相关的行政处罚措施。由于有些国家公司法对公司股东身份予以限定,如欧洲有些国家规定,申请注册私人有限公司或一人公司的,只能是自然人,因此我国企业在这些国家设立境外投资企业时只能以自然人名义申报注册。为避免将国有资产以个人名义注册后可能发生财产性质的混淆,《境外投资财务管理暂行办法》第 8 条规定,投资单位经国务院和国务院授权部门批准进行境外投资,如确需将国有资产以个人名义进行产权注册的,必须经省、自治区、直辖市人民政府或中央主管部门批准后,由投资单位(委托人)与境外国有资产产权的注册人(受托人)签定《境外国有资产以个人名义持股委托协议书》或《境外国有资产以个人名义拥有物业产权委托协议书》,并经委托人所在地公证机关公证。否则,一律不得将国有资产以个人名义在境外进行产权注册。以个人名义持有境外国有股份的,应于境外注册产权前,在国内办理委托协议书公证;以个人名义拥有在境外购置的国有物业产权的,应于境外办妥产权注册之后一个月内,在国内办理委托协议书公证。公证文件副本须报主管财政机关和国有资产管理部门备案。这一做法后来在国资委的有关规章中继续得以重申和强调。

随着我国经济实力的增长,国有企业境外投资步伐不断加快,投资规模持续扩大,在保障国家安全、拓展海外市场、获取先进技术和管理经验等方面取得了较好成效。但与此同时,部分企业在境外投资财务管理方面也存在以下突出问题:一是事前决策随意,可行性论证流于形式;二是事中管理薄弱,财务风险管控不力;三是事后监管缺位,对有关决策和执行主体约束不力。为了规范国有企业境外投资财务管理,防范境外投资财务风险,提高投资效益,提升国有资本服务于“一带一路”“走出去”等国家倡议的能力,财政部 2017 年 6 月 12 日印发了《国有企业境外投资财务管理办法》(以下简称《国企境外投资办法》)。

《国企境外投资办法》根据《公司法》《企业财务通则》等规定,在尊重企业产权关系、内部治理结构和经营自主权前提下,明晰各方财务管理职责,同时将财务管理从事中运营和事后监督延伸至前期投资决策和后期绩效评价,有的放矢地对境外投资全过程涉及的重要财务问题作出规范。其内容主要包括以下几个方面:

1. 构建境外投资事前决策合理机制

境外投资事前决策必须考虑财务可行性,对财务尽职调查和可行性研究的形式和内容作出规定,同时强调履行决策职责的书面纪要、申请回避等程序,以利于遏制违规决策和盲目决策等问题。

2. 规范境外投资事中运营财务管理

《国企境外投资办法》对资金管控、成本费用控制、股利分配、外汇业务、财务信息管理、会计资料保存等财务管理事项提出明确要求,以利于增强事中约束。针对境外投资的运营特点,该办法要求投资方在境外法律允许的治理框架内,对境外投资企业(项目)重大财务事项实施管理;对投资规模较大或者对企业发展战略具有重要意义的境外投资企业(项目),投资方要事先在投资协议中做出约定,向其选派具备相应资格的财务负责人或者财务人员,定期分析财务状况和经营成果,及时向投资方报送财务信息,按规定报告重大财务事项,必要时投资方可以对境外投资企业(项目)进行专项审计;投资方要建立健全境外投资企业(项目)台账,反映境外投资目的、投资金额、持股比例(控制权情况)、融资构成、所属行业、关键资源或产能、重大财务事项等情况;企业要重点关注境外投资企业(项目)佣金、回扣、手续费、劳务费、提成、返利、进场费、业务奖励等费用的开支范围、标准和报销审批制度的合法合规性。这类费用管理不善,容易导致国有资产流失,且易招致投资所在国调查。

3. 加强境外投资财务监督

在加强内部监督方面,《国企境外投资办法》要求投资方建立健全对境外投资的内部财务监督制度和境外投资企业(项目)负责人离任审计和清算审计制度;对连续3年累计亏损金额较大或者当年发生严重亏损等重大风险事件的境外投资企业(项目)进行实地监督检查或者委托中介机构进行审计,并根据审计监督情况采取相应措施;对负责人、财务负责人任职时间没有明确要求且相关人员任职满5年的境外投资企业(项目)财务管理情况进行实地监督检查。在外部监督方面,企业要依法接受主管财政机关的财务监督检查和国家审计机关的审计监督。

4. 建立健全境外投资绩效评价机制

国有企业须以集团为单位开展境外投资绩效评价,以利于加强追踪问效。绩效评价结果作为企业内部优化配置资源和相关部门评估"走出去"政策实施效果、制定完善相关政策、进行国有资本注资等行为的重要依据。[8]

(三)境外投资国有资产监督管理制度

为了规范境外国有资产管理,维护境外国有资产的合法权益,保障境外国有资产的安全和保值增值,我国制定了一系列的法律法规与规章。例如,财政部等部门于1999年9月发布了《境外国有资产管理暂行办法》,2008年全国人大常委会通过了《企业国有资产法》,国务院国资委随后针对中央企业境外投资管理,于2011年发布了《中央企业境外国有资产监督管理暂行办法》《中央企业境外国有产权管理暂行办法》,2017年发布了《中央

---

〔8〕 上述内容见财政部《国企境外投资办法》以及2017年8月2日《财政部资产管理司负责人就印发〈国有企业境外投资财务管理办法〉答记者问》,载财政部网,http://zcgls.mof.gov.cn/zhengcejiedu/201708/t20170802_2664203.html。

企业境外投资监督管理办法》等规章。

1. 监管主体及职责

2008 年全国人大常委会通过的《企业国有资产法》对国家出资企业与监管部门的职责作了明确规定。根据该法的规定，国家出资企业是企业的经营人，而国有资产监管机构则依据授权履行出资人职责，以出资人的身份对企业国有资产实施监督管理。2011 年国资委《中央企业境外国有资产监督管理暂行办法》，则进一步明确将履行出资人职责的国资委与作为经营人的企业对境外国有资产的监管职责予以划分。企业是其境外国有产权管理的责任主体，应该依法建立境外国有资产经营责任制，而国资委的职责则是督促、指导企业建立健全境外国有资产经营责任体系；境外企业重大事项应该由作为经营人的中央企业审核决定，而国资委则对企业境外投资、境外国有资产经营管理重大事项，依法行使监督管理权。

2. 产权管理

国资委 2011 年 6 月发布的《中央企业境外国有产权管理暂行办法》以及 2020 年 11 月发布的《关于进一步加强中央企业境外国有产权管理有关事项的通知》，对央企境外国有资产的产权管理进一步予以规范。这主要表现在：(1) 规范了央企的境外国有产权登记。对于央企及其子企业新设境外企业或以并购等方式取得境外企业产权，境外企业名称、注册地、注册资本、主营业务范围等企业基本信息发生改变，境外企业解散、破产或者因产权转让、减资等原因不再保留国有产权的，由中央企业统一向国资委申办产权登记。对于境外投资国有产权依境外企业注册地相关法律规定须以个人名义持有的，该暂行办法第 6 条规定，应由中央企业依据规定作出决定或批准，依法办理委托出资等保全国有产权的法律手续。国资委 2021 年 11 月发布的上述通知进一步强调，中央企业要对其加强对个人代持境外国有产权和特殊目的公司的管理，持续动态管控。严控新增个人代持境外国有产权，确有必要新增的，统一由中央企业批准并报送国资委备案。对于个人代持境外国有产权，要采取多种措施做好产权保护，并根据企业所在地法律和投资环境变化，及时予以调整规范。对于特殊目的公司，要逐一论证存续的必要性，依法依规及时注销已无存续必要的企业。(2) 评估管理。央企以其境内国有产权向境外企业注资或者转让，或者以其拥有的境外国有产权向境内企业注资或者转让，均应聘请具有相应资质的境内评估机构对标的物进行评估，并办理评估备案或者核准。央企的境外企业在境外发生转让或者受让产权，或以非货币资产出资，或非上市公司国有股东股权比例变动、合并分立、解散清算等经济行为时，应当聘请具有相应资质、专业经验和良好信誉的专业机构对标的物进行评估或者估值，评估项目或者估值情况应当由中央企业备案。对国有资产变动进行评估管理，可以有效地防止在资产转让或变动环节的资产流失。(3) 对境外企业产权转让等国有产权变动事项的审核权限、基本程序、转让价格、转让方式、对价支付等作出了具体规定。央企重要子企业由国有独资转为绝对控股、绝对控股转为相对控股或者失去控股地位时，报国资委审核同意；转让产权时要多方比选意向受让方；转让款原则上应一次付清，确需采取分期付款的，受让方须提供合法的担保。对境外国有产权的转让予以规范，无疑也是防止转让环节资产流失的重要措施。此外，该暂行办法还明确了红筹上市公司国有股权管理的基本原则,规范了个人代持境外国有产权、设立离岸公司等事项。

3. 境外投资监督管理

国有资产监督管理机构对国家出资企业履行出资人的监管职责,就是行使股东的权利,对企业的经营管理行使监督管理权。

国资委2017年发布的《中央企业境外投资监督管理办法》规定,国资委按照以管资本为主、加强监管的原则,以把握投资方向、优化资本布局、严格决策程序、规范资本运作、提高资本回报、维护资本安全为重点,依法建立信息对称、权责对等、运行规范、风险控制有力的中央企业境外投资监督管理体系,推动中央企业强化境外投资行为的全程全面监管。中央企业则是境外投资项目的决策主体、执行主体和责任主体。中央企业应当建立境外投资管理体系,健全境外投资管理制度。该办法主要从以下几个方面来加强境外投资监督管理:(1)境外投资监管体系建设。企业应建立健全境外投资管理制度。国资委则根据国家有关规定和监管要求,建立发布中央企业境外投资项目负面清单,建立完善投资监管联动机制,实现对中央企业境外投资活动过程监管全覆盖。(2)境外投资事前管理。主要包括:企业应制订发展规划、境外投资计划等规划和计划;对列入负面清单特别监管类的境外投资项目,国资委要履行出资人审核把关程序;央企要按照经国资委确认的主业,选择、确定境外投资项目,做好境外投资项目的融资、投资、管理、退出全过程的研究论证;央企原则上不得在境外从事非主业投资。(3)境外投资事中管理。即国资委对央企实施中的境外重大投资项目进行随机监督检查;央企应当定期对实施、运营中的境外投资项目进行跟踪分析,针对外部环境和项目本身情况变化,及时进行再决策;央企应建立境外投资项目阶段评价和过程问责制度等。(4)境外投资事后管理。央企在年度境外投资完成后,应当编制年度境外投资完成情况报告;项目实施完成后,企业应当及时开展后评价,形成后评价专项报告;对境外重大投资项目开展常态化审计等。(5)境外投资风险管理。央企应当将境外投资风险管理作为投资风险管理体系的重要内容。强化境外投资前期风险评估和风控预案制订,做好项目实施过程中的风险监控、预警和处置,防范投资后项目运营、整合风险,做好项目退出的时点与方式安排。(6)责任追究。央企违反本办法规定,未履行或未正确履行投资管理职责造成国有资产损失以及其他严重不良后果的,依照有关法律规定,由有关部门追究中央企业经营管理人员的责任。

四、鼓励境外投资的措施

我国对海外投资进行鼓励,是在制定海外投资总体战略的基础上,有选择、有重点地支持我国某些行业和部门的企业"走出去"。国家发改委等部门在2006年发布了《境外投资产业指导政策》,鼓励和支持有比较优势的各类企业对外投资。国家鼓励的境外投资项目包括:(1)能够获得国内短缺以及国民经济发展所急需的资源或原材料;(2)能够带动国内具有比较优势的产品、设备和技术等出口和劳务输出;(3)能够明显提高我国技术研究开发能力,以及能够利用国际领先技术、先进管理经验和专业人才。《境外投资产业指导目录》将资源开发,以及纺织、家电制造等我国已经有比较优势的产业,列入鼓励境外投资产业。2011年9月,商务部与国家发改委等十部委联合发布了《关于促进战略性新兴产业国际化发展的指导意见》，提出要促进对外投资发展，鼓励建立海外生产体系。鼓励新能源、航空航天、新能源汽车、高端装备制造等行业符合条件的企业在国外投资建厂；鼓励生物育种业在海外设立生产示范园区，加强海外推广；支持符合条件的环保企业加强国际合作等。这些表明我国已经重视对境外投资的产业政策导向。

2017 年 8 月国家发改委、商务部、人民银行、外交部又联合发布了《关于进一步引导和规范境外投资方向的指导意见》，明确规定支持境内有能力、有条件的企业积极稳妥开展境外投资活动，推进“一带一路”建设，深化国际产能合作，带动国内优势产能、优质装备、适用技术输出，提升我国技术研发和生产制造能力，弥补我国能源资源短缺，推动我国相关产业提质升级。对于鼓励开展的境外投资，该指导意见也作出了指引：(1)重点推进有利于“一带一路”建设和周边基础设施互联互通的基础设施境外投资；(2)稳步开展带动优势产能、优质装备和技术标准输出的境外投资；(3)加强与境外高新技术和先进制造业企业的投资合作，鼓励在境外设立研发中心；(4)在审慎评估经济效益的基础上稳妥参与境外油气、矿产等能源资源勘探和开发；(5)着力扩大农业对外合作，开展农林牧副渔等领域互利共赢的投资合作；(6)有序推进商贸、文化、物流等服务领域境外投资，支持符合条件的金融机构在境外建立分支机构和服务网络，依法合规开展业务。

为促进和鼓励我国企业境外投资，我国有关部门和机构在金融方面还采取了一些支持和鼓励措施。

(一)境外投资重点项目的信贷、融资与风险保障支持措施

1. 信贷支持

2004 年国家发改委和中国进出口银行共同建立了境外投资信贷支持机制，由中国进出口银行根据国家境外投资发展规划，在每年的出口信贷计划中，专门安排一定规模的信贷资金(以下简称境外投资专项贷款)用于支持国家鼓励的境外投资重点项目。境外投资专项贷款享受中国进出口银行出口信贷优惠利率。[9] 境外投资专项贷款主要用于支持下列四种境外投资重点项目：(1)能弥补国内资源相对不足的境外资源开发类项目；(2)能带动国内技术、产品、设备等出口和劳务输出的境外生产型项目和基础设施项目；(3)能利用国际先进技术、管理经验和专业人才的境外研发中心项目；(4)能提高企业国际竞争力、加快开拓国际市场的境外企业收购和兼并项目。

在中华人民共和国境内注册的企业法人都可以按规定向国家发改委或省级发展改革部门上报项目申请报告，申请使用境外投资专项贷款。由境内投资主体向中国进出口银行提出贷款申请，中国进出口银行就项目使用境外投资专项贷款问题出具意见函，国家发改委或省级发展改革部门对项目进行审核。项目获得核准后，由中国进出口银行对项目的贷款条件进行最终确定。

中国进出口银行对境外投资专项贷款依照有关规定予以审查批准，并视具体情况提供以下支持措施：(1)根据贷款企业信用等级和境外投资项目的经济效益情况授予一定的

〔9〕 国家发展和改革委员会、中国进出口银行《关于对国家鼓励的境外投资重点项目给予信贷支持政策的通知》(发改外资〔2004〕2345 号)。

信用放款额度;(2)对风险小、投资收益稳定且效益较好的项目,可考虑直接对境外项目公司提供贷款,由项目的境内投资主体提供担保和/或以项目形成的资产或其他权益作为抵押;(3)对一些投资期较长的战略性项目,可视情况适当延长贷款期限。

中国进出口银行还可以对拟使用境外投资专项贷款的项目,提供与项目相关的投标保函、履约保函、预付款保函、质量保函以及国际结算等方面的金融服务,并根据境内投资主体和项目情况在反担保和保证金方面给予一定优惠。

2. 融资支持

国家发改委与国家开发银行于 2005 年就加强对境外投资重点项目融资支持有关问题作出了规定。[10] 根据国家境外投资发展规划,国家发改委和国家开发银行拟定年度境外投资重点项目融资支持计划,并由国家开发银行在每年的股本贷款规模中,专门安排一定的贷款资金(以下简称境外投资股本贷款)用于支持国家鼓励的境外投资重点项目扩大资本金,提高融资能力。境外投资股本贷款用于支持的境外投资重点项目与境外投资专项贷款相同。

此外,国家开发银行对境外投资重点项目还提供如下支持和服务:为境外投资重点项目提供大额、稳定的中长期非股本贷款支持;加强与国际金融组织或跨国公司合作,组织国际银团贷款、境外贷款等,协助落实融资方案;提供基础设施、基础产业、支柱产业领域的行业分析、风险评估等服务;提供与项目相关的信用证及国际结算等方面的配套金融服务;提供汇率、利率风险管理等金融衍生工具服务。

3. 风险保障支持

国家发改委还与中国出口信用保险公司共同建立境外投资重点项目风险保障机制。境外投资风险保障机制主要用于支持上述国家发改委与国家进出口银行共同支持的四种境外投资重点项目。境内投资主体均可申请中国出口信用保险公司为其提供境外投资项目风险保障服务。中国出口信用保险公司在国家发改委的宏观指导下,根据境内投资主体的不同需求和投资项目的具体特点提供如下几项服务:(1)利用风险管理专业机构的资源优势,向境内投资主体提供境外经营环境、政策环境、项目合作机会、合作伙伴资质等信息咨询服务;(2)研究分析境外投资具体项目的政治、经济、法律、资源、市场等综合因素,提供项目国别风险评估意见;(3)根据境外投资项目的具体风险特点,研究制定专业、稳健、有针对性的项目风险控制方案;(4)提供境外投资保险服务,承保境内投资主体因征收、战争、汇兑限制和政府违约等政治风险遭受的损失。[11]

此外,国家开发银行也于 2006 年下发了《加大对境外投资重点项目金融保险支持力度有关问题的通知》,[12] 由国家开发银行和中国出口信用保险公司共同建立境外油气、工

---

〔10〕 国家发改委、国家开发银行《关于进一步加强对境外投资重点项目融资支持有关问题的通知》(发改外资〔2005〕1838 号)。

〔11〕 国家发改委、中国出口信用保险公司《关于建立境外投资重点项目风险保障机制有关问题的通知》(发改外资〔2005〕113 号)。

〔12〕 国家开发银行、中国出口信用保险公司《关于进一步加大对境外重点项目金融保险支持力度有关问题的通知》(开行发〔2006〕11 号)。

程承包和矿产资源等项目金融保险支持保障机制,为国家鼓励的重点境外投资项目提供多方位的金融保险服务。其提供的服务包括:为项目提供股本和债务融资支持,以及与项目相关的汇率、利率风险管理等金融衍生工具服务;为项目提供海外投资保险风险保障机制及其他风险规避措施;向企业提供境外经营环境、政策环境、项目合作机会、合作伙伴资质等信息咨询服务;负责项目融资安排和提出风险控制方案,包括组织国际银团贷款、项目融资和结构安排等方式,提供稳定、高效的金融保险支持;为项目提供投资所在国国别风险评估意见。国家开发银行和中国出口信用保险公司重点支持的项目和企业包括:(1)油气、重要矿产资源、原材料、林业等能弥补国内短缺资源的资源开发项目;(2)以资源进行还款担保的基础设施项目和境外生产性项目;(3)能加快开拓和有效利用国际市场及增强国际竞争力的境外资源收购、兼并和工程承包项目;(4)关系政府间双边或多边经济合作的项目;(5)国资委监管的中央直属企业集团、地方大型企业集团和其在境外设立的项目公司等具有资金、技术、管理、品牌优势的实力企业。对于符合要求的项目,国家开发银行将优先考虑提供贷款支持,中国出口信用保险公司将根据项目所在国的具体情况提供年保险费相对优惠的海外投资保险支持。[13]

(二)对民营企业境外投资的引导与鼓励

2012年6月29日国家发改委等13个部门联合印发了《关于鼓励和引导民营企业积极开展境外投资的实施意见》,从大力加强宏观指导、切实完善政策支持、简化和规范境外投资管理、全面做好服务保障和加强风险防范、保障人员资产安全五个方面提出了鼓励和引导民营企业开展境外投资的18条措施。这些措施具体包括:对民营企业境外投资要加强规划指导和统筹协调,做好境外投资投向引导,促进企业提高自主决策水平,指导和规范境外经营行为;落实和完善财税支持政策,加大金融保险支持力度,深化海关通关制度改革;健全境外投资法规制度,简化和改善境外投资管理,改进和完善外汇管理政策;提升经济外交服务水平,健全多双边投资保障机制,提高境外投资通关服务水平,全面提升信息和中介等服务,引导民营企业实施商标国际化战略;健全境外企业管理机制,完善重大风险防范机制,强化境外人员和财产安全保障。[14] 该实施意见是我国首次制定和发布的鼓励引导民营企业开展境外投资的综合性政策文件,对于我国民营企业深入实施"走出去"战略,更好地利用"两个市场、两种资源",加快提升国际化经营水平,具有重要的指导和推动作用。

除了中央国家机关制定的鼓励我国企业海外投资的金融支持措施外,近年来我国一些地方政府也积极制定本地区鼓励对外投资的地方法规和地方政府规章。

五、我国境外投资立法的完善

进入21世纪以后,我国企业海外投资活动发展较快,但有关的立法工作显得较为滞

---

〔13〕 国家开发银行《加大对境外投资重点项目金融保险支持力度有关问题的通知》(开行发〔2006〕11号)。

〔14〕 国家发改委、外交部、工业和信息化部、财政部、商务部、人民银行、海关总署、工商总局、质检总局、银监会、证监会、保监会和外汇局等国务院有关部门联合发布的《关于鼓励和引导民营企业积极开展境外投资的实施意见》。

后。目前对海外投资的管理主要以国务院各部门颁布的规章为依据,而各部门颁布的规章又较零散,缺少配套规定。因此,为完善我国境外投资的立法、加强对境外投资的法律保护,有必要提高立法层次,以法律或行政法规的形式来调整我国的境外投资关系。下面对我国境外投资立法应特别注意处理的问题作一简单阐述。

(一)改革和完善境外投资管理制度

首先,应继续深化境外投资管理体制改革。随着我国经济实力的增长和境外投资的迅速发展,我国的境外投资管理体制改革的步伐也在提速。为适应实际发展的需要,我国须进一步深化体制改革,转变政府职能。例如,目前对境外投资的管理部门主要有国家发改委和商务部等,但若部门分工不明则容易造成政出多门,给企业增加负担,也影响政府效率,因此最好由一个部门专门负责境外投资管理。政府应将国有资产所有者的职能和公共管理职能区别开来,强化其作为公共管理者的职能。

其次,政府应进一步改进监管方式。对境外投资除核准制外,还应加强核准后的监管,实行动态管理。对境外国有资产的监管,要从以监管境外投资项目为对象,转为以监管境内投资主体为对象。政府应加快建立现代企业制度的步伐,完善企业法人治理制度,在国有大中型企业所有者和经营者之间建立必要的约束机制和激励机制,使境内投资主体和其境外企业的负责人能对境外企业的经营和管理承担相应的权利、义务和责任,以保证企业所有者和利益相关者的根本利益。

(二)建立和健全境外投资企业的服务制度

政府应运用其政治优势和信息优势,对企业的境外投资提供服务和指导,建立和完善面向境外投资企业的服务制度。目前特别需要提供下列服务:

第一,提供投资情报服务。对于海外投资者来说,了解东道国的经济发展需要、政策法律规定以及投资环境和投资机会等信息,无疑是克服投资盲目性的重要前提。特别是我国的海外投资企业对国际市场情况不大熟悉,也缺乏海外经营的经验,因而加强政府对海外投资的情报服务更是必要。我国有关部门和机构近些年来已经做了很多工作,向投资者提供有关国家的投资营商环境信息,分析重点国家风险,今后这方面的工作还可以进一步加强。

第二,支持企业做好可行性研究分析。海外投资项目是否成功,事先做好可行性研究十分重要。政府如果在这个环节对企业予以支持,如对可行性研究予以资助,会取得较好的效果。前述美国的国际开发金融公司(以前为海外私人投资公司)的业务之一就是支持企业的可行性研究,这一做法值得借鉴。

第三,提供技术援助。这主要是为海外投资企业培训跨国经营所需要的高素质人才,同时,政府应对本国培训海外投资项目所接受的发展中国家的技术人员的机构提供政府补贴,以支持其较好地完成培训计划。

(三)完善鼓励和保护海外投资的制度

如前所述,我国对企业境外投资已经出台了一些支持和鼓励措施,对促进企业"走出去"发挥了重要作用。但这些鼓励措施也需要进一步改进和完善。例如,目前的金融支持和鼓励措施，存在政出多门、多头管理的现象，这既会增加政府管理部门之间协调的困难，也会导致金融机构之间对境外投资企业的重叠支持，因此应参考和借鉴外国的经验，对海外投资的金融支持实行统一和归口管理，明确企业获得金融支持的实质条件，简化获得金融支持的审批程序。在税收方面，政府应对鼓励性的项目给予税收优惠，同时应完善税收抵免制度和税收饶让制度，避免对境外企业双重征税。

对于境外投资政治风险保险制度也需要进一步加强和完善。对于属于鼓励类的重要的海外投资项目，应通过政治风险保险制度给予有力支持，政府保险公司在因保险事故发生而向投保人赔付后，还要注重代位求偿权的行使，对投资者遭受的损失，代位向投资东道国索赔，以维护投资者和国家的利益。

第三节　海外投资保险制度

海外投资保险制度，是资本输出国保护与鼓励本国私人海外投资的重要的国内法制度。自“二战”后至20世纪70年代，一些主要的资本输出国都相继实施了投资保险制，我国也于2001年后开始实施海外投资保险制度。本节拟对各国投资保险制的基本内容作一综述。

一、海外投资保险制的概念、特征与历史发展

（一）海外投资保险制的概念与特征

海外投资保险制是资本输出国政府对本国海外投资者在国外可能遇到的政治风险提供保证或保险，投资者向本国投资保险机构申请保险后，若发生承保的政治风险，致投资者遭受损失，则由国内保险机构补偿其损失的制度。

从形式上看，海外投资保险制与一般民间保险相类似，即投保者与保险机构订立保险合同，并支付保险费，承保机构则在约定的保险事故发生后向投保者赔偿所受损失。但从实质上看，海外投资保险制是一种政府保证，具有与一般民间保险显然不同的特征：(1)海外投资保险是由政府机构或公营公司承保的，政府承保机构与私营保险公司不同，不是以营利为目的，而是以保护投资为目的。(2)海外投资保险的对象，只限于海外私人直接投资，而且私人直接投资只有符合一定条件才可作为保险的对象。一般来说，作为保险对象的海外投资不仅须经东道国批准，而且还必须对资本输出国经济有利。(3)海外投资保险的范围，只限于政治风险，如征用险、外汇险、战争险等，不包括一般商业风险。(4)海外投资保险的任务，不仅是像民间保险那样进行事后补偿，更重要的是防患于未然。这一任务通常是结合两国间投资保证协定来完成的。[15]

---

〔15〕　姚梅镇：《国际投资法》（修订版），武汉大学出版社1987年版，第239页。

(二)海外投资保险制的历史发展

私人向国外投资会遇到种种风险,如有地震、台风等自然灾害,也有决策失误、经营不善、货币贬值等商业风险,但最令投资者忧虑的是政治风险,亦称非商业风险。

政治风险是指与东道国政治、社会、法律有关的、人为的、非投资者所能控制的风险。所谓“人为的”,主要是指由东道国政府所为行为产生的风险。这些风险主要包括:征收险,即东道国基于国家和社会公共利益的需要,对外资企业实行征用、没收或国有化;转移险,又称外汇险,指东道国基于国际收支困难,实行外汇管制,禁止或限制外国投资者将原投资资本(原本)、利润和其他合法收入从东道国转移出境;战争和内乱险,指东道国发生革命、战争和内乱,使外国投资企业或财产遭受重大损失,以致不能继续经营;迟延支付险,指投资者因投资所产生的到期债权,因东道国停止支付或延迟支付而完全不能得到保证或完全不能受益;违约险,指因东道国政府违约而使投资者无法或无法及时获得司法救济。

政治风险的存在,会严重影响投资者的安全与利益,同时也会影响资本输出国的利益。针对这种风险发生的可能性,为解决海外投资者的顾虑,鼓励其对外投资,并保证其安全与利益,一些主要的资本输出国在“二战”后先后实行投资保证制度。

美国是世界上最早、最广泛实行投资保证制度的国家。1948 年美国根据《对外援助法》实施马歇尔援欧计划,开始创设投资保险制度,当时适用地区只限于欧洲发达国家,保证范围也只限于当地货币不能自由兑换为外汇的风险,几十年来,投资保险制度在担保主体、承保范围、保险对象等方面都有了很大的变化和发展。其投资保证机构原是政府的行政机构,如经济合作署、共同安全署、国际开发署等,后于 1969 年改为“海外私人投资公司”,2018 年又改为“国际开发金融公司”,其承保范围已逐步扩大到多种风险;适用地区逐步扩展到欧洲以外的地区,后来仅限于在发展中国家的投资。

自 20 世纪 60 年代以后,由于国际投资大量涌入发展中国家,为使本国私人投资免受东道国政治风险的影响,一些主要发达国家先后效仿美国实行投资保险制。如日本在 1956 年实行“海外投资原本保险”,1957 年又增加“海外投资利润保险”,1970 年把两种制度融为一体,建立了统一的海外投资保险机构,投资保险制有了很大的发展。此后,德国于 1959 年,法国于 1960 年,丹麦、澳大利亚于 1966 年,荷兰、加拿大于 1969 年,瑞士于 1970 年,比利时于 1971 年,英国于 1972 年分别建立了投资保险制。海外投资保险制已发展成为一项重要的投资保证制度。

我国于 2001 年 5 月经国务院批准组建了中国出口信用保险公司(以下简称中国信保),该公司的主要任务之一是支持中国企业向海外投资,为企业开拓海外市场提供收汇风险保障。其承保的业务是国家风险和买方风险,包括海外投资的政治风险。自此,中国也建立起了海外投资保险制度。据中国信保发布的 2017 年全球投资风险分析报告,2003 年至 2016 年年末,中国信保的海外投资保险承保金额超过 2200 亿美元,年均增幅近 60%。2016 年,中国信保海外投资保险业务全年承保金额 426.5 亿美元。截至 2017 年 10 月末,中国信保在海外投资保险项下累计赔付案件 30 宗,累计支付赔款超过 1 亿美元。2020 年中国信保的海外投资保险业务规模再创历史新高,全年累计承保 625.6 亿美元;承保保单871张(新签保单209张),承保项目覆盖巴基斯坦、印度尼西亚、哈萨克斯坦、越南、老挝等85个国家和地区。

二、保险人

依据各国立法与实践,负责实施海外投资保险业务的有政府机构、政府公司或公营公司等。

(一)政府公司作为保险人

美国是采取这种做法的典型。美国自1948年创设投资保险制,并设立经济合作署管理援外事务及海外投资,后来历经变迁,1952年调整为共同安全署接管投资保证保险业务,1953年为海外事务管理署,1955年为国际合作署,1961年为国际开发署接管投资保证业务。尽管主要机构名称屡经变化,但每次调整改组,后一机构就是前一机构的继承者,承接前一机构就投资保证保险业务所承担的义务和所享受的权利,使投资保证关系稳定化,而且,投资保证承保机构始终是美国政府的一个行政部门。

1969年,由于国际投资市场新的变化,美国再次修订《对外援助法》,设立“海外私人投资公司”,承担美国私人海外投资保证和保险业务。该公司具有公、私两方面的性质,一方面,法律明文规定该公司仍然是“在美国国务院政策指导下的一个机构”,其法定资本由国库拨款;另一方面,该公司作为法人,完全按照公司的体制和章程经营管理,为了实现其宗旨,它可以利用私人信贷和投资,以扩大私人的参股,其董事会也有私人企业界的代表参加。[16]

美国之所以由这种兼具公、私性质的海外私人投资公司主管海外投资保险业务,是因为这可以避免政府与政府之间的直接对抗,公司可以“充当外国政府与美国商行之间的桥梁,使政治性问题,取得商业性解决”。[17] 另外,由于政治风险保险的风险过大,私人保险公司不愿意承保这种业务,因此,海外私人投资公司又必须由政府经营。

2018年《美国更好地利用外资促进发展法》通过以后,海外私人投资公司并入美国国际开发金融公司。该国际开发金融公司设立董事会作为其最高权力机关,由9名董事组成,包括1名由总统在听取参议院意见并经其同意后任命的总裁,4名国务院、国际开发署、财政部、商务部的负责人,以及4名其他私方董事。国务卿任董事长,国际开发署署长任副董事长。4名私方董事必须由总统分别从参议院和众议院多数党领袖及少数党领袖提出的人选中任命,不得是美国政府的官员或雇员,并应具有相关经验,包括与私营部门、环境、劳动组织或国际开发相关的经验,以执行公司的宗旨;每届任期3年,可连任一届。

美国国际开发金融公司的业务范围比以前的海外私人投资公司更为宽泛,但对美国海外投资者提供政治风险保险与再保险仍然是其主要的业务之一,承接原来的海外私人投资公司的业务。除美国外,澳大利亚等国也都设政府公司来承保海外投资保险业务。

---

〔16〕 姚梅镇:《国际投资法》(修订版),武汉大学出版社1987年版,第250~252页。

〔17〕 陈安:《美国对海外投资的法律保护及典型案例分析》,鹭江出版社1985年版,第19页。

(二)政府机构作为保险人

有的国家由政府机构承保海外投资政治风险,如美国在1969年以前是由政府机构作为承保者,现在日本等国仍采用此种做法。

日本是由通商产业省贸易局承办投资保险业务的,该局是一个政府机构,但在财政上具有独立性,其宗旨是担保国际贸易和其他对外交易中其他普通保险者所不能承保的风险,以促进国际经济交往的发展。该局所承担的保险业务除海外投资保险外,还有其他多种风险,如普通出口保险、出口收入险、出口票据风险、出口证券保险、外汇风险保险等。[18]

此外,还有些国家也是由政府机构承保的。如新西兰负责担保出口和投资的政府机关是国家保险署,瑞典则由出口信贷担保委员会负责。

(三)政府与国营或私营公司共同实施保险业务

有的国家由政府与国有公司共同负责承保海外投资政治风险,德国就是如此。

德国于1959年正式建立海外投资保险制度,由两家国有公司经营海外投资保险业务,这两家公司受联邦政府的委托和授权代表联邦政府发表和接受一切有关投资担保的声明,进行为达成这一目标的一切活动。主管审查与批准保险的机关为经济部、财政部及外交部代表所组成的有决议权的委员会及会计审核院和联邦银行代表的咨询委员会,主要审查该投资项目是否值得鼓励,以及对加强德国同发展中国家经济关系有无积极贡献。实际上只有经财政部批准,这两家公司才能承担保险责任。因此,联邦政府是法定保险人,执行则由两家国有公司负责。[19] 德国现行的做法是,政府委托普华永道公司(PWC)和裕利安怡信用保险公司(Euler Hermes)负责处理投资保险的具体事务,普华永道负责咨询和监管,裕利安怡是负责保险的公司,投保是否接受则由政府的部际委员会审批决定。[20] 法国的做法类似于德国,其对外投资保险业务也是由两个机构经营的,即法兰西对外贸易保险公司和法兰西对外贸易银行;而关于投保申请的审查与批准则由经济和金融部部长根据特别的部际委员会的意见决定。

(四)中国的实践

中国出口信用保险公司是从事政策性出口信用保险业务的国有独资保险公司,该公司注册资本为40亿元人民币,资本来源为出口信用保险风险基金,由国家财政预算安排。公司按商业化方式运作,独立核算,保本经营。公司设立董事会、监事会、管理层。海外投资保险是该公司开办的一项政策性保险,不以营利为目的。这种以国有政策性保险公司作为保险人的做法与上述美国的做法相类似。

---

〔18〕 关于日本海外投资保险制度,参见姚梅镇:《国际投资法》(修订版),武汉大学出版社1987年版,第260~270页。

〔19〕 关于德国的海外投资保险制度,参见姚梅镇:《国际投资法》(修订版),武汉大学出版社1987年版,第270~277页。

〔20〕 Kathryn Gordon, *Investment Guarantees and Political Risk Insurance: Institutions, Incentives and Development, OECE 2008.*

三、保险范围

(一)外汇险

外汇险包括货币不能兑换险和转移险,有的国家只承保货币不能兑换险,有的则承保全部外汇险。

根据美国的规定,货币不能兑换险,是指作为被批准投资项目的利润或其他收益,或因投资回收或处分投资财产而获得的当地货币或其他货币,在东道国禁止兑换和转移。该风险发生的原因有多种,如东道国实行外汇管制、停止或限制外汇及政府的作为或不作为,妨碍投资收益的兑换或转移。

日本承保的外汇险既包括不能自由兑换,又包括不能自由转移。日本法律规定,若有下列情况之一,致使日本海外投资者的原本和利润两个月以上不能兑换为外币汇回日本者,均属外汇险:(1)东道国政府实行外汇管制或禁止外汇交易;(2)因东道国发生战争、革命和内乱,无法实行外汇交易;(3)东道国政府对日本投资者各项应得金额实行管制;(4)东道国政府取消对各项应得金额汇回日本的许可;(5)东道国政府对各项所得金额予以没收等。

我国出口信用保险公司也承保汇兑限制险。汇兑限制指投资所在国政府实施的阻碍、限制投资者把当地货币兑换为可自由兑换货币并/或汇出投资所在国的措施,或者使投资者必须以远高于市场汇率的价格才能将当地货币兑换为可自由兑换货币并/或汇出投资所在国的措施。可见,我国承保的汇兑限制险既包括货币不能自由兑换,也包括不能自由汇出。

(二)征收险

征收险一般是指由于东道国政府实行征收或国有化措施,致使投保者的投资财产受到部分或全部损失,则由承保人负责赔偿。

至于何谓征收行为,各国规定不尽相同,其中以美国的规定最为广泛。美国《对外援助法》规定,征收包括但不限于外国政府废弃、拒绝履行及损害其与投资者订立的合同,使该投资项目实际上难以继续经营。但东道国政府的上述行为必须是由不可归责于投资者本人的过错或不当行为所引起的。美国承保机构的保险合同则对征收行为作了更为详细的补充规定:“征收行为”一词,指的是投资项目所在国的政府所采取、授权、认可或纵容给予赔偿或不给予赔偿的任何行动,该行动开始于保险期内,并且直接造成以下后果之一存续长达一年之久:(1)阻碍投资者获得海外美资企业依据有价证券以指定货币支付给投资者的到期款项;(2)阻碍投资者作为股东或债权人有效地行使由于投资而取得的对于海外美资企业的基本权利;(3)阻碍投资者转让有价证券或有价证券所派生的任何权利;(4)阻碍海外投资企业对本企业重要财产的使用和处置实行切实有效的控制,阻碍建设或经营该投资项目;(5)阻碍投资者有效控制在证券方面作为投资收益和资本收益所获得的金额。

从美国的上述规定以及其他国家的有关规定来看,征收行为包括以下内容:(1)征收是东道国政府采取的行为,包括政府采取、授权、批准或纵容的行为,且无论是否给予补偿。(2)征收包括直接征收和间接征收。直接征收一般指直接剥夺财产所有权,而间接征收则一般指对财产所有人使用、占有和处置财产进行无理干涉,从而使所有权人在合理期限内不能使用、占有和处置该财产。上述美国关于征收的定义就将间接征收包括在内,德国征收险包括限制行使所有权造成其效果等同于征收的损失。英国的投资担保合同中也规定了间接征收。(3)征收的对象,一般包括投资者的投资和贷款,以及投资的利润和贷款的利息,不仅包括财产权以及由此产权产生的其他债权,还包括契约权,如美国关于征收的定义就明确包括违约。(4)构成征收险的征收行为一般应持续一年以上。

此外,有的国家规定,在某些情况下,虽具备征收的条件,但不视为征收行为。例如,美国就规定了八种情况:(1)东道国政府正当合理地依据本国宪法所认可的政府方针,颁行某种法律、法令、条例或行政措施,且并非有意实行国有化、没收或征收,并非专横无理,而且按照企业的合理分类加以适用,并未违反公认的国际法原则。(2)投资者或海外投资企业未能在其可控制的范围内采取一切正当合理的措施,包括在东道国依当时可以采用的行政程序和司法程序提起诉讼,以制止或抗议上述行动。(3)根据投资者或海外投资企业自愿达成的协议而采取的行为。(4)征收行为是由于投资者或海外投资企业进行挑衅或煽动而采取的。但投资者下述行为不应认定是挑衅或煽动:第一,根据美国政府的特殊要求而采取的行动;第二,在涉及东道国的诉讼的司法、行政或仲裁程序中善意采取的任何合理的措施。(5)(略)。(6)东道国政府善意的外汇管制行为。(7)东道国政府作为海外投资企业的股东、董事或经理在其职责范围之内行使其权力的任何行为。(8)东道国政府废弃或违反其作为产权投资者向海外投资企业出资的义务。澳大利亚有与美国类似的规定。

我国保险机构承保的征收险是指投资所在国政府采取、批准、授权或同意的对投资实行的强行征用、没收、国有化、扣押等行为。这些行为需持续一段时间,且使投资者无法建立或经营项目企业,或者剥夺、妨碍投资者的权益。可见,这里的征收不仅包括直接征收,也包括间接征收,因为妨碍投资者权益的也构成征收。与美国的做法不同的是,我国承保的征收险中不包括政府违约。政府违约是作为一个单独的险别来加以承保的。

(三)战争与内乱险

战争与内乱险是指由于战争、革命、暴动、内乱、恐怖主义和破坏的结果,致使投资者在东道国的投保财产受到损害,而由承保人负责赔偿。

美国把战争与内乱险“限于个人或集团主要是为了实现某种政治目的而采取的破坏活动所造成的损失”。这就把一般的劳资纠纷、经济矛盾所引起的骚乱冲突风险排除在外。一般恐怖活动或国内轻微骚乱所致的损失,也不属战争与内乱险,除非是出于国内或国际有组织的武装力量的敌对行动对该财产的蓄意破坏。美国现将此险改为政治暴力险,恐怖主义也被纳入此险范围,但投保人也可单独投保恐怖主义险。

战乱所造成的损害,指的是由于战争、革命、暴动或内乱,使投保财产被毁坏、丢失、夺走并扣留,或者战乱中一方为了对付紧急的或预期的敌对行动所采取阻止、抗击或防御行动的直接结果,所造成的投保财产的被毁坏、丧失、夺走或扣留。由此造成的损害,均在赔偿之列,但在战争、内乱与损害之间必须存在直接的、必然的因果联系。

我国承保的战争与内乱险中的战争指投资所在国发生的战争、内乱、恐怖行为以及其他类似的行为,这就将恐怖行为也纳入战争与内乱险内。战争项下的保障包括战争造成的项目企业有形财产的损失和因战争行为导致项目企业不能正常经营所造成的损失。

除上述三种主要的险别外,有的国家还承保其他政治风险。如德国承保延期支付险,英国承保其他非商业风险。我国还承保政府违约险。政府违约是指投资所在国政府非法或者不合理地取消、违反、不履行或者拒绝承认其出具、签订的与投资相关的特定担保、保证或特许权协议等。根据各国的实践,这些非商业风险一般要一并付保,但美国规定也可分险别单独投保。

四、保险对象

这里指的是可作为保险对象的合格的投资。合格的投资不仅投资的形式以及投资的东道国须合格,而且投资本身也须符合一定的标准。

(一)合格投资的标准

投保资本合格是指投资要符合法律或保险合同规定的条件或标准,这些条件和标准在各国不尽相同,但概括起来,合格的投资应符合投资者本国和东道国的利益。

第一,海外投资必须符合投资者本国的利益。例如,美国规定,承保机构在承保一项投资时,必须考虑该项投资项目最终是否有利于美国经济,包括对美国工人就业、国际收支平衡及美国经济发展目标的有利影响。因此,凡对美国的就业、出口有较大积极影响的投资,就会获得承保。美国通常采取的标准是,若投资项目在第一次订货之后导致嗣后连续订货,而且订货的金额超过第一次订货金额,这就可以表明该项投资对美国经济有利。反之,若海外投资项目不能维持美国商品的市场利益,不能维持美国国内就业水平的,就不会予以承保。美国承保机构拒绝承保下列海外投资:一是投资者拟以海外投资所出的产品,取代原在美国生产的同类产品,并且销往原属美国同类产品的同一市场,从而大量削减该投资者在美国雇佣职工的人数;二是这笔投资会大量削减美国其他企业单位雇佣职工的人数;三是这笔投资用于海外制造业或加工业的项目之后,会削减美国的贸易利益,不利于美国的国际收支平衡;四是这项投资采购商品或劳务的重点不在美国,而在别的国家;等等。其不予承保的具体行业包括:纺织及农业,以向美国出口为目标的投资;1981 年 1 月 1 日以前的铜矿开采的投资,以后将有害于美国铜矿工业者;投资企业非美国所能控制,或其目的在于代替美国国内从事同类企业活动的;等等。由上可见,海外投资即使对东道国经济发展有很大好处,但只要对美国经济不利,美国是不会对这种投资予以承保的。依据 2018 年《美国更好地利用外资促进发展法》规定,其政策又有了较大幅度的改变。该法明确要求美国国际开发金融公司促进美国的对外政策。

其他国家也有类似的要求。如日本规定,承保的对外投资必须有助于日本对外交易的全面展开,对日本经济发展有积极作用。英国也要求投资须符合英国的国家利益和政府政策,其标准是投资项目的建成要能带动英国的货物和劳务的出口,或不影响英国在其他方面的收益。德国则要求投资项目"值得鼓励",并对加强同发展中国家经济关系有积极贡献。

我国要求投保项目必须符合中国国家政策和经济、战略利益。

第二,海外投资要有利于东道国的经济发展。这一要求是为了保证投资在东道国的安全,因为只有对东道国经济有利的投资才会为东道国欢迎并受到其保护,进而减少或避免风险的发生。

美国有关规定要求,海外投资必须经过东道国事先批准同意,投保才视为合格。投资者有义务取得外国主管机关的批准,承保机构也可协助其取得东道国的批准。美国的这一要求,一方面是为了显示海外投资项目是为东道国所同意或鼓励的;另一方面是为了加强对对方政府的约束力,提高当地美资的安全系数。同时,美国要求所投保的投资有利于东道国的经济与社会发展,并在环境影响和劳工权利保护方面提出了要求。凡对环境或东道国的员工的健康和安全具有不合理的或较大不利影响的项目、可能违反国际承认的劳工权利的项目,以及涉及非法支付(贿赂)的项目,美国承保机构就不会予以支持。

澳大利亚也要求海外投资对东道国的经济发展有利。澳大利亚在判断投资项目对东道国是否有利时,通常要考虑多种因素,如创造就业机会、当地职员的培训、进口替代、出口创汇、提供的技术,以及投资是否已为东道国政府批准等。[21]

第三,一般只限于新的海外投资。各国关于投资保险的法律与实践均一般只承保新的投资。所谓新的投资,一般指新建企业的投资。早先已在海外开业经营的企业,一般不合格。但对旧企业的扩大、现代化及发展的新投资,各国一般也将其视同投入新项目的投资,准予投保。这一规定的目的主要在于便于承保者判断海外投资的合格性,并加以引导,以免以后导致过多的国际纠纷。

(二)合格投资的东道国

有的国家对所保险的投资的所在东道国有特殊的要求,其中以美国最为典型。

美国规定,只有在符合以下条件的国家中的投资才可予承保:(1)必须是事先已与美国政府订有双边投资保证协定的国家。这一要求的目的是一旦保险事故发生,美国政府可依条约进行代位索赔。(2)投资所在的东道国一般必须是发展中国家,而且其国民收入较低。海外私人投资公司对于国民收入较高的发展中国家的投资担保一般予以限制,而对最不发达国家的投资予以优先担保。

美国的上述两个条件中,第一个条件最为重要。依据美国的做法,国内的投资保险是结合两国间协定来完成的。双边投资保证协定是国内法上实行投资保证的法定前提。德国、丹麦也要求在一定条件下,须有两国间投资保证协定才实行国内保证,这一规定实际上与美国制度相同。日本、澳大利亚、挪威等国实行单边投资保险制,不要求以本国政府同东道国政府订立双边投资保证协定为前提,但实践上也积极利用投资保证协定,作为调整投资环境的重要手段,以确保国内投资保证的效力。

(三)合格投资的形式

一般说来,投资的形式有多种,既包括有形资产,也包括无形资产。各国对所承保的

---

〔21〕 根据 OECD 的一项调查,只有少数国家要求其承保的海外投资有利于东道国的经济发展。See Kathryn Gordon, *Investment Guarantees and Political Risk Insurance*:*Institntions*, *Incentives and Development*, *OECD 2008*.

投资的形式一般没有什么限制，主要包括以下几种：(1)股权投资。通常既包括投资者用现金、实物、工业产权与专有技术等进行的投资，也包括基于契约安排的权益投资，如企业的利润收益权、技术及能源开发中产品分配安排应得的权益等。(2)贷款。如对已批准的投资项目的贷款，或与股权投资有关的贷款。有的国家，如英国、澳大利亚等还包括这类贷款的担保。(3)债券。日本规定，合格的投资形式还包括取得外国政府、外国法人为经营海外企业所发行的公债、公司债券或类似债券。(4)向分支机构投资。如日本和德国均规定，本国企业向海外分支机构、营业所、工厂所进行的投资，可申请投保。

五、投保人

根据各国法律规定与实践，申请投资保险的投资者必须符合一定的条件，才能作为合格的投保者。合格的投保者包括以下几种情况：

第一，本国国民，指根据本国法律取得本国国籍的自然人。有的国家还附加对国民的住所或居住权的要求，例如，德国规定，自然人投保者必须同时具备两个条件，其一，具有德国国籍；其二，在德国有住所。英国规定，自然人投保者是指根据英国有效法律，获得英国国民身份，且在英国有居住权或在英国政府负责其国际关系的领土有居住权的人。

第二，本国公司、合伙或其他社团。大多数国家都允许依本国法律设立的、具有或不具有法人资格的、营利或非营利的公司、企业、合伙或其他社团作为投保人，如美国、英国、德国等。但也有的国家，如日本，只限于日本法人可以投保。

本国公司、合伙或其他社团作为投保人，还必须符合其他条件。例如，有的国家还有资本控制要求。依美国法律规定，依美国联邦、州或属地法律所设立的公司、合伙或其他社团，其资产主要属于美国公民、公司、合伙或社团所有者，均是合格投保者。这就不仅要求这些公司、合伙或社团必须依美国法律设立，而且还须主要由美国人所有。所谓"主要"，指拥有51%以上的股权或资产，还有的国家有住所要求，如德国规定，在德国有住所并依德国法律设立的、具有或不具有法人资格的公司和社团均可作为投保者。

依据我国出口信用保险公司的政策在中华人民共和国境内（香港、澳门特别行政区及我国台湾地区除外）注册成立的金融机构和企业，可以投保海外投资保险，但由香港、澳门特别行政区及我国台湾地区的企业、机构、公民或外国的企业、机构、公民控股的除外。

第三，外国公司、合伙、社团。外国公司、合伙或社团作为投保人，一般有严格的限制。依美国法律规定，依外国法设立的外国公司、合伙、社团，其资产的全部或至少95%为美国公民、公司、合伙或社团所有者，才可作为合格投保者。[22] 有些国家则不允许外国公司、合伙、社团投保。

我国的做法是，在香港、澳门特别行政区及我国台湾地区和中华人民共和国境外注册成立的企业、金融机构，如果其95%以上的股份在中华人民共和国境内的企业、机构控制之下，可由该境内的企业、机构投保。

此外，有的国家对合格的投保者标准规定较宽，如澳大利亚、加拿大规定，凡在本国经

---

〔22〕 Sec. 238. Foreign Assistance Act of 1961(P. L. 87 - 195);22 U. S. C. 2198.

营企业,并计划去海外投资者,均可作为合格投保者。但对于外国公司、合伙、社团能否作为合格投保者则未作规定。

值得注意的是,美国允许由美国人全部控股的外国公司、合伙与社团向美国政府主办的承保机构投保,就便于美国避开国际索赔中当事人不合格的障碍,利用美国与外国公司间的投资保险契约关系以及美国事先与东道国订立的投资保证协议,向东道国代位求偿,甚至通过国际法院诉讼索赔。

六、投保程序、保险费和保险期限

(一)投保程序

根据各国规定,合格投保者要取得政府的投资保险,必须按法定程序,向承保机构申请,经审查合格后,才订立保险合同。

1. 申请

投资者申请投资保险或保证时,首先应按规定提交投资保险申请书及必要资料。如美国要求投资者按承保机构规定的格式,提交政治风险投资保险申请书及必要资料。日本则要求提交投资保险申请书、外币证券取得许可书、东道国外资引进许可证、海外投资计划详细说明书等必要书证。

有的国家规定,投资者在申请过程中须承担某些义务,例如,美国规定的义务有:(1)必须在作出投资的最终决定之前,向承保机构提出申请;(2)弄清东道国关于审批外国投资程序的法令;(3)向东道国提供关于投资的详细情况和资料;(4)须符合东道国政府关于审批的必要条件;(5)请求东道国政府将该作为保险标的的投资项目的批准,通知给美国有关驻外机构或传递给承保机构。

2. 审查

承保机构在收到投保申请后,要对投资者及其投资是否合格进行审查,如审查所投保的投资是否有利于本国的经济发展、是否已经东道国批准或对东道国经济发展有利,投资的形式及投资所在东道国是否合格等。经审查确认申请合格,双方可签订投资保险合同。

(二)保险费

投资者有义务缴纳一定的保险费。有的国家规定,自保险费支付之日起保险契约才生效。有的国家规定,保险费逾期不付则导致解除合同,如德国规定,保险费必须在每年规定支付期限前缴纳。逾期后三周内尚未缴付者,保险人有权解除保险契约。

至于保险费的数额,各国规定不一致。一般来说,保险费的数额依承保行业、险别及范围不同而有所不同,有的国家还依投资的东道国类别以及投保投资的规模而异。保险费率一般也会根据情况调整。

(三)保险期限

保险期限,各国大多规定最长期限为 15 年,有的可延长到 20 年。例如,美国规定,保险期限根据投资种类、性质及承保险别的不同而具体确定,一般说来,股份投资保险法定最高期限自承保之日起,不得超过 20 年。日本规定,保险契约的期限为 5 年至 10 年,一般最长不超过15年。

七、索赔

若约定的保险事故发生,在索赔上就出现两种情况:一种是承保人依国内保险合同的规定向投保人支付保险金,另一种是承保人取得代位求偿权向投资所在东道国索赔。

(一)保险金的支付

保险金指保险事故发生时,保险人应向投保人实际支付的赔偿金额。一旦发生保险事故,投保者应立即向承保人申请赔偿并提出有关证据,承保人在收到申请后,若依据法律和保险合同确定应予赔偿,则支付约定的保险金。

保险金的数额一般是依据损失额与赔偿率确定的。美国规定,承保的保险金额,不得超过投资当时公司批准项目中被保险美元票面价值加保险契约限度内该投资实际上应得的利息、利润或其他收益,即可赔偿投资者所受的全部损失额。但实际上,保险契约中通常约定保险人只赔偿损失的90%,投保者自负损失10%,分担风险责任。其他国家也有类似的规定,被保险投资者自己承担的损失部分,在挪威、荷兰、英国、德国、日本为10%,在加拿大、丹麦为15%,在瑞士为30%。

至于损失额,一般是根据险别来计算的,各国规定也不尽相同。

(二)投保人的义务

投保人(或被保险人)在保险事故发生时有权要求承保人根据保险合同支付保险金,但同时基于保险合同也须承担一定的义务。从各国的有关规定看,投保人应负的主要义务有以下几项:(1)预防和减少损失。投保人应采取切实可行的措施,竭尽一切可能,预防和减少损失;应在东道国境内采取一切行政和司法救济措施,要求制止风险或取得赔偿。(2)尽快通知风险与损失的发生。投保人一旦知道保险事故的发生,应立即将其详情通知承保人,以便承保人及时查证落实,确定政府保险责任的时限。(3)保管好有关的一切资产和资料。如日本规定,在停止外汇时,投保人应负妥善保管不能汇出的金额的义务。德国规定,投保者应精心保存有关投资的一切资料,以便政府检查和审计。(4)向承保人转交有关承保投资的资产和权益。投保人获得赔偿后应按承保人的要求把投保的有关资产、现金、债权、所有权、索赔权等全部转移给承保人。(5)与承保人通力合作,帮助代位索赔。美国、澳大利亚等国规定,投保人获得所支付的保险金后,仍有义务与承保人进行充分合作,除妥善保管已转给承保人的一切财产外,还应协助承保人行使代位求偿权,如提供技术和其他信息,提供求偿所必要的人证和物证等。

(三)承保人取得代位求偿权

承保人在向投保人支付保险金之后,代位取得投保人有关投资的一切权利,包括有关资产的所有权、债权、索赔权等,向东道国索赔。如前所述,有的国家实行双边投资保险制,以同东道国订立双边投资保证协定为国内法上投资保证制度适用的法定前提。这样,承保人在取得代位求偿权后,依据该国与东道国订立的双边投资保证条约向东道国索赔。这就把私人海外投资关系提高到两国政府间的高度,使承保人向东道国索赔有了国际法的依据,并受国际法保护。

另有些国家,实行单边投资保险制,其国内投资保险制度并不与双边投资协定挂钩。在这种情况下,投保人或代位人有义务在东道国用尽国内救济手段。

八、评价

资本输出国海外投资保险和保证制度在保护和促进私人海外投资中起到了一定的积极作用,但对其效用,理论界及企业界评价不一。

在资本输出国从事国内经营的企业界看来,对海外投资者实行投资保证,首先,这意味着把按合同本应由资本输入国承担的义务转嫁于资本输出国,这不仅无助于抑制东道国对投资者的不公正待遇,反而将助长东道国对投资者的不友好行为。其次,实行保证制度的结果,海外投资的风险不是由投资者承担,而是由国内广大纳税人承担。

资本输出国海外投资者则认为,由于投资保险制,海外投资的项目及计划须经本国政府主管部门甄别、审查和批准,其海外投资活动受到国家权力的过多干预;海外投资保证制度无法保证不同国籍公司参与的联合投资项目,这类投资不能依靠各自独立的各国投资保险制而得到统一的保险。此外,海外投资保险制仅适用于新的投资,这就在海外的新旧投资之间人为地造成不公正的待遇。

在作为资本输入国的某些发展中国家看来,资本输出国把国内投资保险制与两国间投资保证条约联系起来的做法,往往回避了“国内救济”原则,有损东道国主权;而代位求偿权的行使又将资本输入国与外国私人投资者间的争端上升成为资本输入国与资本输出国政府之间的争端,这在政治上是相当危险的,不仅不利于投资争端的解决,而且往往还会造成两国间关系的紧张。

不过,尽管对海外投资保险和保证制度有种种疑虑和评论,但随着资本输出的需要,以及国际形势的变化,对海外投资的保护仍需加强,因此,作为资本输出国的大多数发达国家都积极利用和发展海外投资保险制,使其成为保护海外投资的重要法律手段,从而起到鼓励私人海外投资的积极作用。并且,有些海外投资保险制现在把投资对东道国经济发展是否有利作为判断是否予以承保的条件之一,这有助于促进国际经济交往和合作的发展。当然,资本输出国的海外投资保险制的作用和效能也有其局限性,它往往需要借助于国际法制度才能更好地完成其作用。实际上,在国际投资保护上,只有真正将各方置于尊重主权、平等互利的基础上,才能减少或避免争端,实现真诚的合作,投资保证制度才能充分发挥其作用,使有关各方均能实现收益。[23]

---

〔23〕 姚梅镇:《国际投资法》(修订版),武汉大学出版社1987年版,第277~281页。

第七章　双边与区域性投资协定

促进与保护国际投资，仅靠各个国家的国内法还远远不够。因为国际投资具有跨国性，不仅涉及私人投资者与东道国之间的关系，还涉及投资者本国与投资所在东道国之间的关系。一个国家鼓励与保护投资的法律规定，如果没有国家间的合作与配合，是难以达到其目的的。国家要想创造良好的投资环境，就必须保证外国投资者投资的安全与利益，这就必须借助国家间的条约来加强其国内法的效力。而本国的海外投资，也需要通过国际条约特别是双边投资条约和区域性投资规则，来对其提供国际法保护。由于国际上尚不存在调整有关投资实体性权利义务的国际公约，因此双边投资条约和区域性协定在促进和保护投资中发挥着至关重要的作用。

第一节　双边与区域性协定的形式与作用

双边投资协定在促进和保护投资方面具有重要作用，在“二战”后有了很大的发展。特别是20世纪90年代后，双边投资条约更是发展迅速，数量倍增。除双边投资协定外，双边或区域性自由贸易协定(FTA)也得以迅速发展，这种自由贸易协定的内容已不单是贸易自由化方面的安排，而是包括贸易、投资、服务、环境、竞争等诸多事项在内的综合性制度安排，投资规则是其中的重要内容之一。据联合国贸易和发展会议统计，双边投资条约的数量从20世纪80年代末的385个到20世纪90年代末达到1857个；双边投资条约所涉及的国家达到173个。到2020年年底，全球国际投资协定(IIA)总数已达3360个，其中双边投资条约(BIT)2943个(其中有效的2646个)，含有投资规则的其他条约(主要是自由贸易协定和区域性经济合作协定)417个。

我国从1979年实行改革开放政策以来，对签订双边投资保护协定一直持积极态度，在坚持主权原则和平等互利原则的基础上，积极与有关国家谈判磋商，缔结双边投资协定。我国自1982年与瑞典签订了第一个投资保护协定后，截至2000年1月1日，签订了94个双边投资条约，其中与发达国家签订的条约为20个，与发展中国家签订的条约达74个，是发展中国家中签订双边投资条约数目最多的国家。中国“入世”后，又与一些国家签订或重新修订了某些先前签订的双边投资协定，总数已达一百多个，数量在世界各国中位居第二(德国位居第一)。这些协定对于健全和完善我国关于国际投资保护的法制,改善投资环境,起到重要的作用。

一、双边投资条约

(一)双边投资条约的形式

在国际实践中,保护国际投资的双边条约可分为两大类型:一是美国型的"友好通商航海条约";二是双边投资协定。而双边投资协定又可分为美国式的"投资保证协定"和德国式的"促进与保护投资协定"。[1]

1. 友好通商航海条约

"二战"前,资本输出国与他国之间通常是签订通商航海条约,以解决两国间商务问题。美国最早采用友好通商航海条约。1778 年美国与法国签订了第一个友好通商航海条约,而最近的一个友好通商航海条约是 1966 年与泰国签订的。[2] 近 200 年来,美国式友好通商航海条约的内容有了很大的变化和发展。以"二战"为界,可分为前后两个阶段。"二战"前,友好通商航海条约主要是调整两国间友好通商关系,其中虽有关于外国商人及其资产和有关投资保护的条款,但其重点是保护商人,而不是保护工业投资者。早先在列举有权享受条约所规定的优惠待遇的具体对象时,一般只是使用公民、国民等词,而未提及公司。1911 年以后美国开始在条约中列出专门条款,把海外私人投资经营的企业、公司等社团规定为受条约独立保护的对象。条约的内容主要涉及通商贸易事宜,而有关投资的条款则无足轻重,虽然后来随着政府间贸易协定的签订,有关服务贸易总协定的条款从友好通商航海条约中分离出来,但保护投资仍不是条约的主要内容。这是当时国际经济交往是以贸易而不是以投资为主要形式的国际经济关系在法律上的反映。

"二战"后,美国成为世界上主要的资本输出国之一,海外直接投资也逐步成为国际经济交往的主要形式,再加之有《关税与贸易总协定》(以下简称《关贸总协定》)调整国际间关税及贸易事宜,保护私人海外投资就逐步成为友好通商航海条约的主要内容。其主要条款包括投资者的待遇,关于征收、国有化及其补偿,关于税收、外汇管制的问题以及关于争端的处理等。

但是,友好通商航海条约毕竟不是专门性的保护国际投资条约,因而对于保护投资来说有其固有的局限性,例如,其涉及范围过于广泛,没有保护国际投资的程序性规定等。加之自 20 世纪 60 年代以来,许多发展中国家对外资实行征收和国有化,这就需要对海外私人投资提供更强有力的法律保护。因此,美国政府后来开始转变态度,基本上不再缔结友好通商航海条约,而是订立双边投资保护协定,从而结束了友好通商航海条约的时代。[3]

2. 双边投资协定

(1)投资保证协定。美国在"二战"后实行国内投资保证制,并与资本输入国签订双

---

〔1〕 姚梅镇:《国际投资法》(修订版),武汉大学出版社 1987 年版,第 282～285 页。
〔2〕 K. J. Vandervelde, *United States Investment Treaties: Police and Practice*, 1992.
〔3〕 UNCTC, *Bilateral Investment Treaties*, 1988, UN Doc St CTC 65, p. 4.

边投资保证协定,以国家间订有双边投资保证协定为实施国内投资保证制的法定前提。因此,在20世纪70年代以前,美国除了签订综合性的友好通商航海条约外,又签订专门的投资保证协定,后来发展到以双边投资保证条约为主。

美国式的投资保证协定的特点是重在政治风险的保证,特别是着重于关于求偿代位权及处理投资争议程序的规定。其保护的对象只是单方的投资,而不是相互的投资。因此,这种协定可以与美国订立的友好通商航海条约相互补充、相互配合。美国现已同一百多个国家签订了双边投资保证协定。我国也已于1980年10月同美国签订了关于投资保险和投资保证的鼓励投资协议和换文。

(2)促进与保护投资协定。德国、瑞士等国认识到依靠友好通商航海条约难以有效地保护其海外投资,于是从20世纪50年代末开始,与资本输入国签订促进与保护投资的专门性双边协定。[4] 这种类型的双边投资协定的特点是,协定中既含有关于促进与保护投资的实体性规定,如关于待遇标准、政治风险的保证等,又包含关于代位求偿、解决投资争端等程序性规定。协定的内容较为具体详尽。这种投资保护协定可以说是兼采了美国式友好通商航海条约与投资保证协定之长的一种协定。

德国率先采用促进与保护投资协定是有其经济和历史原因的。德国"二战"后经济恢复得很快,其大量资本要向海外寻找出路,因而向发展中国家私人直接投资迅速增长,这就需要对在发展中国家的投资提供特别的保护;而德国又没有像英、法等殖民大国那样拥有殖民地,不能靠历史联系来保护海外投资,因此,就通过与资本输入国订立投资保护协定的方法,来保护本国私人海外直接投资。

现在签订这种协定的国家逐渐增多,英国、法国、荷兰、比利时、卢森堡等国均在20世纪70年代仿效德国缔结双边投资保护协定。同时,发展中国家之间也开始签订促进与保护投资协定。我国与外国签订的双边投资条约也是以这种协定为主。

值得注意的是,美国自1977年以后也开始采用促进与保护投资条约来保护投资。从1977年至1981年,美国用4年时间准备用于谈判的样板条文。1982年美国与巴拿马签订了第一个促进与保护投资双边条约。美国采取美式样版的投资条约有多重目的,其最重要的目的之一是维护其一贯主张的"赫尔规则",即征收必须伴随及时、充分、有效的补偿。20世纪70年代中期,许多发展中国家主张,习惯国际法并不要求征收须支付及时、充分和有效的补偿。美国对此十分不满,因而希望建立一个含有及时、充分、有效补偿标准的双边条约网络来反击这一主张。此外,采用这种条约也是为了更好地保护现存的美国投资,以及使投资争端非政治化地得以解决。[5] 与德国式促进与保护投资协定相比较,美国式投资条约对外资的保护要求更高,条件也较为苛刻。这主要表现在:(1)规定了相对待遇标准,即要求东道国在国民待遇和最惠国待遇的基础上允许所涉投资在其境内开业。一旦开业,还须给予此种投资以国民待遇和最惠国待遇。(2)规定了绝对待遇标准,即要求东道国对所涉投资提供最持久的保护和安全,并提供不低于国际法所要求的待遇;

---

〔4〕 UNCTC, *Bilateral Investment Treaties*, 1988, UN Doc St CTC 65, p. 7.

〔5〕 Kenneth J. Vandevelde, *United States Investment Treaties: Policy and Practice*, 1992, p. 21 – 25; *U. S. Bilateral Investment Treaties: The Second Wave*, 14 Mich. J. Int'l L. 621 (1993).

禁止以专断的和歧视性措施损害投资活动；同时还要求东道国遵守其缔结的关于投资的任何契约性义务。(3)禁止履行要求，即禁止东道国将履行要求，如使用当地来源的物品或出口产品等要求，作为投资的条件。(4)征收，即禁止对所涉投资采取征收措施，除非征收是非歧视性的，为了公共目的，依据正常法律程序，并伴随及时、充分、有效的补偿，以及不违背契约义务。此外，对于货币转移、投资争议提交国际投资争端解决中心(ICSID)仲裁等内容也有相应的规定。

1982年以来，经过多年的实践，美国的样板条文历经改进，一方面继续强化对投资的保护，如对征收补偿的转移提供保证，为投资争议的解决提供多种选择等；另一方面也强化了美国的保护主义色彩，这突出地表现在扩大最惠国待遇例外的范围，如将关税同盟和依GATT各诸边协议所给予的优惠作为最惠国待遇的例外，其目的是不让其他缔约方享受美国依北美自由贸易协定所给予的优惠以及美国在GATT乌拉圭回合多边协议谈判中所作的让步。美国已与四十多个国家缔结了双边投资保护协定。2004年年初美国发布了新的双边投资条约范本，此范本既适用于双边投资条约的谈判，也适用于《自由贸易协定》有关投资规则的谈判，即将美式双边投资条约与自由贸易协定中的投资规则协调一致起来。[6] 在此版本的基础上，美国又进行了修改，目前最新的双边投资条约范本是2012年版本。

(二)双边投资条约的作用

双边投资条约是调整两国间私人投资关系最有效的手段，对促进国际投资和国际经济技术合作的发展，具有不可替代的作用。

第一，双边条约在国际法上对双方当事人具有法律拘束力，若当事国一方不遵守条约，就会产生国家责任。这与国内法保护比较起来强有力得多，因为主权国家可以修改和变更国内立法，只要不违反其承担的条约义务，就不承担国家责任。因此，条约有利于落实及加强双方关于投资保护的措施，从而为双方当事国乐于接受。

第二，双边投资条约可以顾及当事双方国家的特殊利益，因而易于在互利的基础上谋求协调一致。比之多边投资协定谋求多国间的利益平衡，双边投资条约存在较少困难，较为灵活。事实上，国际上虽提出过一些国际投资法典的设想和建议，但由于各国间利益冲突过大，无法达成协议，至今在国际投资领域尚无一部调整国际投资的实体法规范的多边公约。在此情况下，双边投资条约的作用更为突出。

第三，双边投资条约可以加强或保证国内法的效力。许多发达的资本输出国都实行投资保险或保证制度，无论是否像美国、德国那样以投资保证协定为国内保险制度的法定前提，这些国家都将投资保护协定作为加强国内投资保证制度的重要手段。对于资本输入国来说，签订双边投资协定，可增进外国投资者的安全感，有利于吸引外资。[7]

第四，双边投资条约，特别是促进与保护投资协定，既含有关于缔约方权利和义务的

---

〔6〕 U. S. Department of State, *Update of U. S. Bilateral Investment Treaty* (Feb. 5, 2004), http://www.state.gov/e/eb/rls/prsrl/2004/28923.htm.

〔7〕 姚梅镇：《国际投资法》(修订版)，武汉大学出版社1987年版，第304～305页。

实体性规定,又有关于解决投资争端的程序规定,为缔约国双方的国民和企业预先规定了建立投资关系所应遵循的法律规范结构和框架,可以避免或减少法律障碍,保证投资关系的稳定性,促进私人投资活动的发展。

当然,双边投资条约的效果与作用也有其局限性。首先,由于发达国家与发展中国家利害对立,双边投资条约的订立、解释及实施都存在不少困难。例如,发达国家为了确保本国私人海外投资的利益与安全,力图在条约中主要规定投资者的权利和资本输入国的义务,力图依传统的国际法来解释条约。另外,发展中国家主张确立资本输入国对外国投资实行管制的权利,要求平等互惠,有些国家不愿将有关投资事项置于国际法的管辖之下,以维护国家主权和利益。因此,双边投资条约往往难于订立,订立后在解释、实施上也存在颇多争执。[8]

其次,双边投资条约只是两个国家间特殊的国际法,仅对双方缔约国有拘束力,而不是一般国际法,可以对国际社会有普遍拘束力。有人认为双边投资条约可以构成一般国际习惯法,从而可以约束非缔约国,但这一观点为许多学者所反对,其理由是,各国所订条约中不仅数量有限,而且内容也不尽相同;有的国家虽在双边投资条约中接受某些规则,但并不愿意将其作为一般国际法加以接受。

此外,在某种情况下,双边投资条约对缔约国双方不一定能取得预期的效果。对资本输出国来说,双边投资条约规定的某些措施,如征收或国有化等,能收到一定的保证效果,但对其他事件,如战争、革命、内乱,或因资本输入国经济陷入困境,导致外汇短缺,进而限制或停止外汇交易等情况,则未必能收到协定所预期的效果。任何条约既不可能完全确定未来可能发生的一切具体条件和情况,也不可能有约束一个国家未来立法的绝对效力。[9]

总的来说,双边投资条约仍是目前保护国际投资的最有力的国际法措施,只要各国相互尊重主权,贯彻平等互利的原则,就能使双边投资条约发挥应有的作用。

二、区域性及跨区域性协定

近年来,区域性合作日趋加强,各种区域优惠贸易与投资协定的数量一直在稳步攀升。以前绝大多数优惠贸易与投资协定只是由同一个地区的国家签署,自 1990 年后,位于不同地区的国家和集团开始相互采纳优惠贸易与投资协定,因此在截至 2005 年 6 月的 215 个优惠贸易与投资协定中,地区间协定几乎达到了 44%。同时,自 20 世纪 90 年代以来,发展中国家之间的优惠贸易与投资协定也迅猛增长。到 2013 年至少有 110 个国家参与到 22 个区域协定的谈判中。

区域性合作发展的另一最新特点是区域经济一体化程度的不断提高。以前的区域合作主要在贸易领域,促进区域内贸易自由化、建立关税同盟等,现在区域性协定越来越倾向于涵盖众多经济事务,包括货物、服务贸易、资本与投资等,其目的不仅要促进贸易自由

---

〔8〕 姚梅镇:《国际投资法》(修订版),武汉大学出版社 1987 年版,第 305 ~ 307 页。

〔9〕 姚梅镇:《国际投资法》(修订版),武汉大学出版社 1987 年版,第 305 ~ 307 页。

化,更重要的是促进投资和服务的自由化,从而实现更高程度的经济一体化。为了实现这个目标,此类协定的投资规则部分主要关注投资的自由化,但有时也关注投资保护和促进。它们通常还包括与投资相关的问题,如知识产权保护和竞争等。因此,与双边投资协定相比,优惠贸易与投资协定涉及的范围、采用的方法和包含的内容都有很大不同。

下面根据区域性合作的最新发展,介绍几种典型的区域性协定的投资规则。

(一)欧盟的经贸协定投资规则

欧盟是世界上经济一体化程度最高的区域性合作组织,近年来不断扩展,成员不断增加,地域范围日益扩大。欧盟成员已达 27 国,地域已扩至中东欧,2009 年欧盟《里斯本条约》通过并生效后,进一步推动了欧洲一体化的进程。

根据《欧共体条约》规定,欧共体采取共同政策,要求各成员国消除妨碍人员、资本、服务自由流动的障碍,实现货物、资本、人员和服务的自由流动。[10] 随着后来欧盟的建立和欧元的采用,欧盟内投资已经高度自由化了。《里斯本条约》不仅对欧盟的机构与决策程序进行了改革,而且加强了欧盟对外关系的协调与一致性。该条约将对外投资政策划入欧盟的职权范围,在欧盟层面上实行统一的对外投资政策,并将由欧盟代表所有成员国与第三方缔结投资方面的条约。欧盟已与加拿大签署了《综合性经济与贸易协定》(CETA),与新加坡、越南签订了贸易协定与投资保护协定,这些协定中的投资规则独具特色,不仅强调了国家的管理权,而且建立了投资法院制度,对国际投资法将会产生深远的影响。与此同时,欧盟 23 个成员国于 2020 年 5 月 5 日签署了《终止欧盟成员国间的双边投资协定的协议》,以执行欧盟法院 2018 年 3 月对 Achmea 案的判决,该判决认定欧盟内部 BIT 中的投资者和国家间仲裁条款不符合欧盟法律。该协定已于同年 8 月 29 日生效。

(二)《北美自由贸易协定》及《美墨加协定》投资规则

根据《北美自由贸易协定》(NAFTA),加拿大、墨西哥和美国三国建立了北美自由贸易区。该协定于 1994 年 1 月 1 日开始实施,以求达到促进区域内贸易自由化,创立公平竞争的环境,增加投资机会,充分有效地保护知识产权等目标。因此,该协定内容广泛,涉及贸易、投资、服务、竞争、知识产权保护以及争端解决等事项。其中,第 11 章是专门规定投资的。

NAFTA 第 11 章分为两个部分,第一部分是关于投资的实体性规则,第二部分是关于缔约国间以及缔约国与投资者的争端解决规则。NAFTA 第 11 章关于投资的规定有两个目的:一是给外国投资和外国投资者提供一套强制性的待遇标准,包括国民待遇、最惠国待遇、公平和公正待遇及全面的保护和安全、履行要求的限制、高级管理人员和董事会任命的自由、资金转移的自由、保护不受直接和间接征收等。二是对投资者与东道国间的争端规定了具有约束力的仲裁机制。仲裁庭可以要求政府对外国投资者支付补偿。

《北美自由贸易协定》已被 2018 年三国达成的新的《美墨加协定》所取代。《美墨加协定》第 14 章投资,主要规定了投资保护的实体规则,其内容在美国 2012 年双边投资协

---

[10] Title Ⅲ, *Free Movement of Persons, Services and Capital, Consolidated Version of the Treaty Establishing the European Community.*

定范本和美国主导谈判的《跨太平洋伙伴关系协定》(TPP)的基础上稍有修改。与原来的《北美自由贸易协定》相比,《美墨加协定》变化最大的是关于投资者与国家间争端解决部分。加拿大不再采取仲裁方式解决投资者与国家间争端,美国与墨西哥虽仍然保留投资仲裁机制,但却作出了不少限制和修改。

(三)东南亚国家联盟有关投资的协定与《区域全面经济伙伴关系协定》

东南亚国家联盟是一个发展中国家的区域性合作组织,其区域性合作内容也包括投资。1987年12月东盟成员国签订了促进和保护投资协定,该协定的内容与双边促进和保护投资协定基本相同,包括投资待遇制度、征收补偿制度、资本与收益的汇出、争端解决等,其重心在于促进和保护投资。

20世纪90年代后,随着经济全球化的发展,东盟也加速了其区域经济一体化发展的进程。1998年东盟成员国又签订了《关于东南亚联盟投资区的框架协定》,旨在建立一个有更自由和透明的投资环境、具有竞争力的东盟投资区,并逐步实行投资自由化。协定内容包括投资所涉及的范围、目标、特点、一般义务、行动计划、产业开放和国民待遇、最惠国待遇及其豁免、透明度、一般例外、紧急保障措施、国际收支保障措施、争端解决等。根据该协定,对于直接投资,到2010年时给予所有东盟投资者国民待遇,所有的产业对东盟的投资者开放;到2020年时给予所有投资者国民待遇,产业向所有投资者开放。[11] 进入21世纪后,东盟内部一体化以及对外合作进程的步伐加快了。2007年,东盟十国领导人签署了《东盟宪章》,该宪章于2008年12月正式生效。《东盟宪章》规定,东盟共同体将由东盟经济共同体、东盟政治安全共同体和东盟社会文化共同体组成。我国与东盟2004年签署了《全面经济合作框架协议贸易协议》,2009年又与东盟签署了中国—东盟自贸区《投资协议》,2010年中国—东盟自贸区全面建成。2009年东盟与澳大利亚、新西兰签署了自贸区协议,2012年1月正式生效。

2011年11月东盟提出《区域全面经济伙伴关系协定》(RCEP)倡议,旨在构建以东盟为核心的地区自贸安排,并于2012年11月与澳大利亚、中国、印度、日本、新西兰、韩国正式启动RCEP谈判。经过8年谈判,中国、日本、韩国、澳大利亚、新西兰和东盟十国共15个国家于2020年11月15日正式签署了《区域全面经济伙伴关系协定》,该协定将于2022年1月1日生效。RCEP是目前全球最大的自由贸易协定,也是东亚区域经济一体化新的里程碑。RCEP第十章是投资专章,其主要特点包括:(1)采取外资准入前国民待遇,成员国采取负面清单方式作出高水平承诺,有利于推动该地区投资自由化;(2)在投资保护、投资促进、投资便利化以及成员国的监管权等方面作出了全面的规定,旨在为整个区域创造一个更加自由、开放、便捷、高效的投资环境;(3)目前的协定内容尚未包括投资者与国家间投资争端解决机制,成员国约定在协定生效后的两年内,就其进行讨论。[12]

(四)《能源宪章条约》

《能源宪章条约》(ECT)是欧洲国家发起谈判,于1994年12月17日在里斯本签署,

---

〔11〕 ASEAN, *Framework Agreement on the ASEAN Investment Area*, 1998.

〔12〕 RCEP文本载商务部网,fta. mofcom. gov. cn/rcep/rcep_new. shtml。

并于1998年4月16日生效,其缔约国和签署国现有54个,覆盖欧亚大陆。亚洲国家中日本、蒙古、阿富汗是其成员国;俄罗斯1994年签署了该条约但未被批准加入,2009年正式通知其不打算批准该条约。

ECT的目标是建立一个促进能源领域的长期合作法律框架。它涵盖了国际能源合作的各种形式,包括能源贸易、能源运输、能源投资、公平竞争、环境保护、能源效率以及争议解决机制等。投资促进和保护是其中的重要内容。该条约定义部分对其涵盖的投资和投资者作出了界定;实体规则中的第三部分投资促进和保护,对损失补偿、征收、投资转让、债权转移等问题作出了规定;第五部分不仅规定了缔约国之间的争端解决,而且规定了投资者与缔约国之间的争端解决。因此该条约在国际投资领域也具有重要影响。

2017年能源宪章大会确认对ECT的现代化进行讨论,2019年大会设立了"现代化工作组"并授权其就ECT现代化问题展开谈判。自2020年7月至2021年11月已经进行了8轮谈判,其内容涉及投资和投资者的定义、公平公正待遇的定义、间接征收的定义、拒绝给予利益、最惠国待遇条款、国家的规制权、有关投资的转让、保护伞条款、损害赔偿评估、第三方融资,以及投资者与缔约国间争端解决机制改革问题。

(五)《全面与进步跨太平洋伙伴关系协定》

《全面与进步跨太平洋伙伴关系协定》(CPTPP)是以美国奥巴马总统任期内主导谈判的《跨太平洋伙伴关系协定》(TPP)为基础达成的。TPP是跨太平洋的12个国家于2015年10月4日谈判达成,并于2016年2月4日由12个成员国代表在新西兰奥克兰正式签署的。与亚太地区原有的自由贸易协定相比,TPP所涉及的范围更为宽广。该协定全文共有30章,不仅包括WTO多边框架已有的内容,也包括其他双边和区域自由贸易协定中的一些内容,如投资、电子商务、竞争政策、劳工、环境等方面的内容;还有其新增的内容,如国有企业和特定垄断、中小企业等。然而,特朗普当选美国总统后即于2017年1月23日签署行政命令,正式宣布退出TPP。美国退出TPP后,其余11国于2017年5月在越南河内召开的部长会议上达成一致,决意继续推进该协定,并于2018年3月8日在智利首都圣地亚哥正式签署了CPTPP。CPTPP基本上保留了TPP的内容,但TPP中的22个条款中止适用。这些中止适用的条款主要涉及知识产权保护、投资协议及投资争端解决程序等。CPTPP作为亚太地区重要的贸易协定之一,对亚太经济合作将产生重要影响。中国已于2021年9月16日正式提出申请加入CPTPP。

(六)《非洲大陆自由贸易区协定》

2018年3月21日,非洲44个国家在卢旺达首都基加利举行的非洲联盟(非盟)首脑特别会议上签署《非洲大陆自由贸易区协定》(AfCFTA)。该协定是一份由非洲联盟提出的贸易协定,目的在于进一步降低关税、消除贸易壁垒,促进区域内贸易和投资发展,实现商品、服务、资金在非洲大陆的自由流动,从而形成非洲单一大市场。该协定已于2019年5月30日正式生效,2021年1月1日非洲大陆自由贸易区启动,这是非洲区域一体化和经济转型的一个重要里程碑。如果非盟55个成员全部签署协议,将形成一个覆盖13亿人口、GDP总量达3.4万亿美元的自贸区。

AfCFTA 是一个框架协议,其内容涵盖货物贸易、服务贸易、投资、知识产权、竞争政策和争端解决。根据 AfCFTA 的安排,协议分阶段实施,第一阶段已就货物贸易、服务贸易、争端解决达成议定书;第二阶段拟就有关投资、竞争和知识产权议定书进行谈判,《可持续发展投资议定书》的谈判已于 2021 年 3 月 31 日开始启动。

三、协定适用的对象——投资与投资者

投资协定通常首先要确定其适用的对象,即哪些投资和投资者应受条约保护。

(一)投资

在双边投资协定和区域性协定中,对投资的定义一般有两种方法:基于资产的定义方法和基于企业的定义方法。

1. 基于资产的定义

以资产为基础来定义投资,一般规定投资是指各种资产,并且还予以列举,不仅包括有形资产、股份、可通过诉讼取得的财产权,而且还包括知识产权和特许权。其目的是保证具有足够的灵活性以将股权投资和非股权投资都包括在内,并允许产生新的投资形式。[13] 如中英 1986 年签订的《关于促进和相互保护投资协定》第 1 条对"投资"的定义是:投资系指缔约一方依照其法律和法规在其领土内接受作为投资的所有资产,特别是但不限于:(1)动产、不动产和任何其他财产权利,如抵押权、留置权或质权;(2)公司的股份、股票和债券或该公司财产中的权益;(3)对金钱的请求权或通过合同具有财政价值的行为请求权;(4)著作权、工业产权、专有技术和商誉;(5)法律或法律允许通过合同赋予的经营特许权,包括勘探、耕作、提炼或开发自然资源的特许权。所投资产形式的变化,不影响其作为投资的性质。

美国的条约范本对投资列举得更多一些,除上述几项外,还包括依法颁发的许可及类似的权利,以及由法律或合同赋予的任何权利,即依东道国取得的公法权利(public law rights)。在条约中对此作出规定,其效果是使这些公法权利一旦给予就不得撤回。这种做法有利于保护投资,但却限制了东道国的主权。[14]

我国与其他国家签订的双边投资协定关于投资的定义与上述定义大同小异。如关于动产、不动产及其他财产权利中,有的列举得多些,包括抵押权、留置权、质权、用益权及类似的权利,有的列举得少些,如只包括抵押权、质权;对于无形资产,有的协定还包括工艺流程、商标和商名等,有的协定里面未规定商誉可以作为投资;对于特许权,大部分协定只包括勘探、提炼或开发自然资源的特许权,另有些协定还包括"耕作"等特许权。此外,有一些协定明确列出了再投资产生的权益。

受保护的投资必须是接受国所批准或允许的投资,这是对资本输入国国家主权的尊

---

〔13〕 Peter Muchlinski, *Multinational Enterprises and the Law*, Blackwell, 1995, p. 620. 关于无形财产,以前有人认为是不受国际法保护的,因为无形财产的产生依赖于有关国家的国内法,这一观念现已改变。See M. Sornarajah, *The International Law on Foreign Investment*, Grotius Publications, 1994, p. 240 – 241.

〔14〕 M. Sornarajah, *The International Law on Foreign Investment*, Grotius Publications, 1994, p. 242 – 243.

重,也是该项投资能受到保护的基本前提。因此,各国缔结的双边投资协定都规定,投资须是根据缔约各方各自有效的法律所许可的,或是依据其法律法规"接受"的或进行的投资。但美国的条约范本将东道国政府给予的投资进入和开业权看作投资权利,以使其受条约保护,受最惠国待遇和国民待遇原则制约。

值得注意的是,部分新一代双边投资协定及双边投资协定范本已经摆脱了传统的以资产为基础的开放式投资定义,它们寻求平衡,一方面要保持投资定义的全面性,另一方面又要确保投资定义的严谨。例如,在加拿大新签订的双边投资协定范本中,以资产为基础的开放式投资定义已经被一种既涵盖广泛内容又有所限定的投资定义所取代。美国与乌拉圭签订的双边投资协定采取可以涵盖投资者拥有并控制的所有资产的原则,但同时又为之添加了资产选择标准,即这种资产必须具有"投资的特点",如资本投入,或相当于资本或其他资源的投入、获得收益或利润的预期,或者承担风险。在明确排除某些类别的资产(如某些债务工具)的同时,投资的定义得以更加严谨。

2. 基于企业的定义

基于企业的定义法是将投资定义为企业。也就是说,投资是与企业的所有权和控制权相关的,如建立一个新企业,或是购买某一业已存在的企业的多数股权。显然这种定义是将投资定义为直接投资。例如,加拿大与美国签订的自由贸易协定就是基于企业的定义法加以定义的,其对投资的定义是:(1)建立一个商业性企业;(2)收购一家商业性企业;(3)上述新建企业或收购的企业由进行投资的人来控制;(4)如果企业继续受控于原投资者,那么该企业的股票或其他投资利润归该投资者所有。

东盟1998年关于投资区的框架协定就将其适用对象限定于直接投资而不包括间接投资。其第2条规定,除证券投资及与其他东盟协定所涉投资有关的事项(如东盟关于服务的框架协议)外,该协定涵括所有的直接投资。

这两种方法通常在不同的情况下采用。对于纯粹为促进和保护投资的目的而言,一般采取宽泛的定义法,如基于资产的定义法。这种定义法可尽量扩大受保护的投资范围,使各种类型的投资都能得到保护。我国与其他国家签订的鼓励与促进投资的双边协定均是采取这种定义法。

对于那些以投资自由化为目的的协定而言,一般采取狭义的定义法,即主要采用基于企业的定义法。例如,东盟1998年的投资框架协议就是将投资的范围限于直接投资的,上述加拿大与美国签订的自由贸易协定也是如此。

不过,发达国家的实践还有一种动向,就是将资产定义法既适用于保护投资的协定,也适用于以实现投资自由化为目的的协定。例如,OECD草拟的《多边投资协议》(MAI)、美国2004年和2012年的双边投资条约范本、美国与智利间的自由贸易协定、日韩投资协定等都是采取这种定义方式。显然,这种做法是为了进一步扩大投资自由化的范围。

3. 国际投资仲裁对投资定义的解释及其影响

在国际投资条约仲裁中,有的仲裁庭倾向于对投资作扩张解释,从而既扩大了仲裁庭的管辖权,也扩大了投资保护范围。例如,有的仲裁庭将投资扩及到政府发行的本票、债券以及衍生品交易;[15]有的甚至将商事仲裁作出的裁决看作投资,因为该裁决产生了金钱请求权,并将东道国法院不予执行仲裁裁决的裁定视为“司法征收”,违反条约义务。[16]对于投资的解释,有的仲裁庭认为,投资应具有以下特征:投入资本、一定的持续期限、承担风险,以及对东道国经济发展有贡献,[17]这一看法得到其他一些仲裁庭的支持,但另有一些仲裁庭则认为投资不包括“对东道国经济发展有贡献”这一特征。

仲裁庭对投资的解释对随后的条约关于投资的定义也产生了重要影响,不少国家随后对投资定义进一步加以限定或完善。例如,美国2004年及2012年的双边投资条约范本以及所签订的投资条约在对投资定义时,就对投资的特征加以规定,即“投资”是指投资者直接或间接拥有或控制的具有投资特征的资产,包括投入资本或其他资源、预期取得收益或利润,或承担风险等特征,但该定义没有包括“对东道国经济发展有贡献”这一特征。2018年达成的《美墨加协定》投资规则中,对投资的定义除采纳美国2012年范本的表述外,还明确规定投资不包括以下两种情形:一是在司法和行政诉讼中作出的命令或判决;二是仅因销售货物或服务的商事合同或与上述商事合同有关的信贷的延期而产生的金钱求偿权。最近中国与东盟等15国签署的RCEP第十章关于投资定义,基本上也采用了上述美国条约范本中关于投资特征的表述,同时也明确规定,“投资”不包括司法、行政行为或仲裁程序中的命令或裁决。此外,有些国家为了防止仲裁庭对投资作扩大性解释,在投资条约中将受保护的投资定义为“根据东道国的法律和法规”进行的投资。

(二)受保护的投资者

双边投资条约通常规定,投资者包括缔约国双方的自然人、法人或不具有法人资格的企业和其他社团。至于法人的国籍,通常是依缔约国国内法确定的,许多国家采取双重标准,既要依本国法律设立,又要在本国有住所。[18] 如中国与意大利的协定规定,“公司”一词系指依照缔约一方的法律和法规在其领土内设立并有住所的法律实体。另有些国家如美国、英国,以成立地作为法人国籍的标准。

此外,有些国家依据资本控制标准,把由本国公民或法人控制的外国公司看作本国投资者,并在双边投资条约中加以规定,例如,美国的双边投资条约范本规定,由缔约一方控制的、在缔约另一方组建并营业的公司,是该缔约一方的投资者。中国与瑞典的协定中规

---

〔15〕 Fedax NV v. Venezuela, (1998) 37 ILM 1378; Abaclat v. Argentina, ICSID Case No. ARB/07/05 (Decision on Jurisdiction and Admissibility, 4 August 2011); Deutsche Bank v. Sri Lanka, ICSID Case No. ARB/09/2 (31 October 2012).

〔16〕 Saipem v. Bangladesh, ICSID Case No. ARB/05/07 (30 June 2009); White Industries Australia Ltd v. India, UNCITRAL (Award, 30 November 2011). Saipem案的基本案情将在最后一章国际投资争端解决中予以简要介绍。

〔17〕 Salini Costruttori SPA and Italstrade SPA v. Kingdom of Morocco, ICSID Case NO. ARB/00/4 (Decision on Jurisdiction, 23 July 2001), para 52.

〔18〕 UNCTC, *Bilateral Investment Treaties*, 1988, p. 83 – 93.

定,投资者在瑞典方面,包括由瑞典公民或瑞典企业控制的任何法人。[19]

我国签订的双边投资协定对投资者的规定有两种方式,一种方式是对缔约双方的投资者分别作出定义。1983年前的协定关于中国公司的定义范围规定得较窄,一般是"经中国政府核准、注册并有权同外国进行经济合作的公司、企业或其他经济组织"。这是为适应我国的经济体制所作出的规定。随着我国经济体制改革的发展,我国在后来签订的条约中对公司的定义已有所放宽,如中国与英国的协定规定,公司在中国方面系指中华人民共和国领土内任何地方依照有效法律设立或组建的公司、商号或社团。该协定没有关于对外经济合作权的限制。另一种方式是不对各缔约国的投资者分别定义,而是采用一个共同定义。例如,中国与荷兰的协定规定,"投资者"一词,对缔约任何一方系指:(1)根据缔约方的法律具有其国籍的自然人;(2)根据缔约一方法律和法规组成的,并在其领土内有住所的法人或不具有法人资格的合伙。这样关于中国公司的定义与缔约他方相同,定义范围较宽,并能体现对等原则。

我国订立的双边投资协定中,有些也采用资本控制原则,不仅承认由缔约他方的国民所控制的公司为缔约他方的投资者,而且也把由中国自然人或经济组织控制的企业视为中国的投资者。例如,中国与芬兰的协定规定,投资者在中国方面包括中国的自然人或与经济组织有重要利益的企业。中国与奥地利的协定规定,中国方面的投资者包括由中国自然人、法人或其他组织与社团有主要利益的、住所在第三国的法人以及具有或不具有法人资格的组织或社团。但有的协定对由缔约一方控制的在第三国设立的法人的适用附有条件,如中国与科威特的协定规定,只有在该第三国无权或放弃对上述法人的保护时方能适用。采用资本控制原则,既有利于保护外国投资者在中国企业中的投资,提高外国投资者的安全感,也有利于保护中国投资者在缔约他方国家中的投资利益。

对于以投资自由化为目的的国际协定来说,缔约各方必须防止非缔约方的投资者通过对缔约方企业实体的控制享受条约所给予的自由化方面的待遇。因此,在条约实践中通常有关于"拒绝利益"的条款,将在缔约一方设立的但由第三国投资者控制且未在成立地从事实际商务活动的实体排除在外。

例如,美国与智利的自由贸易协定关于"拒绝利益"的条款就规定,缔约一方可以拒绝将该协定投资一章中规定的利益给予缔约他方的投资者及其投资,如果非缔约方的投资者拥有和控制该企业,并且拒绝方与该非缔约方没有维持外交关系,或对非缔约方或非缔约方的投资者采取或维持禁止与该企业交易的措施,若给予该企业以本章规定的利益就会违反或规避该协定。同时,如果非缔约方投资者拥有和控制缔约他方企业并且该企业在缔约他方没有实质上的商业活动,如果拒绝给予利益的缔约方的投资者拥有或控制缔约他方的企业且该企业在缔约他方没有实质上的商业活动,那么经协商,缔约一方可以拒绝给予作为缔约他方企业的投资者及其投资以利益。

---

〔19〕 为了保护在东道国设立的子公司的利益,实践中有多种做法。例如,将所保护的投资定义为包括由外国所有或控制的当地公司所作的投资;以资本控制作为公司的国籍标准之一;根据子公司与东道国的协议推定该子公司具有其母国的国籍;将条约的保护扩及由另一缔约方国民或公司有效控制的子公司;等等。See Peter Muchlinski, *Multinational Enterprises and the Law*, University of London, 1995, p. 623 – 624.

值得注意的是,近年来有个别协定对特定投资者的索赔权予以限制。例如,《美墨加协定》关于墨西哥与美国投资争端的附件 14 - D 中,对于求偿人(claimant)的定义施加了特别限制。根据该定义,求偿人是指作为合格投资争端当事人的缔约一方的投资者,不包括由缔约另一方因贸易救济目的确定为非市场经济,且与缔约方没有签订自由贸易协定的非缔约方的人所拥有和控制的投资者。该规定对受非市场经济国家拥有和控制的投资者利用投资仲裁索赔的权利予以限制,是一种歧视性做法。

双边投资条约与区域性协定投资规则均包含关于投资保护的实体性规定与程序性规定。实体性规定主要包括国民待遇、最惠国待遇、公平公正待遇、征收、资金转移、业绩要求、保护伞条款、例外条款等有关实体权利义务的规则,程序性规则主要是关于投资争端解决方面的规则。本章以下各节主要介绍实体性规定中的若干重要条款及其解释和适用问题,有关程序性规则将放在最后一章关于投资争端解决部分阐述。

第二节　国民待遇与投资自由化

国民待遇要求一国以对待本国国民之同样方式对待外国人,也即外国人与本国人享有同等的待遇。由于它有确切的标准可循,因此成为国际上关于外国人待遇的最重要的制度之一。

在条约的表述上,国民待遇涉及的是在"相同"还是"类似"情况下本、外国人的比较,同时还涉及给外国人提供与本国人"相同"的还是"不低于"本国人的待遇。现在有许多条约采取在"类似"情况下给予外国人以不低于本国人待遇的表述方法。

一、国民待遇的效力与适用范围

国民待遇在理论上和实践中都存在分歧,其分歧主要存在于两个方面:一是国民待遇的效力问题;二是国民待遇的适用范围问题。

(一)国民待遇的效力问题

长期以来,在西方发达国家看来,一国给予外国人以国民待遇还不够,国民待遇还必须符合所谓的"国际标准",否则仍要负国家责任。也就是说,国民待遇还要取决于它是否符合"国际标准"。其主要理由是:其一,尽管国家所采取的是一般性措施,但事实上是专对或者主要对外国人的措施,而不是对本国国民的措施,就不能说这一行为是符合国民待遇标准的所谓"一般"行为;其二,适用于本国国民的规则,未必能满意地适用于外国人,如东道国政治不善、行政效率低、现行法制不健全等,均不能对外国人提供足够的保护或只能提供很少保护。[20]

这一观点并不为发展中国家所接受。根据国际法规定,一国给予外国人何种待遇是一国自己的事,只要不存在歧视,就不存在国家责任问题。国民待遇是一种平等待遇,它既反对对外国人的歧视,又反对外国人在东道国享有优于本国国民的特权地位。让外国人与本国人享有同等的权利,受到所在国法律的同等保护,具有鲜明的平等性,不存在歧视问题,因而完全符合国际法原则,其效力是不可否认的。国民待遇不能绝对化,不能要求在任何情况下内外国民的待遇绝对平等。如出于国家利益和经济发展的需要,对外国投资者予以某种限制是完全正当的,不构成歧视待遇。即使国家的某种一般措施仅仅及于外国人,但在没有反证的情况下,完全有理由推定在同样情况下,基于同一目的,也会对本国国民及其财产适用同样待遇、同样措施。至于适用于东道国国民的规则不能满意地适用于外国人的观点,显然是为维护外国人特权提供借口。[21]

(二)国民待遇的适用范围问题

对外国投资者的投资能否给予国民待遇,是另一个存在分歧的问题。国民待遇使外国人享有与本国人同等的权利,如果这一待遇适用于投资领域,就能使外国投资者与本国投资者在同等的经济条件下竞争和取得利益,因此往往比最惠国待遇更胜一筹。由于国民待遇的这一特点和作用,它往往成为跨国公司来东道国投资时极力想取得的目标,资本输出国也总是极力想为其投资者取得这一待遇,而东道国出于各种考虑,特别是为了保护本国民族工业,则可能只在有限的范围内给予国民待遇。

对大多数资本输出国或发达国家来说,国民待遇是一个重要原则,因此,除某些与社会主义国家订立的条约外,大多数双边投资条约都订有国民待遇条款。例如,德国把国民待遇看作双边投资条约中的一个重要原则问题,宁愿放弃条约谈判而不愿放弃国民待遇条款。德国与罗马尼亚签订的投资条约中就包含这一条款。法国则并不总是认为国民待遇条款是必不可少的,不过其签订的大部分条约仍包含这一条款。

另外,由于某些发展中国家和社会主义国家对国民待遇采取保留态度,在与这些国家订立的双边投资条约中,对国民待遇条款往往有某些限制。除传统的为维护公共秩序或保护国家安全所必需的限制外,某些条约明确地表达了东道国对国内投资给予特别鼓励的可能性,或仅在外国投资者和国内投资者处于相似情势下,才适用国民待遇。例如,1980年巴布亚新几内亚与德国投资条约的议定书规定,巴布亚新几内亚为促进当地工业的创立而仅仅给予其国民的特殊鼓励,应认为与第3条(国民待遇和最惠国待遇)是一致的,只要它们对德国国民和公司的投资及与投资有关的活动没有实质上的损害。又如,1974年瑞士和印度尼西亚投资协定第2号议定书规定,印度尼西亚鉴于目前国民经济的发展阶段,允许偏离国民待遇,但是,根据协定条款规定,印度尼西亚得给予瑞士国民和投资在类似的经济活动中相同的或替代的便利。1969年德国与扎伊尔投资条约中规定,为

---

〔20〕 Z. A. Kronfol, *Protection of Foreign Investment*, A. W. Sijthoff Leiden, 1972, p. 59; A. A. Fatouros, *Government Guarantees to Foreign Investors*, 1952, p. 214.

〔21〕 姚梅镇:《国际投资法》(修订版),武汉大学出版社1987年版,第333~334页。

了纠正在德国和刚果投资者间存在的事实上的不平等，可以给予后者特殊税收优惠和信贷方便，只要这些措施不损害竞争。1977 年德国与马里投资条约的议定书则明确排除将公营企业作为适用国民待遇比较的基础。[22]

对外国投资是否给予国民待遇，在很大程度上取决于一国所采取的经济制度及其经济发展水平。发达国家的经济发展水平较高，因而主张适用国民待遇，以便自由竞争、相互渗透；而经济实力悬殊很大的国家在投资领域适用国民待遇，即使是互惠的，对于弱国一方也是不利的，会造成一方享有优势、居于支配地位，而另一方则处于劣势或从属地位。就发达国家和发展中国家而言，情况正是如此。

值得注意的是，随着经济全球化和投资自由化的发展，国民待遇在投资领域的适用已是一种客观趋势。现在的分歧在于：国民待遇是否应适用于外资准入阶段。这涉及投资自由化问题，下面对此进一步阐述。

二、国民待遇与投资自由化

（一）国民待遇的类型

根据联合国贸易和发展会议的研究，国民待遇主要分为准入后（post－establishment）国民待遇和准入前（pre－establishment）国民待遇两大类。[23]

准入后国民待遇有两种类型：（1）有限的准入后国民待遇。即在准入后阶段给予外国投资者以国民待遇的同时，东道国保留较大的自由裁量权。例如，中国和日本 1988 年签订的双边投资协定可以说是属于有限的准入后国民待遇，它将准入阶段排除在外，并在其议定书中规定，若因“公共秩序、国家安全或国民经济的健康发展”所必需，可以采取差别待遇。（2）全面的准入后国民待遇。这种做法包括以下某些特点：仅适用于准入后待遇；对国家经济至为重要的特定产业或幼稚产业予以例外保护；实体标准采用“类似情况”和“不低于”这样的表述；设有地方政府措施的例外；适用法律上和事实上的国民待遇；国民待遇条款与其他待遇条款并存。近些年由德国、英国、法国、瑞士等国签订的双边投资条约大都采取这种类型。

准入前国民待遇是在全面的准入后国民待遇的基础上再加上准入前的国民待遇。它也有两种形式。

1. 有限的准入前国民待遇

即将国民待遇扩及准入后和准入前阶段，从而在一定程度上限制了东道国关于外资准入的自由裁量权。但是东道国对于自由化的程度和步伐以及准入的条件仍保留某种程度的控制权。在联合国贸易和发展会议的研究看来，这种方式对那些希望以渐进的方式对外资准入实行自由化的国家比较适合。其具体做法是：（1）使用 WTO 第 16 条采用的“选择准入”（opt－in）、“由下至上”（bottom up）、“肯定式清单”（positive list）方法。除非

---

〔22〕 UNCTC，*Bilateral Investment Treaties*，1988.

〔23〕 UNCTAD，*International Investment Agreements*：*Flexibility for Development*，p. 94 －103，UNCTAD/ITE/IIT/18，UN，New York & Geneva，2000. Establishment 是设立商业机构或场所的意思，是否允许设立就是外资准入问题，为便于理解，这里简单称为准入前或准入后国民待遇。

经东道国特别同意,其产业和活动在准入前阶段不适用国民待遇。(2)使用"尽最大努力"(best endeavours)这样的表述,就像 APEC 无拘束力的《投资原则》所使用的一样。[24] 这样,发展中国家在法律上就不受准入阶段给予国民待遇的约束。这种方法可以为发展中国家在向实行准入前国民待遇的过渡阶段使用。

2. 全面的准入前国民待遇

即除通过"否定式清单"(negative list)方式来保护某些产业及活动外,在准入阶段给予国民待遇的承诺原则上扩及所有的外国投资者。这种方法缩小了东道国的自由裁量权,在相当程度上限制了东道国控制外资准入的传统权利。

例如,2002 年日本与韩国签订的双边投资协定第 2 条第 1 款规定:在投资的设立、获得、扩大、经营、管理、维持、使用、享有、出售及其他处分等方面,每一缔约方在其境内须给予缔约另一方投资者及其投资以不低于其本国投资者及其投资在类似情况下所享有的待遇。同时,日韩协定既列出不适用于国民待遇的行业以及相关措施的清单(否定式清单),又对不同的例外产业规定了"停止"(stand - still)和"回转"(roll - back)机制,以将产业高度自由化与国家发展政策相结合。[25]

(1)例外产业或措施。根据日韩协定的规定,例外清单有两类,附录一列举的产业例外清单主要涉及国防、国家安全、公用事业、政府垄断、国有企业等重要产业。附录二列举的产业例外清单主要是应受保护的一些产业,包括农业、林业、畜牧业、渔业、资源产业(石油、采矿业)以及某些服务业(运输业、电讯业、金融服务业等)。

(2)"停止"和"回转"机制。日韩协定对附录一和附录二的产业采取不同的措施。对于附录一清单中所列的产业,缔约国可以采取或维持与国民待遇原则不一致的措施,没有必须"停止"(维持现状)或"回转"方面的要求。对于附录二清单所列产业,缔约国可以维持协定生效之日已存在的例外措施,同时还附有"停止"和"回转"方面的限制。"停止"机制是指将现有的缔约各方不符合投资协定的措施锁定,禁止制定新的或者限制性更强的不符合双边投资协定规定的国民待遇义务的措施。"回转"机制是以前述锁定的不符合投资协定的措施为起点,逐步减少或消除该限制措施的自由化过程。缔约方只能努力逐步减少或取消这些措施,而不得采取新的例外措施。

美国是最早采取全面的准入前国民待遇的国家。从 20 世纪 80 年代起,美国开始与发展中国家谈判和缔结促进与保护投资的双边条约,要求在投资准入阶段实行国民待遇,这在当时是唯一的要求缔约国在准入和开业阶段将外国投资与国内投资同等对待的双边投资条约。[26] 从此以后,投资准入前的国民待遇就成为美国式双边投资条约的重要内容

---

〔24〕《投资原则》关于国民待遇的规定是:除国内法律、规章和政策规定的例外以外,成员国在关于投资的设立、扩大、经营以及保护方面,将给予外国投资者不低于国内投资者在类似情况下所获得的待遇。转引自 UNCTAD, *International Investment Agreements: Flexibility for Development*, p. 101, UNCTAD/ITE/IIT/18, UN, New York & GENEVA. 2000。

〔25〕*Agreement between the Government of Japan and the Goverment of the Republic of Korea for the Liberalisation*, Promotion and protection of Investment, Article 2,4,5, Annex Ⅰ and Annex Ⅱ.

〔26〕Patricia Mckinsty Robin, *The BIT Won't Bite*, *The American Bilateral Investment Treaty Program*, 33 Am. U. L. Rev. 931, 949(1984).

之一。[27] 此外,自《北美自由贸易协定》第11章专门对投资作了规定后,美国在此后签订的自由贸易协定中也对投资问题采取了类似的规定。2004年2月,美国国务院颁布了2004年更新了的双边投资条约范本,以替代1994年的条约范本,并使其结构和内容与美国FTA中的投资章节协调一致。[28] 这样,美国通过双边投资条约和自由贸易协定两种协定方式,达到促进投资自由化和强化投资保护的目的,而且这两种协定关于投资问题的规定也协调一致。

除美国外,日本近年来也紧跟美国,在条约实践中采取准入阶段的国民待遇。日本与韩国于2002年以及与越南于2003年签订的双边投资条约均将国民待遇适用于投资准入阶段。

(二)关于外资准入阶段国民待遇的政策考虑

从国际法历史发展的角度看,传统上,外资准入问题属于国内管辖事项,国家有权决定外资准入的程度和条件。近年来,随着投资自由化的发展,在发达国家的推动下,有的条约已将国民待遇扩及投资准入阶段。但是,从东道国的角度看,能否在投资准入阶段采取国民待遇取决于其本国国情及政策考虑。这通常涉及以下因素:

1. 外资的引进与保护问题

对外资采取全面的准入前国民待遇,可以起到改善投资环境的作用,更有利于吸引和保护外国投资者。因为,此种待遇具有如下特点:(1)市场准入。将国民待遇适用于外资准入阶段,就是在准予投资的领域、投资准入的条件以及投资审批方面给予外国投资者与内国投资者同等的待遇。其核心或实质意义是使外国投资者能在市场准入环节与内国投资者居于平等的地位,从一开始就能与内国投资者平等竞争。(2)透明度。将国民待遇作为一个原则,而将例外产业以清单的方式列举出来,可以增强透明度,使投资者在进入东道国之前就能清楚地知悉自己能在哪些领域投资、有何限制性条件,增强投资决策的稳定性和可预见性。这无疑对外资的进入具有很大的吸引力。

2. 维护国家主权和利益

对外资给予准入前国民待遇也涉及国家的管理权问题。根据国家对其自然资源永久主权原则,每个国家都有权决定人们从事经济活动的条件,有权管理外国投资和跨国公司,管理领域内的一切经济活动,只要不违背本国承担的国际条约义务,别国就无权干涉。外国不得强迫一国给予外国投资者及其投资以优惠待遇,包括国民待遇在内,这已为《各国经济权利和义务宪章》所肯定。[29] 若给予外资全面的准入前国民待遇,就可能限制甚至排除东道国对外国投资进入领域和进入条件的全面审查权,东道国只能对经双方同意的少数产业领域限制外资进入。这会对东道国是发展中国家的主权行使构成限制,并损害其利益。

---

〔27〕 不过,考虑到不同国情,美国与某些国家(如波兰、俄罗斯等国家)的条约在此问题上后来也作出了一定的妥协。See Kenneth J. Vandevelde, *U. S. Bilateral Investment Treaties: The Second Wave*, 14 Mich. J. Int'l L. 621.

〔28〕 U. S. Department of State, *Update of U. S. Bilateral Investment Treaty (Feb. 5, 2004)*, http://www.state.gov/e/eb/rls/prsrl/2004/28923.htm.

〔29〕 联合国大会1974年12月通过的《各国经济权利和义务宪章》第2条规定。

3. 国家的经济发展水平及企业的国际竞争力

一般来说,对外资能否给予国民待遇,在很大程度上取决于一国的经济发展水平及企业的竞争力。在经济发展水平相当的国家间实行国民待遇,可以通过平等竞争,相互获益。但经济实力相差悬殊的国家在投资领域实行国民待遇,即使是互惠的,对弱国一方也是不利的,因为在实力不对等的基础上的竞争,必然导致弱者一方处于劣势或从属地位,造成实质上的不平等。目前发达国家间在投资领域相互给予国民待遇已基本没有异议,经济合作发展组织在其草拟的《多边投资协议》中关于国民待遇的规定就包括投资准入后和准入前阶段。但是,对于发达国家与发展中国家间关系来说,投资准入阶段的国民待遇仍是一个敏感问题。由于经济和技术发展水平的限制,发展中国家的内资企业大多处于弱势地位,不具有国际竞争力或竞争力不强。而发达国家的企业具有资金、技术和管理等方面的优势,具有很强的竞争力,若允许外资在准入阶段就享有国民待遇,则在竞争力悬殊的情况下,会使外资从一开始就处于优势地位,本国民族工业难以得到有效的保护。因此,发展中国家必须权衡外资竞争力对本国经济和企业发展的影响,确保本国经济和民族工业能得以健康发展。

不过,在实践中,也有些经济发展水平较低的发展中国家实行准入阶段国民待遇,这通常是基于其国情和有关政策所采取的。例如,有些发展中国家与美国间的双边投资条约就采取了准入阶段的国民待遇,越南与日本间的投资条约也对此作了规定。这些发展中国家之所以接受准入阶段国民待遇,有的是希望借此形成良好的投资气候,吸引外资来发展经济;有的国家国内产业薄弱或本身不发达,需要予以保护的本国产业较少;还有的国家政府认为,采取准入阶段国民待遇,可以使其国内产业从逐步开放中受益、从更具竞争性的市场环境中受益。

三、中国关于国民待遇的实践

随着改革开放的逐步深化和扩大,我国在投资条约实践中关于外资待遇制度也经历了一个发展过程。改革开放之初,我国经济还不发达,对外资的待遇制度方面以前一般采取最惠国待遇。此后随着我国经济发展水平的提高、经济体制改革的深化与市场经济体制的确立,我国逐步放宽了对外资的限制,进入 21 世纪后,新一代的双边投资协定已明确规定了准入后的国民待遇。例如,2004 年 11 月中国与芬兰的新投资协定就明确规定了国民待遇,对已做出投资的运营、管理、维持、使用、享有、扩张、出售或处分方面,缔约一方给予缔约另一方投资者的投资的待遇应不低于其给予本国投资者的投资的待遇。当然,这里所规定的仅是外资进入后的国民待遇,而不包括在准入阶段的国民待遇。对于国民待遇和最惠国待遇,可由投资者选择,适用更优惠的待遇。即投资者认为哪种待遇更优惠就适用哪种待遇。

随着经济全球化的发展,投资自由化成为一个不容回避的问题,当然这也是中国改革开放发展的必然趋势。为此,中国根据自身的国情,制定了相应的外资产业政策,一方面注重本国关键性产业部门的保护和发展问题,另一方面则逐步减少对外资的限制,对外资准入采取负面清单的管理模式。我国政府于 2013 年 7 月同意以准入前国民待遇和负面清单为基础与美国进行双边投资协定的实质性谈判。2019 年新的《外商投资法》正式规定,国家对外商投资采取准入前国民待遇加负面清单管理制度。

我国在条约实践上第一个签署采用准入前国民待遇制度并达成投资负面清单的,是 2020 年 11 月我国与东盟等 15 国签署的《区域全面经济伙伴关系协定》(RCEP)。该协定第 10 章第 3 条国民待遇规定,在投资的设立、取得、扩大、管理、经营、运营、出售或其他处理方面,每一缔约方给予另一缔约方投资者和所涵盖投资的待遇应当不低于在类似情形下其给予本国投资者及其投资的待遇。缔约方均采用负面清单对制造业、农业、林业、渔业、采矿业等领域投资作出较高水平开放承诺,并适用棘轮机制(未来自由化水平不可倒退)。这将会有力地推动东亚区域投资自由化和经济一体化进程。

第三节　公平公正待遇

一、21 世纪前投资条约关于公平公正待遇的不同规定

在国际投资条约中,一般有对外国投资者及其投资给予公平和公正待遇的条款。通常认为,与国民待遇和最惠国待遇等"相对"标准不同,公平公正待遇是一个"绝对的""无条件的"待遇标准。

例如,20 世纪 90 年代美国关于双边投资条约范本采取下列表述,投资在任何时候须给予公平和公正待遇,须享有充分的保护和安全,绝不得给予低于国际法要求的待遇。英国的投资协定范本也有类似的表述。

与美国的做法不同,瑞士以前的条约范本第 3 条把公平和公正待遇条款与国民待遇和最惠国待遇条款结合在一起,公平和公正待遇必须不低于后面的任何一种待遇,无论哪种更优惠。

另有一些双边条约,如法国同斯里兰卡、巴基斯坦、尼泊尔和以色列等国缔结的双边投资条约,则试图参考国际法的一般原则来确定公平和公正待遇的概念。比利时、卢森堡同马来西亚订立的协定也规定,公平和公正待遇"绝不得低于国际法所要求的待遇"。

NAFTA 第 1105 条规定了公平与公正待遇,即每一缔约方得依据国际法给予缔约他方投资者以待遇,包括公平和公正待遇,以及全面的保护和安全。这一表述与美国以前的双边投资条约范本的规定稍有差别。

我国与外国签订的双边投资协定一般也含有公平和公正待遇条款。例如,我国与法国政府于 1984 年签订的关于相互鼓励和保护投资的协定第 3 条规定,缔约各方承诺在其领土和海域内给予缔约另一方的投资者的投资以公平和公正的待遇。在与荷兰、奥地利、新加坡等国家签订的双边投资条约中,也都有关于公平和公正待遇的规定。

但是,也有一些国家在其双边投资条约没有订入公平和公正待遇条款。例如,罗马尼亚同我国缔结的双边条约一般均未提到这一待遇;某些亚非国家,如卢旺达、巴基斯坦、沙

特阿拉伯和新加坡,在双边投资协定谈判中也未予采用。以前大多数拉美国家由于认为所谓的国际法标准与卡尔沃原则不符而拒绝这一条款,只有少数协定,如巴拿马与法国、哥斯达黎加与英国间的条约,含有公平与公正待遇条款。

一般认为,将公平公正待遇订入条约中可以有几个目的:它作为一个基本的标准可以确定条约的基调;它也可以作为解释条约中特定规定的辅助因素,或者为了填补条约以及有关的国内立法或国家契约的漏洞。也就是说,正是由于这一标准的模糊性,使其可以灵活解释,达到保护外国投资者及其投资的目的。

尽管不同的双边投资条约对公平公正待遇条款有不同的规定,但直到20世纪90年代后期,由于投资条约数量不多,而且条约对投资者与东道国间投资争端仲裁机制大多存在各种限制,甚至也没有赋予投资者直接援引该条款来维护其权益的权利,因而该条款一直处于沉睡状态,在实践中没有产生什么争议。

然而,自20世纪90年代NAFTA生效后,投资者开始根据投资条约中的公平公正待遇条款来主张权利。加之以后越来越多的双边投资条约都规定了投资条约仲裁机制,允许投资者援引条约规定通过国际仲裁维护其权益,这就使公平公正待遇条款成为投资者向东道国索赔的重要法律依据,并引起国际社会的广泛关注。

目前,在国际上,有关学说和实践对公平和公正待遇的概念与范围存在较大分歧。[30]有关政府、仲裁员和学者对公平公正待遇做出了不同的解释,概括起来主要有三种意见。第一种意见认为,公平公正待遇是习惯国际法最低待遇标准的一部分。这主要得到美国、加拿大等NAFTA缔约国的支持。第二种意见则认为,公平公正待遇是包括所有渊源在内的国际法的一部分,即公平公正待遇的含义不限于习惯国际法,还应考虑一般法律原则、现代条约以及其他公约的义务。近些年来,ICSID有些案件的裁决意见持此意见。第三种意见认为,公平公正待遇是一个独立的条约标准,某些案件的仲裁庭持此意见,也有学者认为该待遇是独立的。[31] 概括起来,在国际投资条约与仲裁实践中,对于公平公正待遇的解释和适用上的分歧主要在于:是限制性解释还是扩大性解释。关于公平和公正待遇应依习惯国际法外国人待遇标准来解释的观点,属于限制性解释;而认为公平公正待遇应依包括所有渊源在内的国际法来解释或者将其看作一个独立自治的标准的观点,则倾向于扩大性解释。

二、限制性解释——习惯国际法最低待遇标准

目前,美国、加拿大、墨西哥这三个NAFTA缔约国以及其他一些国家持习惯国际法最低待遇标准。美国等国持习惯国际法最低待遇标准也是有一个实践发展过程的。前面谈

---

〔30〕 UNCTC, *Bilateral Investment Treaties*, 1988, p. 31; OECD, *Fair and Equitable Treatment Standard in International Investment Law*, OECD, Working Paper on International Investment, 2004/3. 参见余劲松:《外资的公平与公正待遇问题研究——由NAFTA的实践产生的几点思考》,载《法商研究》2005年第6期;余劲松、梁丹妮:《公平公正待遇的最新发展动向及我国的对策》,载《法学家》2007年第6期。

〔31〕 F. A. Mann, *British Treaties for the Formation and Protection of Investment*, 24 British Yearbook of International Law 244 (1981); OECD, *Working Paper on International Investment*, 2004/3.

到，美国以前的双边投资条约和《北美自由贸易协定》中关于公平公正待遇的规定均与国际法相联系，即“不低于国际法的要求”，或“依据国际法”给予待遇，并没有明确公平公正待遇与习惯国际法最低待遇标准相联系。但是，20 世纪 90 年代后期关于 NAFTA 中投资的公平公正待遇的一些仲裁案件，使该协定的缔约国开始明确自己的态度。

（一）NAFTA 早期有关投资仲裁案例

在 NAFTA 早期的案例中，有关投资者基于各种理由指控有关缔约国政府违反公平与公正待遇的规定，而仲裁庭也倾向于对公平和公正待遇作宽泛的解释。有的仲裁庭认为公平公正待遇超出国际法的要求，不受国际法的限制；有的仲裁庭则将公平公正待遇与征收、国民待遇、透明度等问题相联系，违反有关后者义务的，也就违反了公平公正待遇的义务，从而使公平公正待遇成为投资者向 NAFTA 东道国政府索赔的重要依据之一。其中，以下案例最为典型。

1. 波普与塔波特公司（Pope & Talbot Inc.）诉加拿大政府案〔32〕

该美国木材公司于 1999 年 3 月对加拿大政府提出求偿，指控加拿大的软木出口配额的分配违反了 NAFTA 第 1102 条（国民待遇）、第 1105 条（最低待遇标准）、第 1106 条（履行要求）以及第 1110 条（征收）的规定。

仲裁庭认为，NAFTA“公平和公正待遇”的权利是“依据国际法享有的待遇”一语之外的权利，不受“依据国际法享有的待遇”一语的限制；国际法的限制会使外国投资者获得低于国内投资者的待遇，这种待遇与国民待遇原则不一致。显然，依据该案仲裁庭的解释，NAFTA 规定的公平公正待遇是在“依据国际法享有的待遇”的基础上再加上公平公正待遇的，该公平公正待遇是“添加的”，是不受“国际法”限制的。这种解释使公平公正待遇更为宽泛了。

2. 梅耶公司（S. D. Myers）案〔33〕

美国的梅耶公司于 1998 年 10 月对加拿大提起了 2000 万美元的求偿要求。该美国公司在加拿大设立了一个子公司，将印刷电路板出口到美国处理，但加拿大随后制定了出口禁令。梅耶公司声称，该禁令违反了 NAFTA 第 1102 条（国民待遇）、第 1105 条（最低待遇标准）、第 1106 条（履行要求）以及第 1110 条（征收）的规定。仲裁庭 2000 年 11 月的最后裁决支持了基于第 1102 条与第 1105 条的请求，但拒绝了基于第 1106 条与第 1110 条的请求。梅耶公司被裁定获得 387 万美元赔偿，加上利息。

仲裁庭裁定，加拿大违反了第 1102 条国民待遇的要求，理由是在加拿大的废物处理设施与梅耶公司间存在明显的歧视。至于最低待遇标准，仲裁庭认为，只有当以不公正或专横的方式对待投资者，而这种待遇从国际观点看达到不能接受的水平时，才违反第 1105 条的规定。在此案中，仲裁庭裁定违反第 1105 条在很大程度上是以违反第 1102 条（国民待遇）为基础的，并主张“最低标准”的范围比国民待遇的范围更宽。

---

〔32〕 Pope & Talbot, Inc. v. The Government of Canada, www. naftaclaims. com.

〔33〕 S. D. Myers, Inc. v. Canada, 40 I. L. M. 1408, 1437 [NAFTA Arb. Trib. (Nov. 13, 2000)]; see also www. naftaclaims. com.

3. 麦塔克勒德(Matalclad)公司案[34]

美国的麦塔克勒德公司于1997年1月对墨西哥提起诉讼,指控其对该公司在墨西哥的危险废物处理设施开发采取的措施违反了NAFTA第1105条(最低待遇标准)和第1110条(征收)。在该案中,墨西哥联邦政府于1993年向该公司发放了该项目的许可,但墨西哥的市政当局后来不发建设许可,阻止公司经营。在该公司根据ICSID的附属简易规则对墨西哥提起仲裁之后,墨西哥的州政府宣布,该垃圾掩埋地是为保护稀少的仙人掌而设的“生态地域”。仲裁庭支持该公司提出的最低待遇标准的要求,认为该公司有权依赖墨西哥联邦政府的保证及发放的许可实施项目,因为联邦政府的地位高于市政当局。仲裁庭裁定,由于在要求投资者尽力遵守墨西哥关于危险废物处理设施场地的法律的过程中未能给投资者提供透明和可预见的构架,墨西哥政府违反了NAFTA第1105条(最低待遇标准)的规定。

这一裁决的问题是,根据NAFTA第11章A节的规定,缔约国不存在向投资者提供透明度的明确义务。NAFTA中仅有的关于透明度的义务是在第18章,且该义务是一般性的。加拿大不列颠哥伦比亚省最高法院后来在该案的申诉中判决道,根据第1105条,透明度不是违反第11章的可诉事项,因为透明度既不是第11章的明示要求,也不是习惯国际法的要求。

从上述案例可见,NAFTA的实践在这方面提出了新的值得思考的问题。有人认为,若对公平与公正待遇作出过宽的解释,就会危及政府对环境的合法规制。NAFTA案仲裁庭的这些意见也使三个缔约国政府感到不安,它们认为仲裁庭关于最低待遇标准的解释与NAFTA的规定不一致,并超出习惯国际法的范围来看待公平和公正待遇标准的内容。

(二)NAFTA的解释及美国嗣后的实践

NAFTA的缔约国于2001年发布了其第一次、到目前为止也是唯一的关于第11章的解释。[35] 即第1105(1)条依据国际法的最低待遇标准的解释规定:其一,习惯国际法的外国人最低待遇标准,就是提供给缔约他方投资者的投资的最低待遇标准。也就是说,缔约方认为第1105条中的“国际法”是指“习惯国际法”。其二,“公平和公正待遇”及“全面保护和安全”的概念不要求给予习惯国际法关于外国人最低待遇标准之外的待遇。其三,关于违反了NAFTA的另一规定或独立的国际协定的裁定不能确定其违反了第1105(1)条的规定。

解释第1段确认,第1105条中的“国际法”意指“习惯国际法”。第2段则是意图否定波普与塔波特公司诉加拿大政府案的观点,明确仅在习惯国际法所要求的范围提供“公平和公正待遇”和“全面保护和安全”。第3段针对梅耶公司案,要求请求人必须独立地确定违反了第1105条,而不是依赖于违反第1102条(国民待遇)或其他条款的规定,排除

[34] Metalclad Corp. v. United Mexican States, 40 I. L. M. 36 (2001).

[35] NAFTA Free Trade Commission, *Notes of Interpretation of Certain Chapter 11 Provisions 2* (2001) (clarifying that Article 1105 embodies the customary international law standard for determining possible violations of “fair and equitable treatment” and “full protection and security”), http://www.naftaclaims.com/Papers/July%2031%202001%20NAFTA%20FTC%20Statement.pdf.

NAFTA 仲裁庭对违反不同协定予以管辖的可能性。

美国于 2004 年对其原来的双边投资条约范本作了较大的修改,新的范本对公平公正待遇采取了与 NAFTA 缔约国的上述解释一致的规定,并进一步具体化。该范本第 5 条关于最低待遇标准规定:每一缔约方对(条约)所涵盖的投资得根据习惯国际法给予待遇,包括公平公正待遇以及全面的保护和安全。该条第 2 款进一步补充规定,国际习惯法外国人最低待遇标准即给予投资的最低待遇标准。“公平与公正待遇”以及“全面保护与安全”的概念不要求多于或超出该标准所要求的待遇,也不创设额外的实质性权利。“公平与公正待遇”包括在刑事、民事与行政审判程序中,依据在世界主要法律体系中体现的正当程序原则,不得拒绝司法的义务。美国 2012 年新修订的双边投资条约范本对此未作改动。[36]

美国与智利、新加坡、秘鲁、韩国等缔结的《自由贸易协定》(FTA)中,也采用了与其双边投资条约范本基本相同的措辞。[37]

(三)习惯国际法最低待遇标准的发展演进问题

国际最低标准是在 19 世纪出现的,但国际司法标准这一概念则是由美国国务卿鲁特在 20 世纪初提出的。在他之前,有的学者如帕默斯顿曾对外国人待遇作过逐案的研究,而鲁特则把它概念化。他说:“存在一个司法标准,非常简单而又非常重要,为所有文明国家所普遍接受,构成世界国际法的一部分。一国有权根据它给予本国公民的公平待遇衡量它给予外侨的公平待遇,条件是它的法律制度和行政制度须符合该一般标准。如果某国的法律和行政制度不符合该标准,那么,尽管该国人民愿意或被迫在其下生活,但不能迫使其他国家把它作为对其公民提供了一个令人满意的待遇措施来接受它。”[38]

习惯国际法最低待遇标准的内容是一个颇有争论的问题。在近些年的投资仲裁实践中,美国与其他 NAFTA 缔约国通常主张,习惯国际法最低待遇标准应依据 1926 年的尼尔(Neer)案所适用的标准予以解释。在尼尔案中,受雇于墨西哥境内一家矿厂的美国公民尼尔在回家的路上被杀害,其遗孀和女儿向墨西哥政府索赔,认为墨西哥政府未尽责追惩凶手。受理此案的美国与墨西哥综合求偿委员会认为,墨西哥政府不应承担责任,因为没有证据显示墨西哥当局在追惩凶手过程中不尽责或不够勤勉。该委员会还指出,政府行为是否适当应根据国际标准衡量,“对外国人的待遇,若要构成国际不法行为,则应达到暴行、恶意、故意漠视义务的程度,或政府的行为与国际标准相去甚远以至于任何理性公正

---

〔36〕 Article 5, *2012 U. S. Model Bilateral Investment Treaty.*

〔37〕《美国与智利的自由贸易协定》第 10.4 条规定:(1)每一缔约方得根据习惯国际法给予所涉投资以待遇,包括公平与公正待遇、全面的保护和安全。(2)为更具确定性,第 1 段规定外国人的习惯国际法最低待遇标准为给予所涉投资的最低待遇标准。“公平与公正待遇”和“全面保护与安全”的概念不要求除该标准所要求外的或超出该要求的待遇,不创设额外的实体权利。(3)违反了本协定其他规定或不同的国际协定的裁定,不表明(establish)违反了本条规定。显然,根据第 10.4 条的规定,对投资的待遇适用习惯国际法;“公平与公正待遇”及“全面保护与安全”概念是习惯国际法的一部分。同时,该条还可以排除 S. D. Myers 案中将违反第 1102 条作为违反第 1105 条公平与公正待遇的主要根据的做法。

〔38〕 E. Root, *The Basis of Protection on Citizens Residing Abroad*, A. J. I. L(1910).

的人都会轻易地认为该行为是不当的”。[39]

在2009年的格拉米斯(Glamis)金矿公司诉美国案中,针对原告的主张以及某些投资仲裁庭的裁决意见所支持的关于习惯国际法是动态的、没有被冻结在1926年的尼尔案的观点,美国主张,习惯国际法最低待遇标准是一个绝对的、无条件的标准,习惯国际法规则的形成需要许多国家普遍和一致的实践,并对其具有法律确信。国际仲裁庭的裁决意见并不构成国家实践,因而不能创立和证明习惯国际法。美国虽然并不否认习惯国际法的发展,但认为要证明习惯国际法规则的发展演进很难。在格拉米斯金矿公司诉美国案中,仲裁庭支持了美国的意见。仲裁庭认为:“尽管现在的形势比20世纪20年代更为多变和复杂,但是审查的水准是相同的。尼尔标准的基本法则今天依然适用:要违反NAFTA第1105条的习惯国际法最低待遇标准,其行为必须异乎寻常和令人震惊,如显见的拒绝司法、明显专断、极明显的不公平、完全缺乏正当程序、明显的歧视或明显缺乏理由,以至于低于可以接受的国际标准并构成对第1105(1)条的违反……判定违反习惯国际法最低待遇标准的标准与尼尔案所适用的标准一样的严格。”[40]该案仲裁庭认为,该案应由请求方格拉米斯公司承担举证责任,证明尼尔案所适用的标准已经过发展和演进。仲裁庭最终裁定,请求人未能证明其主张的习惯规则已经发展演进,未能证明美国的行为违反了公平公正待遇的义务,从而驳回了其请求。

可见,美国与NAFTA缔约国政府明确把公平公正待遇与习惯国际法联系起来,其目的是提高公平公正待遇适用的门槛,防止因对公平公正待遇作宽泛解释而导致投资者滥诉及政府的诉累。

三、扩大性解释

近年来,世界银行下设的解决投资争端国际中心(ICSID)仲裁中也有不少案例涉及违反公平公正待遇问题。[41] 有些仲裁庭基于国际法上的善意(good faith)原则,对公平公正待遇采取比习惯国际法最低待遇标准更为宽泛的解释,并提出了分析公平公正待遇的几个要素,以此来衡量公平公正待遇是否被违反。其要点包括:公平公正待遇要求提供稳定和可预见的法律与商业环境;不影响投资者的基本预期;不需要有传统国际法标准所要求的专断和恶意;违反公平公正待遇条款必须给予赔偿。

(一)基本要素——给外国投资提供稳定的、可预见的法律与商业环境

ICSID的有关仲裁庭认为,公平公正待遇要求提供稳定和可预见的法律与商业环境,这是基于投资条约序言中的宗旨和目的推论而来的。双边投资条约通常是缔约国双方为

---

[39] L. F. H. Neer & Pauline E. Neer (United States) v. United Mexico States, Report of International Arbitral Awards, Ⅳ, United Nations, 1926, p. 60 – 66.

[40] Glamis Gold Ltd. v. United States of America, ICSID/UNCITRAL, Award(2009), para. 616. 在该案中, Glamis是一家加拿大矿业公司,对美国提起仲裁程序,指控美国违反了NAFTA第11章项下对其负有的义务。特别是Glamis公司声称,美国征收了其拥有的在加利福尼亚州东南部开采金矿的权利,并且在其试图运用这一权利时,美国拒绝给予其公平公正待遇。

[41] 主要包括:Tecmed v. Mexico (2003); MTD v. Chile(2004); CMS v. Argentine (2005); Azurix v. Argentine (2006); LG & E v. Argentine (2006); PSEG Global v. Turkey (2007)等。

了相互促进和保护投资而签订的,其序言的宗旨和目的当然主要是促进和保护投资。而促进和保护投资,就必然要求给投资提供一个稳定、可预见的法律与商业环境。因此,有些仲裁庭就得出结论,法律与商业构架的稳定是公平公正待遇的基本要素,并认为这种解释成为国际法中公平公正待遇正在形成的标准。〔42〕这样,基于条约中公平公正待遇,东道国有义务对外资提供稳定的法律和商业环境,如果东道国没有采取必要的措施或者其措施有违这一义务,就违反了对外资的公平公正待遇。

（二）投资者的基本预期(expectations)

在国际投资争端仲裁案件中,投资者的基本预期最初只是作为与透明度相关的考虑因素,但是近来已发展为公平公正待遇标准的重要内容。例如,Tecmed 案仲裁庭认为,根据国际法确立的善意原则,公平公正待遇的规定要求缔约国提供不影响投资者投资时所考虑的基本预期的投资待遇。外国投资者预期东道国以始终如一的方式行动,在其与投资者的关系中毫不含糊并完全透明,使投资者可以事先知道支配其投资的所有规则与规章以及相关政策、政府行为和指令的目标,以便能规划其投资并遵守这些规章。〔43〕这就意味着,如果东道国的措施前后不一致,以及不具有透明度,就可能违反公平公正待遇标准。

有仲裁庭继续指出,投资者的公平预期有如下特点:以投资时东道国提供的条件为基础;不是由当事人一方单方面确立的;必须依据法律而存在并可执行的;受到东道国侵害时,对投资者的损害产生补偿义务,国家紧急情况时造成的损害除外;然而,投资者的公平预期也不能不考虑诸如商业风险或产业的合格类型等因素。〔44〕还有仲裁庭认为,根据定义,合法预期要求有政府的承诺,求偿人据此有权要求该承诺得到遵守。〔45〕

借助于保护"合法预期"(legitimate expectations)的概念,某些仲裁庭扩大对公平公正待遇的解释。例如,在 Crystallex 诉委内瑞拉案中,仲裁庭认为,公平公正待遇标准包括保护合法预期,保护免受专断和歧视性待遇,透明度与连贯性;政府违反公平公正待遇的行为不需要达到反常的程度或具有恶意。仲裁庭认为,委内瑞拉环境部 2007 年 5 月关于保证给予申诉人以许可的函件产生了合法预期,申诉人信赖这一预期并据此行动,但委内瑞拉随后使申诉人的合法预期落空,违反了公平公正待遇标准,并裁决委内瑞拉给加拿大投资者支付 12 亿美元加上利息的赔偿。〔46〕

---

〔42〕LG& E Energy Corp., LG& E Capital Corp. and LG& E International Inc. v. Argentine Republic, ICSID Case No. ARB/02/1, paras. 122 – 126, Decision Liability, October 3, 2006; CMS Gas Transmission Company v. The Argentine Republic, ICSID Case No. ARB/01/8, paras. 274 – 278, Award (May 12, 2005); MTD Equity Sdn. and MTD Chile S. A. v. Republic of Chile, ICSID Case No. ARB/01/7, Award (May 25, 2004).

〔43〕Tecnicas Medioambientables Tecmed S. A. v. The United Mexican States, ICSID Case No. ARB(AF)/00/02, para. 154, Award(May 29, 2003).

〔44〕LG& E Energy Corp., LG& E Capital Corp. and LG& E International Inc. v. Argentine Republic, ICSID Case No. ARB/02/1, para. 130, Decision Liability, October 3, 2006.

〔45〕PSEG Global Inc. &etc. v. Republic of Turkey, ICSID Case No. ARB/02/5, para. 221, Award (Jan. 19, 2007).

〔46〕Crystallex International Corporation v. Bolivarian Republic of Venezuela[ICSID Case No. ARB(AF)/11/2], Award (Apr. 4, 2016).

(三)不以“恶意”(bad faith)为条件

在近年来的国际投资仲裁案例中,作为被告的东道国大多引用尼尔案的裁决来说明只有在具有恶意或极端恶劣情况下才违反最低待遇标准,以此提高公平公正待遇的适用门槛。

但是,近年来有关案例的仲裁庭基本上都持这样一种观点和态度,即违反公平公正待遇不要求以恶意为条件。有些仲裁庭认为,自从蒙德弗(Mondev)案后,习惯国际法的待遇制度已经发展到了一个较高的待遇标准。蒙德弗案仲裁庭认为,20世纪20年代的尼尔案及类似裁决所涉及的是外侨的人身安全问题,而不是投资的国际保护问题,因此,将投资条约中的待遇限于尼尔案所说的专横残暴待遇,理由是不充分的。从现代眼光看,不公平或不公正并不需要等同于专横或极端恶劣,也不需要达到令人愤怒或震惊的程度,一个国家可能不公平或不公正地对待外国投资,但并非必定是恶意采取行动。因此,恶意不是裁定违反公平公正待遇的必要条件。[47] 而且,政府尽管没有恶意,但在处理与投资有关的事物时存在明显疏忽或滥用职权等,也构成对公平公正待遇的违反。按照这样的解释,东道国是否恶意作为或不作为并非判断其是否违反公平公正待遇标准的关键因素,习惯国际法的适用门槛就降低了。

(四)违反公平公正待遇要承担赔偿责任

传统上,投资条约一般只是规定缔约国在实行征收或类似措施时要予以补偿,除此之外并没有补偿或赔偿的义务。但近年来的国际投资仲裁实践中的一个重要变化和动向是,一些仲裁庭认为,违反公平公正待遇也产生赔偿义务。[48] 这样,当国际法传统上规定的其他标准或规则在有关案例情况中可能不完全适合时,公平公正待遇在投资仲裁中就取得了突出地位。[49] 特别是,当争议的事实不足以支持其以征收提出求偿要求时,投资者就可以以违反公平公正待遇为由索赔,仲裁庭也可以此为由裁决赔偿。

不仅如此,有的仲裁庭对违反公平公正待遇所裁决的赔偿与违反征收的赔偿相同。例如,在2005年的美国CMS天然气运输公司诉阿根廷案中,仲裁庭就裁定阿根廷违反了公平公正待遇,并采用现金流折现法来评估所应赔偿的投资的市场价值。[50]

四、欧盟的新规定

为了防止或限制仲裁庭对公平公正待遇条款作扩大性解释,近来欧盟与加拿大、越南签订的经济贸易协定或自由贸易协定中对投资规则中的公平公正待遇条款采取了新的规

---

〔47〕 Azurix Corp. v. The Argentine Republic, ICSID Case No. ARB/01/12, paras. 369, 372, Award (Jul. 14, 2006); LG& E Energy Corp., LG& E Capital Corp. and LG& E International Inc. v. Argentine Republic, ICSID Case No. ARB/02/1, para. 129, Decision Liability, October 3, 2006; CMS Gas Transmission Company v. The Argentine Republic, ICSID Case No. ARB/01/8, para. 280, Award (May 12, 2005).

〔48〕 前述CMS案、Azurix案、LG& E案、PSEG案等。

〔49〕 PSEG Global Inc. &etc. v. Republic of Turkey, ICSID Case No. ARB/02/5, paras. 238 - 239, Award (Jan. 19, 2007).

〔50〕 余劲松、梁丹妮:《公平公正待遇的最新发展动向及我国的对策》,载《法学家》2007年第6期。

定。协定中虽没有对公平公正待遇予以定义，但明确列举了违反公平公正待遇的几种情形，从而限制了投资者利用此待遇索赔以及仲裁庭扩大解释的空间。

例如，在欧盟与加拿大《综合性经济与贸易协定》第 8.10 条关于公平公正待遇的规定中，其第 2 款列举了几种违反公平公正待遇的措施，包括：(1)在刑事、民事或行政程序中拒绝司法；(2)在司法和行政程序中，根本违反正当程序，包括根本违反透明度；(3)明显专断；(4)以性别、种族或宗教信仰等明显不当理由采取有针对性的歧视；(5)采取强制、胁迫和骚扰等方法虐待投资者；(6)违反缔约国依据本条第 3 款采纳的公平公正待遇义务的其他要素。

同时，根据该条第 4 款的规定，在适用公平公正待遇的义务时，仲裁庭可考虑“合法期待”这一要素。即仲裁庭可考虑缔约国是否对投资者作出了具体表示以诱使其投资，从而产生了合法期待，投资者基于这种期待决定投资或维持投资，但缔约国随后使其合法期待落空。从该条的上下文来看，违反公平公正待遇义务的只限于第 2 款规定的几种措施，投资者合法期待的落空只是适用公平公正待遇义务时的一个考虑因素，仅此因素本身并不构成违反公平公正待遇。

欧盟协定的上述规定，对现行国际协定中的公平公正待遇条款有了明显的改进。它没有援引“国际法”或“习惯国际法最低待遇标准”来界定公平公正待遇，而是明确规定了几种违反该待遇的情形，这种做法无疑可以防范仲裁庭通过对“国际法”或“习惯国际法”的扩大解释来扩大公平公正待遇条款的适用范围，从而使这一抽象待遇标准的适用更具确定性、可预见性和可操作性。

然而，欧盟协定中关于公平公正待遇的规定，有些内容虽反映了国际上的共识，但也有内容仍存分歧。例如，凡构成拒绝司法、根本违反正当程序、明显专断的规定，即违反公平公正待遇，这在国际上可能争议不大。但是，上述规定中有的内容超出了习惯国际法最低待遇标准的要求，因而可能不会为那些主张依据习惯国际法界定公平公正待遇的国家所接受。例如，关于透明度义务，NAFTA 缔约国就不认为其属于习惯国际法的要求。有些国家可能不会接受这种做法，即将透明度义务纳入正当程序之中，作为公平公正待遇的内容。欧盟与越南的自由贸易协定中就没有将透明度义务纳入公平公正待遇之中。此外，关于投资者的合法期待，前面谈到，它被认为是国际法上的“善意”原则的要素之一，将其作为适用公平公正待遇义务的要素来考虑，也比依据习惯国际法最低待遇标准的解释更为宽泛，从而也会对公平公正待遇的适用产生不确定性。

五、我国的实践与对策

由上可见，与基于习惯国际法最低待遇标准的限制性解释相比较，近年来某些仲裁庭基于国际法上的善意原则来解释公平公正待遇，可以说是从宽解释或扩大性解释。这两种解释的法律后果有很大不同，前者是抬高投资者向东道国索赔的门槛，以达到限制投资者依据公平公正待遇条款向东道国索赔的目的，而后者则在很大程度上强化了对政府行为的审查，并降低了投资者索赔的门槛，使公平公正待遇成为 BIT 中投资者最容易获得索赔的条款。传统上 BIT 中保护投资者安全与利益的最重要条款是征收条款，条约一般对征收附加几个条件,违反这些条件的征收就是违反条约义务。但依据公平公正待遇条款索赔则没有条件限制,只要东道国没有提供稳定的法律与商业环境,且影响了投资者的基本预期即可。这实际上是给予外国投资者以特权地位,忽视东道国的权益,从而导致投资者与东道国权益保护间的失衡。

我国以前的 BIT 没有将公平公正待遇与国际法或习惯国际法相连,条约仅规定给予"公平公正待遇",但后来的条约则有变化。如 2008 年中国与新西兰的《自由贸易协定投资规则》中第 143 条规定,"按照普遍接受的国际法规则"给予公平公正待遇;2009 年中国与秘鲁《自由贸易协定》第 132 条规定,"应根据习惯国际法"给予公平公正待遇。中国与东盟等 15 国签署的《区域全面经济伙伴关系协定》第 10 章第 5 条规定,"每一缔约方应当依照习惯国际法外国人最低待遇标准给予涵盖投资公平公正待遇以及充分保护和安全。"该条关于公平公正待遇的规定,基本上采纳美国的模式,但也作了某些改进,特别是强调"公平公正待遇要求每一缔约方不得在任何司法程序或行政程序中拒绝司法"。

我国目前仍然是发展中国家中最大的资本输入国,同时我国也在发展对外投资,鼓励有竞争优势的企业"走出去",因此我国在投资条约条款的设计上,就必须注意既要为维护我国作为投资东道国的权益留有政策空间,也要有助于保护我国海外投资者的利益。具体就公平公正待遇条款而言,目前对其解释与适用方面仍存在较大争议。即使有关投资条约明确将公平公正待遇限定为习惯国际法外国人最低待遇标准,但不少仲裁庭仍倾向于从宽解释。例如,在 2015 年裁决的 Bilcon 案中,仲裁庭多数意见甚至无视 NAFTA 缔约国关于习惯国际法待遇标准的解释意见,采用在缔约国看来并不属于习惯国际法的"合理期待"规则来解释公平公正待遇,并据此裁定加拿大关于一个采矿和海上终端项目的环评程序违反习惯国际法最低待遇标准。[51] 有的仲裁庭还主张依靠其他的、非直接的证据来阐明习惯国际法最低国际标准的内容,包括其他关于 NAFTA 仲裁案的裁决,以及有关的学说。因此,为防止仲裁庭对公平公正待遇予以扩大解释,较为可取的方法是,在条约中明确公平公正待遇的内容和范围,并采取限制性列举方式或详尽无遗清单方式。从实践中看,公平公正待遇的核心内容是反对歧视和专断,因此可以考虑将国际实践上已普遍接受、认可的某些规则或具体要素,如无差别待遇、正当法律程序(不得采取专断措施)以及拒绝司法等,作为公平公正待遇的要求予以明确限定。[52] 这样就可以赋予其明确的内容,使公平公正待遇在解释和适用时有确定的标准可循。[53]

---

〔51〕 William Ralph Clayton, William Richard Clayton, Douglas Clayton, Daniel Clayton and Bilcon of Delaware, Inc. v. Canada, Award on Jurisdiction and Liability (17 March 2015). 不少仲裁庭是依据"一般法律原则"中的"善意"原则来解释公平公正待遇的,"合理期待"是"善意"原则中的一个要素,而"善意"原则是"一般法律原则",不属于习惯国际法范畴。

〔52〕 有论者认为,出现以下三种情况,可能构成违反公平公正待遇:(1)歧视行为;(2)缺乏正当程序;(3)拒绝司法。See Anne van Aaken and Jurgen Kurtz, *Prudence or Discrimination? Emergency Measures*, The Global Financial Crisis and International Economic Law, 12 J. Int'l Econ. L. 859 (2009).

〔53〕 余劲松:《国际投资条约仲裁中投资者与东道国权益保护平衡问题研究》,载《中国法学》2011 年第 2 期。

第四节　其他投资保护条款

一、最惠国待遇

(一)最惠国待遇的一般规定

最惠国待遇是指根据条约,缔约国一方有义务使缔约国另一方国民享受该国给予第三国国民的同等权利。也就是说,无论何时,缔约国一方给予第三国更优惠的条件,则缔约他方有权享有这种新的更优惠的条件。其特点是创造同第三国国民间平等待遇。与国民待遇不同,它是专属于条约法上的制度。

大部分双边投资条约含有最惠国待遇条款,规定缔约国一方的投资至少须得到东道国已给予另一国国民与公司的投资同等优惠的待遇,这同样也适用于与投资有关的活动。

在双边投资条约中,国民待遇条款往往是与最惠国条款结合使用的。资本输出国一般很注重两种标准的结合,以便无论哪种待遇更优惠时,投资者都可以利用该种较优惠的待遇。例如,德国的样板投资协定规定:缔约国一方对在其领土内由缔约国另一方的国民或公司拥有或控制的投资的待遇,不得低于给予其本国国民或公司的投资和第三国国民或公司的投资所享有的待遇。同时,对于与投资有关的活动,也须给予相同的待遇。依其议定书的规定,与投资有关的活动,是指对于投资的管理、运用、使用和利用;对与投资有关的活动"待遇低于",主要是指限制获得原材料、辅料、能源和燃料、生产设备与操作工具及其他具有类似效果的措施。

美国关于相互鼓励和保护投资的样板条约也是把国民待遇和最惠国待遇结合在一起的。英国采用的样板投资协定范本与德国相类似,但保护的对象是"投资或收益",并以投资的管理、使用、利用和处置代替"活动"这个一般性词语。法国近年来签订的投资条约也将国民待遇和最惠国待遇结合在一段里,所保护的对象也是投资和与投资有关的活动。亚非法律协商组织拟定的样板条约第4条规定了最惠国待遇,其表述与英国的类似,第5条规定了国民待遇,但在脚注中说明该地区某些国家反对关于外国投资的国民待遇条款。

当然,这一条款也有某些公认的例外。第一个例外是"国家联盟"条款。据此,条约中所规定的待遇标准,不得适用于缔约国各方由于其属于关税同盟、经济同盟、共同市场或自由贸易区的成员或与此相连而给予第三国国民或公司的特权。例如,中国与德国签订的投资协定第3条第3款就规定,上述待遇不适用于"缔约一方根据现存的关税同盟、自由贸易区或由于某一经济共同体而给予第三国投资者的优惠"。

有些条约对此作了更多的保留。例如,丹麦和马达加斯加1965年的商务协定(包括投资保护)第2条就包括下列保留:邻国间为方便边境贸易的合作;为促进发展中国家间合作而作出的地区和次地区的安排;丹麦同意给予芬兰、冰岛、挪威和瑞典的优惠。我国与德国的投资协定的规定,最惠国待遇不适用于缔约一方为方便边境贸易而给予第三国投资者的优惠。

另一个例外是关于缔约一方根据免征双重税收协定及其他有关税收问题的协议而给予第三国投资者的优惠。中国与德国签订的投资协定有此保留,这也是一个相当普遍的保留。此外,习惯上保留的还包括因公共安全和秩序、国民健康或道德而采取的措施。德国型的投资协定均有此规定,还有的条约把"根据互惠"所给予的优惠作为例外予以保留。

除了前述有的条约将特殊优惠保留给当地投资外,许多条约在关于外资入境程序方面允许偏离国民待遇和最惠国待遇。例如,德国与乌干达间的条约规定:为了国民经济利润,在批准缔约他方国民和公司的投资时,缔约一方可以作出特殊规定,偏离第 2 条规定的待遇。若已作出了那种性质的特殊规定,则第 2 条的规定在那一范围内不适用。这种特殊规定的效力应在批准文件中详细规定。

有些条约对给予国民待遇和最惠国待遇的条件予以限定。例如,东道国对"任何类似的企业"(如挪威与印度尼西亚间的条约),或"在相同情况"(英国与巴西间的条约),或"在其领土内任何类似的投资"(德国与肯尼亚间的条约)给予国民待遇和最惠国待遇。当然,对这些术语的意义可能存在不同意见,因而对其适用范围的确定也会产生分歧。

关于最惠国条款的效力,联合国国际法委员会在 1978 年就肯定,最惠国待遇条款使受益国有权享有在所缔结的条约生效以前或生效后同意给予第三国的更优惠的待遇。但缔约国也可以规定该条款只适用于以后给予的优惠待遇。例如,瑞典与中国、马来西亚、埃及、巴基斯坦、塞内加尔、南斯拉夫等国缔结的条约规定,缔约一方也有根据在本协定签字前同其他国家缔结的双边协议之规定,给予其他国家投资者的投资以更优惠待遇的自由。德国与土耳其、韩国签订的条约规定,最惠国条款不得适用于在该条约生效前已给予的权利和优惠。

(二)最惠国待遇条款与争端解决事项的适用

近些年来,国际投资条约仲裁实践关于最惠国待遇的一个新动向是,最惠国待遇条款能否适用于争端解决事项。这一问题同样也直接关系投资者权利保护的范围与东道国的权益问题,目前的投资仲裁实践对此存在较大分歧。

从投资条约的实践来看,最惠国待遇条款适用于实体性权利不存在什么争议,但对于能否适用于程序性权利,由于条约大多没有规定或缺乏明确规定,在解释和适用上就产生了争议。根据联合国贸易与发展会议组织的考察,1995 ~ 2006 年的双边投资条约对最惠国待遇能否适用于争端解决事项的规定有三种类型:一是将最惠国待遇扩及争端解决事项;二是明确地避开这种结果;三是没有直接涉及这一问题,大多数双边投资条约均属此类。[54]

在投资条约仲裁实践中,马菲基尼诉西班牙(Maffezini v. Spain)案[55](以下简称马菲基尼案)是第一个涉及 BIT 最惠国待遇条款能否适用于争端解决程序事项的案件,也是

---

〔54〕 UNCTAD, *Bilateral Investment Treaties 1995 - 2006: Treads in Investment Rulemaking*, United Nations,2007.

〔55〕 Maffezini v. Spain, ICSID Case No. ARB/97/7, Decision on Jurisdiction, 5 ICSID (W. Bank) 396 (2000), http:// www. worldbank. org/icsid/cases/emilio_Decision on Jurisdiction. pdf.

ICSID 裁决中第一个允许外国投资者基于最惠国条款将第三方条约中的争议解决条款引入基础条约的案例。在该案中,阿根廷投资者马菲基尼先生在西班牙投资建立了一家从事化工产品生产和配送的企业,与当地政府发生投资争议后,马菲基尼先生根据阿根廷与西班牙间 1991 年签订的双边投资条约,直接向 ICSID 提起仲裁。西班牙则对 ICSID 仲裁庭的管辖提出异议,认为马菲基尼没有遵守该双边投资条约的规定。根据阿根廷与西班牙双边投资条约第 10 条的规定,投资者在诉诸 ICSID 仲裁前必须先向当地法院寻求救济,如果经过 18 个月争端未能得到解决,才能向 ICSID 提起仲裁。马菲基尼先生争辩说,根据阿根廷与西班牙投资条约中的最惠国待遇条款,他可以援引智利与西班牙双边投资条约中关于争端解决的规定,该规定允许投资者不用先向法院寻求救济而将争端提交 ICSID解决。该案仲裁庭认为,当今国际投资领域的争议解决安排与外国投资者的保护存在密不可分的关联,国际投资仲裁和其他争议解决方式对于维护相关投资条约所赋予的权利具有根本性作用并且与投资条约所给予的实体方面的待遇存在紧密的联系。由此,仲裁庭裁定:当第三方条约中的争议解决条款对于外国投资者的权益保护更为有利时,此类条款可为基础条约最惠国条款的受惠国所援引,这完全符合"同类原则"。自该案裁决作出后,又有其他几起案件的裁决支持将最惠国条款扩大适用于投资争端解决程序事项。[56]

但国际仲裁中也有些案例对最惠国条款作从严解释,如塞利尼诉约旦案、[57]普拉马诉保加利亚(Plama v. Bulgaria)案等。[58] 普拉马诉保加利亚案仲裁庭认为:马菲基尼案仲裁庭所作的"争议解决安排与外国投资者的保护存在密不可分的关联"这一论断,在法律上并不能充分地表明双边投资条约双方意图使最惠国条款的适用范围扩及争议解决事项;仲裁的基本前提是双方当事人提请仲裁的合意,该合意必须明确无误(clear and unambiguous),这是一项公认的原则;通过最惠国条款援引第三方条约中的争议解决条款来提请 ICSID 仲裁,很容易使人们对仲裁合意的明确性和无误性产生质疑,当事国将争议解决事项并入最惠国待遇适用范围的意图必须明确和无误地表达出来。此后,2006 年 ICSID

〔56〕 如 Siemens A. G. v. Argentina 案、Gas Natural v. Argentina 案、Tecmed v. Mexico 案、Interaguas v. Argentina 案、Vivendi v. Argentina 案等。在 Siemens 案中,仲裁庭认为,投资条约中"与投资者或投资活动相关的待遇"这一措辞本身的范围就已经广泛到可以包含争议解决事项的程度。See Siemens A. G. v. Argentina, ICSID Case No. ARB/02/8, Decision on Jurisdiction,2004, http://www.worldbank.org/icsid/cases/siemens-decision-en.pdf. 2013 年的 Garanti Koza v. Turkmenistan(ICSID Case No. ARB/11/20)案,仲裁庭的多数也同意最惠国待遇条款适用于争端解决程序。

〔57〕 Salini Construction SpA. and Italstrade SpA. v. Hashemite Kingdom of Jordan, ICSID Case No. ARB/03/10, Decision on Jurisdiction, 2004.

〔58〕 Plama Consortium Ltd. v. Republic of Bulgaria, ICSID Case No. ARB/03/24, Decision on Jurisdiction, Feb. 8, 2005. 该案申请人是塞浦路斯 Plama 公司,依据保加利亚与塞浦路斯 1987 年签订的双边投资条约向 ICSID 提起仲裁,指控保加利亚的行为构成征收,并向保加利亚索赔。但保加利亚与塞浦路斯双边投资条约规定,有关征收补偿额的争端只能通过东道国的法律程序或国际"特设"仲裁庭解决。申请人则依据保加利亚与塞浦路斯条约中的最惠国待遇条款,援引保加利亚与芬兰双边投资条约中关于争端解决程序的规定(对提交 ICSID 仲裁的征收争端未限定范围)提起仲裁。

裁决的特里钠诉匈牙利(Telenor v. Hungary)案[59]中,仲裁庭表示完全赞同普拉马案仲裁庭所作的分析和陈述,采纳了限制解释最惠国条款的适用范围这一做法。2013 年的基利克诉土库曼斯坦(Kilic v. Turkmenistan)案也裁定最惠国待遇条款不适用于争端解决事项。

国际投资仲裁庭之所以对最惠国待遇的适用范围存在分歧,关键在于是否从缔约国的意图来解释。相对而言,普拉马案和特里钠案的裁决意见更具有说服力。对最惠国待遇条款的适用范围,应根据条约上下文、缔约前后的行为与实践来判断缔约国的真实意图,并从严解释。一般来说,缔约国与不同国家签订的 BIT 通常是考虑到各自的特殊情况从而作出特殊规定的,如果条约文本表述不一致,或者条约中根本就没有相应规定,这就表明该条约与其他条约是有区别的。如果仅从投资者权利保护的角度考虑问题,任意推定缔约国的意图,将最惠国条款适用于争议程序性事项,那么其结果必然是背离缔约国的意愿、偏袒投资者一方,甚至损害投资东道国的利益。[60] 正如普拉马案和特里钠案裁决所指出的,扩大性解释会产生一些负面后果,导致投资者"挑选"条约,还会导致基础条约中的争端解决处于不稳定状态。

近年来,为了防范仲裁庭对最惠国待遇条款作扩大性解释,有些投资条约已经明确将争端解决事项排除在最惠国待遇的适用范围之外,例如,中国与东盟投资协议的规定,以及中国与新西兰自由贸易协定投资规则均采取了此种做法。《区域全面经济伙伴关系协定》第 10 章第 4 条也明确规定,该条的最惠国待遇"不包含其他现存或未来国际协定项下的任何国际争端解决程序或机制"。这既可以消除此后仲裁庭扩大解释最惠国待遇的隐患,也可以作为判断缔约国此前缔结的投资条约最惠国待遇条款意图的证据。

二、关于政治风险的保证

双边投资协定对政治风险的保证,其重点是关于征收与外汇转移问题。至于战争与内乱,通常并非出于东道国直接对外国投资的有意措施,东道国政府对因战争与内乱造成的财产损失也没有补偿的义务。因而双边投资协定对此一般规定较为简单,大多是规定因战争内乱而遭受损失时,缔约国保证给予外国投资者及其投资以非歧视待遇。

(一)征收与国有化

1. 关于征收与国有化的条件

几乎所有的双边投资条约都规定征收或国有化措施须遵守某些条件,如公共利益或公共目的、非歧视性、正当法律程序与补偿。[61] 许多双边投资协定中均有关于公共利益的规定,尽管有时使用不同的术语,如"国家利益""社会利益"等。有的国家规定"为法律认可的任何目的"。也有少数条约没有关于公共利益的提法。

---

〔59〕 Telenor Mobile Communications v. Hungary, ICSID Case No. ARB/04/15, Decision on Jurisdiction, Sept. 13, 2006, http://www.worldbank.org/icsid/cases/pdf/ARB0415_telenor – v – hungary – award.pdf.

〔60〕 Gabriel Egli, *Don't Get BIT, Addressing ICSID's Inconsistent Application of Most – Favored – Nation Clauses to Dispute Settlement Provisions*, 34 Pepp. L. Rev. 1045.

〔61〕 UNCTAD, *Bilateral Investment Treaties* 1995 – 2006: *Trends in Investment Rulemaking*, United Nattions, 2007.

非歧视性一般也是国有化的条件之一。大部分条约规定，征收或国有化必须不是歧视性的，或者给予最惠国待遇。

正当法律程序和司法审查往往也是国有化或征收的条件。美国、荷兰、日本签订的双边投资条约均规定征收或国有化须符合正当法律程序。有的国家签订的双边条约还把正当法律程序与司法审查结合起来。例如，德国的条约范本规定，任何征收、国有化或类似的措施的合法性和赔偿的数额须经正当法律程序审查，德国签订的所有条约均含有这一规定。罗马尼亚缔结的双边投资条约规定，如果对补偿数额不能友好协商一致，下一步则是在东道国进行司法审查，如果仍不能达成一致，则可提交给解决投资争端国际中心仲裁。[62]

国有化最重要的条件是支付补偿。发达国家签订的双边投资协定要求给予及时、充分和有效的补偿，或公正补偿，并对补偿的数额、支付补偿的时间和方式作出规定。

我国与外国签订的双边投资条约也有类似的规定，如中国与瑞典1982年签订的协定规定，缔约任何一方对缔约另一方投资者在其境内的投资，只是为了公共利益，按照适当的法律程序，并给予补偿，方可实行征收或国有化，或采取任何类似的其他措施，征收或国有化不应是歧视性的。

2. 关于征收与国有化的方式

双边投资协定关于征收与国有化的方式，通常既包括直接征收，也包括间接征收。

德国型投资条约通常规定，财产保护也扩及“其效果相当于征收或国有化的任何其他措施”。如中国与德国1983年双边投资协定议定书中就规定，“本协定……所指的征收，也包括国有化及与征收或国有化有相同效果的其他措施”。

美国1984年的样本条约仅仅提到“相当于征收或国有化的措施”，但在此以前的条约，如美国与海地间的条约，则含有更详细的规定，即间接征收“包括征收税款，强制出售部分或全部投资，或损害或剥夺其管理、控制或经济价值”。[63]

大多数双边投资协定只是作一般性的表述，如“直接或间接征收、国有化或剥夺措施”“征收或国有化措施，或具有直接或间接剥夺效果的其他措施”等。这种一般性的表述具有简单、灵活的特点，并把细节问题留待以后问题产生时再确定。

近些年来，投资条约关于征收条款的新发展是，有的条约已对间接征收加以限定，明确规定国家为了公共福利而采取的非歧视的管理措施，不构成间接征收。例如，美国2004年及以后的BIT范本及所签订条约就作了如此规定，本章第五节将对此予以进一步介绍。

3. 关于征收与国有化的补偿

发达国家一般要求实行征收的国家要给予“迅速、充分、有效”的补偿，并在双边投资条约中加以规定。例如，美国样本条约对“充分”的解释是，必须相当于采取征收行为前一刻或该征收措施为人知晓前一刻被征收的投资的公平市场价值，还包括从征收之日起的利息。英国、德国也是以市场价值为准。因此，在双边条约中，市场价值被普遍用作评估

---

〔62〕 UNCTC, *Bilateral Investment Treaties*, 1988, p. 50 - 59.

〔63〕 UNCTC, *Bilateral Investment Treaties*, 1988, p. 59 - 60.

被征收财产的方法。但有的协定也有某些不同的规定,如使用"全部价值"的概念,或参照"正常经济情势"计算,或指"实际损失"等。荷兰与苏丹的协定规定,补偿须相当于"所影响的投资的折旧值",这是把折旧作为决定补偿数额的唯一一个已知的协定。[64]

关于支付的方式,美国的样本条约规定,必须无拖延地支付补偿,补偿须是可全部变成现金并可自由转移的。在投资协定中也几乎都有这一规定。

我国为了充分保护外国投资者投资的安全与利益,对补偿问题也在投资协定中作了灵活的规定。例如,有的协定规定给予"适当的补偿"或"合理的补偿"。关于补偿数额,中国与德国、丹麦、芬兰、挪威、奥地利、英国、澳大利亚和新西兰等国签订的协定规定,补偿数额应相当于被征收投资在公众知晓前一刻的价值,另有些协定规定为"未被征收时相同的财政状况"(如中日协定),或"相当于在宣布征收时被征收投资的价值"(如中荷协定),或"实际价值"(如中法协定)。关于补偿的方式,所有的协定都规定,补偿应是可有效兑现和自由转移的,不应不适当地迟延。但迄今为止,中国未接受传统的"及时、充分、有效"补偿的方式。

双边投资条约中规定的关于国有化和征收的保证,在很大程度上反映的是资本输出国的观点。某些西方发达国家也是意图通过签订双边投资条约防止对习惯国际法的传统规则的损害。但是,必须注意到,由国家自愿缔结的双边条约,反映的是有关缔约国的意愿和妥协,许多发展中国家愿意在双边投资条约中接受这些规定也有其自己的目的和理由,主要是对外国投资者的合法权益提供有力的法律保证,以更好地吸引外资,发展经济。这并不等于说双边投资条约的这些规定反映的是普遍接受的一般国际法规则。双边条约反映的是纯双边关系中的权利和义务。许多国家在国际场所声明,它们根据双边协定承担的义务并不代表它们关于一般国际法的观点,而且在多边谈判中对相同的问题采取了不同的态度。在国际法上关于国有化问题的规则正在经历一个重要的发展更新的过程,后面将以专章对此进行讨论和分析。

(二)汇兑与转移

双边投资条约一般均规定,投资者的资本、利润和其他合法收益等可以自由兑换为外币、自由转移或汇回本国。例如,中英1986年的投资协定规定,缔约各方保证缔约另一方的国民或公司有权将其投资和收益以及按照与投资有关的贷款协议的任何支付款项自由转移至其居住国。

自由汇兑和转移的范围,各种协定规定简繁不一,美国、荷兰的协定规定得较为详细。如中荷1985年的投资协定规定的范围包括:(1)利润、利息、股息及其他所得;(2)为购置原料、辅料、半成品或成品所需的资金,以及为保证某项投资的持续性,用于更新资本资产的资金;(3)为发展某项投资所必要的追加资金;(4)投资者的雇员或投资者投资企业中的雇员的收入;(5)资本清算款;(6)贷款的偿还金;(7)管理费;(8)提成费。

转移必须依照有关缔约方的法律和法规进行。按照中国有关法律的规定,投资者应当通过其在中国境内银行开立的账户进行。转移可按转移之日适用的汇率。至于适用何

---

〔64〕 UNCTC, *Bilateral Investment Treaties*, 1988, p. 56 – 57.

种汇率则有不同的规定，美国条约样本采用市场汇率，德国的协定则以国际货币基金组织使用的现行汇率为准。

我国订立的协定中，有的还对外国投资者的外汇存款账户中没有足够的外汇供转移时，提供特殊保证。如中英1986年的协定规定，在此情况下，对下列款项中国应允许把当地货币兑换成可兑换货币进行转移：(1)全部或部分投资清算所得款项；(2)投资者从著作权、工业产权、专有技术和商誉中所得的使用费；(3)依照由中国银行担保的投资有关的贷款协议所进行的偿付款项；(4)由中国主管机构专门准许该国民或公司主要在中国领土内进行经济活动所得的利润、利息、资本利息、股息、酬金和其他形式的收益。

但是，关于自由汇兑与转移的保证也不是绝对的，在特殊情况下，有关国家也可以对转移进行限制。例如，中英协定规定，投资者将其投资和收益自由转移的权利，应受制约于缔约各方有权在其国际收入困难的例外情况下，并在有限的时期内公平诚信地行使其法律所赋予的权力。但此种权力不得用于阻止利润、利息、股息、使用费或酬金的转移，并应保证每年至少转移20%的投资及其他任何形式的收益。

三、"保护伞条款"

投资条约中的"保护伞条款"(umbrella clause)通常被表述为：缔约方须遵守其对缔约他方投资者(及其投资)所承担的(任何)义务或承诺。据估计，截至2006年的2500多个双边投资条约中，约有40%包含"保护伞条款"。尽管"保护伞条款"在条约用语上有一些差异，有的比较宽泛，有的则有所限制，但条约中的这个条款可能会被解释为将东道国与投资者间的纯粹合同义务转化为一项国际法上的义务。因此，无论在学术上还是实践中，对"保护伞条款"的解释和适用均存在较大的争议和分歧。

(一)限制性解释

在实践中，有的仲裁庭对"保护伞条款"作限制性解释。例如，在SGS诉巴基斯坦案中，涉及瑞士与巴基斯坦间双边投资条约(BIT)中的"保护伞条款"，仲裁庭驳回了SGS公司关于"保护伞条款"能够将违反合同上升到违反条约的主张。在该案中，瑞士SGS公司与巴基斯坦政府签订了一项装船前海关验关服务的协议，后来双方当事人就协议的履行发生分歧，巴方终止了该协议。SGS公司指控巴基斯坦不当地终止合同以及没有支付该协议项下的费用，并依据瑞士与巴基斯坦双边投资条约向ICSID提起仲裁。瑞士与巴基斯坦双边投资条约第11条规定，缔约任何一方必须持续地保证遵守就缔约另一方投资者的投资所作的承诺。SGS公司主张，巴基斯坦政府违反了与该公司签订的装船前验关服务协议，从而也就违反了两国间投资条约规定的"保护伞条款"。但仲裁庭指出：瑞—巴双边投资协定中第11条("保护伞条款")的原文本身并没有旨在规定，投资者诉称的对其与东道国所订合同有关的违反行为可以自动地"提升"到违反国际条约法的层面，[65]仲裁庭认为，东道国政府违反合同但没有违反双边投资条约中其他实体条款(如国民待遇、最

〔65〕 SGS v. Pakistan, ICSID Case No. ARB/01/13, Decision of the Tribunal on Objections to Jurisdiction (August 6, 2003) \[EB/OL\], para. 166.

惠国待遇、公平公正待遇、征收以及外汇自由汇兑等),仅属于"纯合同请求",不构成对"保护伞条款"的违反;只有当东道国政府违反合同的同时也违反了投资条约中的其他实体条款,才属于"条约请求",有权诉请条约规定的国际仲裁救济。仲裁庭还分析了接受SGS公司诉求可能产生的后果,认为这种广义的解释会使该条款将无数的投资者与国家之间的合同以及国家在其他国内法律机制中对缔约另一方投资者所设定的承诺都囊括入内,而任何对上述义务的简单违反都被视为违反BIT条款,那么BIT中的其他实体待遇条款就可能会成为"多余"。[66] 再者,申请方的主张也可能导致东道国与投资者订立的合同中自由磋商的争议解决条款成为摆设,其有无效力任由投资者决定。[67] 可见,该案仲裁庭对保护伞条款的解释持谨慎态度,作限制性的理解。随后,ICSID仲裁庭2004年裁决的Joy Machinery诉埃及案和2006年的Salini诉约旦案等,也采取相同的立场。

(二)扩大性解释

然而,在投资仲裁实践中,也有的仲裁庭对"保护伞条款"作扩大性解释。例如,在SGS诉菲律宾案中,仲裁庭作出了与上述SGS诉巴基斯坦案相反的裁决。该案的案情与上述SGS诉巴基斯坦案相似,也涉及瑞士与菲律宾双边投资条约中的"保护伞条款"。瑞士与菲律宾投资条约第10条规定,缔约任何一方必须遵守对缔约另一方投资者在其境内特定投资所承担的任何义务。该案仲裁庭认为,菲律宾未能遵守其有约束力的承诺,包括其所承担的与特定投资有关的合同承诺,就是对双边投资协定的违反。[68] 在该案仲裁庭看来,对瑞士与菲律宾双边投资条约第10条中规定的任何义务,作宽泛解释符合其通常意义;同时,由于双边投资条约旨在保护和促进外国投资,对"保护伞条款"作有利于投资者的解释,符合条约的宗旨和目的。有一些学者也赞成对"保护伞条款"采用扩大性解释方法,即认为"保护伞条款"中的"义务"或"承诺"也涉及合同,一旦东道国违反了合同义务也就可以上升到违反了其缔结的双边投资协定中的义务,从而可以采取国际投资条约仲裁的方式来解决争端。[69] 在此后的ICSID仲裁中,Noble Ventures诉罗马尼亚案等多个案件也赞成SGS诉菲律宾案的裁决。在2013年的米库拉诉罗马尼亚(Micula v. Romania)案中,仲裁庭也认为"保护伞条款"涵括各种性质的义务,无论是契约性的还是非契约性的义务。在2015年的Khan Resources诉蒙古案中,仲裁庭认为,蒙古违反其外国投资者的任何规定就构成对《能源宪章条约》(ECT)"保护伞条款"的违反,并裁定蒙古的行为违反了其外国投资法,该行为也就违反了ECT的"保护伞条款"。[70]

---

〔66〕 SGS v. Pakistan, ICSID Case No. ARB/01/13, Decision of the Tribunal on Objections to Jurisdiction (Aug. 6, 2003) \[EB/OL\], para. 177.

〔67〕 SGS v. Pakistan, ICSID Case No. ARB/01/13, Decision of the Tribunal on Objections to Jurisdiction (Aug. 6, 2003) \[EB/OL\], para. 154.

〔68〕 SGS v. Philippines, ICSID Case No. ARB/02/6, Decision of the Tribunal on Objections to Jurisdiction (Jan. 29, 2004) \[EB/OL\].

〔69〕 Christoph Schreuer, Traveling the BIT Route of Waiting Periods, Umbrella Clause and Forks in the Road, The Journal of World Investment and Trade, Vol. 5, p. 231 – 256 (2004).

〔70〕 Khan Resources Inc., Khan Resources B. V. and Cauc Holding Company Ltd. v. The Government of Mongolia and Monatom Co., Ltd. (UNCITRAL, PCA Case No. 2011 – 09), Award on the Merits, Mar. 2, 2015.

（三）折中性解释

在 ICSID 仲裁中，另有仲裁庭采取折中的方式来解释“保护伞条款”。2006 年的 El Paso 诉阿根廷案是一个典型的案例。阿根廷在 20 世纪 80 年代后期开始放松对外资的管制，制定了《能源管理框架》，为吸引外国投资者向该领域投资提供了保证。设立在美国特拉华州的 El Paso 公司在 20 世纪 90 年代取得了从事石油勘探和开发生产以及电力的几个阿根廷公司的股权，但在 90 年代末阿根廷就出现了严重的金融危机，为应对危机，阿根廷采取了一系列措施，El Paso 声称这些措施给其造成严重损失，并向 ICSID 提起仲裁，指控阿根廷违反了美国与阿根廷 1991 年签订的双边投资协定，包括该条约中的“保护伞条款”。与前述两个仲裁案不同，该案仲裁庭对“保护伞条款”采取了折中的解释。仲裁庭认为，违反合同与违反条约不是一回事，有必要将国家作为“商人”与作为“主权者”区别开来。“保护伞条款”不能将任何“合同请求”转变为“条约请求”。该条款并不将条约保护扩及违反国家或国有实体订立的普通商事合同的行为，但它会涵括国家作为“主权者”所约定的其他的投资保护，譬如投资协议中的稳定条款。如果国家采取单方行为干预合同权利，而国家的此种行为可以被看作违反投资条约规定的保护标准，则仲裁庭对违反合同权利所产生的请求就具有管辖权。该案仲裁庭赞同 SGS 诉巴基斯坦案仲裁庭关于“保护伞条款”的解释，即仲裁庭对条约请求有管辖权，不能受理未违反双边投资条约保护标准的纯粹合同请求。但在该案中，仲裁庭认为，应将美国与阿根廷双边投资条约中的第 2 条（“保护伞条款”）与第 7 条结合起来解释，违反国家作为主权者与美国国民或公司订立的投资协议，也被视为违反条约，因而产生条约请求。〔71〕 此案所持观点此后为 ICSID 其他案件仲裁庭所采纳，如 2006 年裁决的 BP & Others 诉阿根廷案、Pan & BP 诉阿根廷案等。

可见，上述关于“保护伞条款”的三种解释方法中，限制性解释有利于维护东道国的权益，扩大性解释则旨在保护投资者的利益，而折中解释的方法则希望平衡东道国与投资者权益。

实际上，对“保护伞条款”的解释，在很大程度上还要依缔约国的意图来定。从目前的实践看，除瑞士在 SGS 诉巴基斯坦案中明确表示了将该条款纳入条约时的意图在于对合同承诺施加条约上的约束外，有关国家对此条款均未作出明确的解释。从该条款的历史发展看，它主要是资本输出国为强化投资者保护而设置的，在很大程度上反映的是资本输出国的意图。发展中国家东道国对这个条款的效力和后果当初可能是认识不清的，因而将保护伞条款作广义解释可能并不符合这些国家的缔约意图。

正如 SGS 诉巴基斯坦案仲裁庭所说，如对该条款采取扩大性解释，会使东道国与投资者订立的合同中争端解决条款形同虚设，对于东道国本身是极其不公平的，其后果也是极其严重的，不仅仅会造成对东道国国内法秩序的破坏，同时也会使国际投资秩序混乱，激

---

〔71〕 El Paso Energy International Company v. The Argentine Republic, Decision on Jurisdiction, ICSID Case No. ARB/03/15.

化南北矛盾。[72] 因此,对“保护伞条款”采取限制性解释或折中性解释较为合理。也就是说,应将纯粹合同请求与条约请求区别开来,东道国违反合同或承诺并不能就自动上升为违反条约,只有当东道国的国家行为在违反合同义务的同时也构成了对双边投资协定实体义务条款的违反时,才可以依据双边投资协定进行条约之诉。这样解释既维护了“保护伞条款”的效力,又考虑到了东道国和外国投资者双方的利益和保护的平衡。

值得注意的是,现在美国对“保护伞条款”的态度也发生了变化。例如,美国以前的双边投资条约范本含有“保护伞条款”,但其2004年的范本没有出现该条款,只是在其第24条中允许将由投资协议引起的争端提交仲裁,同时,根据范本第26条规定,投资者若提交仲裁则要求其书面放弃向东道国的行政法庭或法院提起或继续其请求的权利。美国2004年双边投资条约范本的上述规定在2012年的范本中未做改动。美国从其条约范本中删除了“保护伞条款”,这可以说是其对“保护伞条款”产生的投资争端的一种反应,表明其对“保护伞条款”对其作为东道国时可能产生的影响持谨慎态度。

在我国对外签订的一些双边投资条约中,也包括“保护伞条款”。例如,2003年中国与德国间双边投资条约第10条第2款规定,缔约任何一方应恪守其就缔约另一方投资者在其境内的投资所承担的任何其他义务。2004年中国与芬兰间条约第11条第2款规定,缔约任何一方应恪守其与缔约另一方投资者就投资所作出的任何特别承诺。如果今后就此“保护伞条款”发生投资争端,那么对于条约中的“任何其他义务”或“任何特别承诺”的解释,也会产生是合同请求还是条约请求的问题。从中国作为投资东道国的角度看,我国有必要警惕国际仲裁庭对“保护伞条款”作扩大性解释的可能,因此,在今后缔结双边投资条约时应尽可能对“保护伞条款”加以限定,[73]或者采取美国的做法,干脆删除“保护伞条款”。

第五节 例外条款与国家管理权

一、例外条款

投资条约中的例外条款(不得妨碍条款)是缔约国设置的“安全阀”。根据此种条款,当缔约国面临严重的经济、社会甚至政治危机时或为了其经济的可持续发展和人民福祉,国家可以采取必要的管理措施,以维护其根本安全利益或公共利益,不承担违反条约义务的法律责任。因此,例外条款的设置,可以平衡投资保护与东道国的利益,使缔约国在保护投资者及其投资的同时也为维护国家安全和公共利益预留一定的空间。自20世纪90年

[72] ICSID Case No. ARB/01/03, SGS v. Islamic Republic of Pakistan, Decision of the Tribunal on Objections to Jurisdiction, http://icsid.worldbank.org/ICSID/FrontServlet?requestType=CasesRH&actionVal=ListConcluded.

[73] 徐崇利:《“保护伞条款”的适用范围之争与我国的对策》,载《华东政法大学学报》2008年第4期。

代以后,这一条款已受到许多国家的重视,包含例外条款的双边投资条约的数量日益增加。

在条约实践上,例外条款涉及以下几个问题:(1)例外条款所设置的目标和范围,或者设置哪些例外。(2)缔约国的措施与所允许的目标的连接,即缔约国采取例外措施对于目标来说应是"必要的""所要求的""不得不采取的"。(3)适用范围,即例外条款是适用于整个条约还是条约中的某些特定规定。

关于例外条款的目标与范围,国际条约规定不一致,通常包括以下几种:国家根本安全与公共秩序、保护公共健康和自然资源、公共道德、文化保护、税收、金融服务审慎措施等。其中,国家安全、公共秩序、公共健康与福利、金融审慎措施这几种例外情形尤应予以重视。

(一)国家安全例外

国家安全例外现在已经被许多条约所接受。例如,1994 年的关贸总协定(GATT)第 21 条、WTO 的《服务贸易总协定》(GATS)第 14 条均规定"安全例外"。在双边投资条约实践中,美国等国缔结的 BIT 采用"根本安全利益"的表述,德国 BIT 则采用"公共安全",还有的采用"国际和平与安全"等措词。中国与秘鲁 2009 年自由贸易协定中的投资规则采用"根本安全利益",中国与东盟的 2009 年投资协定中的安全例外则采用 GATS 第 14 条的表述。

1. 国家安全例外应包括国家经济安全利益因素

国际经济贸易条约中的"安全例外"传统上限定为国家的国防安全和国际和平与安全,其目的与经济并不直接相关。然而,这种严格解释显然已经不能适应实际需要,在某些情势下,国家安全与经济也会直接相关,或者说包括国家的经济安全利益。从近些年国际局势和实践来看,严重的经济危机以及重要产业受外国控制是影响国家安全的两种重要情势。

在经济全球化的背景下,世界经济发展很不平衡,金融危机和经济危机频发,并具有很强的相互传导作用,从而可能使某个国家甚至一个区域的国家乃至全球经济陷入危机困境之中,影响到国家的根本安全利益。

21 世纪初阿根廷经济危机就是一个典型事例。阿根廷于 1989 年开始进行经济改革,包括对某些重要产业和公用事业实行私有化并允许外资参与。当时有关法律规定,公用事业收费按美元计价,1 美元兑换 1 阿根廷比索;收费价目表(tariffs)按照美国生产商价格标准(index)每 6 个月调整一次。阿根廷 20 世纪 90 年代末经济衰退、失业增加、社会动荡,乃至发生金融危机。为应对金融危机,阿根廷自 1999 年年末开始采取了许多措施,并于 2002 年 1 月颁布《公共紧急状态法》等法律,废除了 1 阿根廷比索兑换 1 美元的兑换方法,允许比索在货币市场上浮动。阿根廷比索后来大幅贬值,1 美元可兑换超过 3 阿根廷比索。一些外国投资者声称阿根廷的措施使其利益受到侵害,纷纷提起国际仲裁,向阿根廷索赔。美国 CMS 天然气运输公司诉阿根廷案是其中案件之一。1995 年美国 CMS 公司取得了阿根廷一家天然气输送公司 TGN 29.42% 的股份,阿根廷经济危机发生后,CMS 公司指控阿根廷政府采取的措施损害了其利益,包括收益减少、偿付外汇债务的能力倍降、在 TGN 公司中的股值下降 92% 等,并以阿根廷的措施违反了美国与阿根廷间双边投资协定中关于征收和公平公正待遇等规定为由,向阿根廷提出2.61亿美元的索赔要求。ICSID的仲裁庭认为阿根廷政府的措施违反了条约中的公平公正待遇规定,并采取折扣现金流法裁决阿根廷政府向美国CMS公司赔偿1.33亿美元,加上利息。尽管阿根廷援引条约中的紧急状态条款作为免责的依据,但该仲裁庭却认为,虽然阿根廷的经济危机是严重的,但还没有导致经济与社会的全面崩溃(collapse),因而根据国际法不能免责。[74]

对于该案裁决,阿根廷于2005年9月8日向ICSID正式提出了撤销该裁决的申请。其申请的主要理由有二:一是仲裁庭明显越权;二是裁决未能说明理由。阿根廷认为,阿根廷与美国间的投资条约允许缔约方"为维护公共秩序……或保护其自身的基本安全利益"采取"必要的"措施,而仲裁庭却没有采用这一规定。仲裁庭裁定何种措施构成"必要"措施属于越权,因为这一问题应由东道国政府自己决定,而仲裁庭只能审查政府是否善意行使了其自由裁量权。阿根廷对仲裁庭关于即使政府行为是为维护公共秩序所必要的但仍须向外国投资者予以补偿的裁决也提出异议,认为这一要求实际上阻止国家在经济紧急状况或政治和社会危机时采取措施,"因为它不可能对所有受此种必要措施损害的财产持有人提供补偿"。阿根廷认为,该案的裁决将阿根廷置于两难境地,即要么不采取必要行动,甘冒公序混乱加剧和基本安全利益受损的风险;要么采取必要措施,但却由于每个受影响的投资者就其损害索赔而陷入破产。鉴于各种仲裁中对阿根廷的索赔接近其年度国家预算总额,阿根廷在撤销裁决的申请中警告说,国家为防止经济、社会和安全全面崩溃以及维护投资可以得以繁荣经济而采取必要的措施时,不应面临破产。[75]

CMS案仲裁庭对投资条约中关于紧急状态的理解,显然过于僵化和苛刻。一个国家的经济与社会若全面崩溃就会瘫痪,那时再采取措施显然太迟。在国家面临经济危机时,政府如果仅考虑外国投资者的利益而置整个国家的安危和公共利益于不顾,不采取相应的措施,那才是政府的最大违法和失职,对外国投资者来说也是极大的不负责任。CMS案仲裁庭对国家紧急状态的这种理解无异于认为东道国在任何时候都要将外国投资者的利益置于东道国的基本安全利益之上,这显然是难以为人接受的。实际上,ICSID的另一个仲裁庭在2006年10月裁决的LG& E公司诉阿根廷案中,虽然也认为阿根廷违反投资条约中的公平公正待遇条款,但仲裁庭认为,在2001年12月1日至2003年4月,阿根廷处于危机时期,有必要采取措施维护公共秩序和保护其基本安全利益,并且在此期间根据阿根廷与美国间投资条约第11条(根本安全利益例外条款)规定可以免责,不构成违反条约义务。[76]

---

〔74〕 CMS Gas Transmission Co. v. Argentina Republic (ICSID Case No. ARB/01/08), Award (May 12, 2005).

〔75〕 International Institute for Sustainable Development, *Investment Treat News*, *October* 26, 2005; *Argentina Moves to Annul Award in Dispute with CMS Company over Financial Crisis*, http://www.iisd.org/pdf/2005/investment_invested_oct26_2005.pdf.

〔76〕 LG& E Energy Co., LG& E Capital Co. and LG& E International Inc. v. Argentine Republic, Decision on Liability, October 3, 2006, ICSID Case No. ARB/02/1. 2016年另一个关于阿根廷危机案件的裁决, Urbaser公司诉阿根廷案,也裁定阿根廷在危机期间采取的应对措施根据习惯国际法可以免责。See Urbaser S. A. and Consorcio de Aguas Bilbao Biskaia, Bilbao Biskaia Ur Partzuergoa v. Argentine Republic (ICSID Case No. ARB/07/26), Award (Dec. 8, 2016).

可见,在全球化时代,国家安全不仅会受到来自经济方面的原因的影响,而且经济利益因素也成为国家安全概念的组成部分。因此,国际投资条约中设置的国家安全例外不能只限于传统的国防安全和国际和平与安全,还应包括国家的经济利益因素的考量。

2. 自行判断与非自行判断条款

根据 BIT 国家安全例外条款,当面临经济危机或其他影响国家安全利益情形时,东道国可否根据情势自行判断并采取应对措施?在近些年的仲裁实践中,仲裁庭将 BIT 中的国家安全例外条款分为两类:自行判断条款和非自行判断条款。有些国际仲裁庭认为,只要 BIT 中的例外条款没有“其认为必要的”(it consider necessary)文字表述,就属于非自行判断条款,从而应由仲裁庭来审查判断缔约国的措施是否必要。

然而,仲裁庭的这种分类标准在很大程度上是主观推断的,没有考虑缔约国的真实意图。BIT 国家安全例外条款在本质上应属于自行判断条款,因为:(1)国家安全直接关系一个国家的主权和利益,从缔约国的真实意图看,很难认定缔约国会将其有关国家主权和安全这样的重大事项交由第三者来审查。(2)是否危及国家安全也只有当事国自己才最清楚,因而当事国应最有权根据自己的判断采取其认为必要的措施,这不应属于第三方判断的事项。置身事外的第三方的事后所作的任何判断都无法取代当事国在紧急状况时的判断和决策。(3)以美国为代表的一些国家最近新签订的 BIT 均在国家安全例外条款中明确加上“其认为必要的”措辞,表明缔约国的意图是:该条款属于自行判断条款。缔约国的嗣后协定和实践可以作为缔约国真实意图的判断依据。[77]

当然,这并不是说,国家可以根据“自行判断”为所欲为,根据国际法规定,国家必须善意履行条约义务。这样,尽管缔约国可以根据自己的判断采取必要措施以维护国家安全,但这些措施也必须是善意的,而不应是专断的或歧视性的。判断是否善意,通常要考虑两个因素:(1)国家是否以诚实和公平对待的方式行事;(2)援引安全例外条款是否有合理的根据。[78]

3. 国家安全例外条款与习惯国际法规则的关系与适用顺序

从国际法角度看,BIT 是特别法,与普遍适用的国际公约或习惯国际法的效力是不同的。因此,国家安全条款与基于习惯国际法的抗辩是有区别的,其实体内容、理论根据、法律权威的渊源(前者属于条约,后者属于习惯国际法)、适用的范围都不同,因此,不能将二者混为一谈。[79]

然而,在投资仲裁实践中,有的裁决将国家安全例外条款与习惯国际法关于国家责任的相关条款相等同,从而导致以适用习惯国际法国家责任条款(联合国国际法委员会编撰

---

〔77〕 Anthea Roberts, Power and Persuasion in Investment Treaty Interpretation: The Dual Role of States, 104 Am. J. Int'l. L. 179 (2010).

〔78〕 William W. Burke – White & Andreas von Stadan, *Investment Protection in Extraordinary Time: The Interpretation and Application of Non – precluded Measures Provisions in Bilateral Investment Treaties*, 48 Va. J. Int'l L. 307 (2008).

〔79〕 William W. Burke – White & Andreas von Stadan, *Investment Protection in Extraordinary Time: The Interpretation and Application of Non – precluded Measures Provisions in Bilateral Investment Treaties*, 48 Va. J. Int'l L. 320 (2008).

的《国家责任条款》第25条)来取代BIT中的国家根本安全利益的例外条款,使BIT的这一例外条款的适用落空。

这种做法不仅受到学界的广泛批评,而且在实践中也受到异议。例如,CMS案的撤销委员会认为,CMS案裁决犯了两个错误,一是将实施阿根廷与美国间BIT第11条(安全例外条款)所必要的条件与习惯国际法中危急情况所必要的条件相等同,没有看到二者的要求是不同的;二是没有弄清二者的关系和适用顺序,即应先适用BIT第11条的规定。[80] 尽管撤销委员会由于认定该裁决没有明显越权而没能最终撤销该裁决,但其报告对该案裁决作出的严厉批评颇有意义。更值得注意的是,2010年6月29日ICSID的Sempra案撤销委员会对Sempra公司诉阿根廷案作出了撤销裁决的裁定,理由是该案仲裁庭没有适用阿根廷与美国双边投资协定中关于排除协定适用情况的第11条,从而构成明显越权。[81] 同年7月30日,ICSID的撤销委员会又对Enron诉阿根廷案的裁决作出撤销的决定,其理由之一也是没有正确适用法律构成明显越权。这三个委员会的决定在关于BIT例外条款与习惯国际法的国家责任条款关系的分析中,纠正了仲裁庭适用法律的错误,对此后的仲裁将会产生重要影响。

(二)公共道德、公共秩序和公共健康例外(或一般例外)

在国际投资领域,有少数投资条约将公共秩序或公共道德、公共健康作为一般例外条款加以规定。例如,加拿大2004年的投资条约范本第10条就将"为保护人类、动物或植物的生命或健康的措施"列为一般例外。

在仲裁未被接受为投资者与东道国间的投资争端解决方式时,此种例外规定似无必要。然而,当投资者可以通过条约仲裁来解决其与东道国间的争端时,如何处理投资者保护与公共秩序、公共道德或公共健康间的关系问题就较为突出。为了合理协调二者间的关系,缔约国在BIT中将国家为公共道德或公共秩序、公共健康而采取的措施作为一般例外条款加以规定就显得十分重要。

首先,多边贸易体制已经将公共道德、公共秩序、公共健康作为一般例外。在WTO体制中,1994年GATT第20条、GATS第14条均规定,在此类措施的实施不在情形类似的国家之间构成任意或不合理歧视的手段或构成变相限制的前提下,本协定的任何规定不得解释为阻止任何成员采取或实施以下措施:(1)为保护公共道德或维护公共秩序所必需的措施;(2)为保护人类、动物或植物的生命或健康所必需的措施;(3)为使与本协定的规定不相抵触的法律或法规得到遵守所必需的措施。这表明该种例外在WTO体制中已经得到确认和重视。

其次,无论何种经济活动,不管是贸易还是投资,都必须以不影响公共秩序或公共道德、公共健康为前提,这应该成为协调国际经济活动的一个准则。与贸易相比,投资活动

---

〔80〕 CMS Gas Transmission Company v. The Argentine Republic, ICSID case No. ARB/01/08, 12 (annulment proceeding). Decision of the Ad Hoc Committee on the Application for Annulment of the Argentine Republic, Sept. 25, 2007, para. 128 – 136.

〔81〕 Sempra Energy International v The Argentine Republic. ICSID case No. ARB/02/16 (Annulment Proceeding), Decision on the Argentine Republic's Request for Annulment of the Award, Jun. 29, 2010.

对公共秩序或公共道德、公共健康的影响更大。当东道国为了公共秩序、公共道德或公共健康原因采取必要的管理措施时,即使对私人投资者的利益有影响,也不应对投资者予以赔偿。

最后,将公共秩序或公共道德、公共健康作为 BIT 的一般例外,可以对条约中的各个条款适用,从而可以防止投资者置东道国的公共利益于不顾而通过选择适用 BIT 条款、"钻法律空子"索赔。例如,美国 2004 年 BIT 范本附件 B 关于征收问题中明确规定:除了在极少情况下,缔约一方旨在保护合法的公共福利目标,如公共健康、安全与环境等的非歧视管理行为,不构成间接征收。这一条可以说是关于征收的特别例外,而不是适用于整个条约的例外。但是,将此条款仅作为征收的例外还是很有局限性的,因为现在投资者 BIT 索赔的最重要依据已经不是征收条款而是公平公正待遇条款了,如果这一例外不对公平公正待遇也适用的话,东道国为公共健康、安全与环境而采取的措施仍然会受到索赔。因此,将公共秩序或公共健康、公共道德作为一般例外更为合适。而且,相对而言,以公共健康、公共道德、公共秩序为例外时,缔约国采取必要的措施时就有较大的自由空间。

鉴于此,现在有些国家已经逐步认识到该一般例外条款的重要性,有的 BIT 已经开始采用此种例外规定。例如,中国与东盟 2009 年的投资协定中就采用了与 GATT 第 20 条基本相同的一般例外的规定。以后会有越来越多的 BIT 采纳此种规定。

一般例外与前述国家安全例外相比,在范围、程度和适用条件上有所不同。前者范围较为宽泛一些,后者则是专为特定的国家安全原因设置的;前者主要关系公共利益,后者则直接关系国家的主权与安全;前者适用时有条件限制,后者通常没有条件限制,或者援用条件更为宽松。

BIT 的一般例外条款从性质上看,可以作为一种兼具自行判断与非自行判断的条款。对于公共秩序或公共道德而言,由于各国的政治、经济、社会制度不同以及文化传统和价值观的差异,不同的国家对其有不同的理解,国际上不存在一个统一的可以普遍适用的标准,因而应允许东道国根据本国的国情自行判断并采取其认为必要的措施。对于公共健康来说,东道国的措施是否必要及得当,既须从其自己的国情出发,也应考虑国际上有关公共健康和环境保护的条约、WTO 体制的相关协议和规则。缔约国在商谈 BIT 的这一例外条款时,有必要对其予以明确规定,以便使仲裁庭可以根据缔约国的意图来解释和适用这一条款。

(三)金融审慎措施例外

近些年来,国际金融危机频发,给有关国家、地区甚至全球都带来严重影响。因此,各国为防范金融危机而采取的金融审慎措施也应该作为 BIT 的例外之一。GATS 金融服务附件第 2 条规定:"尽管有本协定的任何其他规定,但是不得阻止一成员为审慎原因而采取措施,包括为保护投资人、存款人、保单持有人或金融服务提供者对其负有责任的人而采取的措施,或为保证金融体系完整和稳定而采取的措施。如此类措施不符合本协定的规定,则不得用作逃避该成员在本协定项下的承诺或义务的手段。"

在国际投资领域,现在也有些 BIT 对此作了类似的规定。例如,美国 2004 年的 BIT 范本第 20 条就对此作了详细的规定,包括涉及有关争端解决方面的问题。中国与东盟的投资协议在第16条中,将GATS金融服务附件第2条纳入"一般例外"的条款中。

这一例外实际上与国家安全例外和一般例外均有密切的联系。国家的金融安全也关系国家安全,国家的金融秩序也涉及公共秩序。为了维护国家的金融安全和秩序,防范金融危机的发生,国家为审慎原因有必要采取相应的措施来维护金融体系的完整和稳定,保护公众利益,而不应等到金融危机发生后才采取措施。东道国即使采取的金融审慎措施与协定的规定不符,但只要不是恶意地将其作为逃避协定义务的手段,则不承担法律责任。

美国2004年BIT范本对于涉及金融服务审慎措施的争端解决,还采取了特殊的处理措施。即当投资者将争端提交仲裁而被诉方以金融审慎措施作为辩护理由时,首先要将问题提交给争端各方的主管金融机关协商并决定是否作出联合辩护;如在规定的期限内未作出决定,则可根据缔约国间的争端解决程序仲裁;只有当经过上述程序仍未解决问题时,才可以提交ICSID或其他商事仲裁机构仲裁。这样做可以更好地反映缔约国的真实意图,避免由投资仲裁庭自行任意解释条约而影响缔约国金融安全的情形发生,可以为其他国家的BIT参考和借鉴。

投资条约中若规定了上述例外条款,就为缔约国设置了一种免责机制,缔约国就可以在例外情况发生时采取必要措施来维护国家安全和公共利益,而不承担违反条约义务的责任,从而可以合理平衡投资者与东道国间的权益保护关系。

二、国家的管理权与投资保护的平衡

投资条约中的例外条款可以使缔约国在保护投资者及其投资的同时也为维护国家的管理权预留一定的空间。但在国际投资条约仲裁实践中,有些仲裁庭倾向于认为这些投资条约的宗旨和目的是保护投资者及其投资的,因而对条约中的例外条款从严解释,有的甚至援用其他国际法规则而不适用双边投资条约中的例外条款,从而导致投资者保护与东道国权益保护的严重失衡。

为了突出国家的管理权,更好地平衡国家的管理权与外资保护的关系,欧盟近来改变了美国式投资条约中的例外条款的做法,而在条约正文中用专款规定国家的管理权。例如,欧盟与加拿大签订的《综合性经济与贸易协定》投资章节第8.9条对投资与规制权作出了专门的规定,重申缔约国为实现合法的政策目标,诸如保护公共健康、安全、环境或公共道德、社会或消费者保护,或者促进与保护文化多样性等,在其领土内有实施管理的权利。

在条约正文中用专款对国家的管理权作出直接、明确的规定具有重要意义。因为以前的投资协定不仅在序言的宗旨目的中强调投资保护,而且正文条款均是投资者保护的内容,除了例外条款外,没有提到国家的管理权。这种条约模式容易被人理解为保护投资是原则,维护国家管理权只是例外,从而也为某些仲裁庭对投资协定作有利于投资保护的解释提供了理由。欧盟现在采取的这一规定突出强调了国家管理权,为国家行使管理权、平衡投资者保护和东道国的管理权提供了法律支撑,是一种创新性实践。

维护国家为可持续发展而进行管理的权利,是国际投资法领域正在进行的一场意义重大的改革进程。联合国贸易和发展会议在2012年题为“迈向新一代投资政策”的《世界投资报告》中，提出制定“可持续发展的投资政策构架”，将促进可持续发展、平衡投资者与东道国的权利和义务等作为改革目标。近些年来，在国际投资条约实践中，改革也出现了一些新的动向，欧盟的上述规定就是一种新的改革举措。

要维护国家管理权就应该尽可能地减少国家面临投资者索赔的风险。因此，投资条约中仅有国家管理权的规定还不够，还需要与其他条款的改进相配合。在此方面，不少投资条约采取一些新的措施，包括：(1)对投资的定义和范围加以限定；(2)阐明某些义务规定，如对公平公正待遇和间接征收条款作出更为明确的规定；(3)规定资金自由转移的例外；(4)限制提交国际仲裁的范围，包括删除“保护伞条款”；(5)明确规定最惠国待遇条款不适用于争端解决程序；等等。[82]

此外，维护国家管理权还必须注意平衡国家与投资者的义务，促进负责任的投资。传统的投资条约主要规定缔约国保护投资的义务，而不提及投资者的义务。因此，投资条约改革内容之一就是对投资者的义务也作出某些规定。例如，现在有些投资条约就明确要求投资者在其投资和投资运营中遵守东道国与投资有关的法律，只要这些法律与东道国承担的国际义务相一致。投资者这一义务规定可以为其不遵守国内法的后果提供依据，例如，东道国在争端解决程序中就有权提起反诉。有些投资条约还参照普遍认可的国际标准，对公司社会责任准则作出单独规定，促进负责任的投资。这些规定包括：要求投资者在投资准入前遵守环境评价审查程序，并对未来的投资进行社会影响评估；要求投资者维持一种环境管理制度，并符合国际证书标准；要求投资者不得向政府官员行贿；以及鼓励投资者对经济、社会和环境发展做出贡献，鼓励其促进当地能力建设，鼓励其发展和实施自我管理的实践和有效的管理制度等。

除了条约实体性条款的改进外，投资争端解决机制的改革对于平衡国家管理权与投资保护也十分重要，这一部分内容将在第十章进行讨论和分析。

---

〔82〕 有关资料信息参见联合国贸易和发展会议2012年、2015年、2016年、2017年《世界投资报告》。

第八章 国际多边投资条约或协定

除双边投资条约和区域性协定外,国际多边投资条约或协定包括《解决国家与他国国民间投资争端公约》《多边投资担保机构公约》以及世界贸易组织与投资有关的几个协定,其在调整国际投资关系中也发挥着重要作用。这些多边公约与协定是分别处理国际投资中特定事项的,如投资争端解决、政治风险保险、市场准入等,对促进和保护国际投资具有积极作用。本章主要介绍《多边投资担保机构公约》和世界贸易组织与投资有关的协定,而将《解决国家与他国国民间投资争端公约》放到后面关于投资争端解决一章予以阐述。

第一节 《多边投资担保机构公约》

20 世纪 60 年代以来,随着国际投资的发展和国际经济合作的加强,国际社会越来越感到有必要制定多边投资公约,确立关于国际投资保护的国际法规范,以调整国际的投资环境。关于建立国际投资保护的统一制度的种种努力,概括起来不外乎三种方案:(1)建立一部关于投资者公正待遇的统一国际投资法典;(2)建立多国间投资保证体制;(3)建立关于解决国际投资争议的国际公约及机构。几十年来,国际上曾提出过多种关于国际投资法典的设想和方案,但由于资本输出国与资本输入国间的利害冲突较大,加之大多数方案都是片面地强调保护外国投资者的利益,而不注重保护资本输入国的利益,国际投资法典的设想终未能实现。但令人欣慰的是,后两种方案均已付诸实现。1965 年在世界银行的倡导下通过了《解决国家与他国国民间投资争端公约》,1985 年又通过了《多边投资担保机构公约》。由于《解决国家与他国国民间投资争端公约》将在下一章中加以论述,本节着重介绍《多边投资担保机构公约》。

该公约是于 1985 年世界银行年会通过并于同年 10 月在首尔开放签字。《多边投资担保机构公约》规定其生效应经 5 个发达国家和 15 个发展中国家批准,并且批准的国家的总认股数额不少于该机构法定资本的 1/3。截至 1988 年 4 月 12 日,批准国达 29 个,认缴资本总额达 53.38%,世界银行行长宣布,《多边投资担保机构公约》生效。我国于 1988 年 4 月 30 日批准了该公约,是其创始会员国。截至 2021 年 10 月 31 日,该公约的成员国已达182个,其中发达国家25个,发展中国家157个。

一、多边投资担保机构建立的背景

世界银行早在1948年就曾提出多边投资担保机构的设想,这一设想在20世纪50年代至70年代多次在国际会议上被议及,但当时都被搁置起来,直到1985年才被通过,这是有其政治和经济背景的。

"二战"后西方国家正忙于经济复兴,那时西方国家间的经济合作尚不需要一个多边机构的保证。20世纪50年代至60年代,许多原殖民地国家纷纷取得政治独立,为取得经济独立,又对外国投资实行征收或国有化,此时,妥善解决资本输入国与外国投资者间的投资争端成了当务之急,于是1965年在世界银行的倡导下通过了《解决国家与他国国民间投资争端公约》,设立国际仲裁中心,为解决国家与他国投资者间投资争议提供便利。在当时资本输入国与资本输出国对保护投资的实体法问题争议和分歧较大的情况下,多边投资担保机构的提议也是难以实现的。

进入20世纪70年代以后,国际经济形势发生了新的变化。各国经济交往与合作不断增加,国际经济合作的方式亦趋多样化。但对于发展中国家来说,到20世纪70年代末80年代初,其经济形势却陷入困境。由于发展中国家在20世纪70年代大量利用国际商业贷款,加重了其债务负担,而国际初级产品价格下跌使这些国家的出口创汇能力下降,加剧了其债务危机。与此同时,外国私人直接投资在发展中国家日趋下降,20世纪60年代末70年代初,发展中国家接受的外国投资约占世界直接投资总额的27%,但到了80年代初则下降到12%。20世纪80年代初,一些发展中国家债务危机的爆发进一步恶化了发展中国家的外国投资形势,外国私人直接投资在发展中国家下降的主要原因是投资风险较大,特别是非商业风险较大。在此情况下,注意采取投资保护措施,改善投资环境,吸引外国直接投资解决债务和经济发展问题,成为发展中国家的最佳选择。

另外,世界经济是相互依赖的,发展中国家经济的增长也影响着世界经济以及发达国家的经济增长。为促使发展中国家经济好转,就必须动员更多的资本投入发展中国家。但投资者对发展中国家非商业风险的忧虑,成为外国资本流入发展中国家的主要障碍。虽然一些主要的资本输出国建立海外投资保险或保证制度,但其投资担保机构只是各国执行其对外经济政策的工具,有其固有的缺陷。因此,有必要建立多边的国际性投资保证机构,向国际投资者提供非商业投资风险的担保,以促进国际投资。

1981年,时任世界银行行长克劳森(Clausen)在国际货币基金组织和世界银行联合年会上呼吁改善投资环境。他提议建立国际投资保险机构,"作为资本输出国和资本输入国之间协同合作的工具"。经过几年的努力,《多边投资担保机构公约》终于诞生了。

二、多边投资担保机构的宗旨与投资担保业务

根据《多边投资担保机构公约》的规定,多边投资担保机构(MIGA,以下简称机构)的目标是鼓励在会员国之间,特别是向发展中国家会员国进行生产性投资,以补充国际复兴开发银行、国际金融公司和其他国际开发金融机构的活动。为达到其目标,机构应:(1)对

会员国来自其他会员国的投资的非商业性风险予以担保,包括共保和再保险;(2)开展合适的辅助性活动,以促进投资向发展中国家会员国和发展中会员国间的投资流动;(3)为推进其目标,行使其他必要的或适宜的附带权力。由此可见,机构为实现其宗旨而进行的业务,包括投资担保和与投资相关的咨询,以投资担保为主。[1]

MIGA,理事会后来对《多边投资担保机构公约》进行了修订,修订的公约于 2010 年 11 月 14 日生效。经董事会批准后,MIGA 的《业务政策》(Operational Policies)于 2015 年 1 月 6 日生效,新的业务政策取代了以前的《业务规章》(Operational Regulations)。MIGA 以前在《业务规章》附件 B 和附件 C 中规定的环境和社会可持续性以及获取信息的政策不构成业务政策的一部分,仍然是独立政策。下面根据该公约及其业务政策对机构的投资担保业务作一简要介绍。

(一)承保范围

1. 货币汇兑险

《多边投资担保机构公约》所指的货币汇兑险,是指东道国政府采取任何措施,限制投保人将其货币兑换成可自由使用的货币或投保人可接受的另一种货币,转移出东道国境外,包括东道国政府未能在合理的时间内对投保人提出的此类转移申请做出行动。

据解释,东道国政府的限制措施是指限制转移的一切新措施,无论是直接的还是间接的,法律规定的或是事实存在的限制措施。同时,东道国的这些措施既包括积极行为,如明确以法律、法令或行政命令等手段禁止货币的兑换和转移,也包括消极的不作为,如在合理时间内未能对外国投资者要求汇兑或转移的申请做出行动。

担保合同要求投保人根据东道国的法律申请兑换或转移,寻求合适的行政救济,以获得兑换或转移。此外,机构的业务政策规定,担保合同必须指明确定用来计算索赔所适用的汇率的依据及日期。

2. 征收或类似措施

机构所承保的征收险,是指东道国政府所采取的立法行为,或者行政作为或行政不作为,实际上剥夺了投资者对其投资和收益的所有权或控制权。但政府为管理其境内的经济活动而采取的普遍适用的非歧视性措施不在此列。

根据《多边投资担保机构公约》的评注和业务政策的规定,征收险包括可归咎于东道国政府的措施,如国有化、没收、查封、夺取、扣押和冻结资产。条款中的“任何立法行为或者行政作为”,包括行政部门采取的措施,但不包括司法机关在行使其职能时所采取的措施。立法行为只限于积极行为,是指征收或类似立法的执行不需要进一步制定法律、法规的立法作为。行政的不作为是指, 行政机关有法律义务采取行动,并且已得到投资者的通知,但没有采取行动。

机构所担保的征收险,不仅包括直接征收,而且包括间接征收。机构的业务细则规定,机构不仅可对剥夺投资者对其投资的所有权或控制权的措施提供担保,而且还可对阻

---

〔1〕 有关《多边投资担保机构公约》等文件,参见 Ibrahim F. I. Shihata, *MIGA and Foreign Investment*, 1988,以及机构的网站:www. miga. org。

碍投资者对行使这些权利的措施提供担保。机构的股权投资通则规定，如果一项措施具有下列效果，就应是征收性的：(1)剥夺投保人受担保的权利。(2)剥夺项目企业的有形资产。(3)阻止投保人处分担保份额或行使依附于担保份额的表决权利。(4)阻止项目企业：一是实际执行担保申请中所说明的投资项目或其重要部分；二是行使其有关投资项目的重要权利，包括处分资产和执行求偿的权利；三是履行其对于投保人基于担保投资的金钱义务。(5)对于项目企业施加财政或其他金融义务，致使该项目企业只有亏损才有可能继续有效经营。而且，这类剥夺、阻止或施加义务的措施实际持续积累至少达365日，在后两种情况下，由于阻止或施加义务，在征收措施开始之后任何三个财政年度之内，项目企业明显不能在无亏损的情况下经营，或停止业务经营累积达365日。这一规定既包括了直接征收，又包括了间接征收。但确定间接征收的条件是，投资者必须证明东道国所采取的措施使企业严重亏损或使经营成为不可能。《多边投资担保机构公约》的这一规定比以前的文件更为明确、具体。

该公约明文将政府为管理其境内的经济活动而通常采取的普遍适用的措施排除在征收措施之外。例如，税收、环境和劳动立法，以及保护公共安全的正常措施，除非是歧视投保人的，均不属于征收措施。这一规定体现了对国家管理其境内经济活动的主权权利的尊重，并可防止将上述正当的措施看作征收，特别是间接征收，具有积极的意义。

3. 违约险

机构承保的违约险，是指东道国政府不履行或违反与投保人签订的合同，并且被保险人无法求助于司法或仲裁机关对其提出的有关诉讼作出裁决，或该司法或仲裁机关未能在担保合同根据机构的细则所规定的合理期限内作出裁决，或虽有这样的裁决但未能执行。

机构将违约作为一个独立的险别加以承保，在国际投资保险业务上是一个创新。有的国家，如美国，将违约列入征收险之内。机构的业务政策规定，在某种情况下，东道国政府违约也可能符合货币汇兑风险和征收风险的标准，在这些情况下，投保人可以依任何一种险别担保为依据提出索赔。

机构承保的违约险主要是针对程序方面的，即东道国政府不但违反其与投资者间的合同，而且拒绝司法。这种拒绝司法主要表现为三种情况：(1)无法求助于司法或仲裁机关对毁约或违约的索赔做出决定。这里的司法和仲裁机关，应是独立于东道国行政部门之外从事司法行为的并且被授权制作终局和具有约束力决定的法院或仲裁庭。而“无法求助于”司法或仲裁机关则包括由于东道国政府设立不合理的程序障碍而拒绝投保人进入这些机构。(2)该司法或仲裁机构未能在合理期限内做出决定，这个期限从投保人提取诉讼到该司法或仲裁机关做出最后决定之间不应少于2年。(3)裁决不能执行。在投保人业已采取所有可行的(除多边机构不同意采取的外)措施以执行这类裁决之日的90日内，不能执行最终和有拘束力的裁决。

4. 战争与内乱险

机构对东道国领土内的任何军事行动或内乱提供担保。这里的军事行动既包括不同国家的政府武装力量之间的战争行为，也包括同一国家内相互竞争的政府的武装力量之间的战争行动,包括经宣战或未经宣战的战争。

内乱通常指直接针对政府、以推翻政府或将其驱逐出某个特定的地区为目的的有组织的暴力行动,包括革命、暴乱、叛乱和军事政变。对于民众骚乱和骚乱等形式的内乱也可承保,前者指多人纠集在一起采取蔑视合法政府的暴力行动;后者指具有骚乱的所有特征,但范围更广、持续时间更长又尚未达到革命、叛乱或暴动程度的事件。内乱还包括恐怖主义事件和破坏活动。在所有情况下,内乱必须主要由追求广泛的政治或思想目标的集团所引起或进行。为促进工人、学生或其他特别利益所采取的行为以及针对被保险人的恐怖主义行为、绑架或类似行为,不能作为内乱险承保。

战争和内乱造成的直接结果须达到一定的程度。这种程度主要包括:(1)项目企业所特有的有形资产(贵金属、玉石、艺术品、金钱和文件以外)被摧毁、消失或严重损坏;(2)项目企业的经营存在严重阻碍,实际上不可能执行全面财务生存所必需的业务至少持续达365日,并且在这种情况开始后的任何三个财政年度之内,项目企业基于这一原因明显不能在无亏损的情况下经营。担保合同可以限定战争与内乱风险的担保范围。但是,军事行动或内乱所导致的纯粹的商业机会减少或业务经营状况恶化不应予以承保。

机构承保的战争与内乱险还有一个特点,即在某种情况下,对于发生在东道国境外的军事行动或内乱,若对境内投资财产或业务有损害或妨害,也可视为发生在境内而予以承保。机构的业务政策规定:主要发生于东道国境外的军事行动或内乱,如果毁灭、破坏或损害位于东道国境内的投资项目的有形资产或妨害该投资项目的业务,则可以认为这项军事行动或内乱发生在东道国境内从而具有被予以担保的资格。例如,对于发生在与东道国相邻的国家境内的而影响位于该两国边境附近的某个投资项目的军事行动或内乱,或发生在东道国境外,致使在担保合同规定的期间对投资项目的业务经营无法开展起到至关重要作用的运输线路的军事行动或内乱,可以提供担保。这是目前国际上关于战争与内乱险保险的一个突破。

由于战争险是非东道国政府所能控制的,东道国政府对此一般不负责任,所以承保人在支付保险金后,一般不能向东道国求偿。

5. 其他非商业风险

《多边投资担保机构公约》规定,经投资者与东道国的联合申请,董事会特别多数票通过,可将担保范围扩大到上述四种风险以外的其他特定的非商业性风险。这些其他风险可以包括显然是针对投保人进行的恐怖主义行为或绑架等,但在任何情况下都不包括货币的贬值或降值。

2009年机构理事会批准了对机构业务规则的重要修改,增加了一项新的承保业务,即不履行金融支付义务险。若主权国家或其下属机构、国有企业根据无条件的金融支付义务或与合格投资有关的担保到期未能支付,给投保人造成损失,则机构可对投保人予以赔偿。该险种不要求投资者取得仲裁裁决。机构新的业务政策中规定的"其他非商业风险"包括:不履行主权金融义务;不履行国有企业承担的金融义务;不执行依据双边投资条约作出的仲裁裁决。

机构对上述五种风险均可予以承保,但《多边投资担保机构公约》同时也明确将下列两种原因造成的损失排除在担保之外:(1)投资者对东道国政府的任何作为或不作为的同意负有责任而造成的损失。这一规定有利于促使外国投资者严格遵守东道国政府的法律。投资者若为东道国法律所禁止的行为,则责任自负。(2)发生在担保合同订立之前的东道国政府的作为、不作为或其他任何事件所造成的损失。

(二)合格的投资

依据《多边投资担保机构公约》的规定,投资要具有承保的资格,必须在投资类型、投资资产、投资时间以及投资的东道国方面符合一定的要求并符合规定的标准。

1. 投资类型

机构承保的合格投资,包括股权利益,其中包括股权持有人在有关企业中所发放或担保的中长期贷款,以及董事会确定的其他形式的直接投资。其他贷款若是向存在某种其他形式的直接投资开展特定投资或项目融资,或以其他方式与这些投资或项目有关,则也有资格投保。此外,经机构董事会特别多数票通过,可将合格的投资扩大到其他任何中长期形式的投资。但除上述贷款外,其他贷款只有当它们同机构业已担保或拟担保的特定投资有关时,才算合格。

股权利益包括在位于东道国境内设立的公司或具有法人资格的其他实体中的股份或所有权利益;参与分享东道国境内合营企业的利润及清算所得收益的权利;投资者在东道国境内的非法人分支机构或其他企业中的资产所有权;投资者转移到东道国并将在东道国境内用于生产目的一年以上资产的所有权;证券以及直接股权投资,包括合营企业中的少数参与额、债券转换成的优先股,在证券投资中对与外国直接投资相结合的给予优先;以及董事会批准的其他形式的股权或准股权利益。企业股权所有人对该企业提供的1年以上的贷款或贷款担保。

非股权直接投资主要是指通过各种合同安排所进行的投资。董事会确定非股权直接投资的标准是:(1)具有1年以上期限;(2)主要取决于该投资项目的生产、收益或利润。机构将只对这样的非股权直接投资提供担保。

董事会认为,服务和管理合同等新形式的投资和投资者的收入依赖于企业运行的特许协议、许可证协议、租赁协议和产品分成协议的投资为直接投资。机构的业务政策进一步列举了几种非股权直接投资,包括:(1)产品分成合同;(2)利润分享合同;(3)管理合同;(4)连锁经营特许协议;(5)技术许可协议;(6)交钥匙合同;(7)营业租赁合同;(8)由项目企业向股权投资者或向该投资项目进行任何其他合格形式的非股权直接投资的人签发的偿还期不少于1年的附属债券;(9)为项目企业贷款提供的担保,贷款的平均偿还期1年以上,并且由上述非股权直接投资者所提供;(10)董事会批准的其他形式的非股权直接投资。

2. 投资资产

合格的投资可以是《多边投资担保机构公约》规定的可自由使用货币或在做出承保决定时可自由兑换的任何其他货币,也可以是向投资项目提供的任何具有货币价值的有形或无形资产,如机器、专利、工艺流程、技术、技术服务、管理技巧、商标以及销售渠道等。

3. 投资时间

机构承保的投资一般限于新的投资。新的投资是指投保人提出的申请注册之后才开始执行的投资，包括用来更新、扩展、增强现存项目的财政活力或开发一个现存投资项目的投资，以及现存投资产生的、可汇出东道国的收益。

4. 合格投资的标准

机构在承保投资之前，首先应查明该项投资是否具有积极性与合法性等要件，其标准有四个：(1)该投资的经济合理性。判断一个投资项目在经济上是否合理，要考虑投资项目在拟投保期间内技术上的可行性、财政上及经济上的生存能力。要考虑所有有关的经济及财务因素，包括项目本身的合理经济收益率(不包括贸易减让与津贴等外部因素)等。(2)该投资对东道国发展的贡献。判断一个投资项目是否有助于东道国的发展，应考虑如下因素：该投资为东道国创造收益的潜力；该投资对最大限度地发挥东道国的生产潜力，尤其是对生产出口产品或进口替代产品以及对减少东道国承受外在的经济变化的脆弱性所能做出的贡献；该投资项目拓宽经济活动范围、增加就业机会以及改善收入分配的程度；该投资项目向东道国转让知识和技能的程度，以及该投资项目对东道国社会基础设施和环境的影响等。对于东道国经济发展没有贡献的投资，机构不予担保。例如，军事性质的或具有极大投机性质的投资，或在法律所禁止的领域内的投资，如对麻醉毒品生产的投资，不应予以担保。(3)该投资符合东道国的法律与规章，即投资应是东道国法律所允许或接受的。(4)该投资与东道国宣布的发展目标和重点相一致。

《多边投资担保机构公约》规定的这些条件突出强调了对东道国经济发展的积极贡献，固然是为了减少所承保的投资的潜在风险与损失，同时也反映了资本输入国的要求与利益，对于发展中国家利用外资促进本国经济具有积极的作用。

5. 合格投资的东道国

根据《多边投资担保机构公约》的规定，机构只对发展中国家会员国境内所作的投资予以担保。而且，东道国须同意机构承保，在东道国政府同意机构就指定的承保风险予以担保之前，机构不得缔结任何担保合同。任何东道国都可以拒绝其同意，这会促使东道国在同意之前评估拟建议的投资。但若东道国在合理的期限内未提出反对意见，也可视为同意。

(三)合格的投资者

《多边投资担保机构公约》第13条规定，凡符合下列条件的自然人和法人都有资格取得机构的担保：(1)该自然人是东道国以外一个会员国国民；(2)该法人在一个会员国注册并在该会员国设有主要业务点，或其多数资本为一个会员国或几个会员国或其国民所有，在上述情况下，该会员国必须不是东道国；(3)该法人无论是否私人所有，均在商业基础上经营。

依据该公约的上述规定，有资格取得担保的投资者包括自然人和法人。凡不具有法人资格的合伙、非法人社团和分支机构不具有这种资格，在这些情况下，合格性仅限于单个合伙人、社团的成员或分支机构的所有人；如果其中一部分投资者具有合格性，而另一部分投资者不具有合格性，那么对该投资项目内与合格投资者的股份相应的投资部分可予承保。

关于投资者的国籍,《多边投资担保机构公约》的规定也颇有特色。对于自然人来说,合格的投资者必须是东道国以外的会员国国民。对于法人来说,则须在东道国以外的成员国境内组成并且其主要营业地位于该国境内,即兼采成立地和主要营业地的复合标准,若不符合这一标准,则采取资本控制标准,即多数资本为东道国以外的会员国国民所拥有,该法人才能成为合格投资者。此外,基于投资者和东道国的联合申请,董事会经特别多数票通过,可将合格投资者扩大到作为东道国国民的自然人,或在东道国境内组成或其多数资本由东道国国民所拥有的法人,条件是所要投入的资产应是从东道国境外转入的。这一规定可促进发展中国家的海外投资企业将海外资本投入本国项目,促进海外资本回流。

在采用资本控制标准时,就产生了确定投资者所有权的问题。机构的业务政策规定,在确定投资者所有权时,承保人应注意受益所有权而非登记所有权。就股份公司而言,如果一个人的股份自然对其产生利益并且他具有回收其股份的权利,这个人应被认为是该股份公司的受益所有权人。例如,在经纪人或银行为其客户持有股票的情况下,该客户不是中间人而应被认为是受益所有权人。但是,若须不适当地耗资费时才能确定投保人的受益所有权人时,机构可推定受益所有权人具有与登记所有权人相同的国籍。若受益所有权与登记所有权都须不适当地耗资费时才能确定,只要这些国民拥有在该投保人(公司)最近一次的股东大会上的多数投票权,则可推定投保人首先是非东道国的成员国国民。

机构关于合格投资者的规定的另一个独特之处是,有资格取得担保的法人只要在商业基础上经营,就不必限于归私人所有。各国海外投资保险制度大多不向非私人性质企业提供保证或保险,而多边投资担保机构的法人投保人则无此限制,他们可以是:(1)由一成员国和私人共有;(2)完全归一个成员国所有;(3)归几个成员国共有;(4)归几个成员国和私人共有。这里的"成员国"一词包括归成员国所有或控制的任何机构或实体。由此可见,机构的法人投保人的范围比各国国内投资保险制要广泛一些。但是,无论法人由谁所有,都必须在商业基础上经营。如果投资者的股权大部分为私有,该投资者可被认为是在商业的基础上经营。如果投资者的股权大部分为公有,承保人必须确定投保人是否在商业基础上经营。如果投资者的一部分业务是在商业基础上经营,而其他业务是在非商业基础上经营,则该投资者只有资格取得对构成商业性经营的那部分投资的担保。

(四)担保合同与代位权

1. 担保合同

担保合同是由多边投资担保机构与投保人之间订立的规定双方权利和义务的文件。担保合同应详细规定承保的范围和将予以赔偿的损失类型,包括承保范围的任何限制和除外责任。合同中还应包含关于担保期限、合同的终止和修改、担保数额及货币、备用担保、投保人的保证与责任、争议与可适用的法律以及担保费和索赔的规定。

担保期限不应少于1年,也不应多于15年。在特别情况下经承保人与投保人商定可以为20年,或与投资所批准的较短期限相适应。合同应订明双方中任何一方可以终止、修改合同或对合同进行重新谈判的各种情况。

担保数额由承保人与投保人约定,但不得超过投保人对投资项目的出资额的保险的百分比。保险的百分比是指投保人索赔时承保机构支付的损失部分,该比例对股东贷款或贷款担保等不得超过90%,对所有其他投资不超过95%。

目前机构对每个国家、每个项目的承保额规定有所限制。每个国家的净限额为7.2亿美元,每个项目的承保额可达2.2亿美元,此外还可通过机构的共保与分保予以补充。这种限制的目的是合理地分配机构的担保容量。

机构承保非商业风险要收取保险费,以抵消机构的行政开支,并建立足够的储备金以支付赔偿。保费费率根据每个项目确定,因国家、部门、交易和风险保险类型而异。承保机构应不定时确定保费费率、备用担保或其他费用,以及支付保费及其他费用的时间表。

关于投保程序,同样也涉及申请与批准等步骤。依据业务政策的规定,只有在东道国事先同意机构就指定的承保风险予以担保,机构才能签发担保。申请人未能提供东道国同意证明的,机构可以通过快速的官方通讯方法提请东道国同意,承保机构也可事先就所有或某些类型的投资或风险的承保向单个东道国寻求批准。机构在接受申请后,应对投资项目、将承保的风险以及所申请的担保对机构的担保容量和风险多样化的影响进行评价,特别是评估其是否符合上述合格投资的标准。担保合同在董事会指导下由机构总裁批准。

2. 机构的代位权

一旦机构承保的各种非商业风险发生,就会出现两个方面的问题:一方面,投资者根据他与机构订立的担保合同向机构索赔;另一方面,根据公约机构支付或同意支付保险金后,有权代位向有关东道国索赔。

(1)投资者向机构索赔。投资者在向机构索赔之前要履行一些义务:寻求救济;遵守东道国的法律与法令;对其投资项目加以控制,以避免或减少可能的损失;妥善地保存索赔的文档记录,以备机构之需;并保留投资项目在投保期的账目。而机构支付赔偿的最终决定由总裁根据赔偿委员会的建议做出,赔偿委员会由总裁任命组成,由机构首席法律官员主持。赔偿额不得超过投保总额和投资者的实际损失。投保人自己至少应承担投资额10%的风险。

(2)机构的代位权。《多边投资担保机构公约》第18条规定,在机构支付或同意支付赔偿时,投资者对东道国和其他债务人所拥有的有关担保投资的权利或索赔权,应由机构代位行使。担保合同应规定此类代位权的条件。这类担保合同应要求投资者向机构转让:第一,风险发生之后所接受的项目企业、东道国或任何人存入担保者账户的与承保投资者有关的基金和财产;第二,证券、权利、合同和其他文件。

按照一般法律原则,受让者的权利不得大于转让者的权利。因此,机构作为代位者所获得的东道国货币的数额在其使用和兑换方面所享有的待遇,应与投保者取得这种资金时所享有的待遇相同。机构作为代位权者所取得的财产仅仅在原投资者享有待遇的范围之内,免于适用有关东道国领土内实施的外汇限制、管制和控制,但不能享有作为机构财产和资产所享有的豁免权。

机构自1988年成立以来已经支付了10项索赔。第一项索赔是在2000年对印尼东爪哇电力公司股权投资项目中。该项目是为应对该国20世纪90年代后期的经济危机而被1997年总统令中止的几项电力项目之一。第二项索赔涉及与尼泊尔一个电力项目有关的战争和内乱，机构支付了燃气轮机损坏的修复补偿，该项目继续运作。第三项索赔是阿根廷在该国金融危机时的一个项目。第四、五项索赔是在2009财政年度支付的，两者都与战争和内乱保险的损失有关，一个是2007年肯尼亚有争议的选举后的暴力事件中遭受的损失，另一个是马达加斯加政治暴力造成的损失。2011年从捐助者资助的阿富汗投资担保机构中支付了因战争和内乱而造成的小额索赔。2015财政年度为布基纳法索、中非共和国和马里的战争和内乱事件造成的损失支付了三项索赔。[2]

机构支付的索赔之所以如此之少，是因为机构注重与投资者和东道国合作，在索赔前的情况达到索赔成熟水平之前找到友好解决争端的解决方案，最终使投资及其开发收益保持在正轨。机构的积极促进工作对于解决与机构担保项目相关的90多个争议至关重要。例如，2004年机构对新加坡达阔（Darco）公司在我国浙江省德清县的一个水处理项目的投资签发了担保，但在水处理厂即将完工时投资者与当地政府引发了争端，导致项目延期，在MIGA的协调下，当事方达成了和解，该项目也已建成和运营。达阔公司2006年又在浙江省德清县兴建了第二个饮用水项目。[3]

（五）共保与分保

机构可就单个投资项目或在更大范围内缔结协定，以便促进同成员国国家投资保证制度、区域投资担保机构以及私人保险人之间的合作，增强官方和私人政治风险担保者的效率和有效性。合作可以是多方面的，如并行承保、共同承保、分保等。机构同其他保险人合作安排的主要目标在于：增强合作机构在鼓励向发展中国家进行生产性外国投资方面的能力及效果；协调或调整同一投资的多种保险人所实行的不同条件及行政惯例；实现行政上的节约措施；对两个或两个以上机构申请担保的投保人提供更大的方便。

机构应通过与其他官方及私人保险人进行并行承保和共同承保分担风险，以实现其目标。机构应寻求参与担保，对一些为了发展的目的而进行的投资提供其他可靠保险人不能提供的数量和类型的风险承保，以通过自己的参与增强投资项目的其他当事人及其他担保人对其安全的信心。在不损害公约规定及其细则要求的条件下，机构应在担保的主要条件及程序、索赔支付以及向东道国索赔方面努力与一项投资的共保人取得协调。

机构可以通过分保及类似的合伙经营风险的安排与成员国的投资担保机构，或大部分资金由成员国所拥有的区域性机构以及私人实体进行合作。机构对于其担保或部分担保，可以在个别的或混合的基础上从适当的实体那里取得分保。适用于机构担保、决定风险、投资、投资者和东道国合格的条件将适用于分保投资，但分保投资不必在提出分保申请之后才进行。除非在特别情况下，机构对一项担保所作的分保不应超过该项担保数额

---

〔2〕 MIGA, *How Many Claims Has MIGA Paid*?（Nov. 7, 2021）, https://www.miga.org/frequently-asked-questions.

〔3〕 MIGA Brief, *Dispute Resolution and Claims*, *25 years*, https://www.miga.org/Documents/Dispute_Resolution_and_Claims.pdf.

的50%。

关于分保的代位问题,《多边投资担保机构公约》规定,机构应尽可能确保其自身或分保实体取得与作为原始担保人所可能拥有的相等的代位权和仲裁申请权。在分保的条件下,在机构支付求偿之前,应要求投保人先按东道国法律寻求行政救济。只有在有关东道国同意机构分保之后,代位权才能对该国有效。

(六)投资促进业务

机构不仅给发展中国家的投资提供担保,而且还负有促进投资的义务。《多边投资担保机构公约》第23条规定,机构应进行研究,开展活动,以促进投资流动,并传播有关发展中国家会员国投资机会的信息,以改善外国投资流向这些国家的环境。应会员国请求,机构可提供技术咨询和援助,以改善该会员国领土内的投资条件。具体说来,机构的投资促进业务有如下几项。

第一,研究。机构要开展其投资担保和投资促进业务,就必须对东道国的投资环境各有关因素进行研究,对外国投资和技术的使用和效果进行研究和评估,对发展中国家有关发展的重大问题进行研究。只有通过研究和分析,机构才能掌握足够的和可靠的资料,做出正确的投资担保决策。

第二,传播信息。机构既可以向投资者发布有关东道国的投资条件和投资机会的信息,也可以向东道国提供有关外国投资来源的信息。传播信息的方法包括发行资料、出版刊物、建立世界投资者网络或组织投资促进会议等。机构于1995年和1998年建立的两个网络IPA net和Privatization Link已得到高度评价。

第三,技术咨询和援助。技术咨询与技术援助优先提供给可能对外国投资的环境产生重大影响的活动,例如,帮助请求国鉴别并纠正其政策和制度中存在的吸引外国投资方面的缺陷。近年来,机构向发展中国家会员国提供的技术援助,主要就促进和调整外国直接投资的法律、政策和项目提出咨询。

第四,政策磋商。投资政策的磋商主要考察会员国的有关特定的刺激措施或抑制措施的代价和利益的经验以及对资源分配的效能的影响。机构优先考察那些经证明能有效促进国际投资流向发展中国家并已对这些国家带来社会及经济利益的国内措施。机构的政策磋商尤其要注意发达国家与发展中国家针对国际投资流动的规模及发展具有重要的积极或消极影响的政策。在磋商的基础上为有关国家提供政策咨询。

第五,谈判。机构与成员国之间就机构作为投资者的代位人进行索赔的权利或就被担保的投资的待遇的协议进行谈判。

机构应鼓励友好解决投资者与东道国之间的争端,并可提供有关可供利用的争端解决和调停的机构的信息。机构应努力与其会员国缔结双边或多边协定,以确保机构在担保投资方面所享受的待遇至少不低于有关会员国向最优惠的投资担保机构或国家提供的待遇。

机构进行的有关研究、磋商等活动,应优先考虑担保业务经营的需要,因为投资担保是机构为实现其宗旨所进行的主要业务,而投资促进业务是辅助性的。但这并不是说机构投资咨询的作用不大。基于机构所处的地位,其关于投资的情报与资料,可为各会员国制定投资政策和法律提供依据;其关于东道国投资环境和投资机会的意见,能对投资者的决策起到举足轻重的影响,因此,机构关于投资促进的作用不可低估。

三、多边投资担保机构的地位与组织形式

(一)机构的法律地位

多边投资担保机构是一个国际组织。机构要实现其目标与宗旨,经营投资担保和投资咨询业务,就必须具备应有的法律人格和法律能力,以便能与私人投保者、有关国家或国际组织签订合同,有效地履行其职能,并维护自己的权利。

《多边投资担保机构公约》第1条明确规定了机构的法律地位:机构具有完全的法律人格,特别是有能力:(1)签订合同;(2)取得和处分动产和不动产;(3)提起诉讼。由于机构具有完全的法律人格,它就可以作为法律关系主体,独立享有权利和承担义务,实现其宗旨与目的。

为使机构能完成其职能,上述公约还给予机构相应的特权与豁免。该公约有关机构的特权与豁免的条款几乎完全模仿国际金融公司的有关特权与豁免的条款,并根据机构业务的特征作了某些调整。这些特权与豁免主要包括:(1)在诉讼程序上,除公约另有规定外,针对机构的诉讼只能向与机构有某种特定联系的会员国境内的有权管辖的法院提起。但会员国或从会员国取得索赔权的个人不得对机构提起诉讼,有关职员事项也不得提起诉讼。对机构的财产和资产,在对机构作最后判决或裁决之前,均不得采取任何形式的扣押、查封或执行。(2)在资产方面,机构的财产和资产应免受搜查、征用、没收、征收或通过行政或立法行为的其他任何形式的扣押;机构的一切财产和资产应不受任何性质的限制、管制、控制以及延期偿付。(3)在档案与通讯方面,机构的档案无论在何地都不受侵犯,会员国对机构的公务通讯应与对国际复兴开发银行的公务通讯同等对待。(4)在税收方面,对机构及其资产、财产、收入和公约授权经营的业务和交易,应免予一切税收和关税,机构还免予征收或缴纳任何税收或关税的责任。对机构支付给理事和副理事的费用津贴或支付给董事会主席、董事、副董事、总裁或职员的薪金、费用津贴和其他报酬不得征税,除非他们是当地国国民。(5)机构的官员在执行公务中所履行的行为,应免予诉讼程序;等等。

(二)会员国资格

1. 会员国资格的取得

《多边投资担保机构公约》规定,机构的会员国资格应向国际复兴开发银行所有会员国和瑞士开放,因此,会员国资格以世界银行成员国资格为先决条件。该公约将会员国分为发达国家和发展中国家两类,第一类发达国家的会员国共21个,第二类会员国即发展中国家共128个,这是《多边投资担保机构公约》通过时(1985年10月)世界银行的会员国总数。随着世界银行会员国的增加,可以加入《多边投资担保机构公约》的会员国也将增多,但银行会员国没有加入机构的义务。

机构的创始会员国有两个条件,一是《多边投资担保机构公约》附表一所列的会员国,二是在1987年8月30日或在此之前成为该公约缔约方的国家。原来预期该公约在开放

签署两年之内生效,但后来情况发生了变化,又决定在1988年4月30日之前成为公约缔约方的国家均为公约的创始会员国。

一国要成为公约的缔约方,必须在签署公约后,按照该国的宪法程序,批准、接受或同意公约,并将批准书交存世界银行总部。

2. 会员国的退出、资格的暂停

任何会员国在《多边投资担保机构公约》生效之日起3年期满后,可随时以书面形式通知机构总部退出机构。机构自收到该项通知之日后90日,退出就开始生效。只要退出尚未生效,会员国仍可撤销该项通知。

如果会员国不履行其在上述公约下的任何义务,理事会经行使多数总投票权的多数理事表决,可暂停其会员国资格。在暂停会员国资格期间,会员国除有退出的权利和公约规定的解决争端方面的权利外,不再享有该公约规定的任何权利,但将继续承担其全部义务。为了确定根据该公约所作的担保或分保的合格性目的,一个已暂停会员国资格的会员国不应作为机构的会员国对待。暂停会员国资格的会员国自其暂停之日起1年后即自动终止为会员国,除非理事会决定延长暂停期限或恢复其会员国地位。

当一国停止为会员国后,该国对其会员国资格停止之前依该公约有效的所有债务,包括其或有债务,继续承担责任。

(三)机构的资本和会员国的认股

1. 机构的资本

世界银行早期的建议案将机构设计成没有股份资本,而代表赞助机构所担保投资的会员国展开其业务。依现《多边投资担保机构公约》的规定,机构拥有股份资本,并能以自己的能力做出担保,这种能力以担保会员国所赞助的投资为补充。认缴资本能被扩大,并允许担保数倍于其规模。而对于赞助的投资,机构仅仅作为管理者。

机构的法定资本为10亿特别提款权,分为10万股,每股票面价值为1万特别提款权,供会员国认购。会员国认购股本的缴付义务按1981年1月1日至1985年6月30日以美元标价的特别提款权的平均价值结算,即每一特别提款权等于1.082美元。在接受一新会员国时,如当时的法定股份不够供会员国认购,则应增加股本。而且理事会经特别多数票通过,可随时增加机构的股本。1999年3月理事会就通过了一项决议,增资8.5亿美元。机构还从世界银行获得1.5亿美元的营运资本。

2. 会员国的认股

会员国的认股,是指每一会员国应认缴机构的股本。会员国认股数不得少于50股,创始会员国须按《多边投资担保机构公约》附表A中该会员国名下的股份数额以票面价格认购。其他会员国应按理事会确定的资本股份数额和条件认购,但在任何情况下均不得低于票面的发行价格。理事会可以制定规则,使会员国得以认购法定股本的增加股份。

每一会员国首期认缴股份,应将其所认缴股份的10%以现金缴付,另有10%采用不可转让的无息本票或类似证券的形式,根据董事会的决定予以兑现,以清偿机构的债务。余下的80%在需清偿其债务时催缴。由于机构根据健全的业务开展活动,以便在所有情况下都保持其履行债务的能力,因而实际动用不可转让的证券和催缴资本一般不会发生。

但在会员国延迟支付催缴时，机构可对未支付的认缴股份连续催缴。

认缴股份的实收部分和催缴部分的支付必须用《多边投资担保机构公约》所指的自由使用货币进行。为了减少发展中国家会员国的负担，该公约允许发展中国家用当地货币支付其认缴股份的实收现金部分的25%。

为了减少会员国的财政负担，上述公约规定，在某些情况下，把催缴股份的已缴数额退还给会员国。这些退款应按会员国根据催缴缴纳在这些退款之前的比例，以可自由使用的货币支付。

中国在MIGA中认购的股份为3138股，位居第六。

（四）机构的组织管理结构

机构的组织管理结构也是模仿世界银行和国际金融公司的。机构有三级结构，由理事会、董事会和总裁及工作人员组成。

理事会为机构的最高权力机构。理事会可委托董事会行使其任何权力，但关于接受新会员、暂停会员资格、决定资本的增减、提高有关债务的比例、划分发展中国家会员国、划分会员国的类别、确定董事的报酬、停止业务和机构清算、清算后把财产分配给会员国、修改公约及其附件和附表等权力除外。理事会由每一会员国的一位理事及其副理事组成，理事与副理事由会员国按其自行确定的方式指派。副理事只有在理事缺席时才可以行使投票权。理事会推选一名理事为主席。理事会至少每年举行一次会议，也可由理事会或董事会在任何其他时间召集。

董事会事实上是机构的执行机构，负责机构的一般业务与一切有关政策和法规的事项，但并非由总裁和工作人员负责的机构日常管理事项。董事会可采取公约所要求或许可的任何行动。董事会应由不少于12名董事组成，其人数由理事会决定。董事由理事会选举。每位董事可指定一名副董事在董事缺席或不能行使权力的情况下，全权代行其职权。世界银行行长为董事会的当然主席，除在双方票数相等时需要投一决定票外，无投票权。

机构的总裁在董事会的监督下，负责处理机构的日常事务以及工作人员的任命、组织和辞退。总裁由董事会主席提名，由董事会任命，由理事会决定其薪金和服务合同中的条款。总裁和职员在履行其职责时应完全对机构负责，而不对任何其他机构负责，每一会员国都应尊重这一职责的国际性。

（五）机构的投票与表决制度

机构的投票制度是世界银行所采用的加权投票制。一方面，《多边投资担保机构公约》特别承认了两类会员国在机构中的平等利益，强调两类国家之间的合作至关重要，当所有合格国家都成为会员国时，两类国家应有平等的表决权（50∶50）；另一方面，会员国的表决权应反映其相应的资本认缴股份。因此，为了使投票权的安排能反映附表A中所列两类国家在机构中的平等利益，以及各会员国财务参与的重要性，该公约规定每一会员国享有177张会员资格票，再按该会员国持有的股份，每一股增加一张股份票。这样，一个国家认股越多，投票权越大。会员资格票是经过计算的，以便确保在世界银行所有会员国加入时,发展中国家作为一个集团与发达国家作为一个集团将拥有相等的表决权。为了在取得这类平等之前保护少数集团,在公约生效后的3年内,该集团将接受补充票,使之能作为一个集团拥有总表决权的40%。这些补充票按其相应的认缴股份票的比例在有关集团的会员国之间分配,并根据情况自动增加或减少,以便保持该集团40%的表决权,若达到了总表决权的40%,补充票就被取消,而且无论如何,在3年期限结束时,补充票就被取消。在公约生效后3年内,理事会和董事会的所有决定均应经特别多数票通过,公约规定的需更多的多数票通过的决定除外。

理事会和董事会的表决程序与世界银行的表决程序是一致的。每一理事有权为其所代表的会员国投票。召开理事会任何会议的法定人数,必须由行使总投票权2/3以上的多数理事组成。每一董事有权行使其当选的会员国在机构中的投票权,每一董事拥有的全部投票权应作为一个单位投票。董事会会议的法定人数必须由行使总投票权半数以上的多数董事组成。理事会与董事会的表决制度有以下几种:(1)简单多数制。除公约另有规定外,理事会与董事会的决定均应由实投票数的多数票做出。(2)特定简单多数制。如机构理事会在暂停会员国资格时,须经行使多数总投票权的多数理事表决决定。这种特定简单多数,要求总投票权过半,理事过半。(3)特别多数制。特别多数票依公约规定是指代表机构认缴股份55%以上,不少于总投票权2/3的赞成票。例如,机构在公约生效后的3年期限中采取此种表决制度。有关担保范围的扩大、合格的投资扩大、合格的投资者范围的扩大等事项,也都由特别多数制议决。有的事项甚至还要经过更多的多数票才能通过。例如,对公约及其附件的修改须经行使总投票权4/5的理事3/5以上通过。(4)一致通过。例如,对《多边投资担保机构公约》第51条所规定的退出机构的权利或对第8条(d)款所规定的责任限度做任何修改,须经全体理事投赞成票通过。[4]

(六)与其他国际组织的合作

机构在公约规定的范围内,与联合国和有关领域内负有专门责任的其他政府间组织合作,尤其是包括国际复兴开发银行和国际金融公司。

机构是世界银行集团的五大机构之一。世界银行行长是机构董事会的当然主席。世界银行和国际金融公司致力于执行的发展计划和政策应得到机构的支持,世界银行或国际金融公司与机构之间可以通过缔结合作协定,相互利用其技术、行政服务和便利。

机构与解决投资争端国际中心也有密切的联系,二者都是为了调整有关国际投资关系的机构,职能不同,但又相互补充。在解决争端程序上,二者也有密切联系。依据《多边投资担保机构公约》规定,机构与会员国之间的争端以及机构作为投资者代位人有关求偿权的争端,双方如果通过谈判无法达成协议,可将争端提交调解或仲裁,调解和仲裁应分别适用解决国家和他国国民间投资争端公约所采用的调解规则和仲裁规则。

四、多边投资担保机构的作用

作为一个全球性的国际组织,它在促进外国私人资本自由流动方面的主要作用表现在

---

〔4〕 Ibrahim F. I. Shihata, *MIGA and Foreign Investment*, 1988.

以下几点。

第一,为没有国内投资担保机构的资本输出国提供了一个投资担保机构。发达国家几乎都有国内投资担保机构。但目前,一些发展中国家作为资本输出国尚无这类机构。例如,对石油输出国组织成员国和新兴工业化国家,多边投资方案将填补这一空白,担保这些国家投资者在其他发展中国家的投资,这为消除这些国家的投资者对非商业风险的忧虑,促进发展中国家之间的资本流动,避免资本倒流,都起到了十分重要的作用。

第二,便于承保不同国籍的投资者投资于同一项目的投资。多边投资担保方案的最大优点就在于它对合格的投保者的国籍要求较为宽松,只要具有成员国国籍就可以。这一优点十分重要。某些行业,如能源开发、矿藏采掘,特别容易受到非商业风险的影响。而恰恰是这些行业的投资项目没有投资担保机构可供利用。因为这些行业的投资项目工程庞大、投资巨大,需要联合其他投资者,包括国籍不同的投资者一起才能完成。而各国国内投资担保机构因国籍复杂不予担保,私人投资担保机构却因财力有限,力难从心。多边投资担保方案解决了这一难题。相对"单独投保"制来说,一则由于其所用术语相同,保护范围相同,一旦出现风险,可以避免赔偿数量不一的情况;二则由于一个多边的担保者代替了几个甚至十几个国内担保者与东道国交涉,简化了行政程序,减轻了负担。现在机构作为世界上最大的政治风险保险人之一,在担保方面居于独一无二和中心的地位。

第三,担保的投资更具发展性质。多边投资担保方案关于合格投资的规定,不像国内投资担保机构那样有促进本国经济的因素需要考虑,因而更加注意其所担保的投资对发展中国家的发展作用。而且,由于强调了所担保的投资对东道国发展的贡献,该投资在该东道国受非商业风险影响的可能性就小,机构受损失的可能性也就越小。这既符合东道国利益,又符合机构本身的利益。

第四,"机构"作为一个政府间的国际组织,比作为实现一国对外经济政策工具的国内投资担保机构,更加有利于消除外国投资者与东道国之间的猜疑,促进两者的合作。同时,多边投资担保机构也为资本输出国与资本输入国提供了一个交换意见的场所。

第二节 世界贸易组织有关投资的协定

世界贸易组织的《与贸易有关的投资措施协定》(TRIMs)、《服务贸易总协定》(GATS)、《与贸易有关的知识产权协定》(TRIPs)以及《补贴与反补贴措施协定》,是这个全球性贸易组织首次对与贸易有关的投资问题作出规定的几个重要的多边协定,是国际投资国际法制的重要组成部分。

世界贸易组织之所以对投资问题作出规定,其客观原因在于贸易与投资具有非常密切的关系。首先,国际直接投资和贸易都是为经济增长和发展服务的。而且,两者的相互关系日益密切。外国直接投资作为向国外市场提供货物和服务的主要方法以及组织国际生产方面的一项主要因素,正在日益影响着世界贸易的规模、方向和构成。而贸易和贸易政策又可以对外国直接投资流动的规模、方向和构成产生各种影响。其次,国家制定的外国直接投资和贸易政策通常是各自独立的,其结果是,这两套政策在政策目标和有效执行方面并不一定总是相互协调或相互支持的。[5] 如前所述,目前国际上尚无调整国际投资的普遍性实体法律规范,在此情况下,由世界贸易组织规范与贸易有关的投资措施,适应了实际需要。作为全球最重要的国际经济组织,WTO 通过对"与贸易有关的"经济措施予以规范,越来越多地涉足其他经济领域,包括投资领域。因此,WTO 在调整贸易与投资关系中也发挥了重要的作用。

一、《与贸易有关的投资措施协定》

TRIMs 是乌拉圭回合的三大新议题之一,TRIMs 是《关贸总协定》第一次就投资问题达成的协定。该协定仅适用与货物有关的特定投资措施。

为促进世界贸易的扩展和自由化以及促进各成员方的经济增长,必须尽力避免采取或消除某些会对贸易产生限制和不利影响的投资措施。一些国家制定的关于管制和鼓励外国投资的法律措施会对贸易产生不利影响。这种影响包括两个方面:一方面,对贸易的限制和对贸易的扭曲。对贸易的限制是指阻碍贸易活动的进行,而对贸易的扭曲则指改变贸易的正常流向。例如,对外资采取某些减免税收的鼓励措施,就可使享受此优惠的企业降低成本,提高产品竞争力,这实际上是对产品予以补贴。另一方面,对外资规定某些履行要求,[6] 则会被认为是对其施加额外负担,不利于外国投资。乌拉圭回合所达成的协议采取不同的方法来处理这两类措施,即将有关税收减免等投资鼓励措施放在《补贴与反补贴措施协定》中处理,而 TRIMs 则专门处理那些对贸易有不利影响的限制性措施。

TRIMs 根据《关贸总协定》的基本精神,将关于国民待遇和数量限制问题作为其核心内容。其第 2 条规定,任何成员都不得实施与《1994 年关税与贸易总协定》(以下简称《1994 年关贸总协定》)第 3 条(国民待遇)或第 11 条(数量限制的一般取消)不相符的与贸易有关的投资措施。协定附录的解释性清单进一步列举了这些投资措施,具体包括:

1. 与《1994 年关贸总协定》第 3 条第 4 款规定的国民待遇义务不相符的 TRIMs,包括那些国内法或行政裁定属强制性或可予执行的措施,或为获得利益所必需的措施,且该措施:(1)要求企业购买或使用原产于国内或来源于国内渠道的产品,无论这种具体要求是规定特定产品、产品的数量或价值,或规定购买与使用当地产品的数量或价值的比例;(2)要求

---

[5] 联合国贸易和发展会议:《1996 年世界投资报告——投资、贸易和国际政策安排概述》,UNCTAD/DTCI/32(Overview)。

[6] 履行要求(performance requirements)是对外国投资者施加的某些义务,在发达国家看来,履行要求的范围较为广泛,它包括:限制外国投资所有权的当地股权要求;要求外国公司转让技术的技术许可要求和技术转让规则;限制对外金融转移的汇出和外汇限制;限定生产水平的生产制造方面的限制;为替代进口而施加的国内销售、当地成分和当地制造要求;旨在增加东道国出口实绩的出口要求等。See I. K. Minta, *Intellectual Property Rights and Investment Issue in the Uruguay Round*, The CTC Reporter No. 29(Spring 1990);T. Moran, *The Impact of Trade - related Investment Measure(TRIMs)on Trade and Development*; UNCTC, *Theory, Evidence and Policy Implications*,1991.

企业购买或使用的进口产品限制在与其出口当地产品的数量或价值相关的水平。

2. 与《1994 年关贸总协定》第 11 条第 1 款规定的普遍取消数量限制义务不相符的 TRIMs,包括那些国内法或行政裁定属强制性或可予执行的措施或为获得利益所必需的措施,且该措施:(1)普遍限制企业对用于当地生产或与当地生产相关产品的进口,或将进口限制在与其出口的当地产品的数量或价值相关的水平。(2)通过将企业可使用的外汇限制在与可归因于该企业外汇流入相关的水平,从而限制该企业对用于当地生产或与当地生产相关产品的进口。(3)限制企业产品出口或供出口产品的销售,无论是按照特定产品、产品数量或价值规定,还是按照当地产品在数量或价值上所占比例规定。

理解和把握好《关贸总协定》第 2 条的规定,有必要考虑以下几个因素:(1)TRIMs 所指的是投资措施,而不是贸易措施。因此,国家采取的纯属贸易管理性措施,如配额、许可证管理等措施,均不属于 TRIMs 管辖的范围。(2)协定所指的投资措施与贸易有关。"与贸易有关"的投资措施,即从内容或效果来看,这些措施关系贸易发展的规模和流向等,对贸易有直接作用和影响。直接影响,是指这些投资措施直接关系或影响货物的进出口。(3)这些措施违反 GATT 的国民待遇原则和数量限制原则。与贸易有关的投资措施只有当其违反 GATT 规定的国民待遇原则和取消数量限制的原则时,才是非法的。这是实质性要件。

GATT 第 3 条国民待遇的规定是关于国内税收与国内规章方面的,主要指缔约方在征收国内税、在有关国内销售、购买、运输、分配所适用的法律法规方面,给予进口产品的待遇不得低于国内产品所享受的待遇。同时,该条第 5 款还规定缔约方不得建立或维持当地成分要求。可见,TRIMs 规定的国民待遇要求并非适用于所有投资措施,而仅限于 GATT 第 3 条规定的范围。这样,只有当与贸易有关的投资措施使进口产品在国内税和国内规章方面享受的待遇低于国民待遇时,该措施才是为 TRIMs 所禁止的。因此,该协定明确将当地成分要求和贸易平衡要求列为应予禁止的措施。

GATT 第 11 条是关于取消数量限制的,即除关税和其他税费外,任何缔约方都不得设立或维持配额、进出口许可证或采取其他措施以限制或禁止其他缔约方境内产品的进口,或向其他缔约方境内出口或外销产品。违反该条的与贸易有关的投资措施也是为 TRIMs 所禁止的,特别包括通过贸易平衡限制进口、通过限制获得外汇来限制进口和出口等措施。

与贸易有关的投资措施不得违反 GATT 第 3 条或第 11 条,这是一条原则性的规定。协定附录的解释性清单对违反这两条规定的措施又作了列举。由于解释性清单并非采取"排除式"列举,因此解释起来会很富有弹性。然而,若对该协定的禁止性规定作扩大解释或适用,是违背广大发展中国家的意志和利益的,也是与其缔约的初衷不相符的。发展中国家是主张将所禁止的与贸易有关的投资措施的范围予以严格限定的,TRIMs 在附录的解释性清单中对所禁止的措施加以列举,也可以解释为一种限定,具有排除其他措施的作用。因此,我们认为,对 TRIMs 第 2 条及其附录的规定在解释和适用上应从严把握,防止不适当的扩大化。凡未被协定明文禁止的措施应看作协定允许的。除协定附录中明确列举的五种措施外,原则上不应将协定的禁止性规定扩及其他与贸易有关的投资措施。[7]

为确保TRIMs得以实施,该协定还作出了其他的相应规定。例如,关于通知与过渡安排,协定视经济发展水平不同,规定各成员方在不同期限内取消所有的TRIMs:发达国家为WTO协定生效后2年,发展中国家为5年,最不发达国家为7年。该协定进一步规定了透明度原则,要求成员方承担《1994年关贸总协定》第10条项下的透明度和通知义务。协定还决定设立与贸易有关的投资措施委员会,以监督协定义务的执行。有关磋商与争端解决事宜则依世界贸易组织争端解决机制处理。货物贸易委员会负责审查协议的运行情况,并在适当的时候向部长会议提交文本的修改建议。

TRIMs是第一个专门规范贸易与投资关系的国际性协定,因而具有重要的地位。它将《关贸总协定》中的国民待遇等原则适用于某些与贸易有关的投资措施,这对于国际投资法的发展无疑具有十分重要的影响。取消限制贸易或对贸易有不利影响的TRIMs,也将有力地促进国际贸易和投资的自由化和国际化,促进世界经济的发展。[8] 不过,对于发展中国家来说,由于其经济发展水平的限制,TRIMs的实施可能在某种程度上不利于保护其民族工业的发展,甚至对其经济发展有负面影响。但该协定给了发展中国家较长的过渡期,并允许其按照《1994年关贸总协定》第18条、收支协议以及1979年11月28日采纳的"为收支实施的贸易措施的1979年宣言"的规定,暂时背离该协定第2条的规定,这在一定程度上考虑到了发展中国家的利益。然而,值得注意的是,自TRIMs通过后,WTO争端解决机构已处理了多起关于该协定的争端,其中有些争端是关于发展中国家汽车工业政策的,如印度尼西亚汽车工业措施案、印度机动车贸易与投资措施案等,采取汽车国产化措施的发展中国家均败诉。根据WTO争端解决机构的报告,汽车国产化政策必然要求逐步提高国产货的使用比例,从而直接违反了TRIMs关于禁止施加当地成分要求的规定。[9] 这对于发展中国家希望采取国产化措施来发展本国特定产业来说,显然是不利的。

为适应加入WTO的需要,我国已对外资法作了修改,取消了外资法中原有的与TRIMs不一致的措施,包括当地成分要求、外汇收支平衡要求等。因此,我国外资法已不存在与TRIMs不一致的规定。但其他的部门规章也可能存在与该协定不相符的情况。例如,2006年欧盟和美国、加拿大就向WTO争端解决机构就我国汽车零部件进口措施提出指控,认为我国的有关措施违反了《关贸总协定》第2、3条以及TRIMs第2条等有关条款的规定。WTO的专家组和上诉机构均认定中国的措施违反了《1994年关贸总协定》第3条的有关规定。[10]

---

[7] 余劲松:《〈TRIMs协议〉研究》,载《法学评论》2001年第2期。

[8] 但对于应否严格控制TRIMs,人们仍有不同的看法。有人认为,资本输出国高估了控制TRIMs的必要性,因为TRIMs的使用有时也是有好处的。例如,进口替代的TRIMs,如仅用来保护那些效率低的生产商不受竞争损害,则可能对东道国经济有不利影响;但是,出口实绩的TRIMs实际上可使东道国受益,可确保其从出口获取较高收益,加强经济的前向和后向联系。See T. Moran, ib & Peter Muchlnski, *Multinational Enterprises and the Laws*, Blackwell, 1995, p. 257 - 260.

[9] *Indonesia - Certain Measures Affecting the Automobile Industry*, WT/DS54, WT/DS55 and WT/DS64, WT/Ds59, 15 July 1999; *India - Measures Affecting the Automotive Sector*, WT/DS146, 13 November 2002.

[10] *China - Measures Affecting Imports of Automobile Parts*, WT/DS339/15, WT/DS340/15, WT/DS342/15, 3 March 2009.

二、《服务贸易总协定》

服务贸易也是乌拉圭回合的新议题之一。《服务贸易总协定》(GATS)是《关贸总协定》就服务贸易达成的第一个协定。这一协定对于国际投资也具有重要意义,因为服务贸易与投资有十分密切的关系,要提供服务就往往需要在当地设立机构或商业场所。随着国际上对服务需求的增长,外国直接投资在过去20年中也转向了服务业,促进了国际服务贸易的发展。

GATS对服务贸易的定义是采取列举方式予以规定的。依其第1条第2款的规定,服务贸易是指以其规定的四种方式提供的服务。其中第三种方式为,一成员方的服务提供者通过在任何其他成员方境内的商业场所〔11〕提供的服务。这种商业场所当然包括通过外国直接投资而设立、收购或维持的各种商业机构,如公司、合伙、分支机构及代表处等。这一定义揭示了服务贸易与投资的关系。

GATS中与国际直接投资关系最为密切的,是其第三部分承担特定义务中关于市场准入(第16条)和国民待遇(第17条)的规定。

关于市场准入,GATS没有予以定义。一般来说,它是指是否允许外国的服务或服务提供者进入本国市场的问题;就投资而言,是指一国的服务业或服务市场是否对外开放的问题。GATS第16条规定,在市场准入方面,每一成员方给予其他成员方的服务和服务提供者的待遇,应不低于根据其承担义务计划表中所同意和规定的期限、限制和条件。同时,在对市场准入承担义务的服务部门里,成员方除了在其承担义务计划表中已作其他规定外,不得采取所列举的六种限制性的市场准入措施。这六种措施中,前四种是关于数量限制措施的,如采用数量配额或要求测定经济需求等方式,限制服务提供者的数量,限制服务交易或资产的总金额,限制业务的总量或用数量单位表示的服务提供的总产出量,或限制某一特定服务部门或服务提供者为提供特定服务而需要雇佣自然人的总数。后两种则与投资密切相关,即(1)限制或要求服务提供者通过特定的法人实体或合营企业才可提供服务;(2)对参加的外国资本限定其最高持股比例或对个人的或累计的外国资本投资额予以限制。这就是说,在市场准入方面,成员方承担的义务有两点:一是通过承担义务计划表来承担特定的市场准入义务;二是在承诺市场准入的部门里,除承诺表另有规定外,不得采取所列举的六种限制性措施,凡采取这六种限制性措施,包括对外国投资法律形式与外资股权比例予以限制的,均属于限制市场准入的措施,应予禁止。

市场准入的实质是使服务市场逐步自由化。这当然是符合发达国家要求的。发展中国家则从一开始就反对服务贸易自由化的方案,因为服务业在这些国家不发达,而且服务业中的银行、保险、电信、航运等部门直接关系国民经济的整体利益,实行自由化不利于其民族经济的发展。GATS的达成是各方妥协的结果。但市场准入仍会产生一系列冲突,例如,强制性的服务贸易自由化可能会影响有关国家关于宏观经济和发展政策的自主权;若

---

〔11〕 GATS第28条将commercial presence定义为:为提供服务在一成员国境内设立的任何形式的商业或专业性场所(any type of business or professional establishment),包括组建、收购或维持一个法人,或建立或维持一个分支机构或代表处。establishment是指设立营业场所的意思,这种营业场所包括开设商店或设立商业机构等。

外资对本国服务市场无积极作用,东道国政府可能不愿让其进入服务市场。GATS 对此采取灵活的解决办法。其第 16 条清楚地表明,成员方可自由决定其承担的市场准入义务的程度,并可明确地保留限制某些服务进入的权力。对于服务提供者进入或设立营业场所,成员方没有排除所有障碍的一般性义务。每个成员方的义务是依照 GATS 第 20 条的规定通过承诺表承担特定的市场准入义务。承诺单可列举不对外完全开放的部门并维持某些限制。此后成员方得就使服务贸易自由化逐步达到较高水平进行谈判。从目前的情况看,要成员方完全放弃其对服务的国家管制是不可能的,灵活的方法是逐步自由化。服务贸易自由化的进程,取决于各成员方的国家政策目标和经济发展水平。

关于国民待遇,GATS 第 17 条第 1 款的规定是:每一成员在其承担义务计划表所列部门中,依照表内所述的各种条件和资格,在影响服务提供的所有措施方面,须给予其他成员方的服务和服务提供者以不低于给予其本国相同的服务和服务提供者的待遇。其第 2、3 款进一步补充规定,为达到上述国民待遇的要求,成员方可予以他方与本国的服务或服务提供者形式上相同或不同的待遇,但若修订的竞争条件仅对己方有利,则此种形式上相同或不同的待遇被视为低于国民待遇。由此可见,GATS 规定的国民待遇是一种有限制的国民待遇,即只是依其承担义务表所列的部门、条件和资格给予国民待遇,而不是普遍适用于所有服务或服务提供者的。还须注意的是,GATS 关于国民待遇与市场准入的规定是既有联系又有区别的,二者都是就承担特定义务而言的,但市场准入是指外国服务的进入问题,而国民待遇则是指外国服务进入后所享受的待遇问题。也就是说,当一成员方允许外国服务或服务提供者进入本国服务市场后,关于其服务经营方面须实行国民待遇。一旦成员方做出特定承诺,某些义务就会自动地随之产生。例如,凡承担特定义务的部门,成员方须合理、客观、公正地实施其国内规章;应制定切实可行的司法、仲裁、行政手段和程序,以便相关部门对影响服务贸易的行政决定迅速做出审查并给予公正的决定和适当的救济;〔12〕此外,成员方对承担特定义务项下的日常交易,在国际支付和转让方面不得予以限制,除非发生严重的国际收支失衡和对外财政困难或因此受到威胁;〔13〕等等。

除关于特定义务的规定外,GATS 还规定了一般性义务,其中最重要的是第 2 条关于服务贸易的最惠国待遇问题。该条规定:有关本协定的任何措施,每一成员方给予任何成员方的服务或服务提供者的待遇,应立即无条件地以不低于前述待遇给予其他任何成员方相同的服务或服务提供者。这一最惠国待遇是普遍适用于成员方的所有服务和服务提供者的,但政府当局为实施职能所需的服务除外。由于服务贸易在国际上是近 20 年才发展起来的一种新型的贸易形式,服务业在许多发展中国家还是一个不发达的行业,因此,对于一般的服务或服务提供者采用最惠国待遇,可照顾到各成员方的利益,这与各国在投资领域普遍采用最惠国待遇的做法也是一致的。除最惠国待遇外,GATS 还有其他的一些规定,如关于透明度问题、关于逐步承认个别国家服务领域中的资格问题、保证垄断服务提供者的行为与最惠国待遇和各国承担的特定义务保持一致的问题等。当然,GATS 也规定了一般性

---

〔12〕 GATS 第 6 条。

〔13〕 GATS 第 11、12 条。

义务的例外,如为公共秩序、公共健康和国家安全的需要而采取的措施。[14] 成员方依据GATS第2条及其附录的规定,还可免除给予其他成员最惠国待遇的义务。

GATS对发展中国家也作了专门规定。其序言中承认发展中国家可根据其特殊需要实施该项权利,以符合其政策目标。其第4条要求通过不同成员方对特定义务的协商,促使发展中国家在世界贸易中更多地参与,以加强发展中国家国内服务业力量,提高其效率和竞争力,改善其进入销售渠道和信息网络,促使各部门市场准入自由化。同时,通过建立联系点,促使发展中国家获得有关的商业和技术情报。GATS并未要求发展中国家迅速实现自由化,而是通过有关措施使发展中国家的服务提供者可在国际市场竞争。这也在一定程度上考虑到了发展中国家的利益。

值得注意的是,中国"入世"后在WTO的第一起服务贸易争端案——中美出版物案中,就涉及中国在出版物进口与经销方面的有关外资政策与措施是否违反GATS规定及中国"入世"承诺问题。2007年4月,美国对中国有关影响出版物的贸易权和经销权的措施,向世界贸易组织提起了申诉,其中,美国指控中国在批发服务和视听服务方面采取的禁止外商投资企业经销进口出版物以及从事录音的电子经销的有关措施以及对外商投资企业经销读物及音像娱乐制品方面实施的限制,违反了中国根据GATS第16条和第17条作出的承诺。2009年8月WTO专家组报告认定,中国禁止或限制外商投资企业从事出版物的进口和经销,违反了GATS项下的市场准入和国民待遇义务承诺。该案给我们的启示是,我国今后在服务贸易和外资管理方面,应注重使所采取的措施与GATS的规则以及中国的"入世"承诺保持一致。[15]

三、《与贸易有关的知识产权协定》

TRIPs是乌拉圭回合达成的又一新协定。这一协定也与国际投资密切相关。因为国际投资与知识产权有密切联系,知识产权作为一种财产权是可以用于投资的,若未作为投资,则可通过技术转让的方式获得。无论海外投资企业是通过何种方式获得有关的知识产权,知识产权的保护都是一个非常重要的问题。知识产权保护不力也可被看作一种贸易壁垒和投资障碍。有些公司投入了大量资金开发新技术和新产品,若对知识产权缺乏有力的保护,其技术就有被竞争者自由和无偿取得的风险,它们当然也就不愿前往投资了。对于外国投资者特别是高新技术生产者来说,加强对知识产权的国际保护无疑有助于其进入他国市场并防止他国低成本复制出口。所以,保护知识产权也有助于保护国际投资,促进国际投资的发展。

TRIPs的宗旨是使知识产权能得到充分有效的保护,确保知识产权的措施和程序的实施对合理贸易不造成任何障碍。它同样强调了国民待遇和最惠国待遇原则,并对国民待遇

〔14〕 GATS第14条。

〔15〕 *China – Measures Affecting Trading Rights and Distribution Service for Certain Publications and Audiovisual Eutertainment Products*, WT/DS363/R, 12 August 2009; WT/DS363/AB/R, 22 December 2009;韩立余:《从中美出版物案看中国入世对中国外商投资法律制度的影响》,载陈安主编:《国际经济法学刊》(第17卷第2期),北京大学出版社2010年版。

和最惠国待遇的例外也作出了明确的规定。

对于知识产权的保护来说,TRIPs 规定的保护标准比现行其他国际公约更高。例如,(1)版权的保护扩及计算机程序等方面,保护期限为 50 年;邻接权得到承认;租让权也已确立,并有利于计算机程序的作者和广播组织。(2)商标权得以定义,商标的实际使用与否不得作为申请注册的条件,其作为原产地标记的作用必须予以保护,并将《保护工业产权巴黎公约》对驰名商标的保护扩展适用到服务和那些与注册商标不相似的商品和劳务中。(3)关于专利的保护,最重要的是对专利性作出了规定;而且,所有的产品发明和程序发明,包括药物和微生物领域的发明,都可被授予发明专利,专利期限为 20 年;集成电路外观设计的保护期为 10 年;强制许可的给予及效力也受到限制。(4)采取民事程序和行政程序、临时性措施和刑事制裁等措施制止知识产权的侵权行为,加强了知识产权国际保护的力度;等等。这些措施显然对知识产权给予了更为有力的保护,对国际投资也会产生积极的影响。

四、《补贴与反补贴措施协定》

世界贸易组织的《补贴与反补贴措施协定》也是与投资密切相关的一个重要协定。前面谈到,许多国家采取措施以鼓励和管制外国投资,TRIMs 专门处理与贸易有关的投资措施,禁止某些履行要求措施;而《补贴与反补贴措施协定》则涉及某些投资鼓励措施。

(一)补贴的定义

依《补贴与反补贴措施协定》第 1 条第 1 款的规定,如果在成员方领土内存在政府或任何公共机构提供的财政资助,或存在《1994 年关贸总协定》第 16 条意义上的任何形式的收入或价格支持,以及因此而授予一项利益,则被认为存在该协定项下的补贴。政府或公共机构提供的财政资助包括:(1)涉及资金的直接转移(如赠款、贷款和投股)、潜在的资金或债务的直接转移(如贷款担保);(2)放弃或未征收在其他情况下应征收的政府税收(如税收抵免之类的财政鼓励);(3)政府提供除一般基础设施外的货物、服务,或购买货物;(4)政府向筹资机构付款,或委托或指示私营机构履行上述(1)至(3)项所列举的应属于政府的职能。因此,如果有关国家采取的投资鼓励措施符合上述条件,就会被认为构成该协定项下的补贴。

(二)专向性

依据《补贴与反补贴措施协定》的规定,某项补贴是否合法取决于它是否具有专向性。该协定第 2 条对专向性规定如下:(1)如授予机关或其运作所依据的立法将补贴的获得明确限于某些企业,则此种补贴应属专向性补贴;然而,若授予机关或其运作所依据的立法制定适用于获得补贴资格和补贴数量的客观标准或条件,则不存在专向性,只要该资格为自动的,且此类标准和条件得到严格遵守。不过,尽管适用上述原则看起来为非专向性补贴,但若有理由认为可能事实上属专向性补贴,则要考虑其他因素。(2)限于授予机关管辖范围内指定地理区域的某些企业的补贴属专向性补贴。(3)任何属于第 3 条规定范围内的禁止性补贴应被视为专向性补贴。

(三)禁止性补贴和可诉补贴

禁止性补贴是指出口补贴。依协定第 3 条的规定,除《农业协议》的规定外,下列属于

第1条范围内的补贴应予禁止:(1)法律上或事实上视出口实绩为唯一条件或多种其他条件之一而给予的补贴,包括附件1列举的补贴;(2)视使用国产货物而非进口货物为唯一条件或多种其他条件而给予的补贴。这样,若成员方采取的投资鼓励措施是以出口实绩为条件的,如视出口情况给予减免税,或以使用国产货物为条件给予的补贴,都会被看作禁止性补贴而应予取消。

可诉补贴是指除出口补贴外的那些具有专向性,并对其他成员方的利益造成不利影响的补贴。这里所说的不利影响是指:(1)损害另一成员的国内产业;(2)使其他成员在《1994年关贸总协定》项下直接或间接获得的利益丧失或减损,特别是在《1994年关贸总协定》第2条下约束减让的利益;(3)严重侵害另一成员的利益。由此可见,构成可诉补贴须具备两个重要条件:一是专向性,即限于特定企业的补贴,如果是普遍性适用的,明确规定获得补贴资格和数量的客观标准或条件的,则不具有专向性;二是对其他成员方的利益造成损害。如果一项补贴只具有专向性而未对任何成员方造成利益损害,则此补贴不属于可诉补贴。

(四)发展中国家成员方的特殊和差别待遇

协定第27条对发展中国家规定的特殊和差别待遇主要表现在:(1)对第3条禁止性补贴的适用规定了过渡期。其中对以出口实绩为条件的补贴不适用于最不发达国家,而一般发展中国家的过渡期为8年,如需延长则应在期满前1年与委员会进行磋商;对于以使用国产货物为条件给予的补贴,一般发展中国家的过渡期为5年,最不发达国家为8年;如一发展中国家的任何特定产品已达到出口竞争力,则应在2年内取消给予此项或此类产品的出口补贴。(2)补救的方法和程序上的差别。这主要表现在:对于出口补贴而言,在上述过渡期内,第4条关于禁止性补贴的补救措施不适用于发展中国家,而应适用第7条关于可诉补贴的补救措施;对于因国内补贴造成的利益损害的确定,不得按照第6条第1款推定发展中国家成员给予的补贴造成协定规定的严重损害;若补贴是不同于第6条第1款所指的可诉补贴,除非被认定由于该补贴而使《1994年关贸总协定》项下的关税减让或其他义务的利益丧失或减损,或除非发生对进口成员市场中国内产业的损害,否则不得根据第7条授权或采取措施;如果确定对所涉产品给予补贴的总体水平不超过按单位计算的价值的2%,或补贴进口产品的数量占进口成员同类产品总进口量的不足4%,应立即终止任何反补贴税调查。

WTO争端解决机构处理的印度尼西亚汽车工业措施案就是关于发展中国家国内补贴的一起典型案件。印度尼西亚自1993年以来一直力图通过采取“国产汽车计划”来发展其汽车工业。为实施该计划,由独家具有“优先地位”的(TPN)印度尼西亚公司与一家韩国公司共同出资建立一家合营企业,先在韩国生产Timor汽车,然后逐渐转移到印度尼西亚生产。该计划为新型Timor汽车提供大幅减税和关税优惠政策,包括对含有一定价值比例国内部件的汽车成品或国产汽车提供税收优惠,对进口用于组装含有一定价值比例国内部件的国产汽车的零配件提供关税优惠,并根据国产化率给予税收减免。美国和欧洲共同体指控印度尼西亚违反了WTO的有关协议,包括违反了《补贴与反补贴措施协定》。专家组首先分析该项补贴是否具有专向性,然后分析它是否属于可诉补贴,是否对美国和欧洲共同体的利益造成严重损害。专家组通过分析认为:(1)此项补贴属于专向性补贴;(2)此种国内补贴不属于禁止性的出口补贴,而属于可诉补贴;(3)对发展中国家的可诉补贴的处理依据是该协定的第27.9条;(4)本案由于印度尼西亚的补贴超过了产品价值的5%,适用协定第27.8条(依据第6条第3~8款的规定以肯定性证据加以证明);(5)美国在印度尼西亚市场上没有销售Timor的相同产品,而欧洲共同体则证明了其利益受到严重损害。因此专家组建议印度尼西亚修改其措施。[16] 此案表明,发展中国家采取的税收鼓励措施,若属于可诉补贴,对其他成员的利益造成损害,则会受到《补贴与反补贴措施协定》制约。

五、WTO和"与投资有关的贸易措施"问题

贸易与投资有密切的关系,投资措施会影响贸易的发展;反之,贸易和贸易措施也会对外国直接投资流动的规模、方向和构成产生各种影响。国际社会近年来已认识到投资与贸易关系的重要性,并关注着"与贸易有关的投资措施"的影响,乌拉圭回合达成的《与贸易有关的投资措施协定》(TRIMs)对那些可能扭曲国际贸易的投资措施已予以规制。但是,人们目前仍主要集中于讨论"与贸易有关的投资措施"的单向影响,忽视了"与投资有关的贸易措施"影响外国直接投资决定和结果的反向效果。因此,对于"与投资有关的贸易措施"也应给予足够的重视。[17]

"与投资有关的贸易措施"(Investment - Related Trade Measures, IRTMs),是指那些影响外国直接投资的数量、部门构成以及地理分布的较为一般性的贸易政策措施。与"与贸易有关的投资措施"相比较,它们通常不涉及具体的贸易或外国直接投资交易。根据联合国贸易和发展会议的有关研究,"与投资有关的贸易措施"大致可分为四大类:市场准入限制、市场准入发展优惠、出口鼓励措施、出口限制措施。[18] 市场准入限制是范围最广、数量最多的"与投资有关的贸易措施"。当这些措施不利于货物进口时,它们可以用来吸引外国企业投资于本国内部市场,在某些情况下,这些贸易措施也可以用来留住外国直接投资。还有些贸易措施通过鼓励、支持出口,或为国家安全等理由限制出口来影响外国直接投资流动。

从近几年的发展来看,在有关的贸易措施中,区域性自由贸易协定的增长扩大了其对外国直接投资的影响,原产地规则以及国家技术标准等措施对投资的影响也增强了。这里仅介绍区域性一体化及其原产地规则这两种最为重要的措施。

(一)区域性的自由贸易协定

区域性的自由贸易协定或区域经济一体化是"二战"后世界经济发展的一个重要特色。目前世界上比较成功、比较紧密因而比较典型的区域性集团主要有:欧洲联盟、北美自由贸易区(美国、加拿大、墨西哥)、南锥体共同市场(阿根廷、巴西、巴拉圭与乌拉圭)、东南亚联盟(新加坡、马来西亚、泰国、菲律宾、越南等)。此外,近来发展的较松散的区域性集团还有亚洲和太平洋经济合作区(APEC)。其中,以欧盟和北美自由贸易区影响最大。

---

〔16〕 *Indonesia – Certain Measures Affecting the Automobile Industry*, WT/DS54, WT/DS55 and WT/DS64, WT/Ds59, 15 July 1999.

〔17〕 余劲松:《论"与投资有关的贸易措施"》,载《中国法学》2001年第6期。

〔18〕 UNCTAD, *Investment – Related Trade Measures*, United Nations, 1999, p. 3 – 4.

自由贸易区或区域经济一体化促进了区域内的贸易自由化,这种区域自由化对推动更大区域乃至全球经济发展有积极的作用。因此,GATT 规定,关税联盟或自由贸易区所实行的特惠制,属多边贸易体制中最惠国原则的例外。根据 GATT 第 24 条规定,《关贸总协定》不妨碍关税联盟或自由贸易区或为成立关税联盟或自由贸易区而订立的临时协定的安排,只是要求这类联盟或临时协定对非缔约国所实施的关税和其他贸易规章,总体上不得高于或严于未建立联盟或达成临时协定时各组成领土所实施的关税和贸易规章的一般限制水平。这样,区域一体化措施可以与 GATT/WTO 多边贸易体制长期并行共存。

但是,这类协定可能构成最重要的“与投资有关的贸易措施”。从投资的角度看,这种区域化措施可能会对投资的规模与流向产生重要影响。这些区域贸易协定允许成员国规定和实施非最惠国待遇的仅对区域内营业的企业有利的贸易措施。这种措施有封闭性、排他性的特点,这种封闭性和排他性造成了区域内外的差别待遇。由于区域内实行贸易与投资优惠,形成了较好的投资环境,因而有利于吸引外国投资或将投资留于区域内。例如,欧盟的形成与发展就促进了其成员国在欧盟内的投资,欧盟外的企业也增加了其在该区域内的投资。《北美自由贸易协定》(NAFTA)建立的贸易墙也产生了类似的情势。但在世界投资总量不变的情况下,它们吸引的投资越多,流向别的国家的投资就会相应地减少。因此发达国家所采取的关税联盟或自由贸易区措施越成功,流向其区域的外资就越多,流向发展中国家的外资就会减少,从而可能对发展中国家的经济发展带来消极影响。

因此,对于发展中国家来说,也应注意采取区域性合作的方式,建立互惠的区域性合作体制,创造良好的投资环境,吸引外资,促进本区域经济的发展。对于国际社会来说,今后应努力的目标是,使关税联盟或自由贸易区逐步降低和取消对非成员国的关税和非关税壁垒,缩小区域内外在商品、服务、资本流动方面的差别待遇,注意与不同区域间、区域内外的合作,使区域一体化不至于成为一种实施贸易保护主义的造成不公平投资机会的工具或区域壁垒,而是向着有利于全球经济的方向发展。

(二)特殊优惠区原产地规则

产品原产地标准直接关系产品的“国籍”及所享受的待遇。因此,原产地规则不仅可作为限制进口、保护国内产业和市场以及促进出口的重要手段,而且也可作为吸引和利用外资的重要工具,“是一个背后隐藏着巨大经济利益的政策性问题”。[19]

原产地规则有两类,一是依最惠国待遇普遍适用的一般原产地规则;二是仅适用于特殊优惠区(关税联盟或自由贸易区)的原产地规则(以下简称特惠原产地规则)。在区域性贸易协定中,特惠原产地规则通常比一般原产地规则要严格得多,并通常是借助于辅助标准来形成其严格的规则。其主要原因在于区域协议的缔约国希望借助严格的原产地规则使贸易优惠的利益不至于扩及区域外的国家。[20] 这以欧洲共同体和北美自由贸易区的做法最为典型。

---

〔19〕 张玉卿、徐进亮:《转向主动管理——我国现行货物原产地规则缺陷及完善》,载《国际贸易》2000 年第 5 期。

〔20〕 J. Jackson, etc., *Legal Problems of International Economic Relations*, *Cases*, *Materials and Text on the National and International Regulation of Transnational Economic Relations*, third edition, 1995, p. 481.

特惠原产地规则可能或多或少具有保护主义色彩,并随之影响外国直接投资的流动。例如,欧洲共同体1989年的决定要求,半导体产品若要避免14%的关税,则其晶片制作阶段就必须在欧洲共同体进行。这一措施是欧洲半导体制造业中外国直接投资增长的一个重要因素,尽管其生产成本相对美国或亚洲而言还要高些。英特尔公司扩大其在欧洲的投资决定就是受此措施的影响,为适应符合这一新标准的需要而作出。北美自由贸易区在高技术产品中的原产地规则对外国直接投资具有相同的影响。美国电话电报公司(ATT)将其电信设备的生产从亚洲转移到墨西哥,就是为了获得北美自由贸易区的贸易利益而不得不满足协定规定的至少9/10的印刷电路板应在该区域内装配的要求。佳能公司在美国的一个新复印机厂投资1亿美元,而不是在成本较低的中国或马来西亚建厂,其原因就在于北美自由贸易区关于复印机的特殊的原产地规则要求有约80%的当地附加值。[21]

特惠原产地规则虽对特惠区吸引外资有利,但从整体来看,它会影响国际投资的流向,对其他国家的贸易和投资可能会产生不利影响。因此原产地规则也需要多边贸易体制予以规制。目前WTO《原产地规则协议》所规定的仅是一般原产地规则,没有将特惠原产地规则包括在内。作为关税同盟或自由贸易区中的一项重要制度,特惠原产地规则也与关税同盟或自由贸易区一道,成为GATT的例外而不受GATT规制。今后WTO应考虑采取有力措施简化、协调、统一特惠原产地规则,并使之合理化,从而促进形成公正的、无差别待遇的国际贸易与投资环境和秩序。

由上可见,贸易措施如果不考虑对投资的影响,对有关国家乃至整个世界的投资及经济发展就可能产生某些负面影响,导致国家间投资与发展机会的不平等。例如,发达国家采取的某些贸易措施可能在有利于其贸易发展的同时,也有利于吸引投资,从而造成流入富国的外国直接投资越来越多,而流入穷国的外国直接投资却越来越少,导致整个世界经济发展的不平衡。虽然某些贸易措施已受到WTO有关协议的制约,但这些制约措施可能并未从投资的角度加以考虑。因此,对“与投资有关的贸易措施”,国际社会应予以协调、规范和调整,使贸易措施有利于促进投资的国际自由流动,促进资源的合理配置,特别是能促进发展中国家外贸增长和吸引更多的外国投资,从而促进世界经济的整体发展。这应该是对贸易措施进行国际调整时所追求的重要宗旨和目标之一。

第三节　国际社会关于跨国公司和国际投资立法的努力

自20世纪70年代以来,国际社会一直在致力于制定关于外国投资与跨国公司的国际规范,包括联合国跨国公司行为守则、世界银行关于外国投资的指南、经济合作与发展组织

〔21〕 UNCTAD, *Investment-Related Trade Measures*, United Nations, p. 3-4.

草拟的《多边投资协议》以及联合国的全球契约与《工商企业与人权:实施联合国"保护、尊重和补救"框架的指导原则》等。虽然有的规范后来被搁置,有的不具有法律拘束力,但这些文件对于未来关于投资的国际法制的发展具有重要意义,因此,在这里对其作一介绍。

一、联合国的跨国公司行为守则

(一)制定行为守则的背景

跨国公司是国际投资的重要主体,它们在资金、技术和管理上均具有较大的优势,对发展中国家和发达国家的经济发展具有重要的影响和作用,因而日益受到国际社会的广泛关注。

对于发展中国家来说,跨国公司前来投资,无疑有助于促进其经济发展。但另外,跨国公司也可能具有某些消极影响,例如,跨国公司可能滥用转移定价逃税,从事各种限制性商业行为,甚至干涉东道国的内政;等等。对于跨国公司的各种不当行为,单个国家的法律还不能有效地对其予以管制,而且由于各国有关的法律规定很不一致,这为跨国公司规避有关国家的法律管制提供了空隙。鉴于在管理跨国公司行为方面的困难,发展中国家都希望制定跨国公司行为的国际守则,加强国际协调与合作,以对跨国公司的活动予以有效管制,使跨国公司遵守所在国的法律、条例和政策,充分公开情报,保护环境,保护消费者的利益等。

对于发达国家来说,作为跨国公司的母国,最为关注的并非如何管制跨国公司的问题,而是建立关于跨国公司的公平和公正的待遇标准,以保证跨国公司的投资安全与利益。因此,发达国家也希望制定一套行之有效的国际规范,以建立一个世界性的有利于外国直接投资的国际环境。

在国际上,尽管以前曾对制定国际投资法典提出了各种方案,但这些方案主要是反映发达国家的观点和利益,无法为国际社会接受,因而,在国际投资领域没有被普遍接受的国际实体法规范性文件。许多国家为了保护国际投资,只好借助于双边投资保护协定或区域性条约。但双边投资条约通常不规定跨国公司的行为准则,并限于两个国家的特殊情势,无法形成较为平衡的具有普遍性、综合性的关于直接投资的国际制度。这一状况与国际社会关于促进国际投资、加强国际经济合作的要求是很不适应的。为了适应国际社会的需要,联合国也必须制定关于跨国公司的行为守则,以便为促进跨国公司和国际投资在经济发展中发挥应有的作用提供一个稳定的、可预见的、明确的国际制度。而且这种制度应能反映国际社会绝大多数成员的意志和利益,以国际社会的共同利益为基础并以促进这种共同利益为目的。

在此情况下,建立关于跨国公司行为的国际规范被提上了国际社会的议事日程。1972年经过联合国经社理事会的一致同意,决定研究跨国公司对世界发展和国际关系的影响,1974年12月经社理事会通过决议,成立跨国公司专门委员会,并设立跨国公司中心作为其业务执行机构,提出把拟订跨国公司行为守则列为优先项目。1975年该委员会建立了行为守则政府间工作组,负责守则的拟订工作。具体拟订工作从1977年开始,到1982年,政府间工作组向委员会第8次会议提交了一份关于守则草案的报告。工作组对守则的大部分规定都达成了一致,但有许多关键的未决问题。自1983年以后,跨国公司专门委员会每年召开会议,谈判守则草案的案文,并在许多方面取得很大进展。1990年5月21日委员会主席提交的一份建议案文是守则草案的最后版本。[22] 此后跨国公司专门委员会虽继续努力修改守则草案,但多年来谈判实际上处于僵局,因为资本输出国和77国集团对于守则的内容、法律地位,与一般国际法的关系等问题的态度很不一致。1992年7月守则的谈判停顿下来,从1993年起,关于跨国公司的事项移交给联合国贸易和发展会议。此后,守则一事就被搁置了下来。

(二)跨国公司行为守则的主要内容

行为守则草案包括6个主要部分:(1)序言;(2)定义和适用范围;(3)跨国公司的活动与行为;(4)跨国公司的待遇;(5)政府间合作;(6)守则的实施。守则草案的序言规定,守则的目标是尽量促使跨国公司对经济发展和增长作出贡献,尽量减少跨国公司活动的消极影响。跨国公司的定义,即旨在包括通过附属公司或实体在两个或两个以上国家的任何领域中从事跨国经营的所有企业。至于这些企业是私营的、国营的还是公私合营的则不重要。该定义也强调了构成整个企业的各种附属公司与实体间联系的重要性,其核心是存在一个决策网,从而能使一个实体对其他实体的活动产生重要影响。

守则草案关于跨国公司活动方面的规定基本上是成功的。这一部分包括三个方面:一般性和政治性问题;经济、财务和社会问题;信息披露。大部分规定已达成一致。

然而,守则草案关于跨国公司待遇这一部分的规定则存在严重分歧。这一章分为四个部分,分别论及所在国对跨国公司的一般待遇、国有化和补偿、管辖权和争议解决。本章的中心是确立判断东道国对跨国公司待遇的适当和合法的标准。因为这是在国际经济关系中最有争议的问题,同时也因为第一次在普遍性多边机构中试图对共同标准作出规定,因此,许多问题仍是悬而未决的,其中,最关键的仍是涉及国际法或国际义务的问题。

1. 东道国对跨国公司的一般待遇

国家有权对跨国公司进入本国开展业务活动进行管制,成员国之间对此已达成一致,这是符合国家主权原则的。这一权利包括确定跨国公司在其经济与社会发展中可以发挥的作用,以及禁止或限制跨国公司在特定部门活动的权利。

发达的市场经济国家坚持在守则中规定跨国公司的待遇标准。守则规定,"跨国公司在所在国应获得公平和公正待遇",对此联合国各成员国已达成协议。"公平和公正待遇"可理解为排除不公平的歧视。

与这一问题有关的是国民待遇标准问题。在这方面,大家都同意该待遇标准应受维护公共秩序和保护国家安全的制约,应与一国的宪法相一致,对发展中国家为保证实现其所宣布的发展目标而确定的法定措施不应造成损害。但是发达的市场经济国家争论说,这一规定应是十分灵活的,以便让跨国公司得到优惠待遇。发展中国家争论说,对跨国公司给予优惠待遇问题是每个国家当局自由裁量权内的事,不应把它作为一般国际标准。这一问题仍未得到解决。

---

〔22〕 1990年的建议案文参见UN Doc,E/1990/94 of 12 June 1990。

此外，这一部分还规定，尽力确保国家政策、法律和条例的清楚、明晰和稳定，在变更这些法律、条例时，要适当考虑到有关各方包括跨国公司在内的合法权利；东道国应对跨国公司提交的资料保护其机密性；为达到上述培训东道国管理和技术人员及聘用其国民的目的，应为跨国公司在各个实体间调动所雇东道国国民提供方便；以及关于跨国公司自由转移与其投资有关的款项问题。联合国对最后一条的规定尚未达成协议。一方面，能自由地无限制地转移由其投资产生的收益以及与投资有关的其他款项，是外国投资者的主要目的；另一方面，许多东道国政府不愿放弃管制其外汇资源使用的权力。为此，发展中国家反对把这一规定包括在内，或者它们要求使这种转移受国内法的制约。发达国家则愿意接受上述基于国际收支规定的一般限制，或者以这种转移应受东道国政府在特殊的国际收支困难时在合理期间里实施限制的为制约条件。

2. 国有化和补偿

如何处理国有化和补偿问题，是处理发展中国家和发达国家关系中最困难的问题，因为长期以来各国对这一问题有重大分歧。在守则的协商过程中，对这一问题的讨论已取得显著的进展，在两个主要方面已经达成一致：第一，承认国家对其领域内跨国公司的财产有实行国有化或征用的权利；第二，实行国有化或征用的国家，对其举措承担补偿义务。但是，对于是否应在守则中规定补偿标准，特别是对于是否根据国际法支付这种补偿，则存在分歧。

发达的市场经济国家坚持实行国有化的权利和支付补偿都要受国际法要求的制约。发展中国家和社会主义国家则对这一领域中是否存在普遍接受的国际法原则提出质疑，它们特别拒绝发达国家关于国际法要求“及时、充分、有效”补偿的观点，为了解决这一问题，有的国家提出其他建议，如使用“可适用的法律规则”“适当补偿”等。但是，如果关于国际法或国际义务的规定能达成协议，那么国有化和补偿的争议也可以得到解决。

3. 国际法与国际义务

行动守则中提及国际法问题是协商中讨论的主要问题。对于国际法的内容是否由于国际社会构成的变化而已经发生改变，以及如果发生改变，在具体问题上新的国际法规则是什么等，在国际法学家和政府间长期存在争议。

经济合作与发展组织主张，作为判断调整跨国公司活动的国家行为和措施的合法性标准的国际法，不仅包括条约和协定，而且包括习惯国际法。该组织要求，在守则论及对自然资源的永久主权、管辖权、合同的重新谈判、公平和公正待遇、国民待遇、国有化及补偿和解决政府与跨国公司间争议的程序的规定中提及国际法，或者在守则中单独规定，在所有有关事项中都要适用和遵守国际法。

发展中国家及社会主义国家对关于跨国公司待遇的习惯国际法的具体准则的普遍认可或普遍效力表示怀疑，主要论点是，这些准则没有充分顾及已扩大的国际社会的需要，这些原则是在大多数发展中国家处于殖民统治时出现的，因而没有反映构成现代国际社会的多数国家的观点。因此，它们赞成一项折中的建议，即要求遵守国际义务，而不是国际法。理由是只有由条约、协定和根据国家明示同意的其他文件产生的义务才是这一领域中的恰当的国际标准。

但是,国际法和国际义务的术语都没有明确表明它们的内容,跨国公司中心的研究指出,国际法和国际义务是通用的,因为后者必然由主要渊源,如条约、协定、国际协议以及国家实践派生出来。这样,考虑到国际规范、标准、规则或义务逐渐发展的具有足够灵活性的表述,会对这一争议的解决提供比提及国际法或国际义务更好的前景。[23]

4. 管辖权与争议解决

守则的这一部分包括国家对跨国公司活动的管辖权、管辖冲突、法律选择和争议解决的方法。每个事项都产生了十分复杂的法律问题。此外,公司法中的有限责任概念也产生了复杂的问题,据此,股东(涉及跨国公司时通常是母公司)的责任仅以附属公司的财产为限。这常常排除将附属公司作为或不作为的责任扩及母公司实体,并限制母国或东道国就附属公司的行为对母公司实体行使管辖权。

守则规定,跨国公司的实体受所在国管辖,这是主权原则符合逻辑的延伸。但对管辖权的术语还有争论,有的观点认为仅指法院的权力,有的依国家主权原则进行广义解释,使在其域内经营的实体和发生的事件受其法律规则以及法院的管辖。

关于国家与跨国公司实体间争议的解决,守则规定,除双方当事人间友好解决外,这种争议应提交主管国家法院或当局解决。但守则也规定,这种争议也可提交双方可接受的其他争端解决程序。如合同当事人一方是跨国公司的一个实体,守则允许合同当事人选择合同可适用的法律和解决争议的方式,但以这种选择的效力可受有关国家的法律限制为条件。

当有关国家对跨国公司的管辖产生冲突时,守则促请有关国家以双边或多边的方式采用彼此可接受的原则和程序,在主权平等和尊重相互利益的基础上,解决这种冲突。

(三)守则的意义

如前所述,守则的谈判在 1992 年就停顿下来了,自 1993 年将跨国公司事项移交给联合国贸易和发展会议以后,守则的谈判就再也没有被提起,国际社会经过十多年的努力拟定的守则草案最终没有成果,能否再将其提上议程已很难预期。

守则被搁置的原因,首先是某些重要问题无法达成共识,陷入僵局。由于在投资领域资本输入国和资本输出国利益冲突较大,双方对国际投资的一些重要法律问题的分歧也较大,所以"二战"后联合国虽对制定国际投资法典提出过多种方案,但最终都没有成功。此次守则的谈判最后未能取得进展,也是谈判各方对草案的几个主要的未决问题,如国际法标准、国有化补偿的标准、管辖权问题等,未能达成共识。这表明,要消除各方的对立和分歧,还尚待时日。

其次,20 世纪 90 年代以后国际经济形势也发生了变化。20 世纪 80 年代后期,发展中国家受债务危机的影响,经济发展不景气,为了吸引外资发展本国经济,不得不放宽对外资

---

〔23〕 UNCTC, *Outstanding Issues in the Draft Code of Conduct on Transnational Corporations*, 1985; Patrick Robinson, *The Question of Reference to International Law in the United Nations Code of Conduct on Transnational Corporations*, UN Publication Sales No. E. 86 Ⅱ. A. 5; D. Vagts, *The Question of a Reference to International Obligatinos in the United Nations Code of Conduct on Transnational Corporations: A Different View*, 1986, UN Doc. ST/CTC/SER. A/2.

的管制，加强对外资的保护。另外，跨国公司在20世纪90年代后得到了更为迅速的发展，其对世界经济发展的影响也日趋增强。在跨国公司的推动下，经济全球化的步伐也加快了，而经济全球化必然要求贸易、投资更趋自由化。显然，在此情势下，要求保护投资的跨国公司及其母国的力量占了上风。世界银行1992年出台的《外国直接投资待遇指南》（以下简称《外资待遇指南》）就是发达国家强化投资保护的一个标志。此外，乌拉圭回合的谈判也转移了国际社会的注意力。特别是发达国家借助于乌拉圭回合新议题的谈判，达到了守则谈判不能达到的效果。在此情况下，本来就对守则的制定持消极态度的发达国家，对守则的重开谈判似乎更没有兴趣。

然而，必须看到的是，守则虽然被搁置了起来，但国际社会为制定守则所作的十多年努力并非没有意义。

第一，守则草案涉及的关于跨国公司活动的管制仍是国际社会亟待解决的问题之一。跨国公司在全球从事跨国经营活动时，对东道国的经济发展既有积极作用，也有消极影响，因而需要对其活动进行管制。由于单个国家无法对跨国公司予以有效管制，这就必然要求国际社会对跨国公司的行为予以规范。因此，从国际层面上对跨国公司的行为予以规范，仍是国际社会面临的一项重要的、不可回避的任务。

第二，守则草案中已达成共识的部分，对于国际社会成员立法具有重要参考价值。对于跨国公司的一些具有消极影响的活动，许多发展中国家还缺乏经验和必要措施对其进行管理。守则在谈判的过程中，在关于跨国公司活动的管制方面，如管制限制性商业惯例、防止滥用转移定价、反对违禁支付、保护消费者利益和环境保护等均作了规定，且许多规定已达成一致。这些规定对于发展中国家关于跨国公司的立法很有指导意义和参考价值。

第三，守则草案为未来多边投资协议的谈判奠定了基础。已如前述，在国际投资领域，直到目前为止，还没有一部在实体上全面调整投资关系的普遍性的国际公约。随着经济全球化的发展，制定一部能反映国际社会绝大多数成员意志的多边投资协议一定会再次提上议程。守则对于未来多边投资协议的谈判也具有重要影响。例如，若要使未来的多边投资协议能为国际社会普遍接受，就必须协调和平衡各方的权利义务，不能仅强调某一方的权利而不谈义务，守则草案对跨国公司与东道国两方面的义务均予以规范的做法具有借鉴意义。此外，守则草案毕竟是国际社会经过十多年谈判的产物，许多问题已达成共识，只有几个关键的问题还需要进一步磋商和协调，因而它为未来多边投资协议谈判提供了一定的基础。

二、世界银行关于《外资待遇指南》

1991年，世界银行和国际货币基金组织联合设立的发展委员会就认识到，需要制定一个整体法律框架，以促进外国直接投资。这一任务由世界银行集团总裁指派的一个工作小组承担，1992年该小组向发展委员会提出了报告和《外资待遇指南》。[24]

---

〔24〕 ICSID Review, *Guidelines on the Treatment of Foreign Direct Investment Issued by the Development Committee*, 7 Foreign Investment Law Journal, 297(1992).

(一)《外资待遇指南》的性质与作用

根据工作组的报告,《外资待遇指南》至少在两个方面与联合国跨国公司中心的任务不同。其一,它只涉及用来指导针对外国投资者的政府行为的一般原则,而不包括外国投资者的良好行为规则问题,其目的是避免与跨国公司专门委员会的工作重复。其二,它的目的不是编纂须达成一致的、具有约束力的国际法规则,而是力图提出反映在促进外国直接投资方面普遍接受的国际标准。

《外资待遇指南》是没有法律拘束力的,但它仍然具有十分重要的意义和作用。工作组认为这样的《外资待遇指南》可以有力地影响这一领域国际法的发展。其报告说,《外资待遇指南》中的某些标准反映了现代国际法中正在出现的而不是既定的标准。至于哪些标准是正在出现的国际法标准,哪些是既定的规则,报告未予说明。该报告认为,若国家的实践与所推荐的《外资待遇指南》保持一致,并确信其具有约束力,那么《外资待遇指南》肯定能影响习惯国际法的发展。[25]《外资待遇指南》的序言明确指出,《外资待遇指南》不是最终标准,而是普遍接受的国际标准发展进程中的重要一步,它可以补充双边投资条约。例如,若双边投资条约对于《外资待遇指南》规定的事项未予规定或未予表明态度,那么,《外资待遇指南》在此情况下就可以发挥作用。而且有利于推进在双边条约的谈判过程中,将《外资待遇指南》的标准融进条约中去。《外资待遇指南》今后若为世界银行集团等重要的国际经济组织所采用,以及被发达国家用来作为双边投资条约谈判的基础,就会对国际社会产生重要影响。

(二)适用范围

《外资待遇指南》可被世界银行集团成员国和其他国家用来吸引外资。它既可用来补充双边或多边条约,也可作为关于外国投资的国内立法的渊源。

《外资待遇指南》是拟适用于外国私人投资的,但它同样也可适用于由外国公共实体(如外国国家企业或政府间组织)所作的投资。同时,《外资待遇指南》对所涉投资的性质也未予限制,因此它既可适用于直接投资,也可适用于间接投资。不过,必须明确的是,《外资待遇指南》仅适用于善意(bona fide)投资,即完全遵奉东道国的法律和规章所进行的投资。这一规定使《外资待遇指南》易于为东道国所接受,因为这意味着东道国可以调整关于外资进入的要求或附加某些条件以清除外国投资的不利影响。

(三)外资准入

《外资待遇指南》第二部分关于外资准入方面的规定主要包括三个方面。

首先,《外资待遇指南》力图排除关于外资进入的烦琐的规章。为了鼓励外国投资,各国应给外资的进入和业务开展提供便利,避免对外资的进入规定烦琐或复杂的程序或附加不必要的条件。这种做法已为许多国家普遍接受。

其次,《外资待遇指南》将开放外资准入作为外资立法的目标。《外资待遇指南》肯定各

---

〔25〕 *Report to the Development Committee on the Legal Framework for the Treatment of Foreign Investment*, 7 ICSID Rev. 315.

国有权制定关于外资进入的规章，但同时认为，用来作为外资准入条件的某些履行要求经常是起反作用的，而开放外资准入是更有效的方法。《外资待遇指南》进一步解释说，对外资准入附加某些履行要求会阻碍投资或鼓励滥用，而对外资准入采取限制性列举（列举禁止、限制、允许外国投资的部门）方法更为可取。这一规定在很大限度上反映了以美国为首的资本输出国的立场和态度。

最后，《外资待遇指南》也规定了关于外资自由准入的例外，可拒绝外资进入的第一个例外是对国家安全的威胁，但国家安全要求必须予以"明确地限定"，以防解释过宽。第二个例外是由于国家的经济发展目标或国家利益的需要而保留给东道国国民的部门。此外，由于公共政策、公共健康和环境保护等原因而适用于国内投资的某些限制也同等地适用于外国投资。

（四）外国投资的待遇

《外资待遇指南》对外国投资首先采取了"公平和公正"的待遇，这一待遇标准在一些多边协议和双边条约中均已采用。同时，《外资待遇指南》也规定了国民待遇和平等待遇。关于外国投资者的人身保护和安全、财产权益、许可证的给予等事项，应实行国民待遇；至于其他事项，则不应根据国籍之不同在外国投资者间实行差别待遇。

《外资待遇指南》对资金的自由汇出给予了特别关注。对于外国投资的利润、外国职员的工资和存款、所支付的与投资相关的债务额、作为战争损失或类似损害对外国投资者支付的补偿金额以及外资资产清算后的净收益及其增值部分，《外资待遇指南》规定应允许自由地转移至境外。仅仅对于资产清算后的收益的汇出或转移，该指南允许在国家面临外汇短缺的例外情况下，在一定期限内分期转移，而且分期转移的期限最长不得超过 5 年。这种无限制的转移或汇出的标准比许多双边投资条约中规定的标准要求更高。

此外，《外资待遇指南》还规定了贿赂问题。它要求东道国在与外国投资者交涉时，采取适当的措施预防和控制贪污腐败的商业行为，提高责任感和透明度。它还要求东道国与其他国家合作以发展处理这一问题的国际机制。

《外资待遇指南》对于税收豁免及税收鼓励问题也提出了"最佳实践"的建议。《外资待遇指南》对国家间竞争性地给外国投资者提供税收豁免之类鼓励的做法持不赞同的态度，认为实行合理的和稳定的税率较之免税及不稳定的或高税率可提供更好的鼓励。

（五）征收和单方面改变或终止合同

关于征收的条件，《外资待遇指南》基本上是采取发达国家传统的观点。该指南规定，除非依据可适用的法律程序、为了公共目的、不根据国籍实行歧视以及支付适当补偿，否则国家不得征收外国投资。有学者认为，这种否定的表述方式没有突出国家征收外国财产的权利，若采用肯定国有化权利的表述方式可能更易于为有关国家所接受。[26]

关于征收补偿，《外资待遇指南》是采用发展中国家主张的"适当"补偿，而不是发达国家主张的"及时、充分、有效的补偿"的赫尔（Hull）公式。然而，工作组的报告认为这两种方

---

〔26〕 M. Sornarajah, *The International Law on Foreign Investment*, Cambridge University Press, 1994, p. 220.

式并不是相互排斥的,如及时、充分、有效的补偿可能是最适当的补偿。于是《外资待遇指南》规定,如果对被征收的特定投资的补偿是及时、充分、有效的话,那么就可认为该补偿是适当的。这实际上是将"适当"补偿重新定义为"及时、充分、有效"的补偿。而充分补偿又被规定为公平的市场价值,《外资待遇指南》接着对各种不同的评价方法进行了解释。有效的补偿指以可兑换的货币支付补偿。及时指在正常情况下无延迟地支付;不过,在国际收支困难时可以延迟分期支付,但利息照付。

《外资待遇指南》认为,在为进行经济和社会改革而实行大规模国有化的情况下仅需支付部分补偿,但它将这种改革限于由革命、战争和类似的紧急例外情况下产生的情势,这种例外似乎不适用于正常的政治进程中发生的社会改革。在此例外情况下,补偿可通过东道国与投资者母国间协商确定。

对于东道国改废其与外国私人投资者间合同的问题,《外资待遇指南》依所基于的理由之不同而加以区别。若东道国出于非商业原因(如国家作为主权者而不是作为订约方)单方面改废合同时,则依《外资待遇指南》予以补偿;若国家出于商业原因(仅作为订约方)毁约,则应依可适用的合同法确定其责任。这种两分法使国家契约的问题更加复杂化了。

(六)争议的解决

《外资待遇指南》规定,投资争议可通过多种途径解决。解决争议的首要方法是协商。若协商不成,可通过国内法院和独立的仲裁来解决。《外资待遇指南》鼓励各国采用解决国际投资争端解决中心(ICSID)仲裁的方式。但是《外资待遇指南》对提交仲裁前是否要用尽当地救济的问题未予规定。

综上可见,与联合国跨国公司行为守则不同,世界银行的这一《外资待遇指南》侧重于对外国投资的保护,并主要反映了经济发达国家关于外资保护的理论与实践。《外资待遇指南》对于外资保护的国际法律规范的发展具有重要的影响。不过,为防止将《外资待遇指南》作为干涉有关国家国内政策的手段,世界银行的报告强调,《外资待遇指南》不构成世界银行贷款的条件限制或起立法作用。因此,背离《外资待遇指南》中规定的标准,对国家从世界银行取得贷款没有任何财务金融方面的影响。

三、经济合作与发展组织的《多边投资协议》

经济合作与发展组织(OECD)于1995年9月开始制定《多边投资协议》(MAI),经过三年多的谈判,该协议最终因内部意见分歧而"流产"。尽管MAI的制定未能取得成功,但它对未来关于投资的国际立法将具有重要影响。

OECD当初拟定MAI时,就旨在制定一部关于投资制度的自由化和投资保护方面高标准的、范围广泛的国际投资多边框架协议,并从一开始就将它设计为一个开放性的协议,即它不限于OECD成员,还向发展中国家开放,其目的是借助于发展中国家的加入而扩大其影响,使之逐步成为一个具有普遍性的条约。MAI的谈判虽然失败了,但一些发达国家支持将MAI的谈判移交给WTO。一旦MAI谈判纳入WTO的议程,发达国家必然会坚持将OECD的协议草案作为谈判的基础,以便使未来的国际投资协议(IIAs)能最大限度反映其意志和利益。

MAI 反映了以美国为首的发达国家关于投资问题的一贯性主张，在投资自由化和投资保护方面采取了高标准。这主要从以下几个方面可以看出：(1)适用范围。MAI 所适用的投资，既包括直接投资，也包括间接投资。其关于投资的定义中，明确将债券、贷款和其他债务形式以及由此产生的权利包括在内。(2)外资待遇标准。在最惠国待遇和国民待遇方面，MAI 扩大了其适用范围，这表现在它不仅适用于本国投资者，而且也适用于外国投资者；不仅适用于投资的经营阶段，如投资的管理、运营、使用、维持等，而且也适用于投资的准入阶段，包括设立、并购等；不仅包括法律上的待遇，而且也包括事实上的待遇。同时，与美国式双边投资协定相似，MAI 也规定了绝对待遇标准。(3)投资的自由化。这主要表现在 MAI 要求取消：其一，与贸易有关的要求，包括出口与销售的比率、国内成分、当地购买、内销与出口的比率等要求；其二，技术转让要求；其三，公司总部的设立地点要求(要求将公司总部设在当地)；其四，研究与开发要求(如要求在当地的研发达到一定的比值)；其五，国民的雇佣；其六，股权参与的最小和最大的比例等。其中，第一项所列的与贸易有关的履行要求是禁止采用的，无论其是强制性的还是与投资激励措施相联系的，其他的履行要求如果是自愿性的并与获得利益相联系，则是允许的。除履行要求外，MAI 还涉及投资激励、私有化、劳工标准和环境保护等问题。(4)投资保护。MAI 对投资提供了强有力的保护。例如，关于征收和补偿，MAI 规定，除非出于公共利益的目的、在非歧视的基础上，且根据正当的法律程序以及给予及时、充分和有效的补偿，否则不得对投资者的投资直接或间接地实行征收或国有化，或采取具有相同效果的任何措施。这典型地体现了发达国家关于征收和补偿方面的传统国际法观点。此外，关于战争和内乱、支付转移方面的保护也都是从发达国家的利益出发，实行高标准保护的。(5)投资争端的解决。MAI 规定以协商、调解、仲裁等方式解决国家与国家之间、投资者与国家间的投资争端，但对于投资者与国家的争端，允许提交给第三方仲裁。

但是，MAI 的条文仍存在许多争议，其异议不仅来自 OECD 成员内部，而且也来自非政府组织。[27] 这里仅选择介绍其中几个主要问题。(1)MAI 规定国民待遇和最惠国待遇适用于外资准入阶段，同时允许各国提交保留的例外清单。但由于各国提交的例外清单的数量和性质有很大的不同，这就会引出各国的义务如何平衡的问题。(2)MAI 规定的履行要求较为广泛，这在大多数 OECD 成员内没有多少争议，但有些成员考虑到 MAI 所施加的是一种绝对义务，因而采取谨慎态度。此外，非政府组织认为，这一规定具有侵蚀东道国管制能力的效果，从而会引起社会争论。(3)关于间接征收的规定，也受到来自非政府组织的强烈反对。这种异议是在美国和加拿大间就《北美自由贸易协定》产生的几个案例后所引发的。例如，在 Ethyl 案中，当加拿大议会基于环境和健康原因禁止在加拿大各省间进口和交易 Ethyl 公司生产的燃油添加剂时，这个基地在美国的公司对加拿大提起了诉讼，要求损害赔偿。该公司声称，加拿大违反了其在《北美自由贸易协定》项下关于征收和补偿、履行要求和国民待遇的义务。[28] 这使非政府组织认为，MAI 关于间接征收的规定可能会将个人

---

〔27〕 UNCTAD, *Lessons from the MAI*, United Nations, 1999.

〔28〕 UNCTAD, *Lessons from the MAI*, United Nations, 1999.

的财产权置于社会为环境目的而进行管制的权利之上。非政府组织还认为,这一规定可被解释为,凡具有限制投资营利能力效果的管制措施都可能被视为间接征收行为;这样的解释会有效地废弃政府的许多管制行为。(4)关于投资者与国家间的争议允许通过第三方仲裁的规定,也受到质疑。有的国家原则上对其持反对态度,认为它会给予外国投资者在有关国家的管辖权外对东道国依据MAI采取的决策提出异议的特权,而这种特权是国内投资者不能得到的。这一观点后来被一些非政府组织采纳,并用来作为反对MAI的主要理由之一。

MAI的"流产"给今后国际社会关于国际投资协议的谈判提供了一些经验和教训:〔29〕第一,由于外国直接投资问题与国内政策交织在一起,因而涉及国际投资协议的谈判需要进行详尽的研究和调查。第二,在谈判方式上,所涉及的国家越多,越应采取有节制的、渐进的方式;所涉议题不宜太广,否则成功的可能性就不大。从双边、区域性到多边谈判不但是数量上的变化,而且是质的变化,因为它具有国际立法的特点,因此,不能认为有了双边投资条约网络就表明国家已做好了进入区域性或国际性投资立法的准备。同时,只有经过当事方广泛的磋商和交流,才有可能形成各方均能接受的国际规则。第三,在内容上,国际投资协议应适当地考虑国家的政策,要反映权利和责任的平衡,否则就不会被普遍接受。由于多边协议所包含的义务在一定程度上限制了缔约方的自主权,因此,应采取灵活性的规定,使国家能根据其特殊需要和特殊条件实现其发展目标。同时,协议越是超出促进和保护投资的范围,特别是试图将投资自由化的义务包括在内,谈判就会越复杂,渐进的自由化可能更易于被接受。第四,谈判的程序应该透明,透明度在获得必要的支持和更具合法性方面起着关键性的作用。因此,应通过合理的机制让有关利益各方,包括民间社会成员,从一开始就能参与讨论和协商。总的来说,从MAI的谈判可见,今后若要制定国际投资协议,就必须注意全面考虑上述因素,特别是要考虑和照顾到发展中国家的意志和利益,要注意权利和义务的平衡,使协议能为国际社会普遍接受。

四、联合国关于企业与人权方面的指导原则

企业在发展和追求利润的过程中,可能会对人权、环境、劳工权益造成不利的影响。虽然联合国制定跨国公司行为守则的努力失败了,但自20世纪90年代以来,企业特别是跨国企业在全球迅速扩张,引起了人权、环境领域对企业与人权问题的广泛关注。在联合国层面上,有两项专门针对企业和人权的措施具有重要意义。

(一)全球契约

联合国前秘书长安南在1999年1月世界经济论坛年会上,要求世界企业领导人成为全球公民,并提出了走向新世纪的全球契约(Global Compact)。全球契约行动于2000年7月26日在联合国总部正式启动,其目的是通过集体行动的力量,推动企业形成负责任的公民意识,从而使企业界参与应对全球化的各项挑战。全球契约要求企业在各自的实践中接受和执行许多世界上普遍接受的价值观和原则,并明确提出了关于人权、环境、劳工和反腐方

---

〔29〕 UNCTAD, *Lessons from the MAI*, United Nations, 1999.

面的 10 项原则：[30](1)企业应在其影响力范围内对保护国际人权给予支持和尊重；(2)企业应保证不与践踏人权者同流合污；(3)企业界应支持结社自由及切实承认集体谈判权；(4)消除一切形式的强迫和强制劳动；(5)切实废除童工现象；(6)消除就业和职业方面的歧视；(7)企业应支持采用预防性方法来应付环境挑战；(8)采取主动行动，促进在环境方面采取更负责任的做法；(9)鼓励开发和推广不损害环境的技术；(10)反对各种形式的腐败，包括索贿和贿赂。

全球契约是一个自愿性的关于公司公民资格的倡议(initiative)，其目标有两个：一是使 10 项原则在世界商业活动中成为主流；二是促进支持联合国目标的行为。全球契约旨在推动形成“共同的价值和原则，这些价值和原则将赋予全球市场一张人类的面孔”，[31]推动建立稳定的全球社会和全球经济的基础。

联合国前秘书长安南要求企业领导人加入全球契约，与联合国机构、劳工与民间社会一道，支持人权、劳工与环境领域的 10 项原则。凡愿参加全球契约的公司，必须向秘书长寄送一封信件，表示支持全球契约及其原则；自愿对其商业经营做出改变，以便使全球契约及其原则成为其战略、文化及日常经营的一部分；通过报纸、讲话等通讯媒体公开支持全球契约及其原则；在其年度报告或类似的公司报告中，说明其支持全球契约及其 10 项原则的方式。现在，全球契约的参加者（包括公司、政府、国家劳工组织和民间组织等）已有 10,000 多个，包括来自 145 个国家的 7000 多家企业。

到目前为止，联合国的全球契约是国际社会在强化跨国公司社会责任方面采取的最为重要的措施，虽然它也是自愿性的，但它的确在建立国际社会共同的价值观和原则方面迈出了重要的一步。

(二)《工商企业与人权：实施联合国“保护、尊重和补救”框架的指导原则》

2003 年 8 月 13 日，联合国促进和保护人权小组委员会起草了《跨国公司和其他工商业企业关于人权责任的准则(草案)》(以下简称《人权责任准则草案》)。[32] 该准则草案主要是试图直接根据国际法，要求企业承担人权义务，义务范围与各国根据其所批准条约而接受的义务范围相同，“增进、保证实现、尊重、确保尊重和保护人权”，广泛涉及人权、劳动、人道主义、环境、消费者保护和反腐败法律原则，也包括公司社会责任的最佳实践。但各利益相关方对此准则草案反响不一，争论的实质是，应否让工商企业直接承担人权保护的国际法义务。反对方认为，根据《国际人权法》，只有国家才负有保护人权的义务，让企业承担保护和促进人权的义务没有任何根据，《人权责任准则草案》所列的企业法律责任甚至超出了对国家适用的标准。

由于分歧较大，联合国人权委员会后来放弃了这一努力，转而寻求新的路径，让联合国

---

〔30〕 全球契约的原则原为 9 项，2004 年又增加了 1 项，即反腐败的原则，现为 10 项。

〔31〕 Annan, Kofi, *A Compact for the New Century*, United Nation, 1999, http://www.un.org/paatners/business/davos.htm.

〔32〕 *Responsibilities of Transnational Corporations and Other Business Enterprises with Regard to Human Rights*, Sub-Comm'n Res. 2003/16, UN Doc. E/CN.4/Sub.2/2003/L.11, at 52 (2003), http://www.unhchr.ch/html/menu2/2/55sub/55sub.htm.

秘书长指派一名特别代表,其主要任务是确认和澄清现行标准和做法,此后人权理事会又请特别代表提交建议。2008 年 6 月,特别代表提出了其经 3 年的研究与协商后制定的"保护、尊重和补救"框架。

2011 年 6 月 16 日,联合国人权理事会一致通过了《工商企业与人权:实施联合国"保护、尊重和补救"框架的指导原则》,[33] 为预防和应对工商企业侵犯人权问题提供了全球标准。这一"保护、尊重和补救"框架建立在三大支柱基础上:一是国家保护人权不受工商业企业在内的第三方侵犯的义务;二是企业尊重人权的责任;三是受害者获得有效的救济。

根据《国际人权法》,国家有义务尊重、保护和实现在其领土或管辖范围内个人的人权,包括有义务保护人权不受第三方(包括工商业企业)侵犯。这就要求采取适当步骤,通过有效政策、法律、条例和裁定,防止、调查、惩治和补救此类侵犯行为。国家应明确规定在其管辖范围内的所有工商企业在其全部业务中应尊重人权。

同时,工商企业也应尊重人权。这意味着企业应避免侵犯其他人的人权,并应在自身卷入时,消除负面人权影响。工商企业尊重人权的责任指的是国际公认的人权,在最低限度上,可理解为《国际人权宪章》以及关于国际劳工组织《工作中基本原则和权利宣言》中所载明的各项基本权利。尊重人权的责任要求工商企业:(1)避免通过其本身活动造成或加剧负面人权影响,并消除已经产生的影响;(2)努力预防或缓解经由其商业关系与其业务、产品或服务直接关联的负面人权影响,即使并非它们造成了此类影响。

工商企业应制定与其规模和环境相适应的政策和程序,包括:(1)履行尊重人权的责任的政策承诺;(2)人权尽责程序,以确定、防止和缓解人权影响,并对如何处理人权影响负责;(3)补救其所造成或加剧的任何负面人权影响的程序。

若人权受到侵犯则应通过合法程序提供救济。作为其针对与企业相关的侵犯人权行为实施保护义务的一部分,国家必须采取适当步骤,确保在此类侵权行为发生在其领土和/或管辖范围内时,通过司法、行政、立法或其他适当手段,使受害者获得有效补救。补救措施包括基于国家的司法机制、国家的非司法申诉机制以及非国家申诉机制的补救。

该指导原则得到了工商企业的欢迎,但也有人权组织批评其法律效果太弱。虽然说该指导原则没有强制的约束力,但它建立了一个国际社会可接受的商业与人权方面的框架,阐释了国家、企业各自的义务和责任,有助于进一步推进商业与人权问题的国际规范的发展。

随后,一些非洲及拉丁美洲发展中国家认为该指导原则没有法律约束力,实施效果欠佳,希望推动就跨国公司侵害人权问题制定有法律约束力的国际文书。2014 年 6 月,联合国人权理事会通过第 26/9 号决议,决定设立"一个跨国公司及其他工商企业与人权问题的不限成员名额政府间工作组",谈判跨国公司和其他工商企业与人权问题法律文书,旨在从国际层面明确跨国公司侵害人权的法律责任,并建立预防、监督和追责机制。2018 年工作组开始就《在国际人权法中规范跨国公司和其他工商企业活动的具有法律约束力的文书零

---

〔33〕 UN Human Rights Council, *Guiding Principles on Business and Human Rights: Implementing the United Nations "Protect, Respect, and Remedy" Framework*, (R) A/HRC/17/31, 21 March 2011.

案文》展开磋商,2021年工作组第七届会议就该文书第三版修订草案进行磋商。中国政府自2015年就派员参加了各次会议。由于各国对草案有关条款存在不少分歧,达成共识还有待时日。

五、构建可持续发展的国际投资法制

"二战"后至20世纪90年代,国际投资的基本格局是:发达国家主要作为资本输出国,而发展中国家则主要作为资本输入国,两大集团利益分歧与冲突比较突出。发达国家总是力图强化投资者保护制度,以便保护本国及其投资者的海外利益,因此,发达国家主导下的传统国际投资规则片面强调投资保护,忽视投资东道国的发展需要和维护其主权和利益的政策空间。

进入21世纪后,国际经济局势发生了重要变化,发展中国家和经济转轨国家在吸引更多外资的同时也在发展对外投资,而发达国家在国际投资合作中,也兼具资本输出国与投资东道国的双重身份,因此,无论是发达国家还是发展中国家,鉴于其国际投资的地位与作用的变化,对传统投资规则的态度都发生了一些改变,即既要促进和保护投资,也要考虑东道国的主权和利益。同时,近些年来国际社会面临的持续性经济危机与紧迫的社会与环境方面的挑战,使可持续的增长和包容性发展更为重要。因此,引导投资并确保其有助于实现可持续发展目标,对于世界各国尤其是发展中国家来说尤为重要。

(一)联合国贸易和发展会议提出的"可持续发展的投资政策框架"

2012年,联合国贸易和发展组织提出了"可持续发展的投资政策框架",以便为决策者在制定国内投资政策和国际投资协定谈判时提供参考。[34] 今后国际社会面临的重要任务,就是为建设新一代的可持续发展的国际投资法制做出努力,从而建立新型的互利共赢的国际投资法律秩序。

新一代国际投资法制应以促进国际社会可持续发展为目标,应对传统的国际投资规则予以改革,兼顾资本输出国与资本输入国的利益、合理平衡投资者保护与东道国主权与利益。特别是在以下重要事项上,新的投资条约应采取必要的改革和改进措施:

第一,在投资准入和投资自由化方面,应兼顾发达国家和发展中国家的利益,既要逐步减少投资准入方面的障碍和限制,同时,基于发展中国家的国际竞争力较弱的客观实际情况,也要考虑发展中国家的发展战略,允许其采取逐步自由化的政策(包括实行有选择的自由化、允许有较多的例外和保留等),使其市场开放与发展战略保持一致,并且在开放的同时也建立起适当的管理和制度框架,在开放和管理间实现平衡。对于较不发达国家,在准入前国民待遇以及产业例外方面,应允许采取特殊的差别待遇。

第二,在投资保护规则方面,新一代投资条约应强调缔约国的可持续发展,在投资者保护和东道国的管理权之间实现合理平衡。投资条约不能仅以投资保护为其宗旨和目的,而应将促进东道国可持续发展也包括在内;在保护投资者权利的同时也应考虑规定投资者的义务,包括要求投资者遵守东道国法律、保护环境、尊重人权、遵守普遍适用的国际社会责

---

[34] UNCTAD, *Investment Policy Framework for Sustainable Development*, 2012.

任准则,并确保投资条约的规定与其他公共政策的互动和一致;投资条约在规定保护投资义务的同时,也应通过设置国家安全例外、一般例外等例外条款,给缔约国预留政策管理空间;缔约国应通力合作,通过审查条约的功能或发布条约有关条款的解释等方式,解决在条约的解释和适用方面存在的问题,以及解决为数众多的投资条约间所存在的空白、重叠、不一致问题。

第三,在投资者与东道国的争端解决机制方面,也应采取改革或改进措施。实践表明,现行的投资者与东道国间的投资争端解决机制存在某些缺陷,例如,仲裁庭对条约有关条款解释的不一致或作出出乎缔约国意外的解释,投资者非正当地利用这一机制,对东道国为公共利益采取的政策措施提出挑战,仲裁程序代价高昂且旷日持久、缺乏透明度等,导致一些仲裁庭在解释和适用投资条约规则时造成投资者与东道国权益保护的失衡。因此,新一代的投资规则应改进投资条约仲裁机制,其措施包括:限制同意提交国际仲裁的争端范围,鼓励采用选择性争端解决方法(ADR),增强透明度,鼓励仲裁庭考虑投资者的行为准则,限制利用投资者与国家间的仲裁机制并发挥国内司法制度的作用,规定国家进行反诉的可能,改革仲裁的矫正机制等,以便促使投资者与东道国间的投资争端得到公正、有效地解决。

(二)二十国集团全球投资政策指导原则

2016 年 9 月在杭州举行的第 11 次二十国集团峰会,核准了《二十国集团全球投资指导原则》。该指导原则是占全球对外直接投资 2/3 的发达国家、发展中国家和经济转型国家间首次就投资事项达成的多边共识,是全球首个多边投资规则框架,填补了国际投资领域的空白,对于营造开放、透明和有利的全球投资政策环境具有重要意义。其全文如下:

为了建设开放、透明和有益的全球投资政策环境,促进国际国内投资政策协调,促进包容的经济增长和可持续发展,二十国集团成员提议以下非约束性原则,为投资政策制定提供总体指导。(1)认识到全球投资作为经济增长引擎的关键作用,政府应避免与跨境投资有关的保护主义。(2)投资政策应设置开放、非歧视、透明和可预见的投资条件。(3)投资政策应为投资者和投资提供有形、无形的法律确定性和强有力的保护,包括可使用有效的预防机制、争端解决机制和实施程序。争端解决程序应公平、开放、透明,有适当的保障措施防止滥用权力。(4)投资相关规定的制定应保证透明及所有利益相关方有机会参与,并将其纳入以法律为基础的机制性框架。(5)投资及对投资产生影响的政策应在国际、国内层面保持协调,以促进投资为宗旨,与可持续发展和包容性增长的目标相一致。(6)政府重申有权为合法公共政策目的而管制投资。(7)投资促进政策应使经济效益最大化,具备效用和效率,以吸引、维持投资为目标,同时与促进透明的便利化举措相配合,有助于投资者开创、经营并扩大业务。(8)投资政策应促进和便利投资者成为遵循负责任企业行为和公司治理方面的国际最佳范例。(9)国际社会应继续合作,开展对话,以维护开放、有益的投资政策环境,解决共同面临的投资政策挑战。

上述各项原则相互联系,应视为整体。上述原则基于各国国际承诺,考虑到其国内和更广泛的可持续发展目标和重点,可为制定国际国内投资政策提供参考。

联合国贸易和发展会议认为,二十国集团全球投资指导原则具有以下特点:(1)新时代的投资政策。它强调了可持续发展和包容性增长的目标、政府为公共政策目的管理投资的权利,以及负责任的企业行为等关键政策要素。(2)有关全球大局的声明。它是二十国集团以集体的名义对投资政策和条约制定中的投资准入、保护和待遇、促进与便利、争端解决这四大关键部分所作出的声明。(3)改善政策的协调。它有助于加强国内与国际投资政策的协调、保持投资政策与其他政策领域的一致性。(4)微妙的平衡。它试图在企业与国家的权利与义务之间、自由化与监管之间,以及东道国与母国的战略利益之间实现微妙的平衡。(5)非约束性文件。该指导原则不具有约束力,它可以作为审查和制定国内投资政策和战略的指导文件,也可以作为起草和商谈国际投资条约的重要参考。[35]

(三)多边投资协定的可行性

改革现行国际投资协定的最有效方式是多边安排,即在许多国家间达成共识和确立新规则,这可以"一气呵成"的方式使改革到位,避免单个国家零碎改革行动而产生的碎片化问题。但是,这也是最有挑战性的一种改革方法,因为这在许多国家间是很难达成共识的。这种方法也可能导致实力弱小的国家或后来加入的国家成为"规则接受者"。此外,在现阶段,这种多边安排很可能是一个无拘束力的文件,或者是适用于狭窄实体范围的文件,因而整体影响也有限。

有关国际投资的多边实体性安排,不可能一蹴而就,需要经过一个渐进的发展过程。这可以考虑从某个或某些重要问题入手。从目前来看,国际社会广泛关注的关于建立国际投资法院或投资仲裁上诉机制问题,有可能会形成多边文件。如果国际社会能就此事项达成共识,就可以改变以前投资条约中规定的争端解决机制。在此方面,联合国国际贸易法委员会制定的《联合国投资人与国家间基于条约仲裁透明度公约》具有借鉴意义。对于批准加入的那些国家来说,该公约有效地修改了其旧的双边投资条约规则,成为一种集体的改革行动。该公约规定的"选择进入"机制可对先前存在的双边投资条约的某些方面进行修改。此外,税收领域的《实施税收条约相关措施以防范税基侵蚀和利润转移的多边公约》也具有重要参考意义。该公约促使国家实施税收条约相关措施以防范税基侵蚀和利润转移,潜在地修改了迄今为止缔结的3000多个双边税收协定。未来的多边投资安排也可以采取这种条约的结构风格,允许单边声明、有选择的保留,或修改先前存在的条约。

《二十国集团全球投资指导原则》这种形式的国际文件也具有很重要的意义。虽然其不具有约束力,但它不仅可以指导国际投资条约的起草和谈判,而且可以对现行条约的解释提供指导。该指导原则可以为以后更为具体的多边安排打下基础,在此指导原则的基础上可逐步形成某些更为具体的实体规则,并且允许其他国家选择加入,扩大其适用范围,逐步达成更为广泛的共识。

---

[35] UNCTAD, *World Investment Report* 2017, p. 118 – 119.

第九章　征收、国有化及补偿的理论与实践

国家出于公共利益的需要可以对其境内私人投资或财产实行征收或国有化，这一权利已为国际社会所承认。20 世纪 50 ~ 70 年代，不少新独立的国家为了彻底摆脱殖民统治，摆脱外国跨国公司的剥削、控制和干涉，纷纷采取了征收或国有化措施。自 20 世纪 80 年代以后，由于国际上新自由主义思潮占据主导地位，各国在经济上普遍放松了管制，投资也在逐步向自由化方向发展，在此背景下，对外资实行大规模的国有化和直接征收已经较少发生。不过，外国投资者对东道国的有关管理措施（regulatory measures）经常提出挑战，认为这些措施构成了间接征收。因此间接征收以及补偿成为近年来引人注目的问题。由于征收与补偿问题一直是国际投资法律保护中的核心问题，因此本章对其专门进行讨论和分析。

第一节　国家实行征收与国有化的权利

一、征收与国有化的合法性问题

征收与国有化，是国家对原属私人或外国政府所有的财产，采取的收归国有的强制性措施。国际法学会（Institut de Droit International）在 1952 年的会议上曾采取如下定义："国有化是通过立法行为和为了公共利益，将某种财产或私有权利转移给国家，目的在于由国家利用或控制它们，或由国家将它们用于新的目的。"〔1〕大多数学者并没有给国有化定义，因为他们认为国有化与征收是一致的，并不独立构成一类。沃特雷曾说，国有化是在其范围和程度上，而不是在法律性质上，与其他类型的征收不同。〔2〕这一论点还是可取的。尽管征收和国有化有区别，例如，征收是国家将所征收的财产作为他用，而国有化的目的是使其财产继续原来的用途；〔3〕征收仅影响个别人的权利和财产，而国有化则是大

---

〔1〕 Martin Domke, *Foreign Nationalization: Some Aspects of Contemporary International Law*, 55 American Journal of International Law, No. 3 (1961).

〔2〕 B. A. Wortley, *Expropriation in Public International Law*, 36 (1959).

〔3〕 S. Toriquian, *Legal Aspects of Oil Concession in the Middle East*, 171 (1972).

规模的,并反映国家社会经济结构的变化;[4]但是,它们都是由国家采取的强制措施,都是将私人财产收归国有。因此,其法律性质是相同的。

国家实行国有化的权利与保护私人财产权的理论和实践是密切相关的。在西方,早在古希腊和古罗马时期,私人财产权就是一个重要的制度,并受到法律的保护。依罗马法的规定,私有财产所有权具有排他的、绝对的和永续的性质。但是罗马法对所有权的行使也给予了必要的限制。[5] 如为了公共利益,国家可以通过特别立法取得私人财产,但财产所有人会就其损失得到充分赔偿。在学说上,法学家以自然法学说为私人财产所有权辩护。

古罗马时期关于私有财产权的法律制度和学说对近现代西方各国的法律理论与实践均有重大影响。到了资本主义社会时期,资产阶级思想家从各种不同角度来论证私人财产权神圣不可侵犯。其中最有影响力的是英国自然法学派的杰出代表洛克(Lock)。他声称资产阶级的私有财产是个人劳动的产物,任何东西只要掺进了个人的劳动,也就成为他所有的财产,并排斥了其他人的共同权利,夺走这种东西就会对他的财产权造成损害。但他又认为,人们在自然状态中享有的权利是不安全、不稳定的,因为缺少法律和公共权利。这就促使人们互相协议,自愿放弃某些权力,并把这一部分权力交给社会,其目的是保护其生命和财产以及为自己谋福利。社会或立法机关可以为"公众福利"而行使权力,但不能超出"公共福利"的需求。洛克的天赋人权思想在资产阶级革命时代有很大的影响,并反映在1789年法国的《人权宣言》中。该宣言第17条宣布,"财产权是不可侵犯的、神圣的权利,因此,除非由于合法证明的公共需要明显要求的时候,并且在公正的、预付赔偿的条件下,任何人的财产权都不受剥夺"。美国宪法修正案第5条也规定,非经正常法律程序不得剥夺任何人的生命、自由或财产;凡私有财产,非有公平赔偿,不得收为公用。

随着资本主义走向垄断阶段,进而发展到国家垄断资本主义,资本主义国家的经济职能不断加强,并对经济生活开始进行广泛的干预,包括对私营企业实行国有化等。在这种情况下,私有财产神圣不可侵犯的原则已不符合需要。一些资产阶级法学家也从所谓的社会利益等观点出发,论证个人必须服从社会规范,要保护社会利益。资产阶级国家在立法实践中也对"无限制私有制"加以限制,例如,英国对其所需的土地和其他动产或不动产实行强迫转让制度。德国魏玛共和国初期就制定了一系列"社会化"法律,确认私人和企业可以通过国家征收、国家参与等方式实行社会共有。[6]"世界范围的比较研究表明,一方面,每个国家承认个人拥有财产的权利;另一方面,每个国家又承认个人的权利可以受到社会利益的限制。"[7]

现在,一国对其领域内的私人财产和外国财产实行国有化的权利,在国际社会得到了

[4] F. O. Vicuna, *Some International Law Problems Posed by the Nationalization of the Copper Industry by Chile*, American Journal of International Law, 720 (1973).

[5] 周枏等:《罗马法》,群众出版社1983年版,第153~171页。

[6] 陈盛清主编:《外国法制史》,北京大学出版社1982年版,第334~335页。

[7] Seidl-Hohenveldern, *The Social Function of Property and Property Protection in Present-day International Law*, in Kalshoven Frits ed., Essays on the Development of the International Legal Order, 79 (1980).

普遍的承认。例如,美国政府在1948年9月7日给罗马尼亚政府的照会中,承认一国对外国财产实行国有化的权利。英国政府于1951年6月29日向伊朗政府递交的照会宣称,“陛下的政府代表自己和该公司承认伊朗石油工业国有化的原则”。1956年8月2~24日在伦敦举行的苏伊士运河会议上,法国、英国和美国政府发布的联合声明也并不对埃及对隶属其政权的资产实行国有化的权利表示怀疑。智利国有化时,智利和美国政府都承认国家对外国人财产国有化的权利。联合国大会1962年通过的《关于天然资源之永久主权宣言》以及1974年通过的《各国经济权利义务宪章》等都对国家的国有化权予以充分肯定。[8]

问题是,国家实行国有化的权利是否应附加条件限制,西方国家在承认国家有实行国有化权利的同时,又对这一权利提出种种条件或限制。违反了这些条件或限制,国有化行为就是非法的。国有化行为通常需具备的条件或限制有如下几点:

第一,公共目的和法律程序。西方国家及学者认为,动机和目的是征收的必要组成因素,征收须是为了公共目的或公共利益,这是征收权力的法律根据,否则就会涉及国家责任。海牙常设仲裁法院1922年在挪威求偿案(Norwegian claim)中解释征收权时明确地限定,行使这一权力须为“公共目的”或“普遍福利”。在史密斯案(Walter Fletcher Smith)中,仲裁人也强调了这一点。[9] 许多条约中也把“公共目的”或“公共利益”作为征收合法性的要求。例如,1954年10月美国和德国的条约中的规定;1962年联合国大会通过的《关于天然资源之永久主权宣言》也规定要以“公用事业、安全或国家利益等理由为根据”。许多国家的宪法中也有类似的规定。

此外,国有化和征收必须遵守正当的法律程序,否则该行为就是“专横的”,也要涉及国家责任。有人认为,征收在程序上可能产生拒绝司法的情况,例如,在本国国民和外国人间无理的歧视并损害后者的程序,以及严重的程序上的缺陷等。[10]

第二,尊重国际条约和国家契约。西方国家认为,国有化应受国际条约和国家承担的契约义务的限制,协定必须遵守是国际法的一个原则,违反条约的征收是非法的。国际常设法院在乔佐工厂案(Chorzow Factory)中就持这种观点。西方国家还认为,协定必须遵守还应适用于国家和外国人间的契约,因为,“由国家自由承担的契约义务,其约束力与条约义务是一样的”。[11]在洛森格案(Losinger & Co.)中,1929年的一个契约规定,由一家瑞士公司在南斯拉夫建造一条铁路,南斯拉夫后来制定了一个与该契约规定相反的立法,瑞士宣称:“协定必须遵守原则,不仅适用于由国家间直接缔结的协定,而且也适用于国家

---

〔8〕 联合国大会的有关文件,参见王铁崖、田如萱编:《国际法资料选编》,法律出版社1982年版,第20~22、797页;莫里斯·弗洛里:《外国私人投资》,载《外国法学译刊》1982年第4期。关于苏伊士运河的声明,转引自Z. A. Kronful, *The Protection of Foreign Investment*, 22-23 (1972)。

〔9〕 *The Hague Court Reports* (1932), p.66; United Nations, *Reports of International Arbitral Awards*, Vol.Ⅱ, p.917-918; See also F. A. Garcia-Amador, *Recent Codification of the Law of State Responsibility for Injuries to Aliens*, 50, Dobby Ferry (1974).

〔10〕 F. A. Garcia-Amador, *Recent Codification of the Law of State Responsibility for Injuries to Aliens*, 50, Dobby Ferry (1974), p.51.

〔11〕 Report of the Committee on Nationalization of Property, *Proceedings and Committee Reports of the American Branch of the American Law Association*, 1957-1958.

和外国人间订立的协议。"[12] 他们还援引捷克斯洛伐克诉美国无线电公司案、舒费尔多案、鲁道夫案等案例来为这一观点辩解。1958 年国际律师协会的一项决议也说："国际法承认，协定必须遵守原则适用于国家间及国家和他国国民间的任何特别协议。因此，国家违反特定的国家契约征收私人财产，就是违反国际法。"[13]

第三，支付公正补偿。西方国家及学者还把是否支付"公正"补偿作为判定国有化是否合法的一个标准。例如，国际法协会美国分会在回答国际委员会的问题时说："没有违反由条约或契约产生的权利因而并非不法的征收，除非伴随及时、充分、有效的补偿，否则仍是非法的。"[14] 1938 年当墨西哥政府对美资石油公司实行国有化时，美国 1940 年给墨西哥的照会中宣称，国家征收的权利"必须与支付充分、有效和及时的补偿相结合，并以此为条件，征收的合法性事实上由遵守这一条件决定"。[15] 英国在此案及英伊石油公司案中也持相同的立场。

第四，无歧视。西方国家及学者还认为，国有化必须无不正当歧视。他们主张，为了防止歧视性的国有化，至少必须提供与国民同等的待遇。[16] 而且，根据国际标准，外国人与征收国的国民享受同等待遇是不够的，因为有的国有化是专门针对某国的。例如，美国抗议说，古巴 1960 年 7 月 6 日的 851 号法令就是专门针对美国的，该法明显地违反了国际法原则。美国法院在萨巴蒂洛案中，把古巴国有化行为看作违反了国际法标准。[17]

上述种种限制，有的是合理的，有的并非合理。例如，国有化的公共目的和法律程序问题，国际上普遍承认国有化是为了公共利益，实行国有化时也应根据有关法律、法令进行。如果不是为公共利益，就不能称为国有化，也就谈不上它是否为合法的条件问题。因此为了公共目的根据一定的法律实行国有化，是国有化本身应有的含义。但需注意的是，国际法并没有自己的"公共目的"的定义，而是把这一问题留给有关国家去判断，国家对于什么是公共目的或公共利益具有自由裁量权，并总是可以依赖国民经济和社会福利的需要来作为国有化的理由。

把支付公正补偿和尊重契约义务作为限制国有化的条件则不尽合理。补偿是一种事后补救，它不是国有化本身合法与否的构成要件，一个非法的行为不能因事后补偿就成为合法，同样，一个合法的行为也不能因未给补偿成为非法。[18] 而把尊重契约义务作为合法的条件也缺乏国际法依据。西方也有学者和案例认为，对这个问题不存在确定性的国际判决。在由违约发生争议的实例中，如英伊石油公司案和苏伊士运河案，国际实践都没有形成一致的模式。美墨总求偿委员会在伊利诺伊中央铁路公司求偿案中也认为，不能

---

〔12〕 P. C. I. J. , Ser. C, No. 78, 32 (1936).

〔13〕 Z. A. Kronful, *The Protection of Foreign Investment*, 90 (1972).

〔14〕 Report of the Committee on Nationalization of Property, *Proceedings and Committee Reports of the American Branch of the American Law Association*, 1957 - 1958.

〔15〕 G. H. Hackworth, *Digest of International Law*, 662, Vol. 5 (1942).

〔16〕 J. H. W. Verzijl, *International Law in Historical Perspective*, 473 (1972); M. Domke, *Foreign Nationalization: Some Aspects of Contemporary International Law*, 55 American Journal of International Law, No. 3 (1961).

〔17〕 Banco Nacional de Cuba v. Sabbatino, U. S. District Court, S. D. New York, 60 Civ. 3929, March 31, 1961.

〔18〕 姚梅镇：《国际投资的法律保护》，载中国国际法学会编辑：《中国国际法年刊》(1982 年卷)，中国对外翻译出版公司 1982 年版。

确定是否存在一个关于违反契约的责任的国际法规则。杰塞普说:"单纯违反契约……仅构成违反当地法,而不是违反国际法。"[19]

国家实行国有化的权利是不受国家与外国人间的契约约束的。这是由这种契约的法律性质以及国家实行国有化的主权权利决定的。一国政府与外国私人签订的契约不是国家间的协定,是属于国内法上的契约,有人认为它既有私法的属性,又有公法的属性。[20] 由于它有公法的特点,因而当公共利益需要时,政府有权单方面变更其所承担的契约义务。一般说来,对契约的尊重不能优于国家利益,这实际上是国内法的一个强行法规则。美国最高法院在1914年大西洋海岸航运公司诉哥兹波罗案中的判决说,任何契约条款和正当程序都不能否定国家基于健康、安全、公共秩序、社会公共福利的理由制定法律的权利……所有契约都必须服从于该权利的正当行使。[21] 又如,英国法院在安菲特莱特诉国王案中说,契约不能妨碍国王在有关国家公益事项上的行动自由。[22] 学者德尔森(R. Delson)也说,国家为公用征收财产的权利十分重要,它不能根据契约放弃。[23]

国家出于公益而实行国有化,是行使国家主权所固有的权限。联合国1974年的《各国经济权利和义务宪章》规定,每个国家对其全部财富、自然资源和经济活动享有充分的永久主权,包括拥有权、使用权,如处置权在内,并得自由行使此项主权。既然一国实行国有化是其主权权利的行使,当然也不受契约的限制,也当然有变更和解除与外国人所订契约的权利,其合法性是毋庸置疑的。弗里德曼说,除在条约或实体国际法的其他规则有相反规定外,国家有以它认为最好的方式和方法征收的权力。[24]

至于无歧视是否可作为国有化的限制条件,也不能一概而论。因为大多数发展中国家以前都处于殖民统治之下,随着非殖民化运动的发展,它们在政治上取得了独立,但在经济上仍处于外国跨国公司的控制之下。为了摆脱对外国公司的依赖,许多国家采取了国有化措施,这时,西方学者们所说的"歧视"则是不可避免的了。但是,对前殖民主义者采取的这种反措施,是完全符合国家对自然资源之永久主权原则和民族自决原则的。这种国有化措施也不是"歧视"措施,而是平等原则的体现,因为平等概念意味着对不平等予以不同的对待,前殖民地人民对前殖民统治者的态度当然与对其他外国人的态度不同。因此,国有化措施只要没有违反国际法上的反对种族歧视原则,就没有违反国际法,不能构成国有化的限制条件。[25]

当然,一国在实行国有化时,必须遵守条约义务和国际法。因为一国的主权须受国际

---

〔19〕 P. Jessup, *A Modern Law of Nations* (1948), p. 109. 转引自 S. Toriquian, *Legal Aspects of Oil Concession in the Middle East*, 196 (1972)。

〔20〕 A. A. Fatouros, *Government Guarantees to Foreign Investor*, Columbia University Press, 205 (1962).

〔21〕 Atlantic Coast Line RR v. Goldsbora, United States Supreme Court Report 232 (1914), p. 558. 转引自 Z. A. Kronful, *The Protection of Foreign Investment*, 82 (1972)。

〔22〕 M. Sornarajah, *The Myth of International Contract Law*, 15 J. World Trade L. 187 (1981).

〔23〕 转引自 F. A. Garcia - Amador, *Recent Codification of the Law of State Responsibility for Injuries to Aliens*, 49, Dobby Ferry (1974)。

〔24〕 S. Friedmann, *Expropriation in International Law* (1953), p. 134; S. Toriquian, *Legal Aspects of Oil Concession in the Middle East*, 181 (1972).

〔25〕 M. Sornarajah, *The Pursuit of Nationalized Property*, Martinus Nijhoff Publishers, 183 - 187 (1986).

法的制约，当出现违反条约、实行种族歧视等违反国际法的行为时，国家须对此行为承担责任。但这也不是绝对的。就条约来说，必须遵守协定虽是一个国际法原则，但国际法上也存在单方面废约的合法根据，如废除不平等条约及情势变迁原则等。

自20世纪90年代以后，国际上关于征收或国有化的重要变化是，急剧增加的许多双边投资条约或区域性协定都对征收或国有化的条件作出了规定。前面第七章对此变化已经作了介绍。投资条约中规定的条件一般是4个：（1）公共利益或公共目的；（2）非歧视；（3）正当法律程序；（4）及时、充分、有效补偿。国家实行的征收或国有化如果不符合上述条件，就可能构成违反条约义务。影响投资条约这种变化的因素有多种，主要还是世界投资气候发生了变化。20世纪90年代以后发展中国家意识到外国直接投资对其经济发展具有积极作用，因而在放松外资管制的同时，也注重加强外资保护，包括投资条约保护，以形成有利于吸引外资的投资环境。另外，鉴于国际上对征收国有化合法性问题长期存在争议，发达国家希望借助于投资条约将其主张固定下来，若征收或国有化不符合条约中规定的条件，则可以依据条约来追究征收国的责任。

不过，对于违反投资条约中规定的上述条件是否构成不合法的征收问题，在国际投资条约仲裁实践上和学术上存有分歧。有的仲裁庭认为，违反条约规定的条件的征收或国有化是非法的，并据此裁定赔偿额，如ADC诉匈牙利案、尤科斯诉俄罗斯案、Quiborax诉玻利维亚案。[26] 有的仲裁庭认为，仅仅缺乏补偿这一要件的征收并非不合法，如ICSID的Goets诉布隆迪案、Tidewator诉委内瑞拉案。[27] 学者中意见也有不同。有的学者认为，根据习惯国际法国际责任条款的规定，应将违反条约规定的义务与违反义务应承担的责任后果区别开来，并主张违反条约规定的条件的征收是不合法的。[28] 另有学者主张，非法征收仅限于种族歧视或缺乏公共目的的征收，缺乏补偿这一要件的征收并非不合法。[29] 还有学者认为，将征收或国有化区分为合法或非法的二分法已经不合时宜，应考虑当代外国投资进程中征用补偿规则的目的，采用新的方法。[30] 这一问题还有待于讨论和争鸣，并应继续关注实践的发展。

二、间接征收

自20世纪90年代以后，在国际上大规模的国有化和直接征收已经十分少见了，间接

---

〔26〕 DC v. Hungary, ICSID Case No. ARB/03/16, paras. 426－444, 481, 483－499 (Oct. 2, 2006); Yukos Universal Ltd. v. Russian Fedn, UNCITRAL, PCA Case No. AA 227 (July 18, 2014); Quiborax v. Bolivia, ICSID Case No. ARB/06/2, Award and Partially Dissenting Opinion of Brigitte Stern (Sept. 16, 2015).

〔27〕 Antoine Goetz and others v. Republic of Burundi, ICSID Case No ARB/95/3, Award (Feb. 10, 1999) paras 130－131; Tidewater Investment SRL and Tidewater Caribe, CA v. Bolivarian Republic of Venezuela, ICSID Case No ARB/10/5, Award (Mar. 13, 2015) para 141.

〔28〕 Rudolf Dolzer & Christoph Schreuer, *Principles of International Investment Law*, p. 99－100 (2d ed. 2012); David Khachvani, *Compensation for Unlawful Expropriation: Targeting the Illegality*, 32 ICSID Review 385 (2017).

〔29〕 M. Sornarajah, *The International Law on Foreign Investment*, fifth edition, Cambridge University Press, 2021, p. 464.

〔30〕 Steven R. Ratner, *Compensation for Expropriations in a World of Investment Treaties: Beyond the Lawful/Unlawful Distinction*, 111 AM. J. INT1 L. 7 (2017).

征收与国家的管理性措施间的关系则成为国际关注的热点问题之一。

(一)间接征收的概念

征收有直接征收和间接征收之分,直接征收是直接剥夺财产所有权,间接征收则是对“使用、占有和处置财产的权利的不合理的干涉”,从而使所有权人在干涉开始后的合理时期内不能使用、占有和处置该财产。[31] 这种以间接的方式影响私人财产权的国家措施称为“间接征收”或“逐步征收”“变相征收”。

这里涉及的一个问题是,国家的“不合理的干涉”除使所有权人在一定期间内不能使用、占有和处置其财产外,是否还包括使投资者对其财产的使用、占有和处置不能行使有效控制的权利。有的学者认为,根据美国的实践,“不合理的干涉”应包括对所有权控制的不合理干涉和对外国企业管理控制的不合理干涉。[32] 美国海外私人投资公司在其《标准保险契约》中对“征收行为”的定义就包括:阻碍投资人……有效地行使由于投资而取得的对于海外美资企业的基本权利……阻碍海外美资企业对其重要财产的使用或处置实行切实有效的控制;阻碍建设或经营该投资项目等。英国的保险政策也有类似的规定。

至于哪些措施构成对外国人财产权的“不合理干涉”,在国际上也没有一致的看法。美国哈佛大学的索恩和巴克斯特认为,这些干涉措施包括:对外国人使用或控制其财产加以限制;以保留公共秩序为理由阻止外国投资者兴办某些工厂;工资法规和劳工法院把外国企业的雇员工资提高到无法接受的水准;对迫切需要的外国技术人员拒绝给予入境签证;减少或完全停止外资企业所需的外汇配给;对外资企业派驻监督人员、管理人员或检查人员以便阻碍外国投资者的经营自由;以及通过大幅度削减财产价格的方法禁止财产销售等。[33] 此外,有人认为干涉措施还包括不合理的税收、歧视性立法和行政法令、不合理的价格限制、征收与该财产密切相关的其他财产从而使该财产变得没有用途、不合理的合同重新谈判、歧视性的合同终止以及其他措施等。[34]

在实践中,对于哪些措施构成间接征收也不确定。

在国际判例上,20 世纪 90 年代以前只有少数几个判例涉及间接征收问题。1922 年的挪威船主案是关于间接征收的第一个案例,其主要案情是,在参加“一战”前,美国建立了一个公司,征收了各种船舶以及船舶的材料、机器和设备。这些措施也适用于一家美国私人公司基于契约征收为挪威船主们建造的船只。美国争辩说,在此情况下不能认为征收侵犯了契约权利。美国与挪威间设立的仲裁庭作出了有利于挪威船主的裁决,认为船主们事实上已被征收。[35]

国际常设法院 1926 年判决的乔佐工厂案[36]也含有关于间接征收范围的考虑。德国与波兰于 1922 年缔结了一项协定,旨在保护位于上西里西亚的德国少数民族,波兰也承

〔31〕 Sohn & Baxter, *Responsibilities of States for Injuries to the Economic Interest of Aliens*, 55 AJIL 553 (1961).

〔32〕 C. D. Wallace, *Legal Control of the Multinational Enterprise*, p. 260 – 263 (1982).

〔33〕 Sohn & Baxter, *Responsibilities of States for Injuries to the Economic Interest of Aliens*, 55 AJIL 559 (1961).

〔34〕 C. D. Wallace, *Legal Control of the Multinational Enterprise*, p. 276 – 279 (1982).

〔35〕 Norwegian Shipowners Claims (Nor. v. U. S) I R. Int'l Arb. Awards 307 (1922).

〔36〕 Chorzow Factary (Ger. v. Pol.) 1927 P. C. I. J. Ser. A, No. 7.

担了不征收德国国民某些财产的义务。该案不仅涉及一块建有工厂的土地的所有权人的求偿问题，而且还涉及一个根据契约有权管理、使用该工厂并从中受益的公司的求偿问题。该公司在这一关系中能够利用其持有的许可证和专利。法院认为，波兰已征收了该工厂，因而也面临该公司的求偿的判决问题。法院作出了有利于该公司的判决，认为该公司有开发该工厂的权利，以及根据合同确定的为管理该开发活动，使用其专利、特许、实验等取得报酬的权利，但这些权利由于波兰征收了工厂而直接地受到损害。

在国际法院判决的案例中，只有巴塞罗那公司案[37]涉及间接征收问题。在该案中，比利时争辩说，西班牙通过将巴塞罗那公司非法地置于接收人手中并采取了他措施，事实上已征收了该公司中比利时股东的权利。然而，国际法院否认比利时有权提起该案诉讼，实质性的问题也留而未决。

伊朗和美国间求偿法庭 1983 年 12 月判决的斯塔里特案（Starrett）[38]也涉及间接征收问题。斯塔里特及其子公司于 1974 年同意参与一个项目，在德黑兰的西北部建设一个住宅区。根据合同规定，斯塔里特的责任是：购买部分土地，建造约 6000 套公寓房间并将这些公寓房间卖给伊朗购买者。截至 1978 年，该工程已完成了一半多。后来，由于伊朗发生了革命，妨碍了工程的最后竣工，大部分美国职员被迫离开伊朗，罢工和停工又阻碍了原告的努力。伊朗银行体系的崩溃、账户的冻结，导致其他许多问题。1980 年 1 月，伊朗当局通过了一个法案，要求伊朗政府机关制定一项计划，使未完工的住房工程在伊朗当局的监管下完成。1980 年 10 月，住房部在原告的一个主要的子公司任命了一个临时经理，负责该工程以后的管理工作。这一措施是根据 1979 年的一个法案采取的，该法案规定，临时经理是原经理的合法替代者，他具有管理该公司日常业务所必需的职权，同时他也不需要取得原经理或所有人的特别许可。伊朗认为这不是事实上的征收，原告出现的财务和技术问题是其放弃该工程的真实原因。但是，法庭认为已发生了征收，根据国际法，一国采取的措施可能干涉财产权，即使该国并没有意图征收它们，该财产的法律权利形式上仍保留在原所有人的手中，但是国家的措施可能会使这些权利没有用处，以致必须认为它们已被征收。至于发生征收的确切时间，法庭以任命临时经理的正式行为为依据，认为只是在正式任命临时经理后才发生剥夺对财产权的有效使用、控制和受益的事实上的征收行为。

（二）间接征收与国家的规制措施的区别

近年来，外国私人投资者经常以东道国的管理措施影响到其财产权为理由向东道国索赔。如果把某些影响私人财产权的国家管理措施（或规制措施）归类于间接征收，那么采取这些措施的国家就必须对受影响的外国人给予补偿。显然，这一问题直接关系投资者保护和国家管理权力的范围，成为国际投资领域最为引人注目的新问题之一。

关于间接征收的案例自 20 世纪 90 年代后主要出现在涉及双边投资协定、《北美自由贸易协定》以及其他区域性投资协定的投资争端中。一些私人投资者动辄以东道国的管

---

〔37〕 Barcelona Traction Light and Power Company, Limited (Belg. v. Spain), 1970 I. C. J. 3.

〔38〕 Starrett Housing v. Islamic Republic of Iran, 23 ILM 1090(1984).

理措施构成间接征收为由提起国际仲裁索赔。[39] 这些索赔要求有的被仲裁庭驳回,有的则得到支持。而且,20 世纪 90 年代以后的国际仲裁案有一种倾向,即对投资条约作有利于投资者保护的解释,而不像以前那样也要考虑国家主权。有的仲裁庭甚至将政府措施对外国投资者财产的影响效果作为判断间接征收唯一的因素,完全不考虑政府措施的意图和目的。例如,在 NAFTA 的麦塔克勒德公司诉墨西哥案(Metalclad Corp. v. United Mexican States)中,仲裁庭认为,征收包括隐蔽的或附带的干涉财产的使用,这种干涉具有使所有者丧失对全部或大部分财产的使用或丧失财产的合理预期利益的效果。仲裁庭认为,本案中墨西哥市政府拒绝给予原告公司建设许可的行为超出了市政当局的职权,有效地和非法地阻碍了请求人的垃圾掩埋业务,相当于间接征收,并裁决其给予原告 1700 万美元的损害赔偿。此案对征收所作的宽泛定义,而且仅以对投资者财产的影响效果作为间接征收的标准,引起了人们的警觉和关注。在另一个 ICSID 的案例中,仲裁庭认为东道国为保护环境采取的措施并不改变征收的法律性质,对此征收必须予以充分补偿。[40]

显然,对间接征收作不合理的扩大解释,会扩大对外国投资者的保护,同时也会限制国家管制其境内经济活动的权力。因此,正确的态度应该是在东道国的利益和外国投资者的保护间加以平衡。原则上,凡属于国家管制其经济活动所必需的干涉行为一般不应被看作间接征收行为,也是不应予以补偿的。

1. 学者意见

有些学者也认为,根据国际法规定,并不是所有干涉财产权的政府措施都属于征收。例如,布朗利认为,某些合法行使政府权力的措施可能相当大地影响外国利益,但并非等同于征收。因此外国财产及其使用可以受制于税收、有关许可证和配额的贸易限制或贬值措施。这些措施不是不合法的,不构成征收。[41] 索拉纳雅认为,有关反托拉斯、消费者保护、证券管理、环境保护、土地规划等非歧视性措施,是不予补偿的征收,因为它们被看作有效行使国家职能所必要的。国家因行使管理职能而对外国人的财产权进行的干涉,在国际法上是无权要求补偿或外交保护的。[42]

2. 历史实践

从历史上看,在 20 世纪 90 年代以前,不少国家(包括发达国家和发展中国家)采取了某些立法措施,并影响到外国私人财产权,这些立法措施都没有被看作应予补偿的间接征收。例如,德国 1976 年通过了一项法律,该法适用于有 2000 名雇员以上的公司。它规定成立一个公司决策机构——监事会,其股东代表和雇员代表数额相等,但监事会主席由股

---

〔39〕 Pope & Talbot, Inc. v. The Government of Canada (2000); S. D. Myers, Inc. v. Canada (2000); Metalclad Corp. v. United Mexican States (2000); Compania del Desarrollo de Santa Elena v. Costa Rica (2000); CME (Netherlands) v. Czech Republic (2001); Marvin Roy Feldman Karpa (CEMSA) v. United Mexican States (2002); etc.

〔40〕 Compania del Desarrollo de Santa Elena S. A. v. Republic of Costa Rica, ICSID Case No. ARB/96/1 (Feb. 17, 2000).

〔41〕 Ian Brownlie, *Public International Law*, 6th edition, Oxford University Press, 2003, p. 509.

〔42〕 M. Sornarajah, *The International Law on Foreign Investment*, fifth edition, Cambridge University Press, 2021, p. 475.

东代表担任并在投票成为僵局时有决定票权。该法无论对德国公司或外国公司均适用，因此，某些外国公司对该法的征收效果表示关注，有的认为该措施已构成间接征收。1979年德国宪法法院判决认为，该立法措施没有违反德国宪法对私人财产权的保证。德国对外国公司未支付补偿。

英国1975年颁布的《石油和海底管道法》(Petroleum and Submarine Pipe－lines Act)修改了依1966年给予的特许，从而允许政府当局行使更有力的管制，原始合同作了很大变更，有利于公共部门而对被许可人不利。英国争辩说，其关于对大陆架自然资源立法的主权权利不受以前与外国被许可人订立的契约的阻碍。1975年英国通过的立法的效力是，政府取得了控制生产比率的权力，改变了特许权使用费安排，政府撤销许可的权力加强了，契约安排以溯及既往方式改变为有利于英国政府一方。在石油领域中政府多数参与的目标是通过协商实现的。当外国公司就该立法对其契约权利的溯及既往的效力提出补偿问题时，英国政府指出，依宪法原则，与政府订立的所有合同，必须受政府以后采取的措施制约。结果，英国政府对此契约权的变更未支付补偿。

1980年的《加拿大国家能源规则》(Canadian National Energy Program)及其实施条例意图将石油和天然气工业置于某种程度的国家公共管制。1981年加拿大政府颁布的《石油和天然气法令》则以到1990年加拿大占50%所有权为目标。这一法规在很大程度上修改了以前颁布的关于特许的规则，1981年的法令适用于现存的和以后的特许。这样，某些特许的所有人不得不谈判订立新的开发协议或同意临时性的特许，新的开发权的持有人须至少有50%的加拿大的所有权。若没有相应的变动，该权利就被收归政府。该法同时规定对受影响的当事人不予补偿。[43]

某些发展中国家采取了"当地化"的措施，通过立法逐步增加当地人在外国企业中的股份，减少外资参与的股份，其中最为典型的是1970年安第斯条约国共同外资法规定的外资控制权逐步减少的措施，即外资须在一定年限内逐步减少到49%以下。由于这些"当地化"措施影响了外国投资者的权益，西方学者也将其称为间接征收或逐步征收。然而，采取这种措施的国家也均未对外国投资者予以补偿。

3. 国际仲裁案例

OECD在对近些年的仲裁案例进行研究后认为，近年来的国际仲裁案例对间接征收概念与非补偿的政府管理措施之间的界限也没有提出明确的划分界限。但有关案例的仲裁庭采用了某些判断标准对二者加以区别。这些标准包括：

第一，干涉财产权的程度。判断干涉程度通常要考虑以下因素：其一，严重的经济影响，即政府的措施是不实质性地损害了投资者的经济权利；其二，政府管理措施的持续期间，是临时的还是长期的；其三，既要考虑对投资者的影响，也要考虑政府措施的目的和前因后果。例如，在NAFTA的波普与塔波特公司诉加拿大政府案(Pope & Talbot, Inc. v. The Government of Canada)中，仲裁庭认为，征收无论是渐进式还是以其他方式，要求在实质上剥夺对财产权的享有，原告公司利润的减少并不构成这样的实质性剥夺。在梅耶公

［43］ R. Dolzer, *Indirect Expropriation of Alien Property*, ICSID Rev. 41 (1986).

司案(S. D. Myers,Inc. v. Canada)中,仲裁庭将剥夺所有权与较轻的管理(regulatory)干涉加以区别。虽然在某些情况下也可以把部分或临时性剥夺视为征收,但征收通常是持续的排除所有者利用其经济权利的能力。仲裁庭最终裁定,加拿大对梅耶公司业务的干涉是临时的,没有违反 NAFTA 第 1110 条关于征收的规定。

第二,政府措施的特性(character),如政府措施的目的和前因后果(context)。要考虑政府的措施是不是为了促进普遍承认的“社会目的”或“普遍福利”,如果存在公共健康、安全、道德和福利等普遍接受的考虑因素,则一般会得出结论——这不是征收。在判例上,有的仲裁庭认为,在确定是否征收时,要考虑政府为保护公共利益所采取的措施与给予投资者的法律保护间的相称性(proportionality),这就要考虑到政府措施要实现的目的。[44] 此外,国家如果是行使其治安权(police power),只要不是歧视性的,也不承担补偿责任。

第三,对合理的投资预期的妨碍。投资者必须证明其投资是以不包括所指控的管理制度的情势为基础的,其索赔要求在客观上是合理的,并非完全基于投资者的主观期待。[45] 尽管如此,某项政府管理措施是否构成间接征收仍然必须个案考察,具体情况具体对待。

4. 新一代条约

值得注意的是,美国在总结 NAFTA 实践经验的基础上,在其近年来签订的自由贸易协定和 2004 年及 2012 年的双边投资协定范本中,对构成间接征收的判断标准作出了规定,从而在一定程度上为区分可予补偿的征收与正当的政府管理提供了指南。

例如,依美国与智利的《自由贸易协定》附录 10 - D 规定,征收包括直接征收和间接征收两种,前者是正式转移或完全剥夺财产权,后者只是不正式转移权利或直接剥夺。确定政府的行为是否构成间接征收,要求基于事实逐案查究,并考虑以下因素:一是政府行为的经济影响,尽管缔约一方的行为或一系列行为对投资的经济价值具有不利影响,但仅此事实不能确立间接征收已经发生;二是政府行为干预明显的、合理的投资预期的程度;三是政府行为的特性等。

特别是该协定附录 10 - D 第 4 段明确规定,除罕见情况外,缔约一方旨在和用于保护合法的公共福利目的,如公共健康、安全和环境等,而采取的非歧视性管理行为不构成间接征收。[46] 加拿大 2004 年新的双边投资协定范本附录 B 也有类似的规定。

美国和加拿大新一代投资条约关于间接征收的上述规定,反映了国际实践的最新发展趋势。政府措施若是出于公共福利的需要,则不构成间接征收。政府的管理措施是否构成间接征收必须个案考量,要综合考虑多种因素,而不能仅从投资者利益保护的角度出发,把对投资者的影响作为唯一的考虑因素。

---

〔44〕 Tecnica Medioambientales Tecmed S. A. v. The United Mexican States, ICSID Award Case No. ARB(AF)/00/2.

〔45〕 OECD, “*Indirect Expropriation*” *and the* “*Right to Regulate*” *in International Investment Law*, OECD Working Paper on International Investment 2004/4.

〔46〕 David A. Gantz, *The Evolution of FTA Investment Provisions: From NAFTA to the United States – Chile Free Trade Agreement*, 19 Am. U. Int'l L. Rev. 679(2004).

总的来说,不能把以间接的方式影响私人财产权的国家措施都看作"间接征收"。根据国家实践,国家采取的让劳工参加企业管理、变更契约权以及对外国投资实行"当地化"的措施等,不能称为间接征收。在某种情况下,国家采取的限制或禁止某种财产权的使用和处置也不能都认为是征收。政府的某些管理行为,如外汇管理、增加税收、劳工保护、公共健康、环境保护、出口管制等均是国际法所允许的,更不能看作间接征收。主权国家为了公共利益在情势需要时,对外国人的财产权利加以必要的限制,对其域内的外国投资进行管理和监督,是国家主权的行使,也是世界各国所奉行的常规惯例。把国家这些管理性措施都看成对私人财产权的无理干涉,并要求予以补偿,在法理上没有根据,在实践中也行不通。《多边投资担保机构公约》明文规定,政府管理其境内的经济活动而通常采取的非歧视性的措施,不属于征收之列,这反映了现代国际法的观点。近年来的某些国际投资仲裁庭把间接征收的范围不合理地扩大,实际上是为了限制东道国的权利,片面强调保护外国私人投资者的利益,这种观点是不会为国际社会所认可的。

第二节 征收与国有化的补偿问题

一、历史上关于国有化补偿的争论

(一)理论依据

关于征收或国有化后应否给予补偿、给予何种补偿、补偿的根据是什么,在国际上曾存在严重的对立和尖锐的分歧,主要存在三种不同的观点:予以充分补偿、不予补偿和给予适当补偿,并各有其理论根据。

1. 全部赔偿

西方国家及某些学者长期以来一直主张,根据国际法规定,实行国有化或征收的国家有义务以"充分、及时、有效"的方式对财产被国有化或征收的外国人支付全部赔偿。[47]"充分"是指赔偿的数量须与被征收财产的全部价值相等,包括直到支付时的利息。"全部价值"指的是公平的市场价值,如果公平的市价不能确定,则指根据国际司法标准合理确定的公平价值。"及时"是指赔偿必须在征收前或征收后不久支付,如果确定了适当的利息,可以延迟支付。"有效"则指以接受者可以立即运用的方式支付,通常是支付可兑换的硬通货。[48] 这三个因素互为补充、不可分割,并以"充分"为中心,赔偿时必须全面考虑这三个因素。这一观点以私有财产不可侵犯为基础,以保护既得权和反对不当得利为法律根据。

---

〔47〕 充分、及时、有效,是美国前国务卿赫尔在1938年提出的,后人称之为"赫尔规则"。

〔48〕 美国《对外关系法》(第二次重述),第188款;A. A. Fatouros, *Government Guarantees to Foreign Investor*, Columbia University Press, 1962, p. 331 -332。

西方某些国家及学者把尊重既得权作为国际法的基本原则之一。[49] 据此原则,当某人根据一国的国内法取得某种地位或权利时,这种地位或权利必须作为一种国际义务得到尊重。在美国早期的一个著名案例——美国诉伯奇曼案(U. S. v. Perchman)中,首席法官马歇尔说:"……如果普遍地没收私人财产,废除私有权利的话,那么,整个文明世界承认和感知的正义和权利的意义就会受到损害。人们所效忠的国家改变了,他们与其原来的统治者的关系终结了,但是他们相互之间的关系,以及他们的财产权仍不受干扰。"[50] 后来,某些国际法庭的判决和学者著作也以此为根据分析国家与外国人财产间的关系。有的把既得权理论作为外国人财产不受征收立法影响的根据,认为损害外国人财产权的征收措施相当于对外国人的侵权行为。因此,该外国人有权要求恢复原状或给予全部损害赔偿。当颁布1917年《墨西哥宪法》,宣布土地和资源是国家的公共财产,剥夺了美国公民根据特许取得这些权利时,美国政府就要求严格地恢复原状,拒绝墨西哥对任何可以证明的损害提供补偿。[51] 这种观点实际上是否认国家的征收权,并企图把外国私人财产永久化。这无疑会在国际实践中遇到障碍,因为任何国家都不会放弃自己的征收权。后来,有人对此原则作另一种理解,即既得权意指对被征收的所有人予以赔偿的义务。奥康内尔认为,这个原则不是指既得权完全不能受到干涉,它只是保护权利所有者的利益不受完全的和任意的破坏。[52] 持这一观点的人认为,对外国人财产实行国有化或征收,如果没有伴随全部赔偿或给予等价的新权利,在国际上就不是合法的。

与既得权原则密切相连的是不当得利原则。有的学者认为,它是文明国家承认的一般法律原则之一。[53] 根据这一原则,损害别人的利益而不当得利的人,要向别人作出赔偿。这一原则有两个基本条件:其一,一方已经得利,另一方受到损失;其二,该得利是不正当的。持这一观点的人认为,东道国政府征收了外国人财产,即便它尚未从该财产未来可能产生的利润中受益,至少已从该财产本身的价值中得利,因此,国家有对被征收了财产的所有人予以赔偿的义务。[54]

西方大多数支持这一原则的学者们都企图维护或恢复及时、充分、有效赔偿的理论,主张对利息和未来利润也要赔偿。沃特利和麦克奈尔等人甚至认为,不当得利原则可以作为既得权原则的补充,它具有如下法律效力:既可以使实现国有化的国家向被征收了财产的所有人支付充分的损害赔偿,也可以就该国履行恢复原状(restitution in kind)义务。[55] 在列那金矿案里,仲裁庭在作出对剥夺了财产的外国所有人予以赔偿的决定时,

---

〔49〕 转引自[奥]阿·菲德罗斯:《国际法》(中文版),商务印书馆1981年版,第436页; Z. A. Kronful, *The Protection of Foreign Investment*, 18 – 20 (1972)。

〔50〕 F. Francioni, *Compensation for Nationalisation of Foreign Property*: *The Borderland between Law and Equity*, 24 International and Comparative Law Quarterly 259 (1975).

〔51〕 F. Francioni, *Compensation for Nationalisation of Foreign Property*: *The Borderland between Law and Equity*, 24 International and Comparative Law Quarterly 259 (1975).

〔52〕 O'Connell, *The Law of State Succession*, p. 263.

〔53〕 Lord McNair, *Opinion on the Seizure of Property and Enterprises in Indonesia*, 6 Netherlands I. L. R. 218 (1959).

〔54〕 B. Cheng, *The Rationale for Compensation for Expropriation*, 44 Grotius Transactions 267 (1948).

〔55〕 F. Francioni, *Compensation for Nationalisation of Foreign Property*: *The Borderland between Law and Equity*, 24 International and Comparative Law Quarterly 277 (1975).

就曾把不当得利原则看作与全部赔偿可互换的概念。

依据上述理论,西方国家主张,实行国有化或征收的国家有国际义务对外国财产所有人支付全部赔偿,而且,支付全部赔偿构成国际最低标准的重要内容之一,[56]不予赔偿就违反了国际最低标准。例如,1938 年,美国对墨西哥政府就石油工业的国有化没有支付及时和充分的赔偿指责说,墨西哥政府没有尊重国际最低标准。[57] 同时,根据西方传统的国际法,一国如果达不到国际最低标准,就要承担国际责任。[58]

但是,全部赔偿的主张是站不住脚的。从理论上看,尊重既得权原则和不当得利原则是适用于侵权行为或无法律根据的行为的,把它们作为补偿的根据,就等于把国有化这一合法行为看作侵权行为或不合法的行为,这显然是毫无道理的。如前所述,根据国际法规定,国有化是完全合法的行为,根本不是非法行为或无法律根据的行为,因此,当然不能适用既得权原则和不当得利原则,何况这两个原则并非国际法原则而只是传统的国内法原则。

2. 不予补偿

有些国家和学者认为,实行国有化的国家(以下简称国有化国)不存在对被征收了财产的外国人予以补偿的国际法律义务,因而不必予以补偿。其理由如下:

在实践中,历史上存在不予补偿的先例。1789 年法国资产阶级革命后,国民议会曾决定无偿地废除封建财产权,其中包括亚尔萨斯的许多德意志皇室亲王的小领地,后终未赔偿损失。1911 年意大利国会通过了一项建立人寿保险的国营制度法案,规定将所有经营人寿保险的公司转由国家经营,不予补偿,只是给原业主 10 年期限以清理业务。苏联在十月革命后采取了一系列的国有化措施,并完全拒绝补偿,后来有关国家在与苏联签订的双边条约中,明示或默示地放弃了他们对苏联给予补偿的要求。[59] 东欧国家在“二战”后实行国有化时也拒绝补偿。

在理论上,不予补偿通常有如下根据:

(1)国家主权原则。即是否给予补偿,是一国主权范围的事,是由国内法决定的。国际法上不存在将外国人财产收归国有时必须给予补偿的规则。苏联法学家维尔科夫(Vilkov)写道:“国际法不考虑财产权的性质,也不调整一国内的财产关系,根据国际法,国家是主权者。因此,只有国内法而不是国际法才能调整与所有权的取得、转让、丧失等有关的所有问题,包括在国有化下所有权的丧失,这不能成为另一个国家讨论的课题。决定据以征收私人财产的条件,特别是法律效力所及的范围,包括应否支付补偿等,是实行

---

〔56〕 H. Steiner & D. Vagts, *Transnational Legal Problems*, Foundation Press, 1976, p. 517; E. I. Nwogugu, *The Legal Problems of Foreign Investment in Developing Countries*, Manchester University Press, 1965, p. 124. [英]M. 阿库斯特:《现代国际法概论》(中文版),中国社会科学出版社 1981 年版,第 107 页。

〔57〕 *The Statement Made by Secretary of State Hull on August 25*, 1938, in Department of State Press Release, A. J. I. L., Supp. Vol. XXXII.

〔58〕 [英] 劳特派特修订:《奥本海国际法》(上卷第 1 分册)(中文版),石蒂、陈健译,商务印书馆 1971 年版,第 261 页。

〔59〕 姚壮、任继圣:《国际私法基础》,中国社会科学出版社 1981 年版,第 72 页。

国有化的国家的法律,而不是国际法。这一基本前提同样适用于外国人的财产。”[60]

一些发展中国家从自然资源的永久主权原则出发,主张收回以前被外国公司占有的自然资源等,认为这是维护自己的主权权利,不应予以补偿。例如,秘鲁在 La Breay Parinas 争端、玻利维亚在海湾石油征收中都主张重新维护自己的权利,不给予任何补偿。在这两个事件中,两国政府均要求外国公司将以前根据特许协议取得的土地归还给政府,但允许外国公司对其机械或其他资产的价值主张权利。[61]

(2)国民待遇原则。即主张外国人须与本国人享受同等待遇。1938 年墨西哥在国有化时就认为,外国人与本国国民都置于国家立法和当局的同样保护之下,外国人不能要求与本国国民不同的或比国民更广泛的权利。危地马拉在 1953 年国有化、智利在 1971 年铜矿国有化时,都持相同立场。[62] 也就是说,如果一国实行国有化时对其本国国民不予补偿,那么,根据国民待遇原则,对外国人也不给予补偿。该观点认为,外国投资者来东道国投资设厂,也就把自己的经济命运与该国国民的经济结合在一起了,他们既然在东道国可能得到比本国更高的利润和经济上的成功,那么相应地也必须对东道国可能遇到的社会、经济或政治性质的变化承担较大的风险。[63]

(3)若征收是惩罚性的,无须补偿。即如果外国公司的行为对当地经济有害,一国对其予以征收是一种制裁,当然也不应补偿。[64]

由上可见,不予补偿的主要根据是国家主权原则和国民待遇原则。应该说,既然国有化是一国主权权利的行使,那么,国家主权原则对补偿当然也是适用的。这些根据具有一定的说服力。但问题在于,对主权原则应如何理解,即一国行使主权是否不受任何限制?当一国自由承担国有化补偿的条约义务时,是不是应受条约约束?诚然,根据国际法规定,国际法不应干涉一国主权范围内的事,但是,国家在行使主权时,应该受该国自由承担的有效条约义务的限制。[65] 如果一国以条约的形式保证国有化后给予补偿,那它就应该善意履行其条约义务,受该条约的限制。这种限制与主权原则是并行不悖的,并不违背主权原则;如果把二者对立起来并加以绝对化,那在理论上和实践中都是行不通的。此外,在实践中,一些主张不予补偿的国家后来也给予了补偿。[66] 这表明不予补偿并非国际上的普遍实践。

---

[60] Vilkov, *Nationalization and International Law*, 1960 Soviet Yearbook of International Law, 58, 78, quoted from L. Henkin, *International Law*, West Publishing Co., 1980, p. 693 - 694.

[61] M. Sornarajah, *Compensation for Expropriation: The Emergence of New Standards*, 13 Journal of World Trade Law 126 (1979).

[62] F. Francioni, *Compensation for Nationalisation of Foreign Property: The Borderland between Law and Equity*, 24 International and Comparative Law Quarterly 269 (1975); F. O. Vicuna, *Some International Law Problems Posed by the Nationalisation of the Copper Industry by the Chile*, American Journal of International Law, 722 (1973).

[63] F. Francioni, *Compensation for Nationalisation of Foreign Property: The Borderland between Law and Equity*, 24 International and Comparative Law Quarterly 271; H. Steiner & D. Vagts, *Transnational Legal Problems*, Foundation Press, 1976, p. 418 - 422.

[64] M. Sornarajah, *Compensation for Expropriation: The Emergence of New Standards*, 13 Journal of World Trade Law 127 (1979).

[65] 周鲠生:《国际法》(上册),商务印书馆 1976 年版,第 184 页。

[66] H. Steiner & D. Vagts, *Transnational Legal Problems*, Foundation Press, 1976, p. 433 - 436.

3. 适当补偿

关于国有化补偿的第三种观点是部分补偿或适当补偿,这一观点得到了第三世界国家及许多学者的支持。

但是,适当补偿是否出于国际义务,为什么只给予适当补偿,其根据是什么,国际上对这些问题存在分歧。第三世界国家认为,根据《各国经济权利和义务宪章》的规定,国有化及补偿是一国经济主权内的事,因此,它们否认存在补偿的国际义务,认为这是与国家对自然资源的永久主权相违反的,[67]国有化时支付补偿不是出于法律义务,只是出于本国政策考虑的结果。而西方一些发达国家仍从传统的观点出发,否认《各国经济权利和义务宪章》的效力,认为对财产被国有化的外国人给予全部赔偿是一种国际义务,在实践中有些国家虽接受部分补偿,但也只是由于某种特定的原因所做出的让步,并非否认全部赔偿的国际义务。除上述两种观点以外,有些学者还提出了第三种观点,这种观点可以说是上述两种观点的折中,即认为国有化国仍有支付补偿的义务,但并非"及时、充分、有效"的补偿。他们提出的补偿根据主要有如下两种:

(1)不当得利。持这种观点的人也以不当得利作为补偿的依据。他们认为,适用这个原则来解决补偿问题的主要优点是,该原则可合法地表示补偿的义务,而不求助于"损害赔偿"的概念,这就可以把国有化行为的固有的合法性与支付补偿的必然后果协调起来。他们反对把不当得利原则作为全部赔偿的根据,认为这是对不当得利原则错误的解释,是企图"以新瓶装旧酒",是对不当得利与损害赔偿概念上的混淆。他们认为,不当得利的原则不仅适用于国有化国,而且也适用于被征收财产的外国人,在补偿时,不仅要考虑国家得利的情况,也要把求偿人在国有化前已享有的利益加以平衡。例如,对那些早在殖民时代利用殖民统治和政治影响取得特权地位和享有巨大利益的外国公司实行国有化而不予全部补偿是公正的,因为它们以前一直不当得利。他们认为,根据不当得利原则,对预期利益不应补偿,因为征收国没有对此取得相应的利益,同时,对诸如由终止被征收财产影响的附属合同造成的间接损失也不应补偿。总之,根据不当得利的公平性质,必须考虑到各种有关因素,以决定补偿数量。[68]

(2)善意。有人提出,善意是一个基本的国际法律原则,在国际关系中具有重要的地位。它不仅适用于国家间,而且也适用于国家与外国人间的关系。如果外国投资者合法地输入其财产,又被无补偿地征收,就违反了善意原则,投资者对东道国"合理的信赖"就会落空。因此,东道国对被征收财产的外国人有补偿的义务,但在补偿时需考虑各种因素来决定补偿的数量。[69]

但是,这些根据也不是很有说服力。不当得利,已如上述,是用于无法律上根据的行

---

〔67〕 [德]彼得斯曼:《新的国际经济新秩序:原则、政治和国际法》,载《法学译丛》1980年第6期。

〔68〕 F. Francioni, *Compensation for Nationalisation of Foreign Property: The Borderland between Law and Equity*, 24 International and Comparative Law Quarterly, 272 (1975); M. Sornarajah, *Compensation for Expropriation: The Emergence of New Standards*, 13 Journal of World Trade Law, 119 (1979); W. Friedmann, *The Changing Structure of International Law*, 206 (1964).

〔69〕 Rudolf Dolzer, *New Foundations of the Law of Expropriation of Alien Property*, 75 American Journal of International Law, 572 (1981).

为,不能适用于国有化这种合法的行为。而且,这一原则也是十分含糊的,外国人和东道国都可以此作为要求补偿或不予补偿的根据。而善意原则实际上是企图使国家受其与外国人间契约的约束,导致把国有化看作不合法的行为,因此也是难以接受的。

要寻找适当补偿的合理根据,首先就必须解决补偿是否出于国际法义务的问题,然后再进一步探讨其根据是什么。

我们认为,除了一国自由承担的条约义务以外,国家没有对财产被国有化的外国人支付补偿的国际法律责任。

首先,国际实践并没有形成国有化时必须予以补偿的国际习惯法。有人曾说,给予部分补偿的实践,特别是"二战"后总括解决的实践,有力地支持了国家支付补偿的传统上承认的国际义务,[70]因为这种实践实际上含有承认补偿义务的意思,[71]是对法律原则的接受或适用,[72]即把国家给予补偿的实践视为国际习惯法。但是,国际习惯是各国重复类似的行为而具有法律拘束力的结果,它不仅要求有各国重复的类似行为,而且这种行为须被各国认为有法律拘束力,如果只有前一个因素,而没有后一个因素,则这种行为不能构成国际习惯,只能成为国际上的通例。对于国有化补偿来说,仅依据有关国家给予部分补偿的实践,并不足以判断其已构成国际习惯,还要考察有关国家是否认为补偿具有法律拘束力。实际上,有些国家在国有化时虽给予了补偿,但明确认为这种补偿不是一种法定义务。例如,墨西哥对土地和石油国有化后,虽然给予了补偿,但墨西哥政府在1938年致美国的照会中明确提出,"国有化与以前的征收不同,对国有化这种非个别人的征收,不管是要求及时补偿,还是延期补偿,如认为其支付是一种法律义务,这种理论在国际法上既非公认的原理,也非实践的原则"。[73]至于总括解决方式,苏联及东欧国家历来认为,它们采用这种方式支付部分补偿并非出于国际义务,而是出于本国的经济、政治等方面的考虑,例如,为使位于求偿国并由该国冻结的征收国的财产解冻,或者为了免除由于早期征收欠下的债务,以及为了取得商业和其他经济利益等。[74]　而且总括解决是由当事国间直接协商,不是采取通常的司法诉讼方式,因此,它可以说是一种政治解决,并不构成司法惯例。国际法院对巴塞罗那牵引公司案(Barcelona Traction)的意见认为,有关总括解决协定周围的各种情况,不允许把它们看作构成习惯法的普遍实践的一部分。[75]　另外,有些坚持全部赔偿的西方国家及学者认为,给予部分补偿和政治解决不是损害要求支付全部赔偿规

---

〔70〕 R. Lillich, *International Claim: Their Settlement by Lump – Sum Agreements*, University Press of Virginia, 1975, p. 247.

〔71〕 M. Domke, *Foreign Nationalization: Some Aspects of Contemporary International Law*, 55 American Journal of International Law, No. 3 (1961).

〔72〕 A. A. Fatourous, *Government Garantees to Foreign Investor*, Columbia University Press, 1962, p. 305 – 333.

〔73〕 姚梅镇:《国际投资的法律保护》,载中国国际法学会编辑:《中国国际法年刊》(1982年卷),中国对外翻译出版公司1982年版。

〔74〕 A. A. Fatourous, *Government Garantees to Foreign Investor*, Columbia University Press, 1962, p. 305 – 307.

〔75〕 Rudolf Dolzer, *New Foundations of the Law of Expropriation of Alien Property*, 75 American Journal of International Law, 559 (1981).

则的法律先例。[76] 这从反面说明，他们也没有把部分补偿看作国际习惯。斯特拉普（Strupp）认为，不存在禁止国家有偿或无偿地征收他国国民财产的习惯国际法规则，只要征收国在本国国民与外国人间没有采取差别待遇或不平等待遇。[77]

其次，从国际多边条约及有关国际文件来看，也没有关于国有化国必须给予补偿的规定。关于适当补偿的问题，主要是规定在自20世纪60年代以来联合国大会通过的某些国际文件中，这些国际文件虽规定应给予适当补偿，但并不一定指的是具有补偿强制性的国际义务。1962年《关于天然资源之永久主权宣言》虽规定要"依国际法"给予适当补偿，但这反映的是西方国家的传统观点。而1974年的《各国经济权利和义务宪章》中则删除了"依据国际法"这几个字，这一删除有重要意义。它表明适当补偿不适用西方传统的国际法规则。而且，该宪章把国有化及补偿问题看作国家主权范围内的事，补偿问题属于国内管辖之事项，而非国际法管辖之事项，因为它不仅规定国有化是一国主权权利的行使，而且规定由补偿引起的任何争议由该国法院依其国内法解决。这就表明，该宪章关于"应给予适当补偿"的规定，是为各国解决国有化补偿问题所提供的一个指南，而不是国际法上的一种强制性义务，否则，由补偿引起的争议就不能局限于国内解决了。

再次，在国际上也不存在要求补偿的"一般法律原则"。前述用以支持补偿的是国际义务的所谓既得权原则，不当得利原则等并非国际法原则，不能认为各国在国内法上采取了这些原则，它们就当然地成了国际法上的原则，就可以用来拘束国家了。国际法与国内法是两种不同的法律体系，未经国家协议，二者不能自动转化。国内法上的一般法律原则如果没有各国通过条约或国际习惯明示或默示地承认，是不能成为国际法原则的。既然现在国际上承认国有化是国家主权权利的行使，那么既得权与不当得利等"一般法律原则"适用于国有化补偿就没有得到国际社会的承认，它们没有被转化为国际法原则。[78] 这样，依据这些原则所主张的补偿的国际义务也是不能成立的。

最后，一国通过国内法或特许合同对外国人承担的保证，并不是一种国际义务。在各国实践中，许多国家在外资法及其他法规中规定，不征收外国投资者的财产，或因特殊情况采取征收措施时，也要给予公正补偿。有的国家在其与外国投资者间的特许合同中也订有类似的保证条款。[79] 对此，有的国家及学者主张把国际法上的"条约必须遵守"原则也适用于国家与外国人间的这种保证关系上，要求国家履行它们所承担的义务，[80] 因为

---

〔76〕 *Report of the Committee on Nationalization of Property*, in Selected Reading on Protection by Law of Private Foreign Investment, 28 (1964).

〔77〕 Cited from F. A. Garcia – Amador, *Recent Codification of the Law of State Responsibility for Injuries to Aliens*, 52 – 53, Dobby Ferry (1974).

〔78〕 有的西方学者也持这一观点。如德国学者多尔泽认为，对于既得权和不当得利的原则来说，它们从国内法转化为国际法是存在问题的。弗里德曼认为，不能把既得权原则提高到国际原则的地位。See Rudolf Dolzer, *New Foundations of the Law of Expropriation of Alien Property*, 75 A. J. I. L. 569 (1981); S. Friedmann, *Expropriation in the International Law*, 126 (1953).

〔79〕 例如，在1952年印度政府同美国石油公司的特许合同中，印度政府承认至少52年内不征收，以后征收，必须即时有效地给予合理的赔偿。See E. I. Nwogugu, *The Legal Problems of Foreign Investment in Developing Countries*, Manchester University Press, 1965, p. 170.

〔80〕 M. Sornarajah, *The Myth of International Contract Law*, 15 J. World Trade L. 187 (1981).

"由国家自由承担的契约义务,其约束力与条约义务是一样的"。这一论点是不能被接受的,因为,从国际法角度看,国家通过国内法或特许合同给予的保证只是一种国内契约关系,[81]而不是一种条约关系,因此,不能适用"条约必须遵守"这一国际法原则。同时,根据国家主权原则,一国不受契约义务的限制和约束,当一国为了公共利益必须实行国有化和征收,从而不能履行自己的保证时,仅仅是产生国内法上的补救义务,并不产生国际义务。[82]

那么,在什么情况下才存在补偿义务呢?我们认为,补偿义务的存在,在国际法上只取决于一国自愿承担的予以补偿的条约义务。[83] 在这种情况下,国家必须善意履行条约,而不能以国家主权原则和国民待遇原则作为自己免责的理由。除此之外,补偿义务是否存在只能根据各有关国家的国内法来决定。一般来说,在国家没有对外国人予以国内法保证时,也不存在对外国人特定的补偿义务,在这种情况下,国有化国可以根据自己的实际情况对被征收的财产所有人予以补偿,这一措施也平等地适用于外国人,这时,国家主权原则与国民待遇原则无疑是该国国有化补偿的有力根据。但当一国对外国人提供了国内法保证,而不能履行这种保证时,就会产生国内法上特定的补偿义务。

既然在上述情况下存在补偿义务,那么,为什么只应给予适当补偿?其根据又是什么?从法理上说,适当补偿是由国有化的性质决定的。根据国际法规定,一国为实行社会或经济改革,或当某种不可预见的事件(如战争或其他紧急状态)发生时,基于公共利益的需要实行国有化或征收是完全合法的行为。对由此造成的损失,当然不存在全部赔偿的问题,只应适当补偿。至于适当补偿,可以下面几个原则为据:

第一,公平互利原则。这一原则是在建立新国际经济秩序时提出的,是我国历来主张的平等互利原则的发展。《各国经济权利和义务宪章》把它作为国际经济关系中的基本原则之一。在这一原则中,互利是核心,没有互利就谈不上公平,公平必然要求互利,二者密不可分,否则,就会造成对这一原则的曲解。[84] 根据这一原则,在补偿时要考虑双方的情况,照顾双方的利益。

一方面,在补偿时要考虑国有化国实行社会和经济改革的需要,要考虑其经济发展水平和财政支付能力。如果无视国有化国家的经济状况和利益,强行要求其支付超出国家负担能力的大笔补偿是不公平的,自然也谈不上互利。英国著名法学家劳特派特也说,在国家的政治制度和经济结构发生根本变化或深远的社会改革,且引起对私人财产的大规模干涉时,"无论绝对尊重外国人的私有财产原则,还是外国人与被剥夺财产的本国人的

---

〔81〕 特许合同无疑是一种国内法上的契约关系,而一国通过投资法等对外国投资者提供的保证,也是国家与外国人间的一种国内法上的契约关系,因此,这种保证没有国际条约那样的拘束力,违反这种保证并不是违反国际法。See A. A. Fatouros, *Government Garantees to Foreign Investor*, Columbia University Press, 1962, p. 339, 359 - 360.

〔82〕 A. A. Fatouros, *Government Garantees to Foreign Investor*, Columbia University Press, 1962, p. 265 - 271.

〔83〕 外国有些学者,如弗里德曼、斯特拉普等人也曾持这种观点,笔者认为,这种观点仍是有说服力的。See S. Friedmann, *Expropriation in the International Law*, 3, 204 (1953).

〔84〕 对于公平的概念,不同集团的国家有不同的理解,例如,有的国家把及时、充分、有效的补偿看作公平的;有的国家把不予补偿看作公平的。离开了互利这一基础,公平就成了一个无法衡量的混乱的概念了。

严格平等,都不能对这个困难提供令人满意的解决方法。要符合法律原则,大概要从给予部分补偿的方面寻找满意的解决方法”。[85] 因为,在这种情况下,如要求全部补偿,就会否定或阻挠国有化国的社会和经济变革,使国有化成为不可能,或者使该国因此而陷入困境,达不到经济改革的目的。[86] 在国际实践中,早在 1938 年墨西哥政府就以实行经济改革为由,反对美国的全部赔偿的要求。实际上,补偿如果不从国有化国当时的经济和财力的实际情况出发,不仅会损害国有化国的利益,而且也失去了补偿的客观物质基础。

另一方面,在补偿时也要考虑外国财产所有人的合法利益所受损失的各种情况,并予以适当补偿。因为,国有化虽是国家主权的正当行使,但也会对外国人的合法权益造成损失。[87] 根据国家的实际情况对其损失予以适当补偿,是符合公平互利原则的。这既有利于保护外国人的合法利益,也有利于国家的利益。如果外国投资者的合法权益得不到保护,他们就不会前来投资,这就不利于东道国经济的发展,也不利于国际经济合作。而且,受损失的外国人所在的国家也可能会采取某种反报措施,从而也会使国有化国家的利益受到某种损害。但在考虑外国人的损失时,也有必要考虑他们在历史上得利的情况,对其过去取得的不当得利,从其补偿数额中予以扣除。智利在 1971 年征收铜矿企业时,就谴责那些外国大企业集团以其所在国人民的落后为代价来追求自己的高额利润,并决定扣除其取得的超额利润。这对于那些明显具有剥削性的外国投资来说无疑是合理的。[88] 总之,依据公平互利原则,在补偿时要统筹兼顾,考虑到双方的利益以及一切有关的情况,适当补偿。弗里德曼等人也认为补偿时应考虑各种情况,以便在不同情势中达到公平。[89]

第二,国家对其自然资源永久主权原则。国家对其自然资源拥有永久主权,包括拥有权、使用权和处置权。这一永久主权是绝对的、无条件的。据此,一国对自然资源实行国有化时,参与开发该自然资源的外国投资者不应对由该国的自然资源所产生的利益主张权利,只能就其资产考虑补偿。[90] 如果强求国有化国对其预期利益及其他间接损失做出补偿,则是对自然资源永久主权的否定,有损该国的利益。

同时,根据这一原则,自然资源受到外国或殖民统治掠夺的国家,有向掠夺者要求损害赔偿的正当权利。联合国大会于 1974 年 5 月 1 日通过的《建立新的国际经济秩序宣言》第 4 条第 6 款规定,所有遭受外国占领、外国和殖民统治或种族隔离的国家领地和民族,对于其自然资源和所有其他资源受到的剥削、消耗和损害有权要求偿还和充分的赔偿。当这些国家将某些外资企业收归国有时,就可以用征收国的反求偿抵补对外国资本所作的补偿,从而减轻或抵消支付补偿的沉重负担。秘鲁在 1968 年征收国际石油公司

---

〔85〕［英］劳特派特修订:《奥本海国际法》(上卷第 1 分册)(中文版),石蒂、陈健译,商务印书馆 1971 年版,第 261 ~262 页。

〔86〕Daman, *Post – war Nationalization of Foreign Property in Europe*, 48 Columbia Law Review 1128 (1948); A. A. Fatourous, *Government Garantees to Foreign Investor*, Columbia University Press, 1962, p. 327 – 328.

〔87〕必须指出,这只是造成损失,而不是侵害外国人权益的“损害”。因此,只是对损失予以补偿,而不是损害赔偿(damage)。所补偿的损失当然也只限于直接损失而不包括间接损失,否则就不是补偿,而成了损害赔偿。

〔88〕M. Sornarajah, *Compensation for Expropriation: The Emergence of New Standards*, 13 Journal of World Trade Law 119 (1979); H. Steiner & D. Vagts, *Transnational Legal Problems*, Foundation Press, 1976, p. 444 – 458.

〔89〕W. Friedmann, *The Changing Structure of International Law*, 206 – 210, 358 – 361 (1964).

〔90〕这一观点为某些拉美国家所主张,参见本节前述秘鲁等国的做法。

(IPC)时,政府力图“恢复”其被该公司非法占为己用的矿产资源的权利,政府对被征收的资产提出予以7100万美元的补偿,但要求该公司偿还自1924年以来一直非法开采石油所得的6.9亿美元。这一争议后来是通过总括解决协定解决的,从总括解决中,国际石油公司得到了2200万美元的补偿。[91] 无疑,以反求偿抵补国有化补偿的做法是符合国家对自然资源的永久主权的,这种补偿也是适当的。当然,反求偿必须是向外国或殖民统治时的掠夺者提出的。

总之,国有化国在补偿时,应考虑本国的有关法律和规章以及本国认为有关的一切情况。例如,要考虑国家的公共利益、支付补偿的物质能力、被国有化财产的性质以及财产取得的方式,还要考虑双方政治经济关系的历史情况,根据当时的具体情况来决定补偿的时间、数额和方式。补偿时应统筹兼顾,做到公平互利,这样才能既使外国投资者的合法利益得到保护,又有利于维护东道国的主权和权益,有利于该国的社会改革和经济繁荣。

需要进一步说明的是,除以上主要观点外,还有一种观点,即把个别的征收与大规模国有化的补偿加以区别。原则上对特定的投资实行征收要给予充分、有效和及时的补偿,但在革命、战争或类似的紧急事件的例外情况下,东道国为了进行大规模社会改革而采取的综合性的、非歧视性的国有化措施,可由东道国与投资者母国间协商决定补偿,若协商不成,则通过国际仲裁解决。这种观点反映了一定的灵活性,但其关于征收补偿的意见,反映的仍是西方传统的观点。

(二)国际实践

1. 国家补偿实践

从实践中看,“二战”后的国有化补偿绝大多数都是部分补偿,特别是通过“一揽子协议”给予部分补偿。例如,根据1948年美国与南斯拉夫的补偿协定,南斯拉夫承诺的1700万美元补偿,约相当于美方求偿额的42.5%。20世纪60年代以后,亚洲、非洲和拉丁美洲国家在实行国有化时都是给予部分补偿,而且补偿的支付也不是及时的,往往要拖延数年。[92] 又据联合国秘书长1974年9月20日向联合国大会提出的报告,从1960年至1974年中期,在62个国家实行的875件国有化或接管,均未实行“及时、充分、有效”的补偿,补偿支付均未按照“市场价格”,而是按照“账面价值”,支付期间也远非“及时”,而是15~30年的长期。[93]

我国在实践中也采取适当补偿的做法。如1979年中美政府达成的解决资产要求的协议中,我国同意支付8050万美元作为对解决被国有化的美国资产的补偿,这只相当于1949年以后被中国收归国有的美国总资产的41%。[94]

“二战”后对国有化补偿问题的解决,通常采用“一揽子协议”(总括解决)的方式。即

---

〔91〕 International Legal Materials, 1257, Vol. 6; International Legal Materials, 297, Vol. 7; International Legal Materials, 36, Vol. 14.

〔92〕 R. Lillich, *International Claim: The Settlement by Lump – Sum Agreements*, 35 (1975); Z. A. Kronfol, *Protection of Foreign Investment*, 112 (1972).

〔93〕 转引自汪暄:《国家对自然资源的永久主权》,载中国国际法学会编辑:《中国国际法年刊》(1982年卷)。

〔94〕 18 I. L. M., 551 (1979).

国有化国不以单个的外国投资者为对手，一件件地解决补偿问题，而是同外国投资者的本国政府协商、谈判，确定补偿数额，然后再由外国投资者的本国政府根据比例向其公民支付。据美国学者李利奇（Lillich）的统计，“二战”后国有化补偿问题的解决，有95%采取了总括解决方式。

这种“一揽子协议”（总括解决）方式，含有对全部赔偿要求的否定，同时它也排除了国内法庭计算补偿的排他权利。学者间对这种总括解决方式的法律效力，即能否构成法律规则仍有争议，但是，总括解决方式反映了部分补偿的国家实践，这是个事实。

2. 判例比较

在国际判例中，早期的某些判决或裁决均是支持西方国家关于全部赔偿的观点的，但后面的一些裁决也逐渐发生了某些改变。

国际常设法院在1926年判决的波兰上西里西亚的德国利益案通常被用来支持既得权理论，要求支付全部赔偿。但由于该案的先前裁决涉及侵犯受条约保护的财产权，因而用作既得权理论的根据并不适当。

在乔佐工厂案中，国际常设法院就宣称，支付公平赔偿，为征用合法所必要。根据既得权原则，在决定赔偿数量时，要考虑被征收的外国人财产所有可能的损失因素，特别要考虑：(1)全部资产价值，以市场价值为准；(2)延迟支付的利息；(3)间接损失；(4)商誉和未来利润等。[95] 但是，该案同样也是涉及违反条约的问题。

在仲裁裁决中，列那金矿仲裁案（Lena Goldfields Arbitration）已如前述，是以不当得利原则为依据支持全部赔偿的。该案涉及一个于1925年受邀去苏联开发金矿的外国公司，其财产后来在国有化过程中被剥夺。苏联拒绝参加仲裁程序，仲裁庭在苏联缺席的情况下作出裁决。裁决根据外国投资协议国际化的理论，认为国有化的行为是非法的，因为它违反了协议，并裁决支付全部赔偿。这一裁决在现代法中已没有什么效力，因为它把国有化看作非法的，同时其以不当得利原则为据支付全部赔偿也一直受到批评。

20世纪70年代后的一些关于全部赔偿的裁决也是没有说服力的。在德士古仲裁案（Texaco Arbitration）中，[96] 仲裁人准许给予恢复原状的救济，根据是终止外国投资是非法的，从而间接地支持给付全部赔偿。但是该裁决的根据不足，因此经常受到批评。

然而，也有一些国际上著名的仲裁案否定了全部赔偿原则。

在利比亚美国石油公司仲裁案（Liamco Award Arbitration）中，裁决认为，国有化行为尽管有违反外国投资协议的事实，但在法律上是有效的。然而，仲裁员认为国有化国在国际法中有支付补偿的义务。补偿的范围至少应包括被国有化的有形财产，如资产、设施和各种费用的价值。但对于作为无形财产的特许权和预期利润，仲裁员认为利比亚国内法和国际法之间，无论在理论上还是实践中均存在严重的分歧，他还考察了支持将预期利润包括在内的各种根据，并对它们现在的效力表示怀疑，理由是这些先例多发生在国有化权利发生演变之前（把国有化看作非法时）。仲裁员还提到“二战”后通过“一揽子协议”解

---

〔95〕 F. Francioni, *Compensation for Nationalisation of Foreign Property: The Borderland between Law and Equity*, 24 International and Comparative Law Quarterly 261 (1975).

〔96〕 17, I. L. M (1978).

决补偿争议的一些例子,并得出结论说,“及时、充分和有效”补偿的传统学说不再被接受,它已被支付“便利和公平”(convenient and equitable)的补偿要求取而代之,并认为后一标准是与关于主权概念的国际理论和实践的一般趋势、国家财富和自然资源的目标、第三世界国家的态度和行为中的民族主义意识、国有化的合法性和联合国大会通过的决议等是一致的。因此,利比亚美国石油公司对预期利润的损失求偿未能获准。仲裁员后来是以“公平”原则来确定补偿数额的。[97] 该案中采用的补偿标准以及拒绝在估算补偿中应考虑预期利润,与以前的仲裁裁决中使用的补偿标准大相径庭,这在态度上有了很大的变化。

在科威特石油国有化仲裁案(Aminoil Arbitration)中,[98]仲裁庭也是采用“适当补偿”的标准,认为这是适用合法国有化最通用的法律规则。在估算补偿数额的方法上,科威特政府主张应依“账面净值”法,而美国独立石油公司则主张“正常经营的企业”价值。仲裁庭认为,“账面净值”的方法只能适用于一些投资建立不久的企业,因为“账面净值”即购进原价不会与这些企业固定资产的重置成本相差过大。“账面净值”的方法在阿拉伯湾地区虽已被广泛接受为确定补偿额的基础,但就本案而言,“折旧重置成本”的方法是“适当的”措施。仲裁庭还使用“合法期望”(legitimate expectation)来代替“预期利润”的概念,并提出,双方当事人在谈判过程中确认了这一精神,即“公司应有适当机会,对其在科威特的全部投资,获得合理的利润率”。据此,仲裁庭考虑了美国石油公司作为“正常经营的企业”的价值,裁定了补偿金额。仲裁庭在最后的补偿额中又减去了美国公司所欠科威特的债务。这样,这场仲裁标的达30亿美元的国际仲裁,终以东道国政府给付美国石油公司8300万美元适当补偿结案。显然,这一仲裁案也较大地偏离了全部赔偿的传统标准。仲裁庭提出的“合法期望”等概念作为决定补偿问题的因素也是独特的。

然而,后来在解决投资争议国际中心主持下的两个仲裁案例中,仲裁庭根据传统的标准裁决补偿。在AGIP公司诉刚果人民共和国仲裁案(AGIP Company v. The Republic of Congo)中,[99]仲裁庭认为刚果(布)的国有化违反了契约义务。仲裁庭根据刚果(布)与AGIP公司间协议第15条的法律适用条款作出决定,即“应适用刚果法律,如有必要,任何国际法原则作为补充得以适用”。仲裁庭认为,在本案中,只需集中审查国有化与关于稳定条款的国际法两者之间的一致性就足够了。法庭明确地把刚果(布)的国有化看作非法行为,因为该行为违反了协议中的稳定条款。因此,刚果(布)政府有义务满足AGIP公司提出的损害赔偿请求。根据刚果(布)适用的《法国民法典》的规定,物质损害赔偿应包括实际所受损失和预期可得利益之损失。法庭裁决对AGIP公司实际所受损失予以全部补偿,并认为AGIP公司提出给予每项预期可得利益象征性地补偿1法郎的要求是有根据的。利率按照市场有关时期现行最低利率计算。在另一个案例中(Benvenuti et Benfant v. The Republic of the Congo),仲裁庭也允许对被国有化的资产的价值以及利润的损失支付补偿。[100]

---

[97] 姚梅镇等:《国际投资法成案研究》,武汉大学出版社1989年版,第47~88页。

[98] 姚梅镇等:《国际投资法成案研究》,武汉大学出版社1989年版,第117~148页。

[99] 21 I. L. M., 726 (1982); 姚梅镇等:《国际投资法成案研究》,武汉大学出版社1989年版,第149~178页。

[100] 21 I. L. M., 740 (1982).

由上可见，国际上关于征收补偿的判例并不一致。上述利比亚美国石油公司仲裁案和科威特石油国有化仲裁案均偏离了全部补偿的标准。在前一案例中提出的“公平”补偿的观点以及后一案例中提出的“合法期望”的概念在估算补偿中都具有重要意义。

综上所述，关于国有化补偿，“适当补偿”原则是国际社会普遍接受的标准。从理论上看，无论是全部赔偿还是不予补偿的观点都有不足之处，难以接受。在条约实践中，虽然一些发展中国家在与发达国家签订的双边投资条约中含有“及时、充分和有效”补偿或“公正”补偿的规定，但是所有的发展中国家都投票支持联合国大会通过的有关拒绝“及时、充分、有效”的补偿标准的决议，因此不能把含有全部赔偿规定的双边条约的存在视为必须对被国有化的外国财产支付全部赔偿的习惯法原则的证据。在判例实践中也反映了背离全部赔偿标准的一些重要变化。通过“一揽子协议”给予部分补偿反映了关于国有化补偿问题的国家实践。正如德国学者多尔泽指出，过去几十年的实践已证明，“赫尔规则”只是部分得到确认，即对国有化造成的损失应给予补偿；至于“赫尔规则确定的补偿时间、数量和方式，则从未得到支持”。[101]

二、征收补偿的晚近实践

20 世纪 90 年代后关于征收问题的另一新变化，是投资条约大多规定征收必须给予充分补偿。20 世纪 90 年代以后，双边投资条约和区域性自由贸易协定等数量激增，这些条约在征收补偿问题上大都采取或接近发达国家坚持的观点，规定给予“充分”（adequate）或“全部”（full）、“公正”（just）、“公平”（fair）补偿。某些国际多边文件，如世界银行 1992 年的《外国直接投资待遇指南》、1994 年的《能源宪章条约》、OECD 的《多边投资协议草案》等都有类似的规定。世界银行的上述外资待遇指南规定，如果补偿是“充分、及时和有效”的，则可视为“适当”的，这就把“适当补偿”解释为“充分、及时和有效”的补偿，以发达国家的观点来取代发展中国家提出的适当补偿概念的内容。因此，有人认为，对征收予以全部赔偿已成为国际社会的主流。对此，发展中国家必须予以密切关注。

在国际投资仲裁实践中，20 世纪 90 年代以来的案例对征收补偿几乎都是裁定“全部补偿”（full compensation）的。至于“全部补偿”的依据，与前述合法与非法征收的争论一样，在投资条约仲裁实践上和学术上也存在分歧。有观点认为，依据作为特别法的投资条约规定的补偿标准，若征收仅仅是没有给予补偿，则征收国没有义务提供全部赔偿。但另有观点认为，投资条约中的补偿规定创设了支付征收补偿的义务，没有支付补偿就违反了条约义务，征收就是非法的，应依据习惯国际法支付全部赔偿。[102] 前一种意见是以投资条约作为特别法为依据的，而后一种意见则是以习惯国际法为依据的。需要注意的是，国际法委员会编纂的《国家责任条款》第 55 条确认，如果一国国家责任受特别法支配，则该条款就不适用。

---

〔101〕 R. Dolzer, *New Foundation of the Law of Expropriation of Alien Property*, 75 AJIL 572 (1981).

〔102〕 国际法与国内法都有初级规则与次级规则之分，初级规则是设定义务的规则，次级规则是关于违反义务的责任后果的规则。See David Khachvani, *Compensation for Unlawful Expropriation: Targeting the Illegality*, 32 ICSID Review 385 (2017).

国际投资仲裁案例对于“全部补偿”的依据,看法也不一致。有学者认为,实践中似乎出现了4种立场:(1)许多仲裁案件认为东道国的征收违反了条约并作出全部补偿的裁定,但避免区分合法或非法征收;(2)仲裁庭注意到了合法与非法征收的区别,但认为,作为法律问题,它对损害赔偿没有影响;(3)仲裁庭注意到了合法与非法征收的区别,但由于特殊的事实情况而适用条约规定的表述;(4)少数仲裁庭注意到了合法与非法征收的区别,并以此区分作为确定损害赔偿的指南。[103]

在某些仲裁庭看来,依据投资条约的规定,“全部”或“充分”的补偿标准就是该补偿相当于投资在征收前一刻的公平市场价值。

那么,这种公平市场价值如何确定?这在实践中又是一个颇为重要的问题。

世界银行的《外国直接投资待遇指南》在其第四部分第6条中又提供了指南:对于有被证实的营利能力记录的“持续经营企业”(a going concern),以现金流折现价值为基础来确定;对于缺乏营利能力、不能证明为可持续经营的企业,则以清算价值为基础确定;对于其他财产,则以重置价值或账面价值为基础确定。[104]

现金流折现价值(discounted cash flow value),是指计算出一个营利企业在预期存续期间产生的现金流量之后,考虑资金时值、预期的通货膨胀以及与该现金流量有关的风险因素,进行折现。这种方法具体运用的步骤是:首先,将企业在合理预测能够存续的未来每个年度可实际预期产生的现金收入,减去每一年预期的现金支出,得出企业的年度净现金流量;其次,依据反映货币现值、预期通货膨胀以及现实情势下与此种现金流相联系的风险等因素,对每年度的净现金流折现。其折现率可以通过审查相同市场上可比风险的替代性投资的现值基础上的收益率进行测算。折现后得到的是该企业当年的“现值”,然后再把该营利企业预期存续期间的每一年度的“现值”累积起来,就得出被征收企业的价值。

清算价值(liquidation value)是指已无法继续营利的企业或其具体资产拍卖所得,扣除应偿还的债务和清算费用等之后的余额。

重置价值(replacement value)是指用于购买新资产以替代被征收投资财产的价款扣除相应的折旧费之后的价值。

账面价值(book value)则指反映在企业资产负债表上的财产价值,实际是企业的资产扣除负债后的资产净值。[105]

这四种方法中,以现金流折现价值来确定被征收投资的公平市场价值是发达国家及其学者为保护投资者而特别偏好的一种估价方法,并被认为是普遍接受的方法。采用这种方法确定的补偿价值不仅包括投资者的直接损失,而且包括间接损失,也即预期利润,从而可以为投资者提供充分或全部赔偿,使其恢复到企业被征收前一刻的状态,还包括预

---

〔103〕 Steven R. Ratner, *Compensation for Expropriations in A World of Investment Treaties: Beyond the Lawful/Unlawful Distinction*, 111 AM. J. INT1 L. 7 (2017), p. 15 – 17.

〔104〕 World Bank, *Guidelines on the Treatment of Foreign Direct Investment*, 1992.

〔105〕 徐崇利:《外资征收中的补偿额估算》,载《国际经济法学刊》2006年第1期;See Manuel A. Abdala & Pablo T. Spiller, *Damage Valuation of Indirect Expropriation in International Arbitration Cases*, 14 Am. Rev. Int'l Arb. 447。

期收益。

在投资仲裁实践中，一些仲裁庭偏好采取此种方法。现金流折现法被一些仲裁庭认为是“普遍采用”的方法，或是“标准的经济方法”。例如，在前述伯灵顿公司诉厄瓜多尔案中，当事人双方都同意采用此现金流折现法，仲裁庭也持相同意见，认为该方法是被广泛接受为确定一个持续经营企业的适当的方法，并得到了世界银行的支持。[106]

但是，在实践中，采取现金流折现法有两个主要的问题值得注意，一是它易于混淆行为的性质，把合法行为和非法行为混为一谈；二是由于其不确定性，适用起来易于偏袒投资者。

首先，只有当政府行为构成非法行为并应予以全部赔偿时采用现金流折现法来确定赔偿数额才较为合适。一般来说，征收是合法行为而不是非法行为，不应该予以全部赔偿，除非违反条约中的明确规定。以现金流折现法来确定补偿额实际上就是把征收行为看作非法行为。

2006年10月ICSID仲裁庭就ADC公司案作出的裁决认定，征收是非法的并采用现金流折现法来估算赔偿额。在该案中，仲裁庭认为匈牙利违反了匈牙利与塞浦路斯1989年生效的双边投资条约中关于征收的规定。由于该征收：(1)不是基于公共目的；(2)不符合正当程序，特别是没有给予求偿人以“公平公正待遇”，没有对求偿人的投资提供“全面的安全与保护”；(3)是歧视性的；(4)没有伴随公正补偿，因此其征收构成剥夺措施并且是非法的。仲裁庭援引国际常设法院在乔佐工厂案判决中确定的对非法行为的损害估算的习惯国际法标准，认为匈牙利应该对求偿人的投资恢复原状或予以全部赔偿，即按被征收投资的市场价值赔偿。仲裁庭在该案中采用现金流折现法来确定投资的公平市场价值和赔偿的数额。[107] 在Occidental石油公司诉厄瓜多尔案中，ICSID仲裁庭2012年的裁决认定，厄瓜多尔的措施构成征收，并依据现金流折现法，裁定厄瓜多尔支付17亿美元的赔偿加上利息，这是ICSID历史上裁定赔偿数额超过10亿美元的少数几个案件之一。[108]

由于近年来双边投资协定数量倍增，这些条约一般都有关于征收条件的规定，因此，东道国的征收行为如果与其签订的条约中的征收条件不符，则在国际投资仲裁实践中很容易被看作违反条约的不法行为，从而要支付全部赔偿。更有甚者，有些仲裁庭无论征收是合法还是非法，甚至未发生征收，但只要影响到投资者的权利和利益，都采取现金流折现法来估算，让投资者无条件地实现其投资的公平市场价值。[109] 这种做法显然是有失偏颇的，在理论上难以令人信服。而且，这种方法完全不考虑东道国政府措施的目的和特性

[106] Burlington Res., Inc. v. Republic of Ecuador, ICSID Case No. ARB/08/5, Decision on Reconsideration and Award (Feb. 7, 2017).

[107] ADC Affiliated Limited and ADC & ADMC Management Limited v. The Republic of Hungary, Award (Oct. 2, 2006), ICSID Case No. ARB/03/16.

[108] Occidental Petroleum Corporation, Occidental Exploration and Production Company v. The Republic of Ecuador (ICSID Case No. ARB/06/11), Award (Oct. 5, 2012). 迄今为止，国际投资仲裁庭裁决赔偿额最高的是尤科斯诉俄罗斯案，达500亿美元。

[109] 例如，ICSID仲裁庭2005年5月裁决的CMS天然气输送公司诉阿根廷案，在认定没有发生征收的情况下，裁定阿根廷对违反公平公正待遇承担责任，并以现金流折现法来估算赔偿数额。See CMS Gas Transmission Company v. The Argentine Republic, ICSID Case No. ARB/01/8.

以及财政能力等因素,只考虑企业的营利能力及其预期,显然是有失公平的。

其次,现金流折现法在适用中也会产生不确定性。这种方法适用于有被证实的营利能力的"持续经营企业",但实践中对何谓"持续经营企业"也会有不同的解释。例如,一般来说,对于尚未完工或尚未开业的企业来说,因无法产生可稳定计算预期利润的数据,不构成持续经营企业;企业虽运营了一定期间,但没有稳定的营利记录,也不能认定其为"持续经营企业"。但有的仲裁庭认为,对于一个长期发展的企业来说,营运初期的亏损不影响判定其为"持续经营企业"。这种解释显然扩大了"持续经营企业"的范围。另外,从企业的发展角度看,企业的营利能力往往取决于多种因素,其中许多因素是不确定的,很难说一个目前具有营利能力的企业在若干年后还能保持相应的营利能力不变,因此以企业目前的营利水平来推定其今后若干年都具有相同的营利能力显然是过于僵化了。此外,在具体适用此方法过程中,在确定企业的合理存续期间、确定折现率时考虑的各种有关因素等问题上都会产生不确定性。投资者从本身利益出发采用此方法也很容易过高估算其企业价值。

国际投资仲裁案例表明,是否采用现金流折现法所计算出来的补偿或赔偿额差别极大。例如,ICSID 前几年裁决的两起案件,Tethyan 铜公司诉巴基斯坦案[110]与 Bear Creek 矿业公司诉秘鲁案[111],均涉及勘探或批准阶段的采矿项目,前一案件的被诉国巴基斯坦没有签发必要的采矿租约,而后一案件被诉方秘鲁撤销了投资者建设矿场的批准。在这两个案件中,矿场都没有建造,因此投资也不是"持续经营企业"。两个案件的仲裁庭都认为东道国的措施构成间接征收,损害赔偿应反映公平的市场价值。Tethyan 铜公司诉巴基斯坦案仲裁庭采用现金流折现法分析,评估了投资者将要建设的矿床中的铜和黄金的储藏量,估算了这些矿场整个开采寿命的市场价值,扣除投资者在其整个矿期内经营该矿可能支出的费用,包括矿场运营风险因素等,裁定巴基斯坦支付约 40 亿美元,加上利息和费用。但该案投资者的实际支出大约只有 2 亿美元。而在 Bear Creek 矿业公司诉秘鲁案中,仲裁庭没有采用现金流折现法分析,而是使用投资者的实际支出,裁定秘鲁支付的补偿大约为 1800 万美元。

鉴于在国际投资条约仲裁中存在的仲裁庭对评估损害赔偿与补偿方面所适用的法律原则的不一致、损害赔偿的裁决的不一致和不可预见性,以及仲裁庭裁定的高额补偿可能损害国家的监管能力等问题,联合国国际贸易法委员会第三工作组已提请在投资争端解决机制改革中考虑损害赔偿和补偿的评估问题。[112]

---

[110] Tethyan Copper Company PTY Limited v. Islamic Republic of Pakistan, ICSID case ARB/12/1, award dated 12 July 2019.

[111] Bear Creek Mining Corporation v. Republic of Peru, ICSID ARB 14/21, award dated 30 November 2017.

[112] UNCITRAL, *Possible Reform of Investor – State Dispute Settlement* (*ISDS*), *Assessment of Damages and Compensation*, Secretariat (Nov. 15, 2021), https://uncitral.un.org/sites/uncitral.un.org/files/media-documents/uncitral/en/assessment_of_damages_and_compensation_0.pdf.

第十章 国际投资争议的解决

在国际投资中，国际私人投资者之间、投资者与东道国之间会因投资发生争端。从起因上看，投资争端可分为基于契约所引起的争端和非契约所引起的争端。前者指投资契约双方当事人因对契约的解释、执行、修改或废除而产生的争端，其主要特点是，争端直接涉及的是当事人的契约权利义务问题。后者是指东道国政府在同外国私人投资者无投资契约关系的情况下，或在投资契约关系之外所发生的争端，实践中主要是关于对外国投资是否依照法律或条约规定提供待遇或保护问题引起的争端，具体包括：(1)国有化或征收引起的争端；(2)东道国行政管理行为引起的争端，如外汇管制、增加税收、经济社会管理措施等引起的争端；(3)东道国国内政治动乱、革命、战争等事件致使投资受损引起的争端。投资争端的妥善解决具有重要意义，不仅可以有效地保护外国投资者和东道国的权益，还有利于改善东道国乃至国际投资环境，促进国际社会的可持续发展。由于投资者与东道国之间的投资争端解决较为复杂、更为重要，因此本章重点讨论这类争端解决所涉及的主要法律问题。

第一节 国际私人投资者之间的争端解决

内外国私人投资者之间的争端主要是指外国私人投资者同东道国的投资者在举办合营企业或进行合作开发自然资源方面发生的争端。这类争端的特点是：双方法律地位平等，都是国内法上的主体；争端所涉及的一般都是投资契约的问题。

对于此类争端，国际实践中主要采取国际商事争端的解决方法，包括协商、调解、法院诉讼、国际商事仲裁等。目前国际上还流行一种分类，即分为法院诉讼方法和诉讼的替代方法，后者也称为替代性争端解决方法(alternative disputes resolution，ADR)，指法院诉讼之外的各种形式的争端解决方法，包括协商、调解等，其在国际上受到大力提倡。[1] 仲裁也可以被看作 ADR 的一种机制，但也有观点认为仲裁是司法外解决争端的一种独立程序。由于法院诉讼在其他学科都会谈到，所以这里主要阐述协商、调解和仲裁等方法。

---

〔1〕 UNCTAD, *Dispute Settlement: Investor - State*(2003), p. 2, 11 - 13.

一、协商与调解

协商与调解被视为两种友好解决争端的方法,都是在争端双方当事人相互谅解的基础上,基于双方相互的同意达成解决的协议。这两种方法友好解决双方之间的争端,有助于维护双方的合作关系。这两种方法在解决各类投资争端中通常都是首选方案,解决国际私人投资者之间的投资争端也是如此。

(一)协商

协商解决是指争端发生后,由争端双方当事人直接接触,进行磋商,在分清是非、消除误会、明确责任的基础上,以自愿为原则,相互做出一定程度的让步。在双方当事人都认为可以接受的情况下,达成和解协议,使争端的事项得到解决,这一方式也称为和解解决。

这种解决方法的特点是简单方便、灵活、节省时间,更重要的是因为协商解决是在当事人双方互谅互让的友好气氛中进行,不伤害双方感情,有利于合作关系的进一步发展。

采取协商方法解决争端,应贯彻以下原则:(1)自愿的原则。协商必须是基于双方的自愿而进行的,任何一方都有权拒绝协商或终止协商,根据法律或合同规定采用其他方法解决争端。(2)平等互利、协商一致的原则。在协商过程中,应坚持各方地位平等,在充分协商、平衡利益、意思表示一致的基础上达成协议,任何一方不得采用胁迫、欺诈、诱骗的手段,使对方勉强或被迫接受自己的片面要求。(3)合法的原则。双方协商达成的协议必须符合法律规定,否则无效。法律规定必须执行的事项或不允许以合同条款更改的事项,当事人就不能通过协商方法来变更这种规定。[2]

争端当事人通过协商取得一致意见后,应制作书面协议,这种书面协议依照有关法律确定其法律效力。

(二)调解

调解(conciliation 或 mediation)是争端当事人双方在第三方的帮助下友好解决争端的一种方法。2002 年 11 月联合国大会第五十七届会议通过的《联合国国际贸易法委员会国际商事调解示范法》第 1 条第 3 款,对"调解"作出定义如下:"对本法而言,'调解'系指当事人请求一名或多名第三人(调解人)协助他们设法友好解决他们由于合同引起的或与合同的或其他的法律关系有关的争端的过程,而无论其称为调解、调停或以类似含义的措辞相称。调解人无权将解决争端的办法强加于当事人。"[3]我国 2010 年制定的《人民调解法》对该法所称的人民调解,定义为人民调解委员会通过说服、疏导等方法,促使当事人在平等协调基础上自愿达成调解协议,解决民间纠纷的活动。简言之,调解是指争端双方在第三者主持下,互谅互让,消除误解,通过达成协议使争端得到友好解决。调解与协商的相同之处在于当事人都是在自愿基础上进行,都需要通过双方的协商同意达成协议。不同之处在于调解是在第三者主持下进行,而协商则无须第三者介入。

---

〔2〕 余劲松主编:《国际投资法》(第 4 版),法律出版社 2014 年版,第 347 页。

〔3〕 《联合国国际贸易法委员会国际商事调解示范法》条文及相关文件的中文本,载联合国国际贸易法委员会网,http://www.uncitral.org。

国际投资是很复杂的过程,许多事情的发生往往事与愿违,有些投资争端虽经友好协商仍无法解决,此外,协商解决往往取决于双方各自讨价还价的力量,这使一些力量较弱的当事人不愿通过协商解决争端。在这类情况下,调解就是处理争端的更好办法。

从国际上看,调解一般具有以下特点:第一,调解自始至终基于争端双方当事人的同意。只有双方同意调解,才能设立调解程序,并且,在调解的任何阶段,只要有一方不再同意调解,调解程序即应停止。第二,调解人的任务是听取和评审各方当事人的主张,并提出解决争端的建议。他可以召集各方当事人共同讨论案件,也可分别会晤各方当事人,对当事人进行疏通引导,促使双方互谅互让,最后为当事人提出解决的方案。第三,调解人的建议不必依照法律规则判断争端的是非,即不必阐释建议的法律理由,而只凭其确信的公平合理原则提出解决方案。当然,所提出的建议也应以不违反法律为基本要求。第四,对调解人建议的方案,双方当事人可以接受,也可以不接受,调解人无权将解决争端的方案强加于当事人。争端双方就解决争端订立和解协议的,该协议通常对争端双方具有约束力。[4]

从国际上看,处理投资争端的调解方式可以分为常设机构进行的调解和临时机构进行的调解。常设机构进行的调解是指在一个负有处理投资或各种经济贸易争端的常设性的机构中进行的调解,这种机构一般都备有供争端当事人选任的调解人名单并有自己的调解规则,可以为调解提供各种服务和便利。临时机构进行的调解是指在常设机构外进行的调解,调解规则和各项工作都由争端当事人和调解人安排。关于调解程序规则,国际上并无统一的硬性规定。为了指导国际商事争端的调解,联合国国际贸易法委员会于1980年制定了一份调解规则,供争端当事人和有关机构采用。2002年11月联合国大会第57届会议通过了联合国贸易法委员会起草的《国际商事调解示范法》,为各国制定有关调解的法律提供示范指引。

我国处理涉外投资争端的调解主要有以下方式:(1)涉外调解机构调解。如中国国际贸易促进委员会(又名中国国际商会)设立的调解中心,是独立、公正地帮助中外当事人解决商事、海事等争端的常设调解机构。此外,还有一些地方仲裁委员会设立的调解中心也提供涉外商事争端的调解。(2)仲裁机构调解。根据我国《仲裁法》第49条和第51条的规定,争端当事人在仲裁过程中可以自行和解或者同意由仲裁庭主持调解。由仲裁庭主持调解达成协议的,仲裁庭应当制作调解书或者根据和解协议内容制作裁决书。对提交仲裁的案件在仲裁程序过程中进行调解,将仲裁与调解相结合,是我国仲裁的一个重要特点。(3)人民法院调解。《民事诉讼法》在第一编总则中规定:“人民法院审理民事案件,应当根据自愿和合法的原则进行调解;调解不成的,应当及时判决。”根据该法第8章规定,调解是在法院受理案件后由法庭主持进行。第8章关于调解的规定同样适用于涉外民事诉讼,自然也适用于投资争端案件。在诉讼过程中进行调解是中国诉讼的一大特点,称作“诉讼与调解相结合”。2012年我国第二次修正的《民事诉讼法》新增加了一条先行

---

〔4〕 如联合国贸易法委员会《国际商事调解示范法》第14条规定:“当事人订立争端和解协议的,该和解协议具有约束力和可行性……”一个例外情况是,《解决国家与他国国民间投资争端公约》第35条规定,ICSID调解结果无约束力。

调解的规定(第122条),即"当事人起诉到人民法院的民事纠纷,适宜调解的,先行调解,但当事人拒绝调解的除外"。该项新规定有利于进一步发挥人民法院调解解决民事争端的作用。(4)民间机构调解。我国许多地区都成立了民间性质的各种外商投资服务机构,如投资促进中心、外商投资企业协会等。这些机构直接为外商投资企业提供各种服务,其中包括接受外商投资企业投诉及来信、来访,依法协助调解有关纠纷。由于这些机构同外商投资企业关系密切,对企业及投资各方情况较熟悉,因而在处理某些投资争端中往往能较好地发挥调解人的作用。(5)行政机构调解。也称行政调解,是指我国各级人民政府对外经济贸易部门以及外商投资企业主管部门的调解。协调处理外商投资企业发生的各类争端是这些部门的职责之一。由于这些部门属于政府部门,具有较大的权威性,所以其主持的调解,成功率也是较高的。需要指出的是,行政机构调解和上述民间机构调解达成的和解协议,性质上属于当事人之间的合同,具有合同的约束力,主要依靠当事人自觉履行,但不当然具有强制执行的效力。[5]

关于调解方面的国际规则的最新发展,是联合国国际贸易法委员会于2018年通过的《联合国关于调解所产生的国际和解协议公约》(以下简称《新加坡调解公约》),以及作为对该公约的补充的《国际商事调解和调解所产生的国际和解协议示范法》(对2002年《国际贸易法委员会国际商事调解示范法》所作的修改)。《新加坡调解公约》适用于当事人为解决商事争议而订立的由调解所产生的国际和解协议,而修改后的示范法在第1条注释部分对"商事性"进一步进行了解释,认为应对"商事"一词作广义解释,以涵盖由于一切商业性质关系而发生的事项,并在列举商事性质关系时明确将"投资"包括在内,因而也可以适用于投资争端解决。该公约确立了关于援用和解协议的权利以及执行和解协议的统一法律框架,确保当事人达成的和解协议按照简化程序具有约束力和可执行性。[6] 该公约已于2020年9月12日生效。中国于2019年8月7日签署了该公约。

二、国际商事仲裁

(一)国际商事仲裁的含义和特点

仲裁(arbitration)也称公断,是双方当事人通过协议将争端提交第三者,由该第三者对争端的是非曲直进行评断并作出裁决的一种解决争端的方法。国际商事仲裁,是指专用于解决国际商事交易中争端的仲裁。

关于国际商事仲裁的确切概念和范围,国际上尚无普遍接受的统一定义,各国规定有所不同。1985年《联合国国际贸易法委员会国际商事仲裁示范法》(2006年修订)对"国际"和"商事"二词均作了广义的解释:"有下列情形之一的,仲裁为国际仲裁:(a)仲裁协议的各方当事人在缔结协议时,其营业地点位于不同的国家;(b)下列地点之一位于各方当事人营业地点所在国以外:(i)仲裁协议中确定的或根据仲裁协议而确定的仲裁地点;(ii)履行商事关系的大部分义务的任何地点或与争议事项关系最密切的地点;或(c)各方

---

〔5〕 这部分内容参见余劲松主编:《国际投资法》(第4版),法律出版社2014年版,第348~352页。

〔6〕 有关《新加坡调解公约》以及商事调解示范法的内容与情况见联合国国际贸易法委员会网站。

当事人明确同意,仲裁协议的标的与一个以上的国家有关。"

关于"商事"的含义,该示范法指出:"对'商事'一词应作广义解释,使其包括无论是契约性或非契约性的一切商事性质的关系所引起的事项。商事性质的关系包括但不限于下列交易:供应或交换货物或服务的任何贸易交易;销售协议;商事代表或代理;保理;租赁;建造工厂;咨询;工程;使用许可;投资;筹资;银行;保险;开发协议或特许;合营和其他形式的工业或商业合作;空中、海上、铁路或公路的客货载运。"

可见,国际投资是具有商事性质的关系,投资争端仲裁一般也是属于国际商事仲裁范围之内的。实际上,自"二战"以来,通过国际商事仲裁方法解决投资争端逐步得到推广,在解决投资争端诸方法中已占据重要地位。

国际商事仲裁作为仲裁的一种,首先,具有仲裁的一般特点,即仲裁具有司法裁判性质,仲裁人的裁决出自争端双方当事人的授予,仲裁具有排他性和终局性。[7] 其次,国际商事仲裁是一种具有国际因素的仲裁制度,从仲裁庭的组成到仲裁庭适用的程序法和实体法,乃至仲裁裁决的承认与执行,都可能涉及不同国家,因而较之于国内仲裁更为复杂。

当事人之所以选择国际商事仲裁方法来解决投资争端,主要基于其自身的特点和优越性。

与司法诉讼相比,仲裁优越性主要表现在:其一,司法程序一般都较复杂和拖延时间,而仲裁程序则相对简便迅速,除少数例外,一般都能较快作出决定。其二,司法诉讼一般公开进行,而仲裁程序则一般是非公开的。除非双方同意,仲裁裁决一般不得公开,因此仲裁具有保密性,这有助于提高败诉方遵守裁决的自愿性。其三,国内司法程序受国内法律控制,一般比较正规、严格,而仲裁则具有较大灵活性和自治性。仲裁程序基于双方合意产生并由双方控制,双方当事人可以自由任命仲裁人、约定仲裁地点、选择仲裁程序法和实体法以及自由规定其他事项。其四,投资争端往往不仅涉及法律问题,而且还涉及专业技术问题,利用仲裁,当事人除可以选择法律专家外,还可以选择精通有关专业知识和具有丰富经验的专家,他们比起法官更胜任处理这些争端。其五,仲裁裁决可能比外国法院判决更易执行,因为仲裁裁决有可能根据有关承认与执行外国仲裁裁决的国际公约请求有关国家予以承认与执行。

与调解相比,仲裁的优越性在于:调解方案需要争端双方同意才能达成,如果调解不成再求助仲裁既浪费时间又浪费精力。而仲裁裁决由仲裁庭作出,并具有终局性,能使争端通过一次程序有效解决。当然,如果把调解纳入仲裁程序中由同一仲裁庭进行,则调解应得到鼓励,因为这有利于使双方达成友好解决。不过应指出,这种调解仍然属于仲裁的程序范围,而不是独立于仲裁程序之外。

(二)仲裁机构与仲裁规则

国际商事仲裁机构从组织形式上看,分临时仲裁庭和常设仲裁机构两种。提交临时仲裁庭进行的仲裁称临时仲裁(adhoc arbitration),提交常设仲裁机构进行的仲裁称常设

---

〔7〕 姚梅镇:《比较外资法》,武汉大学出版社 1993 年版,第 978 ~ 979 页;韩健:《现代国际商事仲裁法的理论与实践》(修订版),法律出版社 2000 年版,第 20 页。

机构仲裁(institutional arbitration)。仲裁程序规则可分为三种:一是常设仲裁机构本身制定的规则;二是某些非仲裁机构的国际组织制定的示范规则;三是当事人或临时仲裁庭设计的临时规则。此外,还有一些有关国际商事仲裁的国际条约及国内法含有仲裁程序的规定。

1. 临时仲裁庭与仲裁规则

临时仲裁庭是根据双方当事人的仲裁协议,在争端发生后,由双方临时推举仲裁人自行组成的法庭。临时仲裁庭的仲裁程序规则由双方当事人自己制定或选择,也可委托仲裁人制定或选择。临时仲裁庭的主要特点是其为无固定的组织,仲裁地点和规则也不固定,案件处理后,即自行解散。其优点在于仲裁的各个方面都可由仲裁当事人安排,当事人可以对仲裁的程序、行政方面以及仲裁的费用加以控制。

2. 常设仲裁机构与仲裁规则

常设仲裁机构是具有固定的组织、固定的地点和固定的仲裁程序规则的常设性机构,一般都备有仲裁人员名册,供当事人选择以组成仲裁庭。常设机构仲裁,确切地讲,是由在常设机构中组成的仲裁庭进行的仲裁,而非由机构本身进行。常设仲裁机构都有较健全的行政管理制度和较齐全的设施,能为当事人提供方便。在常设仲裁机构仲裁,原则上适用本机构的仲裁规则,但也有一些例外。有些学者认为,常设仲裁机构的最大优越性在于它们拥有一套能保证仲裁条款的效力并确保其执行的高度发达的规则。现时,国际私人投资者之间的投资争端仲裁大多提交常设仲裁机构进行。

国际商事仲裁机构依其成立的依据不同可分为国内的、区域性的及国际性的三种。

国内常设仲裁机构是根据有关国家的国内法设立的,或称仲裁法院,或称仲裁委员会等,既可受理本国人之间的,也可受理本国人与外国人之间或外国人之间的经济贸易争端,包括投资争端。国际上影响较大的外国仲裁机构主要有:(1)瑞典斯德哥尔摩商会仲裁院(SCC)。该院成立于1917年,由于瑞典在政治上的中立地位,仲裁制度较为完善,仲裁规则较为灵活,仲裁具有国际特点,所以该院已逐渐发展成为东西方贸易仲裁中心。(2)美国仲裁协会(AAA),成立于1926年,总部设在纽约,在美国其他城市设有分会。为解决国际商事争端,美国仲裁协会制定了《国际仲裁规则》(2001年10月1日修订并生效)。(3)伦敦国际仲裁院(LCIA),成立于1892年,是世界上最早的常设仲裁机构之一,在国际商界卓有声望。此外,在国际上享有一定声誉的外国仲裁机构还有瑞士苏黎世商会仲裁院、日本商事仲裁协会、新加坡国际仲裁中心等。[8]

中国可以受理国际投资争端的常设仲裁机构主要是中国国际经济贸易仲裁委员会(CIETAC),此外,我国各地设立的仲裁委员会也可以受理国际投资争端。经过几十年的不懈努力,中国国际经济贸易仲裁委员会以其独立、公正、快速、高效的仲裁工作在国内外享有广泛的声誉,现已成为世界上重要的商事仲裁机构之一。中国国际经济贸易仲裁委员会的受案量自1990年以来居于世界其他仲裁机构的前列,仲裁裁决的公正性得到了国内外的一致确认,仲裁裁决可以在世界上140多个国家得到承认和执行,是我国处理外商

---

〔8〕 黄进、宋连斌、徐前权:《仲裁法学》,中国政法大学出版社2008年版,第45~55页。

投资争端最重要的仲裁机构。此外,成立于 1985 年的香港国际仲裁中心(HKIAC),借助于香港特区的地理优势很快发展为亚洲领先的国际中心。该中心的规则以联合国国际贸易发展委员会仲裁规则为基础,当事人有很大自由自行约定和设计仲裁程序。

区域性仲裁机构是依据区域性的国际公约或国际组织的决议而设立的常设仲裁机构,目前主要有以下几个:(1)亚洲及远东经济委员会商事仲裁中心。该中心位于泰国的曼谷,由联合国亚洲及远东经济委员会设置;其仲裁规则也由该委员会制定,用以处理本地区的国际经济贸易争端案件。(2)亚非法律咨询委员会地区仲裁中心。该中心指由亚非法律咨询委员会在亚非地区设立的若干常设仲裁机构,主要由发展中国家管理。自该委员会 1974 年作出发展亚非地区的仲裁机构的决议后,已在马来西亚的吉隆坡和埃及的开罗设立了仲裁中心。(3)美洲国家商事仲裁委员会。该委员会根据 1933 年美洲国家第 7 次国际会议第 41 号决议于 1939 年成立,负责处理北美洲和中美洲、南美洲国家间的商事仲裁案件,订有自己的仲裁规则。

国际性仲裁机构是指由多边公约或国际性组织所设立的常设仲裁机构,影响较大的有国际商会仲裁院(ICC)。该仲裁院成立于 1932 年,由国际商会设立,位于巴黎,是一个处理国际商事争端的常设仲裁机构。国际商会的仲裁员来自世界各个国家,其仲裁的一个主要特点是可以在世界的任何一个地方进行仲裁程序。

3. 联合国国际贸易法委员会仲裁规则

联合国国际贸易法委员会于 1976 年制定了一套供世界各国采用的商事仲裁规则,同年联合国第三十一届大会正式通过,此后于 2010 年修订,并新增了 2013 年通过的第 1 条第 4 款。该仲裁规则已在国际上产生较大影响,许多仲裁机构都参照该规则修订了自己的仲裁规则,并表示愿意为当事人按照该规则进行临时仲裁提供帮助。规则的主要特点在于,它无相应的常设仲裁机构予以实施,对各国也无法律拘束力,只是一种示范性规则,供当事人自愿选择适用,尤其是供临时仲裁适用。但为了便于按该规则进行仲裁,双方当事人也可以在仲裁协议中指定一个常设仲裁机构,委托其负责仲裁的行政管理工作。

(三)仲裁协议

1. 仲裁协议的含义、种类及形式

仲裁协议是双方当事人愿意把他们之间已经发生或可能发生的争端交付仲裁解决的一种书面协议。它是仲裁机构受理争端的依据。

仲裁协议有两种类型:(1)仲裁条款,即在争端发生前双方当事人在合同中或作为合同一部分订立的,同意把将来可能发生的合同争端提交仲裁的条款。这是最常见的一种仲裁协议。(2)仲裁协议书,即在争端发生后双方单独订立的,同意把已发生的争端提交仲裁的专门性协议书。这两种类型的仲裁协议,其效力和作用是完全相同的,任何一方当事人都可援引协议的规定,提出仲裁。

仲裁协议无论是哪一种类型,各国一般都要求以书面形式订立。关于仲裁协议的书面形式,1958 年联合国《承认与执行外国仲裁裁决公约》(以下简称 1958 年《纽约公约》)第 2 条第 2 款规定,“书面协议”包括当事人所签署的或者来往书信、电报中所包含的合同中的仲裁条款和仲裁协议。我国《仲裁法》第 16 条第 1 款规定:“仲裁协议包括合同中订立的仲裁条款和以其他书面方式在纠纷发生前或者纠纷发生后达成的请求仲裁的协议。”随着现代通信手段和电子商务的发展,仲裁协议的书面形式也在不断地增加,如2005年新修订后施行的《中国国际经济贸易仲裁委员会仲裁规则》第5条第2款规定:“仲裁协议应当采取书面形式。书面形式包括合同书、信件、电报、电传、传真、电子数据交换和电子邮件等可以有形地表现所载内容的形式……”

2. 仲裁协议的作用和效力

根据一些国际公约、国内法和仲裁规则的规定,仲裁协议主要有以下四个作用:(1)双方当事人均受仲裁协议的约束,当发生争端时,只能以仲裁方式解决,任何一方不得单方面向法院起诉。(2)仲裁协议是仲裁机构受理争端案件的法律依据,使仲裁庭取得对有关争端案件的管辖权。(3)排除了法院对有关争端案件的管辖权,即使一方当事人向法院起诉,法院也无权受理。(4)仲裁协议是法院强制执行仲裁裁决的根据之一。法院在强制执行仲裁裁决时,一般都需要申请强制执行的人提交仲裁协议,否则不会予以执行。

仲裁协议的作用取决于仲裁协议的有效性,如果仲裁协议本身无效,则仲裁协议也就不能存在。仲裁协议的效力就是仲裁协议在法律上的有效性,它主要取决于其形式、内容(提交仲裁的事项、仲裁地点、适用的法律等)以及当事人的权利能力和行为能力是否符合有关法律规定。只有符合有关法律规定的仲裁协议,才具有法律效力。至于要符合哪些有关法律,则要依情况而定,有关的法律可能是仲裁地法、合同准据法、仲裁裁决执行地法等。

与仲裁协议效力相关的还有一个仲裁协议与主合同的可分性问题,即当主合同无效时,作为主合同一个组成部分的仲裁协议是否仍然有效。现时各国立法及仲裁规则一般都主张,仲裁协议的效力独立于主合同之外,即尽管主合同无效,仲裁协议仍然有效,仲裁庭仍可据此受理案件。如我国《仲裁法》第19条第1款规定:“仲裁协议独立存在,合同的变更、解除、终止或者无效,不影响仲裁协议的效力。”

3. 仲裁协议的主要内容

仲裁协议是仲裁的依据,如何规定仲裁协议的内容对于能否发挥仲裁的有效和积极作用有直接的影响。因此,对双方来说都应以认真仔细的态度加以制定。仲裁协议应尽量制定得具体明确,切忌草率从事。仲裁协议通常包括以下主要内容:

(1)仲裁事项,即规定哪些争端可提交仲裁。这里需要特别注意的是,为使仲裁协议有效和仲裁裁决能得到承认与执行,须保证约定提交的争端按照有关国家法律属于商事争端或可仲裁的争端。我国《仲裁法》第2、3条规定:平等主体的公民、法人和其他组织之间发生的合同纠纷和其他财产权益纠纷,可以仲裁;下列纠纷不能仲裁:婚姻、收养、监护、扶养、继承纠纷和依法应当由行政机关处理的行政争议。

(2)仲裁机构与仲裁规则。仲裁协议需要规定是采用临时仲裁,还是常设机构仲裁。我国现行《仲裁法》只规定了机构仲裁,没有规定临时仲裁。因此,在我国仲裁,只能提交机构仲裁。

(3)仲裁地点,指确定在何国以及何国的何地进行仲裁。法律意义上的仲裁地点又称为仲裁本座地或法定地(the seat or legal place),它不同于仲裁开庭地点、仲裁庭合议地点。仲裁地点决定仲裁裁决的国籍，仲裁地点即为裁决作出地点。确定在何地进行仲裁，具有重要意义：首先，在何国仲裁，一般就适用何国的仲裁法决定仲裁程序方面的问题；其次，在当事人缺少法律选择时，仲裁庭一般也是依仲裁所在地的冲突法规则选择实体法以决定争端的实质问题；最后，仲裁地还可能对裁决的承认与执行发生影响。按照 1958 年《纽约公约》第 1 条规定，缔约国可以申明只对在另一缔约国领土内作成的裁决适用本公约。因此，如果在一非缔约国仲裁并制作裁决，则该裁决在该声明国内要求予以承认和执行，就享受不到该公约中的待遇。

（4）仲裁准据法，即仲裁庭可适用以处理争端的实体法。规定适用何种法律，直接关系到案件的处理结果。目前国际上各仲裁机构的仲裁规则一般都要求仲裁庭有义务适用当事人选择的法律，只有在当事人缺少选择时，仲裁庭才可按有关规则选择适用法律。因此，当事人应争取主动选择准据法，如果双方在选择准据法上达不成一致意见时，也可不作选择而留给仲裁庭选择。

我国以前的《民法通则》和《合同法》采用国际上通行的做法，对涉外合同争端所适用的法律作了原则性规定，即涉外合同当事人可以选择处理合同争端所适用的法律，当事人没有选择的，适用与合同有最密切联系的国家的法律。2011 年 4 月 1 日起施行的《涉外民事关系法律适用法》，对涉外民事法律关系适用的法律作了具体规定。其中，涉外合同当事人可以选择合同适用的法律，当事人没有选择的，适用履行义务最能体现该合同特征的一方当事人经常居所地法律或者其他与该合同有最密切联系的法律。但是，根据该法总则的规定以及我国原《民法通则》和原《合同法》的规定，在中国境内履行的中外合资经营合同、中外合作经营合同以及合作勘探开发自然资源合同应当适用中国法律，当事人不得选择适用其他法律。2021 年施行的《民法典》第 467 条也再次重申，上述三类合同适用中华人民共和国法律。适用中国法律解决此类争端，不仅有充分的理论依据，在实践中也切实可行，足以保护外国投资者的合法利益。我国《宪法》及各外商投资法律法规均明确规定，外国投资者的合法权益受中国法律保护。从实践中看，双方既依中国法律签订和执行投资合同，并取得权利承担义务，因此也只有适用中国法律才便于分清双方权责关系，确认和保护外国投资者的合法权益。

（四）裁决的承认与执行

仲裁机构本身并无强制执行的权力，其作出的仲裁裁决由当事人自己履行，如当事人不履行裁决，对方当事人需向法院请求执行。

关于外国仲裁裁决的承认与执行，包括下列两种情况：一种是本国仲裁机构作出的裁决，因败诉一方在外国或其财产在外国而需要向外国法院申请强制执行；另一种是外国仲裁机构作出裁决，因败诉一方在本国或其财产在本国而向本国法院申请强制执行。为了解决有关承认与执行外国仲裁裁决的问题，各国在国家间缔结了一系列双边或多边国际条约，也通过本国立法作出明确规定。

1. 承认与执行仲裁裁决的国际公约

国际上，目前被普遍接受的国际公约为 1958 年《纽约公约》，主要内容是规定各缔约国必须承认和执行外国仲裁裁决以及承认和执行的条件，目的是统一和简化各国执行外

国仲裁裁决的法律程序,以利于国际经济正常交往。1958年《纽约公约》的主要内容有:

(1)各缔约国应该相互承认仲裁裁决有拘束力,并按裁决所在地的程序规定,执行对方国家作出的仲裁裁决。在承认与执行对方国家的仲裁裁决时,不应在实质上请求比本国裁决的承认与执行更为麻烦的条件或征收更多的费用。

(2)详细规定了拒绝承认与执行外国仲裁裁决的条件。依1958年《纽约公约》第5条第1款规定,凡有下列情形之一者,被提请执行的机关可依该被诉人的请求和证明,拒绝承认与执行:仲裁协议无效;被诉人未得到选择或指定仲裁员,以及参与仲裁程序的适当通知;裁决事项不属于仲裁协议所指明提交仲裁的事项,或超过仲裁协议所规定的范围;仲裁庭的组成或仲裁程序违反仲裁协议,或在双方当事人无协议时,违反仲裁地国家的法律;裁决对当事人尚未发生约束力,或已在仲裁国内失效。

(3)依该公约第5条第2款规定,如果被请求承认与执行仲裁裁决的国家主管机关依其所属国法律规定认为,裁决中的争端事项不能用仲裁方法解决,或者承认与执行外国裁决将违背该国的公共秩序,也可以拒绝承认与执行。

2. 我国承认与执行外国仲裁裁决的法律规定

(1)我国涉外仲裁机构作出的仲裁裁决在外国的承认与执行。根据《民事诉讼法》第280条和《仲裁法》第72条规定,我国涉外仲裁机构作出的发生法律效力的仲裁裁决,当事人请求执行的,如果被执行人或者其财产不在中华人民共和国领域内,应当由当事人直接向有管辖权的外国法院申请承认和执行。

(2)外国仲裁裁决在我国的承认与执行。根据《民事诉讼法》第283条规定,国外仲裁机构的裁决,需要中华人民共和国人民法院承认和执行的,应当由当事人直接向被执行人住所地或其财产所在地的中级人民法院申请,人民法院应当依照我国缔结或参加的国际条约,或按互惠原则办理。

(3)我国已于1986年12月2日正式参加了1958年《纽约公约》,我国仲裁机构作出的裁决,可按照该公约的规定在任何缔约国境内获得执行,在其他缔约国作出的仲裁裁决也可按照该公约在我国得到承认和执行。

我国在加入1958年《纽约公约》时作了两项声明:第一,中国只在互惠的基础上对另一缔约国领域内作出的仲裁裁决的承认与执行适用该公约;第二,中国只对根据中国法律认为属于契约性和非契约性商事法律关系所引起的争端适用该公约。按照最高人民法院1987年4月10日《关于执行我国加入的〈承认及执行外国仲裁裁决公约〉的通知》规定,关于我国加入公约时所作的商事保留声明,“契约性和非契约性商事法律关系”,具体是指由于合同、侵权或者根据有关法律规定而产生的经济上的权利义务关系,如货物买卖、财产租赁、工程承包、加工承揽、技术转让、合资经营、合作经营、勘探开发自然资源、保险、信贷、劳务、代理、咨询服务和海上、民用航空、铁路、公路的客货运输以及产品责任、环境污染、海上事故和所有权争端等,但不包括外国投资者与东道国政府之间的争端。该通知还规定,根据该公约第4条的规定,申请我国法院承认和执行在另一缔约国领土内作出的仲裁裁决,是由仲裁裁决的一方当事人提出的。对于当事人的申请,应由我国下列地点的中级人民法院受理:一是被执行人为自然人的,为其户籍所在地或者居所地;二是被执行人为法人的，为其主要办事机构所在地；三是被执行人在我国无住所、居所或者主要办事机构，但有财产在我国境内的，为其财产所在地。我国有管辖权的人民法院接到一方当事人的申请后，应对申请承认及执行的仲裁裁决进行审查，如果认为不具有该公约第5条第1、2项所列的情况，应当裁定承认其效力，并依照《民事诉讼法》规定的程序执行；否则，应当裁定驳回申请，拒绝承认及执行。

3. 中国内地与香港相互执行仲裁裁决的安排

1997年7月1日香港回归之前，香港裁决在中国内地被视为外国裁决，其承认与执行按照中国涉外民事纠纷程序的特别规定办理。由于英国是1958年《纽约公约》缔约国，1977年1月该公约被延伸适用于香港，中国1987年加入该公约后，两地裁决适用该公约的规定相互承认与执行。但香港回归后，香港特别行政区裁决显然已不是外国裁决，又由于1958年《纽约公约》是主权国家之间缔结的国际公约，因而两地之间不能再适用该公约相互承认与执行对方裁决。另外，香港特别行政区裁决显然也不是内地裁决，不同于中国内地仲裁机构作出的裁决，中国内地裁决同样也不是香港特别行政区裁决。因而中国内地裁决与香港特别行政区裁决的相互承认与执行成为一个特殊的问题，也称区际仲裁裁决的承认与执行问题。为解决这一特殊问题，最高人民法院根据《香港特别行政区基本法》第95条的规定，与香港特别行政区政府协商，于1999年6月达成《内地与香港特别行政区相互执行仲裁裁决的安排》。2020年11月最高人民法院发布了《关于内地与香港特别行政区相互执行仲裁裁决的补充安排》，该补充安排已分别于2020年11月27日和2021年5月19日在内地和香港施行。[9]

第二节　投资者与东道国间的投资争端解决

投资者在东道国进行投资时，与东道国政府也会因投资产生争端。这种争端的特点是：(1)双方法律地位不平等，一方是私人，另一方是主权国家政府。(2)争端涉及的可能是投资契约问题，也可能是非契约问题，即争端既可能因为作为特许协议当事人的私人投资者与东道国政府间就特许协议的解释和适用问题而产生，也可能因为东道国对外国投资采取征收或其他管理措施而产生。(3)此类投资争端如果处理不好也会上升为国家间争端，因此投资争端有时也需要通过国家之间的方法解决。外国投资者与东道国间的争端解决和与私人投资者间的争端解决相比，有其特殊性，不仅涉及投资者及其投资的保护，而且还涉及东道国的主权和利益，较为复杂和难以处理。

投资者与东道国间投资争端的解决方法也复杂多样，既包括协商与调解等替代性争端解决方法，也包括东道国当地救济、外交保护、外国法院诉讼、国际仲裁等方法。随着经

[9]　本节国际商事仲裁部分以余劲松主编的《国际投资法》(第4版)第8章第4节为基础，进行了适当删改。

济全球化的发展,投资者与东道国间的争端解决机制在近些年的国际实践中有了许多新的发展,同时也出现了一些亟待关注和解决的新问题。鉴于协商和调解方法上一节已有介绍,这里着重介绍和讨论其他几种解决方法。

一、东道国当地救济

东道国当地救济是指由东道国的司法或行政机关依据东道国的法律(包括实体法和程序法)来解决投资争端。东道国当地救济既适用于内外国投资者之间的争端解决,也适用于外国投资者与东道国政府间的争端解决。但在国际法上,东道国当地救济专指适用于外国人与东道国之间的一种争端解决方法。除非东道国另有法律规定或明确同意,外国投资者不得自行将其与东道国间的投资争端提交国外或国际解决(如外国法院诉讼、国际仲裁);除非外国投资者已经用尽当地救济,外国投资者的母国也不得行使外交保护权。

(一)当地救济的国际法依据

当地救济具有坚实的国际法依据。根据国际法上的国家属地管辖原则,国家对于其领域内的人、事、物和行为都具有管辖权。外国投资者及其投资、与投资有关的活动通常都位于东道国境内,根据属地管辖权原则,外国投资者及其投资活动必须服从东道国的管辖,包括立法、司法和行政管辖。外国投资者与东道国间的投资争端同样也应接受东道国的管辖。

当地救济也是国家对其自然资源永久主权原则的重要内容。根据联合国大会20世纪70年代通过的《各国经济权利和义务宪章》等一系列决议的规定,每个国家对其全部财富、自然资源和经济活动享有充分的永久主权,包括拥有权、使用权和处置权在内,并得自由行使此项主权。该宪章还明确规定,国家不仅有权对外国人财产实行国有化,而且对因国有化补偿问题引起的任何争端,“均应由实行国有化国家的法院依照其国内法加以解决,除非有关各国自由和相互同意根据各国主权平等并依照自由选择方法的原则寻求其他和平解决方法”。

(二)当地救济措施

当地救济包括行政救济和司法救济。例如,我国国内法对解决自然人、法人和其他组织与行政机关之间的行政争议,规定了多种解决途径,主要是行政复议和行政诉讼。外国投资者如果认为我国行政机关的具体行政行为侵害了其合法权益,可以在我国国内通过这两种途径寻求救济。

1. 行政复议

在我国,行政复议是指公民、法人或者其他组织认为行政机关的具体行政行为侵犯其合法权益,向法定行政机关申请重新处理,法定行政机关依法对原具体行政行为进行审查并作出裁决的一种活动。它是公民、法人或者其他组织受到具体行政行为侵害而在行政机关内部寻求救济的一种手段,属于行政救济。为了保证公民、法人或者其他组织得到这种救济,1999年4月29日,第九届全国人大常委会第九次会议通过《行政复议法》,该法于同年10月1日起施行,又于2009年、2017年做了修正。在我国的外国投资者(包括外国人、无国籍人、外国组织)及外商投资企业如果认为我国政府行政机关的具体行政行为侵犯了其合法权益,可以依照《行政复议法》向一定的行政机关(行政复议机关)申请复议,请求行政复议机关撤销或变更原具体行政行为。此外,根据1995年1月1日起实施的《国家赔偿法》(2010年、2012年修正)规定,如果行政复议申请人认为行政机关违法或不当的具体行政行为给其造成损失时,还可向行政复议机关请求赔偿。

在我国,多数情况下,行政复议作为一种可选择的救济手段,除法律法规另有规定外,外国投资者及外商投资企业可以先申请行政复议,对行政复议决定不服的还可向法院提起行政诉讼,也可以不经复议直接向法院提起行政诉讼。

2. 行政诉讼

在我国,行政诉讼是指公民、法人或者其他组织认为行政机关及其工作人员的具体行政行为侵犯其合法权益,依法向我国有管辖权的人民法院提起诉讼,由人民法院依法审理并作出判决的一种活动。它是由人民法院向受到具体行政行为不法侵害的公民、法人或者其他组织提供的一种救济手段,属司法救济。1989年4月4日第七届全国人大第二次会议通过的《行政诉讼法》(2014年、2017年修改)正式在我国确立了行政诉讼司法制度。在我国投资的外国投资者(包括外国人、无国籍人、外国组织)及外商投资企业,如果认为中国政府行政机关及其工作人员的具体行政行为侵犯了其合法权益时,也可以依照该法向人民法院提起行政诉讼,请求人民法院撤销或变更原具体行政行为,并可同时根据《国家赔偿法》请求人民法院判决有责任的行政机关赔偿其经济损失。例如,对征收、征用决定及其补偿决定不服的,或认为行政机关不依法履行、未按照约定履行或者违法变更、解除政府特许经营协议、土地房屋征收补偿协议等协议的,均可以依据《行政诉讼法》第12条提起行政诉讼,以维护自身权益。

依《行政诉讼法》,我国行政诉讼实行二审终审制,当事人不服一审判决的可以提起上诉,上诉后二审作出的判决为终审判决。

(三)用尽当地救济规则

所谓用尽当地救济规则,是指受损害的外国人只有在利用了东道国国内一切可能的救济程序和手段,仍得不到满意的结果时,其本国才能行使外交保护权,或者提起国际程序。[10] 这是一项公认的习惯国际法规则,是传统的国家责任法的一部分。在涉及外国人的救济方面,这一规则强调了东道国属地管辖权的优先地位,有利于促使有关争端尽可能当地解决。

至于何谓“用尽”,各国的规定不尽相同。一般来说,它是指用尽当地一切可利用的救济方法,包括司法、行政,甚至立法的救济办法。[11] 不过,联合国国际法委员会在外交保护条文的编纂过程中似乎将当地救济限于法律救济,即受害人在造成损害的责任国可通过普通或特别的司法或行政法院或机构获得的法律救济。

就司法和行政程序来说,所谓“用尽”是指用完当地所有可适用的程序,包括上诉程

〔10〕 关于用尽当地救济规则,参见姚梅镇:《国际投资法》(修订版),武汉大学出版社1987年版,第350~355页。

〔11〕 关于用尽当地救济规则,参见姚梅镇:《国际投资法》(修订版),武汉大学出版社1987年版,第350~355页。

序,直至最高法院或最高行政主管机关作出终局决定;同时,还必须充分和正确地使用国内法中所有可适用的诉讼程序上的手段,包括传唤证人、提供必要文件和证据等。例如,国际仲裁院在安巴迪洛斯(Ambatielos)案(希腊对英国)中裁定,安巴迪洛斯未传唤重要证人到庭,构成未用尽当地救济手段。[12] 在 Interhandel 案(瑞士对美国)中,由于案件在国内诉讼中长期(9 年)未决,之后又重新审理,国际法院认为该瑞士公司在美国尚未用尽国内救济手段。[13]

关于用尽当地救济规则是程序性条件还是实质性条件问题,国际上也颇有争议,有关学说与实践也不尽相同,主要有三种观点:(1)在用尽当地救济而不成功之前,国家的国际不法行为尚不成立(complete);用尽当地救济是一项实质性条件,是国际责任赖以存在的依据;(2)用尽当地救济规则仅仅是提出国际请求前必须满足的程序性条件;(3)将外国人在国内法下受到的损害和在国际法下受到的损害加以区分。如果损害是由于违反国内法但不构成违反国际法的行为所造成,国家责任只有在以下情况才发生:在该外国人试图就该项违反国内法行为取得救济的过程中,被告国司法机关的作为或不作为对该外国人构成拒绝司法。在此,用尽当地救济规则是国际责任存在的一项实质性条件。相反,如果对外侨的损害是违反国际法的行为所造成,则在损害发生时就产生国际责任,提出国际请求之前仍须满足用尽当地救济这一要求,这仅是一项程序性先决条件,不必确定被告国司法机关有拒绝司法的行为。而且,如果行为或不行为违反国际法而非国内法,则当地救济手段不存在,也就不存在用尽当地救济的问题。[14]

用尽当地救济规则也有例外,即在例外情况下,该规则不予适用。但是,哪些情况可以构成例外,在国际上也没有形成一致的看法。联合国国际法委员会关于外交保护条文的编纂中列举了 5 款例外,包括:(1)不存在可合理得到的能提供有效补救的当地救济,或当地救济不具有提供此种补救的合理可能性;(2)救济过程不当拖延,且该不当拖延可归咎于被指控的责任国;(3)受害人与被告国之间在发生损害之日没有相关联系;(4)受害人明显地被排除了寻求当地救济的可能性;(5)被指控责任国放弃了用尽当地救济的要求。该案文的评注解释说,前两款涉及当地法院没有提供救济可能性的情况,第(3)、(4)款涉及导致要求受害的外国人进行国际诉讼必须以用尽当地救济为前提成为不公平或不合理的情况,这些都是用尽当地救济的明显例外。[15]

(四)卡尔沃主义

卡尔沃主义(Calvo Doctrine)或卡尔沃原则,主张一国境内的外国人享有与当地国民同样保护而不应要求更多保护的学说。这一学说为阿根廷外交家和国际法学家卡洛斯·

[12] 12 U. N. R. I. A. A. 120 (1956).

[13] 1959 I. C. J. Reports 27.

[14] John R. Dugard (Special Rapporteur), Second Report on Diplomatic Protection, International Law Commission, A/cn. 4/514 (2001), para. 32;联合国国际法委员会 2002 年报告(中文本),A/57/10,第 80 页。

[15] John R. Dugard (Special Rapporteur), Seventh Report on Diplomatic Protection, International Law Commission, A/cn. 4/567 (2006), p. 30;联合国国际法委员会第 58 次会议报告(英文版),第 4 章,A/61/10(2006),第 77 页。

卡尔沃所倡导而得名。19 世纪中后期时西方列强在拉美为维护其本国投资者的利益,在投资争端解决方面动辄滥用外交保护权,向拉美国家逼债索赔,激起拉美国家的愤慨。针对西方列强的粗暴干涉,卡尔沃主义主张:外国人受所在国法律的管辖,如在所在国受到损害或发生争端,必须在当地法院寻求救济或解决争端,不允许任何外国干涉;外国人无权要求比国民更优惠的待遇。

卡尔沃主义所体现的各国主权平等原则、内外国人平等原则,一直为拉美国家所接受和支持。1889～1890 年召开的第一次拉美国家国际会议上,卡尔沃主义就被会议接受为美洲国际法原则之一。随后,有些拉美国家还把卡尔沃原则规定在其宪法和法律中,如 1917 年《墨西哥宪法》第 27 条、1903 年委内瑞拉法律第 11 条、1973 年《阿根廷外国投资法》第 6 条等。拉美国家还在泛美会议上通过决议,否认美洲国家对外国人负有不同于本国公民的义务和责任。安第斯条约组织在 1971 年通过的关于外资待遇的第 24 号决议,也反映了卡尔沃主义的精神。该决议第 51 条规定,有关外国投资或转让技术的协议不得包含排除接受国对可能的争端或冲突的国内管辖,或允许外国政府取代其投资者的权利和行动的规定。[16]

拉美国家通常还在其与外国人订立的特许协议中插入一个条款,规定由契约引起争端均由所在国法院依其国内法解决,同时规定外国人在一切关于契约的履行问题上放弃其本国政府的外交保护。[17] 人们将其称为“卡尔沃条款”。由于卡尔沃条款不仅关系东道国的属地管辖权,也关系投资者本国的属人管辖权,因而在国际法上的效力如何是一个颇有争论的问题。认为卡尔沃条款在国际法上无效的观点,主要是基于两种理由:(1)个人可以在契约中放弃自己的权利,但不能放弃本国政府所固有的权利,因为保护他免受违反国际法规则的待遇的权利是国际法给予他本国的权利,而不是给予他个人的,[18] 因此个人在契约中放弃本国的外交保护是无效的。(2)卡尔沃条款对于基于拒绝司法或其他违反国际法提起的求偿是无效的。[19]

然而,依据上述观点否认卡尔沃条款的效力是缺少理论基础的。因为,上述观点忽视了卡尔沃条款最重要的方面或其核心内容,即坚持属地管辖的原则。某些学者和国际判例也是据此支持卡尔沃条款的国际效力的。例如,1926 年由美墨求偿委员会裁决的北美疏浚公司案则是国际上支持卡尔沃条款的一个最著名的案例。该案是对墨西哥政府违反与美国公司间疏浚港口的契约提起的求偿。该契约第 18 条规定,订约人在有关实施该项工作和履行该合同中,在墨西哥国内被看作墨西哥人,关于与此契约相连的权益方面,除了由墨西哥国家给予墨西哥人的以外,他们不得要求也不具有任何其他权利和手段去实施上述事项。因而,他们被剥夺了作为外国人的任何权利。有关该契约的任何问题,不允

---

〔16〕 Aramburu Menchaca, *Multinational Firms and Regional Economic Integration*, Recueil des Cours, 44 (1976).

〔17〕 周鲠生:《国际法》(上册),商务印书馆 1976 年版,第 285～286 页;H. Steiner & D. Vagts, *Transnational Legal Problems*, Foundation Press, 1976, p. 527。

〔18〕 [英]劳特派特修订:《奥本海国际法》(上卷第 1 分册)(中文版),石蒂、陈健译,商务印书馆 1971 年版,第 257 页。

〔19〕 A. V. Freeman, *Recent Aspects of the Calvo Doctrine and the Challenge to International Law*, American Journal of International Law, 130 (1946).

许外国的外交干涉。美墨求偿委员会认为,把该契约第18条作为一个整体来看,其目的显然是约束求偿人受墨西哥法律的支配,并使用存在于这些法律中的救济。如果求偿人求助于墨西哥法庭或其他当局导致拒绝司法或延迟司法的话,该条款并不剥夺他请求其本国政府保护的毋庸置疑的权利。在这个意义上,求偿人的申诉不是违反契约,而是拒绝司法。[20] 这一案例表明,卡尔沃条款对当事人有约束力,虽然不能使国家放弃外交保护权,但个人必须用尽地方救济。只有在由于拒绝司法等情况得不到国内救济时,才可请求本国的保护。

卡尔沃主义及其条款在某些国家的法律和国际文件中也得到了确认。美国的《对外关系法》(第二次重述)第202条就规定,如果:(1)受影响的是经济利益;(2)投资者事实上得到了国民待遇;(3)在国内法院存在符合司法程序要求的善意的救济,那么,卡尔沃条款就会具有效力。在索恩和巴克斯特1961年提出的《关于国家侵害外国人的国际责任公约草案》第22条中提出,如果是对根据契约取得的经济利益造成的损害,以及国家遵守该协议,允许求偿人放弃请求。如外国人强求参加其国家不能保护他的"高风险"活动,卡尔沃条款就会得到支持。[21]

可见,卡尔沃主义及条款在实践中得到了广泛的支持。而且,从历史上看,它是以对抗帝国主义、殖民主义国家干涉政策为目的,具有反对外国人蔑视所在国法律和法院、企图依仗本国外交压力满足个人非分要求的积极作用。从理论上看,它有利于维护国家主权原则、国家平等原则、外国人和本国人待遇平等的原则,且强调国家属地管辖权完整性,因而是合乎国际法的。前述联合国大会通过的《各国经济权利和义务宪章》关于国有化补偿争端解决的规定也体现了卡尔沃主义的精神。

卡尔沃主义与用尽当地救济基本精神有一致之处,即都坚持对投资争端的属地管辖权,防止滥用外交保护。但二者之间也有一些区别:(1)用尽当地救济规则主要是解决国家侵害外国人的责任问题,是对国家责任和外交保护权的一种限制;而卡尔沃主义则主要是解决外国投资者服从当地管辖的问题,从根本上反对投资关系上的外交干预和国家责任。(2)用尽当地救济规则的理论基础是尊重属地管辖优先原则,而卡尔沃主义除属地管辖优先外,更强调内外国人待遇平等原则,即国民待遇原则。正因为上述差别,两个相似的规则中用尽当地救济规则能为各国普遍接受,而卡尔沃主义则遭到西方发达国家的非难。[22]

值得注意的是,自20世纪80年代以后,随着经济自由化与全球化浪潮的席卷,包括拉美在内的广大发展中国家纷纷改变立场,通过国内立法或对外签署投资协定,开放本国市场并开始接受国际仲裁庭对投资争端的管辖权,严格坚守卡尔沃主义的国家已较少了。

例如,有些拉美国家在20世纪80年代末签订的投资条约就开始同意将外国投资者

---

〔20〕 North American Dredging Company of Texas (U.S.A.) v. United Mexican States, 20 A.J.I.L. 800 (1926); H. Steiner & D. Vagts, *Transnational Legal Problems*, Foundation Press, 1976, p.523–526.

〔21〕 H. Steiner & D. Vagts, *Transnational Legal Problems*, Foundation Press, 1976, p.528.

〔22〕 姚梅镇:《国际投资法》(修订版),武汉大学出版社1987年版,第350页;周成新:《国际投资争议的解决方法》,中国政法大学出版社1989年版,第63~64页。

与东道国间的争端提交国际仲裁。安第斯条约组织 1987 年 5 月的第 220 号决议以及 1991 年 3 月的第 291 号决议，对投资和技术转让争端解决不再作统一的强制性要求，而是交由成员国自行决定。20 世纪 90 年代后，阿根廷、智利、玻利维亚、乌拉圭、厄瓜多尔、萨尔瓦多、格里纳达、海地、洪都拉斯、牙买加、尼加拉瓜、巴拿马、特立尼达和多巴哥等国与美国签订的投资条约中，都同意接受国际仲裁庭的管辖，仲裁所适用的法律除东道国法外，还包括可适用的国际法律规范。墨西哥与美国、加拿大三国间的《北美自由贸易协定》不仅规定了国际仲裁机制，而且在实践中已经由国际仲裁庭审理了几十起案例。

截至 2021 年 6 月 30 日，除少数几个国家外，大多数拉美国家现都加入或签署了世界银行 1965 年主持签订的《解决国家与他国国民间投资争端公约》。中美洲 7 国除伯利兹 1986 年签字后尚未交存批准书外，其他 6 国（危地马拉、萨尔瓦多、洪都拉斯、尼加拉瓜、哥斯达黎加、巴拿马）都已加入公约；南美洲 13 国中，除巴西、苏里南和法属圭亚那外，其余 10 国（玻利维亚、秘鲁、厄瓜多尔、哥伦比亚、圭亚那、委内瑞拉、阿根廷、智利、巴拉圭、乌拉圭）绝大多数自 20 世纪 90 年代以后加入该公约。[23]

然而，进入 21 世纪以后，新自由主义的推行在一些拉美国家产生了副作用，导致贫富严重分化，社会发生动荡。阿根廷在 2001 年爆发了严重的金融危机，继而引发了社会动乱和政治危机，并对邻近国家也产生了影响。一些拉美国家频频被外国投资者根据投资条约的规定告上国际仲裁庭，疲于应诉，十分被动。特别是阿根廷为应对金融危机而于 2002 年 1 月颁布《公共紧急状态法》等法律并采取相应措施后，外国投资者声称其利益受到侵害，纷纷提起国际仲裁，向阿根廷索赔。除阿根廷外，墨西哥、厄瓜多尔、智利和委内瑞拉等也都涉有多起诉案。这些国际仲裁诉讼不仅使东道国面临巨大的经济负担和赔偿，而且使东道国管理其国内经济事务的权利也受到严峻挑战。在此情况下，少数拉美国家已对投资争端的国际仲裁进行反思，开始酝酿采取限制措施，甚至宣布退出《华盛顿公约》。尽管如此，采取国内救济和国际仲裁两种方式来解决外国投资者与东道国间投资争端仍是国际社会的通行做法，同时，从强调属地管辖的角度来看，"卡尔沃主义"仍具有重要意义。

二、外交保护

外交保护是指本国国民在国外遭受侵害或损害，依据该外国国内法程序得不到救济时，本国国民可以通过外交手段向其所属国寻求救济。外交保护是解决外国私人投资者与东道国间投资争端的传统方法之一，但它会使投资者与东道国间的争端上升为国家之间的争端。由于外交保护权的行使往往更多的是出于政策的考虑，因而也可将其称为政治解决方法。

主权国家根据其属人管辖权，具有对在国外的本国国民行使外交保护的权利，是公认的习惯国际法原则。不过，对于行使外交保护权的性质、根据、条件等，在理论上和实际中

---

〔23〕 ICSID, *Listing of Contracting States and Other Signatories of the Convention* (June 30, 2021), www. Worldbank. org/icsid.

尚存在许多分歧。

(一)外交保护实践的发展与变化

在"二战"和国际人权公约出现以前,个人在外国受到侵害,其本国可以进行干预,对其加以保护或就其所受的损害索赔。但实际上,主要是西方列强的国民享受这一特权地位,这些国家认为,若东道国给予其国民的待遇与"一般文明标准"不符,它们就有权进行干预。特别是根据西方传统的理论,对国民的损害就是对该国民所属国的国家本身的损害,从而为外交保护,甚至军事干预和炮舰外交提供了理由。在国际实践中,特别是在19世纪后期至"二战"前,外交保护的滥用时有发生。例如,英国进行英布战争(1899~1902年)的理由就是为保护拥有威斯沃特斯兰德(Witwatersrand)金矿的英国侨民而进行干预。

长期以来,对外交保护制度也一直存在不少批评意见。有的认为,这一制度在本质上带有歧视性,因为只有强国才能用它对付较弱小的国家。因此,它在根本上是不平等的,因为个人使其诉求国际化的可能性取决于与其有国籍联系的国家。[24] 而且,外交保护还成为干涉某些国家事务的借口。内尔沃(Padilla - Nervo)法官在巴塞罗那公司案的个人意见中就指出:关于外国人待遇的国家责任的历史就是滥用、非法干涉弱国的国内管辖权,或不公正的索赔、威胁,甚至打着行使保护权的旗号进行军事侵略,以及为迫使一国政府做出所要求的赔偿而实施制裁的历史。[25]

"二战"后,国际关系发生了重要变化,外交保护这项国际习惯法制度也需要进一步规范化并反映国际法的新发展。因此,联合国国际法委员会1996年第48次会议认为,外交保护是适合编纂和逐步发展的议题之一,并于1997年成立了专题工作组,任命了特别报告员。特别报告员从2000年至2006年提出了7次报告,并提出了外交保护的条款草案,联合国国际法委员会经多次会议讨论和辩论已形成条文草案。

(二)外交保护的定义与法律性质

联合国国际法委员会关于外交保护条文草案的案文没有试图为外交保护作出完整、全面的定义,而是从该条款所使用词语的含义来描述外交保护的特征,即当他国的国际不法行为对本国国民造成损害时,国家可通过外交行动或其他和平解决手段行使外交保护,以期使该另一国履行责任。

1. 国际不法行为

何谓国际不法行为是个颇有争议的问题,涉及西方国家长期主张的外国人最低国际待遇标准问题。西方国家主张以国际标准作为国家责任的根据,一国如果不能达到这个标准,就要担负国际责任,[26] 这时外交保护就是用来寻求救济的手段。这一观点一直受到批评。例如,罗伊(Roy)就对国际标准作了猛烈的抨击,并认为以国际标准为根据的侵

---

〔24〕 Mohamed Bennouna, *Special Rapporteur*, *Preliminary Report on Diplomatic Protection*, International Law Commission, para. 8, Fiftieth session, A/CN/4/484 (1998).

〔25〕 I. C. J. Reports, 1970, p. 246.

〔26〕 [英]劳特派特修订:《奥本海国际法》(上卷第1分册)(中文版),石蒂、陈健译,商务印书馆1971年版,第261页。

害外国人的国家责任法不是普遍的国际法的一部分。[27] 联合国国际法委员会在编纂外交保护条文时没有对因使外国人受到损害而引起国家责任的国际不法行为予以界定，因为该条文只处理次级规则(secondary rules)而非初级规则(primary rules)。

2. 外交保护权的性质

传统的国际法理论认为，外交保护是维护国家的权利。早在1758年国际法学者瓦特尔(Vattel)在其《国际法或自然法原则》一书中就表述了这一观点："任何人虐待一公民，就是对国家的间接侵犯。该国的君主必须为受到的伤害进行报复，如有可能，得迫使侵犯者全面赔偿或对其予以惩罚，否则公民就不能实现安全这一公民社会的主要目标。"这一观点此后被广泛援引，同时也引起了相当大的争论。

国家保护其在国外的国民的权利，是基于国家的属人管辖权。根据普遍接受的习惯国际法规则，尽管居住国对外侨具有属地管辖权，但该外侨的国籍国仍对其保留属人管辖权。常设国际法院在1924年的Mavrommatis Palestine Concessions案中对此作了经典阐述：国际法的一项基本原则是，当其国民因他国违反国际法行为而遭受损害且在该他国无法通过正常渠道获得赔偿时，该国有权加以保护。国家接受其国民的案件并且付诸外交行动或代表该国民提起国际司法诉讼，实际上就是在主张其自己本身的权利，即通过其国民确保国际法规则得到尊重的权利。[28]

联合国国际法委员会工作组认为，行使外交保护是国家的权利。在行使这一权利时，国家应考虑受其实施外交保护的国民的权利和利益。联合国国际法委员会通过的外交保护案文为："一国享有……行使外交保护的权利。"其评注部分说，该条是确认由国家提起和行使外交保护，并不影响国家在这个过程中为谁维护权利的问题，即是出于国家自身的权利，还是出于国家所代表的受损害的权利，在这个问题上是中性的。该评注进一步认为，国家有行使外交保护的权利，但并没有此义务。国际法院在巴塞罗那公司案中的意见就认为，只有国家可以决定是否提供保护、在何种程度上提供保护，以及何时停止提供保护；在这方面，国家保留自由裁量权，这种权利的行使可取决于与特定案件无关的政治考虑或其他考虑。[29]

3. 外交行动

一国在行使外交保护时可以采取哪些行动，在理论上和实践中尚不明确。鉴于外交保护在历史上曾经成为强国对弱小国家进行武力干涉的借口，联合国国际法委员会关于外交保护条文起草工作组第一任特别报告员本努纳先生在其关于外交保护的初步报告中指出：原则上讲，国家在遵守其国际承诺和国际法的强行规范时，保留了为维护其国民而选择行动手段的权利。在实行外交保护时，尤其不能诉诸武力威胁和使用武力。[30] 联合

〔27〕 Guha Roy, *Is the Law of Responsibility of States for Injuries to Alien A Part of Universal International Law*? American Journal of International Law, 1961.

〔28〕 (Greece v. UK) 1924 P. C. I. J., Series A, No. 2, p. 12.

〔29〕 联合国国际法委员会第58次会议报告(英文版)，第4章，A/61/10(2006)，第28~29页。

〔30〕 Mohamed Bennouna, *Special Rapporteur*, *Preliminary Report on Diplomatic Protection*, International Law Commission, para. 11, Fiftieth session, A/CN/4/484 (1998).

国国际法委员会在其通过的第1条案文的评注中指出:"外交行动"涵括一国为向另一国通报其意见和关注而采取的一切合法程序,包括抗议、为解决争端而提请调查或谈判;"其他和平解决手段"包括所有合法的争端解决形式,从谈判、调停、调解到仲裁和司法解决争端。《联合国宪章》第2条第4款禁止的使用武力不属于实施外交保护权可允许的办法。[31]

(三)外交保护的限制条件

国家行使外交保护权还必须受到两个条件的限制:一是国籍原则;二是用尽当地救济原则。用尽当地救济原则前面已经谈到,这里主要阐述国籍原则。

所谓国籍原则,是指有权行使外交保护权的国家是受保护人的国籍国。国际常设法院在1939年潘尼维止—沙都提斯基斯铁路案(Penevezys - Saldutiskis Railway)中说,一国的外交保护权……当然限于代表自己的国民进行干涉,因为在无特别协议时,正是国家和个人间的国籍联结才授予国家的外交保护权。[32] 对于自然人来说,其国籍国是指该人根据该国法律以出生、血缘、归化、国家继承或不违反国际法的其他方式获得其国籍的国家。

所谓持续国籍原则,是指请求人的国籍应具有连续性。根据某些学者的意见,持续国籍表现为:请求人从发生损害之日到提出求偿之日都必须是该国的国民,国籍的联系在此期间未间断。这一要求的目的是防止通过改变求偿国籍的简单手段而造成滥用外交保护。[33] 不过,对持续国籍的终止日期存在不同意见,即终止日期是应为提出请求之日还是求偿解决之日?在联合国国际法委员会编纂外交保护条款的过程中,特别报告员杜加尔德建议,将提交请求的日期作为持续国籍的终止日期,将提出请求的国民在提交请求后取得被告国国籍的情况作为例外(以求偿解决之日为终止日期)。联合国国际法委员会最后通过的案文采用"正式提出求偿之日"作为终止日期。此外,联合国国际法委员会在保留持续国籍原则的同时,也规定了例外。

当所保护的国民具有双重国籍时如何处理?为解决这一问题,产生了两种理论:平等原则和积极或有效国籍原则。前者是以国家平等为基础的,认为如果两个国籍都是有效的话,那就不允许一国代表这个人反对他的另一国,否则就否定了主权平等。根据后者,国际法上承认的国籍是该个人使用的国籍——通常是他居住的国籍。在国际案例上对涉及双重国籍时适用哪个原则一直是有分歧的。适用平等原则的有亚历山大案(Alexander)、萨利姆案(Salem)等;而适用有效国籍原则的有卡尼瓦洛家(Canevaro)、特里奇案(Tellech)等。[34] 在国际上,1930年的《关于国籍法冲突的若干问题的公约》对两个原则都加以规定,对于某人同时具有的两个国籍国间适用平等原则,对于第三国适用有效国籍原则。国际法院在1951年的诺特波姆案中,采取有效国籍原则,拒绝承认诺特波姆的列支敦士登国籍在国际法上有效。这样,由于该国民和其国家间没有真正联系,列支敦士登无

---

〔31〕 联合国国际法委员会第58次会议报告(英文版),第4章,A/61/10(2006),第26~27页。

〔32〕 *Panevezys - Saldntiskis Railway case* (1939), Permanent Court of International Justice, Series A/B, No. 76.

〔33〕 F. Leigh, *Nationality and Diplomatic Protection*, International and Comparative Law Quarterly, 456 (1971).

〔34〕 F. Leigh, *Nationality and Diplomatic Protection*, International and Comparative Law Quarterly, 460 - 464 (1971).

充分的资格代表其诉危地马拉。[35] 该案对有效原则给予了新的活力，使其具有防止一国代表与该国只有形式上联系的国民行使外交保护的作用。联合国国际法委员会关于外交保护编纂的案文规定了两种情况：对于第三国的求偿而言，双重或多重国籍国民的任一国籍国可为该国民行使外交保护，这里不要求该国民与行使外交保护的国家之间具有真实或有效的联系；而且，两个或多个国籍国可为具有双重或多重国籍的国民共同行使外交保护。但就针对国籍国的求偿而言，一国籍国不得为同属另一国国民的人对该另一国行使外交保护，除非在发生损害之日和正式提出求偿之日，该国的国籍为该人的主要国籍（predominant）。[36] 这样的措词表明，一般来说，一国籍国不得对另一国籍国提出求偿，只有在所列的"除非……"特殊情况才允许主要国籍国对另一国籍国提出求偿。显然，联合国国际法委员会对有效国籍原则适用的范围似乎进一步扩宽了。

对于公司来说，情况更为复杂一些，既涉及公司国籍的确定问题，也涉及公司与股东的关系问题。在巴塞罗那公司案中，国际法院认为，对于公司来说，公司与股东之间有明显的区别。当公司受到伤害而致股东利益受到损害时，股东只能让公司出面采取行动，因为"尽管两个独立的实体受到同一不法行为的侵害，但只有一个实体的权利受到侵犯"。因此，只有公司才有寻求其国籍国外交保护的权利。在不存在特殊的例外情况时，股东国籍国不得行使外交保护权，从而国际法院拒绝了比利时政府提出的请求。[37] 在该案中，国际法院是以成立地为标准来确定公司国籍的，认为法人实体在某国成立，或在其域内有注册机构，该国才有对该法人实体行使外交保护的权利，这两项标准已被长期实践和许多国际文件所肯定，[38] 从而国际法院拒绝接受依资本控制确定公司国籍的观点。不过，联合国国际法委员会所拟定的关于外交保护条文在此基础上有了新的发展。《外交保护条文》第 9 条为：为对公司行使外交保护的目的，国籍国是指公司依照其法律成立的国家。然而，当公司受另一国或另外数国的国民控制，并在成立地国没有实质性商业活动，而且公司的管理总部和财务控制权均处于另一国时，那么该国应视为国籍国。[39] 联合国国际法委员会的上述案文既强调了应以成立地为公司国籍国，同时也考虑到了成立地国与公司联系薄弱的情况，是一种较为现实的选择。

根据国际法院在巴塞罗那公司案中的判决，股东的外交保护须视侵犯了股东的权利还是侵犯了公司的权利而加以区别。当股东的权利受到侵犯时，不管其公司是否具有第三国或被告国的国籍，股东都可以得到保护。在这种情况下，股东的保护是以"独立"的根据为基础的，代表股东行使外交保护的权利属于他们的国籍国。如果公司的权利受到侵犯，行使外交保护的权利属于公司的国籍国，股东的国籍国无权采取外交保护行动，因为

---

〔35〕 *Nottebohm case*, (1955) I. C. L. 4; *F. Leigh*, *id.*, 466 - 471 (1971).

〔36〕 联合国国际法委员会第 58 次会议报告（英文版），第 4 章，A/61/10(2006)，第 41 ~ 47 页。

〔37〕 国际法院报告（ICJ Rep.），1970 年，第 41、44、70 段；See also F. A. Mann, *The Protection of Shareholder Interests in the Light of the Barcelona Traction Case*, 67 A. J. I. L. 259 (1973); J. H. W. Verzijl, *International Law in Historical Perspective*, 453 - 462 (1972).

〔38〕 国际法院报告（ICJ Rep.），1970 年，第 70 段。

〔39〕 联合国国际法委员会第 58 次会议报告（英文版），第 4 章，A/61/10(2006)，第 52 页。

仅是股东的“利益”,而不是其“权利”受到侵犯。[40] 联合国国际法委员会在编纂外交保护过程中对此采取的案文是:在公司受到损害的情况下,公司股东的国籍国无权为这些股东行使外交保护,除非由于与损害无关的原因,按照成立地国的法律该公司已不存在;或在受到损害之时,公司具有对造成该损害负有责任的国家的国籍,并且按照该国法律成立公司是该国规定在其境内经营的前提条件。依据上述规定,在公司受到损害时,原则上由公司的国籍国行使外交保护权,股东国籍国只有在上述两种例外的情况下才可以行使外交保护。[41]

外交保护虽仍是解决争端的方式之一,但对于投资争端解决来说,这种方式已经受到严重限制,这种限制反映了国际社会的愿望,有利于维护东道国的管理权,有利于促使投资争端在当地解决,促使投资者考虑东道国的公共利益和发展目标,为东道国的发展做出自己的贡献。如果对外交保护不加限制,投资者就会以其母国为后盾,在东道国肆无忌惮、为所欲为,损害东道国的利益;并易于将私人投资争端上升为国际争端,有害于国际秩序。虽然一些东西方国家和学者认为,这种限制不能有效地保护投资者的利益,但在国际投资关系上应坚持平等互利的原则,不能片面地强调单方面利益,并且投资争端还可以通过国际仲裁等适当的方式解决,从而也能有效地保护投资者的利益。

当然,外交保护也并非完全过时而不可采用的方法。在特定的情况下,外交保护的行使是合法的。例如,《解决国家与他国国民间投资争端公约》第 27 条规定,缔约国对于它本国的一个国民和另一缔约国根据本公约已同意交付或已交付仲裁的争端,不得给予外交保护或提出国际要求,除非该另一缔约国未能遵守和履行对此项争端所作出的裁决。这就是说,在另一缔约国不遵守和履行 ICSID 仲裁庭裁决的情况下,缔约国是可以行使外交保护的。

三、国际仲裁

对于投资者与东道国的投资争端来说,强调当地解决的合法性毋庸置疑,在很多情况下也能使争端得到妥善解决。但对于当地解决方法也不能绝对化,有时投资者出于对东道国司法制度及其公正性缺乏了解和信任,往往更希望寻求国际解决而不愿通过东道国法院解决争端。东道国则对投资者本国的外交保护十分反感并持排斥态度。在此背景下,国际仲裁作为一种能为双方都能接受的争端解决的补充方式,自 20 世纪 60 年代以后被越来越多的国家所采用。

根据国家主权原则,国家既可以属地管辖原则为基础要求投资争端服从当地管辖,也可依据“自由选择方法”将投资争端提交国际仲裁解决。对发展中国家来说,采取国际仲

---

〔40〕 早在 20 世纪 20 年代的美孚石油公司求偿案中,国际仲裁庭的裁决说,大多数国家的最高法院的判决原则认为,股东和其债权人除在公司存续期间得到一份利润以及在公司歇业后得到相应的资产份额外,对公司的财产没有任何权利。巴塞罗那公司案重申了这一现实。See Standard Oil Co., Claim, United Nations, R. I. A. A., Ⅱ, at 777; C. D. Wallace, *Legal Control of Multinational Enterprise*, Martinus Nijhoff Publishers, 1983, p. 30 - 31.

〔41〕 联合国国际法委员会第 58 次会议报告(英文版),第 4 章,A/61/10(2006),第 58 页。关于公司的外交保护,参见余劲松:《跨国公司法律问题专论》,法律出版社 2008 年版,第 476 ~ 486 页。

裁这种法律解决方法,可以避免投资者本国滥用外交保护权,使投资争端解决非政治化,同时也有助于改善本国投资环境,增强外国投资者对本国的信任感和对投资的安全感,以吸引外资促进本国经济发展。

1965年达成的ICSID公约设立了常设性仲裁机构——国际投资争端解决中心(ICSID),专门解决国家与他国国民间的投资争端,包括投资者与东道国间因特许协议产生的争端和因非契约关系产生的投资争端。

20世纪80年代以后,许多双边投资保护条约、区域性自由贸易协定等都对投资者与东道国间的投资争端规定了仲裁解决机制。我国对外签订的双边投资协定也含有通过仲裁解决争端的规定。在这些投资条约中,有的还对仲裁程序事项作出较详细的规定,如NAFTA第11章的规定,以及美国和加拿大双边投资条约范本的规定。〔42〕如果缔约东道国违反了投资条约中规定的义务并给投资者造成损害或损失,则投资者可根据投资条约向该东道国提起仲裁索赔。现在的投资者与东道国间争端案大多数是根据国际投资条约提起仲裁的。

投资条约关于投资者与国家间争端解决的仲裁机制的规定具有非常独特的性质和意义。从性质上看,这种条约规定实际上是一种第三方受益安排。条约赋予私人投资者将其与东道国的争端提交国际仲裁的权利,除事先通知外,投资者不承担任何义务。其意义是通过此种机制使条约中规定的实体义务得到执行。有人认为,根据这种机制,私人投资者既是求偿者又是条约义务的执行者,〔43〕投资条约中的实体义务就是通过私人投资者的求偿加以监督和保证实施的。

下面着重讨论国际投资仲裁所涉及的几个主要问题。

(一)关于可提交国际仲裁的投资争端范围

有关协定对哪些投资争端可提交仲裁应首先作出规定。在实践中,不同的国家对此所作的规定也不同,大致有以下几种类型:

第一,允许提交国际仲裁的投资争端范围受到严格限制。例如,有些条约只允许将征收补偿数额方面的争端提交仲裁。中国"入世"以前与外国签订的许多双边投资协定就属此种类型。中国在加入ICSID公约时曾通知ICSID,中国政府仅考虑将产生于征用或国有化有关补偿的争议提交ICSID管辖。但根据《华盛顿公约》第25条第4款规定,此项通知不构成本条第1款所要求的同意。因此,我国双边投资协定规定的可提交国际仲裁的事项,通常构成了我国的仲裁同意,只要协定他方国家的投资者提请仲裁,国际仲裁机构就可以受理所有的投资争议。例如,中日1988年投资协定第11条第2款规定:"缔约任何一方或根据其法律和法规其他承担补偿义务者和缔约另一方国民或公司关于第五条第三款所述的补偿价款的争端,如果当事任何一方提出为解决争端进行协商的六个月内未能解决,由根据该国民或公司的要求,可提交参考1965年3月18日在华盛顿签订的《关于

---

〔42〕 美国2004年及以后的双边投资协定范本包括三个部分:一是实体部分;二是投资者与国家间争端解决;三是缔约国间争端解决。

〔43〕 Carlos G. Garcia, *All the Other Dirty Little Secrets: Investment Treaties, Latin America, and the Necessary Evil of Investors - State Arbitration*, 16 Fla. J. Intl L. 301, 311 - 314.

解决国家与他国国民间投资争端公约》(以下简称'华盛顿公约')而组成的调解委员会或仲裁委员会。缔约任何一方和缔约另一方国民或公司关于其他事项的争端,可根据当事双方的同意,提交如上所述的调解委员会或仲裁委员会。”中韩1992年的投资协定也有类似的规定,同时还补充规定:在中华人民共和国成为《华盛顿公约》的成员国时,应投资者或政府的要求,可将除中华人民共和国声明保留不提交根据《华盛顿公约》设立的ICSID的争端以外的任何争端提交中心。可见,根据上述规定,可提交国际仲裁的争端有三类:一是就征收补偿的数额发生的争端;二是双方同意提交仲裁的其他事项的争端;三是除中国声明保留不提交ICSID的争端以外的争端。

第二,对可提交仲裁的投资争端的条件和范围均加以明确规定。例如,美国2004年以后的双边投资条约关于可提交仲裁的投资争端有两个条件:一是违反了有关义务;二是投资者由此而产生损失或损害。特别重要的是,美国的投资条约对违反了哪些义务还作了明确的列举。比如,根据美国2012年双边投资条约范本第24条的规定,被告国违反下列义务的可提交仲裁:一是第3条至第10条项下的义务,即涉及国民待遇、最惠国待遇、最低待遇标准、征收与补偿、资金转移、业绩要求、高管人员和董事会、关于投资的法律与决定的发布等。二是投资许可(investment authorization)。根据协定范本中的定义,投资许可是缔约国外资当局对缔约他方的投资或投资者所给予的许可。三是投资协议。根据规定,这里的投资协议,是指缔约国国内当局与缔约他方投资者或所涵盖的投资间签订的书面协议,且由前者给予后者关于自然资源开发、提供公共事业服务或从事基础设施建设等方面的权利。

有关违反“投资许可”和“投资协议”的内容,在NAFTA第11章中没有规定,但在美国后来的双边投资协定和自由贸易协定中有此规定。

加拿大的双边投资条约范本第22条对可提交仲裁的事项也作了规定。根据该条的规定,若缔约方违反了协定列举的有关条款项下的义务并对缔约他方投资者造成损失或损害的,则该缔约他方的投资者可将有关请求提交仲裁。与美国的投资条约相比,加拿大条约没有关于违反“投资许可”和“投资协议”义务方面的规定,而且加拿大明确地将透明度义务排除在可提交仲裁的事项之外。

印度2016年的双边投资条约范本将可以提交国际仲裁的范围限定在违反条约第2章(第9、10条除外)义务产生的争端,即涉及投资待遇、国民待遇、征收、资金转移、损失补偿、代位权这几个方面的争端。仲裁庭不得审理仅因违反投资者与缔约国间契约产生的争端,这类争端只能由国内法院解决,或者按照契约中的争端解决规定解决。[44]

第三,允许提交国际仲裁的投资争端较为宽泛。例如,日本与韩国2002年的投资协定第15条第1款规定,投资争端是缔约一方与缔约他方的投资者间由侵犯本协定所赋予的权利所造成的损失或损害而产生的争端。至于侵犯该协定中所赋予的哪些权利才可提交仲裁,该协定未作限定,解释起来可能就会比较宽泛。当然,由于其所指的投资争端是

---

〔44〕 Article,13, *Model Text for the Indian Bilateral Investment Treaty*, CMS, http://www.cms-lawnow.com/ealerts/2016/01/india-approves-model-bilateral-investment-treaty.

权利受到侵犯所产生的,因此,这些争端也可以说属于法律争端。可见,依日韩协定规定,所有的投资争端(法律争端)都可以提交国际仲裁。

需要注意的是,对于可提交国际仲裁的范围,中国1998年以后签订的一些双边投资协定大大突破了原来的限制。例如,2004年中国与芬兰新的投资协定第9条规定,缔约国一方与投资者"因投资发生的任何争端",若在3个月内未能通过友好协商解决,可以提交当地法院或国际仲裁解决,除非争端当事双方另有其他一致同意。这里的国际仲裁,包括依据1965年3月18日在华盛顿签署的ICSID公约设立的ICSID仲裁,或者根据联合国国际贸易法委员会仲裁规则的仲裁。这样的规定有利于投资者保护,但对东道国而言则可能带来诉累风险。

(二)仲裁所依据的公约或规则

若将投资者与国家间的投资争端提交国际仲裁,则会进一步涉及由谁来仲裁、依据什么规则来仲裁的问题。

不少投资协定现在都规定,争端当事人可将争端提交给依据以下公约或规则组成的仲裁庭仲裁:世界银行下设的国际投资争端解决中心、ICSID附加便利规则、UNCITRAL仲裁规则等。

1. ICSID仲裁庭

如果东道国和投资者的母国都是ICSID公约的缔约国,那么争端当事人就可以选择将投资争端提交给ICSID解决。ICSID制定专门的调解规则和仲裁规则,可依据其规则通过调解或仲裁来解决投资争端。对于ICSID仲裁庭作出的裁决的撤销、裁决的承认与执行都必须按照ICSID公约的规定执行,不得采取公约规定之外的措施。有关ICSID公约的内容,将在下一节详细介绍。

从国际层面上来看,在早期的大多数双边投资协定中,均将ICSID作为解决投资争端的唯一选择方式。但是,在1985年以后把ICSID作为唯一解决争端机制的双边投资协定只有1/4左右。客观地说,ICSID公约是经过发达国家和发展中国家长期协商所形成的,其反映了双方的意见,从而为国际投资提供了一个相对公平的争端解决机制,也被发达国家和发展中国家所接受。据联合国贸易和发展会议统计,截至2017年7月31日,在808起投资者与国家间争端仲裁案中,适用ICSID仲裁规则的案件有448起,占多数。不过,近年来,国际双边投资协定实践的发展趋势是,给争端当事方提供多种可供选择的仲裁方式。这样,投资者有了更大的选择余地,可以更好地保护投资安全,维护投资者的利益,促进两国间投资的发展。

中国是ICSID缔约国,因此在中国与其他ICSID缔约国签订的双边投资协定中均规定可将争端提交ICSID仲裁。

2. ICSID附加便利规则

若争端当事人中投资东道国或投资者母国只有一方是ICSID公约的缔约国,则争端当事人可以选择适用ICSID附加便利规则,将投资争端提交给依据该附加便利规则组成的仲裁庭解决。该附加便利规则也有专门的调解和仲裁规则,其受理的争端既可以是直接因投资产生的,也可以是非直接因投资产生的。由于ICSID公约不能适用于此类争端解决,依据ICSID附加便利规则作出的裁决的承认和执行,就得依据1958年《纽约公约》办理,因此,该附加便利规则的仲裁规则要求仲裁程序只能在1958年《纽约公约》的缔约国内进行。

3. UNCITRAL仲裁规则

UNCITRAL仲裁规则提供了一套全面的程序规则,当事方可约定按照这些规则进行因其商事关系而产生的仲裁程序,这些规则广泛用于临时仲裁和常设机构仲裁。该规则涵盖仲裁过程的所有方面,提供了示范仲裁条款,对任命仲裁员和进行仲裁规定了程序规则,还对裁决的形式、效力和解释等问题确立了规则。据联合国贸易和发展会议统计,截至2017年7月31日,在808起投资者与国家间争端仲裁案中,选择适用UNCITRAL仲裁规则的有251起,数量位居第二。目前,规则有以下三个不同版本:(1)1976年版;(2)2010年修订版;(3)纳入联合国国际贸易法委员会《投资者与国家间基于条约仲裁透明度规则》的2013年版。

《贸易法委员会仲裁规则》最初于1976年通过,一直用于解决多种争端,其中包括没有仲裁机构介入的私营商事当事方之间的争端、投资者与国家之间的争端、国家与国家之间的争端以及由仲裁机构管理的商事争端。2006年,委员会决定修订《贸易法委员会仲裁规则》,以适应仲裁实务在过去30年间的变化。修订的目的是提高按照规则进行的仲裁效率,并保持该文书原有的结构、精神或文体不变。

《贸易法委员会仲裁规则》(2010年修订)自2010年8月15日起生效,其中还包括述及以下问题的条文:多当事方仲裁和并入程序、赔偿责任以及对仲裁庭所指定的专家提出异议的程序。规则所载的一些创新内容旨在提高程序效率,其中包括修改后的仲裁员更换程序、费用合理性要求以及仲裁费用审查机制,还包括对临时措施所作的较为详细的规定。

2013年通过《投资者与国家间基于条约仲裁透明度规则》(以下简称《透明度规则》)之后,在《贸易法委员会仲裁规则》(2010年修订)案文的基础上新增第1条第4款,以便对根据2014年4月1日或此后订立的投资条约启动的仲裁纳入《透明度规则》。该新的款项就根据UNCITRAL仲裁规则启动的投资者与国家间仲裁适用《透明度规则》事宜作出了非常明确的规定。在所有其他方面,2013年《贸易法委员会仲裁规则》与2010年修订版相比保持不变。[45]

依据该规则作出的仲裁裁决的承认和执行,也适用1958年《纽约公约》。

4. 其他仲裁机构或仲裁规则

除上述三种常见的规则外,有的双边或区域性协定还有其他规定,如《能源宪章条约》规定,可以将投资争端提交给瑞典斯德哥尔摩商会仲裁院的仲裁程序;美国2012年双边投资条约范本规定,可以提交给当事人同意的任何其他仲裁机构或者根据任何其他仲裁规则进行仲裁。从投资仲裁的实践来看,除前三种规则外,选择适用斯德哥尔摩商会和国

---

〔45〕 上述内容引自联合国国际贸易法委员会网站,载 http://www.uncitral.org/uncitral/en/uncitral_texts/arbitration/2010Arbitration_rules.html。

际商会仲裁规则的比率较高。

(三)关于缔约国同意的条件与限制

1. 缔约国的事先单方同意

投资者与东道国间争端的国际仲裁,也要以当事人同意为条件。但对于投资条约仲裁来说,当事人的同意具有特殊性,通常是缔约国在投资条约中约定将其与另一缔约国的投资者间的争端提交仲裁,这一约定构成了缔约国对仲裁的书面同意,只要另一缔约国投资者根据条约的规定书面提起仲裁请求,即构成双方同意,有关仲裁庭就可以受理该仲裁案件。也就是说,缔约国在条约中就提交仲裁作出有约束力的事先单方同意,投资者若提交仲裁,不需要与缔约东道国签订专门的书面仲裁协议,只需要依据条约的规定直接提起仲裁请求,就产生相互同意的效力。

例如,美国和加拿大的协定均明确表示,缔约方同意根据本协定规定提起仲裁。但同时也规定,这里所说的"同意"以及提交仲裁须符合有关公约或规则的要求,如 ICSID 公约第 2 章(中心的管辖)和 ICSID 附属便利规则关于争端当事人书面同意的要求。

从中国以前的实践来看,绝大多数投资协定规定只对征收补偿采取事先单方同意,对其他事项需要经过双方同意,并非将所有投资争端都事先单方同意交给国际仲裁。中国新一代的投资协定中,有些协定对投资者与缔约国的任何投资争端都事先同意提交仲裁解决,即只要发生投资争端,投资者只要选择提交国际仲裁,有关国际仲裁庭就可根据缔约国在此协定中表示的事先同意而享有管辖权。从维护东道国的权益和政策管理空间的角度来看,国家对事先单方同意提交国际仲裁的范围应谨慎行事为宜。

现在有的国家已改变事先同意的做法。例如,印度尼西亚新的双边投资条约范本规定,投资者与国家间争端仲裁要经国家同意,东道国提交特别同意函件后投资者才可将案件提交仲裁。

2. 诉请仲裁的期限与时效

为了促使投资争端能通过友好的方式解决,许多投资条约不仅要求在提交仲裁前应首先寻求通过协商和谈判解决,而且规定在争端事实发生一定期限后,如在引起请求的事件过去 6 个月后,才可提交仲裁,以便为争端的友好解决留出时间。

此外,为了鼓励投资争端能及时得以解决,避免久拖不决,不少投资条约规定了仲裁请求权的时效。例如,中国与加拿大的投资协定规定,自投资者首次知悉,或本应首次知悉声称的违反以及知悉投资者或其涵盖投资因此而遭致损失或损害之日起,未超过 3 年期限。若超过 3 年期限则不得提交仲裁。

如果未能满足上述条件,则缔约国的"同意"也不成立。

3. 仲裁与"当地救济"关系的处理

在当地救济与国际仲裁之间,许多投资条约要求在二者间只能选其一。若投资者提交仲裁,则必须放弃寻求当地行政或司法救济的权利,或是相反,其目的既是防止出现东道国法院判决和国际仲裁的冲突,也是使争端能尽快得到解决。例如,中日 1988 年的投资协定以及中韩 1992 年的投资协定都规定,如果投资者在东道国内求助于行政或司法解决时,该争端不得提交仲裁委员会。日韩协定第 15 条第 3 款规定,除非争端双方另有其他约定,一旦投资者将投资争端提交该条第2、3款规定的方法解决,那么,该投资者就不得将投资争端提交该条第2、3款规定的其他替代方法解决。但这一规定只是要求投资者采取其选择的解决方式之一,并未排除当地行政与司法救济。

值得注意的是,NAFTA第11章及美国、加拿大的投资协定范本都有关于"放弃"利用其他救济程序的规定。即投资者要利用协定中的仲裁作为先决条件,必须就同一争端放弃求助于国内法院、行政法庭或其他争端解决程序,不涉及金钱赔偿的禁令救济除外。这种被称为"不得回转"(no-U-turn)的规定,一旦投资者放弃现行的国内法院诉讼并提交仲裁,他就不能再回过头来寻求当地法院的救济。[46] 但美国与智利自由贸易协定的附录10-E规定,若投资者选择将争端提交给智利法院、行政法庭,该投资者就不得将其提交B节项下的仲裁。

中国以前签订的某些双边投资协定规定,如果投资者在东道国内求助于行政或司法解决时,该争端就不得提交国际仲裁。新一代投资协定则规定,当地司法解决与国际仲裁二者选择其一。这样,若提交国际仲裁,就不能再提交国内司法解决。但若已将争端提交国内法院的投资者仍可诉诸该条提及的任一仲裁庭仲裁,条件是该投资者在提交的争端判决作出前已经从国内法院撤回案件。在这种情况下,作为争端一方的缔约方应同意将其与缔约另一方投资者之间的争端根据本条款提交国际仲裁。

那么,可否要求投资者在用尽当地救济以后再提交国际仲裁呢?在实践中,有的投资协定要求投资者在将争端提交国际仲裁前先用尽某种当地救济。然而,在当今的国际双边投资协定中,大多数双边投资协定没有规定用尽当地救济条款。据统计,在20世纪90年代的409个双边投资协定中,只有5个规定了用尽当地救济的要求。[47] 不过,近年来,由于国际仲裁对东道国产生的一些负面影响,有些国家对国际投资仲裁持警惕态度,并采取用尽当地救济规则来限制国际仲裁。例如,印度2016年的双边投资条约范本就明确规定将用尽当地司法或行政救济作为条件,只有在用尽当地救济5年后还没有得到满意的解决时,投资者才可依据条约的规定提起仲裁。

中国的投资协定未要求用尽当地司法救济,但规定可以要求用尽当地的行政复议程序。例如,中芬投资协定议定书规定,当中华人民共和国作为争端缔约一方时,可以要求有关的投资者将争端提交本条第2款2或第2款3所规定的国际仲裁程序之前用尽中华人民共和国的法律法规规定的当地行政复议程序。根据我国《行政复议法》第31条规定,行政复议机关应当自受理行政复议申请之日起60日内作出行政复议决定,案情复杂的,最多可以延长30日,即行政机关最长必须在90日内作出行政复议决定。从中国当前的实际情况出发,应该说,这一规定对我国来说有其有利之处,且是必要的,因为中国目前是发展中国家中最大的资本输入国,因而当然也会是投资争端发生最多的东道国,要求用尽当地行政复议程序,可以使我国政府有机会在争议提交国际仲裁前纠正政府部门或下级政府的不当行政行为,尽量在我国国内化解争议,促使争端在当地能得到尽快解决,避免

[46] 美国与智利《自由贸易协定》第10.17条。
[47] 石静遐:《用尽当地救济规则与国际投资争议的解决》,载《国际经济法论丛》1999年第2卷。

使大量的争端被提交国际仲裁，增加政府有关部门的应诉负担。

除上述规定外，有些投资条约还对仲裁员的选择、仲裁的管理、仲裁程序的透明度、适用的法律、合并仲裁，以及裁决等事项作出规定。这些规定对所适用的仲裁规则起补充或修改的作用，即在所适用的仲裁规则没有相应的规定，或有关仲裁规则与该投资条约规定不一致的情况下，适用投资条约的规定。

(四)中国利用国际仲裁的实践

近年来，中国也开始介入国际投资条约仲裁，其中既有中国作为东道国被外国投资者提起仲裁索赔，也有中国的海外投资者对外国政府提起仲裁诉求，还有涉及我国香港、澳门特别行政区同胞的案件。

1. 中国作为东道国被诉的案件

从中国作为投资东道国的角度来看，外国投资者与我国政府之间发生争端的情况并不多见，即使发生争端，通常通过协商及国内程序就可以得到解决。迄今为止，外国投资者将其与中国政府间的投资争端提交国际仲裁的，已有6起案件，其中5起是提交ICSID仲裁的，另有一起是临时仲裁。这些案件主要是因土地使用权或房地产引起的，外国投资者指控中国政府的行为违反有关双边投资协定中的征收规定，具体如下：

(1)马来西亚依佳兰公司诉中国案。2011年4月，马来西亚依佳兰公司依据中国与马来西亚双边投资协定，向ICSID提交了国际仲裁请求，以海南省万宁市政府违法征收土地为由，以中国政府为被告，索赔经济损失逾人民币21亿元。这是以我国政府为被告遭遇的第一例此类国际仲裁案件，但该案后来由于双方达成和解而撤诉。[48]

(2)韩国安城房地产公司诉中国案。2014年11月，韩国安城房产有限公司以江苏省射阳县政府未按协议约定向其提供投资项目土地使用权为由，依据中韩2007年双边投资协定向ICSID提起国际仲裁请求，要求中国政府赔偿经济损失人民币1亿元，2017年3月9日仲裁庭以超过时效为由驳回仲裁请求。[49]

(3)德国的香料和食品加工剂制造商海乐公司(Hela Schwarze GmbH)于2017年6月21日，根据2003年中德双边投资条约在ICSID提起投资仲裁请求。[50] 海乐公司自1996年起在中国山东省济南市与当地一家肉类加工企业合资经营，1999年转为德国所有。该案目前正在依ICSID仲裁程序进行审理。

(4)宋宇(Jason Yu Song)诉中国。该案涉及陕西撤销大漠公司土地使用权证产生的纠纷，申请人依据中国与英国1986年的双边投资协定于2019年提起临时仲裁，该案由常设仲裁院管理，目前仍在审理中。

此外，还有两起2020年提起的仲裁案，但现在都终止程序了。一起是日本Macro贸易公司诉中国案，涉及房地产争端，申请人依据中日1988年双边投资条约于2020年6月29日向ICSID提起仲裁，2021年9月10日因未预缴费用而终止。另一起是Mr. Goh Chin

---

〔48〕 Ekran Berhad v. People's Republic of China (ICSID Case No. ARB/11/15). 2011年5月24日提出仲裁申请，2011年7月22日根据当事人协议“中止”，2013年5月16日终止程序。

〔49〕 Ansung Housing Co., Ltd. v. People's Republic of China (ICSID Case No. ARB/14/25).

〔50〕 Hela Schwarz GmbH v. People's Republic of China, ICSID Case No. ARB/17/19.

Soon 诉中国案,申请人因位于山东青岛的房地产争端,依据中国与新加坡 1985 年签订的双边投资条约于 2020 年 9 月 16 日向 ICSID 提起仲裁,2021 年 8 月 25 日仲裁庭依据 ICSID仲裁规则第 43(1)条(当事人达成协议)终止程序。

中国作为最大的发展中国家资本输入国,今后与外国投资者因投资协议或政府措施发生投资争端的情况恐怕难以避免,通过中心仲裁或其他临时仲裁将有利于争端的解决,从而形成良好的投资环境,吸引外资,促进我国经济的发展。

2. 中国投资者对外国政府的仲裁索赔案

随着我国"走出去"战略的实施,我国对外投资近些年来有了很大的发展,与外国政府发生的投资争端也日益增多,外国政府违反与中国企业签订的特许协议或涉及征收事宜的争端等情况也会时有发生。例如,2011 年 9 月,中电投公司 2009 年动工的缅甸密松水电站项目被缅甸政府"暂停";2014 年 11 月墨西哥取消中国铁建联合体中标的高铁项目;2015 年斯里兰卡科伦坡港口城项目被"叫停"等。我国企业在外国作为投资者也已开始通过 ICSID 仲裁或其他国际仲裁来维护自己的权益。截至 2021 年 10 月,中国内地投资者提起了 5 件投资仲裁案:

(1)2010 年中国黑龙江国际技术合作公司等三家公司就其与蒙古国政府的矿业投资纠纷,依据中国与蒙古国 1991 年的双边投资协定,在联合国国际贸易法委员会的仲裁规则(UNCITRAL Rules)框架下向蒙古国提出了仲裁请求,该案是第一起由中国投资者依据双边投资协定向外国政府提起仲裁的案件。据报道,2017 年 6 月 30 日,该案仲裁庭对中蒙双边投资协定中关于提交仲裁的范围的条款(涉及征收补偿数额的争议)作狭义解释,裁定其不具有管辖权,驳回中方企业的仲裁请求。[51]

(2)平安保险公司诉比利时案,该案是中国投资者第一次作为申请人依据中国签订的双边投资协定正式向 ICSID 提请国际仲裁。据报道,为布局海外金融平台,中国平安公司于 2007 年投资富通集团旗下的富通银行,先后向比利时富通集团投资约人民币 238 亿元,获得近 5% 的股份。2008 年全球金融危机爆发后,富通集团被比利时政府国有化,并在未寻求股东同意的情况下被低价出售。比利时政府设立了一个基金来补偿富通集团的股东,但这一补偿计划只涉及欧盟国家的机构股东,而作为第一大股东的中国平安公司,不但始终被排除在重组之外,甚至连补偿也无缘获得。中国平安公司不得不于 2008 年年底计提减值准备金人民币 228 亿元。2012 年 9 月中国平安公司依据《中华人民共和国政府和比利时—卢森堡经济联盟关于相互促进和保护投资的协定》向 ICSID 提出仲裁申请,指控比利时政府在 2008 年金融危机期间对其投资的富通集团资产处置不当,向比利时政府索赔。2015 年 4 月仲裁庭作出裁决,以缺乏管辖权为由驳回了中国平安公司的诉求。[52]

(3)北京城建集团诉也门案,该案于 2014 年 12 月 3 日在 ICSID 登记立案。2017 年 5

---

〔51〕 China Heilongjiang International Economic & Technical Cooperative Corp. and others v. Republic of Mongolia, http://www.pcacases.com/web/view/48.

〔52〕 Ping An Life Insurance Company of China, Limited and Ping An Insurance (Group) Company of China, Limited v. Kingdom of Belgium (ICSID Case No. ARB/12/29).

月 31 日仲裁庭驳回了也门的管辖权异议，裁定其具有管辖权。2018 年 6 月 7 日该案程序因当事人协议而终止。[53]

此外，2020 年以后，又有两起中国投资者在 ICSID 对外国政府提起仲裁的案件。一是闵凤振因房地产项目纠纷于 2020 年 8 月 3 日依据中国与韩国 2007 年的双边投资协定对韩国提起仲裁；另一起是杨建平等因电信方面的纠纷于 2021 年 9 月 1 日依据中国与东盟 2009 年的投资协定对柬埔寨提起仲裁。

由此可见，国际仲裁也是我国海外投资者解决其与外国政府间的投资争端、维护自身权益的重要方式。

3. 香港特别行政区和澳门特别行政区同胞的国际投资条约仲裁案

香港特别行政区和澳门特别行政区的海外投资者近些年来也利用中国内地与其他国家签订的双边投资协定提起国际仲裁，以维护其权益。目前有两起典型案件：

（1）香港特别行政区居民谢业深诉秘鲁案。2007 年 2 月 12 日，ICSID 秘书处登记受理了第一例由中国私人投资者向外国政府提起的仲裁请求，开创了中国海外投资者通过国际投资仲裁机构解决投资争端的先例。该案中，秘鲁一家鱼饲料公司（TSG Peru）的中国所有权人谢业深以秘鲁政府的税收征管措施违反中国与秘鲁的双边投资协定为由，向其主张 2000 万美元的赔偿。2009 年 6 月 19 日仲裁庭作出管辖权裁定，确认仲裁庭对本案具有管辖权。2011 年 7 月 7 日仲裁庭作出最终裁决，认定秘鲁政府实施的税收临时措施构成对谢业深投资的间接征收，裁定秘鲁给予谢业深 786,306.24 美元的补偿以及利息。[54]

（2）澳门特别行政区的世能（Sanum）公司诉老挝案。该案是第一起由中国澳门特别行政区投资者发起的国际投资仲裁案例。该案仲裁庭于 2013 年 12 月作出管辖权裁定，认为其对该案有管辖权；2019 年作出裁决，认为请求方世能公司未能履行证据责任，驳回其索赔请求，并裁定由世能公司向被诉方老挝政府支付法律费用并承担仲裁费用。[55] 有关该案管辖权方面的争议将在后面进一步介绍。

这两起案件都涉及香港特别行政区和澳门特别行政区的海外投资者能否利用内地与他国签订的双边投资协定（BIT）向东道国索赔的问题。学界对此存在争论，一种意见认为，鉴于香港特别行政区和澳门特别行政区与内地实行“一国两制”，内地与其他国家签订的 BIT 原则上不能适用于香港特别行政区和澳门特别行政区；另一种意见认为，将中国内地与他国签订的 BIT 适用于香港和澳门特别行政区，有利于保护港澳同胞和企业的海外投资。这一问题的解决需要国务院和香港特别行政区、澳门特别行政区政府依据香港和澳门特别行政区基本法的规定作出适当安排。

此外，还有一起香港公司利用香港特别行政区与他国签订的双边投资协定向外国政府提起仲裁的典型案例，即菲利普·莫里斯亚洲集团公司诉澳大利亚的烟草平装案。本

---

〔53〕 Beijing Urban Construction Group Co. Ltd. v. Republic of Yemen (ICSID Case No. ARB/14/30).

〔54〕 Tza Yap Shum v. Republic of Peru, ICSID Case NO. ARB/07/6, Award, 7 July 2011.

〔55〕 Sanum Investments Limited v. Lao People's Democratic Republic, PCA Case No. 2013 - 13, Award on Jurisdiction, 13 Decmber 2013; Award, 6 August 2019.

案是因跨国烟草巨头不满澳大利亚新的烟草控制法案而引发的一系列诉讼行动之一。澳方新法律规定,2012 年 12 月起在澳大利亚出售的香烟必须采用橄榄绿包装,不得带有标志和商标,必须图示吸烟有害。2011 年 6 月 22 日,总部位于中国香港特别行政区的菲利普·莫里斯亚洲集团公司向澳大利亚政府发出仲裁通知,认为澳方违反中国香港和澳大利亚 1993 年达成的双边投资协定(Australia - Hong Kong BIT),依据联合国国际贸易法委员会 2010 年仲裁规则,向国际常设仲裁法院寻求仲裁。该案仲裁庭于 2015 年 12 月 17 日作出裁定,认为菲利普·莫里斯亚洲集团公司在争端可预见时通过改变公司结构获得投资条约保护,构成权利滥用,对于这种请求,仲裁庭是不可受理的,并据此驳回了其仲裁请求。[56]

目前还有两起港澳投资者对外国政府提起的未决仲裁案件。一是世能投资公司(Sanum)依据中国与老挝 1993 年的双边投资协定于 2017 年 4 月 14 日对老挝政府提起的又一起临时仲裁;二是香港投资者 ALPene Ltd 因银行业方面的纠纷根据中国与马耳他 2009 年签订的双边投资协定于 2021 年 7 月 2 日在 ICSID 对马耳他提起的仲裁。

第三节 《解决国家与他国国民间投资争端公约》及其适用

历史上,对于如何解决投资者与东道国间投资争端问题,发达国家与发展中国家之间存在严重的对立和分歧。为了解决这一难题,一些国家包括发达国家和发展中国家在世界银行的倡导下,于 1965 年缔结了《解决国家与他国国民间投资争端公约》(也称《华盛顿公约》)。该公约于次年 10 月 14 日生效。截至 2021 年 6 月 30 日,共有 164 个国家签署了公约,其中 156 个国家正式批准加入公约。中国于 1990 年 2 月 9 日签署公约,1992 年 7 月 1 日批准加入公约,1993 年 1 月 7 日向中心交存批准加入书,1993 年 2 月 6 日公约对我国生效。

一、解决投资争端国际中心的设立

《华盛顿公约》设立了国际投资争端解决中心(ICSID,以下简称中心),作为实施公约的常设性机构。中心的宗旨是依据公约的规定为各缔约国与另一缔约国国民之间的投资争端,提供调停和仲裁的便利。

中心设有行政理事会和秘书处,行政理事会主席由世界银行行长担任,成员由各缔约国代表组成。行政理事会的职能主要包括:通过中心的行政与财政条例、通过调解和仲裁

---

[56] Philip Morris Asia Limited v. The Commonwealth of Australia, PCA Case No. 2012 - 12, Award on Jurisdiction and Admissibility, 17 December 2015.

的程序规则、批准与世界银行达成的关于使用其行政设施和服务的协议、确定秘书长和任何副秘书长的服务条件、通过中心的年度收支预算、批准关于中心活动的年度报告等。正、副秘书长由理事会选举产生,秘书长是中心的法定代表人和主要官员,依据《华盛顿公约》的规定和行政理事会通过的规则负责行政事务,包括任命工作人员、执行书记官。

《华盛顿公约》提供的解决国际投资争端的方法包括调解和仲裁两种,均在中心的管理下,依照中心制定的调解规则或仲裁规则进行。(1)调解。中心的调解独立于其仲裁程序之外,当事人可以只要求调解,也可以要求先行调解,调解不成再进行仲裁,但须另组成仲裁庭。调解由双方当事人依照《华盛顿公约》规定任命的调解委员会进行。中心调解的特点是它达成的协议无拘束力。(2)仲裁。仲裁由双方当事人依照《华盛顿公约》规定任命的仲裁庭进行,仲裁裁决具有拘束力。它是《华盛顿公约》提供的最重要的也是实践中最常被采用的解决方法,所有缔约国均有义务承认与执行中心的裁决。

中心制定有《调解程序规则》和《仲裁程序规则》,适用于中心的调解与仲裁。最近修订的《调解程序规则》和《仲裁程序规则》是 2006 年 4 月 10 日生效的。1978 年,中心行政理事会还制定了一套《附加便利规则》(Additional Facility Rules),授权中心秘书处处理某些不属于公约管辖范围的争端。[57]《附加便利规则》包括三个主要的程序规则:《事实查明规则》、《调解规则》和《仲裁规则》。经行政理事会最近修订的《附加便利规则》也是于 2006 年 4 月 10 日生效的。

中心备有调解员名册和仲裁员名册,供投资争端当事人选择聘请。根据《华盛顿公约》的规定,每个缔约国可以向中心指派 4 名调解员和 4 名仲裁员,行政理事会主席有权指派调解员和仲裁员各 10 名。被指派的人员应具有高尚的道德品质,并且在法律、商务、工业或金融方面有公认的资格,可以被信赖作出独立的判断,其服务年限为 6 年,可以连任。

中心具有完全的国际法律人格。中心的法律能力包括:缔结契约的能力;取得和处理动产和不动产的能力;起诉的能力。中心及其财产和资产享有豁免一起法律诉讼的权利。

截至 2020 年年底,中心共登记受理仲裁和调解案件 803 件,中心受理的案件,绝大多数为仲裁案件,案件被申请人大多数为发展中国家,少数为发达国家,也有个别的为公司。[58]

二、中心的管辖权

中心管辖权主要体现在中心管辖的条件和中心管辖的排他性两方面,规定在《华盛顿

〔57〕 1978 年中心行政理事会第 12 次年会通过一项决议,决定创设附加便利(additional facility),授权中心秘书处管理公约范围以外的国家和其他国家国民之间的某种程序:(1)关于解决当事人双方其中一方为非缔约国或非缔约国国民之间投资争端的调解或仲裁程序;(2)关于解决非直接由投资产生的法律争端的调解或仲裁程序,但其当事人中至少一方是缔约国或缔约国国民;(3)调查事实的程序,这些程序统称为附加便利,这些程序仅以当事人协议为依据并经中心秘书长批准,任何情况下均不受公约规定支配。参见中心网,https://icsid.worldbank.org/resourses/rules－and－regulations/additional－facility－rule。

〔58〕 ICSID, *The ICSID Caseload－Statistics*, Issue 2021－1. https://icsid.worldbank.org/sites/default/files/publications/The%20ICSID%20Caseload%20Statistics%20%282021－1%20Edition%29%20ENG.pdf.

公约》第25条至第27条中。

(一)中心管辖的条件

《华盛顿公约》第25条第1款规定,中心的管辖适用缔约国(或缔约国指派到中心的该国任何组成部分或机构)和另一缔约国国民之间因投资而产生的任何法律争端,而该项争端经双方书面同意提交给中心。当双方表示同意后,任何一方不得单方面撤销其同意。

据此,投资争端必须同时具备《华盛顿公约》规定的主体要件、客体要件和主观要件,才能提交中心管辖(包括调解或仲裁)。

1. 主体要件——当事人资格

主体要件是双方当事人参加中心调解或仲裁必备的资格,《华盛顿公约》规定,必须一方是缔约国(或其指派到中心的该国任何组成部分或机构),另一方是其他缔约国国民。

作为一方当事人的缔约国,必须是在其与投资者约定提交中心管辖时,或在程序被提起时已正式加入公约。缔约国包括该国政府和该国的“组成部分或机构”。对于“组成部分或机构”作为中心程序当事人,《华盛顿公约》要求符合两个条件:第一,由缔约国指派到(通知给)中心;第二,被指派的“组成部分或机构”所作的接受中心管辖的同意,还须经该缔约国批准,除非该缔约国通知中心不需要这种批准。

投资争端的另一方当事人,根据《华盛顿公约》规定,必须是另一缔约国国民。将争端主体限定为另一缔约国国民的必要性有二:一是要确保投资者本国受《华盛顿公约》第27条约束,不得对该投资者同东道国已约定提交中心仲裁的争端进行外交保护或提出国际要求;二是要使投资者本国受《华盛顿公约》第54条(1)的约束,对承认与执行不利于本国投资者的中心仲裁裁决承担《华盛顿公约》规定的义务。

“另一缔约国国民”包括自然人和法人。法人作为另一缔约国国民,根据《华盛顿公约》第25条第2款的规定,必须是“在争端双方同意将争端交付调解或仲裁之日,具有作为争端一方的国家以外的某一缔约国国籍的任何法人,以及在上述日期具有作为争端一方的缔约国国籍的任何法人,而该法人因受外国控制,双方同意为了本公约的目的,应看作另一缔约国国民”。这样,除具有另一缔约国国籍的法人是“另一缔约国国民”外,对具有争端一方缔约国国籍但由外国人控制的法人,依双方特别约定,也可看作另一缔约国国民。显然,那些具有东道国国籍但由外国人控制的法人,据此规定也就具有了可能通过ICSID对其与东道国间的投资争端进行仲裁的资格。

2. 客体要件——争端的性质

客体要件是指可以提交中心管辖的争端的性质必须符合的条件。根据《华盛顿公约》第25条第1款,提交中心管辖的争端必须符合两个条件,即争端必须是直接产生于投资和争端必须是法律争端。

《华盛顿公约》没有对“投资”予以定义。其理由主要在于,既然该公约规定中心的管辖是以当事人同意为基础的,那么最好的办法是由当事人自己根据实际情况确定。因此,双方当事人对于确定其交易是否构成投资具有相当大的自由裁量权。当事人同意将争端提交中心这一事实意味着他们认为该争端是因投资产生的。当事人可以在同意协议中就此作出明确的声明,也可以对争端的范围加以限定。

《华盛顿公约》也未对“法律争端”一词下定义。因此,当事人可以约定所提交的争端是法律争端。为了帮助当事人和中心在实践中确定何为法律争端,《执行董事会报告》作了相应解释,其指出:“法律争端”一词是用来表明,权利的冲突属于中心管辖范围,而单纯的利益冲突则不属于中心管辖范围。争端必须是关于法律权利或义务的存在与否及其范围,或者是因违反法律义务而引起的赔偿的性质和范围。[59]

在国际投资仲裁实践中,有些仲裁庭对“投资”作出了自己的解释。例如,在Salini诉摩洛哥案中,意大利公司Salini竞标取得在摩洛哥修建高速公路的合同,摩洛哥的缔约方系在当地注册但代表政府发包基建工程的公司,工程延迟完工,摩洛哥公司没有完全付款,Salini公司遂依意大利与摩洛哥的双边投资协定,向ICSID提起仲裁。仲裁庭需要解决的问题之一是修建高速公路合同是否构成投资。该案仲裁庭认为,“投资”应包含下列因素:(1)投资者的投入;(2)项目要运行一段期间;(3)涉及一定的风险;(4)投资对东道国经济发展有贡献。

该案仲裁庭对“投资”的分析此后虽为不少仲裁庭所仿效,但也有仲裁庭对此加以改变,对“投资”作扩大解释,以确定其管辖权。其中的一个典型案例是Saipem公司诉孟加拉国案。意大利的Saipem公司于1990年2月14日和孟加拉国一家国有企业孟加拉石油公司(Petrobangla)签订合同,在孟加拉国铺设石油和天然气管道,该项目由世界银行及其属下的国际开发协会提供贷款。后由于孟加拉石油公司没有按合同规定向Saipem公司支付预扣款,且双方无法就Saipem公司在工程延迟过程中的额外开支达成协议,1993年6月7日,Saipem公司根据双方的合同,向国际商会仲裁院提起仲裁。2003年5月9日,国际商会仲裁庭裁定孟加拉石油公司败诉,判其偿付Saipem公司600余万美元及11余万欧元。孟加拉石油公司向当地法院起诉,要求撤销国际商会的裁决。2004年4月21日,孟加拉国法院判定,根据孟加拉国的法律,国际商会的裁决系自始无效。2004年10月5日,Saipem公司依据孟加拉国和意大利之间于1994年9月20日生效的双边投资保护协定向ICSID提起仲裁。仲裁庭首先需要解决的是,Saipem公司和孟加拉国政府之间的争议是不是《华盛顿公约》第25条项下的投资,以及争议是否直接源自投资。孟加拉国政府认为该案不能满足Salini案确定的投资标准,理由包括:Saipem公司只是提供铺设管道服务,而项目的资金系孟加拉国自己借贷,且要事先向Saipem公司支付工程款;该项目的实际施工时间不足一年;该公司在此项目中并不承担任何风险。Saipem公司则认为该合同是“投资”,因为其在该工程项目中投入了大量的技术、财务和人力资源。仲裁庭认为,《华盛顿公约》的谈判历史表明投资之确定与资金的来源无关;工程的施工受到干扰而暂停,双方因此需要谈判延期合同以及预扣款安排等均为投资者的风险。仲裁庭还强调,为了确定是否存在《华盛顿公约》第25条项下的投资,还要考虑项目整体运行情况,包括合同、建设施工、预扣款、保证以及国际商会仲裁等。仲裁庭认定该案争端属于“投资”的范围,Saipem公司与孟加拉国政府之间的争议系法律性质的争议,因为申请人的权利源自建

---

〔59〕 *Report of the Executive Directors on the Convention on the settlement of Investment Disputes between States and Nationals of Other States*, March 18, 1965, p.9; ICSID, *History of the ICSID Convention*, Vol. Ⅱ-2, p.1078.

筑合同,但经国际商会仲裁庭裁决具体化。有论者指出,仲裁庭在考虑是否"投资"的有关要素时,不应将国际商会仲裁作为确定相关项目系投资与否的要素,因为这与相关交易是否投资无关。[60]

为防止仲裁庭对《华盛顿公约》第25条中的"投资"作扩大解释,有些国家在投资条约中对"投资"明确加以界定。例如,美国2004年和2012年的双边投资协定范本就对"投资"一词作出定义,投资不仅指投资者直接或间接拥有或控制的各种资产,而且还具有投入资本或其他资源、期望获得收益或利润或者承担风险等特点,并对投资形式予以列举。这样,ICSID仲裁庭就必须按照条约中的"投资"定义来确定其是否具有管辖权。

3. 主观要件——当事人同意

主观要件是指,中心对上述当事人之间的投资争端管辖,须以双方同意为前提。《华盛顿公约》规定这种同意须以书面为之;双方一经表示同意,任何一方不得单方面撤销。

中心管辖是自愿管辖而非强制管辖,即一国批准公约不等于同意所有具体争端都接受中心管辖,而只是同意接受中心管辖的一个前提条件,缔约国是否同意中心管辖,每一缔约国有绝对的自由决定权。因此,"当事人各方同意,是中心管辖的基石"[61],在中心管辖三个要件中起决定性作用,它体现了《华盛顿公约》的根本特性。

关于同意的形式,《华盛顿公约》仅要求以书面形式作出,未规定其他特别要求。一般认为双方可以根据具体情况采取任何他们认为合适的书面方式表示同意。

对于缔约国来说,既可在投资协议中也可在本国国内法规或双边投资保护条约中订立同意中心调解或仲裁的条款(以下简称中心条款)。一般来说,缔约国与投资者间的投资协议中订立的中心条款构成国家明示的同意。缔约国国内立法中的中心条款是表示国家有可能同意中心管辖。而双边条约中的中心条款则较复杂,其规定可分为以下四类:第一类,规定各缔约方基于对方缔约国国民要求有义务将投资争端提交中心调解或仲裁,这类规定的特点在于它构成各缔约国有约束力的单方同意,只要有关的投资者书面接受或提出请求,即产生相互同意的效力,故这类条约规定实际是一种第三方受益安排。第二类,规定缔约一方与他方的国民在签订投资协议时应订立中心调解或仲裁,或在争端发生后应达成协议将争端提交中心解决。这类条约的规定本身不构成缔约国的同意,必须要有当事人另外的相互协议。第三类,仅要求缔约一方对另一方国民提出的将争端提交中心解决的要求给予认真地考虑,这实际上是一种非约束性条款,缔约国有充分自由根据具体情况决定是否求助中心调解或仲裁,并无接受的义务。第四类,在规定各缔约方同意中心调解或仲裁的同时,规定尽量采用其他友好解决方法,包括利用中心增设便利的可能,这种关于利用中心的规定,实际上类似于上述第三类规定。[62] 近些年的发展趋势是,许多双边投资条约采取第一类事先单方同意的形式。

---

〔60〕 Saipem S. p. A v. The People's Republic of Bangladesh, Decision on Jurisdiction and Recommendation on Provisional Measures, ICSID Case No. ARB/05/07. 王贵国:《从Saipem案看国际投资法的问题与走势》,载《中国政法大学学报》2011年第2期。

〔61〕 ICSID, *Report of the Excutive Directors*, supra note, p. 8.

〔62〕 周成新:《国际投资争议的解决方法》,中国政法大学出版社1989年版,第192~193页。

还需注意的是,缔约国同意中心管辖,并非意味着中心对当事人之间的所有争端都当然可以享有管辖权。从各缔约国的实践来看,其所同意或考虑提交的争端范围有大有小,大致有以下几种规定情况:有的只限于某一特定事项的争端;有的限于某一特定范围内或某几类特定的争端;有的笼统规定把所有有关投资的法律争端都提交中心调解或仲裁;还有的国家明确表示或规定不把某种争端提交中心解决,主要包括:涉及自然资源或国家主权的争端,涉及一国立法本身的争端、税收争端等。[63]

对于投资者来说,缔约国间的投资条约类似合同法中的第三方受益安排。缔约方在投资条约中赋予第三方——投资者——程序上的权利,使其能对违反条约实体义务的缔约国提起国际仲裁。由于仲裁必须以当事人同意为条件,因此,有学者认为,虽然私人投资者不是投资条约的签署者,但是就投资仲裁而言,缔约国通过投资条约所作的规定构成单方面的事先同意或单方的"要约"(offer),投资者则可以通过书面通知或提起仲裁来作出"承诺"(acceptance)。这样当事人双方就达成了国际仲裁的合意,仲裁庭也就具有管辖权。[64]

根据《华盛顿公约》第25条第1款规定,同意对双方具有拘束力,无论以何种形式,只要双方作出书面同意后,任何一方不得单方面撤销其同意。换言之,即使一方单方面撤销,他方仍有权利把所同意的争端提交中心解决,如为仲裁案件,仲裁庭有权作缺席裁决。这种不可单方面撤销表现在以下几方面:第一,任何一方不得以任何方式单方面撤销同意条款或限制、修改已同意的范围。第二,即使当事人一方取消整个投资协议,也不能使其中的中心仲裁条款失效。第三,甚至是在缔约国退出公约后,该国或其国民对于以前所作同意也不得撤销(第72条)。这种对同意不可单方面撤销的效力,表明当事人对其所作的同意是在国际层面上承担义务,受《华盛顿公约》的保护。正因如此,同意构成了对缔约国主权的限制,因此,缔约国在表示同意时须持十分慎重的态度。[65]

(二)中心管辖的排他性

根据《华盛顿公约》第26条和第27条的规定,中心仲裁独立于其他任何程序之外,对其他任何程序具有排他性。排他性表现为对东道国的当地救济,对外国法院诉讼或其他仲裁,以及投资者本国的外交保护的排斥。不过,依中心仲裁与上述各种程序的关系有所不同,其排他性程度也有所区别。[66]

1. 中心仲裁对东道国当地救济的关系

从国际法上看,国际投资争端在本质上属于东道国国内法中的争端,受东道国国内法支配。这种观点最明显的体现是在联合国大会一系列有关永久主权的决议案中,得到了最广泛的支持。就《华盛顿公约》而言,其序言本身就表明,国际投资争端通常应服从国内法律程序,只是"在某些情况下国际解决方法可能是适当的"。中心《执行董事会报告》也承认,"一般来说,投资争端应通过有关的投资所在国现行法律规定的行政、司法或仲裁程

---

〔63〕 周成新:《国际投资争议的解决方法》,中国政法大学出版社1989年版,第197~199页。

〔64〕 Jan Paulsson, *Arbitration Without Privity*, 10 ICSID Rev. – Foreign Inv. L. J. 232(1995).

〔65〕 周成新:《国际投资争议的解决方法》,中国政法大学出版社1989年版,第199页。

〔66〕 这一部分的内容参见周成新:《国际投资争议的解决方法》,中国政法大学出版社1989年版,第201~207页。

序解决”。[67]因此,中心仲裁只是作为一种补充手段才是合适的,而不能当然或无条件排斥或取代东道国的当地救济。对此,《华盛顿公约》第 26 条规定,除非另有约定,双方同意根据本公约应视为同意排除任何其他补救方法而交付上述仲裁。缔约国可以要求用尽当地各种行政或司法补救办法,作为其同意根据本公约交付仲裁的一个条件。

该公约明确承认东道国有要求首先用尽当地救济的权利,如果东道国在相互同意中提出这种要求,投资者就必须在用尽当地救济之后才能提请中心仲裁;只有不存在这种要求或东道国放弃这种要求时,投资者才能直接请求中心仲裁。可见,中心仲裁条款并不当然排除首先利用当地救济的可能。不过,《华盛顿公约》中关于用尽当地救济的规定有别于外交保护场合中的用尽当地救济规则,因为该公约规定的用尽当地救济,不是提请中心仲裁的必要条件,不是投资者的当然义务,而是东道国有权要求的一种条件,只有这种要求订入同意条款中,才能产生投资者的这种义务。

2. 中心仲裁对各国法院的排斥关系

根据《华盛顿公约》第 26 条第 1 款第 1 句,除非另有规定,当事人同意中心仲裁,这就意味着不得再求助于其他任何程序。有学者认为,这种规定体现了中心仲裁的自治性质,使中心仲裁完全独立于各国法律制度之外。对当事人而言,一旦同意中心仲裁,双方应保证他们将充分利用中心的便利,不把该争端提交各缔约国国内法院管辖;对于国内法院来说,则不得采取任何可能妨碍中心仲裁的自治性与排他性的行为,即当缔约国国内法院知道某项诉讼存在中心管辖的可能性时,法院应停止该诉讼,并指引当事人到中心寻求解决办法,直到国际中心作出相反决定后,有管辖权的法院才能重新审理该项诉讼。[68] 可见,《华盛顿公约》使中心仲裁条款消除了一般国际商事仲裁条款无力完全排除国内法院干预的不足,能确保中心仲裁真正做到中立和自治。

3. 中心仲裁对外交保护的排斥关系

制定《华盛顿公约》的一个目的,就是使投资争端的解决非政治化。在《华盛顿公约》范围内,外国私人投资者与东道国之间关于仲裁的协议受该公约保护,投资者可以直接进入国际机构而对东道国提起仲裁,使争端在国际层面上加以解决。在这种情况下,再给予外交保护或提起国际要求不仅不必要而且也不正当。对此,《华盛顿公约》第 27 条第 1 款规定,缔约国对于它本国的一个国民和另一缔约国根据本公约已同意交付或已交付的争端,不得给予外交保护或提出国际请求,除非该另一缔约国未能遵守和履行对此项争端所作出的裁决。该条第 2 款规定,在第一款中,外交保护不应包括纯粹为了促进争端的解决而进行的非正式外交上的交往。《华盛顿公约》排斥外交保护的规定,对于确保投资争端解决非政治化,具有重要的进步意义,得到学者们的高度评价。

三、中心仲裁的法律适用

仲裁的法律适用是一个至为重要的问题,因此,《华盛顿公约》对此作出了明确的规

---

〔67〕 ICSID, *Report of the Excutive Directors*, supra note, p. 4.

〔68〕 G. R. Delaume, *ICSID Arbitration and the Courts*, 77 Am. J. Int'l L. 784 (1983).

定。其第 42 条规定如下：(1)法庭应依照双方可能同意的法律规则判定一项争端，如无此种协议，法庭应适用争端一方缔约国的法律（包括其关于冲突法的规则）以及可能适用的国际法规则。(2)法庭不得借口法律无明文规定或含义不清而暂不作出裁决。(3)第一款和第二款的规定不得损害法庭在双方同意时对争端作出公平和善意的决定的权力。

这一规定具有几个基本特点：第一，明确规定了在当事人未进行法律选择时，仲裁庭应直接适用的法律，这与一般国际商事仲裁机构适用法律的规则具有明显的区别。第二，既规定了东道国法的可适用性，又规定了国际法的可适用性，体现了对发展中国家和发达国家不同主张和利益的调和。第三，整个条款构成一种硬性规定，仲裁庭必须严格按照上述规则适用法律。诚如柯劳克勒公司诉喀麦隆案特设委员会所宣称："第 42 条规定不能解释为仅仅是对仲裁人的一种劝告或建议，或是对仲裁人规定的一项缺少制裁措施的义务。"特设委员会认为，违反《华盛顿公约》第 42 条规定适用法律可以构成越权行为，成为撤销裁决的一个理由。[69]

（一）关于适用当事人同意的法律

依据《华盛顿公约》第 42 条第 1 款的规定，仲裁庭首先要适用双方当事人同意的法律规则，这就明确承认了当事人选择法律的意思自治原则。

至于当事人选择适用什么法律，该公约没有限制。一般认为，当事人有选择法律的绝对自由，可以选择国内法，也可以选择国际法，或两者兼有；选择的国内法可以是东道国法，或投资者的本国法，或第三国法；选择的国际法，可以支配整个投资关系，也可以支配部分关系。无论当事人选择何种法律，中心仲裁庭都有义务尊重当事人的选择。在实践中，外国投资者与东道国间的投资协议大多数都选择适用东道国的法律。

当事人的选择应仅限于当事人明示同意。因为从《华盛顿公约》第 42 条第 1 款整体上看，第 1 句受第 2 句的补充。第 2 句明确规定了当事人缺少选择时所适用的法律。即使允许默示推定，也只能推定当事人打算适用根据第 2 句所确定的法律。

如果双方当事人约定适用的某一国国内法后来发生了变化，那么仲裁庭是应适用缔约时的法律，还是应适用仲裁时已变化了的法律？对此，A. 布鲁彻斯认为，应适用仲裁时的法律（包括其中的时效规则），但《华盛顿公约》也允许当事人约定适用缔约时的法律，如果有这种约定，则应适用这种约定的法律。[70]

（二）无当事人协议时的法律适用补充规则

《华盛顿公约》第 42 条第 1 款第 2 句规定，当事人如果未能约定可适用的法律，仲裁庭应适用东道国国内法（包括其冲突规则）和可能适用的国际法规则。这是该公约对中心仲裁适用法律的一个独具特色并最引人注目的规则。某些学者对这一规则给予高度评价，总结出它具有两个优越之处：第一，在当事人缺少法律选择的情况下，它避免了一般国

---

〔69〕 Klöckner Industrie – Anlagen GmbH and others v. United Republic of Cameroon and Société Camerounaise des Engrais (ICSID Case No. ARB/81/2). 参见《ICSID 评论——外国投资法杂志》（英文版）1986 年第 1 期。

〔70〕 A. Broches, *The Convention on the Settlement of Investment Disputes between States and Nationals of Other States*, Recuei des Cours, Vol. 136 (1972 Ⅱ), p. 389.

际商事仲裁机构适用法律的不确定性,有助于使当事人预先知道他们的争端将适用特定的法律制度来处理,因而能起到鼓励当事人利用中心的作用。第二,它一方面提供了适用东道国法的可能性,反映了发展中国家的观点;另一方面又提供了适用国际法的可能性,对私人投资者又是一种刺激,这样,两种关于仲裁适用法律的观点在中心仲裁体制中获得了平衡。[71]

1. 适用东道国法律的问题

仲裁庭在当事人无法律选择约定时应适用东道国法,应是无可置疑的。因为投资活动是在东道国境内进行的,应受东道国的属地管辖。此外,投资合同订立地、合同履行地通常也都在东道国境内,与东道国具有最密切联系。适用东道国法律主要是指适用东道国的实体法,冲突规则只是在特殊情况下才适用。在东道国法律发生变化的情况下,一般来说,仲裁庭应适用仲裁时的法律。

需要注意的是,仲裁庭在适用东道国法律时,应参照东道国的具体法律规范条文,而不仅仅是一项抽象的基本原则,否则,可能会由于未适用东道国法而撤销。在柯劳克勒诉喀麦隆案中,原告提出撤销的理由之一就是仲裁庭只是适用一项基本原则而没有参照任何法律条文,特设委员会因而判定仲裁庭在适用法律问题上违反了《华盛顿公约》第 42 条规定,同意把这一违反行为作为撤销裁决的一个理由。[72]

2. 适用国际法的问题

对于应否适用国际法的问题,在《华盛顿公约》制定过程中,发展中国家与发达国家间曾有争论。许多发展中国家代表反对规定适用国际法,认为投资关系及争端是受东道国国内法管辖的,从来不受国际法管辖,而且国际法也没有反映新独立国家的利益,主要是用来保护工业大国或殖民主义者的利益,适用国际法有损于发展中国家的利益等。发达国家代表则赞成规定适用国际法,认为国内法通常总是被适用的,但最重要的还要有适用国际法的可能性,因为国际法为外国私人投资者提供另外的一些保护;许多国家的国内法院不仅必须适用国内法,也应适用国际法等。《华盛顿公约》规定可适用国际法,是发展中国家与发达国家相互妥协让步的结果。

从实践的发展来看,从 20 世纪 90 年代至今,国际投资条约发展迅速,许多投资争端都是依据投资条约提交中心解决的,因此中心在投资条约仲裁中适用国际法已经没有什么争议。

至于可适用的国际法的范围,《执行董事会报告》解释道,第 42 条第 1 款中"国际法"一词应理解为《国际法院条约》第 38 条第 1 款所包含的意义。[73] 这样,该款所指的国际法规则就包括国际条约、国际惯例、一般法律原则、司法判例和权威学说。

关于适用东道国法与适用国际法的关系,从《华盛顿公约》的文字规定来看,首先是适用东道国法,然后才考虑适用国际法,这一点是没有什么争议的。

---

〔71〕 J. Cherian, *Investment Contracts and Arbitration*, Leyden, 1975, p. 109 – 110, 115 – 116.

〔72〕 Klöckner Industrie – Anlagen GmbH and Others v. United Republic of Cameroon (ICSID Case No. ARB/81/2).

〔73〕 ICSID, *Report of the Excutive Directors*, supra note, p. 13.

（三）关于适用禁止拒绝裁判规则所确立的法律

《华盛顿公约》第42条第2款的规定被称为禁止拒绝裁判规则。根据这个规则，仲裁庭对于提交给它的争端，即使在可适用的法律中欠缺本案可适用的规范，或有关规定含混不清的情况下，也必须作出裁决。此外，该公约第48条第3款规定，裁决应处理提交法庭的每一个问题，并说明依据的理由。这样，该公约第42条第2款就可能被解释为，允许仲裁庭适用一般法律原则，即从其他各国国内法体系和国际法体系中抽出适当的一般原则和规则加以适用。

（四）关于适用当事人特别同意的公允善良原则

依据《华盛顿公约》第42条第3款的规定，当事人不管是否有法可依，或法律规定不明，均可授权仲裁庭根据公允善良原则进行裁决。所谓公允善良原则，是指仲裁人经双方当事人同意，可以不依照法律规定，而根据其他公平合理的标准作出具有拘束力的裁决。因此，有人称之为非法律标准。在实践中，所谓的友谊仲裁与公允善良原则往往通用。

公允善良原则由来已久，影响较广，在许多国际公约、国内仲裁立法以及国际常设仲裁机构规则中都可以见到，不少投资协议中也有这种规定。赞成公允善良原则的人认为，它不仅可以解决无法可依或法律规定不明的问题，而且还具有其他更重要的作用。例如，在某些情况下，如果严格按照法律规定处理，就会显失公正，或影响到双方当事人今后的长期合作关系，这特别表现在决定有关支付赔偿的数额或长期投资协议等争端方面。在这些情况下，适用公允善良原则处理争端，就具有积极意义。但按公平善良原则处理争端，也受到一些人的批评，认为公允善良的概念抽象、含混，其适用往往依仲裁人主观标准而定。[74] 对此，有人主张，即使按照公允善良原则进行裁决，也不能完全依赖于自己的主观标准，仍有义务尊重基本的商法规则以及其他可适用的强行法规和公共政策；否则，将导致完全混乱。[75]

必须强调，在双方当事人未明确授权适用这一原则时，中心仲裁庭就只能严格适用法律规则进行裁决；否则，就会构成越权行为，使裁决无效。前述柯劳克勒诉喀麦隆案仲裁裁决无效案可为一鉴。

四、中心裁决的撤销

为了维护裁决的公正性，《华盛顿公约》也规定了有关的救济措施，包括裁决的解释（第50条）、修正（第51条）和撤销（第52条），其中，以撤销最为重要。所有这些补救措施仅限于在中心依《华盛顿公约》规定进行，而不允许在任何国家法院进行。

根据《华盛顿公约》的规定，撤销程序具有以下主要特点：(1)本公约内自备的补救措施。对于中心仲裁庭的裁决，如果一方当事人不服，且不能通过简单的补充、修改等办法

---

〔74〕 姚梅镇：《国际投资法》（修订版），武汉大学出版社1987年版，第422页；卢绳祖：《国际商事仲裁所适用的法律》，载《法学评论》1984年第1期。

〔75〕 西蒙特：《友谊仲裁的理由》，载施米特夫主编：《国际商事仲裁报告》（第130卷）（英文版）；Julian D. M. Lew *Applicable Law in International Commercial Arbitration*, Oceana Publications, 1978, p. 508。

予以补救,则只能通过公约规定的撤销程序来寻求救济,不得寻求公约规定外的其他补救措施。(2)撤销由中心另行组成的特设委员会作出决定。特设委员会由行政理事会主席从仲裁员名册中任命3人成员组成。为了保证特设委员会的独立性,公约规定:委员会的成员不得为作出裁决的法庭的成员,不得具有与上述任何成员相同的国籍,不得为争端一方的国家国民或其国民是争端一方的国家国民,不得为上述任一国指派参加仲裁小组的成员,也不得在同一争端中担任调解员。(3)撤销理由严格限定为程序问题。公约第52条规定了可以撤销裁决的5种理由,这5种理由都是限定在裁决的程序错误的范围内,不涉及裁决的实体问题。特设委员会根据这5种理由对裁决进行审查,并作出撤销或不撤销的决定。当事人不得依据其他理由提请撤销裁决,特设委员会也不得考虑其他撤销理由。

下面着重介绍公约规定的5种撤销理由及其适用情况。

(一)仲裁庭组成不当

《华盛顿公约》第四章第二节以及中心仲裁规则第一章就仲裁庭的组成作出了规定,当事人若认为仲裁庭的组成不符合此规定,可提出异议。如果仲裁庭对当事人的异议作出了仲裁庭组成适当的裁定,则当事人只能在裁决作出后再以此为理由申请撤销裁决。

根据公约以及中心仲裁规则的规定,仲裁庭组成不当主要表现为:仲裁员的指定程序不当;仲裁员不合格,包括仲裁员的国籍与规定不符、道德品质或专业素养不合格、不能"被信赖作出独立的判断"。

在实践中,当事人基于"仲裁庭组成不当"理由提出异议的,主要是涉及仲裁员不合格的问题。例如,在Azurix案中,阿根廷以仲裁庭组成不当为由请求撤销裁决,因为该案首席仲裁员Andres Rigo Sureda涉及利益冲突,对其公正性有怀疑。阿根廷指控说,所涉及的利益冲突包括,该首席仲裁员曾被一家律师事务所聘为顾问,该律所在另一个投资者与东道国争端案中代理Azurix案;该首席仲裁员没有披露可能的冲突,由于此种冲突,就存在严重违背基本程序规则问题。在此案的仲裁程序中,阿根廷曾依据《华盛顿公约》第57条请求仲裁庭撤销该仲裁员的资格,但被仲裁庭驳回。该案撤销委员会认为,若撤销仲裁员资格的提议依据ICSID公约第58条和ICSID仲裁规则第9条所确定的程序被驳回,那就不能说由于不符合《华盛顿公约》第57条第1句的规定,该仲裁庭没有适当组成,并驳回了阿根廷以仲裁员利益冲突为由撤销裁决的请求。[76]

从中心作出决定的52起撤销案所依据的理由来看,只有5起案件涉及这一理由,其中4起被驳回,[77]另一起是以其他理由裁定撤销裁决的,没有提到这一理由。这就表明,以此理由申请撤销裁决只有在罕见的情况下才会成功。

(二)明显越权

明显越权通常涉及仲裁庭超出当事人仲裁协议的范围、对没有提交仲裁庭的事项作

---

〔76〕 Azurix Corp. v. Argentine Republic, ICSID Case No. ARB /01 /12, Decision on the Application for Annulment, 1 September 2009.

〔77〕 Vivendi Ⅱ; Azurix; Transgabonais; EDF. See ICSID, *Updated Background Paper on Annulment for the Administrative Council of ICSID*, May 5, 2016, p. 53 – 54.

出裁定,或者没有适用当事人同意的法律等情况。在实践中,ICSID 特设委员会采取两种方法认定是否存在可撤销的错误,首先是确定是否越权,如果是则再看越权是否明显;其次是采取“表面证据”方法来确定所指控的越权是否可被看作“明显”。

1. 管辖权的明显越权

仲裁庭应该遵循当事人的仲裁协议。如果仲裁庭超出了当事人仲裁协议的范围,那么实际上就超越了当事人授权。此外,前面谈到,《华盛顿公约》第 25 条对中心的管辖作出了明确规定,当事人不得协议减损这一管辖要求。如果不符合公约规定的强制性要求,仲裁庭就不得行使管辖权。

管辖权方面构成越权的情形通常包括:当事实上不具有管辖权时,仲裁庭不正确地认定其具有管辖权,或者仲裁庭超出了管辖范围。相反,当具有管辖权时而仲裁庭拒绝管辖,也构成越权。

2. 法律适用的明显越权

前面谈到,《华盛顿公约》第 42 条对仲裁庭适用法律作出了明确规定。如果仲裁庭完全没有依据公约的要求适用准据法,或者未经当事人同意就依公平与善意作出决定,就构成明显越权。

在 ICSID 实践中,特设委员会对于准据法适用的错误是否相当于没有适用准据法的问题有不同的看法。未适用准据法即构成撤销理由这一点没有分歧,但对于错误适用法律,有的特设委员会认定,显见地或异乎寻常地错误适用法律或曲解法律会导致撤销裁决;有的委员会则认为,错误适用准据法不构成撤销理由。例如,前述 CMS 诉阿根廷的撤销案中,特设委员会认为虽然仲裁庭在适用阿根廷与美国双边投资协定第 11 条与国际法委员会的国家责任条文第 25 条的关系上犯有明显法律错误,但仲裁庭还是考虑了双边协定第 11 条,认为法律适用只是存在缺陷,因而不构成明显越权。[78] 不过,在案情与裁决结果类似的 Sempra 诉阿根廷案中,特设撤销委员会认为,仲裁庭没有首先适用阿根廷与美国双边投资协定第 11 条的规定,构成明显越权并撤销裁决。[79] 有评论批评 Sempra 案撤销委员会没有将法律的错误适用与适用了错误的法律加以区分,而错误适用法律不构成撤销理由。但在 Sempra 案中,仲裁庭由于错误地理解阿根廷与美国双边投资协定第 11 条与国家责任条文第 25 条的关系,导致本该适用的双边投资协定第 11 条没有适用,也可以说属于未适用准据法,构成明显越权,撤销裁决具有正当理由。

明显越权是提起撤销裁决最常见的一个理由,上述 52 起案件都援引此依据,并有 9 起案件以此为据被部分或全部撤销裁决。这些案件大多涉及关于管辖权方面或适用法律方面的明显越权。[80]

(三)仲裁庭成员受贿

仲裁员受贿无疑会严重影响仲裁的公正廉洁性,因此,理所当然地被《华盛顿公约》列

---

〔78〕 CMS v. Argentina, ICSID Case No. ARB /01 /08, Decision on Annulment, 25 September 2007.

〔79〕 Sempra v. Argentina, ICSID Case No. ARB /02 /16, Decision on Annulment, 29 June 2010.

〔80〕 Amco I (partial); Klöckner I (full); Vivendi I (partial); Mitchell (full); Enron (partial); Sempra (full); MHS (full); Helnan (partial); and Occidental (partial).

为裁决撤销理由之一。

由于仲裁员受贿行为通常是秘密进行的,当事人不一定能及时知晓,因此《华盛顿公约》对于依据仲裁员受贿理由申请撤销裁决的时间作了特殊规定。一般的撤销申请应在裁决作出之日后120日内提出,但以受贿为理由而要求撤销者除外,此项申请应在发现受贿行为后120日内,并且无论如何在作出裁决之日后3年之内提出。

迄今为止,中心还没有一起案件涉及这一撤销理由。因此,这种情况在实践中是罕见的。

(四)严重违背基本程序规则

中心的特设委员会通常采用双重分析法:违背的是基本(fundamental)规则,且违背的程度是严重的。

在实践中,特设委员会认为,基本的程序规则的例证通常是关系以下方面的规则:(1)当事人的平等对待。双方当事人地位平等,在庭审的各个环节中当事人待遇平等,仲裁庭不能厚此薄彼,偏袒一方。(2)发表意见的权利。各方当事人均有权参与仲裁程序,并有足够机会陈述自己的意见和举证以及反驳对方的主张和证据。(3)仲裁庭的独立和公正。(4)证据和举证责任的待遇。中心仲裁规则第33~38条对证据问题作出了规定,如果仲裁庭违反这些规则,例如,错误地倒置举证责任,就可能构成严重违背基本程序规则。(5)仲裁庭成员间的评议。仲裁庭成员是否对争端的解决意见进行了严肃的评议,也会涉及基本程序规则问题。

保证当事人发表意见的权利在撤销案中经常会涉及。例如,在Fraport诉菲律宾的撤销案中所涉及的争议问题是,仲裁庭没有给予申请人对被申请人提供的文件发表意见的机会是否构成严重背离基本程序规则。特设委员会认为,让当事人提交证据、发表意见是基本的程序规则,仲裁庭不接受新证据、新资料,这在性质上是严重的。[81]

上述中心的52起案件中有41起以此理由申请撤销裁决,其中有1起裁定全部撤销仲裁庭裁决,2起部分撤销裁决。[82]

(五)裁决未陈述其所依据的理由

《华盛顿公约》第48条第3款规定,裁决应处理提交法庭的每一个问题,并说明所依据的理由。这一规定与撤销理由显然具有联系。不过,公约对于未能陈述理由的情况何时发生以及法庭陈述理由的方式等均没有规定。

虽然《华盛顿公约》规定"裁决应处理提交法庭的每一个问题",但该公约的起草历史表明,仲裁庭没有这么做不应导致撤销裁决,因为公约对仲裁庭没有提到的问题规定了其他的补救措施。《华盛顿公约》第49条第2款规定,法庭经一方在作出裁决之日后45日内提出请求,可以在通知另一方后对裁决中遗漏的任何问题作出决定,并纠正裁决中的任

〔81〕 Fraport v. Philippines, ICSID Case No. ARB/03/25, Decision on Annulment, 23 December 2010.

〔82〕 Fraport (partial); Víctor Pey Casado (full); Amco Ⅱ (supplemental decision and rectification); TECO (partial). See ICSID, *Updated Background Paper on Annulment for the Administrative Council of ICSID*, May 5, 2016, p. 59–60.

何抄写、计算或类似的错误。其决定应为裁决的一部分,并应按裁决一样的方式通知双方。可见,对于"漏裁"问题,《华盛顿公约》是通过补充裁决的方式来补救的,一般不作为撤销的理由。不过,在中心的撤销实践中,有些特设委员会认为,次要事项的漏裁可以通过补充裁决的方式解决,但若是对至为重要的事项的漏裁,或漏裁会影响仲裁庭的最终决定,则应等同于"裁决未陈述其所依据的理由",成为撤销的依据。特设委员会认为,裁决要陈述理由这一要求是为了保证让当事人理解裁决的理由,了解事实和所适用的法律。至于陈述理由是否正当以及是否有说服力则与此无关。

对于裁决陈述理由不充分是否可以撤销这一问题,特设委员会间还存在分歧。有些撤销案件的特设委员会认为,陈述理由"不充分"或"不适当"可以导致撤销裁决,但是对于证明以此为据撤销裁决的正当性的不充分和不适当的程度则一直存在争论。另有些特设委员会认为,他们对于仲裁庭的陈述理由可以行使进一步解释、澄清、推断的自由裁量权,而不是撤销裁决。

若裁决陈述的理由互相矛盾,是否可以撤销?在 ICSID 实践中,大多数特设委员会认为,所陈述的理由若"互相矛盾"或"微不足道",则相当于未能陈述理由,撤销其裁决具有正当性。

在中心的撤销实践中,当事人以此为据提起撤销的也较多,上述 52 起案件中有 50 起援引此理由,其中 8 起得到了支持,导致 2 起全部撤销裁决,6 起部分撤销裁决。[83]

由上可见,《华盛顿公约》规定的撤销机制,主要是旨在维护仲裁的程序公正,而不是实体公正。有关特设委员会在审议撤销案件时,通常也谨慎小心,尽可能地在撤销与上诉间加以区分,避免将撤销等同于上诉。

五、中心裁决的承认与执行

(一)当事人对裁决的遵守和履行

《华盛顿公约》第 53 条第 1 款规定,裁决对双方有约束力。不得进行任何上诉或采取任何其他除本公约规定外的补救办法。除依照本公约有关规定予以停止执行的情况外,每一方应遵守和履行裁决的规定。这一规定是针对争端双方当事人遵守和履行裁决的义务而言的,实际上是对习惯国际法中的"约定必须遵守"原则和"定案"(res judicata)原则的重申。根据这些原则,约定仲裁就意味着承认裁决是终审性的,应善意遵守。[84]

(二)各缔约国对裁决的承认与执行

当事人一方如果不自动履行裁决,他方就可能到有关缔约国请求承认与执行裁决。对此,《华盛顿公约》除了规定当事人必须遵守和履行裁决外,又规定各缔约国也有义务承认与执行中心裁决,其第 54 条规定如下:(1)每一缔约国应承认依照本公约作出的裁决具

〔83〕 Amco I (partial), Klöckner I (full), MINE (partial), Mitchell (full); CMS (partial), Enron (partial), Víctor Pey Casado (partial); TECO (partial). See ICSID, *Updated Background Paper on Annulment for the Administrative Council of ICSID*, May 5, 2016, p. 60 – 62.

〔84〕 A. Broches, *The Convention on the Settlement of Investment Disputes between States and Nationals of Other States*, Recuei des Cours, Vol. 136 (1972 Ⅱ), p. 396.

有约束力,并在其领土内履行该裁决施加的金钱义务,正如该裁决是该国法院的最终判决一样。具有联邦宪法的缔约国可以在联邦法院或通过该法院执行裁决,并可规定联邦法院应把该裁决视为州法院作出的最终判决。(2)要求在一缔约国领土内予以承认或执行的一方,应向该缔约国为此目的而指定的主管法院或其他机构提供经秘书长核证无误的该裁决副本一份。(3)裁决的执行应受要求在其领土内执行的国家关于执行判决的现行法律的管辖。

这一条规定可以概括为以下几点:

第一,每一缔约国都负有承认与执行的义务。由于每一缔约国应承认裁决具有约束力,因此裁决可以在任何一个缔约国,包括当事人国和任何其他第三国境内要求给予承认与执行,该缔约国负有予以承认与执行的义务,否则要承担国际责任。这表明,中心裁决取得了国际化或超国家的性质。[85]

第二,每一缔约国都应把裁决视为本国法院最终判决加以承认与执行,不得对裁决进行审查和拒绝承认与执行。由于裁决被视为缔约国法院的最终判决,这就使中心裁决在获得国际化的同时,又具有了国内化的特性,从而同“外国裁决”这一概念区别开来。从《华盛顿公约》起草过程和全部条文规定精神看,公约排除了公共秩序保留,对于承认与执行裁决不允许有任何例外。

第三,各缔约国执行裁决的范围限于在其领土履行该裁决所加的金钱义务。也就是说,仲裁裁决中只有属于金钱义务的,如赔偿金及利息,才能请求其他缔约国强制执行;对于非金钱义务,如有关禁令或实际履行等,其他缔约国没有协助执行的义务。

第四,各缔约国在其领土内对裁决的执行,受该国关于执行判决的现行法律的管辖。这是因为当今在单一制和联邦制或其他非单一制国家之间、在普通法系和大陆法系之间存在不同的司法制度,公约不可能规定各缔约国执行裁决的固定和统一的方式。因而《华盛顿公约》第 54 条第 3 款只要求各缔约国根据自己的法律制度来满足公约对裁决的执行要求,这既尊重了执行国的法律,又有利于执行的灵活性和其实际效果。

裁决的承认和执行是有区别的,是两个不同的阶段。所谓承认是指承认整个裁决具有拘束力,而执行则只是执行裁决中的金钱义务;承认是通向执行的前一步,裁决获得承认就可执行;承认不涉及执行地国关于国家豁免的法律规定,而执行则须受执行地国法律(包括国家豁免法)的管辖。中心裁决在缔约国法院被请求予以承认与执行的一个案例是 B&B 公司诉刚果案,其涉及承认和执行的区分问题。在该案中,B&B 公司在刚果没有得到裁决履行结果后,转而到法国向指定负责承认与执行中心裁决的巴黎第一审法院(Tribunal da Graude Intance)申请在法国给予承认与执行。该法院在作出给予承认的决定同时附有限制条件,即“没有我们事先授权,不得根据该仲裁裁决对位于法国的(刚果)财产采取执行措施,即便是临时措施”。B&B 公司提起上诉。法国上诉法院认为,“有关裁决的承认与执行的决定并不构成执行措施,而只是先于可能执行措施的一个决定”。这是两个不同的步骤,

---

〔85〕 P. F. Sutherland, *The World Bank Convention on the Settlement of Investment Disputes*, 28 The International and Comparative Law Quarterly, 367(1979).

只有在第二个步骤中才能涉及主权执行豁免问题。因此,上诉法院删除了第一审法院中有关执行的决定部分,决定对该裁决给予承认。这个决定作出后,刚果自动履行了裁决。[86]该案表明,缔约国法院只要核证中心裁决本身无误,就应作出给予承认与执行的决定,至于是否采取强制执行措施则是另一回事。

(三)执行与主权豁免

《华盛顿公约》第55条规定,第54条的规定不得解释为背离任何缔约国现行的关于免除该国或任何外国予以执行豁免的法律。因此,在其他任何缔约国内要求承认与执行不利于一缔约国的裁决,是否给予该争端缔约国以执行豁免,得依该执行国现行有关法律。如果该缔约国现行法律允许执行豁免,则可免其执行的义务。

关于缔约国在他国法院请求执行豁免并获批准的一个案例,是利比亚东部伐木公司诉利比亚案。该公司是由法国国民控制的,由于利比亚未执行裁决,公司到美国纽约南部地区法院请求以利比亚在美国的某些特定财产为对象执行裁决。利比亚提出执行豁免请求,地区法院根据1976年《美国外国主权豁免法》第1610(a)条认为,被要求执行的利比亚财产属于用于利比亚主权职能的税收收入,而不是用于商业职能的财产,因此不可执行。如果被执行的财产是用于商业的财产,则裁决是可以执行的。此后,公司又获得一份查封令冻结利比亚大使馆在华盛顿特区的银行账户。但美国哥伦比亚地区法院取消了这份查封令,理由是大使馆的银行账户是免予查封的,因为根据美国1972年批准加入的维也纳外交关系公约,它们享有外交豁免权;同时,由于这些账户中的资金具有公共性质,根据美国外国主权豁免法,这些账户也享有主权豁免权。[87]

(四)不遵守或不执行裁决的法律后果

争端一方缔约国如果不能自动履行裁决,就违反了其遵守裁决的义务,产生国家责任。在这种情况下,作为争端一方的投资者本国政府就可以根据《华盛顿公约》第27条第1款恢复外交保护权或提出国际请求。

不过,在争端一方的缔约国不履行ICSID裁决的情况下,虽然投资者母国可以行使外交保护权或提出国际请求,但实践中这种做法很少采用,而采取报复或者经济制裁措施也可以达到迫使争端缔约国履行裁决的目的。阿根廷近些年来的一系列投资争端赔偿案裁决的履行就是一个典型的例子。前面谈到,阿根廷在2001~2002年经济危机前后采取了一系列应对危机的措施,这些措施在一定程度上也使外国投资者的利益受损,因此,外国投资者对阿根廷提起了几十起索赔案,其中大多数案件是提交ICSID仲裁的。这些案件有些是通过和解解决的,有些撤诉了,也有些案件还在审理中。其中有4起案件裁决阿根廷败诉并支付赔偿。[88] 然而,阿根廷从2007年至2013年一直未履行裁决所裁定的支付赔偿金的义务。于是,美国作为争端一方投资者的母国与有关国际金融组织一起对阿根廷采取了一系列经济制裁措施,包括于2002年中止了阿根廷在美国普惠制下的优惠贸易;与英国等其他

---

〔86〕 S. A. R. L. Benvenuti & Bonfant v. People's Republic of Congo, ICSID Case No. ARB/77/2.

〔87〕 Liberian Eastern Timber Corporation v. Republic of Liceria, ICSID Case No. ARB/83/2.

〔88〕 这4起案件是:CMS v. Argentina; Continental Casualty v. Argentina; Azurix v. Argentina; Vivendi v. Argentina。

国家一起阻止阿根廷从世界银行获得贷款;投票反对泛美开发银行对阿根廷贷款的延期;还威胁要阻止阿根廷与“巴黎俱乐部”成员就以往的债务重组达成协议等。这些制裁措施对阿根廷从国际金融机构获得贷款、债务重组等具有重要影响。2013 年 10 月 13 日,阿根廷同意以主权债券的方式支付 5 亿美元赔偿,以解决其与 5 家欧洲和美国公司的争端。获得赔偿的公司中,有 4 家是向 ICSID 提起求偿的,另有 1 家是根据 UNCITRAL 仲裁规则提起索赔的。[89] 阿根廷与这 5 家公司签订了支付赔偿协议,但赔偿额比裁定的 6.77 亿美元数额打了 25% 的折扣。[90] 可见,争端一方投资者的母国采取的经济制裁措施对于让败诉的争端一方东道国履行裁决是具有重要作用的。

由上可见,争端缔约国或其他任何缔约国如果不按《华盛顿公约》的规定遵守或执行中心裁决,则违反条约义务,产生国际责任。《华盛顿公约》虽提供了追究其国际责任的手段(外交保护或提出国际请求),但并未规定直接的和具体的制裁措施。采用何种制裁措施,取决于有关缔约国的决定。

第四节　国际投资争端解决机制的改革

20 世纪 90 年代后,随着同意国际仲裁的双边和区域性投资条约和自由贸易协定数量的急剧增加,提交给国际仲裁庭的投资争端数量也迅速增加。例如,NAFTA 从其生效后 10 年左右时间,投资者根据其第 11 章对东道国提起仲裁的有 30 多起。据统计,截至 2020 年 12 月 31 日,投资者与东道国间的投资仲裁案件总数有 1104 起,被诉的国家达 125 个。[91] 其他的一些争端是根据联合国国际贸易法委员会仲裁规则在有关常设仲裁机构或临时仲裁庭进行的。

一、投资条约仲裁机制产生的问题与挑战

国际投资条约仲裁机制是一把“双刃剑”。一方面,它给私人投资者提供了有力的救济和保护;另一方面,它也会给东道国带来某些负面效应,提出一些令当事国和国际社会颇为关注的问题,甚至面临合法性危机,认为其有违民主、法治、人权。人们对这种机制的批评主要集中在以下方面:有损东道国为公共福利进行管理的权利;在争端解决方面给予外国投

---

〔89〕 这 5 家公司分别是:法国公司 Vivendi,美国水务公司 Azurix 和 Blue Ridge 投资公司,持有 Continental Casualty 公司请求权的 CC – WB 控股公司,以及持有英国电力和天然气公用事业国家电网公司请求权的 NG – UN 控股公司。

〔90〕 *Argentina to pay $500 million to resolve disputes with foreign firms*, Reuters (19 October 2013), https://uk. news. yahoo. com/argentina – pay – 500 – million – resolve – disputes – foreign – firms – 233000857 – – sector. html.

〔91〕 UNCTAD, *Investment Dispute Settlement Navigator*, https://investmentpolicy. unctad. org/investment – dispute – settlement.

资者比国内投资者更多的权利;导致不一致的裁决;缺乏透明度;仲裁员的公正性与独立性问题等。

(一)对国家管理经济社会事务的权利形成挑战

东道国对其经济社会事务进行规制或管理时,也可能对外国投资者的权利带来不利影响,这时投资者就可能依据投资条约对东道国的管理措施提出异议和索赔,并可能得到某些仲裁庭的支持,从而对东道国规制或管理其国内经济事务的权利提出挑战。

例如,NAFTA 的投资仲裁实践就提出了这样的问题。对 NAFTA 第 11 章较常见的批评是,它成为投资者手中的"利剑",使他们能攻击 NAFTA 缔约国,损害了缔约国制定其国内法的国家主权和能力,因为外国投资者动不动就可以损害其投资为理由,根据该第 11 章的规定对缔约国颁布的法律法规措施提出异议。[92] 仲裁庭也可能通过对条约用语的扩大解释来强化对投资者的保护,限制东道国的管理权利。前述 Metalclad 诉墨西哥等案件的裁决表明,东道国政府为环境保护之目的采取的措施,会被仲裁庭判定为构成间接征收或违反公平公正待遇等条约义务而必须对外国投资者支付赔偿。美国诺贝尔经济学奖获得者斯蒂格利茨(Joseph Stiglitz)等著名学者还多次给美国总统和国会写信,反对在 NAFTA、TPP 和《跨大西洋贸易与投资伙伴协定》(TTIP)中规定投资者与东道国间的投资争端仲裁机制,认为这种机制威胁国家主权,削弱法治,损害了国家为经济、环境、公共健康之目的进行管理的权利。美国也曾多次收到来自 NAFTA 其他缔约国投资者的索赔请求,虽然至今还没有败诉记录,但也使美国对投资条约仲裁机制的缺陷有了认识并对其采取了某些改进措施。

更有甚者,即使在一个国家发生经济危机而不得不采取相应管理措施时,有的仲裁庭仍然认为东道国政府不能免责,并支持外国投资者的索赔要求。前述因阿根廷金融危机提起的一系列仲裁索赔案就颇为引人注目,其中至少已有 5 起案件裁决阿根廷违反了条约义务,须对外国投资者作出巨额赔偿。

对于东道国采取的一些保护公共健康、保护环境和生态的措施,有些投资者往往会通过国际投资条约仲裁对东道国的措施提出索赔要求,如前述菲利普·莫里斯亚洲公司对澳大利亚烟草平装措施提出索赔就是一个典型例子。[93] 在欧洲,近几年有两起瑞典的大瀑布电力公司(Vattenfall)诉德国的投资仲裁案引起人们广泛关注。第一起案件是,瑞典大瀑布电力公司在德国投资建造一家火力发电厂,当地政府出于环境保护目的,在发放许可时附加了更为严格的环境限制措施,包括限制发电厂的用水总量,对回流水温和水中含氧量也有更严格的要求等,瑞典大瀑布公司认为德国政府的措施违反了《能源宪章条约》(ECT)第 10 条(1)和第 13 条的规定,使其利益受损,故于2009 年4 月依据 ECT 在 ICSID 向德国政府

---

〔92〕 Ray C. Jones, *NAFTA Chapter* 11 *Investor – to – State Dispute Resolution*: *A Shield to Be Embraced or a Sword to be Feared*? 2002 BYU L. Rev. 527 (2002). 转引自 Jessica S. Wiltse, *An Investor – State Dispute Mechanism in the Free Trade Area of the Americas*: *Lessons from NAFTA Chapter Eleven*, 51 Buffalo L. Rev. 1145 (2003)。

〔93〕 Philip Morris Asia Limited v. The Commonwealth of Australia, Award on Jurisdiction and Admissibility, 17 December 2015, PCA Case No. 2012 – 2012.

提起仲裁。该案当事人双方后来于2011年达成和解,和解协议载入裁决书。[94] 另一起案件也是由瑞典大瀑布电力公司提起。在日本海啸引发福岛核电站事故之后,德国2011年对本国境内的核电站采取了关停措施,其中包括该公司投资建设的核电站。2012年5月该公司同样根据《能源宪章条约》提起ICSID仲裁,要求德国赔偿47亿欧元。该仲裁目前仍在审理当中。[95] 这两起案件中政府采取的措施都是出于公共利益目的,都涉及外资保护与政府规制权的关系问题。

投资者对因东道国采取措施而屡屡提起的索赔案,对国家的管理权利无疑产生消极影响。一方面,政府可能因为担心涉诉而对本应采取的管理或规制措施畏缩不前,不利于维护公共利益。另一方面,国际仲裁也使东道国背负沉重的经济负担,不仅要花费巨额资金对索赔进行辩护,[96] 而且就索赔数额来说,部分案例数额非常庞大。例如,在2012年10月的Occidental石油公司案中,仲裁庭裁决厄瓜多尔支付赔偿金为17亿多美元(后被撤销委员会减为10亿多美元);2014年尤科斯案裁决俄罗斯支付500亿美元赔偿金。

(二)仲裁庭倾向于对条约作有利于投资者的解释

近些年来的国际投资仲裁案例的另一个值得注意的现象是,有些仲裁庭在解释条约时,往往无视缔约国的真实意图,对管辖权和有关重要条款作有利于投资保护的解释。仲裁庭的主要做法有两种:一是对有关条约中的管辖权条款,如ICSID公约第25条关于管辖权的主体要件、客体要件、客观要件等作扩大性解释,或者是对条约中有关管辖的条款作倾向于具有管辖权的解释。二是对投资条约中的实体义务条款,包括公平公正待遇条款、最惠国待遇条款、保护伞条款等作扩大性解释,从而既扩大了投资者的保护范围,也扩大了仲裁庭的管辖范围。对有关条款扩大解释的某些案件在第七章已经有所介绍。这种做法表明某些仲裁员存在偏重投资者保护、忽视东道国权益的偏见,也不排除有仲裁员受其个人利益驱使的原因。

近年来,尤科斯(Yukos)仲裁案在国际上也是一起备受关注的典型案例,其核心问题就涉及条约中关于管辖权的解释。尤科斯公司是在苏联解体后于1993年成立的一家石油公司,后来发展成为俄罗斯第一大石油公司,并进入全球前十大石油公司之列。在2003年处于顶峰之时,尤科斯公司拥有6个炼油厂和约10万名员工,市值达330亿美元,公司总裁霍多尔科夫斯基是当时的俄罗斯首富。2003年下半年开始,俄罗斯政府开始查处尤科斯公司的偷逃税行为,指控其通过所谓的税收优化方案,将本应在莫斯科等高税地区从事的交易转移至低税地区,这些交易不产生真实的经济效果,唯一目的就是逃税,俄罗斯政府责令其补缴税款和罚金共计约240亿美元。随后俄罗斯又以尤科斯公司未按时交纳税款为由拍卖

---

[94] Vattenfall AB, Vattenfall Europe AG, Vattenfall Europe Generation AG v. Federal Republic of Germany (ICSID Case No. ARB/09/6).

[95] Vattenfall AB and others v. Federal Republic of Germany (ICSID Case No. ARB/12/12).

[96] 例如,在NAFTA的Metalclad案中,据Metalclad公司介绍,在对墨西哥的索赔诉讼中,公司为聘请律师和仲裁员支付了近400万美元。为了对一家欧洲广播公司及其中一个大股东提出的两个主要索赔进行辩护,捷克共和国政府支付了1000万美元。有人对前些年所作裁决案件的成本进行粗略计算后发现,政府承担的平均法律成本为100万~200万美元,其中包括律师费;法庭付出的成本大约是40万美元,甚至更多;原告和被告承担的成本大体相当。

其主要资产尤甘斯克公司,尤科斯公司最后于2006年破产。2005年2月,尤科斯公司的三家股东(霍氏的关联企业,合计持股70.5%)根据《能源宪章条约》(ECT)在国际常设仲裁院(PCA)申请仲裁,向俄罗斯政府索赔1142亿美元。根据《能源宪章条约》成立的临时仲裁庭于2009年11月作出临时裁定,裁定其对本案具有管辖权。2014年7月28日仲裁庭作出最终裁决,认为俄罗斯的措施等同于征收(间接征收);该征收不是出于公共目的,不符合正当程序,也没有提供及时、充分和有效的补偿,违反了《能源宪章条约》第13条(征收条款)的义务;并判令俄罗斯政府向尤科斯石油公司(OAO Yukos Oil Company)的前股东支付约500亿美元的赔偿金。这是迄今为止国际投资仲裁庭裁决的赔偿额最高的一起案件。[97]

2014年11月12日俄罗斯向仲裁地荷兰法院提请撤销该裁决。2016年4月20日荷兰海牙地区法院作出判决,认为俄罗斯从未同意将投资者与国家间的争端提交仲裁,仲裁庭对此争端没有管辖权,因而撤销常设仲裁院临时仲裁庭2009年11月的管辖权裁定和2014年7月的最终裁决。[98] 但是尤科斯公司根据海牙常设仲裁院的最终裁决,在法国、比利时、英国和美国等国寻求强制执行。法国和比利时冻结了俄罗斯联邦的银行账户,但比利时法院在荷兰海牙地区法院撤销尤科斯案裁决后,于2017年6月8日以尤科斯公司没有提供有效裁决为由将俄罗斯的银行账户解冻。

本案仲裁庭是否具有管辖权,关键在于争端当事双方之间是否存在仲裁协议。对此,海牙地区法院作出了与仲裁庭不同的判断。俄罗斯在仲裁时提出了6条管辖权异议理由,包括ECT未对俄罗斯生效、申请人因"不洁之手"(犯有逃税等违法行为)而不受ECT保护、争端措施系被ECT第21条排除的税收措施等。因此该案首先要考虑的是ECT对俄罗斯的适用问题。俄罗斯于1994年12月17日签署了ECT但一直没有批准。ECT第44条规定,该条约在一国递交批准书、接受书、同意书或加入书之后对该国生效。但是,ECT第45条(1)规定,对于签字但未批准的国家,ECT将临时适用,除非临时适用与该国的宪法、法律或法规不一致。在其关于管辖权的裁决中,仲裁庭认为,《俄罗斯联邦国际条约法》第23条(1)允许国际条约的临时适用,因此临时适用ECT与俄罗斯国内法并不抵触。针对俄罗斯提出的ECT第26条"投资者与缔约方的争端解决"与俄罗斯国内法相抵触的问题,仲裁庭认为,《俄罗斯外国投资法》允许将投资争端提交国际仲裁,因此不存在抵触。然而,海牙地区法院在对裁决进行审查后认为,根据ECT第45条(1)的规定,ECT的临时适用需要考察ECT的具体条款是否与俄罗斯的宪法、法律或法规相一致,即是否"兼容"(compatibility)。由于申请人是依据ECT第26条(仲裁条款)将争端提交仲裁的,这就需要考察ECT

---

〔97〕 尤科斯案的申请人分别是尤科斯公司的三个股东:胡勒公司(Hulley Enterprises Ltd.,1997年成立于塞浦路斯)、尤科斯环球公司[Yukos Universal Ltd.,1997年成立于英属曼岛(Isle of Man),全资持有胡勒公司]和老兵石油公司(Veteran Petroleum Ltd.,2001年成立于塞浦路斯,系尤科斯公司设立的养老基金)。被申请人均为俄罗斯政府。See Hulley Enterprises Limited (Cyprus) v. The Russian Federation, PCA Case No. 226, Final Award (18 July 2014); Yukos Universal Limited (Isle of Man) v. The Russian Federation, UNCITRAL, PCA Case No. 227, Final Award (18 July 2014); Veteran Petroleum Limited (Cyprus) v. The Russian Federation, PCA Case No. 228, Final Award (18 July 2014).

〔98〕 Judgment, The Hague District Court, The Russian Federation v. Veteran Petroleum Limited; The Russian v. Yukos Universal Limited; The Russian v. Hulley Enterprises Limited, Judgment of 20 April 2016.

第26条与俄罗斯国内法是否一致。法院在根据专家报告查明俄罗斯有关国内法之后认为,根据俄罗斯有关法律规定,只有因“合同关系或其他民法关系”产生的争端才可以提交仲裁,具有公法性质的争端或者因政府机构不法行为造成的赔偿争端不得提交仲裁;根据1991年《俄罗斯外国投资法》第9条第1款,外国投资者与俄罗斯政府之间的投资争端只能由俄罗斯法院审理(因为该种争端具有公法性质),除非俄罗斯参加的国际条约另有规定;1999年《俄罗斯外国投资法》第10条属于宣示性条款或者“总括条款”,是以参照条约或联邦法律规定为特征的,它没有对ECT项下投资争端仲裁创设直接的法律依据,而是使仲裁的选择取决于条约和联邦法律规定的存在。因此,法院判定,俄罗斯并未对仲裁作出ECT第26条意义上无条件的要约(无条件同意),尤科斯公司方面的《仲裁通知》也就不构成有效的仲裁协议,因而仲裁庭对本案没有管辖权,对其作出的临时裁决和最终裁决予以撤销。2020年2月18日,荷兰海牙上诉法院撤销了海牙地方法院就该案作出的判决,维持仲裁庭的裁决,俄罗斯继续向荷兰最高法院上诉。

此案仲裁庭未经认真考量就将条约的临时适用与条约经批准并完全生效后的效力等同,断定其具有管辖权,并作出高额赔偿的裁决的做法,在俄罗斯和一些评论者看来无疑具有偏袒投资者之嫌,对东道国俄罗斯的主权和利益也具有重要影响。

(三)不一致的裁决产生的不确定性和不稳定性

随着近年来国际投资仲裁案的增多,产生的另一个问题是裁决的不一致,甚至相互矛盾。这主要表现在:不同的仲裁庭对同一条约中同一规定得出不同的结论;不同的仲裁庭对涉及相同事实、相关当事人,以及相似的投资权利的争端得出不同的结论;不同的仲裁庭对涉及相似商业情势和相似投资权利的争端得出相反的结论。这些相互不一致或者相互矛盾的裁决对投资者和有关国家的预期产生不利影响,增加了不确定性和不可预见性。

这种不一致的裁决主要是有关案件的仲裁庭对条约中的某些重要条款作不同的解释造成的。例如,关于保护伞条款的解释,前面所述的两个SGS案裁决由于解释的不同而结果完全相反。对于公平公正待遇、最惠国待遇、例外条款等条款的适用都存在由于仲裁庭的解释不同而导致结果不同的情况。下面介绍的劳德(Lauder)案也是一个典型的例证。

劳德案的案情是:美国金融家罗纳德·劳德于1992年打算在捷克建立第一个私人电视台——TV Nova。劳德及其设立的中欧开发公司(CEDC)最初打算在一家持有许可证的电视台直接投资,并与当地的合伙人泽利尼(V. Zelelny)博士一起经营该电视台。在向捷克媒体理事会申请许可证的过程中,泽利尼博士及当地公司——中欧电视21(CET 21)陈述说,CEDC将直接参与该许可,向电视台融资和制作节目。CET 21后来取得了许可,但劳德及CEDC的直接投资却没有按计划发生。该许可证只是给予CET 21的,媒体理事会要求外国投资通过一家合营公司CNTS间接进行。该合营公司有三方:CET 21,提供许可证;CEDC,提供融资、节目制作以及专有技术;还有一家捷克银行,提供融资。合营公司无条件地、明确地、在独占基础上享有使用、利用和维持该许可的权利,劳德先生及其投资公司可以利用“分离的”所有权结构利用该许可并经营其TV Nova。TV Nova运行第一年就营利,但后来发生了变化。1995年捷克议会修改了《媒体法》,缩小了“广播台”的定义,影响到劳德先生的投资性质。1996年媒体理事会完全改变了先前关于同意许可持有人与运营商间的"分离"结构的态度，并对合营公司 CNTS 提起行政程序，宣称由于 TV Nova 的公司结构，CNTS 未经许可经营该电视台并进行非法播出。在此压力下，CNTS 修改了其公司结构和播出业务种类。1998 年和 1999 年泽利尼博士开始在 CNTS 外为 CET 21 获得节目制作，使劳德先生的利润下降。根据泽利尼的请求，捷克媒体理事会于 1999 年 3 月向其发出一封信函说，"广播运营商与服务组织间的商业关系是建立在非独占的基础上的"，泽利尼后来以此信函作为 CET 21 与 CNTS 交易的依据。1999 年 8 月 5 日后，泽利尼开始采用一家由其控制的新公司进行 TV Nova 的播出。1999 年 8 月 2 日，在 CET 21 切断与 CNTS 的联系之前，CNTS 和劳德先生的公司就写信给捷克议会，对媒体理事会的行为提出异议，并认为媒体理事会的行为可能违反美国与捷克间的双边投资条约。17 天后，劳德先生根据美国与捷克双边投资条约对捷克提起诉讼，劳德先生的投资公司——CME（受让 CEDC 的大部分股份）根据荷兰与捷克 2000 年签订的双边投资协定对捷克提起诉讼。

然而，两个仲裁庭（一个在斯德哥尔摩，另一个在伦敦）对实质上相同的争端却作出了两个不同的裁决。斯德哥尔摩仲裁庭认为捷克违反了荷兰与捷克双边投资协定项下的对荷兰公司的种种义务，而伦敦仲裁庭则认为捷克只是歧视美国投资者，违反了美国与捷克间的双边投资协定。除了在认可劳德及其公司是被歧视的受害者这一点以外，对于有关征收、公平公正待遇、全面的保护和安全，以及遵守国际法项下的最低义务等问题，两个仲裁庭的结论截然相反，尽管两个条约有关上述问题的规定基本相同。[99] 例如，关于征收，伦敦仲裁庭认为，捷克没有采取任何措施征收劳德先生的财产权，因为捷克没有直接或间接干涉劳德先生财产的使用或者利益的享有。劳德先生的财产权一直维持到 CET 21 与 CNTS 间合同关系结束。相反，斯德哥尔摩仲裁庭则认为构成征收，其理由是，捷克媒体理事会通过明显的作为和不作为，强制 CNTS 并与泽利尼合谋摧毁投资的商业价值，特别是媒体理事会改变关于 CNTS 的适当结构的态度使先前的独占性商业关系灭失。媒体理事会还应撤回 1999 年 3 月的信函，且在投资法律依据发生不利变化时不应坐视不管。由于作为初始投资依据的许可独占使用已没有再生的前景，因此该仲裁庭认为构成征收。关于公平公正待遇，伦敦仲裁庭认为捷克没有违反该待遇义务，但斯德哥尔摩仲裁庭认为，通过排除外国投资者赖以投资的安排，捷克违反了提供给投资者的公平公正待遇义务。对于全面的保护和安全义务，伦敦仲裁庭认为，捷克改变《媒体法》没有给劳德先生的投资带来危害，捷克对于泽利尼博士摆脱他们的商业关系对劳德先生也没有责任。但斯德哥尔摩仲裁庭认为，主权国家有义务确保其法律修改或行政机关的行为不会导致投资的撤回或贬值，捷克媒体理事会在 1996 年和 1999 年的作为和不作为，其目标是排除求偿人在捷克的投资安全和法律保护，从而认定捷克没有提供全面的安全和保护。基于上述各种义务的违反，斯德哥尔摩仲裁庭还进而认定捷克违反了国际法的原则。

国际投资条约仲裁裁决的不一致甚至相互矛盾，显然不符合投资条约缔约国的意志和预期，既不利于投资者保护，也无法使投资争端得到妥善解决，还有违国际法治和公平

---

〔99〕 Lauder v. Czech Republic, Final Award, (UNCITRAL) London, 2001, http://www.cetv - net.com/iFiles/1439 - lauder - cr; CME Czech Rep. B. V. v. Czech Republic, Partial Award, September 23, 2001, http://www.mfcr.cz/static/Arbitraz/en/PartialAward.pdf.

精神。

(四)仲裁员的独立性与公正性——旋转门问题

仲裁员的独立性和公正性是国际仲裁者普遍关注的一个问题,在投资者与国家间的投资争端仲裁中,这一问题更为突出。

在投资仲裁实践中,当事人经常会对仲裁员的公正性和独立性提出质疑,其中最常见的是涉及潜在的利益冲突问题。若仲裁员在与该案有关的其他案件中担任过律师、顾问或仲裁员,则可能对其公正性和独立性产生影响。例如,在 Caratube 国际石油公司诉哈萨克斯坦案中,仲裁申请人对其中的一位仲裁员 Boesch 先生提出异议,理由是他作为仲裁员参加了先前的另一公司诉哈萨克斯坦的案件,接触到该另案的事实证据,从而对本案仲裁的管辖权和是非曲直可能产生明显预先判断风险。仲裁庭另两名未受异议的仲裁员注意到,这两个案件虽然有不同之处,但基本事实模式的许多重要因素是相同的,特别是申请人会依靠相同的证人证言、相同的不必要的刑事程序实例,以及相同的政府干扰事例,由于这两起案件的事实与法律问题重叠,从正常的知情的第三者角度来看,Boesch 先生对于本案仲裁中需要裁决的事实与法律问题的客观性和思想开放性都会受到影响,很可能会基于该另案的事实在本案仲裁中对法律问题不经详察而作预先判断,因此支持了申请人的异议意见。[100]

在伯灵顿(Burlington)公司诉厄瓜多尔案中,厄瓜多尔在 2013 年 7 月 24 日对仲裁申请人伯灵顿公司指定的仲裁员 Francisco Orrego Vicuña 教授提出了取消其仲裁员资格的建议,其理由有以下几点:(1)该仲裁员被代理伯灵顿公司案的律师事务所多次指定为仲裁员。在 2007~2013 年他被同一律师事务所在 8 个 ICSID 案件中指定为仲裁员,这一事实表明该仲裁员的独立性会受到影响。(2)该仲裁员没有履行披露的义务。在其被指定为本案仲裁员时,该仲裁员没有披露在此之前或同时在另两起案件中也被同一律师事务所指定为仲裁员,随后也没有披露他被该同一律师事务所在另 5 起 ICSID 案件中被指定为仲裁员的事实。(3)该仲裁员在仲裁程序中的行为表明其明显缺乏独立性和公正性,包括在审理中所提的大多数问题都有利于仲裁申请人,对仲裁庭多数成员作出的裁定中有利于厄瓜多尔的观点一直持异议,在其 2013 年 7 月 31 日的解释函中的语气和内容都表明偏袒和不具有中立性。根据 ICSID 行政理事会主席的裁定,对于前 2 点理由以及第 3 点理由中有关裁定的异议意见情况,厄瓜多尔由于并未及时提出取消仲裁员资格的建议而被驳回;但该被异议的仲裁员在 2013 年 7 月 31 日的解释则明显证明其对于厄瓜多尔及其律师缺乏公正。基于上述事实和理由,厄瓜多尔提出的取消该仲裁员资格的建议得到行政理事会主席的支持。[101]

在 ICSID 的仲裁案中,仲裁员的指定方法以及由此产生的仲裁员的独立性和公正性也受到质疑。最近一份通过大数据研究揭示的国际投资仲裁中的旋转门问题,就发人深省。通过对 1039 起投资仲裁案件和 3910 位从业者的大数据分析显示,有些仲裁员先后在多案

---

[100] Caratube International Oil Company LLP and Devincci Salah Hourani v. Republic of Kazakhstan (ICSID Case No. ARB/13/13), Decision on the Proposal for Disqualification of Bruno Boesch, 20 March 2014.

[101] Burlington Res., Inc. v. Republic of Ecuador, ICSID Case No. ARB/08/5, Decision on the proposal on disqualification of Professor Francisco Orrego Vicuña, December 13, 2013.

中担任仲裁员或者担任其他不同的角色。在接案数量最多的25名仲裁员中,每人在至少24起、最多88起案件中扮演不同的角色,包括担任首席仲裁员、申请方指定的仲裁员、被诉方指定的仲裁员或者专设(撤销)委员会成员。其中有的在38起案件中担任首席仲裁员,有的在50起案件中曾被申请方指定为仲裁员,并在其他案件中还担任首席仲裁员、仲裁员或撤销委员会成员,以及当事人的法律顾问。这种旋转门现象揭示出来的问题,一是国际投资仲裁案件被少数人掌控,二是这些人在不同身份间转换对其独立性和公正性无疑也会产生影响。而且,这些对国际投资仲裁具有影响的为数有限的仲裁员,绝大部分是来自市场经济发达国家的。[102] 此外,ICSID秘书处负责人在指定首席仲裁员方面也有较大权限,也有人认为其在投资仲裁方面具有较强控制力。

可见,若仲裁员存在偏见,或与案件有利益冲突,其独立性和公正性必然会受到影响,其作出的裁决对争端当事人一方也会产生不利后果,尤其对东道国一方来说,损害的是其主权和公共利益。

(五)矫正机制的不足

对国际投资仲裁产生的问题或错误,现行的规则虽然有一定的矫正机制,但这些矫正机制的作用十分有限,甚至于事无补。无论是ICSID仲裁还是非ICSID仲裁,都存在这个问题。

1. ICSID的撤销机制

ICSID公约对仲裁规定的矫正方法是,允许对裁决持有异议的当事人依据本公约第52条的规定提起撤销程序。但由于ICSID公约关于撤销程序适用的范围十分有限,其提供的救济也十分有限。

ICSID公约对矫正机制不足主要表现在其撤销程序的审查范围极为有限。前面谈到,为了维护仲裁裁决的终局性,ICSID公约撤销程序的审查范围只限于裁决过程中的程序错误,而不审查裁决的实质内容。它不是针对错误裁决提供的救济,不是一个涉及法律适用错误或事实错误的上诉机制,即使错误适用法律也不构成撤销的理由。因此,对于实体错误的不公正裁决,ICSID没有提供任何矫正或救济措施。

从实际使用结果来看,撤销程序难以发挥矫正作用。据统计,从1966年至2020年12月31日,一共有129起案件提起了撤销程序,其中有3起是第二次提起。这些案件大多是在2001年以后提起的。在2001~2010年撤销案件较多,但由于对其批评意见较多,2011年以后ICSID特设委员会对于案件的撤销态度更为谨慎。这些申请撤销程序案件的审理期限一般在18~24个月。在已结案的94起案件中,作出拒绝撤销裁决决定的有55起,作出部分撤销裁决的有9起,作出全部撤销裁决的只有5起。

ICSID公约规定,裁决被撤销后,当事人有权将争端案件再次提交给新组成的仲裁庭仲裁。截至2016年4月15日,有7起案件再次提起仲裁,其中有3起案件就裁决提起了第二

---

〔102〕 Malcolm Langford & Daniel Behn & Runar Hilleren Lie, *The Revolving Door in International Investment Arbitration*, J. Int Economic Law, Vol. 20:2, p. 301 – 332 (2017).

次撤销程序,特设委员会驳回了2起再次提请撤销的申请。[103] 这样,有关案件通过裁决—撤销—再提起仲裁—再撤销的程序,耗费很多时间和精力,可能都难以得到救济。

2. 非ICSID裁决

依据国际上现行的做法,非ICSID裁决通常没有内部的撤销程序,而是要寻求当地法院的承认和执行,这样,败诉方可以到仲裁地或执行地法院对裁决提出异议,在仲裁地寻求撤销该裁决或在执行地请求拒绝执行,但各国法院的审查也难以提供有效的救济。这不仅涉及各国的司法审查范围与程序的不同,而且也涉及对不一致裁决的管辖权问题。例如,上述劳德案、伦敦和斯德哥尔摩的两个裁决前后不一,捷克要求瑞典法院撤销斯德哥尔摩的仲裁裁决,但法院拒绝了。法院知道伦敦裁决的存在,但认为它对协调这两个案件没有管辖权。

从实践来看,有关国家法院的审查在事实和法律认定上也不一定能起到矫正的作用,因为不同国家的法院进行司法审查的标准不同,有的甚至是错误地解释和适用有关国际条约。下面所述新加坡法院就澳门世能公司(Sanum)诉老挝仲裁案的管辖权裁定,以及美国最高法院关于BG集团公司诉阿根廷仲裁案申请撤销裁决这两起案件就具有典型意义。

澳门世能公司诉老挝案的基本案情是:2005年,一名美国公民在澳门特别行政区设立世能投资公司,并在老挝投资运营赌场及酒店。后来世能公司与老挝政府就投资问题产生争端,老挝方决定收回公司土地并扣押其财产。2012年,世能公司依据1993年中国与老挝缔结的《关于鼓励和相互保护投资协定》(以下简称《中老投资协定》)提起国际仲裁(仲裁地在新加坡)。2013年12月,仲裁庭裁定《中老投资协定》适用于我国澳门特别行政区,其对该案有管辖权。2014年1月9日,应老挝方请求,中国驻老挝使馆照会老挝外交部,确认《中老投资协定》不适用澳门特别行政区。1月10日,老挝方根据新加坡《国际仲裁法》就仲裁庭管辖权问题向新加坡高等法院提起诉讼,请求撤销仲裁裁决。2015年1月,新加坡高等法院判决老挝方胜诉。世能公司随后向新加坡上诉法院提起上诉。2015年11月,中国外交部照会老挝外交部,重申中国驻老挝使馆2014年照会中所阐明的立场。2016年9月29日,新加坡上诉法院就此案作出判决,不顾中方外交照会所阐明的立场,认定《中老投资协定》适用于澳门特别行政区,推翻了高等法院的判决。新加坡上诉法院之所以作出上述判决,其基本出发点是认为,澳门回归中国是因国家领土变更导致的“国家继承”问题,葡萄牙是被继承方,中国是继承方,因此在澳门特别行政区适用条约问题上应遵循条约继承规则;《关于国家在条约方面的继承的维也纳公约》第15条等反映了“移动条约边界”(Moving Treaty Frontier)这一“习惯国际法规则”,即在一国领土发生变更时,被继承国的条约停止对所涉领土有效,继承国的条约对该领土有效。因此,澳门回归中国后,除条约明示或另经确定的特殊情形以外,中国参加的条约都要自动适用于澳门特别行政区,《中老投资协定》也不例外。针对新加坡上诉法院的这一观点,有评论指出,这一判断是完全错误的,基于这一错误判断所作出的推论也就无法成立。中国恢复对澳门行使主权并非“国家继承”,澳门回归后适用有关条约也不能按照条约继承处理。中国外交部新闻发言人华春莹

[103] ICSID, *Updated Background Paper on Annulment for the Administrative Council of ICSID*, May 5, 2016, p. 9 – 31.

在2016年10月21日的例行记者会上表示，新加坡法院关于《中老投资协定》适用于澳门特别行政区的认定是错误的。从新加坡上诉法院对有关国际条约的解释和适用的角度来看，有学者批评说，“由于错误地解释了《维也纳条约法公约》第31条，错误地界定了‘移动条约边界规则’的习惯国际法规则属性，在‘另经确定’的证据证明标准问题上适用了不当的证据证明标准，从而导致新加坡上诉法院的上述裁决出现了错误，并得出了一系列非常不合理甚至荒谬的结论”。[104]

2014年美国最高法院关于BG Group Plc诉阿根廷案在美国申请撤销裁决的判决也是一个典型例子。BG诉阿根廷案是根据UNCITRAL规则仲裁的案例，仲裁庭于2007年作出的裁决支持了BG公司的诉求。阿根廷随后向美国纽约地区法院申请撤销裁决。2012年美国哥伦比亚地区上诉法院判决认为，诉请人BG公司没有遵守阿根廷与英国间双边投资条约第8条(1)规定的18个月的当地诉讼要求，仲裁庭不当地主张其对该争端的管辖权，因而上诉法院撤销了裁决。2014年美国最高法院推翻了哥伦比亚地区上诉法院的判决。最高法院的多数意见将条约看作合同，并以普通合同的推定来指导解释。多数意见据此认为，该条约中的当地诉讼要求只是仲裁的程序性先决条件，而不是同意仲裁的条件，因而是应由仲裁庭决定的事项，法院应遵从仲裁庭的意见。[105] 但首席大法官罗伯茨在其异议意见中认为，不能将条约类比为合同，条约中规定的18个月的当地诉讼要求是缔约国同意仲裁的条件，私人投资者只有在符合条件的情况下缔约国才同意仲裁。美国最高法院多数意见依据《美国合同法》对上述条约规定的解释是令人质疑的，前面谈到，投资条约仲裁实际上是一种第三方受益安排，私人投资者不是条约的当事人，只有在符合条约规定的条件下提起仲裁，才可认定为与争端缔约国达成仲裁的“合意”。因此，从本案情况来看，将条约中规定的18个月的当地诉讼要求解释为缔约国同意仲裁的条件才符合缔约国的意图。

二、投资争端解决机制的改革

鉴于投资条约仲裁机制存在的上述问题与挑战，国际社会也正在研究和采取应对之策。可选择的对策主要有三种：一是对现行的投资仲裁机制进行改革；二是建立新型的投资争端解决机制；三是弃用投资者与国家间投资仲裁机制，终止双边投资条约或退出有关多边条约，完全利用国内机制来解决这类投资争端。

目前只有少数国家采取第三种对策，如玻利维亚、尼加拉瓜和委内瑞拉退出了《解决投资争端公约》(但厄瓜多尔于2021年6月又签署并加入了该公约)。2011年4月澳大利亚政府在《贸易政策声明》中也宣布其未来签订的国际投资协定将排除投资者与东道国争端解决(ISDS)条款。俄罗斯、意大利退出了《能源宪章条约》。南非则终止了其与某些国家间的双边投资条约。巴西2013年的投资协定范本只规定了国家间的争端解决，没有包括投资者与国家间争端解决机制。

---

〔104〕 宋杰：《〈中老投资协定〉在澳门的适用问题——评新加坡上诉法院有关“Sanum公司诉老挝案”判决》，载《浙江工商大学学报》2017年第2期。

〔105〕 BG Group Plc. v. The Republic of Argentina (UNCITRAL), Judgment of the Supreme Court of the United States, 5 March 2014.

大多数国家更为关注如何对现行的仲裁机制进行改革的问题,关于投资者与国家间争端解决机制的改革,主要有上述两种措施,一种是在现行仲裁机制的基础上进行某些改革或改进,另一种是建立新型的投资法院制度。联合国国际贸易法委员会、ICSID、联合国贸易和发展会议组织、OECD等国际组织以及一些非政府组织目前正在研讨有关改革方案。

(一)现行投资仲裁机制的改革

鉴于国际投资条约仲裁实践中出现的上述问题,早在10多年前学者们就对现行的投资条约仲裁机制提出了不少改革的建议。有人将其概括为以下4种:(1)立法的方法,即通过投资条约条文的确定性来减少不一致性,如具体列举投资者的实体权利,或删除某些不明确的条款;(2)设置障碍法,即对仲裁设置某些先决条件,特别是对提起某些与公共健康和环境有关的要求设置障碍,有的要求投资者将其争端提交政府初步审查或经投资者本国同意;(3)拒绝仲裁,即完全否定仲裁机制;(4)采取预防和矫正措施来改善仲裁机制,包括改革仲裁规则,在每个投资条约中建立内部审查机制以便该机构可以发布解释指南,以及建立独立的上诉机构来审查仲裁庭的裁决等。[106]

在实践中,许多国家近些年来也都在审查和修改其双边投资协定范本,以便能平衡保护投资者和东道国的权益。据联合国贸易和发展会议组织2015年《世界投资报告》统计,有50多个国家或地区已经或者正在修订其BIT范本,其中包括12个非洲国家,10个欧洲和北美的国家,8个拉美国家,7个亚洲国家、6个经济转型国家以及4个区域性组织。巴西、印度、印度尼西亚已经或正在制定其BIT新范本。[107] 美国式投资协定以前着重投资保护,但进入21世纪后美国吸取NAFTA仲裁中的经验教训,开始注重在投资保护和国家权益维护方面的平衡。2002年美国国会出台的《两党贸易促进授权法案》强调,在保护美国的对外投资的同时,也得确保在美国的外国投资者的待遇不得高于美国国内投资者根据美国国内法所享有的待遇。美国、加拿大在其2004年以后的双边投资条约范本中作出了很多改进。[108]

国际投资仲裁机制的改进与完善应从投资条约的实体规则和程序规则两个方面来考虑。完善投资条约中实体权利义务的规定当然是至为重要的。国际投资仲裁中出现的很多问题,在很大程度上是由于条约实体条款的规定过于模糊或宽泛,使仲裁庭有很大的解释空间。因此,防范仲裁庭任意解释条约的重要措施之一是,对条约中投资者和国家的权利义务予以更为明确具体的规定,以缩小仲裁庭解释条约的空间。这一完善不仅是涉及权利义务的实体条款要进一步明确和具体化,而且所涉及权利义务的范围也要明确界定。例如,前述可仲裁事项的范围、公平公正待遇的内容和例外、最惠国待遇条款所涉及的范围

---

〔106〕 Susan D. Franck, *The Legitimacy Crisis in Investment Treaty Arbitration: Privatizing Public International Law Through Inconsistent Decisions*, 73 Fordham L. Rev. 1521 (2005).

〔107〕 United Nations Conference on Trade and Development, *World Investment Report* 2015—*Reforming International Investment Governance*, at 108 (June 2015), http://unctad.org/en/PublicationsLibrary/wir2015en.pdf.

〔108〕 U. S. Department of State, *Update of U. S. Bilateral Investment Treaty* (Feb. 5, 2004), http://www.state.gov/e/eb/rls/prsrl/2004/28923.htm; *Agreement Between Canada and—For the Promotion and Protection of Investments.*

等,如果在条约中有了明确界定,必然就可以预防仲裁中不确定性的发生。鉴于投资条约的实体规则已在前面做了介绍和分析,这里主要从程序规则的角度来阐述投资仲裁机制的改革问题。

国际投资仲裁中出现的上述问题,与程序规则也有密切关系。例如,仲裁程序、举证责任、仲裁员的公正性等都可能影响裁决的公正性。因此,对于国际仲裁来说,程序的完善也是国际社会关注的重要问题。从近年来的实践来看,下列几个问题特别值得关注。

1. 透明度问题

投资条约仲裁机制缺乏透明度早就受到国际社会关注。以前曾有人针对 NAFTA 第 11 章的程序批评说,该仲裁程序中没有公开的通告和披露要求,没有要求公布裁决,也没有公开听证的规定。根据 ICSID 附属简易规则和联合国贸易法委员会的仲裁规则规定,若无当事方的同意,不得公布裁决。对于涉及当事人的商业秘密和国家安全秘密来说,仲裁的保密性无疑是具有必要性的,但对于国际投资条约仲裁来说,完全按照国际商事仲裁的方式行事,显然也是不合理的。

在投资条约仲裁的情况下,透明度和公众参与是十分重要的问题。与一般私人间的商事仲裁不同,投资条约仲裁的一方是投资东道国,争端事项通常涉及东道国为了国家安全或公共利益采取的管理措施。对国家一方来说,如果裁决不公,受影响的不单是政府,还可能涉及公共利益或者社会其他部分人群。从民主治理的角度来看,有人认为,投资条约仲裁如果没有公众参与且透明度不高,实际上是违反民主原则的,因为东道国的公共利益问题应该通过民主程序决定。[109] 因此,增强投资条约仲裁程序的透明度并允许公众和非争端缔约方参与,既可以让仲裁庭对所涉案件的信息有较全面的了解,而且对仲裁庭正确解释和适用法律也有帮助。当然这种参与应以不干涉争端当事方的正当程序权利和尽量减少对仲裁程序正常进行的妨碍为原则。[110]

实际上,NAFTA 的缔约国政府后来也做出了一些努力。例如,其于 2001 年 7 月发布的《第 11 章某些规定的解释》就声明,NAFTA 对第 11 章规定争端当事人没有施加一般性的保密义务,除第 1137 条(4)的适用外,NAFTA 中也没有任何规定阻止缔约国让公众得到提交给仲裁庭或仲裁庭发布的文件。缔约国还同意,除涉及商业机密信息或为保护国家安全和隐私而不提供信息外,应使所有提交给仲裁庭或仲裁庭发布的文件及时为公众可得。2003 年 10 月,美国和加拿大还声明,它们会同意 NAFTA 第 11 章规定的听证向公众开放,只要该听证受保护机密信息措施约束。

美国与智利、新加坡达成的自由贸易协定以及美国 2004 年 BIT 范本在透明度问题上有了更明确的规定。这些协定要求,仲裁的意图和仲裁的通知、抗辩、备忘录和纪要,及仲裁庭审理的记录、命令、裁决和决定,都得公开。协定对特殊的或机密商业信息的保护也规定了适当的限制。美国与智利的自由贸易协定还授权仲裁庭接受和考虑非争端当事方的个人

---

〔109〕 Barnali Choudhury, *Recapturing Public Power: Is Investment Arbitration's Engagement of the Public Interest Contributing to the Democratic Deficit?* 41 Vand. J. Transnat'l L. 775 (2008).

〔110〕 梁丹妮:《国际投资争端仲裁程序透明度研究——从〈ICSID 仲裁规则〉(2006)和〈UNCITRAL 仲裁规则(修订草案)〉谈起》,载《国际经济法学刊》2010 年第 1 期。

或实体提交的法庭之友意见。美国与新加坡的自由贸易协定只是把范围稍微缩小了一点,授权仲裁庭接受和考虑缔约国领域内任何个人、实体,以及缔约国领域外的有关的个人和实体提交的法庭之友意见。[111]

尤为重要的是,为了增强国际投资仲裁的透明度,有关国际组织在此方面也采取了行动。2006 年 ICSID 采用了新的透明度准则。联合国国际贸易法委员会还专门制定了有关透明度的规则和公约。联合国贸易法委员会制定的《透明度规则》于 2013 年 12 月 16 日获得联合国大会决议通过,2014 年 4 月 1 日正式生效。

《透明度规则》是一套程序规则,规范如何向公众提供关于投资条约下所发生投资者与国家间仲裁的信息。《透明度规则》仅 8 条内容,但却极大地提升了 UNCITRAL 仲裁规则中的透明度。它主要构建了三个制度:其一,信息公布制度。投资仲裁应当迅速向公众公布仲裁程序的有关信息。应当向公众提供的文件包括:仲裁通知,对仲裁通知的答复、申请书、答辩书以及争端方提交的任何进一步书面陈述或书面材料;上述文件的所有证物以及专家报告和证人陈述的证物的清单;非争端方条约缔约方以及第三人提交的任何书面材料、审理笔录(如果有)以及仲裁庭的命令、决定和裁决。仲裁涉及的证据亦可由仲裁庭决定是否对外公布。其二,第三方参与仲裁程序制度。经与争端各方协商后,仲裁庭可允许既不是争端方也不是非争端方条约缔约方的"第三人",就该投资争端范围内的事项向仲裁庭提交书面材料,以帮助仲裁庭确定与仲裁程序相关的事实或法律问题,前提是不对仲裁程序造成干扰或不适当的负担,不对任何争端方造成不公正的损害。仲裁庭还应允许非争端方条约缔约方就条约解释问题提交材料,或者经与争端各方协商后,可邀请非争端方条约缔约方就条约解释问题提交材料。其三,公开审理制度。除某些例外情况外,为开示证据或进行口头辩论的审理应公开举行。以上透明度规则,根据《透明度规则》第 7 条规定,不适用于机密信息及应受保护的信息。仲裁庭在与争端各方协商后应作出安排,防止此类敏感信息被公众知悉。

根据《透明度规则》第 1 条的规定:对于 2014 年 4 月 1 日或之后缔结的条约而引起的争端,如果投资者与国家间仲裁是根据《贸易法委员会仲裁规则》启动的,则《透明度规则》予以适用,除非当事方另有约定;对于 2014 年 4 月 1 日之前缔结的条约而引起的争端,如果相关条约的缔约方或争端当事方同意适用《透明度规则》,则《透明度规则》予以适用。前者可称为"选择退出模式"(opt - out),即对于新条约的缔约方而言,除非另有约定,否则在选择《贸易法委员会仲裁规则》下提起的仲裁应当适用《透明度规则》;后者可称为"选择适用模式"(opt - in),即对于旧条约的缔约方而言,除非当事方一致选择,否则《透明度规则》不自动适用于《贸易法委员会仲裁规则》下提起的仲裁。对于新条约适用"选择退出模式",是因为当事方已充分注意到《透明度规则》是《贸易法委员会仲裁规则》的一部分;对于旧条约适用"选择适用模式",是因为没有合理理由期望在 2014 年 4 月 1 日之前达成的投资条约内容包含该规则。

---

〔111〕 David A. Gantz, *The Evolution of FTA Investment Provisions: From NAFTA to the United States – Chile Free Trade Agreement*, 19 Am. U. Int'l L. Rev. 751 (2004).

此后，联合国国际贸易法委员会又起草制定了《联合国投资人与国家间基于条约仲裁透明度公约》，旨在扩大《透明度规则》的适用范围，该公约又称《毛里求斯透明度公约》（Mauritius Convention on Transparency，以下简称《透明度公约》）。《透明度公约》由联合国国际贸易法委员会第47次大会于2014年7月9日审议通过，由联合国大会于2014年12月10日通过，2015年3月17日在毛里求斯路易斯港开放供各国签署，随后在纽约联合国总部开放供签署。《透明度公约》于第三份批准书、接受书、核准书或加入书交存之日起6个月后生效。截至2017年4月，该公约的签署国有19个，批准国有3个，于2017年10月18日生效。

《透明度公约》进一步扩大了《透明度规则》的适用范围。根据该公约第1条的规定，《透明度公约》适用于根据2014年4月1日之前订立的投资条约，在投资者与国家或区域经济一体化组织之间进行的仲裁。第2条是公约的关键条款，其中确定《透明度规则》何时及如何适用于《透明度公约》范围内的投资人与国家间仲裁。对于《透明度规则》的适用分为双边适用、多边适用和单方面提议适用。与《透明度规则》不同，《透明度公约》规定，在双边或多边适用情形下，《透明度规则》适用于任何投资者与国家间仲裁，无论该仲裁是否以《贸易法委员会仲裁规则》提起，只要争端的被申请人未对公约的第3条第1款的a项和b项作保留声明。单方面提议适用情形下，只要被申请人没有就第3条第1款作出保留且申请人同意适用，则《透明度规则》应得到适用。《透明度公约》还规定了《透明度规则》若存在新旧版本时适用的规则，仲裁只要未对本公约第3条第2款提出保留，则应适用《透明度规则》的最新版本。《透明度公约》还排除了申请人援用最惠国条款规避适用《透明度规则》的可能。

《透明度公约》旨在进一步扩大《透明度规则》的适用范围，并以国际公约的形式将国际投资仲裁的透明度规则提升到更高的层面，有助于建立公平高效解决国际投资争端的协调法律框架，提高透明度，加强问责制，促进善治。

2. 防止私人滥诉

投资条约仲裁机制可能会造成私人当事人滥诉，例如，有的投资者随意地提起没有法律根据的仲裁，以诱使或威胁东道国改变其做法，同时使当事国不得不将许多公共资源用在处理私人的仲裁上，从而加重了国内纳税人的负担。

例如，在Azinian诉墨西哥案中，[112]墨西哥市郊的Naucalpan与一家墨西哥公司（DESONA）签订了一份处理废物的合同，该公司中有一些股东是美国公民。从开始营业时始，该公司就没有按照合同履行义务。Naucalpan的市议会对公司的履约不满意，在公司开始营业4个月后废除了该合同。墨西哥的州行政法庭也支持废除合同，后来上级行政法庭在上诉中也肯定了这一裁决。之后该公司又向联邦巡回法院提起诉讼，该巡回法院也支持行政法庭的裁决。1997年，在巡回法院作出裁定两年后，Azinian和其他美国股东根据NAFTA第11章对墨西哥提出了仲裁请求，指控市议会废除废物处理合同违反了征收和最低待遇标准的规定，并要求1600万美元的损害赔偿，加上各种费用和利息。虽然仲裁庭对

---

〔112〕 Azinian & Davitian & Baca v. Mex., Case No. ARB(AF)/97/2 (Nov. 1, 1999).

原告的请求未予支持,但此案表明在实践中确有可能发生私人滥诉的现象。

NAFTA 的另一个案件,Pope & Talbot,也可以被看作随意兴诉的例子。这起针对加拿大的仲裁延续了将近 4 年,经过多次审理,作出过 5 个主要的决定、许多命令,仅对其中一个不到 50 万美元的边缘请求的问题作出了裁决,而花费的费用和律师费超过了 750 万美元。[113]

因此,为避免和防止随意兴诉,除了通过限制可仲裁事项的范围以及对私人投资者提起仲裁设置障碍等措施外,有观点认为,应建立案件的初审制,并对滥用诉讼的当事人予以制裁。美国 2003 年与智利和新加坡签订的自由贸易协定以及美国 2004 年双边投资协定范本在这方面也作出了重要改进,即要求仲裁庭在争端开始时就决定管辖问题,而不是把管辖问题与案件实质的审理混在一起。在 NAFTA 的案件中,有些案件是以程序或管辖为根据被驳回,但许多其他的案子即使政府最终胜诉也是发生在对案件的是非曲直作出裁决之后,或把程序与实质问题结合在一起的。美国与智利的自由贸易协定就规定了一个处理初步权限和管辖的强制性程序,即要求仲裁庭作为一个先决问题(preliminary question),对被告政府方提出的根据第 10.25 条所提请求不会获得支持的异议进行裁决。一旦被告政府方提交管辖异议,仲裁庭得中止是非曲直的审理程序,并就权限问题作出裁决。[114] 如果要求在加快的基础上作出决定,则必须在提出要求的 150 日内对异议作出裁定(如有听证则为 160 日,仲裁庭若能表明有特别原因则为 180 日)。

此外,美国与智利的自由贸易协定还授权仲裁庭裁决对胜诉的争端当事方支付因提交或反对异议而发生的合理费用和律师费。在确定此裁决是否有正当理由时,仲裁庭得考虑请求人的请求或被告的异议,并给争端当事方提供发表意见的合理机会。[115] 这一规定对投资者和东道国双方是同等适用的,既可以防止随意提取诉讼,也可防止随意提交异议。应该说,这一规定对滥用诉讼或异议是具有制约作用的。

还有的条约对投资仲裁机制的利用进行限制。例如,有的国家吸取尤科斯案的经验教训,采纳"不洁之手"的抗辩理由,在条约中明确规定如果投资者或其投资违反了东道国的法律,如涉及欺诈、逃税、贿赂等,或者其投资是通过欺诈性不实陈述、隐瞒、贿赂或相当于滥用程序进行的,则仲裁庭应驳回投资者的索赔请求。

3. 加强缔约国对投资仲裁程序的参与和控制

前面谈到,国际投资条约仲裁中,有些仲裁庭在对有关条约的解释和适用时,不是依据缔约国的意图而是按照自己的主观理解来解释,从而导致东道国的权益得不到应有的保护。对于这一现象,有些国家也采取了相应措施加以防范。其中一个重要措施是,将某些重要事项的解释权交给缔约国而不是仲裁庭。例如,NAFTA 3 个缔约国在 2001 年就对公平公正待遇作出了自己的解释,并明确规定该解释对以后的仲裁庭有约束力。这种做法现在

---

〔113〕 David A. Gantz, International Decisions: Pope & TalPPP, Inc. v. Canada, NAFTA Chapter 11 Arbitration Tribunal, 2000 – 2002, 97 Am. J. Int'l L. 937, 937 – 38 (2003); *The Evolution of FTA Investment Provisions: From NAFTA to the United States – Chile Free Trade Agreement*, 19 Am. U. Int'l L. Rev. 679 (2004).

〔114〕 U.S. – Chile Free Trade Agreement, art. 10.19.

〔115〕 David A. Gantz, supra, at 760 (2004).

也为越来越多的国家所采用。例如，哥伦比亚和新加坡于2013年通过联合解释谅解协议来阐明其双边投资条约中的某些规定，包括公平公正待遇和最惠国待遇等。2016年1月TPP缔约国发布了"'相同情形'的起草者的解释说明"，适用于条约中的国民待遇和最惠国待遇规定。印度2016年2月对与其签订有双边投资协定的25个国家提出"联合解释声明"建议，在声明中确定对投资协定中的一些规定进行解释。欧盟与加拿大2016年的《综合性经济与贸易协定》(CETA)、智利与中国香港特别行政区2016年的双边投资协定等均规定建立有权发布具有约束力的解释的联合机构。[116]

美国2004年和2012年的双边投资条约范本及其条约实践对于金融服务、税收、不符措施的解释等事项，均采取了一些新的措施来加强缔约国对仲裁的控制。这些措施包括，当有关争端涉及上述事项时，首先应由缔约国的专门机构来解释投资协定中的有关事项或规定，其解释对仲裁庭具有拘束力。只有当缔约国间不能就此特定事项达成共识时，才允许仲裁庭进行解释。

4. 上诉机制

国际仲裁通常是"一裁终裁"，裁决具有终局效力。然而，由于各种原因，仲裁裁决也可能发生错误，包括事实认定错误、法律适用错误等。例如，受仲裁员的偏见或涉及利益冲突的影响，裁决很可能偏袒某一方当事人，对另一方造成不公正。又如，裁决的不一致，甚至互相矛盾，对投资者和东道国的预期也会产生不利的影响，增加了不确定性和不可预见性。在此情况下，当事人有什么补救措施？应否采取某种矫正机制来纠正错误，维护正义？以前国际上的主流观点和实践是维护仲裁的独立性和终局性，认为要排除国内司法对仲裁的干预，就没有必要建立对仲裁裁决的审查机制。现时仍有学者认为没有上诉程序并没有什么关系，从经济的角度看，不设上诉程序可能更有效率。[117]

然而，对于投资条约仲裁来说，现在许多人认为，建立上诉审查机制是必要的。特别是对于国家一方当事人来说，这类争端通常涉及社会政策和公共利益，甚至国家主权问题，若仲裁庭的裁决确有错误而造成不公正，其权益就会受到损害，其影响将是深远的。虽然现行的仲裁机制提供了某些救济措施，如ICSID规定的撤销机制，1958年《纽约公约》对外国裁决的承认和执行提供了便利，但前面已经谈到，这些机制仍存在缺陷。同时，建立上诉机制还可以防止就同一事实提起多重诉讼，进而导致事实相同裁决结果却大相径庭甚至相互矛盾。[118]

美国与智利、新加坡的自由贸易协定规定考虑建立上诉机制问题。美国与智利的自由贸易协定附件10－H中规定，"在本协定生效之日后3年内，缔约国得考虑是否建立一个双边的上诉机构或类似的机制，以便对根据第10.25条在上诉机构或类似机制建立后开始的

---

〔116〕 UNCTAD, *World Investment Report 2017*, p. 132－133.

〔117〕 Jessica S. Wiltse, *An Investor－State Dispute Mechanism in the Free Trade Area of the Americas: Lessons from NAFTA Chapter Eleven*, 51 Buffalo L. Rev. 1145 (2003).

〔118〕 Ronald S. Lauder v. Czech Republic, UNCITRAL, Final Award, 3 September 2001; CME Czech Republic v. Czech Republic, UNCITRAL, Partial Award, 13 September 2001; and The Czech Republic v. CME Czech Republic B. V, Court of Appeal, Stockholm, Sweden, Case No. T－8735－01[42 ILM 919 (2003)].

仲裁裁决进行审查”。[119] 美国2004年和2012年的BIT范本也都谈到了有关上诉机制的问题。设立上诉机制问题已成为国际投资条约仲裁领域的关注热点问题之一。

当然,建立上诉机制还需要研究和处理好一些重要问题,特别是与现行仲裁机制的衔接。例如,在上诉机构的管辖权方面,应确定是仅审理裁决的法律错误还是也包括事实认定方面的错误?在上诉机构的组成及其成员的任命方面,如何保证其公正性和独立性,避免可能的利益冲突?在上诉审理程序方面,能否发回仲裁庭重审?以及上诉机构的判决如何执行等问题。[120]

(二)欧盟新创的投资法院制度

欧盟最近采取了另一种改革路径——建立投资法院制度。

在与美国进行《跨大西洋贸易与投资伙伴协定》(TTIP)谈判的过程中,欧盟委员会在2015年宣称,TTIP投资章节应有效地保护欧盟及其成员国的管理权(right to regulate),同时有效保护欧洲公司免受不公正待遇和歧视,并提议建立一个解决投资争端的完全透明的法院系统,包括初审法庭和上诉法庭。2015年年末,欧盟公布了TTIP投资章节的建议草案,2016年与加拿大修改了几年前签订的《综合性经济与贸易协定》(CETA)中投资章节的内容,并与越南签订了含有投资章节的《欧盟和越南自由贸易协定》。后面两个已经签署的协定都包括改革后的投资者与国家投资争端解决机制,即设立常设的投资法院制度,以取代目前的投资仲裁制度。这里根据CETA第F节的规定对投资法院制度作一简单介绍。

CETA对于投资者提请依据协定组成的法庭解决的争端范围和条件作出了明确规定。如果缔约另一方违反了协定第C节关于所涵盖投资的扩大、运行、经营、管理、维护、使用、享有、出售或处理,以及第D节规定的义务,致使投资者受到损失和损害,则缔约一方的投资者可以将争端提请法庭解决。值得注意的是,因投资准入(establishment)产生的争端被排除在求偿范围之外。而且,对于投资的扩大(expansion)的诉求,也只限于与投资的现行商业运营有关的措施。如果投资是通过欺诈性不实陈述、隐瞒、贿赂,或相当于滥用的行为进行的,则投资者不得提出求偿。

对于投资者与欧盟或其成员国间的投资争端,首先应采取协商和调解的方式解决。如果投资者在要求协商的90日内没有友好协商解决争端,则投资者得要求欧盟决定是欧盟还是其某一成员国作为被告方,并可以向初审法庭提请仲裁,对违反条约义务所产生的损失或损害索赔,但要符合以下条件:(1)投资者同意依据条约规定的程序由法庭解决争端;(2)自请求协商后至少已过了180日,或提出确定被诉方要求的通知后至少已过了90日;(3)投资者撤回或终止现有的在国内或国际法庭或法院就违反协定义务的措施提起的任何程序,并且放弃提起此种程序的权利。

投资者可以自己或者由其直接或间接控制的当地设立的企业向法庭提出索赔请求。请求可依据以下规则提出:(1)ICSID公约及其仲裁程序规则;(2)ICSID附加便利规则;

---

[119] David A. Gantz, *The Evolution of FTA Investment Provisions*: *From NAFTA to the United States – Chile Free Trade Agreement*, 19 Am. U. Int'l L. Rev. 762 (2004).

[120] UNCITRAL, *Possible future Work in the Field of Dispute Settlement*: *Reforms of Investor – State Dispute Settlement* (*ISDS*), Note by the Secretariat, UN, A/cn.9/917, 20 April 2017.

(3)UNCITRAL 仲裁规则;(4)当事人同意的其他规则。

初审法庭成员由 15 人组成,由 CETA 联合委员会任命。其中,欧盟成员国国民 5 名,加拿大国民 5 名,另 5 名为第三国国民。联合委员会还可以按照 3 的倍数增加或减少法庭成员。法庭成员在其各自国家内必须具有在司法机关任职的资格,具有国际公法的专业知识和能力,尤其是国际投资法、国际贸易法和依据国际投资或贸易协定解决争端的专业知识和能力。法庭成员必须具有独立性,不得与任何政府有关联,不得就争端所涉事项接受任何组织或政府的指示,并遵守国际律师协会的《国际仲裁中利益冲突指南》。在获得指定后,所有法庭成员不得在根据本协定或任何其他投资协定产生的投资争端中担任顾问、当事人指定的专家或证人。法庭成员按月获得固定的聘任费,其任期 5 年,可以连任 1 次。

每个案件由 3 人组成的分庭审理,缔约国国民的成员各占 1 名,首席成员则由第三国国民的成员担任。如果争端当事方同意由独任成员审理,则该独任成员从第三国任命的成员中随机选择产生。法庭在作出决定时,必须适用本协定以及可适用于缔约国之间的其他国际法原则或规则,适用本协定时必须依据《维也纳条约法公约》进行解释。法庭可将争端当事方的国内法作为事实认定,并采用该国法院或官方对该法给予的主流解释。法庭的裁决不能被视为终局的,也不得据此提起执行行动,除非裁决作出 90 日过后没有提起上诉,或者上诉被驳回或撤回。

当事人对初审法庭的裁决可以上诉。上诉法庭成员由 CETA 联合委员会任命,其任职资格和要求与初审法庭相同。每个审理具体案件的上诉分庭,由上诉法庭成员中采取随机的方法产生的 3 名成员组成。上诉必须在初审法院的裁决作出的 90 日内提出,争端当事人不得就此裁决寻求审查、撤销、修改或提起其他类似的程序。上诉法庭可以基于以下理由支持、修改或推翻初审裁决:(1)准据法的解释和适用错误;(2)在事实认定包括相关国内法的认定方面明显错误;(3)基于 ICSID 公约第 52 条(1)中(a)至(e)项所列的理由。

法庭的终局裁决对争端当事方具有拘束力,当事方应立即承认和遵守。在裁决依据 ICSID 公约作出的 120 日内或依据其他仲裁规则作出的 90 日内,当事人不得提起裁决的执行程序。裁决在执行地依据其执行判决或裁决的法律予以执行。终局裁决可被看作与《纽约公约》第 1 条项下因商事关系或商事交易产生的求偿有关的仲裁裁决。如果是依据 ICSID 公约及其仲裁程序规则提出请求的,则该终局裁决可作为 ICSID 公约第 4 章第 6 节项下的裁决予以执行。

欧盟投资法院制度虽已通过欧盟与加拿大、越南的条约确定下来,但目前尚未运行,学界对于投资法院制度也存在一些质疑。例如,投资法院制度能否解决前述国际投资仲裁制度的缺陷或不足?这种限制了当事人意思自治的制度是否会过于僵化?它能否有效地保证法官的公正性?会不会更倾向于保护东道国?投资法院的判决或裁决如何执行?

(三)联合国国际贸易法委员会等国际组织正在研讨的改革方案与措施

投资争端解决机制的改革,是目前国际社会广泛关注的重要问题之一。联合国国际贸易法委员会、ICSID、联合国贸易和发展会议组织、OECD、常设仲裁院(PCA)等国际组织以及一些非政府组织均在研讨这一问题。[121] 由于投资条约实体规则的改进或完善主要得靠缔约国,因此有关国际组织主要是从程序规则方面研讨改革方案。

联合国国际贸易法委员会于2017年授权第三工作组,就投资者与国家间投资争端解决改革方面开展工作。第三工作组提出的可能的改革方案包括:(1)法庭、特设机制与常设多边机制,即是建立独立复审或上诉机制还是设立配有专职法官的初审和上诉投资法院;(2)仲裁员和审裁员的任命方法和操守,包括投资争端法庭成员的甄选、任命和回避,以及行为守则;(3)条约缔约方对条约解释的参与和管控机制;(4)争端的预防和缓解;(5)费用管理及相关程序;(6)第三方出资等。以下就其最重要的改革方案予以简要介绍。

1. 关于上诉机制和多边法院机制问题

前面谈到建立投资仲裁上诉机制,是改革的方案之一,但其中有不少重要问题需要研究和解决。例如:关于上诉的性质和范围,包括审查的范围、标准、可上诉的裁定等;上诉的效力,涉及一级机构和二级机构之间的关系,以及对争端当事方和投资条约缔约方的效力;上诉机构或小组的组成;适用的程序法;执行等问题。此外,还要考虑是采用特设上诉机制还是常设上诉机制等问题。

关于常设多边法院,需要考虑的问题包括:结构和经费;组成、法官甄选和任命程序;管辖权;执行;以及与其他改革方案挂钩等。[122]

2. 关于仲裁员与审裁员的任命方法与操守问题

仲裁员的独立性和公正性问题是投资条约仲裁实践中广受关注的问题,也是投资争端解决机制改革方案选项之一。对此,联合国国际贸易法委员会主要在两个方面采取措施,一是考虑关于投资争端法庭成员的甄选、任命与回避问题,二是与 ICSID 一道编拟行为守则。

关于投资争端法庭成员的资格和其他要求方面。ICSID 与联合国国际贸易法委员会共同编拟《行为守则草案》,并于 2021 年 9 月发布了草案第三版。该守则所载各项规定将适用于所有审裁员,要求每一位审裁员独立公正,避免利益冲突;还包括重复任命、多重角色("双重身份")以及涉案问题冲突的规范办法,并要求广泛披露信息。守则还要求审裁员遵行最高廉洁和勤勉标准,包括公平、胜任、谦恭和高效等,并遵守保密义务。[123] 除资格和其他要求外,联合国国际贸易法委员会工作组还指出,适当的多样性,例如地理、性别和语言多样性以及不同法律制度和文化的公平代表性在投资争端制度中至关重要。

关于投资争端法庭成员的甄选与任命,在很大程度上取决于投资争端解决机制的设

---

[121] UNCTAD, *World Investment Report 2017*, p. 123 – 124; UNCITRAL, *Possible future Work in the Field of Dispute Settlement: Reforms of Investor – State Dispute Settlement (ISDS)*, Note by the Secretariat, UN, A/cn. 9/917, 20 April 2017.

[122] 参见联合国国际贸易法委员会秘书处说明:《投资人与国家间争端解决制度的可能改革——上诉机制和多边法院机制》,A/CN. 9/WG. Ⅲ/WP. 185(2020)。

[123] ICSID, *Draft Code of Conduct for Adjudicators in International Investment Disputes*, Version Three (Semptember 2021), https://icsid. worldbank. org/sites/default/files/documents/Code_of_Conduct_V3. pdf; 参见联合国国际贸易法委员会秘书处说明:《投资人与国家间争端解决制度可能进行的改革——关于行为守则的背景资料》,A/CN. 9/WG. Ⅲ/WP. 167(2019)。

计,包括保留特设机制还是寻求建立常设结构或机制。联合国国际贸易法委员会工作组目前考虑分别根据这两种不同的机制提出相应的选择方案。例如,对于特设机制(目前投资仲裁机制)而言,改革的选择方案包括:由指定机构作为第三方选择仲裁庭成员,以及使用预先确定的仲裁员名单或名册。对于常设机制来说,由于当事人意思自治受到限制,争端各方对审裁员的甄选和指定几乎没有影响,改革方案首先需要考虑的问题是审裁员的数目,以及在这方面各国希望建立"充分代表性"机构还是"部分代表性"机构;此外还涉及如何以及由谁来提名、甄选和任命候选人问题,以及法庭成员的任期、罢免程序等。[124]

3. 关于调解和其他替代性争端解决办法问题

根据 ICSID 公约和一些国际投资条约的规定,调解也是解决投资者与东道国间的投资争端的方法之一,但在实践中并未得到充分利用。在目前的投资争端解决机制改革进程中,不少国家和国际组织意识到应重视调解及其他替代性争端解决方法的运用。虽然《联合国关于调解所产生的国际和解协议公约》可用于解决国际投资争端,但由于投资者与东道国间的争端解决具有其自身的特殊性,应考虑制定专门的规则。近些年来 ICSID 一直在致力于修订原有的规则,并提出了一套独立的新的调解规则。该调解规则具有广泛的适用范围,允许 ICSID 管理任何与投资有关的、涉及国家或区域经济一体化组织的调解程序。[125]联合国国际贸易法委员会第三工作组还提出了《关于调解和其他形式的替代性争端解决方法的初步草案》,考虑制定用于投资条约的示范条款,并可能考虑以下问题:如何促进诉诸调解,以及是否使调解成为各方随时可使用的独立方法会更有利于调解的使用;如何在调解程序中提供足够的可预见性,使各国和投资者对调解有信心;根据解决投资者与国家争端的其他可用方法以及保留调解固有的灵活性的需要,如何采用调解的合适时限(如果有的话)等。[126]

我国现在既是发展中国家中最大的资本输入国,也是最大的资本输出国,需要建立具有自身特色的最适合中国国情的投资争端解决机制。我国应吸取国际实践中的经验和教训,对内要进一步深化改革,加强法制建设,尽可能地健全和完善国内的各种争端解决机制,尽可能地通过行政与司法程序解决我国政府与外国投资者间的争端,以避免国际讼累,节省或减少成本。另外,我国应进一步完善对外签订的投资协定与规则,在维护我国作为东道国的权益的同时,也为我国海外投资者及其投资提供有力的法律保护。我国应注重采取多元化的争端解决方法。例如,应更注重利用仲裁前的协商与调解程序,促使争端的友好解决;应完善投资协定中的实体和程序规则,明确限定可提交国际仲裁的争端范围,避免将投资条约中的最惠国待遇条款适用于争端解决程序;还应该密切跟踪投资争端发展趋势,以便迅速甄别有可能引发诉讼的行为,积极采取预防措施。目前,美国和欧盟对于投资

---

[124] 联合国国际贸易法委员会秘书处说明:《投资人与国家间争端解决制度可能进行的改革——投资争端法庭成员的甄选与指定》,A/CN. 9/WG. Ⅲ/WP. 203(2021)。

[125] ICSID, *ICSID Rules and Regulations Amendment – Working Papers*, https://icsid. worldbank. org/resources/rules – amendments.

[126] 联合国国际贸易法委员会:《关于调解和其他形式的替代性争端解决方法的初步草案》,https://uncitral. un. org/sites/uncitral. un. org/files/media – documents/uncitral/en/draft_clauses_on_mediation. pdf。

者与东道国间投资争端解决机制的改革方案各有不同,我们应积极参与联合国国际贸易法委员会和其他国际组织关于投资者与国家间争端解决方面的改革方案的研讨,认真研究投资仲裁上诉机制或投资法院制度,制定具有中国特色的科学合理的改革方案。